County and City Extra

Special Historical Edition,
1790–2010

County and City Extra

Special Historical Edition, 1790–2010

Edited by
Deirdre A. Gaquin
and Mary Meghan Ryan

Lanham • Boulder • New York • Toronto • Plymouth, UK

 **Bernan**Press

Published by Bernan Press,
An imprint of
The Rowman & Littlefield Publishing Group, Inc.
4501 Forbes Boulevard, Suite 200
Lanham, Maryland 20706

www. rowman.com
800-462-6420
Copyright © 2015 by Bernan Press

ISBN 13: 978-1-59888-804-1
ISBN 13: 978-1-59888-805-8

∞™ The paper used in this publication meets the minimum requirements of
American National Standard for Information Sciences—Permanence of
Paper for Printed Library Materials, ANSI/NISO Z39.48-1992.
Manufactured in the United States of America.

Contents

Preface

County and City Extra, Special Historical Edition brings together census population data from the earliest days of our nation and some more recent historical data from other federal statistical agencies. For more than 20 years, the *County and City Extra* series has provided annual up-to-date statistical information for every state, county, metropolitan area, and congressional district, as well as all cities with populations of 25,000 or more. This historical edition provides key data from all of the censuses from 1790 through 2010.

Part A provides an overview of selected national data for all available years from the Census Bureau, the Bureau of Labor Statistics, and the Bureau of Economic Analysis. **Part B** includes a similar selection of data for the 50 states and the District of Columbia. **Part C** shows the population of each county from the date of its origins through the 2010 census. Detailed information about the origins of all states and counties is included. **Part D** presents the largest cities for each of the 23 censuses between 1790 and 2010, as well as a table showing the historical populations of all cities with populations of 100,000 or more in 2010.

With each census, the Census Bureau includes a great deal of historical information in the official census reports. Almost all of these reports are now available online in PDF format and were used as sources for this book:

http://www.census.gov/prod/www/decennial.html

Other Census Bureau publications provided historical statistics, most notably the two-volume *Bicentennial Edition: Historical Statistics of the United States, Colonial Times to 1970.*

http://www.census.gov/compendia/statab/past_years.html

Selected historical statistics have typically been included in the *Statistical Abstract,* and the Census Bureau's website links to a collection of historical data from the 2012 *Statistical Abstract*:

http://www.census.gov/compendia/statab/hist_stats.html

The Statistical Compendia program within the Census Bureau was eliminated, and the 2012 *Statistical Abstract* was the final edition published by them, ending a publication that began in 1878. The *ProQuest Statistical Abstract of the United States*, published by Bernan Press, has continued

the tradition with editions in 2012, 2013, and 2014.

The Census Bureau has published several smaller publications with historical data for specific populations or topics. This book includes data from several of those publications, especially:

Hobbs, Frank and Nicole Stoops, U.S. Census Bureau, Census 2000 Special Reports, Series CENSR-4, *Demographic Trends in the 20th Century*, U.S. Government Printing Office, Washington, DC, 2002. (http://www.census. gov/prod/2002pubs/censr-4.pdf)

Forstall, Richard L., *Population of States and Counties of the United States: 1790 to 1990,* U. S. Census Bureau, 1996. (http://www.census.gov/population/www/censusdata/ pop1790-1990.html)

Gibson, Campbell J., *Population of the 100 Largest Cities and Other Urban Places in the United States: 1790 To 1990;* Population division Working Paper No. 27, U.S. Census Bureau, 1998. (http://www.census.gov/population/ www/documentation/twps0027/twps0027.html)

Gibson, Campbell J. and Emily Lennon, *Historical Census Statistics on the Foreign-born Population of the United States: 1850-1990,* Population Division Working Paper No. 29, U.S. Census Bureau, 1999. (http://www.census.gov/ population/www/documentation/twps0029/twps0029.html)

Data included in this volume meet the publication standards established by the U.S. Census Bureau and the other federal statistical agencies from which they were obtained. Every effort has been made to select data that are accurate, meaningful, and useful. All data from censuses, surveys, and administrative records are subject to errors arising from factors such as sampling variability, reporting errors, incomplete coverage, nonresponse, imputations, and processing error. Responsibility of the editors and publishers of this volume is limited to reasonable care in the reproduction and presentation of data obtained from sources believed to be reliable.

County and City Extra: Special Historical Edition, 1790–2010 is part of Bernan Press's *County and City Extra* series. As always, we are especially grateful to the many federal agency personnel who assisted us in obtaining the data, provided excellent resources on their websites, and patiently answered questions.

Deirdre A. Gaquin has been a data use consultant to private organizations, government agencies, and universities for over 30 years. Prior to that, she was Director of Data Access Services at Data Use & Access Laboratories, a pioneer in private sector distribution of federal statistical data. A former President of the Association of Public Data Users, Ms. Gaquin has served on numerous boards, panels, and task forces concerned with federal statistical data and has worked on five decennial censuses. She holds a Master of Urban Planning (MUP) degree from Hunter College. Ms. Gaquin is also an editor of Bernan Press's *The Who, What, and Where of America: Understanding the American Community Survey*; *Places, Towns and Townships*; *The Congressional District Atlas*; *The Almanac of American Education*; *Race and Employment in America*; and the *State and Metropolitan Area Data Book*.

Mary Meghan Ryan is a senior research editor for Bernan Press. She is also the editor for the *Handbook of U.S. Labor Statistics*, *State Profiles*, and the associate editor for *Business Statistics of the United States*.

United States through the Decades

1790s

Washington D.C. is established as the capital of the United States in 1791

The population of the United States is 3.9 million

1800s

Lewis and Clark begin their expedition to map the northwest United States on May 14, 1804

While negotiating to purchase New Orleans, LA from the French for $10 million on April 11, 1803, the U.S. delegation headed by Robert Livingston is dumbfounded to be offered the 828,800 square mile "Louisiana purchase" instead for $15 million

1810s

Louisiana, Indiana, Mississippi, Illinois, and Alabama all are granted statehood between 1812 and 1819

The 13 stars and stripes configuration of the U.S. flag is officially adopted by Congress on April 4, 1818

1820s

Maine enters the Union on March 15, 1820 as the 23rd state while Missouri becomes the 24th state in 1821

The population of the United States grows to over 9.6 million

1830s

Following months of increasing inflation and shrinking credit, the Panic of 1837 begins, causing widespread bank failures and unemployment.

Arkansas and Michigan enter the Union as the 25th and 26th states respectively

1840s

Ireland's "Potato Famine" results in an influx of Irish immigrants to the United States beginning in 1845.

In exchange for $15 million and settling $3.25 million in American claims, Mexico cedes approximately 500,000 square miles of territory in the western and southwestern United States.

1850s

On September 9, 1850 California becomes the 31st state

Minnesota becomes the 32nd state in 1858 and Oregon the 33rd state in 1859

1860s

President Abraham Lincoln signs the Homestead Act into law on May 20, 1862, giving applicants freehold title to undeveloped federal land, typically 160 acres, west of the Mississippi River.

Russia finalizes its sale of Alaska to the United States, on March 30, 1867

1870s

The "Great Chicago Fire" begins October 8, 1871

Colorado becomes the 38th state on August 1, 1876

1880s

The Statue of Liberty arrives in New York Harbor from France, in July 1885

In November 1889, North and South Dakota, Montana, and Washington are admitted to statehood

1890s

Wyoming and Idaho are admitted as the 43rd and 44th states in July 1890

The United States annexes Hawaii on July 7, 1898

1900s

The "Great San Francisco" earthquake strikes in 1906

Oklahoma becomes the 47th state on November 16, 1907

1910s

Arizona becomes the 48th state and last of the contiguous states admitted to the Union on February 14, 1912

On April 6, 1917, the U.S. Congress declares war on Germany, marking America's entry into World War I

1920s

The population of the United States grows to over 106 million

Los Angeles, CA becomes the 10th most populous city in the United States with a population of over 576,000

1930s

The population of the United States increased 16.2 percent from 1920 to 1930

The Boulder Dam (today known as "Hoover Dam") is completed two years ahead of schedule on March 1, 1936.

1940s

The population of New York city grows to 7.4 million increasing 7.6 percent from 1930

The population per square mile in the United States increases to 37.2

1950s

Alaska becomes the 49th state on January 3, 1959

Hawaii becomes the 50th state on August 21, 1959

1960s

With high birth rates the U.S. population increases to over 179 million, increasing over 18 percent between 1950 and 1960.

The cost per capita of the U.S. Census increased to 71.4 cents. In 1790, it cost 1.1 cents

1970s

Construction is completed on the Sears Tower (now the Willis Tower) in Chicago, IL, in 1973, and it becomes the tallest building in the world until surpassed by the Petronas Twin Towers in Kuala Lumpur, Malaysia, in 1998

The Organization of Arab Petroleum Exporting Countries announces an embargo on oil exports to the United States on October 15, 1973

1980s

The cost of the U.S. Census exceeded $1 billion for the first time

Apple Computer® launches its Macintosh computer in 1984

1990s

The cost of the U.S. census reaches $2.5 billion

The U.S. population reaches 248.7 million

2000s

Hurricane Katrina, the costliest hurricane in U.S. history, hits southeast Louisiana, August 29, 2005

From 2000 to 2010, the population of New Orleans declined 29.1 percent

2010s

The population of the United States increased to over 308 million

In 2013, 9 cities had more than 1 million residents

Source: http://www.census.gov/history/www/through_the_decades/ fast_facts/2010_fast_facts.html

PART A

United States

INTRODUCTION TO PART A

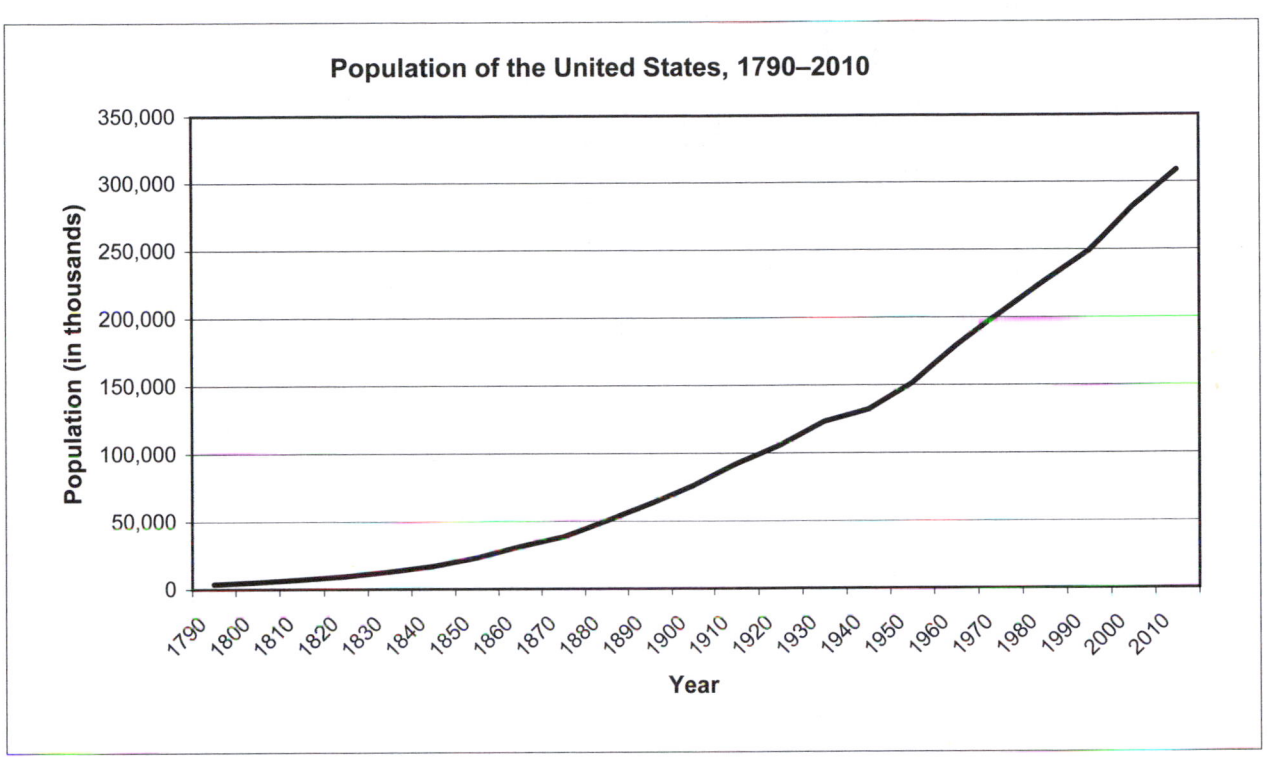

Population of the United States, 1790–2010
0

Part A contains information about the United States as a whole, from each census from 1790 through 2010. The decennial census was mandated by the constitution and is the basis for defining congressional districts and electing members of Congress. The first census took place on August 2, 1790. Also included is a selection of economic information about much of the 20th century from the Bureau of Labor Statistics and the Bureau of Economic Analysis.

It's clearly difficult to maintain comparability through 23 censuses over 220 years. The first few censuses were conducted without standard forms. Each state collected basic race, sex, and age information about its inhabitants. When first measured, the United States population in 1790 was less than 4 million in 13 states, compared with the 2010 population of 309 million people in 50 states and the District of Columbia. Only 5 percent of the 1790 population lived in urban places. By 1900, the population had grown to 76 million, with 40 percent urban. By 2010, 80 percent of the population lived in urban areas.

The early censuses showed a population that was about 80 percent white, with a median age under 20 and more men than women. Through the 19th century, the foreign-born proportion of the population was consistently around 14 percent. By 1900, the median age had gone up to 22.9, the white population had increased to 88 percent, and the percent female had stayed about the same or slightly lower. By 1950, the median age was 30, the white population was almost 90 percent, and there were now more women than men. The foreign-born population measured only about 5 percent in 1950 and 1960, its lowest recorded levels. In 2010, the median age was 37, the "white alone" population was 72 percent, the female proportion remained above 50 percent, and the foreign-born proportion had climbed to nearly 13 percent, almost as high as the levels of the early 20th century. In 1900, life expectancy at birth was 47 years. By 2010, it was almost 79 years.

Some of the influences on these changes are well known. The 1900 census reflects the considerable immigration from Europe at the time. The 1950 census reflects the high birth rates of the late 1940s and the casualties of World War II. The 2000 and 2010 censuses reflect immigration from Latin America and Asia, and the change in racial categories to identify with more than one race. In 2010, over

Part A — United States 3

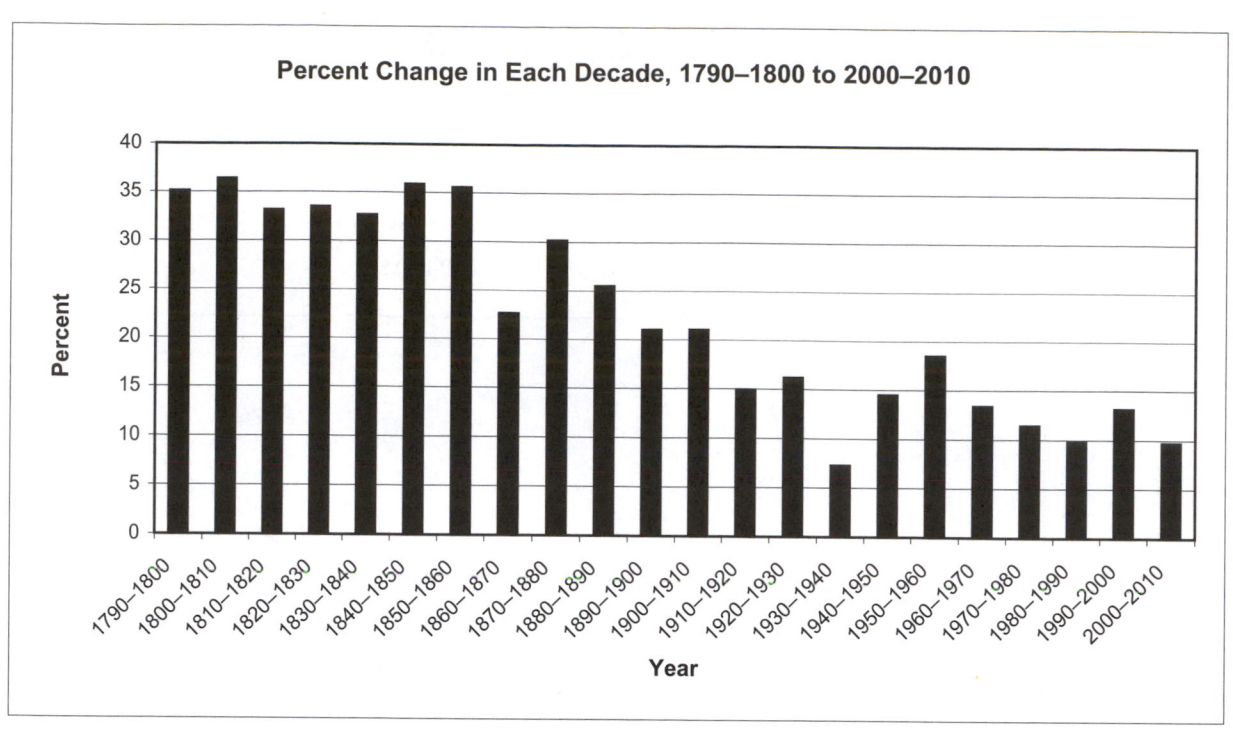

Percent Change in Each Decade, 1790–1800 to 2000–2010

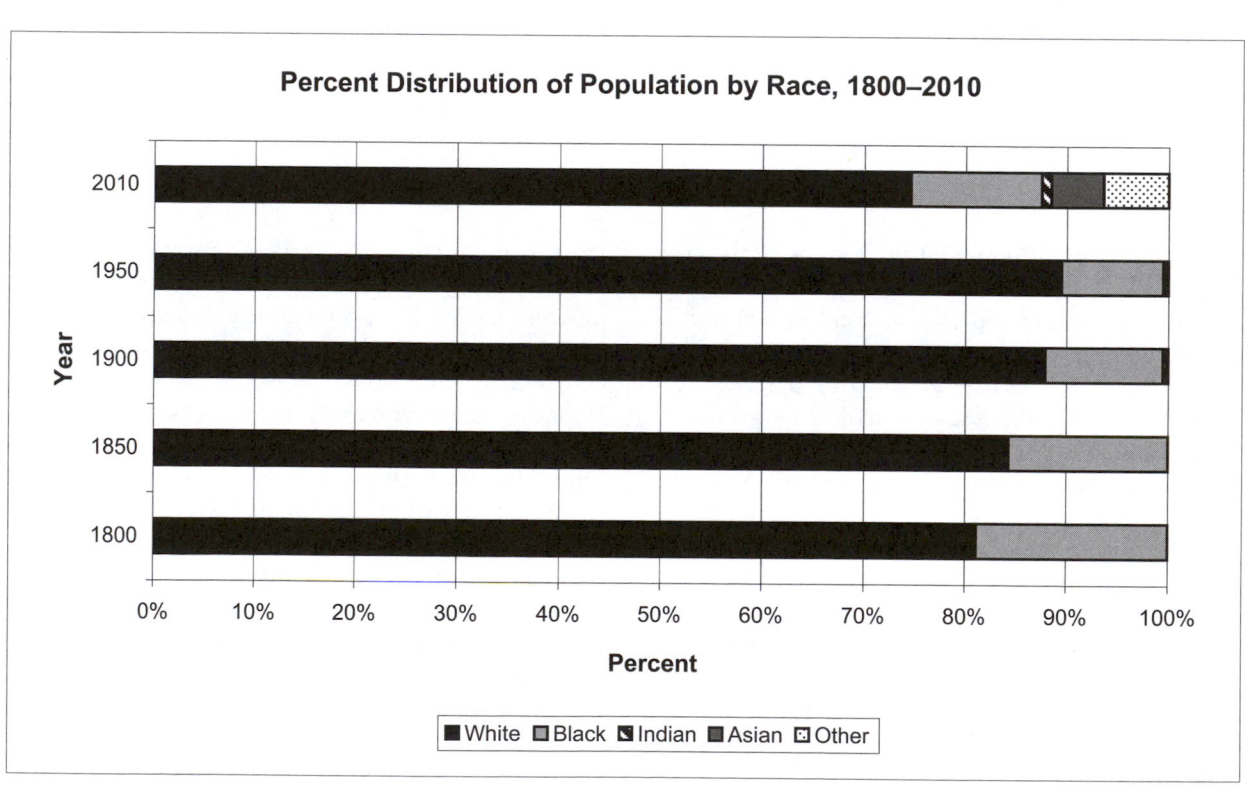

Percent Distribution of Population by Race, 1800–2010

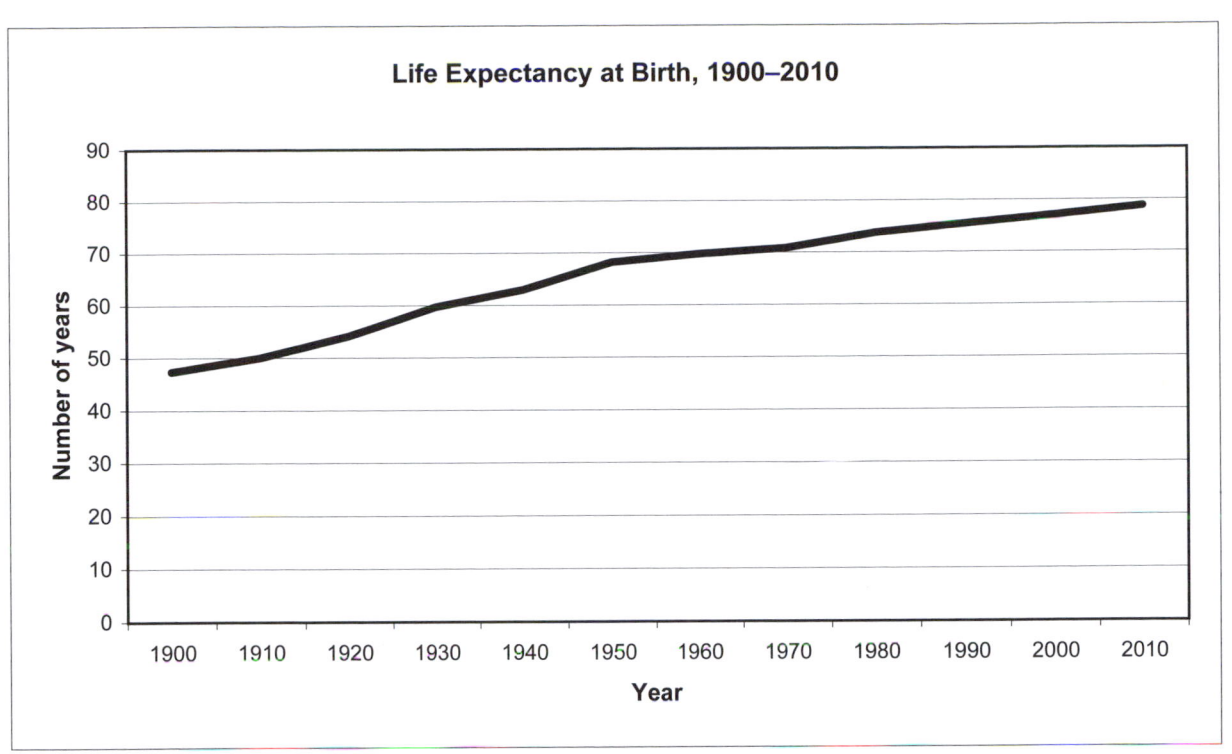

Life Expectancy at Birth, 1900–2010

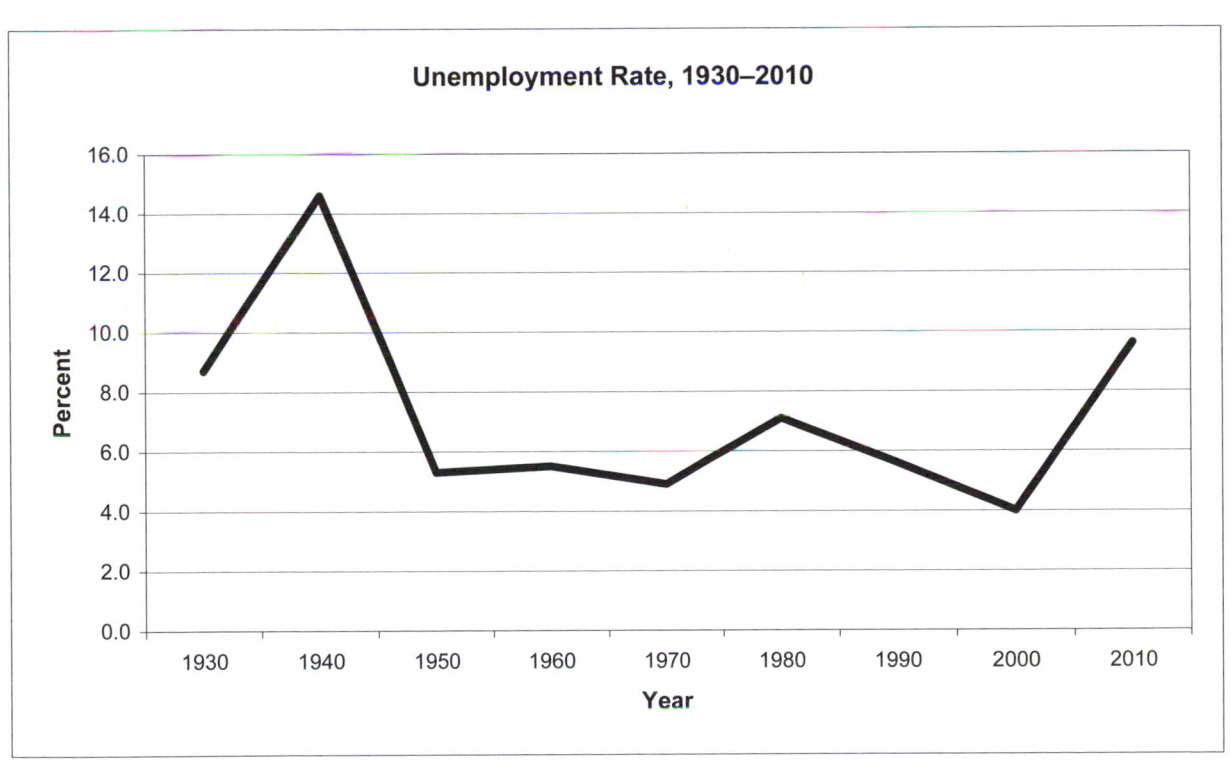

Unemployment Rate, 1930–2010

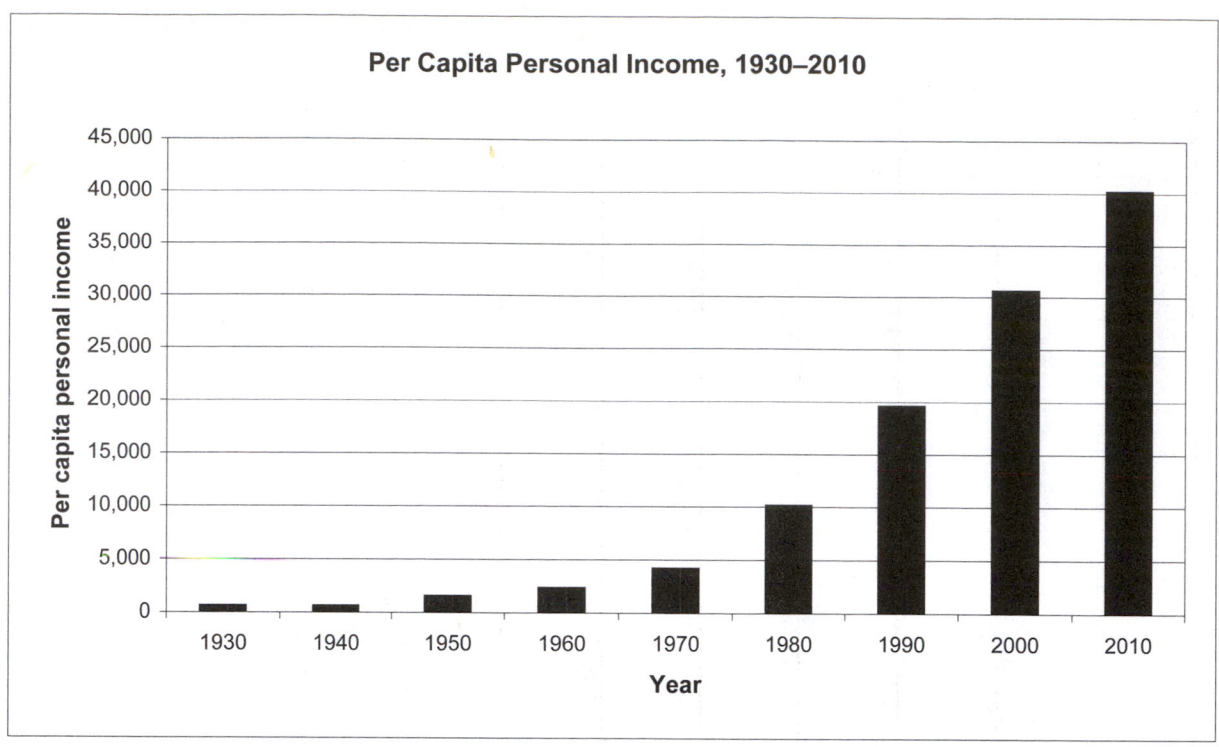

Per Capita Personal Income, 1930–2010

9 percent of people identified as "some other race" or "two or more races." In the early census years, racial identification was determined by the enumerator, and the categories were limited.

The Bureau of Labor Statistics has provided consistent measurements of the labor force and the unemployment rate for more than 80 years. Along with population growth, the civilian labor force has grown from 50 million workers in 1930 to 154 million in 2010. Of decennial years, 1940 had the highest unemployment rate, at 14.6 percent. The lowest rate—4 percent—was in 2000.

The Bureau of Economic Analysis regularly produces estimates of personal income, the income received by all persons from all sources. In 1930, personal income was 76 billion dollars. By 2010, this had grown to 12 trillion dollars. Per capita income is the measure of income for each person of all ages. In 1930, per capita income was $621. In 2010, it was $40,144.

Table A. United States

YEAR	Resident Population	Percent change from previous census	Percent urban[1]	Land area (sq mi)	Persons Per square mile	Race (Percent) White	Black	American Indian and Alaskan Native	Asian and Pacific Islander	Some other race	Median Age
	1	2	3	4	5	6	7	8	9	10	11
2010............	308,745,538	9.7	80.7	3,531,905	87.4	72.4	12.6	0.9	5.0	6.2	37.2
2000............	281,424,603	13.1	79.0	3,537,438	79.6	75.1	12.3	0.9	3.8	5.5	35.3
1990............	248,718,302	9.8	75.2	3,536,278	70.3	80.3	12.1	0.8	2.9	3.9	32.9
1980............	226,542,199	11.4	73.7	3,539,289	64.0	83.1	11.7	0.6	1.5	3.0	30.0
1970............	203,302,031	13.4	73.6	3,536,855	57.5	87.5	11.1	0.4	0.7	0.4	28.1
1960............	179,323,175	18.5	69.9	3,540,911	50.6	88.6	10.5	0.3	0.5	0.1	29.5
1950............	151,325,798	14.5	64.0	3,552,206	42.6	89.5	10.0	0.2	0.2	0.1	30.2
1940............	132,164,569	7.3	56.5	3,554,608	37.2	89.8	9.8	0.3	0.2	...	29.0
1930............	123,202,624	16.2	56.1	3,551,608	34.7	89.8	9.7	0.3	0.2	...	26.5
1920............	106,021,537	15.0	51.2	3,546,931	29.9	89.7	9.9	0.2	0.2	...	25.3
1910............	92,228,496	21.0	45.6	3,547,045	26.0	88.9	10.7	0.3	0.2	...	24.1
1900............	76,212,168	21.0	39.6	3,547,314	21.5	87.9	11.6	0.3	0.2	...	22.9
1890............	62,979,766	25.5	35.1	3,540,705	17.8	87.5	11.9	0.4	0.2	...	22.0
1880............	50,189,209	30.2	28.2	3,540,705	14.2	86.5	13.1	0.1	0.2	...	20.9
1870............	38,558,371	22.6	25.7	3,540,705	10.9	89.1	14.0	0.1	0.2	...	20.2
1860............	31,443,321	35.6	19.8	2,969,640	10.6	85.6	14.1	0.1	0.1	...	19.4
1850............	23,191,876	35.9	15.4	2,940,042	7.9	84.3	15.7	...	...	...	18.9
1840............	17,069,453	32.7	10.8	1,749,462	9.8	83.2	16.8	...	...	...	17.8
1830............	12,866,020	33.5	8.8	1,749,462	7.4	81.9	18.1	...	...	...	17.2
1820............	9,638,453	33.1	7.2	1,749,462	5.5	81.6	18.4	...	...	...	16.7
1810............	7,239,881	36.4	7.3	1,681,828	4.3	81.0	19.0	...	...	...	...
1800............	5,308,483	35.1	6.1	864,746	6.1	81.1	18.9	...	...	...	...
1790............	3,929,214	...	5.1	864,746	4.5	80.7	19.3	...	...	...	...

YEAR	Age (percent) Under 5 years	5 to 14 years	15 to 24 years	25 to 34 years	35 to 44 years	45 to 54 years	55 to 64 years	65 to 74 years [2]	75 years and over	Percent female	Life expectancy (in years)
	12	13	14	15	16	17	18	19	20	21	22
2010............	6.5	13.3	14.1	13.3	13.3	14.6	11.8	7.0	6.0	50.8	78.7
2000............	6.8	14.6	13.9	14.2	16.0	13.4	8.6	6.5	5.9	50.9	77.0
1990............	7.4	14.2	14.8	17.4	15.1	10.1	8.5	7.3	5.2	51.2	75.4
1980............	7.2	15.4	18.8	16.4	11.3	10.1	9.6	6.9	4.4	51.4	73.7
1970............	8.4	20.1	17.4	12.3	11.4	11.4	9.1	6.1	3.7	51.3	70.8
1960............	11.3	19.8	13.4	12.7	13.4	11.4	8.7	6.1	3.1	50.6	69.7
1950............	10.7	16.1	14.7	15.8	14.2	11.5	8.8	5.6	2.6	50.2	68.2
1940............	8.0	17.0	18.2	16.2	13.9	11.8	8.0	4.8	2.0	49.8	62.9
1930............	9.3	20.1	18.3	15.4	14.0	10.6	6.8	3.8	1.5	49.4	59.7
1920............	11.0	20.9	17.7	16.3	13.4	9.9	6.2	3.3	1.4	49.0	54.1
1910............	11.6	20.6	19.7	16.5	12.7	9.1	5.5	3.0	1.3	48.5	50.0
1900............	12.1	22.4	19.6	15.9	12.2	8.4	5.3	2.9	1.2	48.9	47.3
1890............	12.2	23.3	20.4	15.7	11.3	8.1	5.0	3.9	...	48.8	
1880............	13.8	24.3	20.1	14.9	10.9	7.8	4.7	3.4	...	49.1	
1870............	14.3	24.9	20.2	14.6	11.0	7.6	4.3	3.0	...	49.4	
1860............	...	...	...	...	...	...	...	...	...	48.8	
1850............	...	...	...	...	...	...	...	...	...	49.0	
1840............	...	...	...	...	...	...	...	...	...	49.1	
1830............	...	...	...	...	...	...	...	...	...	49.2	
1820............	...	...	...	...	...	...	...	...	...	49.2	
1810............	...	...	...	...	...	...	...	...	...	...	
1800............	...	...	...	...	...	...	...	...	...	...	
1790............	...	...	...	...	...	...	...	...	...	...	

[1] Please see notes and definitions for definition of "urban."

[2] Data before 1900 refers to age 65 and over.

... = Not available.

Table A. United States—*Continued*

YEAR	Households						Housing units		Foreign-born population							
					Family households					Region of birth reported						
	Number	Average household size	Percent one-person housholds	Percent in group quarters	Total	With own children under 18 years	Total	Percent owner-occupied of occupied housing units	Percent-foreign born	Total	Europe	Asia	Africa	Oceania	Latin America	Northern America
	23	24	25	26	27	28	29	30	31	32	33	34	35	36	37	38
2010..........	116,716,292	2.6	26.7	2.6	66.4	29.8	131,704,730	65.1	12.9	100.0	12.1	28.2	4.0	0.5	53.1	2.0
2000..........	105,480,101	2.6	25.8	2.8	68.1	48.2	115,904,641	66.2	11.1	100.0	15.8	26.4	2.8	0.5	51.7	2.7
1990..........	91,947,410	2.6	24.6	2.7	70.2	47.9	102,263,678	64.2	7.9	100.0	22.9	26.3	1.9	0.5	44.3	4.0
1980..........	80,389,673	2.8	22.7	2.5	73.2	51.2	88,411,263	64.4	6.2	100.0	39.0	19.3	1.5	0.6	33.1	6.5
1970..........	63,449,747	3.1	17.6	2.9	80.3	54.9	68,679,030	62.9	4.7	100.0	61.7	8.9	0.9	0.4	19.4	8.7
1960..........	53,021,061	3.3	13.3	2.8	84.9	56.9	58,326,357	61.9	5.4	100.0	75.0	5.1	0.4	0.4	9.4	9.8
1950..........	42,857,335	3.4	9.3	3.8	89.4	51.9	45,983,398	55.0	6.9	100.0	...	...	...	...	...	...
1940..........	34,854,532	3.7	7.7	2.5	...	...	37,325,470	43.6	8.8	100.0	...	...	...	...	...	...
1930..........	29,904,663	4.0	...	2.4	...	...	...	47.8	11.6	100.0	83.0	1.9	0.1	0.1	5.6	9.2
1920..........	24,351,676	...	...	...	...	...	...	45.6	13.2	100.0	85.7	1.7	0.1	0.1	4.2	8.2
1910..........	20,255,555	...	...	...	...	...	...	45.9	14.7	100.0	87.4	1.4	-	0.1	2.1	9.0
1900..........	15,963,965	4.6	5.1	3.4	...	...	...	46.7	13.6	100.0	86.0	1.2	-	0.1	1.3	11.4
1890..........	12,690,152	4.9	...	...	...	...	...	...	14.8	100.0	86.9	1.2	-	0.1	1.2	10.6
1880..........	9,945,916	5.0	...	...	...	...	...	...	13.3	100.0	86.2	1.6	-	0.1	1.3	10.7
1870..........	7,579,363	5.0	...	...	...	...	...	...	14.4	100.0	88.8	1.2	-	0.1	1.0	8.9
1860..........	5,210,984	5.3	...	...	...	...	...	...	13.2	100.0	92.1	0.9	-	0.1	0.9	6.0
1850..........	3,598,240	5.6	...	...	...	...	...	...	...	100.0	92.2	0.1	-	-	0.9	6.7
1840..........	...	...	...	...	...	...	...	...	...	...	...	...	...	...	...	...
1830..........	...	...	...	...	...	...	...	...	...	...	...	...	...	...	...	...
1820..........	...	...	...	...	...	...	...	...	...	...	...	...	...	...	...	...
1810..........	...	...	...	...	...	...	...	...	...	...	...	...	...	...	...	...
1800..........	...	...	...	...	...	...	...	...	...	...	...	...	...	...	...	...
1790..........	...	...	...	...	...	...	...	...	...	...	...	...	...	...	...	...

YEAR	Civilian labor force			Personal income			
	Total[3]	Employed[3]	Unemployment rate	Total (mil dol)	Percent change from previous census	Per capita income	Percent change in per capita income from previous census
	39	40	41	42	43	44	45
2010..........	153,889	139,064	9.6	12,417,659	43.9	40,144	31.2
2000..........	142,583	136,891	4.0	8,630,550	76.5	30,587	56.2
1990..........	125,840	118,793	5.6	4,888,493	112.0	19,584	92.9
1980..........	106,940	99,303	7.1	2,306,348	169.7	10,150	141.9
1970..........	82,771	78,678	4.9	855,078	104.5	4,196	80.6
1960..........	69,628	65,778	5.5	418,095	79.4	2,323	51.4
1950..........	62,208	58,918	5.3	233,009	194.3	1,534	155.7
1940..........	55,640	47,520	14.6	79,171	3.7	600	-3.4
1930..........	49,820	45,480	8.7	76,371	...	621	...
1920..........	...		...	...	...	...	...
1910..........	...		...	...	...	...	...
1900..........	...		...	...	...	...	...
1890..........	...		...	...	...	...	...
1880..........	...		...	...	...	...	...
1870..........	...		...	...	...	...	...
1860..........	...		...	...	...	...	...
1850..........	...		...	...	...	...	...
1840..........	...		...	...	...	...	...
1830..........	...		...	...	...	...	...
1820..........	...		...	...	...	...	...
1810..........	...		...	...	...	...	...
1800..........	...		...	...	...	...	...
1790..........	...		...	...	...	...	...

[1] Please see notes and definitions for definition of "urban."
[2] Data before 1900 refers to age 65 and over.
[3] Data before 1940 refers to those 14 years and over. Data after 1950 refers to to those 16 years and over.
... = Not available.

PART A. NOTES AND DEFINITIONS

Part A contains a selection of historical data for the United States from three major federal statistical agencies: The Bureau of the Census, The Bureau of Economic Analysis, and the Bureau of Labor Statistics. Population, land area measurements, and some race data start with the first census in 1790. Some consistent data on age and sex came as early as 1820, and the foreign-born percentage of the population goes back to 1850. Both the labor force data from the Bureau of Labor Statistics and the personal income data from the Bureau of Economic Analysis go back to 1930.

POPULATION AND LAND AREA (Items 1 through 5)
Source: U.S. Census Bureau, 2010 Census of Population and Housing, *Population and Housing Unit Counts,* **CPH-2-1, United States Summary, U.S. Government Printing Office, 2012.**

The population, land area, and density are from Table 2 in *Population and Housing Unit Counts.* The **land area** is the size, in square miles, of the United States, excluding water area. Population **density** is computed by dividing the total population of the United States by the land area of the United States measured in square miles.

Percent urban. The percentage of the population living in urban areas (item 3) represents a definition that has changed over time. The proportion for each year shown reflects the definition that applied at that time.

1800 to 1940. In censuses prior to 1950, "urban" comprised all territory, persons, and housing units in incorporated places of 2,500 or more persons, and in areas (usually minor civil divisions) classified as urban under special rules relating to population size and density. The definition of urban that restricted itself to incorporated places having 2,500 or more persons excluded many large, densely settled areas merely because they were not incorporated. Prior to the 1950 census, the Census Bureau attempted to avoid some of the more obvious omissions by classifying selected areas as "urban under special rules." Even with these rules, however, many large, closely built-up areas were excluded from the urban category.

1950 to 1990. To improve its measure of urban territory, population, and housing units, the Census Bureau adopted the concept of the urbanized area and delineated boundaries for unincorporated places (now, census designated places) for the 1950 census. Urban was defined as territory, persons, and housing units in urbanized areas and, outside urbanized areas, in all places, incorporated or unincorporated, that had 2,500 or more persons. With the following three exceptions, the 1950 census definition of urban continued substantially unchanged through 1990. First, in the 1960 census (but not in the 1970, 1980, or 1990 censuses), certain towns in the New England States, townships in New Jersey and Pennsylvania, and Arlington County, Virginia, were designated as urban. However, most of these "special rule" areas would have been classified as urban anyway because they were included in an urbanized area or in an unincorporated place of 2,500 or more persons. Second, "extended cities" were identified for the 1970, 1980, and 1990 censuses. Extended cities primarily affect the figures for urban and rural territory (area), but have very little effect on the urban and rural population and housing units at the national and state levels—although for some individual counties and urbanized areas, the effects have been more evident. Third, changes since the 1970 census in the criteria for defining urbanized areas have permitted these areas to be defined around smaller centers.

The Census Bureau defined "urban" for the 1990 census as comprising all territory, population, and housing units in urbanized areas and in places of 2,500 or more persons outside urbanized areas. More specifically, "urban" consists of territory, persons, and housing units in:

1. Places of 2,500 or more persons incorporated as cities, villages, boroughs (except in Alaska and New York), and towns (except in the six New England States, New York, and Wisconsin), but excluding the rural portions of "extended cities."

2. Census designated places of 2,500 or more persons.

3. Other territory, incorporated or unincorporated, included in urbanized areas.

2000 to 2010. Beginning with the 2000 census, the Census Bureau created and implemented the concept of an urban cluster. For the 2000 and 2010 censuses, the Census Bureau classified as urban all territory, population, and housing units located within urbanized areas (UAs) and urban clusters (UCs), both defined using the same criteria. The Census Bureau delineates UA and UC boundaries that represent densely developed territory, encompassing residential, commercial, and other nonresidential urban land uses. In general, this territory consists of areas of high population density and urban land use resulting in a representation of the "urban footprint."

Rural consists of all territory, population, and housing units located outside UAs and UCs.

An urbanized area (UA) consists of densely developed territory that contains 50,000 or more people. The Census Bureau delineates UAs to provide a better separation of urban and rural territory, population, and housing in the vicinity of large places.

An urban cluster (UC) consists of densely developed territory that has at least 2,500 people but fewer than 50,000 people.

POPULATION CHARACTERISTICS (Items 6 through 21)

Source: (2010) U.S. Census Bureau, 2010 Census of Population and Housing, *Summary Population and Housing Characteristics*, CPH-1-1, United States Summary, U.S. Government Printing Office, 2013.

(1900 to 2000) Hobbs, Frank and Nicole Stoops, U.S. Census Bureau, Census 2000 Special Reports, Series CENSR-4, *Demographic Trends in the 20th Century*, U.S. Government Printing Office, Washington, DC, 2002.

(1790 to 1890) U.S. Census Bureau, *Historical Statistics of the United States, Colonial Times to 1970, Bicentennial Edition, Part 1*. Washington, DC: U.S. Government Printing Office, 1975.

Race

Data on race have been collected since the first U.S. decennial census in 1790. The terms used to describe each race, the categories collected on the questionnaire, the method of obtaining responses on race, and the manner of tabulating the data all changed over the years.

The race data included in Table A represent the totals as reported at the time of each census, with one exception. The 1930 census included a separate race category for the Mexican population, while the 1940 census eliminated this category and revised the 1930 data tabulation to include the Mexican population in the White population. For increased comparability, the Census Bureau's report *Demographic Trends in the 20th Century* used the 1940 revision of the 1930 race data.

Prior to 1950, all published race data could be classified into one of four categories: White, Black, Asian and Pacific Islander, and American Indian, Eskimo, and Aleut. Beginning with the 1950 census, the category "Other" or "Some other race" became a fifth major category.

For the 2000 and 2010 censuses, the Asian and Pacific Islander category was split into "Asian" and "Native Hawaiian and Other Pacific Islander." Also, for the first time, individuals could identify themselves or other members of their household as more than one race. As a result, a seventh major category, "Two or more races," was added to allow for the tabulation of people who reported more than one of the six major categories. Although the collection of race data for specific population groups varied over the censuses, Table A uses the current names for categories.

Since the 2000 and 2010 censuses allowed individuals to self-identify as more than one race for the first time, the data on race is published in two broad categories: the race alone population and the race in combination population. People who indicated only one race are referred to as the race alone population. Individuals who chose more than one of the six individual race categories are referred to as the race in combination population, or as the group who reported more than one race. Adding the race alone population and the race in combination population together creates the maximum number of people reporting an individual race, and is referred to as the race alone or in combination population. Table A shows the race alone population for those two censuses, while Table B shows the race alone or in combination population.

The 2010 definitions of the racial categories are:

White: A person having origins in any of the original peoples of Europe, the Middle East, or North Africa. It includes people who indicate their race as *White* or report entries such as Irish, German, Italian, Lebanese, Near Easterner, Arab, or Polish.

Black: A person having origins in any of the Black racial groups of Africa. Over time, the terminology used for this race category has included Black, Negro, and African American. It includes written entries such as African American, Afro American, Kenyan, Nigerian, or Haitian.

American Indian and Alaskan Native: A person having origins in any of the original peoples of North and South America (including Central America), who maintains tribal affiliation or community attachment. Over time, the terminology used for this race category changed to reflect the data collected during each decennial census. The terms used over the years included Indian; American Indian; American Indian, Eskimo, and Aleut; and American Indian and Alaska Native.

Asian and Pacific Islander: Asian describes a person having origins in any of the original peoples of the Far East, Southeast Asia, or the Indian subcontinent, including, for example, Cambodia, China, India, Japan, Korea, Malaysia, Pakistan, the Philippine Islands, Thailand, and Vietnam. It includes people who indicate their race as "Asian Indian," "Chinese," "Filipino," "Korean," "Japanese," "Vietnamese," and "Other Asian" or provide other detailed Asian responses. Native Hawaiian or Other Pacific Islander describes a person having origins in any of the original peoples of Hawaii, Guam, Samoa, or other Pacific Islands. It includes people who indicate their race as "Native Hawaiian," "Guamanian or Chamorro," "Samoan," and "Other Pacific Islander" or provide other detailed Pacific Islander response.

The term *Asian and Pacific Islander* is used here in order to maximize data comparability over the centuries despite changes that took place in the terms used to describe each race, the race categories collected on the questionnaire, and the manner in which the data was tabulated. Prior to 1910, the only individual Asian and Pacific Islander categories available were Chinese and Japanese. From 1910 to 1940, the racial classification included an Other race category with write-in responses to obtain separate figures on other groups such as Filipinos and Koreans. For those years, each detailed Asian and Pacific Islander group tabulated separately was classified into the total Asian and Pacific Islander group. However, data collection and publication practices varied with each census. For a more detailed explanation see *Demographic Trends in the 20th Century*.

Age

The age classification is based on the age of the person at his or her last birthday. The median age divides the age distribution into two equal parts, one-half of the population falling below the median age and one-half above the median.

LIFE EXPECTANCY (Item 22)
Source: (1900 to 2000) U.S. Census Bureau, *The 2012 Statistical Abstract: Historical Statistics*, Table HS-16, 2004. (2010) National Center for Health Statistics, National Vital Statistics Report, Volume 61, No. 4.

The **life expectancy** is the average number of years a hypothetical group of people born in a specified year would live if they experienced over their lifetime the mortality rates at each year of age that occurred in the specified year.

HOUSEHOLDS (Items 23 through 28)
Source: (2010) U.S. Census Bureau, 2010 Census of Population and Housing, *Summary Population and Housing Characteristics*, CPH-1-1, United States Summary, U.S. Government Printing Office, 2013.

(1900 to 2000) Hobbs, Frank and Nicole Stoops, U.S. Census Bureau, Census 2000 Special Reports, Series CENSR-4, *Demographic Trends in the 20th Century*, U.S. Government Printing Office, Washington, DC, 2002.

A **household** consists of one person or a group of people living in a housing unit. The **average household size** is a measure obtained by dividing the number of people in households by the total number of households. A **one-person household** consists of one person living alone.

The **group quarters population** includes all people who are not living in households. There are two types of group quarters populations: institutionalized and noninstitutionalized. Examples of institutionalized populations are people living in correctional institutions, nursing homes, (psychiatric) hospitals or wards, and juvenile institutions. Examples of noninstitutionalized group quarters populations are people living in college dormitories and military quarters.

A **family household** consists of a householder and one or more people living together in the same household who are related to the householder by birth, marriage, or adoption. All people in a household who are related to the householder are regarded as members of his or her family. A family household may contain people not related to the householder, but those people are not included as part of the householder's family in census tabulations. In 1950 and 1960, a household enumerated in the census could contain more than one family. Thus, there were more families than family households. From 1970 to 2010, each family household in the census could contain only one family, resulting in an equal number of families and family households. Not all households contain families since a household may comprise a group of unrelated people or one person living alone.

HOUSING UNITS (Items 29 and 30)
Source: (2010) U.S. Census Bureau, 2010 Census of Population and Housing, *Summary Population and Housing Characteristics*, CPH-1-1, United States Summary, U.S. Government Printing Office, 2013.

(1940 to 2000) Hobbs, Frank and Nicole Stoops, U.S. Census Bureau, Census 2000 Special Reports, Series CENSR-4, *Demographic Trends in the 20th Century*, U.S. Government Printing Office, Washington, DC, 2002.

A **housing unit** is a house, an apartment, a mobile home, a group of rooms, or a single room that is occupied, or intended for occupancy, as separate living quarters. Separate living quarters are those in which the occupant(s) live separately from any other people in the building and which have direct access from outside the building or through a common hall.

FOREIGN-BORN POPULATION (Items 31 through 38)
Source: (1850 to 1990) Gibson, Campbell J. and Emily Lennon, U.S. Census Bureau, *Historical Census Statistics on the Foreign-born Population of the United States: 1850-1990*, Population Division Working Paper No. 29. 1999.

(2000) Malone, Nolan, Kaari F. Baluja, Joseph M. Costanzo, and Cynthia J. Davis; *The Foreign-Born Population: 2000*; Census 2000 Brief C2KBR-34, 2003.

(2010) Grieco, Elizabeth M., Yesenia D. Acosta, G. Patricia de la Cruz, Christine Gambino, Thomas Gryn, Luke J. Larsen, Edward N. Trevelyan, and Nathan P. Walt; *The Foreign-Born Population in the United States: 2010*, American Community Survey Report ACS-19, 2012.

The native population includes all U.S. residents who were born in the United States or an outlying area of the United States (e.g., Puerto Rico), or who were born in a foreign country, but who had at least one parent who was an American citizen. All other residents of the United States were classified as **foreign born**. Data on the total foreign-born population of the United States are generally comparable from 1850 to 2010, although the definition of foreign born has been refined. Since 1890, individuals who were born in a foreign country, but who had at least one parent who was an American citizen, have been defined as native rather than as foreign born.

CIVILIAN LABOR FORCE AND UNEMPLOYMENT (Items 39 to 41)
Source: U.S. Bureau of Labor Statistics—Current Population Survey
http://www.bls.gov/cps/

The Current Population Survey (CPS) is a monthly survey that analyzes and publishes statistics on the labor force, employment, and unemployment, classified by a variety of demographic, social, and economic characteristics. This survey is conducted by the Census Bureau for the Bureau of Labor Statistics (BLS).

The **civilian labor force** consists of all civilians 16 years old and over who are either employed or unemployed.

Unemployment rate is the number of unemployed persons as a percentage of the civilian labor force. Unemployed persons are all persons who had no employment during the reference week, but who were available for work (except for temporary illness) and had made specific efforts to find employment some time during the four-week period ending with the reference week. Persons who were waiting to be recalled to a job from which they had been laid off need not have been looking for work to be classified as unemployed.

PERSONAL INCOME (Items 42 to 45)
Source: U.S. Bureau of Economic Analysis, Regional Economic Accounts
http://www.bea.gov/regional/index.htm#state

Total personal income is the current income received by residents of an area from all sources. It is measured before deductions of income and other personal taxes but after deductions of personal contributions for Social Security, government retirement, and other social insurance programs. It consists of wage and salary disbursements (covering all employee earnings, including executive salaries, bonuses, commissions, payments-in-kind, incentive payments, and tips); various types of supplementary earnings, such as employers' contributions to pension funds (termed "other labor income" or "supplements to wages and salaries"); proprietors' income; rental income of persons; dividends; personal interest income; and government and business transfer payments.

Per capita personal income is based on resident population estimated as of July 1 of the year shown.

PART B

States

INTRODUCTION TO PART B

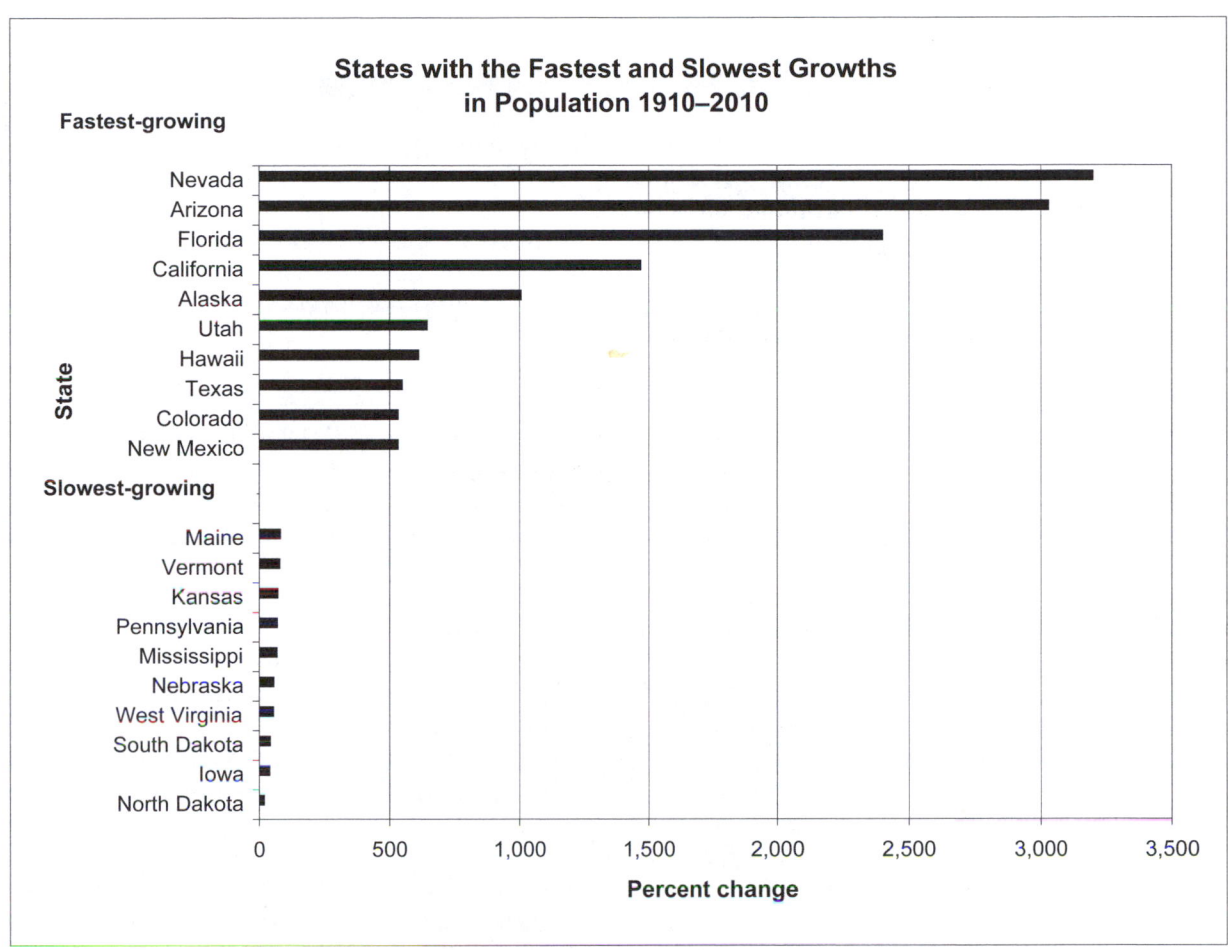

At the time of the 1790 census, there were 13 states: Delaware, Pennsylvania, New Jersey, Georgia, Connecticut, Massachusetts, Maryland, South Carolina, New Hampshire, Virginia, New York, North Carolina, and Rhode Island. An additional five states were included because they were then territories or parts of the existing states: Vermont, Kentucky, Tennessee, Maine, and West Virginia. Virginia was the most populous state at the time, with almost 700,000 residents (over 800,000 if its territories that are now West Virginia and Kentucky are included). Delaware, the first state, was the smallest of the original 13 states with a population of 59,096. By 1800, the census included six more states and the District of Columbia. Of the new states, Ohio had 42,159 residents, but none of the others had more than 10,000. Between the first census and the Civil War, the United States population grew by more than 30 percent each decade, growth rates that

varied enormously from state to state. Often there were huge proportional increases during the first decade of statehood, usually reflecting the pattern of westward expansion. The national growth rates remained above 20 percent until the 20th century.

The sex ratio is the number of males per 100 females. Until 1950, every census counted more men than women. In the early 20th century, many states—especially the older Eastern states—had relatively even proportions of men and women, and the women outnumbered men in a few states. The 1900 census showed that Wyoming, Montana, and Nevada had more than 150 men for every 100 women, and the ratio was very high in several other Western states. The District of Columbia had only 90 men for every 100 women, and nine Eastern states had fewer men than women. By 2010, the ratio had shifted to 96.7 men for

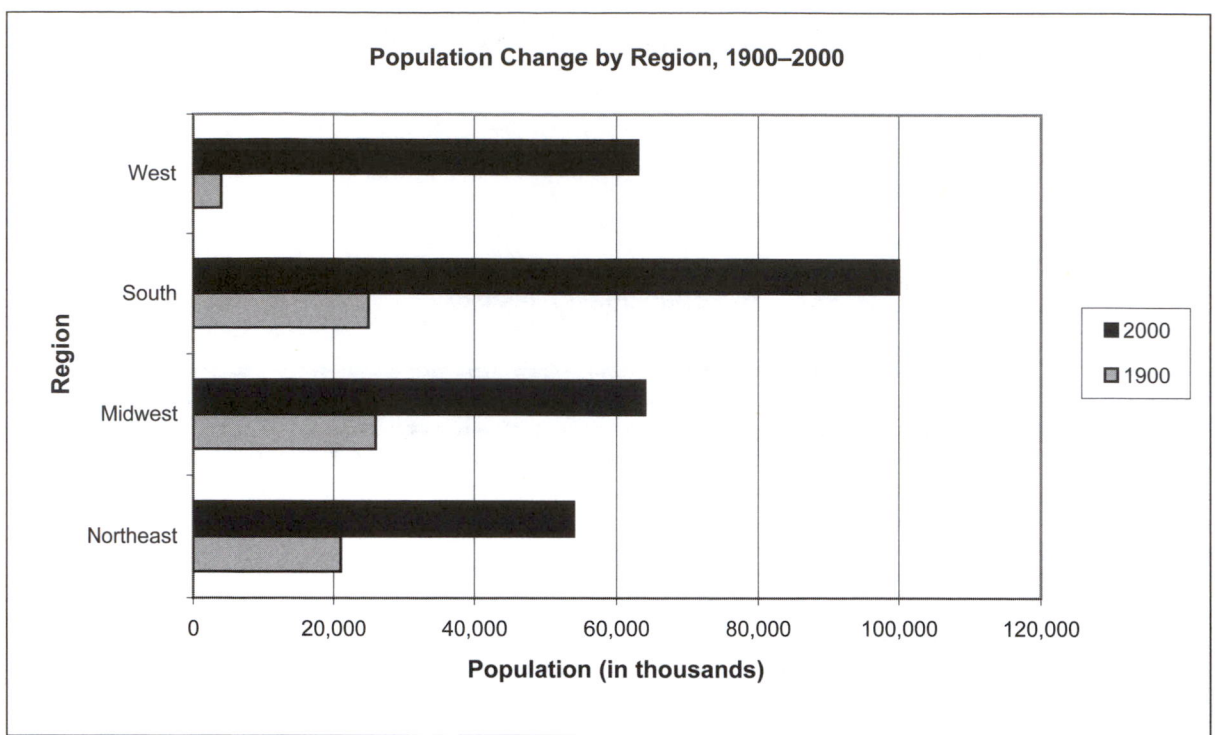

Population Change by Region, 1900–2000

every 100 women. Only ten states—all in the West—had more men than women. Alaska had 108 men to every 100 women, the highest of any state. The District of Columbia had essentially the same ratio that it had 100 years earlier, and ten states had fewer than 95 men for every 100 women.

In 1900, children under 15 comprised more than one-third of the U.S. population. The figure on page 17 is a hand-drawn population pyramid from 1900. The two figures on page 18 are modern day figures that show the change in population from 1900 to 2010. Twenty-four states had levels above the national average of 34.5 percent, led by South Carolina and Mississippi, both at or above 42 percent. Only 25 percent of people in the District of Columbia were under 15, followed closely by Nevada and New Hampshire, both about 26 percent. By 2010, children under 15 made up less than 20 percent of the population, with only 21 states above this level. Utah had the highest proportion at 26.7 while the District of Columbia again had the fewest children at 13.9 percent of its population.

In 1870 only 3 percent of U.S. residents were 65 years old and over. With increased life expectancy and lower birth rates, the proportion had grown to 13 percent by 2010. In 1900, the proportion who were 65 and older measured 4.1 percent, but Vermont, Maine, and New Hampshire all had about 8 percent of their populations in this age group. At the other extreme, Wyoming, Oklahoma, and Montana had levels of 2 percent or less. In 2010, Florida had the highest

proportion of older residents—17.4 percent—with West Virginia, Maine, and Pennsylvania all around 16 percent. The lowest proportions were in Alaska and Utah, both below 10 percent.

A dependency ratio is sometimes used to describe the age structure of a population—the relationship between the "working age" population and the "dependent" populations, young and old. A dependency ratio shows the number of the "dependent" population as a percentage of the number of the "working age" population. The "working age" population shifts over time but in Table B is identified as ages 15 to 64, more appropriate for the earlier years than the present time, when 18 is a more common age for entering the workforce and many individuals work past the age of 65. By this definition, the dependency ratio was 62.9 in 1900—56.2 for dependent children and 6.7 for dependent elderly. In other words, 100 working people supported 62.9 dependent people. By 2010, the ratio had dropped to 49— 29.5 for dependent children and 19.5 for dependent elderly. In 1900, South Carolina had the highest dependency ratio at 84.5 reflecting a high proportion of children under 15. With a much higher proportion of working age adults than any of the states, the District of Columbia had the lowest dependency ratio—41.2. In 2010, Utah and Idaho had the highest dependency ratios (55.8 and 54.6), both with higher than average numbers of children. The District of Columbia still had the lowest dependency ratio (34.0) and the highest proportion in the working-age group. Other states

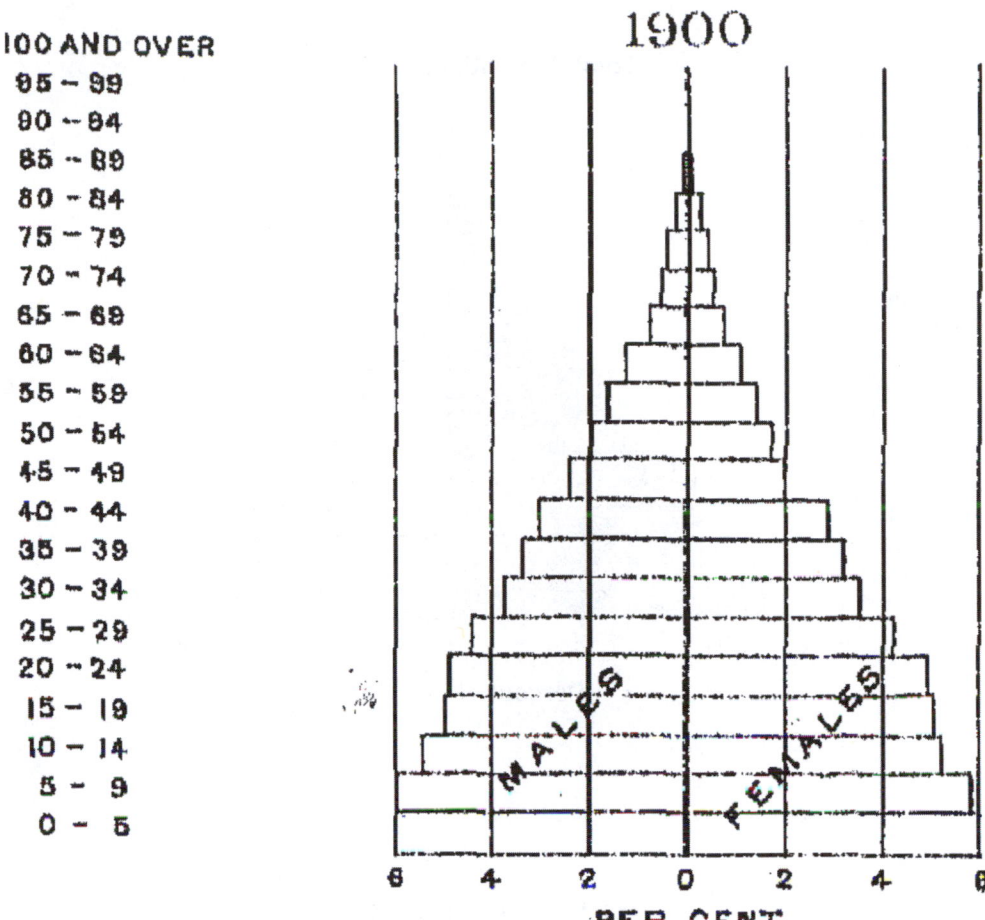

100 AND OVER
95 – 99
90 – 94
85 – 89
80 – 84
75 – 79
70 – 74
65 – 69
60 – 64
55 – 59
50 – 54
45 – 49
40 – 44
35 – 39
30 – 34
25 – 29
20 – 24
15 – 19
10 – 14
5 – 9
0 – 5

1900

MALES   FEMALES

6   4   2   0   2   4   6

PER CENT

with above average dependency ratios in 2010 reflected the increased population over 65. Florida's dependency ratio of 53.5 was evenly divided between young and old.

Every census has collected data on race. Early censuses often relied on the enumerators' observations, and it wasn't until 2000 that persons could identify with more than a single race. Questions on Hispanic or Latino origin were not asked consistently until 1980. The population was 80 percent White in the first census, remaining over 80 percent through 1990, and reaching close to 90 percent between 1920 and 1950. The Black population, near 20 percent in the 1790 census, had dropped to about 12 percent by 1900. In 1900, the Black population was concentrated in the Southern states, where Blacks often comprised more than 40 percent of the population, as much as 58 percent in Mississippi and South Carolina. In 16 states, less than one percent of the population was Black. With large numbers of European immigrants in the first half of the 20th century, the Black population dropped below 10 percent for several decades, but increased again in the last half of the century. By 2010, 13.6 percent of the population identified as Black

alone or in combination with one or more other races, with numbers more evenly dispersed among the states. Only the District of Columbia had a Black population of more than 50 percent, and only Montana had a Black population of less than one percent of its total.

Other race groups have been on the census through its history but have varied in how they have been defined and counted. Table B shows the proportions of American Indian and Alaska Native and Asian and Pacific Islander populations, the 2010 designations. For 2000 and 2010, these include persons who identified these races alone or in combination with other groups, limiting comparability with earlier years.

The growth of the Hispanic or Latino population also limits comparability with earlier years. Only on the census as a separate category since 1980, the Hispanic or Latino population grew from 6.4 percent in 1980 to 16.3 percent in 2010. This identification is separate from the race categories. Hispanic or Latino persons can be of any race. Most identify themselves as White, but many use the category

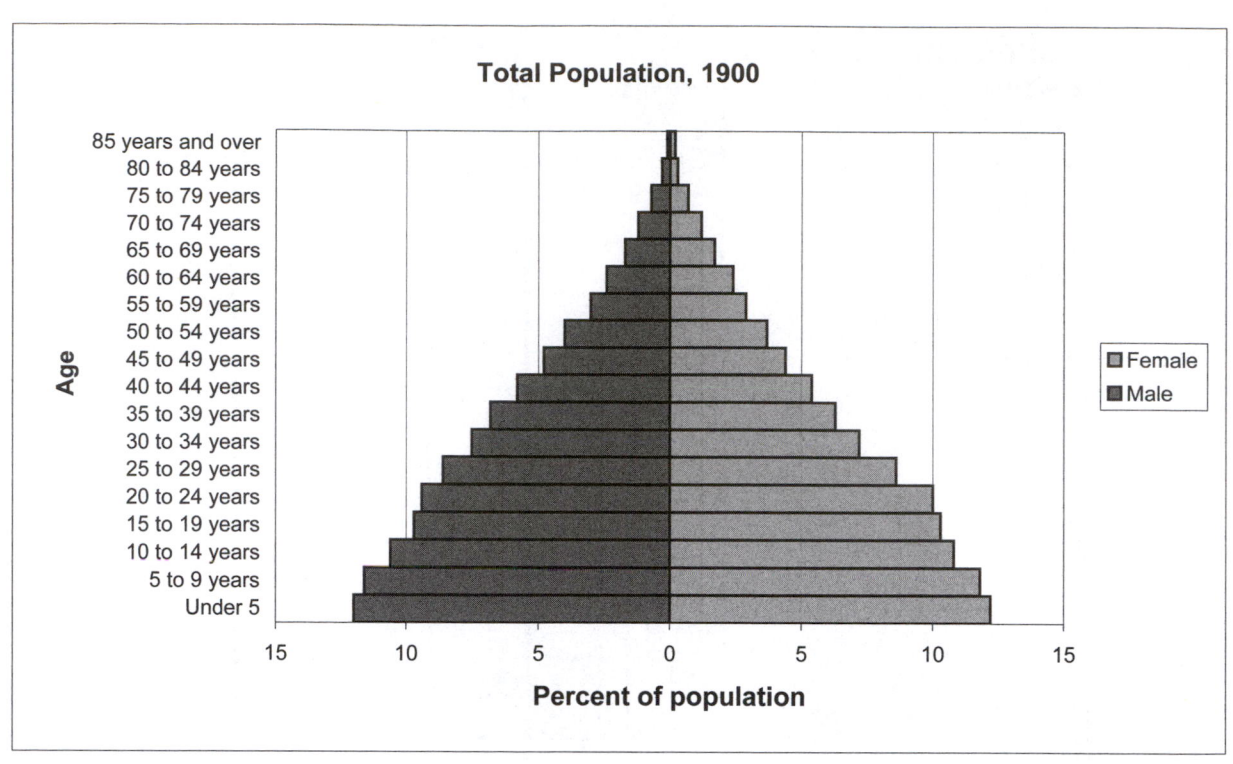

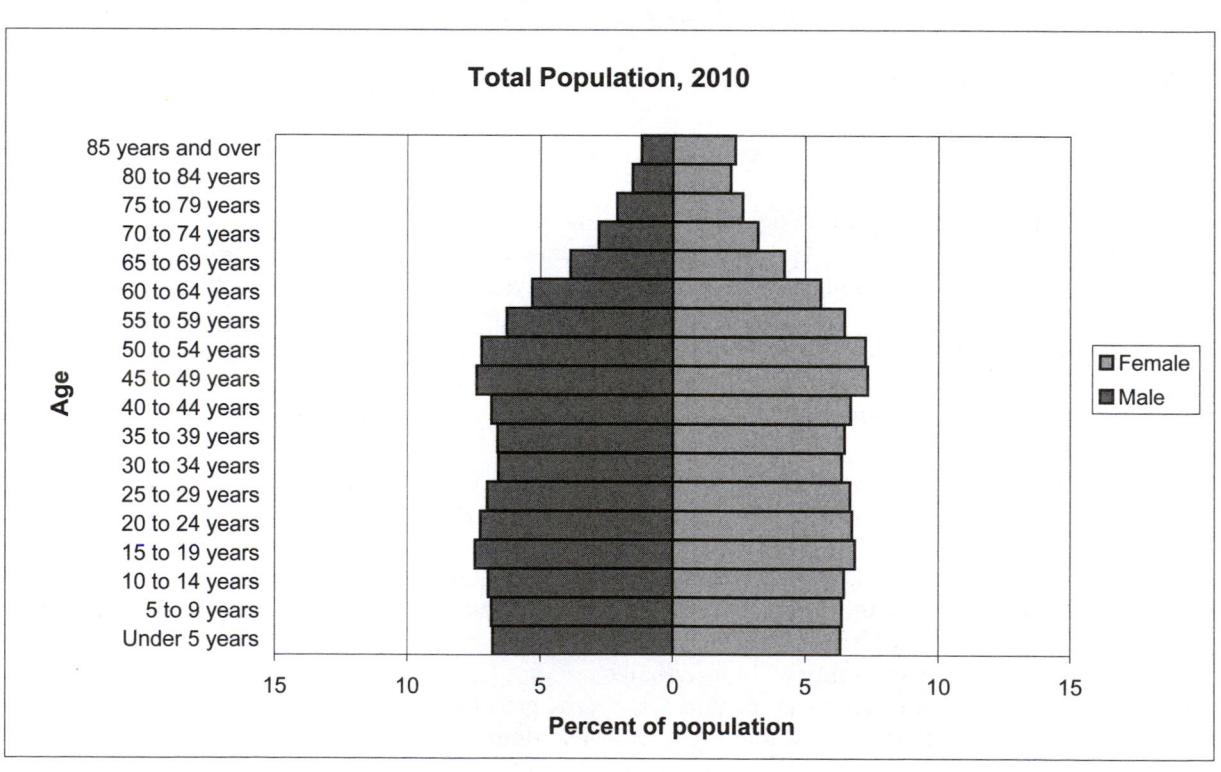

TOTAL FOREIGN BORN, 1910: 13,515,886.

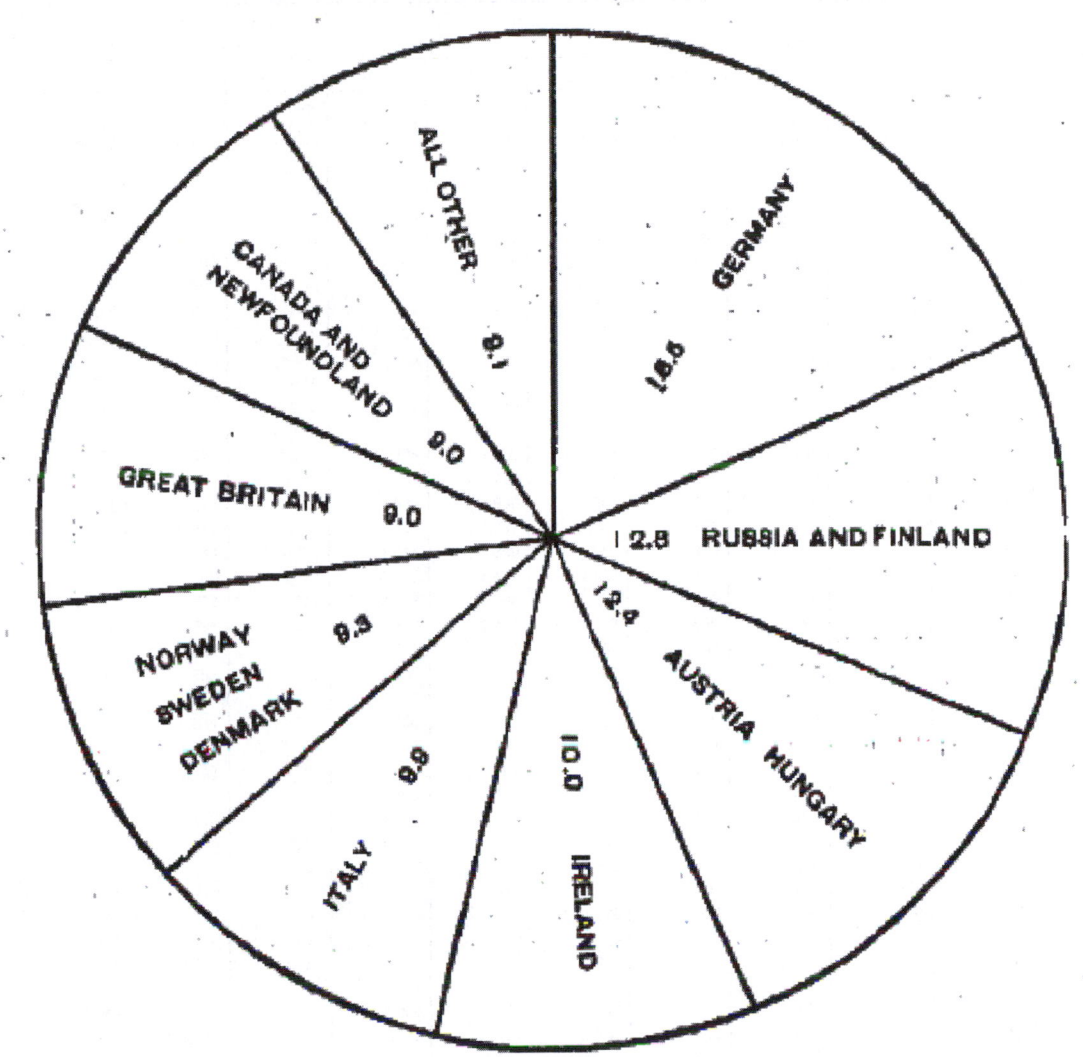

"Some other race." In 2010, New Mexico's population had the highest proportion of Hispanic or Latino persons at 46.3 percent. California and Texas have much larger numbers, with 37.6 percent of the population in each state.

Foreign-born Americans comprised about 13 to 15 percent of the population from 1860 through 1920. The above figure is a reprint from a 1910 Census report. The proportion gradually dropped during the Great Depression, World War II, and the Baby Boom, reaching its lowest point—4.7 percent—in 1970. Since then, the proportion has been rising again and by 2010 had almost reached the 13 percent level that was the norm in an earlier era. In 1850, Wisconsin and Minnesota had the highest proportions of foreign-born residents, more than 30 percent each, while the lowest proportions were all in Southern states. In 1900, North Dakota, Rhode Island, and Massachusetts topped the list, again with levels above 30 percent. By 1950, New York had the highest proportion of persons born outside the United States, but the level had dropped to 17.5 percent, the first

time that New York's foreign-born proportion was below 20 percent. In 2010, 27.2 percent of California's residents were foreign-born, the highest level of any state, and New York and New Jersey were the only other states with proportions above 20 percent.

Between 1900 and 1940, fewer than half of housing units were owner-occupied. In 1950, the rate rose to 55 percent, then increased to a high of 66.2 percent in 2000, dropping slightly to 65.1 percent in 2010. Even in 1900, there were 26 states where more than half of housing units were owner-occupied. North Dakota, Idaho, and South Dakota all had levels above 70 percent. Ten states in the Northeast and the South had levels below 40 percent, and the District of Columbia had the lowest level with only 24.2 percent of housing units occupied by their owners. By 1950, 41 states had homeownership rates above 50 percent. The highest rates were in Michigan, Minnesota, and North Dakota where two-thirds or more of housing units were owner-occupied. The lowest rates were in the District of Columbia and New York,

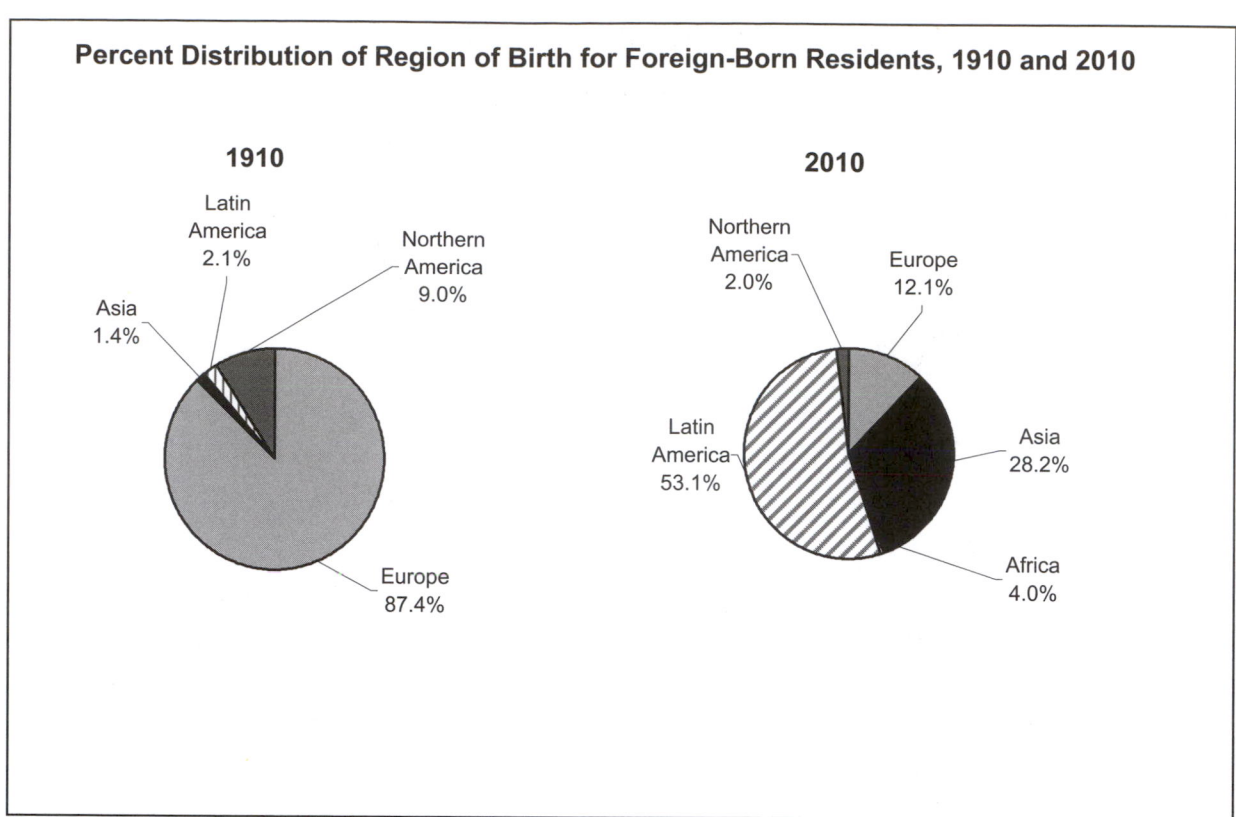

Percent Distribution of Region of Birth for Foreign-Born Residents, 1910 and 2010

1910
Latin America 2.1%
Northern America 9.0%
Asia 1.4%
Europe 87.4%
2010
Northern America 2.0%
Europe 12.1%
Latin America 53.1%
Asia 28.2%
Africa 4.0%

but even those rates were above 30 percent. West Virginia had the highest homeownership rate in 2010 at 73.4 percent, holding the top ranking since 1980. Eight other states had rates above 70 percent, and the District of Columbia's rate of 42 percent was the only one below 50 percent.

Recent decades have shown a rise in the number of one-person households. In 1900 only 5.1 percent of households held people who lived alone. In 2010, that number had risen to 26.7 percent. In 1900, 26.2 percent of Nevada households consisted of a single person, and Arizona, Montana, and Idaho all had levels of 19 or 20 percent. Twenty-three states had levels below 5 percent. By 2010, Utah was the only state where fewer than 20 percent of households had only one person. The District of Columbia had the highest level at 44 percent.

In 2010, 64.7 percent of people age 16 and over were in the labor force, either employed or unemployed. The remaining 35.3 percent did not have a job and were not looking for one, often because they were retired, attending school, disabled, or taking care of home or family. North Dakota had the highest participation, at 72.5 percent, while nine other states had rates of 70 percent or higher. West Virginia, Mississippi, Alabama, and New Mexico had rates below 60 percent. Of the four decennial years for which state-level participation rates are available, 1980's rate was similar to that of 2010, while participation was higher in 1990 and 2000, years when the unemployment rate was low. Unemployment in 1980 was 7.1 percent, dropping to 5.6 in 1990 and 4.0 in 2000 before rising to 9.6 percent in 2010. In 2010 Nevada, Michigan, and California had unemployment rates over 12 percent, while only North Dakota and Nebraska had rates below 5 percent. In 2000, Alaska's unemployment rate of 6.2 percent was the highest of all the states, and 46 states had rates of 5 percent or lower. Virginia and Connecticut had unemployment rates of 2.3 percent in 2000.

The Bureau of Economic Analysis develops estimates of personal income—all income received by residents of an area. When this is divided by the population of that area, the result is the per capita income. This provides one measure of the varied income levels of the states. The per capita income in 2010 was $40,144 for the nation, ranging from $69,431 in the District of Columbia to $30,834 in Mississippi. The national per capita income in 1930 was $621 with the District of Columbia and Mississippi ranking first and last then as well. Because the District of Columbia is completely urban and much of its workforce is from surrounding states, it is better left out of the comparison. In 2010, Connecticut had the highest per capita income at $55,216 and New York had the highest among the states in 1930 at $1,041. DC and Connecticut also topped the list in 2000, but Connecticut outranked DC in 1990, and Alaska outranked both of them in 1980 and 1970. Mississippi had the lowest per capita income through the 80-year time period.

Ranking State Populations for Selected Years

1800			1850			1900		
Rank	State	Population	Rank	State	Population	Rank	State	Population
1	Virginia	807,557	1	New York	3,097,394	1	New York	7,268,894
2	Pennsylvania	602,365	2	Pennsylvania	2,311,786	2	Pennsylvania	6,302,115
3	New York	589,051	3	Ohio	1,980,329	3	Illinois	4,821,550
4	North Carolina	478,103	4	Virginia	1,119,348	4	Ohio	4,157,545
5	Massachusetts	422,845	5	Tennessee	1,002,717	5	Missouri	3,106,665
6	South Carolina	345,591	6	Massachusetts	994,514	6	Texas	3,048,710
7	Maryland	341,548	7	Indiana	988,416	7	Massachusetts	2,805,346
8	Connecticut	251,002	8	Kentucky	982,405	8	Indiana	2,516,462
9	Kentucky	220,955	9	Georgia	906,185	9	Michigan	2,420,982
10	New Jersey	211,149	10	North Carolina	869,039	10	Iowa	2,231,853
11	New Hampshire	183,858	11	Illinois	851,470	11	Georgia	2,216,331
12	Georgia	162,686	12	Alabama	771,623	12	Kentucky	2,147,174
13	Vermont	154,465	13	Missouri	682,044	13	Wisconsin	2,069,042
14	Maine	151,719	14	South Carolina	668,507	14	Tennessee	2,020,616
15	Tennessee	105,602	15	Mississippi	606,526	15	North Carolina	1,893,810
16	West Virginia	78,592	16	Maine	583,169	16	New Jersey	1,883,669
17	Rhode Island	69,122	17	Maryland	583,034	17	Virginia	1,854,184
18	Delaware	64,273	18	Louisiana	517,762	18	Alabama	1,828,697
19	Ohio	42,159	19	New Jersey	489,555	19	Minnesota	1,751,394
20	District of Columbia	8,144	20	Michigan	397,654	20	Mississippi	1,551,270
21	Mississippi	7,600	21	Connecticut	370,792	21	California	1,485,053
22	Michigan	3,757	22	New Hampshire	317,976	22	Kansas	1,470,495
23	Indiana	2,632	23	Vermont	314,120	23	Louisiana	1,381,625
24	Illinois	2,458	24	Wisconsin	305,391	24	South Carolina	1,340,316
25	Alabama	1,250	25	West Virginia	302,313	25	Arkansas	1,311,564
...	Alaska	...	26	Texas	212,592	26	Maryland	1,188,044
...	Arizona	...	27	Arkansas	209,897	27	Nebraska	1,066,300
...	Arkansas	...	28	Iowa	192,214	28	West Virginia	958,800
...	California	...	29	Rhode Island	147,545	29	Connecticut	908,420
...	Colorado	...	30	California	92,597	30	Oklahoma	790,391
...	Florida	...	31	Delaware	91,532	31	Maine	694,466
...	Hawaii	...	32	Florida	87,445	32	Colorado	539,700
...	Idaho	...	33	New Mexico	61,547	33	Florida	528,542
...	Iowa	...	34	District of Columbia	51,687	34	Washington	518,103
...	Kansas	...	35	Oregon	12,093	35	Rhode Island	428,556
...	Louisiana	...	36	Utah	11,380	36	Oregon	413,536
...	Minnesota	...	37	Minnesota	6,077	37	New Hampshire	411,588
...	Missouri	...	38	Washington	1,201	38	South Dakota	401,570
...	Montana	...	...	Alaska	...	39	Vermont	343,641
...	Nebraska	...	...	Arizona	...	40	North Dakota	319,146
...	Nevada	...	...	Colorado	...	41	District of Columbia	278,718
...	New Mexico	...	...	Hawaii	...	42	Utah	276,749
...	North Dakota	...	...	Idaho	...	43	Montana	243,329
...	Oklahoma	...	...	Kansas	...	44	New Mexico	195,310
...	Oregon	...	...	Montana	...	45	Delaware	184,735
...	South Dakota	...	...	Nebraska	...	46	Idaho	161,772
...	Texas	...	...	Nevada	...	47	Arizona	122,931
...	Utah	...	...	North Dakota	...	48	Wyoming	92,531
...	Washington	...	...	Oklahoma	...	49	Nevada	42,335
...	Wisconsin	...	...	South Dakota	...		Alaska	
...	Wyoming	...	...	Wyoming	...		Hawaii	

Ranking State Populations for Selected Years—*Continued*

1950			2000			2010		
Rank	State	Population	Rank	State	Population	Rank	State	Population
1	New York	14,830,192	1	California	33,871,653	1	California	37,253,956
2	California	10,586,223	2	Texas	20,851,790	2	Texas	25,145,561
3	Pennsylvania	10,498,012	3	New York	18,976,821	3	New York	19,378,102
4	Illinois	8,712,176	4	Florida	15,982,824	4	Florida	18,801,310
5	Ohio	7,946,627	5	Illinois	12,419,647	5	Illinois	12,830,632
6	Texas	7,711,194	6	Pennsylvania	12,281,054	6	Pennsylvania	12,702,379
7	Michigan	6,371,766	7	Ohio	11,353,145	7	Ohio	11,536,504
8	New Jersey	4,835,329	8	Michigan	9,938,480	8	Michigan	9,883,640
9	Massachusetts	4,690,514	9	New Jersey	8,414,347	9	Georgia	9,687,653
10	North Carolina	4,061,929	10	Georgia	8,186,816	10	North Carolina	9,535,483
11	Missouri	3,954,653	11	North Carolina	8,046,485	11	New Jersey	8,791,894
12	Indiana	3,934,224	12	Virginia	7,079,030	12	Virginia	8,001,024
13	Georgia	3,444,578	13	Massachusetts	6,349,105	13	Washington	6,724,540
14	Wisconsin	3,434,575	14	Indiana	6,080,517	14	Massachusetts	6,547,629
15	Virginia	3,318,680	15	Washington	5,894,141	15	Indiana	6,483,802
16	Tennessee	3,291,718	16	Tennessee	5,689,267	16	Arizona	6,392,017
17	Alabama	3,061,743	17	Missouri	5,596,683	17	Tennessee	6,346,105
18	Minnesota	2,982,483	18	Wisconsin	5,363,715	18	Missouri	5,988,927
19	Kentucky	2,944,806	19	Maryland	5,296,507	19	Maryland	5,773,552
20	Florida	2,771,305	20	Arizona	5,130,632	20	Wisconsin	5,686,986
21	Louisiana	2,683,516	21	Minnesota	4,919,492	21	Minnesota	5,303,925
22	Iowa	2,621,073	22	Louisiana	4,468,958	22	Colorado	5,029,196
23	Washington	2,378,963	23	Alabama	4,447,351	23	Alabama	4,779,736
24	Maryland	2,343,001	24	Colorado	4,302,015	24	South Carolina	4,625,364
25	Oklahoma	2,233,351	25	Kentucky	4,042,285	25	Louisiana	4,533,372
26	Mississippi	2,178,914	26	South Carolina	4,011,816	26	Kentucky	4,339,367
27	South Carolina	2,117,027	27	Oklahoma	3,450,652	27	Oregon	3,831,074
28	Connecticut	2,007,280	28	Oregon	3,421,436	28	Oklahoma	3,751,351
29	West Virginia	2,005,552	29	Connecticut	3,405,602	29	Connecticut	3,574,097
30	Arkansas	1,909,511	30	Iowa	2,926,382	30	Iowa	3,046,355
31	Kansas	1,905,299	31	Mississippi	2,844,656	31	Mississippi	2,967,297
32	Oregon	1,521,341	32	Kansas	2,688,824	32	Arkansas	2,915,918
33	Nebraska	1,325,510	33	Arkansas	2,673,400	33	Kansas	2,853,118
34	Colorado	1,325,089	34	Utah	2,233,198	34	Utah	2,763,885
35	Maine	913,774	35	Nevada	1,998,257	35	Nevada	2,700,551
36	District of Columbia	802,178	36	New Mexico	1,819,046	36	New Mexico	2,059,179
37	Rhode Island	791,896	37	West Virginia	1,808,350	37	West Virginia	1,852,994
38	Arizona	749,587	38	Nebraska	1,711,265	38	Nebraska	1,826,341
39	Utah	688,862	39	Idaho	1,293,956	39	Idaho	1,567,582
40	New Mexico	681,187	40	Maine	1,274,923	40	Hawaii	1,360,301
41	South Dakota	652,740	41	New Hampshire	1,235,786	41	Maine	1,328,361
42	North Dakota	619,636	42	Hawaii	1,211,537	42	New Hampshire	1,316,470
43	Montana	591,024	43	Rhode Island	1,048,319	43	Rhode Island	1,052,567
44	Idaho	588,637	44	Montana	902,195	44	Montana	989,415
45	New Hampshire	533,242	45	Delaware	783,600	45	Delaware	897,934
46	Vermont	377,747	46	South Dakota	754,844	46	South Dakota	814,180
47	Delaware	318,085	47	North Dakota	642,200	47	Alaska	710,231
48	Wyoming	290,529	48	Alaska	626,931	48	North Dakota	672,591
49	Nevada	160,083	49	Vermont	608,827	49	Vermont	625,741
	Alaska		50	District of Columbia	572,059	50	District of Columbia	601,723
	Hawaii		51	Wyoming	493,782	51	Wyoming	563,626

Table B. United States and States

[For information concerning historical counts and geographic change, see "User Notes." For information on confidentiality, nonsampling error, and definitions, see Appendixes]

State	Resident population										
	2010	2000	1990	1980	1970	1960	1950	1940	1930	1920	1910
	1	2	3	4	5	6	7	8	9	10	11
United States	308,745,538	281,424,603	248,718,302	226,542,199	203,302,031	179,323,175	151,325,798	132,164,569	123,202,624	106,021,537	92,228,496
Alabama	4,779,736	4,447,351	4,040,389	3,894,025	3,444,354	3,266,740	3,061,743	2,832,961	2,646,248	2,348,174	2,138,093
Alaska	710,231	626,931	550,043	401,851	302,583	226,167	128,643	72,524	59,278	55,036	64,356
Arizona	6,392,017	5,130,632	3,665,339	2,716,546	1,775,399	1,302,161	749,587	499,261	435,573	334,162	204,354
Arkansas	2,915,918	2,673,400	2,350,624	2,286,357	1,923,322	1,786,272	1,909,511	1,949,387	1,854,482	1,752,204	1,574,449
California	37,253,956	33,871,653	29,758,213	23,667,764	19,971,069	15,717,204	10,586,223	6,907,387	5,677,251	3,426,861	2,377,549
Colorado	5,029,196	4,302,015	3,294,473	2,889,735	2,209,596	1,753,947	1,325,089	1,123,296	1,035,791	939,629	799,024
Connecticut	3,574,097	3,405,602	3,287,116	3,107,564	3,032,217	2,535,234	2,007,280	1,709,242	1,606,903	1,380,631	1,114,756
Delaware	897,934	783,600	666,168	594,338	548,104	446,292	318,085	266,505	238,380	223,003	202,322
District of Columbia	601,723	572,059	606,900	638,432	756,668	763,956	802,178	663,091	486,869	437,571	331,069
Florida	18,801,310	15,982,824	12,938,071	9,746,961	6,791,418	4,951,560	2,771,305	1,897,414	1,468,211	968,470	752,619
Georgia	9,687,653	8,186,816	6,478,149	5,462,982	4,587,930	3,943,116	3,444,578	3,123,723	2,908,506	2,895,832	2,609,121
Hawaii	1,360,301	1,211,537	1,108,229	964,691	769,913	632,772	499,794	422,770	368,300	255,881	191,874
Idaho	1,567,582	1,293,956	1,006,734	944,127	713,015	667,191	588,637	524,873	445,032	431,866	325,594
Illinois	12,830,632	12,419,647	11,430,602	11,427,409	11,110,285	10,081,158	8,712,176	7,897,241	7,630,654	6,485,280	5,638,591
Indiana	6,483,802	6,080,517	5,544,156	5,490,210	5,195,392	4,662,498	3,934,224	3,427,796	3,238,503	2,930,390	2,700,876
Iowa	3,046,355	2,926,382	2,776,831	2,913,808	2,825,368	2,757,537	2,621,073	2,538,268	2,470,939	2,404,021	2,224,771
Kansas	2,853,118	2,688,824	2,477,588	2,364,236	2,249,071	2,178,611	1,905,299	1,801,028	1,880,999	1,769,257	1,690,949
Kentucky	4,339,367	4,042,285	3,686,892	3,660,324	3,220,711	3,038,156	2,944,806	2,845,627	2,614,589	2,416,630	2,289,905
Louisiana	4,533,372	4,468,958	4,220,164	4,206,116	3,644,637	3,257,022	2,683,516	2,363,880	2,101,593	1,798,509	1,656,388
Maine	1,328,361	1,274,923	1,227,928	1,125,043	993,722	969,265	913,774	847,226	797,423	768,014	742,371
Maryland	5,773,552	5,296,507	4,780,753	4,216,933	3,923,897	3,100,689	2,343,001	1,821,244	1,631,526	1,449,661	1,295,346
Massachusetts	6,547,629	6,349,105	6,016,425	5,737,093	5,689,170	5,148,578	4,690,514	4,316,721	4,249,614	3,852,356	3,366,416
Michigan	9,883,640	9,938,480	9,295,287	9,262,044	8,881,826	7,823,194	6,371,766	5,256,106	4,842,325	3,668,412	2,810,173
Minnesota	5,303,925	4,919,492	4,375,665	4,075,970	3,806,103	3,413,864	2,982,483	2,792,300	2,563,953	2,387,125	2,075,708
Mississippi	2,967,297	2,844,656	2,575,475	2,520,770	2,216,994	2,178,141	2,178,914	2,183,796	2,009,821	1,790,618	1,797,114
Missouri	5,988,927	5,596,683	5,116,901	4,916,766	4,677,623	4,319,813	3,954,653	3,784,664	3,629,367	3,404,055	3,293,335
Montana	989,415	902,195	799,065	786,690	694,409	674,767	591,024	559,456	537,606	548,889	376,053
Nebraska	1,826,341	1,711,265	1,578,417	1,569,825	1,485,333	1,411,330	1,325,510	1,315,834	1,377,963	1,296,372	1,192,214
Nevada	2,700,551	1,998,257	1,201,675	800,508	488,738	285,278	160,083	110,247	91,058	77,407	81,875
New Hampshire	1,316,470	1,235,786	1,109,252	920,610	737,681	606,921	533,242	491,524	465,293	443,083	430,572
New Jersey	8,791,894	8,414,347	7,730,188	7,365,011	7,171,112	6,066,782	4,835,329	4,160,165	4,041,334	3,155,900	2,537,167
New Mexico	2,059,179	1,819,046	1,515,069	1,303,302	1,017,055	951,023	681,187	531,818	423,317	360,350	327,301
New York	19,378,102	18,976,821	17,990,778	17,558,165	18,241,391	16,782,304	14,830,192	13,479,142	12,588,066	10,385,227	9,113,614
North Carolina	9,535,483	8,046,485	6,632,448	5,880,095	5,084,411	4,556,155	4,061,929	3,571,623	3,170,276	2,559,123	2,206,287
North Dakota	672,591	642,200	638,800	652,717	617,792	632,446	619,636	641,935	680,845	646,872	577,056
Ohio	11,536,504	11,353,145	10,847,115	10,797,603	10,657,423	9,706,397	7,946,627	6,907,612	6,646,697	5,759,394	4,767,121
Oklahoma	3,751,351	3,450,652	3,145,576	3,025,487	2,559,463	2,328,284	2,233,351	2,336,434	2,396,040	2,028,283	1,657,155
Oregon	3,831,074	3,421,436	2,842,337	2,633,156	2,091,533	1,768,687	1,521,341	1,089,684	953,786	783,389	672,765
Pennsylvania	12,702,379	12,281,054	11,882,842	11,864,720	11,800,766	11,319,366	10,498,012	9,900,180	9,631,350	8,720,017	7,665,111
Rhode Island	1,052,567	1,048,319	1,003,464	947,154	949,723	859,488	791,896	713,346	687,497	604,397	542,610
South Carolina	4,625,364	4,011,816	3,486,310	3,120,729	2,590,713	2,382,594	2,117,027	1,899,804	1,738,765	1,683,724	1,515,400
South Dakota	814,180	754,844	696,004	690,768	666,257	680,514	652,740	642,961	692,849	636,547	583,888
Tennessee	6,346,105	5,689,267	4,877,203	4,591,023	3,926,018	3,567,089	3,291,718	2,915,841	2,616,556	2,337,885	2,184,789
Texas	25,145,561	20,851,790	16,986,335	14,225,513	11,198,655	9,579,677	7,711,194	6,414,824	5,824,715	4,663,228	3,896,542
Utah	2,763,885	2,233,198	1,722,850	1,461,037	1,059,273	890,627	688,862	550,310	507,847	449,396	373,351
Vermont	625,741	608,827	562,758	511,456	444,732	389,881	377,747	359,231	359,611	352,428	355,956
Virginia	8,001,024	7,079,030	6,189,197	5,346,797	4,651,448	3,966,949	3,318,680	2,677,773	2,421,851	2,309,187	2,061,612
Washington	6,724,540	5,894,141	4,866,669	4,132,353	3,413,244	2,853,214	2,378,963	1,736,191	1,563,396	1,356,621	1,141,990
West Virginia	1,852,994	1,808,350	1,793,477	1,950,186	1,744,237	1,860,421	2,005,552	1,901,974	1,729,205	1,463,701	1,221,119
Wisconsin	5,686,986	5,363,715	4,891,769	4,705,642	4,417,821	3,951,777	3,434,575	3,137,587	2,939,006	2,632,067	2,333,860
Wyoming	563,626	493,782	453,589	469,557	332,416	330,066	290,529	250,742	225,565	194,402	145,965

Table B. United States and States—*Continued*

State	Resident population (continued)											
	1900	1890	1880	1870	1860	1850	1840 [1]	1830 [1]	1820	1810	1800	1790
	12	13	14	15	16	17	18	19	20	21	22	23
United States	**76,212,168**	**62,979,766**	**50,189,209**	**38,558,371**	**31,443,321**	**23,191,876**	**17,069,453**	**12,866,020**	**9,638,453**	**7,239,881**	**5,308,483**	**3,929,214**
Alabama	1,828,697	1,513,401	1,262,505	996,992	964,201	771,623	590,756	309,527	127,901	9,046	1,250	...
Alaska	63,592	32,052	33,426	...	...	...	...	...	...	...	...	...
Arizona	122,931	88,243	40,440	9,658	6,482	...	...	...	...	...	...	...
Arkansas	1,311,564	1,128,211	802,525	484,471	435,450	209,897	97,574	30,388	14,273	1,062	...	...
California	1,485,053	1,213,398	864,694	560,247	379,994	92,597	...	...	...	...	...	...
Colorado	539,700	413,249	194,327	39,864	34,277	...	...	...	...	...	...	...
Connecticut	908,420	746,258	622,700	537,454	460,147	370,792	309,978	297,675	275,248	261,942	251,002	237,946
Delaware	184,735	168,493	146,608	125,015	112,216	91,532	78,085	76,748	72,749	72,674	64,273	59,096
District of Columbia	278,718	230,392	177,624	131,700	75,080	51,687	33,745	30,261	23,336	15,471	8,144	...
Florida	528,542	391,422	269,493	187,748	140,424	87,445	54,477	34,730	...	...	...	...
Georgia	2,216,331	1,837,353	1,542,180	1,184,109	1,057,286	906,185	691,392	516,823	340,989	251,407	162,686	82,548
Hawaii	154,001	...	...	...	...	...	...	...	...	...	...	...
Idaho	161,772	88,548	32,610	14,999	...	...	...	...	...	...	...	...
Illinois	4,821,550	3,826,352	3,077,871	2,539,891	1,711,951	851,470	476,183	157,445	55,211	12,282	2,458	...
Indiana	2,516,462	2,192,404	1,978,301	1,680,637	1,350,428	988,416	685,866	343,031	147,178	24,520	2,632	...
Iowa	2,231,853	1,912,297	1,624,615	1,194,020	674,913	192,214	43,112	...	...	...	...	...
Kansas	1,470,495	1,428,108	996,096	364,399	107,206	...	...	...	...	...	...	...
Kentucky	2,147,174	1,858,635	1,648,690	1,321,011	1,155,684	982,405	779,828	687,917	564,317	406,511	220,955	73,677
Louisiana	1,381,625	1,118,588	939,946	726,915	708,002	517,762	352,411	215,739	153,407	76,556	...	...
Maine	694,466	661,086	648,936	626,915	628,279	583,169	501,793	399,455	298,335	228,705	151,719	96,540
Maryland	1,188,044	1,042,390	934,943	780,894	687,049	583,034	470,019	447,040	407,350	380,546	341,548	319,728
Massachusetts	2,805,346	2,238,947	1,783,085	1,457,351	1,231,066	994,514	737,699	610,408	523,287	472,040	422,845	378,787
Michigan	2,420,982	2,093,890	1,636,937	1,184,059	749,113	397,654	212,267	28,004	7,452	4,762	3,757	...
Minnesota	1,751,394	1,310,283	780,773	439,706	172,023	6,077	...	...	...	...	...	...
Mississippi	1,551,270	1,289,600	1,131,597	827,922	791,305	606,526	375,651	136,621	75,448	31,306	7,600	...
Missouri	3,106,665	2,679,185	2,168,380	1,721,295	1,182,012	682,044	383,702	140,455	66,586	19,783	...	...
Montana	243,329	142,924	39,159	20,595	...	...	...	...	...	...	...	...
Nebraska	1,066,300	1,062,656	452,402	122,993	28,841	...	...	...	...	...	...	...
Nevada	42,335	47,355	62,266	42,941	6,857	...	...	...	...	...	...	...
New Hampshire	411,588	376,530	346,991	318,300	326,073	317,976	284,574	269,328	244,161	214,460	183,858	141,885
New Jersey	1,883,669	1,444,933	1,131,116	906,096	672,035	489,555	373,306	320,823	277,575	245,562	211,149	184,139
New Mexico	195,310	160,282	119,565	91,874	87,034	61,547	...	...	...	...	...	...
New York	7,268,894	6,003,174	5,082,871	4,382,759	3,880,735	3,097,394	2,428,921	1,918,608	1,372,812	959,049	589,051	340,120
North Carolina	1,893,810	1,617,949	1,399,750	1,071,361	992,622	869,039	753,419	737,987	638,829	556,526	478,103	393,751
North Dakota	319,146	190,983	36,909	2,405	...	...	...	...	...	...	...	...
Ohio	4,157,545	3,672,329	3,198,062	2,665,260	2,339,511	1,980,329	1,519,467	937,903	581,434	230,760	42,159	...
Oklahoma	790,391	258,657	...	...	...	...	...	...	...	...	...	...
Oregon	413,536	317,704	174,768	90,923	52,465	12,093	...	...	...	...	...	...
Pennsylvania	6,302,115	5,258,113	4,282,891	3,521,951	2,906,215	2,311,786	1,724,033	1,348,233	1,049,458	810,091	602,365	434,373
Rhode Island	428,556	345,506	276,531	217,353	174,620	147,545	108,830	97,199	83,059	76,931	69,122	68,825
South Carolina	1,340,316	1,151,149	995,577	705,606	703,708	668,507	594,398	581,185	502,741	415,115	345,591	249,073
South Dakota	401,570	348,600	98,268	11,776	4,837	...	...	...	...	...	...	...
Tennessee	2,020,616	1,767,518	1,542,359	1,258,520	1,109,801	1,002,717	829,210	681,904	422,823	261,727	105,602	35,691
Texas	3,048,710	2,235,527	1,591,749	818,579	604,215	212,592	...	...	...	...	...	...
Utah	276,749	210,779	143,963	86,336	40,273	11,380	...	...	...	...	...	...
Vermont	343,641	332,422	332,286	330,551	315,098	314,120	291,948	280,652	235,981	217,895	154,465	85,425
Virginia	1,854,184	1,655,980	1,512,565	1,225,163	1,219,630	1,119,348	1,025,227	1,044,054	938,261	877,683	807,557	691,737
Washington	518,103	357,232	75,116	23,955	11,594	1,201	...	...	...	...	...	...
West Virginia	958,800	762,794	618,457	442,014	376,688	302,313	224,537	176,924	136,808	105,469	78,592	55,873
Wisconsin	2,069,042	1,693,330	1,315,497	1,054,670	775,881	305,391	30,945	3,635	1,444	...	...	...
Wyoming	92,531	62,555	20,789	9,118	...	...	...	...	...	...	...	...

[1] 1830 and 1840 U.S. populations include persons (5,318 in 1830, 6,100 in 1840) on public ships in the service of the United States, not credited to any state.

Table B. United States and States—*Continued*

State	Percent change from previous census											
	2010	2000	1990	1980	1970	1960	1950	1940	1930	1920	1910	1900
	24	25	26	27	28	29	30	31	32	33	34	35
United States..............	**9.7**	**13.1**	**9.8**	**11.4**	**13.4**	**18.5**	**14.5**	**7.3**	**16.2**	**15.0**	**21.0**	**21.0**
Alabama........................	7.5	10.1	3.8	13.1	5.4	6.7	8.1	7.1	12.7	9.8	16.9	20.8
Alaska..........................	13.3	14.0	36.9	32.8	33.8	75.8	77.4	22.3	7.7	-14.5	1.2	98.4
Arizona........................	24.6	40.0	34.9	53.0	36.3	73.7	50.1	14.6	30.3	63.5	66.2	39.3
Arkansas......................	9.1	13.7	2.8	18.9	7.7	-6.5	-2.0	5.1	5.8	11.3	20.0	16.3
California......................	10.0	13.8	25.7	18.5	27.1	48.5	53.3	21.7	65.7	44.1	60.1	22.4
Colorado	16.9	30.6	14.0	30.8	26.0	32.4	18.0	8.4	10.2	17.6	48.0	30.6
Connecticut..................	4.9	3.6	5.8	2.5	19.6	26.3	17.4	6.4	16.4	23.9	22.7	21.7
Delaware	14.6	17.6	12.1	8.4	22.8	40.3	19.4	11.8	6.9	10.2	9.5	9.6
District of Columbia.......	5.2	-5.7	-4.9	-15.6	-1.0	-4.8	21.0	36.2	11.3	32.2	18.8	21.0
Florida	17.6	23.5	32.7	43.5	37.2	78.7	46.1	29.2	51.6	28.7	42.4	35.0
Georgia	18.3	26.4	18.6	19.1	16.4	14.5	10.3	7.4	0.4	11.0	17.7	20.6
Hawaii	12.3	9.3	14.9	25.3	21.7	26.6	18.2	14.8	43.9	33.4	24.6	...
Idaho............................	21.1	28.5	6.6	32.4	6.9	13.3	12.1	17.9	3.0	32.6	101.3	82.7
Illinois	3.3	8.7	0.0	2.9	10.2	15.7	10.3	3.5	17.7	15.0	16.9	26.0
Indiana	6.6	9.7	1.0	5.7	11.4	18.5	14.8	5.8	10.5	8.5	7.3	14.8
Iowa	4.1	5.4	-4.7	3.1	2.5	5.2	3.3	2.7	2.8	8.1	-0.3	16.7
Kansas	6.1	8.5	4.8	5.1	3.2	14.3	5.8	-4.3	6.3	4.6	15.0	3.0
Kentucky	7.3	9.6	0.7	13.6	6.0	3.2	3.5	8.8	8.2	5.5	6.6	15.5
Louisiana	1.4	5.9	0.3	15.4	11.9	21.4	13.5	12.5	16.9	8.6	19.9	23.5
Maine	4.2	3.8	9.1	13.2	2.5	6.1	7.9	6.2	3.8	3.5	6.9	5.0
Maryland	9.0	10.8	13.4	7.5	26.5	32.3	28.6	11.6	12.5	11.9	9.0	14.0
Massachusetts	3.1	5.5	4.9	0.8	10.5	9.8	8.7	1.6	10.3	14.4	20.0	25.3
Michigan	-0.6	6.9	0.4	4.3	13.5	22.8	21.2	8.5	32.0	30.5	16.1	15.6
Minnesota	7.8	12.4	7.4	7.1	11.5	14.5	6.8	8.9	7.4	15.0	18.5	33.7
Mississippi....................	4.3	10.5	2.2	13.7	1.8	-0.0	-0.2	8.7	12.2	-0.4	15.8	20.3
Missouri........................	7.0	9.4	4.1	5.1	8.3	9.2	4.5	4.3	6.6	3.4	6.0	16.0
Montana........................	9.7	12.9	1.6	13.3	2.9	14.2	5.6	4.1	-2.1	46.0	54.5	70.3
Nebraska	6.7	8.4	0.5	5.7	5.2	6.5	0.7	-4.5	6.3	8.7	11.8	0.3
Nevada	35.1	66.3	50.1	63.8	71.3	78.2	45.2	21.1	17.6	-5.5	93.4	-10.6
New Hampshire	6.5	11.4	20.5	24.8	21.5	13.8	8.5	5.6	5.0	2.9	4.6	9.3
New Jersey....................	4.5	8.9	5.0	2.7	18.2	25.5	16.2	2.9	28.1	24.4	34.7	30.4
New Mexico...................	13.2	20.1	16.2	28.1	6.9	39.6	28.1	25.6	17.5	10.1	67.6	21.9
New York......................	2.1	5.5	2.5	-3.7	8.7	13.2	10.0	7.1	21.2	14.0	25.4	21.1
North Carolina	18.5	21.3	12.8	15.6	11.6	12.2	13.7	12.7	23.9	16.0	16.5	17.1
North Dakota................	4.7	0.5	-2.1	5.7	-2.3	2.1	-3.5	-5.7	5.3	12.1	80.8	67.1
Ohio	1.6	4.7	0.5	1.3	9.8	22.1	15.0	3.9	15.4	20.8	14.7	13.2
Oklahoma.....................	8.7	9.7	4.0	18.2	9.9	4.3	-4.4	-2.5	18.1	22.4	109.7	205.6
Oregon.........................	12.0	20.4	7.9	25.9	18.3	16.3	39.6	14.2	21.8	16.4	62.7	30.2
Pennsylvania	3.4	3.4	0.2	0.5	4.3	7.8	6.0	2.8	10.5	13.8	21.6	19.9
Rhode Island.................	0.4	4.5	5.9	-0.3	10.5	8.5	11.0	3.8	13.7	11.4	26.6	24.0
South Carolina..............	15.3	15.1	11.7	20.5	8.7	12.5	11.4	9.3	3.3	11.1	13.1	16.4
South Dakota................	7.9	8.5	0.8	3.7	-2.1	4.3	1.5	-7.2	8.8	9.0	45.4	15.2
Tennessee	11.5	16.7	6.2	16.9	10.1	8.4	12.9	11.4	11.9	7.0	8.1	14.3
Texas............................	20.6	22.8	19.4	27.0	16.9	24.2	20.2	10.1	24.9	19.7	27.8	36.4
Utah	23.8	29.6	17.9	37.9	18.9	29.3	25.2	8.4	13.0	20.4	34.9	31.3
Vermont	2.8	8.2	10.0	15.0	14.1	3.2	5.2	-0.1	2.0	-1.0	3.6	3.4
Virginia.........................	13.0	14.4	15.8	14.9	17.3	19.5	23.9	10.6	4.9	12.0	11.2	12.0
Washington	14.1	21.1	17.8	21.1	19.6	19.9	37.0	11.1	15.2	18.8	120.4	45.0
West Virginia	2.5	0.8	-8.0	11.8	-6.2	-7.2	5.4	10.0	18.1	19.9	27.4	25.7
Wisconsin	6.0	9.6	4.0	6.5	11.8	15.1	9.5	6.8	11.7	12.8	12.8	22.2
Wyoming.......................	14.1	8.9	-3.4	41.3	0.7	13.6	15.9	11.2	16.0	33.2	57.7	47.9

Table B. United States and States—*Continued*

State	Percent change from previous census (continued)										
	1890	1880	1870	1860	1850	1840	1830	1820	1810	1800	1790
	36	37	38	39	40	41	42	43	44	45	46
United States	**25.5**	**30.2**	**22.6**	**35.6**	**35.9**	**32.7**	**33.5**	**33.1**	**36.4**	**35.1**	**...**
Alabama	19.9	26.6	3.4	25.0	30.6	90.9	142.0	1,313.9	623.7	...	...
Alaska	-4.1	...	...	...	...	...	...	...	...	...	...
Arizona	118.2	318.7	49.0	...	...	...	...	...	...	...	...
Arkansas	40.6	65.6	11.3	107.5	115.1	221.1	112.9	1,244.0	...	...	...
California	40.3	54.3	47.4	310.4	...	...	...	...	...	...	...
Colorado	112.7	387.5	16.3	...	...	...	...	...	...	...	...
Connecticut	19.8	15.9	16.8	24.1	19.6	4.1	8.1	5.1	4.4	5.5	...
Delaware	14.9	17.3	11.4	22.6	17.2	1.7	5.5	0.1	13.1	8.8	...
District of Columbia	29.7	34.9	75.4	45.3	53.2	11.5	29.7	50.8	90.0	...	...
Florida	45.2	43.5	33.7	60.6	60.5	56.9	...	...	...	...	...
Georgia	19.1	30.2	12.0	16.7	31.1	33.8	51.6	35.6	54.5	97.1	...
Hawaii	...	...	...	...	...	...	...	...	...	...	...
Idaho	171.5	117.4	...	...	...	...	...	...	...	...	...
Illinois	24.3	21.2	48.4	101.1	78.8	202.4	185.2	349.5	399.7	...	...
Indiana	10.8	17.7	24.5	36.6	44.1	99.9	133.1	500.2	831.6	...	...
Iowa	17.7	36.1	76.9	251.1	345.8	...	...	...	...	...	...
Kansas	43.4	173.4	239.9	...	...	...	...	...	...	...	...
Kentucky	12.7	24.8	14.3	17.6	26.0	13.4	21.9	38.8	84.0	199.9	...
Louisiana	19.0	29.3	2.7	36.7	46.9	63.4	40.6	100.4	...	...	...
Maine	1.9	3.5	-0.2	7.7	16.2	25.6	33.9	30.4	50.7	57.2	...
Maryland	11.5	19.7	13.7	17.8	24.0	5.1	9.7	7.0	11.4	6.8	...
Massachusetts	25.6	22.4	18.4	23.8	34.8	20.9	16.6	10.9	11.6	11.6	...
Michigan	27.9	38.2	58.1	88.4	87.3	658.0	275.8	56.5	26.8	...	...
Minnesota	67.8	77.6	155.6	2,730.7	...	...	...	...	...	...	...
Mississippi	14.0	36.7	4.6	30.5	61.5	175.0	81.1	141.0	311.9	...	...
Missouri	23.6	26.0	45.6	73.3	77.8	173.2	110.9	236.6	...	...	...
Montana	265.0	90.1	...	...	...	...	...	...	...	...	...
Nebraska	134.9	267.8	326.5	...	...	...	...	...	...	...	...
Nevada	-23.9	45.0	526.2	...	...	...	...	...	...	...	...
New Hampshire	8.5	9.0	-2.4	2.5	11.7	5.7	10.3	13.8	16.6	29.6	...
New Jersey	27.7	24.8	34.8	37.3	31.1	16.4	15.6	13.0	16.3	14.7	...
New Mexico	34.1	30.1	5.6	41.4	...	...	...	...	...	...	...
New York	18.1	16.0	12.9	25.3	27.5	26.6	39.8	43.1	62.8	73.2	...
North Carolina	15.6	30.7	7.9	14.2	15.3	2.1	15.5	14.8	16.4	21.4	...
North Dakota	417.4	1,434.7	...	...	...	...	...	...	...	...	...
Ohio	14.8	20.0	13.9	18.1	30.3	62.0	61.3	152.0	447.4	...	...
Oklahoma	...	...	...	...	...	...	...	...	...	...	...
Oregon	81.8	92.2	73.3	333.8	...	...	...	...	...	...	...
Pennsylvania	22.8	21.6	21.2	25.7	34.1	27.9	28.5	29.5	34.5	38.7	...
Rhode Island	24.9	27.2	24.5	18.4	35.6	12.0	17.0	8.0	11.3	0.4	...
South Carolina	15.6	41.1	0.3	5.3	12.5	2.3	15.6	21.1	20.1	38.8	...
South Dakota	254.7	734.5	143.5	...	...	...	...	...	...	...	...
Tennessee	14.6	22.6	13.4	10.7	20.9	21.6	61.3	61.6	147.8	195.9	...
Texas	40.4	94.5	35.5	184.2	...	...	...	...	...	...	...
Utah	46.4	66.7	114.4	253.9	...	...	...	...	...	...	...
Vermont	0.0	0.5	4.9	0.3	7.6	4.0	18.9	8.3	41.1	80.8	...
Virginia	9.5	23.5	0.5	9.0	9.2	-1.8	11.3	6.9	8.7	16.7	...
Washington	375.6	213.6	106.6	865.4	...	...	...	...	...	...	...
West Virginia	23.3	39.9	17.3	24.6	34.6	26.9	29.3	29.7	34.2	40.7	...
Wisconsin	28.7	24.7	35.9	154.1	886.9	751.3	151.7	...	...	...	...
Wyoming	200.9	128.0	...	...	...	...	...	...	...	...	...

Table B. United States and States—*Continued*

State	Sex ratio (Males per 100 females)											
	2010	2000	1990	1980	1970	1960	1950	1940	1930	1920	1910	1900
	47	48	49	50	51	52	53	54	55	56	57	58
United States	**96.7**	**96.3**	**95.1**	**94.5**	**94.8**	**97.1**	**98.6**	**100.7**	**102.5**	**104.0**	**106.0**	**104.4**
Alabama	94.3	93.3	92.0	92.5	93.3	95.0	96.4	97.7	98.8	99.8	101.0	100.5
Alaska	108.5	107.0	111.4	112.8	119.1	132.3	...	...	...	...	...	...
Arizona	98.7	99.7	97.6	96.9	96.8	101.2	102.3	107.1	113.2	121.9	138.2	140.4
Arkansas	96.5	95.3	93.1	93.5	94.1	96.9	99.3	101.7	102.8	104.5	106.0	106.1
California	98.8	99.3	100.2	97.2	96.8	99.4	100.1	103.7	107.6	112.4	125.5	123.5
Colorado	100.5	101.4	98.1	98.5	97.5	98.5	100.8	102.6	105.1	110.3	116.9	120.9
Connecticut	94.8	93.9	94.0	93.1	94.2	96.4	97.0	98.9	99.5	101.5	102.3	100.0
Delaware	93.9	94.4	94.1	93.1	95.2	98.2	97.9	101.6	103.5	104.1	104.6	104.0
District of Columbia	89.5	89.0	87.4	86.1	86.8	88.3	89.1	91.9	90.9	87.0	91.3	90.0
Florida	95.6	95.3	93.8	92.2	93.2	96.9	97.3	98.8	101.0	104.7	110.0	108.7
Georgia	95.4	96.8	94.3	93.5	94.6	95.5	96.2	96.6	97.3	99.6	100.1	99.1
Hawaii	100.3	101.0	103.6	105.2	108.1	114.8	...	...	...	...	...	...
Idaho	100.4	100.5	99.0	99.7	99.7	102.9	106.2	111.4	114.3	118.2	132.5	136.5
Illinois	96.2	95.9	94.5	94.0	94.2	96.6	98.3	100.4	103.1	103.9	106.8	105.3
Indiana	96.8	96.3	94.1	94.4	95.1	97.2	99.1	101.3	102.6	103.3	105.0	104.4
Iowa	98.1	96.3	93.9	94.6	94.6	97.2	100.0	101.8	103.2	104.7	106.6	107.6
Kansas	98.4	97.7	96.2	95.9	96.2	98.6	100.2	101.3	104.5	105.7	110.0	109.5
Kentucky	96.8	95.6	94.0	95.6	96.3	98.6	100.4	101.8	102.4	103.2	103.0	103.1
Louisiana	95.9	93.8	92.8	94.2	94.7	95.6	96.7	98.4	99.4	100.9	101.7	101.1
Maine	95.8	94.8	94.9	94.4	94.8	97.7	98.8	101.0	101.3	102.5	103.2	102.2
Maryland	93.6	93.4	94.1	94.0	95.5	97.8	99.2	101.0	101.3	101.3	98.9	98.4
Massachusetts	93.7	93.0	92.4	90.8	91.6	93.4	93.8	95.0	95.1	96.3	96.7	95.1
Michigan	96.3	96.2	94.4	95.2	96.1	98.5	101.7	105.2	108.4	110.8	107.3	106.6
Minnesota	98.5	98.1	96.2	96.1	96.0	98.4	101.3	104.6	105.5	109.1	114.6	113.9
Mississippi	94.4	93.4	91.7	92.9	94.0	96.2	97.7	98.7	100.0	100.4	101.6	101.5
Missouri	96.0	94.6	92.9	92.7	93.2	95.3	96.4	98.8	100.9	102.5	105.1	105.6
Montana	100.8	99.3	98.1	99.6	99.9	103.8	109.9	114.8	120.0	120.5	152.1	160.3
Nebraska	98.5	97.2	95.1	95.3	95.4	98.4	101.4	102.4	105.2	107.9	111.2	112.5
Nevada	102.0	103.9	103.7	102.4	102.8	107.1	113.3	125.4	140.3	148.4	179.2	153.0
New Hampshire	97.3	96.8	96.1	95.0	95.7	96.5	96.9	99.3	99.2	100.5	100.9	99.6
New Jersey	94.8	94.3	93.5	92.2	93.7	96.0	97.2	99.0	101.0	101.5	102.9	100.0
New Mexico	97.7	96.7	96.8	97.2	97.2	101.8	104.2	104.6	107.4	112.1	115.3	114.4
New York	93.8	93.1	92.1	90.5	91.5	93.8	95.4	98.5	100.6	99.8	101.2	98.9
North Carolina	95.0	96.0	94.1	94.3	95.9	97.3	98.6	98.6	98.8	99.9	99.2	98.3
North Dakota	102.1	99.6	99.3	101.3	101.8	104.5	108.8	109.4	111.9	112.0	122.4	125.3
Ohio	95.4	94.4	93.0	93.5	94.1	96.4	97.8	100.4	102.3	105.4	104.4	102.3
Oklahoma	98.0	96.6	94.8	95.4	94.9	97.2	99.8	102.4	106.1	109.0	113.7	115.3
Oregon	98.0	98.4	96.7	97.0	95.9	99.0	103.2	106.8	110.0	113.4	133.2	129.0
Pennsylvania	95.1	93.4	92.0	91.9	92.4	94.8	97.0	100.0	101.2	103.2	105.9	103.5
Rhode Island	93.4	92.5	92.2	91.0	96.2	96.4	97.3	96.0	95.2	97.0	99.3	96.5
South Carolina	94.7	94.5	93.9	94.7	96.5	97.4	96.7	97.0	96.3	99.2	98.5	98.4
South Dakota	100.1	98.5	96.9	97.3	98.4	102.4	106.9	107.1	110.5	112.6	118.9	116.6
Tennessee	95.1	94.9	92.9	93.3	93.7	95.3	97.3	98.4	99.4	100.9	102.1	102.2
Texas	98.4	98.6	97.0	96.8	95.9	98.1	100.4	100.9	103.8	106.9	107.4	107.4
Utah	100.9	100.4	98.7	98.4	97.6	99.8	101.9	102.6	104.9	106.8	111.5	104.9
Vermont	97.1	96.1	95.9	94.9	95.6	96.8	98.8	102.9	103.9	103.0	105.3	103.9
Virginia	96.3	96.3	96.2	96.0	97.7	99.6	101.9	101.5	100.8	102.4	100.9	99.7
Washington	99.3	99.1	98.4	98.7	98.7	101.2	106.0	109.1	112.1	118.1	136.3	142.2
West Virginia	97.3	94.6	92.4	94.1	93.9	96.8	100.7	103.8	106.0	108.9	111.6	108.6
Wisconsin	98.5	97.6	95.8	96.0	96.3	98.9	101.1	104.1	105.8	106.4	107.4	106.6
Wyoming	104.1	101.2	100.2	105.0	100.7	104.9	114.1	116.7	123.8	131.3	168.8	169.4

Table B. United States and States—*Continued*

State	Percent under 15 years old											
	2010	2000	1990	1980	1970	1960	1950	1940	1930	1920	1910	1900
	59	60	61	62	63	64	65	66	67	68	69	70
United States	**19.8**	**21.4**	**21.5**	**22.6**	**28.5**	**31.1**	**26.9**	**25.0**	**29.4**	**31.8**	**32.1**	**34.5**
Alabama	19.5	20.9	21.7	24.1	29.6	33.9	32.7	32.3	35.9	39.1	39.8	41.3
Alaska	22.0	25.2	27.2	26.9	34.3	35.5	...	...	...	...	...	...
Arizona	21.2	22.4	22.7	23.7	30.4	34.8	31.9	30.8	33.0	33.4	31.8	33.3
Arkansas	20.4	21.0	21.9	23.7	28.1	31.9	31.9	31.0	34.8	38.3	39.5	41.6
California	20.5	23.0	22.2	21.8	27.7	30.3	24.6	19.8	22.9	23.9	23.0	26.4
Colorado	20.3	21.3	22.3	22.7	29.2	32.4	27.5	25.6	28.9	30.2	28.6	30.5
Connecticut	18.6	20.8	19.2	20.8	28.2	29.5	23.8	21.2	27.7	30.1	27.8	28.0
Delaware	18.8	20.8	20.8	22.2	30.2	32.2	25.8	22.7	27.0	28.9	29.0	31.5
District of Columbia	13.9	17.1	16.3	17.7	24.9	25.4	20.1	17.8	20.7	20.7	23.2	25.0
Florida	17.4	19.0	18.6	19.3	25.8	29.6	26.2	25.1	29.8	33.4	35.8	38.8
Georgia	21.4	22.2	22.3	24.4	29.9	33.6	31.6	30.6	34.7	38.4	39.9	41.5
Hawaii	18.5	20.3	21.5	23.4	30.0	34.4	...	...	...	...	...	...
Idaho	23.0	23.4	25.9	27.1	30.4	34.7	31.7	28.6	32.8	35.3	33.4	36.6
Illinois	20.1	21.8	21.7	22.9	28.5	29.8	24.0	21.6	26.0	29.3	29.6	33.0
Indiana	20.6	21.5	21.9	23.8	29.5	31.8	26.8	24.0	27.7	29.0	29.5	32.4
Iowa	19.8	20.6	21.9	22.8	28.6	31.1	26.9	24.6	28.3	29.9	30.9	34.1
Kansas	21.3	21.9	22.8	22.2	27.4	30.9	26.2	24.4	28.9	31.2	31.9	34.9
Kentucky	19.5	20.4	21.5	23.9	28.6	32.2	30.8	30.4	34.0	35.2	35.9	37.8
Louisiana	20.5	22.4	24.5	25.7	31.8	35.2	31.5	29.7	33.6	36.3	38.5	40.7
Maine	16.7	19.3	21.1	22.8	28.8	31.1	27.7	26.1	28.7	28.3	27.4	27.3
Maryland	19.3	21.5	20.6	21.9	29.5	32.0	26.7	23.8	28.3	29.7	31.0	33.2
Massachusetts	17.7	19.8	18.9	20.5	27.6	28.8	23.6	21.8	26.5	28.0	27.0	27.5
Michigan	19.3	21.8	22.2	23.9	30.5	33.1	27.4	25.0	29.1	30.0	29.7	31.9
Minnesota	20.0	21.6	22.8	23.0	30.2	32.8	27.6	24.7	28.9	31.2	31.9	36.5
Mississippi	21.0	22.5	24.1	26.2	31.6	35.8	34.0	32.6	35.4	38.5	40.4	42.0
Missouri	19.6	21.1	21.7	22.2	27.6	29.3	24.9	23.4	26.7	29.5	31.1	34.9
Montana	18.6	20.6	23.5	23.8	29.9	33.7	28.8	25.4	29.7	32.7	27.4	29.4
Nebraska	21.0	21.6	23.0	23.1	28.3	30.9	26.3	25.2	29.6	32.1	32.8	36.5
Nevada	20.5	21.7	21.1	21.7	29.5	30.6	25.9	22.5	24.2	24.9	20.9	25.7
New Hampshire	17.6	20.8	21.4	22.5	29.0	30.1	25.4	23.4	26.9	27.1	26.2	26.0
New Jersey	19.3	20.9	19.5	21.4	27.8	28.8	23.2	21.0	27.1	30.2	29.1	30.7
New Mexico	20.9	23.0	25.0	26.0	33.3	37.9	34.8	34.5	36.7	37.1	36.9	39.0
New York	18.3	20.7	19.9	21.2	26.7	27.6	22.6	20.6	25.1	27.8	27.3	29.1
North Carolina	19.9	20.5	20.1	22.7	28.6	33.4	32.3	32.5	37.9	40.4	40.6	41.4
North Dakota	18.5	20.2	23.3	23.7	30.1	34.4	31.0	29.7	34.3	38.9	36.8	39.4
Ohio	19.4	21.1	21.6	23.1	29.2	31.7	25.8	22.9	27.5	28.6	28.2	30.9
Oklahoma	20.7	21.2	22.3	22.9	26.9	30.0	28.6	29.2	33.8	37.6	39.0	41.5
Oregon	18.7	20.4	21.6	22.4	27.2	30.8	26.5	21.2	24.4	27.3	25.8	30.6
Pennsylvania	17.8	19.7	19.7	20.9	26.9	29.1	25.0	24.2	30.0	32.2	30.9	32.4
Rhode Island	17.3	19.8	18.9	20.3	26.4	28.4	23.5	22.1	27.9	28.9	27.6	28.2
South Carolina	19.3	20.9	22.0	24.3	30.4	35.7	34.8	33.7	38.5	40.9	41.6	42.8
South Dakota	20.7	21.9	24.2	24.0	29.7	33.6	29.2	27.8	32.4	34.8	34.4	38.6
Tennessee	19.5	20.5	20.7	22.8	28.0	31.6	30.1	29.4	33.2	36.1	37.0	38.9
Texas	22.9	23.5	24.0	24.7	29.7	33.1	29.1	28.0	32.2	35.5	38.7	41.8
Utah	26.7	26.6	31.2	31.6	33.3	37.5	33.5	31.4	35.6	37.8	37.3	41.1
Vermont	16.6	19.8	21.5	22.8	29.5	31.4	28.0	25.8	28.3	28.6	27.6	27.7
Virginia	19.2	20.5	20.5	22.1	28.5	32.0	29.1	28.6	33.8	35.8	37.1	38.4
Washington	19.4	21.3	22.1	22.4	28.1	31.3	26.3	21.1	24.9	27.5	26.5	30.8
West Virginia	17.2	18.2	20.1	23.4	27.2	32.2	31.7	31.2	35.9	37.3	36.8	38.5
Wisconsin	19.4	21.0	22.3	23.0	29.8	32.1	27.0	24.9	28.9	31.3	32.2	35.8
Wyoming	20.1	20.9	25.2	25.8	29.7	33.7	29.1	26.6	30.3	31.5	26.9	30.7

Table B. United States and States—*Continued*

State	Percent age 15 to 64 years old											
	2010	2000	1990	1980	1970	1960	1950	1940	1930	1920	1910	1900
	71	72	73	74	75	76	77	78	79	80	81	82
United States	**67.1**	**66.2**	**65.9**	**66.1**	**61.6**	**59.7**	**65.0**	**68.2**	**65.2**	**63.5**	**63.6**	**61.4**
Alabama	66.7	66.1	65.4	64.6	60.9	58.1	60.8	62.9	60.3	57.3	57.1	55.7
Alaska	70.3	69.1	68.7	70.2	63.4	62.1	...	...	...	...	...	...
Arizona	65.0	64.6	64.2	65.0	60.5	58.3	62.2	64.4	63.4	63.6	65.4	64.0
Arkansas	65.2	65.0	63.2	62.6	59.5	57.2	60.3	63.5	61.1	58.2	57.6	56.0
California	68.1	66.4	67.3	68.0	63.3	60.9	66.9	72.2	70.6	70.2	71.7	68.4
Colorado	68.7	69.0	67.7	68.7	62.3	58.6	63.8	66.7	65.1	65.4	68.0	67.0
Connecticut	67.2	65.4	67.2	67.5	62.3	60.9	67.4	71.3	66.5	64.9	66.8	66.4
Delaware	66.7	66.2	67.1	67.8	61.8	59.8	65.9	69.6	66.0	65.5	65.8	63.9
District of Columbia	74.7	70.7	70.9	70.7	65.7	65.5	72.8	76.0	73.7	74.6	71.6	70.8
Florida	65.2	63.4	63.1	63.4	59.6	59.2	65.2	68.0	65.3	62.4	61.3	58.5
Georgia	67.9	68.2	67.6	66.1	62.1	59.0	62.0	64.3	61.4	58.1	57.0	55.5
Hawaii	67.1	66.4	67.2	68.7	64.3	61.0	...	...	...	...	...	...
Idaho	64.6	65.3	62.1	63.0	60.1	56.6	60.9	65.4	62.2	61.3	63.8	60.7
Illinois	67.5	66.1	65.7	66.1	61.7	60.5	67.3	71.2	68.5	66.1	66.1	63.0
Indiana	66.5	66.1	65.5	65.5	61.0	58.6	64.0	67.6	65.1	64.7	65.0	62.9
Iowa	65.3	64.5	62.8	63.9	59.0	57.0	62.7	66.4	64.2	64.1	63.5	61.1
Kansas	65.5	64.8	63.4	64.8	60.8	58.1	63.6	66.9	64.2	62.9	62.9	61.0
Kentucky	67.2	67.1	65.8	64.9	60.9	58.2	61.2	62.9	60.6	60.1	60.0	58.6
Louisiana	67.4	66.0	64.4	64.7	59.8	57.4	61.9	65.3	62.8	60.4	58.5	56.4
Maine	67.3	66.3	65.6	64.7	59.6	57.9	62.1	64.4	62.6	63.6	64.4	64.7
Maryland	68.3	67.2	68.6	68.7	62.9	60.7	66.3	69.4	66.0	65.3	64.3	62.6
Massachusetts	68.7	66.7	67.5	66.8	61.2	60.1	66.4	69.7	67.0	66.6	67.8	67.4
Michigan	66.9	65.9	65.9	66.3	61.0	58.7	65.4	68.7	65.6	64.8	64.7	63.1
Minnesota	67.2	66.3	64.7	65.2	59.1	56.8	63.4	67.7	64.7	64.2	63.9	59.7
Mississippi	66.0	65.4	63.4	62.3	58.4	55.5	59.0	62.1	60.7	57.8	56.6	55.1
Missouri	66.3	65.4	64.3	64.6	60.4	59.0	64.8	68.0	66.6	65.0	64.3	61.5
Montana	66.6	66.0	63.2	65.5	60.2	56.6	62.6	68.1	65.3	64.2	70.2	68.6
Nebraska	65.4	64.8	62.9	63.8	59.3	57.5	63.9	66.8	64.1	62.9	62.9	60.2
Nevada	67.7	67.3	68.3	70.1	64.2	63.0	67.2	71.3	70.5	70.6	75.3	68.9
New Hampshire	68.7	67.2	67.3	66.3	60.4	58.7	63.8	66.7	64.2	64.9	65.9	66.1
New Jersey	67.3	65.9	67.1	66.9	62.5	62.0	68.7	72.3	67.9	65.6	66.7	65.1
New Mexico	65.8	65.3	64.2	65.1	59.8	56.7	60.3	61.1	59.3	59.5	60.1	58.0
New York	68.3	66.4	67.0	66.5	62.5	62.3	68.9	72.6	69.6	67.4	68.1	66.1
North Carolina	67.0	67.5	67.8	67.0	63.3	59.7	62.2	63.1	58.4	55.7	55.9	55.1
North Dakota	67.1	65.1	62.4	64.0	59.2	56.3	61.2	64.2	61.3	58.1	61.0	58.3
Ohio	66.4	65.6	65.4	66.1	61.4	59.1	65.3	69.3	66.3	65.8	66.3	64.1
Oklahoma	65.9	65.6	64.2	64.7	61.4	59.3	62.7	64.6	62.2	59.2	58.5	56.5
Oregon	67.5	66.8	64.6	66.1	62.0	58.8	64.8	70.3	68.5	67.3	70.0	65.4
Pennsylvania	66.7	64.7	64.9	66.2	62.3	60.9	66.6	69.0	64.7	63.3	64.8	63.4
Rhode Island	68.3	65.7	66.1	66.3	62.6	61.2	67.6	70.3	66.3	66.1	67.8	67.2
South Carolina	67.1	67.0	66.6	66.5	62.2	58.0	59.8	62.0	58.2	55.9	55.5	54.2
South Dakota	65.0	63.8	61.1	62.8	58.2	55.9	62.3	65.3	62.3	61.2	62.3	58.2
Tennessee	67.0	67.1	66.6	65.9	62.2	59.7	62.8	64.7	62.2	59.6	59.2	57.8
Texas	66.9	66.6	65.9	65.7	61.4	59.1	64.2	66.6	63.8	61.0	58.5	55.8
Utah	64.2	64.9	60.1	60.9	59.4	55.8	60.3	63.1	59.9	58.7	59.4	55.3
Vermont	68.9	67.5	66.7	65.8	59.8	57.4	61.5	64.6	63.0	63.0	64.2	64.2
Virginia	68.7	68.3	68.8	68.4	63.6	60.7	64.4	65.6	61.4	59.9	58.8	57.7
Washington	68.2	67.5	66.1	67.2	62.5	58.9	64.8	70.6	68.6	68.0	70.3	66.3
West Virginia	66.8	66.5	64.9	64.4	61.7	58.5	61.4	63.5	59.9	58.9	59.7	58.1
Wisconsin	66.9	65.9	64.4	65.0	59.5	57.7	64.0	67.4	64.6	63.4	62.7	59.2
Wyoming	67.6	67.4	64.4	66.3	61.2	58.5	64.6	68.4	65.8	65.9	71.2	67.8

Table B. United States and States—*Continued*

State	Percent age 65 years and older											
	2010	2000	1990	1980	1970	1960	1950	1940	1930	1920	1910	1900
	83	84	85	86	87	88	89	90	91	92	93	94
United States	**13.1**	**12.4**	**12.6**	**11.3**	**9.9**	**9.2**	**8.1**	**6.8**	**5.4**	**4.7**	**4.3**	**4.1**
Alabama	13.9	13.0	12.9	11.3	9.5	8.0	6.5	4.8	3.8	3.6	3.1	3.0
Alaska	7.8	5.7	4.1	2.9	2.3	2.4	...	...	...	...	...	...
Arizona	13.8	13.0	13.1	11.3	9.1	6.9	5.9	4.8	3.6	3.0	2.8	2.7
Arkansas	14.5	14.0	14.9	13.7	12.4	10.9	7.8	5.5	4.1	3.5	2.9	2.4
California	11.4	10.6	10.5	10.2	9.0	8.8	8.5	8.0	6.5	5.9	5.3	5.2
Colorado	10.9	9.7	10.0	8.6	8.5	9.0	8.7	7.7	6.0	4.4	3.4	2.5
Connecticut	14.3	13.8	13.6	11.7	9.5	9.6	8.8	7.5	5.8	5.0	5.4	5.6
Delaware	14.5	13.0	12.1	10.0	8.0	8.0	8.3	7.7	7.0	5.6	5.2	4.6
District of Columbia	11.5	12.2	12.8	11.6	9.4	9.1	7.1	6.2	5.6	4.7	5.2	4.2
Florida	17.4	17.6	18.3	17.3	14.6	11.2	8.6	6.9	4.9	4.2	2.9	2.7
Georgia	10.7	9.6	10.1	9.5	8.0	7.4	6.4	5.1	3.9	3.5	3.1	3.0
Hawaii	14.3	13.3	11.3	7.9	5.7	4.6	...	...	...	...	...	...
Idaho	12.3	11.3	12.0	9.9	9.5	8.7	7.4	6.0	5.0	3.4	2.8	2.7
Illinois	12.5	12.1	12.6	11.0	9.8	9.7	8.7	7.2	5.5	4.6	4.3	4.0
Indiana	13.0	12.4	12.6	10.7	9.5	9.6	9.2	8.4	7.2	6.3	5.5	4.7
Iowa	14.8	14.9	15.3	13.3	12.4	11.9	10.4	9.0	7.5	6.0	5.6	4.8
Kansas	13.1	13.3	13.8	13.0	11.8	11.0	10.2	8.7	6.9	5.9	5.2	4.1
Kentucky	13.3	12.5	12.7	11.2	10.5	9.6	8.0	6.7	5.4	4.7	4.1	3.6
Louisiana	12.3	11.6	11.1	9.6	8.4	7.4	6.6	5.0	3.6	3.3	3.0	2.9
Maine	15.9	14.4	13.3	12.5	11.6	11.0	10.2	9.5	8.7	8.1	8.2	8.0
Maryland	12.3	11.3	10.8	9.4	7.6	7.3	7.0	6.8	5.7	5.0	4.7	4.2
Massachusetts	13.7	13.5	13.6	12.7	11.2	11.1	10.0	8.5	6.5	5.4	5.2	5.1
Michigan	13.8	12.3	11.9	9.8	8.5	8.2	7.2	6.3	5.3	5.2	5.6	5.0
Minnesota	12.9	12.1	12.5	11.8	10.7	10.4	9.0	7.6	6.4	4.6	4.2	3.8
Mississippi	12.9	12.1	12.5	11.5	10.0	8.7	7.0	5.3	3.9	3.7	3.0	2.9
Missouri	14.0	13.5	14.0	13.2	12.0	11.7	10.3	8.6	6.7	5.5	4.6	3.6
Montana	14.9	13.4	13.3	10.7	9.9	9.7	8.6	6.5	5.0	3.1	2.4	2.0
Nebraska	13.6	13.6	14.1	13.1	12.4	11.6	9.8	8.0	6.3	5.0	4.3	3.3
Nevada	11.9	11.0	10.6	8.2	6.3	6.4	6.9	6.2	5.3	4.5	3.8	5.4
New Hampshire	13.5	12.0	11.3	11.2	10.6	11.2	10.8	9.9	8.9	8.0	7.9	7.9
New Jersey	13.5	13.2	13.4	11.7	9.7	9.2	8.1	6.7	5.0	4.2	4.2	4.2
New Mexico	13.3	11.7	10.8	8.9	6.9	5.4	4.9	4.4	4.0	3.4	3.0	3.0
New York	13.5	12.9	13.1	12.3	10.8	10.1	8.5	6.8	5.3	4.8	4.6	4.8
North Carolina	12.8	12.0	12.1	10.3	8.1	6.9	5.5	4.4	3.7	3.9	3.5	3.5
North Dakota	14.5	14.7	14.3	12.3	10.7	9.3	7.8	6.1	4.4	3.0	2.2	2.3
Ohio	14.1	13.3	13.0	10.8	9.4	9.2	8.9	7.8	6.2	5.6	5.5	5.0
Oklahoma	13.3	13.2	13.5	12.4	11.7	10.7	8.7	6.2	4.0	3.2	2.5	2.0
Oregon	13.8	12.8	13.8	11.5	10.8	10.4	8.7	8.5	7.1	5.4	4.2	4.0
Pennsylvania	15.6	15.6	15.4	12.9	10.8	10.0	8.4	6.8	5.3	4.5	4.3	4.2
Rhode Island	14.4	14.5	15.0	13.4	11.0	10.4	8.9	7.6	5.8	5.0	4.6	4.6
South Carolina	13.6	12.1	11.4	9.2	7.4	6.3	5.4	4.3	3.3	3.2	2.9	3.0
South Dakota	14.4	14.3	14.7	13.2	12.1	10.5	8.5	6.9	5.3	4.0	3.3	3.2
Tennessee	13.5	12.4	12.7	11.3	9.8	8.7	7.1	5.9	4.6	4.3	3.8	3.3
Texas	10.4	9.9	10.1	9.6	8.9	7.8	6.7	5.4	4.0	3.5	2.8	2.4
Utah	9.1	8.5	8.7	7.5	7.3	6.7	6.2	5.5	4.5	3.5	3.3	3.6
Vermont	14.5	12.7	11.8	11.4	10.7	11.2	10.5	9.6	8.7	8.4	8.2	8.1
Virginia	12.2	11.2	10.7	9.5	7.9	7.3	6.5	5.8	4.8	4.3	4.1	3.9
Washington	12.3	11.2	11.8	10.4	9.4	9.8	8.9	8.3	6.5	4.5	3.2	2.9
West Virginia	16.1	15.3	15.0	12.2	11.1	9.3	6.9	5.3	4.2	3.8	3.5	3.4
Wisconsin	13.8	13.1	13.3	12.0	10.7	10.2	9.0	7.7	6.5	5.3	5.1	5.0
Wyoming	12.4	11.7	10.4	7.9	9.1	7.8	6.3	5.0	3.9	2.6	1.9	1.5

Table B. United States and States—*Continued*

State	Percent White [2]											
	2010	2000	1990	1980	1970	1960	1950	1940	1930	1920	1910	1900
	95	96	97	98	99	100	101	102	103	104	105	106
United States	**74.8**	**77.1**	**80.3**	**83.1**	**87.5**	**88.6**	**89.5**	**89.8**	**89.8**	**89.7**	**88.9**	**87.9**
Alabama	69.8	72.0	73.6	73.8	73.6	69.9	67.9	65.3	64.3	61.6	57.5	54.7
Alaska	73.1	74.0	75.5	77.1	78.8	77.2	...	...	...	...	...	...
Arizona	75.9	77.9	80.8	82.4	90.6	89.8	87.3	85.5	86.9	87.2	83.9	75.6
Arkansas	78.8	81.2	82.7	82.7	81.4	78.1	77.6	75.2	74.2	73.0	71.8	72.0
California	61.6	63.4	69.0	76.2	89.0	92.0	93.7	95.5	95.3	95.3	95.0	94.5
Colorado	84.3	85.2	88.2	89.0	95.7	97.0	97.9	98.5	98.4	98.3	98.0	98.0
Connecticut	79.6	83.3	87.0	90.1	93.5	95.6	97.3	98.0	98.1	98.4	98.6	98.2
Delaware	71.0	75.9	80.3	82.1	85.1	86.1	86.1	86.5	86.3	86.4	84.6	83.4
District of Columbia	40.5	32.2	29.6	26.9	27.7	45.2	64.6	71.5	72.7	74.7	71.3	68.7
Florida	77.1	79.7	83.1	84.0	84.2	82.1	78.2	72.8	70.5	65.9	58.9	56.3
Georgia	61.4	66.1	71.0	72.3	73.9	71.4	69.1	65.3	63.2	58.3	54.9	53.3
Hawaii	41.5	39.3	33.4	33.0	38.8	32.0	...	...	...	...	...	...
Idaho	91.4	92.8	94.4	95.5	98.1	98.5	98.8	98.9	98.6	98.6	98.0	95.5
Illinois	73.4	75.1	78.3	80.8	86.4	89.4	92.4	95.0	95.6	97.1	98.0	98.2
Indiana	86.1	88.6	90.6	91.2	92.8	94.1	95.5	96.4	96.5	97.2	97.7	97.7
Iowa	92.9	94.9	96.6	97.4	98.5	99.0	99.2	99.3	99.3	99.2	99.3	99.4
Kansas	86.5	87.9	90.1	91.7	94.5	95.4	96.0	96.3	96.3	96.6	96.7	96.3
Kentucky	89.4	91.0	92.0	92.3	92.6	92.8	93.1	92.5	91.4	90.2	88.6	86.7
Louisiana	63.9	64.8	67.3	69.2	69.8	67.9	67.0	64.0	62.9	61.0	56.8	52.8
Maine	96.7	97.9	98.4	98.7	99.3	99.4	99.7	99.7	99.7	99.7	99.7	99.7
Maryland	60.4	65.4	71.0	74.9	81.5	83.0	83.4	83.4	83.0	83.1	82.0	80.2
Massachusetts	82.5	86.2	89.8	93.5	96.3	97.6	98.3	98.6	98.7	98.7	98.8	98.7
Michigan	81.0	81.8	83.4	85.0	88.3	90.6	92.9	95.9	96.3	98.2	99.1	99.1
Minnesota	87.4	90.8	94.4	96.6	98.2	98.8	99.0	99.2	99.2	99.2	99.2	99.2
Mississippi	60.1	61.9	63.5	64.1	62.8	57.7	54.6	50.7	49.7	47.7	43.7	41.3
Missouri	84.7	86.1	87.7	88.4	89.3	90.8	92.4	93.5	93.8	94.7	95.2	94.8
Montana	91.8	92.2	92.7	94.1	95.5	96.4	96.8	96.6	96.7	97.3	95.9	93.0
Nebraska	88.0	90.8	93.8	94.9	96.6	97.4	98.2	98.6	98.7	98.7	99.0	99.1
Nevada	70.0	78.4	84.3	87.5	91.7	92.3	93.6	94.4	92.8	91.3	90.7	83.6
New Hampshire	95.4	97.0	98.0	98.9	99.4	99.6	99.8	99.9	99.8	99.8	99.8	99.8
New Jersey	70.6	74.4	79.3	83.2	88.6	91.3	93.3	94.5	94.8	96.2	96.4	96.2
New Mexico	71.5	69.9	75.6	75.0	90.1	92.1	92.5	92.6	92.4	92.9	93.1	92.3
New York	67.9	70.0	74.4	79.5	86.8	91.1	93.5	95.6	96.5	97.9	98.4	98.5
North Carolina	70.2	73.1	75.6	75.8	76.8	74.6	73.4	71.9	70.5	69.7	68.0	66.7
North Dakota	91.6	93.4	94.6	95.8	97.0	98.0	98.2	98.4	98.7	98.9	98.8	97.7
Ohio	84.5	86.1	87.8	88.9	90.6	91.8	93.5	95.1	95.3	96.7	97.6	97.7
Oklahoma	77.5	80.3	82.1	85.9	89.1	90.5	91.0	90.1	88.9	89.8	87.2	84.8
Oregon	87.1	89.3	92.8	94.6	97.2	97.9	98.4	98.7	98.4	98.2	97.4	95.4
Pennsylvania	83.5	86.3	88.5	89.8	91.0	92.4	93.9	95.2	95.5	96.7	97.4	97.5
Rhode Island	83.8	86.9	91.4	94.7	96.6	97.6	98.1	98.4	98.5	98.3	98.1	97.8
South Carolina	67.6	68.0	69.0	68.8	69.3	65.1	61.1	57.1	54.3	48.6	44.8	41.6
South Dakota	87.8	89.9	91.6	92.6	94.7	96.0	96.3	96.3	96.7	97.3	96.6	94.8
Tennessee	79.1	81.2	83.0	83.5	83.9	83.5	83.9	82.5	81.7	80.7	78.3	76.2
Texas	72.7	73.1	75.2	78.7	86.8	87.4	87.2	85.5	85.3	84.0	82.2	79.6
Utah	88.6	91.1	93.8	94.6	97.4	98.1	98.3	98.7	98.4	98.3	98.2	98.5
Vermont	96.9	97.9	98.6	99.1	99.6	99.8	99.9	99.9	99.8	99.8	99.5	99.7
Virginia	71.0	73.9	77.4	79.1	80.9	79.2	77.8	75.3	73.1	70.1	67.4	64.3
Washington	81.4	84.9	88.5	91.5	95.4	96.4	97.4	97.8	97.3	97.3	97.1	95.8
West Virginia	95.3	95.9	96.2	96.2	95.9	95.1	94.3	93.8	93.3	94.1	94.7	95.5
Wisconsin	87.8	90.0	92.2	94.4	96.4	97.6	98.8	99.2	99.2	99.4	99.4	99.5
Wyoming	92.7	93.7	94.2	95.1	97.2	97.8	97.8	98.3	98.1	97.8	96.1	96.2

[2] The 2000 and 2010 censuses allowed identification with more than one race. For those years the proportion includes all who identified with a specific race. ("alone or in combination")

Table B. United States and States—Continued

State	Percent Black [2]											
	2010	2000	1990	1980	1970	1960	1950	1940	1930	1920	1910	1900
	107	108	109	110	111	112	113	114	115	116	117	118
United States	**13.6**	**12.9**	**12.1**	**11.7**	**11.1**	**10.5**	**10.0**	**9.8**	**9.7**	**9.9**	**10.7**	**11.6**
Alabama	26.8	26.3	25.3	25.6	26.2	30.0	32.0	34.7	35.7	38.4	42.5	45.2
Alaska	4.7	4.3	4.1	3.4	3.0	3.0	...	...	...	...	...	...
Arizona	5.0	3.6	3.0	2.8	3.0	3.3	3.5	3.0	2.5	2.4	1.0	1.5
Arkansas	16.1	16.0	15.9	16.3	18.3	21.8	22.3	24.8	25.8	27.0	28.1	28.0
California	7.2	7.4	7.4	7.7	7.0	5.6	4.4	1.8	1.4	1.1	0.9	0.7
Colorado	5.0	4.4	4.0	3.5	3.0	2.3	1.5	1.1	1.1	1.2	1.4	1.6
Connecticut	11.3	10.0	8.3	7.0	6.0	4.2	2.7	1.9	1.8	1.5	1.4	1.7
Delaware	22.9	20.1	16.9	16.1	14.3	13.6	13.7	13.5	13.7	13.6	15.4	16.6
District of Columbia	52.2	61.3	65.8	70.3	71.1	53.9	35.0	28.2	27.1	25.1	28.5	31.1
Florida	17.0	15.5	13.6	13.8	15.3	17.8	21.8	27.1	29.4	34.0	41.0	43.7
Georgia	31.5	29.2	27.0	26.8	25.9	28.5	30.9	34.7	36.8	41.7	45.1	46.7
Hawaii	2.9	2.8	2.5	1.8	1.0	0.8	...	...	...	...	...	...
Idaho	1.0	0.6	0.3	0.3	0.3	0.2	0.2	0.1	0.2	0.2	0.2	0.2
Illinois	15.4	15.6	14.8	14.7	12.8	10.3	7.4	4.9	4.3	2.8	1.9	1.8
Indiana	10.1	8.8	7.8	7.6	6.9	5.8	4.4	3.6	3.5	2.8	2.2	2.3
Iowa	3.7	2.5	1.7	1.4	1.2	0.9	0.8	0.7	0.7	0.8	0.7	0.6
Kansas	7.1	6.3	5.8	5.3	4.8	4.2	3.8	3.6	3.5	3.3	3.2	3.5
Kentucky	8.7	7.7	7.1	7.1	7.2	7.1	6.9	7.5	8.6	9.8	11.4	13.3
Louisiana	32.8	32.9	30.8	29.4	29.8	31.9	32.9	35.9	36.9	38.9	43.1	47.1
Maine	1.6	0.7	0.4	0.3	0.3	0.3	0.1	0.2	0.1	0.2	0.2	0.2
Maryland	30.9	28.8	24.9	22.7	17.8	16.7	16.5	16.6	16.9	16.9	17.9	19.8
Massachusetts	7.8	6.3	5.0	3.9	3.1	2.2	1.6	1.3	1.2	1.2	1.1	1.1
Michigan	15.2	14.8	13.9	12.9	11.2	9.2	6.9	4.0	3.5	1.6	0.6	0.7
Minnesota	6.2	4.1	2.2	1.3	0.9	0.7	0.5	0.4	0.4	0.4	0.3	0.3
Mississippi	37.6	36.6	35.6	35.2	36.8	42.0	45.3	49.2	50.2	52.2	56.2	58.5
Missouri	12.5	11.7	10.7	10.5	10.3	9.0	7.5	6.5	6.2	5.2	4.8	5.2
Montana	0.8	0.5	0.3	0.2	0.3	0.2	0.2	0.2	0.2	0.3	0.5	0.6
Nebraska	5.4	4.4	3.6	3.1	2.7	2.1	1.5	1.1	1.0	1.0	0.6	0.6
Nevada	9.4	7.5	6.6	6.4	5.7	4.7	2.7	0.6	0.6	0.4	0.6	0.3
New Hampshire	1.7	1.0	0.6	0.4	0.3	0.3	0.1	0.1	0.2	0.1	0.1	0.2
New Jersey	14.8	14.4	13.4	12.6	10.7	8.5	6.6	5.5	5.2	3.7	3.5	3.7
New Mexico	2.8	2.3	2.0	1.8	1.9	1.8	1.2	0.9	0.7	1.6	0.5	0.8
New York	17.2	17.0	15.9	13.7	11.9	8.4	6.2	4.2	3.3	1.9	1.5	1.4
North Carolina	22.6	22.1	22.0	22.4	22.2	24.5	25.8	27.5	29.0	29.8	31.6	33.0
North Dakota	1.6	0.8	0.6	0.4	0.4	0.1	-	-	0.1	0.1	0.1	0.1
Ohio	13.4	12.1	10.6	10.0	9.1	8.1	6.5	4.9	4.7	3.2	2.3	2.3
Oklahoma	8.7	8.3	7.4	6.8	6.7	6.6	6.5	7.2	7.2	7.4	8.3	7.0
Oregon	2.6	2.1	1.6	1.4	1.3	1.0	0.8	0.2	0.2	0.3	0.2	0.3
Pennsylvania	11.9	10.5	9.2	8.8	8.6	7.5	6.1	4.7	4.5	3.3	2.5	2.5
Rhode Island	7.4	5.5	3.9	2.9	2.7	2.1	1.8	1.5	1.4	1.7	1.8	2.1
South Carolina	28.8	29.9	29.8	30.4	30.5	34.8	38.8	42.9	45.6	51.4	55.2	58.4
South Dakota	1.8	0.9	0.5	0.3	0.2	0.2	0.1	0.1	0.1	0.1	0.1	0.1
Tennessee	17.4	16.8	16.0	15.8	15.8	16.5	16.1	17.4	18.3	19.3	21.7	23.8
Texas	12.6	12.0	11.9	12.0	12.5	12.4	12.7	14.4	14.7	15.9	17.7	20.4
Utah	1.6	1.1	0.7	0.6	0.6	0.5	0.4	0.2	0.2	0.3	0.3	0.2
Vermont	1.5	0.7	0.3	0.2	0.2	0.1	0.1	0.1	0.2	0.2	0.5	0.2
Virginia	20.7	20.4	18.8	18.9	18.5	20.6	22.1	24.7	26.8	29.9	32.6	35.6
Washington	4.8	4.0	3.1	2.6	2.1	1.7	1.3	0.4	0.4	0.5	0.5	0.5
West Virginia	4.2	3.5	3.1	3.3	3.9	4.8	5.7	6.2	6.6	5.9	5.3	4.5
Wisconsin	7.1	6.1	5.0	3.9	2.9	1.9	0.8	0.4	0.4	0.2	0.1	0.1
Wyoming	1.3	1.0	0.8	0.7	0.8	0.7	0.9	0.4	0.6	0.7	1.5	1.0

[2] The 2000 and 2010 censuses allowed identification with more than one race. For those years the proportion includes all who identified with a specific race. ("alone or in combination")

Table B. United States and States—*Continued*

State	Percent American Indian and Alaska Native [2]											
	2010	2000	1990	1980	1970	1960	1950	1940	1930	1920	1910	1900
	119	120	121	122	123	124	125	126	127	128	129	130
United States	**1.7**	**1.5**	**0.8**	**0.6**	**0.4**	**0.3**	**0.2**	**0.3**	**0.3**	**0.2**	**0.3**	**0.3**
Alabama	1.2	1.0	0.4	0.2	0.1	...	...	...	...	...	...	...
Alaska	19.5	19.0	15.6	16.0	5.4	6.4	...	...	...	...	...	...
Arizona	5.5	5.7	5.6	5.6	5.4	6.4	8.8	11.0	10.0	9.9	14.3	21.5
Arkansas	1.6	1.4	0.5	0.4	0.1	...	...	...	...	...	...	...
California	1.9	1.9	0.8	0.9	0.5	0.2	0.2	0.3	0.3	0.5	0.7	1.0
Colorado	2.1	1.9	0.8	0.6	0.4	0.2	0.1	0.1	0.1	0.1	0.2	0.3
Connecticut	0.9	0.7	0.2	0.1	0.1	...	...	...	...	...	...	...
Delaware	1.1	0.8	0.3	0.2	0.1	0.1	...	...	...	...	...	...
District of Columbia	1.1	0.8	0.2	0.2	0.1	0.1	...	...	...	...	...	...
Florida	0.9	0.7	0.3	0.2	0.1	0.1	...	...	...	0.1	...	0.1
Georgia	0.9	0.6	0.2	0.1	0.1	...	...	...	...	...	...	...
Hawaii	2.5	2.1	0.5	0.3	0.1	0.1	...	...	...	...	...	...
Idaho	2.3	2.1	1.4	1.1	0.9	0.8	0.6	0.7	0.8	0.7	1.1	2.6
Illinois	0.8	0.6	0.2	0.1	0.1	...	...	...	...	...	...	...
Indiana	0.8	0.6	0.2	0.1	0.1	...	...	...	...	...	...	...
Iowa	0.8	0.6	0.3	0.2	0.1	0.1	...	...	...	...	...	...
Kansas	2.1	1.8	0.9	0.7	0.4	0.2	0.1	0.1	0.1	0.1	0.1	0.1
Kentucky	0.7	0.6	0.2	0.1	...	...	...	...	...	...	...	...
Louisiana	1.2	1.0	0.4	0.3	0.1	0.1	...	0.1	0.1	0.1	...	...
Maine	1.4	1.0	0.5	0.4	0.2	0.2	0.2	0.1	0.1	0.1	0.1	0.1
Maryland	1.0	0.7	0.3	0.2	0.1	...	...	...	...	...	...	...
Massachusetts	0.8	0.6	0.2	0.1	0.1	...	...	...	...	...	...	...
Michigan	1.4	1.3	0.6	0.4	0.2	0.1	0.1	0.1	0.1	0.2	0.3	0.3
Minnesota	1.9	1.6	1.1	0.9	0.6	0.5	0.4	0.4	0.4	0.4	0.4	0.5
Mississippi	0.9	0.7	0.3	0.2	0.2	0.1	0.1	0.1	0.1	0.1	0.1	0.1
Missouri	1.2	1.1	0.4	0.3	0.1	...	...	...	...	...	...	...
Montana	7.9	7.4	6.0	4.7	3.9	3.1	2.8	3.0	2.8	2.0	2.9	4.7
Nebraska	1.6	1.3	0.8	0.6	0.4	0.4	0.3	0.3	0.2	0.2	0.3	0.3
Nevada	2.1	2.1	1.6	1.7	1.6	2.3	3.1	4.3	5.3	6.3	6.4	12.3
New Hampshire	0.8	0.6	0.2	0.1	...	...	...	...	...	...	...	...
New Jersey	0.8	0.6	0.2	0.1	0.1	...	...	...	...	...	...	...
New Mexico	10.7	10.5	8.9	8.1	7.2	5.9	6.2	6.5	6.8	5.4	6.3	6.7
New York	1.1	0.9	0.3	0.2	0.2	0.1	0.1	0.1	0.1	0.1	0.1	0.1
North Carolina	1.9	1.6	1.2	1.1	0.9	0.8	0.1	0.6	0.5	0.5	0.4	0.3
North Dakota	6.4	5.5	4.1	3.1	2.3	1.9	1.7	1.6	1.2	1.0	1.1	2.2
Ohio	0.8	0.7	0.2	0.1	0.1	...	...	...	...	...	...	...
Oklahoma	12.9	11.4	8.0	5.6	3.8	2.8	2.4	2.7	3.9	2.8	4.5	8.2
Oregon	2.9	2.5	1.4	1.0	0.6	0.5	0.4	0.4	0.5	0.6	0.8	1.2
Pennsylvania	0.6	0.4	0.1	0.1	...	...	...	...	...	...	...	...
Rhode Island	1.4	1.0	0.4	0.3	0.1	0.1	...	...	...	...	0.1	...
South Carolina	0.9	0.7	0.2	0.2	0.1	...	...	0.1	0.1	...	...	...
South Dakota	10.1	9.0	7.3	6.5	4.9	3.8	3.6	3.6	3.2	2.6	3.3	5.0
Tennessee	0.9	0.7	0.2	0.1	0.1	...	...	...	...	...	...	...
Texas	1.3	1.0	0.4	0.3	0.2	0.1	...	...	...	...	...	...
Utah	1.8	1.8	1.4	1.3	1.1	0.8	0.6	0.7	0.6	0.6	0.8	0.9
Vermont	1.2	1.1	0.3	0.2	0.1	...	...	...	...	...	...	...
Virginia	1.0	0.7	0.2	0.2	0.1	0.1	...	...	...	...	...	...
Washington	3.0	2.7	1.7	1.5	1.0	0.7	0.6	0.7	0.7	0.7	1.0	1.9
West Virginia	0.7	0.6	0.1	0.1	...	...	...	...	...	...	...	...
Wisconsin	1.5	1.3	0.8	0.6	0.4	0.4	0.4	0.4	0.4	0.4	0.4	0.4
Wyoming	3.3	3.0	2.1	1.5	1.5	1.2	1.1	0.9	0.8	0.7	1.0	1.8

[2] The 2000 and 2010 censuses allowed identification with more than one race. For those years the proportion includes all who identified with a specific race. ("alone or in combination")

Table B. United States and States—*Continued*

State	Percent Asian and Pacific Islander [2]											
	2010	2000	1990	1980	1970	1960	1950	1940	1930	1920	1910	1900
	131	132	133	134	135	136	137	138	139	140	141	142
United States	**5.9**	**4.4**	**2.9**	**1.5**	**0.7**	**0.5**	**0.2**	**0.2**	**0.2**	**0.2**	**0.2**	**0.2**
Alabama	1.5	0.9	0.5	0.2	0.1	...	...	...	...	...	...	...
Alaska	8.4	5.9	3.6	2.0	0.9	0.8	...	...	...	...	...	...
Arizona	3.9	2.5	1.5	0.8	0.4	0.4	0.4	0.5	0.6	0.5	0.8	1.4
Arkansas	1.8	1.0	0.5	0.3	0.1	0.1	...	...	...	...	...	...
California	15.5	12.8	9.6	5.3	2.6	2.0	1.4	2.4	3.0	3.1	3.4	3.8
Colorado	3.9	3.0	1.8	1.0	0.5	0.5	0.4	0.3	0.4	0.3	0.3	0.1
Connecticut	4.5	2.9	1.5	0.6	0.2	0.1	...	...	...	0.1	...	0.1
Delaware	3.9	2.5	1.4	0.7	0.2	0.1	...	...	...	...	...	...
District of Columbia	4.6	3.2	1.8	1.0	0.6	0.6	0.3	0.2	0.2	0.2	0.1	0.2
Florida	3.2	2.2	1.2	0.6	0.2	0.1	...	...	...	...	...	...
Georgia	3.9	2.5	1.2	0.4	0.1	0.1	...	...	...	...	...	...
Hawaii	70.8	70.8	61.8	60.5	47.3	49.1	...	...	...	...	...	...
Idaho	2.2	1.5	0.9	0.6	0.4	0.4	0.4	0.3	0.4	0.5	0.7	1.7
Illinois	5.3	3.9	2.5	1.4	0.4	0.2	0.2	0.1	0.1	0.1		
Indiana	2.0	1.3	0.7	0.4	0.1	0.1	...	...	...	...	...	...
Iowa	2.2	1.5	0.9	0.4	0.1	...	...	...	...	...	...	...
Kansas	3.1	2.2	1.3	0.6	0.2	0.1	...	...	...	...	...	...
Kentucky	1.5	1.0	0.5	0.3	0.1	...	...	...	...	...	...	...
Louisiana	1.9	1.5	1.0	0.6	0.1	0.1	...	...	...	...	...	...
Maine	1.4	1.0	0.5	0.3	0.1	0.1	...	...	...	...	...	...
Maryland	6.5	4.6	2.9	1.5	0.4	0.2	...	...	0.1	...	...	...
Massachusetts	6.2	4.3	2.4	0.9	0.4	0.2	0.1	0.1	0.1	0.1	0.1	0.1
Michigan	3.0	2.1	1.1	0.6	0.2	0.1	...	...	...	...	...	...
Minnesota	4.7	3.4	1.8	0.7	0.2	0.1	0.1	...	...	...	...	...
Mississippi	1.2	0.9	0.5	0.3	0.1	0.1	...	...	...	...	...	...
Missouri	2.2	1.5	0.8	0.5	0.2	0.1	...	...	...	...	...	...
Montana	1.2	0.9	0.5	0.3	0.2	0.2	0.1	0.2	0.3	0.4	0.8	1.7
Nebraska	2.3	1.6	0.8	0.4	0.1	0.1	0.1	...	0.1	0.1	0.1	...
Nevada	9.9	6.2	3.2	1.8	0.6	0.5	0.4	0.7	1.3	1.9	2.3	3.7
New Hampshire	2.7	1.6	0.8	0.3	0.1	0.1	...	...	...	...	...	...
New Jersey	9.2	6.3	3.5	1.4	0.3	0.1	0.1	...	0.1	0.1	0.1	0.1
New Mexico	2.1	1.6	0.9	0.5	0.2	0.2	0.1	0.1	0.1	0.1	0.2	0.2
New York	8.3	6.3	3.9	1.8	0.6	0.3	0.2	0.1	0.1	0.1	0.1	0.1
North Carolina	2.8	1.8	0.8	0.4	0.1	...	...	...	...	...	...	...
North Dakota	1.5	0.8	0.5	0.3	0.1	...	...	...	...	...	...	0.1
Ohio	2.1	1.5	0.8	0.4	0.1	0.1	...	...	...	...	...	...
Oklahoma	2.4	1.8	1.1	0.6	0.1	0.1	...	...	...	...	...	...
Oregon	5.4	4.1	2.4	1.3	0.6	0.5	0.4	0.6	0.9	1.0	1.6	3.1
Pennsylvania	3.3	2.1	1.2	0.5	0.1	0.1	...	...	...	...	...	...
Rhode Island	3.7	2.8	1.8	0.6	0.4	0.1	0.1	...	...	...	0.1	0.1
South Carolina	1.7	1.2	0.6	0.4	0.1	...	...	...	...	...	...	...
South Dakota	1.3	0.9	0.4	0.3	0.1	...	...	...	...	...	...	...
Tennessee	1.9	1.3	0.7	0.3	0.1	...	...	...	...	...	...	...
Texas	4.6	3.2	1.9	0.8	0.2	0.1	...	...	...	...	...	...
Utah	4.0	3.1	1.9	1.0	0.6	0.6	0.7	0.5	0.8	0.7	0.7	0.4
Vermont	1.7	1.1	0.6	0.3	0.1	...	...	...	...	...	...	...
Virginia	6.7	4.4	2.6	1.2	0.3	0.1	...	...	...	...	...	...
Washington	9.8	7.3	4.3	2.5	1.2	1.0	0.6	1.1	1.5	1.5	1.4	1.8
West Virginia	0.9	0.7	0.4	0.3	0.1	...	...	...	...	...	...	...
Wisconsin	2.7	2.0	1.1	0.4	0.1	0.1	...	...	...	...	...	...
Wyoming	1.3	0.9	0.6	0.4	0.3	0.2	0.2	0.3	0.5	0.8	1.3	0.9

[2] The 2000 and 2010 censuses allowed identification with more than one race. For those years the proportion includes all who identified with a specific race. ("alone or in combination")

Table B. United States and States—*Continued*

State	Percent Hispanic or Latino [3]				Percent foreign-born						
	2010	2000	1990	1980	2010	2000	1990	1980	1970	1960	1950
	143	144	145	146	147	148	149	150	151	152	153
United States..............	16.3	12.5	9.0	6.4	12.9	11.1	7.9	6.2	4.7	5.4	6.9
Alabama........................	3.9	1.7	0.6	0.9	3.5	2.0	1.1	1.0	0.5	0.5	0.4
Alaska...........................	5.5	4.1	3.2	2.4	6.9	5.9	4.5	4.0	2.6	3.6	...
Arizona.........................	29.6	25.3	18.8	16.2	13.4	12.8	7.6	6.0	4.3	5.4	6.3
Arkansas.......................	6.4	3.2	0.8	0.8	4.5	2.8	1.1	1.0	0.4	0.4	0.5
California......................	37.6	32.4	25.8	19.2	27.2	26.2	21.7	15.1	8.8	8.5	10.0
Colorado	20.7	17.1	12.9	11.8	9.8	8.6	4.3	3.9	2.7	3.4	4.6
Connecticut...................	13.4	9.4	6.5	4.0	13.6	10.9	8.5	8.6	8.6	10.9	14.8
Delaware	8.2	4.8	2.4	1.6	8.0	5.7	3.3	3.2	2.9	3.3	4.1
District of Columbia.......	9.1	7.9	5.4	2.8	13.5	12.9	9.7	6.4	4.4	5.1	5.3
Florida	22.5	16.8	12.2	8.8	19.4	16.7	12.9	10.9	8.0	5.5	4.7
Georgia	8.8	5.3	1.7	1.1	9.7	7.1	2.7	1.7	0.7	0.6	0.5
Hawaii	8.9	7.2	7.3	7.4	18.2	17.5	14.7	14.2	9.8	10.9	...
Idaho	11.2	7.9	5.3	3.9	5.5	5.0	2.9	2.5	1.8	2.3	3.4
Illinois	15.8	12.3	7.9	5.6	13.7	12.3	8.3	7.2	5.7	6.8	9.1
Indiana	6.0	3.5	1.8	1.6	4.6	3.1	1.7	1.9	1.6	2.0	2.5
Iowa	5.0	2.8	1.2	0.9	4.6	3.1	1.6	1.6	1.4	2.0	3.2
Kansas	10.5	7.0	3.8	2.7	6.5	5.0	2.5	2.0	1.2	1.5	2.0
Kentucky	3.1	1.5	0.6	0.7	3.2	2.0	0.9	0.9	0.5	0.6	0.5
Louisiana	4.2	2.4	2.2	2.4	3.8	2.6	2.1	2.0	1.1	0.9	1.1
Maine............................	1.3	0.7	0.6	0.4	3.4	2.9	3.0	3.9	4.3	6.2	8.2
Maryland	8.2	4.3	2.6	1.5	13.9	9.8	6.6	4.6	3.2	3.0	3.7
Massachusetts	9.6	6.8	4.8	2.5	15.0	12.2	9.5	8.7	8.7	11.2	15.4
Michigan	4.4	3.3	2.2	1.8	6.0	5.3	3.8	4.5	4.8	6.8	9.5
Minnesota	4.7	2.9	1.2	0.8	7.1	5.3	2.6	2.6	2.6	4.2	7.1
Mississippi	2.7	1.4	0.6	1.0	2.1	1.4	0.8	0.9	0.4	0.4	0.4
Missouri........................	3.5	2.1	1.2	1.1	3.9	2.7	1.6	1.7	1.4	1.8	2.3
Montana........................	2.9	2.0	1.5	1.3	2.0	1.8	1.7	2.3	2.8	4.5	7.4
Nebraska	9.2	5.5	2.3	1.8	6.1	4.4	1.8	2.0	1.9	2.9	4.4
Nevada	26.5	19.7	10.4	6.7	18.8	15.8	8.7	6.7	3.7	4.6	6.7
New Hampshire	2.8	1.7	1.0	0.6	5.3	4.4	3.7	4.4	5.0	7.4	10.9
New Jersey....................	17.7	13.3	9.6	6.7	21.0	17.5	12.5	10.3	8.9	10.1	13.2
New Mexico...................	46.3	42.1	38.2	36.6	9.9	8.2	5.3	4.0	2.2	2.3	2.6
New York.......................	17.6	15.1	12.3	9.5	22.2	20.4	15.9	13.6	11.6	13.6	17.4
North Carolina	8.4	4.7	1.2	1.0	7.5	5.3	1.7	1.3	0.6	0.5	0.4
North Dakota.................	2.0	1.2	0.7	0.6	2.5	1.9	1.5	2.3	3.0	4.7	7.8
Ohio	3.1	1.9	1.3	1.1	4.1	3.0	2.4	2.8	3.0	4.1	5.6
Oklahoma......................	8.9	5.2	2.7	1.9	5.5	3.8	2.1	1.9	0.8	0.9	0.8
Oregon	11.7	8.0	4.0	2.5	9.8	8.5	4.9	4.1	3.2	4.0	5.6
Pennsylvania	5.7	3.2	2.0	1.3	5.8	4.1	3.1	3.4	3.8	5.3	7.5
Rhode Island.................	12.4	8.7	4.6	2.1	12.8	11.4	9.5	8.9	7.8	10.0	14.4
South Carolina...............	5.1	2.4	0.9	1.1	4.7	2.9	1.4	1.5	0.6	0.5	0.3
South Dakota.................	2.7	1.4	0.8	0.6	2.7	1.8	1.1	1.4	1.6	2.7	4.7
Tennessee	4.6	2.2	0.7	0.7	4.5	2.8	1.2	1.1	0.5	0.4	0.4
Texas............................	37.6	32.0	25.5	21.0	16.4	13.9	9.0	6.0	2.8	3.1	3.6
Utah.............................	13.0	9.0	4.9	4.1	8.0	7.1	3.4	3.5	2.8	3.6	4.5
Vermont	1.5	0.9	0.7	0.6	4.4	3.8	3.1	4.1	4.2	6.0	7.6
Virginia.........................	7.9	4.7	2.6	1.5	11.4	8.1	5.0	3.3	1.6	1.2	1.1
Washington	11.2	7.5	4.4	2.9	13.1	10.4	6.6	5.8	4.6	6.3	8.3
West Virginia	1.2	0.7	0.5	0.7	1.2	1.1	0.9	1.1	1.0	1.3	1.7
Wisconsin......................	5.9	3.6	1.9	1.3	4.5	3.6	2.5	2.7	3.0	4.3	6.3
Wyoming.......................	8.9	6.4	5.7	5.2	2.8	2.3	1.7	2.0	2.1	2.9	4.6

[3] May be of any race.

Table B. United States and States—*Continued*

State	Percent foreign-born									
	1940	1930	1920	1910	1900	1890	1880	1870	1860	1850
	154	155	156	157	158	159	160	161	162	163
United States..............	**8.8**	**11.6**	**13.2**	**14.7**	**13.6**	**14.8**	**13.3**	**14.4**	**13.2**	**9.7**
Alabama........................	0.4	0.6	0.8	0.9	0.8	1.0	0.8	1.0	1.3	1.0
Alaska...........................	...	...	...	...	...	...	...	...	...	...
Arizona.........................	7.8	15.1	24.1	23.9	19.7	31.5	39.7	60.1	...	...
Arkansas.......................	0.4	0.6	0.8	1.1	1.1	1.3	1.3	1.0	0.8	0.7
California......................	13.4	18.9	22.1	24.7	24.7	30.3	33.9	37.5	38.6	23.5
Colorado	6.4	9.6	12.7	16.2	16.9	20.4	20.5	16.6	7.8	...
Connecticut...................	19.3	23.9	27.4	29.6	26.2	24.6	20.9	21.1	17.5	10.4
Delaware	5.6	7.1	8.9	8.6	7.5	7.8	6.5	7.3	8.2	5.7
District of Columbia.......	5.3	6.3	6.7	7.5	7.2	8.1	9.6	12.3	16.6	9.5
Florida	4.1	4.8	5.6	5.4	4.5	5.9	3.7	2.6	2.4	3.2
Georgia	0.4	0.5	0.6	0.6	0.6	0.7	0.7	0.9	1.1	0.7
Hawaii	...	...	...	...	...	...	...	...	...	...
Idaho...........................	4.7	7.3	9.4	13.1	15.2	20.7	30.6	52.6	...	...
Illinois	12.3	16.3	18.7	21.4	20.1	22.0	19.0	20.3	19.0	13.1
Indiana	3.2	4.4	5.2	5.9	5.6	6.7	7.3	8.4	8.8	5.6
Iowa............................	4.6	6.8	9.4	12.3	13.7	17.0	16.1	17.1	15.7	10.9
Kansas	2.9	4.3	6.3	8.0	8.6	10.4	11.1	13.3	11.8	...
Kentucky	0.6	0.8	1.3	1.8	2.3	3.2	3.6	4.8	5.2	3.2
Louisiana	1.2	1.8	2.6	3.2	3.8	4.4	5.8	8.5	11.4	13.2
Maine	9.9	12.6	14.0	14.9	13.4	11.9	9.1	7.8	6.0	5.5
Maryland	4.5	5.9	7.1	8.1	7.9	9.0	8.9	10.7	11.3	8.8
Massachusetts	19.9	25.1	28.3	31.5	30.2	29.4	24.9	24.2	21.1	16.5
Michigan	13.1	17.6	19.9	21.3	22.4	26.0	23.7	22.6	19.9	13.8
Minnesota	10.6	15.2	20.4	26.2	28.9	35.9	34.3	36.5	34.1	32.5
Mississippi....................	0.3	0.4	0.5	0.5	0.5	0.6	0.8	1.4	1.1	0.8
Missouri.......................	3.0	4.2	5.5	7.0	7.0	8.8	9.8	12.9	13.6	11.2
Montana.......................	10.1	14.1	17.4	25.2	27.6	32.6	29.4	38.7	...	...
Nebraska......................	6.2	8.7	11.6	14.8	16.6	19.1	21.5	25.0	22.0	...
Nevada	10.0	16.6	20.7	24.1	23.8	32.1	41.2	44.2	30.1	...
New Hampshire	13.9	17.8	20.6	22.5	21.4	19.2	13.3	9.3	6.4	4.5
New Jersey....................	16.8	21.0	23.5	26.0	22.9	22.8	19.6	20.9	18.3	12.2
New Mexico...................	2.9	5.7	8.3	7.1	7.0	7.3	6.7	6.1	7.2	3.5
New York......................	21.6	25.9	27.2	30.2	26.1	26.2	23.8	26.0	25.8	21.2
North Carolina...............	0.3	0.3	0.3	0.3	0.2	0.2	0.3	0.3	0.3	0.3
North Dakota.................	11.6	15.5	20.4	27.1	35.4	44.6	...	...	...	...
Ohio	7.5	9.8	11.8	12.6	11.0	12.5	12.3	14.0	14.0	11.0
Oklahoma.....................	0.9	1.3	2.0	2.4	2.6	4.4	...	...	...	...
Oregon	8.3	11.6	13.7	16.8	15.9	18.3	17.5	12.8	9.8	7.7
Pennsylvania	9.9	12.9	16.0	18.8	15.6	16.1	13.7	15.5	14.8	13.1
Rhode Island.................	19.5	25.0	29.0	33.0	31.4	30.8	26.8	25.5	21.4	16.2
South Carolina...............	0.3	0.3	0.4	0.4	0.4	0.5	0.8	1.1	1.4	1.3
South Dakota.................	6.9	9.5	13.0	17.3	22.0	27.7	38.3	34.0	36.7	...
Tennessee	0.4	0.5	0.7	0.9	0.9	1.1	1.1	1.5	1.9	0.6
Texas...........................	3.7	6.2	7.8	6.2	5.9	6.8	7.2	7.6	7.2	8.3
Utah............................	6.0	9.5	13.2	17.6	19.4	25.5	30.6	35.4	31.7	18.0
Vermont	8.8	12.0	12.6	14.0	13.0	13.3	12.3	14.3	10.4	10.7
Virginia........................	0.9	1.0	1.4	1.3	1.0	1.1	1.0	1.1	2.2	1.6
Washington	12.1	16.3	19.6	22.4	21.5	25.8	21.0	21.0	27.1	...
West Virginia	2.2	3.0	4.2	4.7	2.3	2.5	3.0	3.9	...	...
Wisconsin......................	9.2	13.2	17.5	22.0	24.9	30.8	30.8	34.6	35.7	36.2
Wyoming.......................	6.8	10.3	13.7	19.9	18.8	24.6	28.1	38.5	...	...

Table B. United States and States—*Continued*

State	Housing units 2010	2000	1990	1980	1970	1960	1950	1940
	164	165	166	167	168	169	170	171
United States	**131,704,730**	**115,904,641**	**102,263,678**	**88,411,263**	**68,679,030**	**58,326,357**	**45,983,398**	**37,325,470**
Alabama	2,171,853	1,963,711	1,670,379	1,467,374	1,120,220	967,466	843,857	708,043
Alaska	306,967	260,978	232,608	162,825	90,729	67,193	…	…
Arizona	2,844,526	2,189,189	1,659,430	1,110,558	584,171	415,834	240,750	147,079
Arkansas	1,316,299	1,173,043	1,000,667	898,593	675,611	586,552	575,163	520,613
California	13,680,081	12,214,549	11,182,882	9,279,036	6,996,990	5,465,870	3,590,660	2,340,373
Colorado	2,212,898	1,808,037	1,477,349	1,194,253	757,070	594,522	436,226	354,660
Connecticut	1,487,891	1,385,975	1,320,850	1,158,884	981,158	818,544	611,162	488,543
Delaware	405,885	343,072	289,919	238,611	180,233	143,725	97,013	75,567
District of Columbia	296,719	274,845	278,489	276,984	278,444	262,641	229,738	185,128
Florida	8,989,580	7,302,947	6,100,262	4,378,691	2,526,612	1,776,961	952,131	590,451
Georgia	4,088,801	3,281,737	2,638,418	2,028,350	1,470,557	1,170,039	966,672	796,715
Hawaii	519,508	460,542	389,810	334,235	216,085	165,506	…	…
Idaho	667,796	527,824	413,327	375,127	244,695	223,533	188,328	152,835
Illinois	5,296,715	4,885,615	4,506,275	4,319,672	3,703,367	3,275,799	2,671,647	2,280,826
Indiana	2,795,541	2,532,319	2,246,046	2,091,795	1,730,099	1,503,148	1,232,314	1,005,952
Iowa	1,336,417	1,232,511	1,143,669	1,131,299	964,060	905,295	811,912	726,654
Kansas	1,233,215	1,131,200	1,044,112	954,906	789,196	740,335	625,148	545,721
Kentucky	1,927,164	1,750,927	1,506,845	1,369,125	1,064,451	925,572	820,141	729,206
Louisiana	1,964,981	1,847,181	1,716,241	1,548,419	1,150,235	978,452	777,672	619,233
Maine	721,830	651,901	587,045	501,093	397,169	364,617	311,441	260,659
Maryland	2,378,814	2,145,283	1,891,917	1,570,907	1,249,177	934,552	689,116	500,156
Massachusetts	2,808,254	2,621,989	2,472,711	2,208,146	1,890,400	1,690,998	1,400,185	1,221,252
Michigan	4,532,233	4,234,279	3,847,926	3,589,912	2,954,570	2,548,792	1,971,842	1,519,378
Minnesota	2,347,201	2,065,946	1,848,445	1,612,960	1,276,198	1,119,271	918,434	773,042
Mississippi	1,274,719	1,161,953	1,010,423	911,627	699,150	628,945	609,329	557,246
Missouri	2,712,729	2,442,017	2,199,129	1,988,915	1,673,361	1,491,397	1,268,354	1,140,493
Montana	482,825	412,633	361,155	328,465	246,603	233,310	194,256	177,443
Nebraska	796,793	722,668	660,621	624,829	515,069	472,950	417,245	387,368
Nevada	1,173,814	827,457	518,858	339,949	172,558	101,623	56,515	36,770
New Hampshire	614,754	547,024	503,904	386,381	280,962	224,440	190,563	158,044
New Jersey	3,553,562	3,310,275	3,075,310	2,772,149	2,388,011	1,998,940	1,501,473	1,223,887
New Mexico	901,388	780,579	632,058	507,513	325,722	281,976	199,706	145,642
New York	8,108,103	7,679,307	7,226,891	6,867,638	6,298,663	5,695,880	4,633,806	4,032,460
North Carolina	4,327,528	3,523,944	2,818,193	2,274,737	1,641,222	1,322,957	1,058,367	820,888
North Dakota	317,498	289,677	276,340	258,772	204,222	194,597	175,769	162,881
Ohio	5,127,508	4,783,051	4,371,945	4,108,105	3,465,356	3,041,151	2,402,565	1,977,693
Oklahoma	1,664,378	1,514,400	1,406,499	1,237,040	939,681	815,685	715,691	647,485
Oregon	1,675,562	1,452,709	1,193,567	1,083,285	744,616	622,853	524,003	369,811
Pennsylvania	5,567,315	5,249,750	4,938,140	4,596,431	3,924,757	3,581,877	3,036,494	2,618,056
Rhode Island	463,388	439,837	414,572	372,672	316,477	286,757	244,147	203,469
South Carolina	2,137,683	1,753,670	1,424,155	1,153,709	815,123	678,379	557,672	458,899
South Dakota	363,438	323,208	292,436	276,997	225,253	216,449	194,573	179,744
Tennessee	2,812,133	2,439,443	2,026,067	1,747,422	1,300,908	1,084,365	921,837	742,030
Texas	9,977,436	8,157,575	7,008,999	5,549,352	3,829,502	3,153,127	2,393,828	1,804,884
Utah	979,709	768,594	598,388	490,006	315,765	262,670	200,554	147,291
Vermont	322,539	294,382	271,214	223,199	165,068	136,307	121,911	106,362
Virginia	3,364,939	2,904,192	2,496,334	2,020,941	1,492,954	1,168,913	901,483	659,787
Washington	2,885,677	2,451,075	2,032,378	1,689,450	1,220,475	1,009,519	809,701	590,439
West Virginia	881,917	844,623	781,295	747,810	597,266	574,357	544,075	459,725
Wisconsin	2,624,358	2,321,144	2,055,774	1,863,897	1,472,466	1,288,620	1,055,843	897,719
Wyoming	261,868	223,854	203,411	188,217	116,323	113,096	92,086	76,868

Table B. United States and States—*Continued*

State	Percent owner occupied housing units[4]											
	2010	2000	1990	1980	1970	1960	1950	1940	1930	1920	1910	1900
	172	173	174	175	176	177	178	179	180	181	182	183
United States	**65.1**	**66.2**	**64.2**	**64.4**	**62.9**	**61.9**	**55.0**	**43.6**	**47.8**	**45.6**	**45.9**	**46.7**
Alabama	69.7	72.5	70.5	70.1	66.7	59.7	49.4	33.6	34.2	35.0	35.1	34.6
Alaska	63.1	62.5	56.1	58.3	50.3	48.3	...	...	...	...	...	...
Arizona	66.0	68.0	64.2	68.3	65.3	63.9	56.4	47.9	44.8	42.8	49.2	59.2
Arkansas	67.0	69.4	69.6	70.5	66.7	61.4	54.5	39.7	40.1	45.1	46.6	47.9
California	55.9	56.9	55.6	55.9	54.9	58.4	54.3	43.4	46.1	43.7	49.5	47.5
Colorado	65.5	67.3	62.2	64.5	63.4	63.8	58.1	46.3	50.7	51.6	51.5	47.2
Connecticut	67.5	66.8	65.6	63.9	62.5	61.9	51.1	40.5	44.5	37.6	37.3	39.2
Delaware	72.1	72.3	70.2	69.1	68.0	66.9	58.9	47.1	52.1	44.7	40.7	36.4
District of Columbia	42.0	40.8	38.9	35.5	28.2	30.0	32.3	29.9	38.6	30.3	25.2	24.2
Florida	67.4	70.1	67.2	68.3	68.6	67.5	57.6	43.6	42.0	42.5	44.2	47.7
Georgia	65.7	67.5	64.9	65.0	61.1	56.2	46.5	30.8	30.6	30.9	30.5	30.8
Hawaii	57.7	56.5	53.9	51.7	46.9	41.1	...	...	...	...	...	...
Idaho	69.9	72.4	70.1	72.0	70.1	70.5	65.5	57.9	57.0	60.9	68.1	72.6
Illinois	67.5	67.3	64.2	62.6	59.4	57.8	50.1	40.3	46.5	43.8	44.1	45.2
Indiana	69.9	71.4	70.2	71.7	71.7	71.1	65.5	53.1	57.3	54.8	54.8	56.3
Iowa	72.1	72.3	70.0	71.8	71.7	69.1	63.4	51.5	54.7	58.1	58.4	60.7
Kansas	67.8	69.2	67.9	70.2	69.1	68.9	63.9	51.0	56.0	56.9	59.1	59.2
Kentucky	68.7	70.8	69.6	70.0	66.9	64.3	58.7	48.0	51.3	51.6	51.6	51.7
Louisiana	67.2	67.9	65.9	65.5	63.1	59.0	50.3	36.9	35.0	33.7	32.2	31.5
Maine	71.3	71.6	70.5	70.9	70.1	66.5	62.8	57.3	61.7	59.6	62.5	65.1
Maryland	67.5	67.7	65.0	62.0	58.8	64.5	56.3	47.4	55.2	49.9	44.0	40.1
Massachusetts	62.3	61.7	59.3	57.5	57.5	55.9	47.9	38.1	43.5	34.8	33.1	35.2
Michigan	72.1	73.8	71.0	72.7	74.4	74.4	67.5	55.4	59.0	58.9	61.7	62.5
Minnesota	73.0	74.6	71.8	71.7	71.5	72.1	66.4	55.2	58.9	60.7	61.9	63.8
Mississippi	69.6	72.3	71.5	71.0	66.3	57.7	47.8	33.3	32.5	34.0	34.0	34.5
Missouri	68.8	70.3	68.8	69.6	67.2	64.3	57.7	44.3	49.9	49.5	51.1	51.2
Montana	68.0	69.1	67.3	68.6	65.7	64.0	60.3	52.0	54.5	60.5	60.0	58.2
Nebraska	67.2	67.4	66.5	68.4	66.4	64.8	60.6	47.1	54.3	57.4	59.1	57.1
Nevada	58.8	60.9	54.8	59.6	58.5	56.3	48.7	46.1	47.1	47.6	53.4	67.5
New Hampshire	71.0	69.7	68.2	67.6	68.2	65.1	58.1	51.7	55.0	49.8	51.2	54.1
New Jersey	65.4	65.6	64.9	62.0	60.9	61.3	53.1	39.4	48.4	38.3	35.0	34.4
New Mexico	68.5	70.0	67.4	68.1	66.4	65.3	58.8	57.3	57.4	59.4	70.6	69.0
New York	53.3	53.0	52.2	48.6	47.3	44.8	37.9	30.3	37.1	30.7	31.0	33.3
North Carolina	66.7	69.4	68.0	68.4	65.4	60.1	53.3	42.4	44.5	47.4	47.3	46.8
North Dakota	65.4	66.6	65.6	68.7	68.4	68.4	66.2	49.8	58.6	65.3	75.7	80.6
Ohio	67.6	69.1	67.5	68.4	67.7	67.4	61.1	50.0	54.4	51.6	51.3	52.8
Oklahoma	67.2	68.4	68.1	70.7	69.2	67.0	60.0	42.8	41.3	45.5	45.4	54.3
Oregon	62.2	64.3	63.1	65.1	66.1	69.3	65.3	55.4	59.1	54.8	60.1	59.8
Pennsylvania	69.6	71.3	70.6	69.9	68.8	68.3	59.7	45.9	54.4	45.2	41.6	41.4
Rhode Island	60.7	60.0	59.5	58.8	57.9	54.5	45.3	37.4	41.2	31.1	28.3	28.8
South Carolina	69.3	72.2	69.8	70.2	66.1	57.3	45.1	30.6	30.9	32.2	30.8	30.6
South Dakota	68.1	68.2	66.1	69.3	69.6	67.2	62.2	45.0	53.1	61.5	68.2	71.5
Tennessee	68.2	69.9	68.0	68.6	66.7	63.7	56.5	44.1	46.2	47.7	47.0	46.5
Texas	63.7	63.8	60.9	64.3	64.7	64.8	56.7	42.8	41.7	42.8	45.1	46.7
Utah	70.4	71.5	68.1	70.7	69.3	71.7	65.3	61.1	60.9	60.0	64.8	68.3
Vermont	70.7	70.6	69.0	68.7	69.1	66.0	61.3	55.9	59.8	57.5	58.5	60.6
Virginia	67.2	68.1	66.3	65.6	62.0	61.3	55.1	48.9	52.4	51.1	51.5	49.1
Washington	63.9	64.6	62.6	65.6	66.8	68.5	65.0	57.0	59.4	54.7	57.3	55.9
West Virginia	73.4	75.2	74.1	73.6	68.9	64.3	55.0	43.7	45.9	46.8	49.5	54.9
Wisconsin	68.1	68.4	66.7	68.2	69.1	68.6	63.5	54.4	63.2	63.6	64.6	66.7
Wyoming	69.2	70.0	67.8	69.2	66.4	62.2	54.0	48.6	48.3	51.9	54.5	56.7

[4] Based on occupied housing units, excluding occupied units with tenure unknown in 1900 to 1930.

Table B. United States and States—*Continued*

State	Total households											
	2010	2000	1990	1980	1970	1960	1950	1940	1930	1920	1910	1900
	184	185	186	187	188	189	190	191	192	193	194	195
United States............	**116,716,292**	**105,480,101**	**91,947,410**	**80,389,673**	**63,449,747**	**53,023,875**	**42,826,281**	**34,854,532**	**29,904,663**	**24,351,676**	**20,255,555**	**15,963,965**
Alabama......................	1,883,791	1,737,080	1,506,790	1,341,856	1,034,113	884,116	786,839	673,815	591,625	508,769	454,767	370,980
Alaska.........................	258,058	221,600	188,915	131,463	79,059	57,250	...	...	...	...	...	...
Arizona.......................	2,380,990	1,901,327	1,368,843	957,032	539,157	366,630	210,374	131,133	105,992	80,208	47,927	27,817
Arkansas.....................	1,147,084	1,042,696	891,179	816,065	615,424	523,552	524,391	495,825	438,639	390,960	333,368	262,421
California.....................	12,577,498	11,502,870	10,381,206	8,629,866	6,573,861	4,982,108	3,333,406	2,138,343	1,610,030	900,232	563,636	324,690
Colorado	1,972,868	1,658,238	1,282,489	1,061,249	690,928	529,419	391,235	316,000	267,324	230,843	194,467	122,349
Connecticut.................	1,371,087	1,301,670	1,230,479	1,093,678	933,269	752,736	569,638	448,682	388,645	311,610	246,659	200,640
Delaware	342,297	298,736	247,497	207,081	164,804	128,582	90,390	70,541	59,092	52,070	44,951	39,007
District of Columbia......	266,707	248,338	249,634	253,143	262,538	252,066	224,142	173,445	125,554	96,194	71,339	55,465
Florida	7,420,802	6,337,929	5,134,869	3,744,254	2,284,786	1,550,414	821,501	519,887	376,499	234,133	171,422	113,629
Georgia	3,585,584	3,006,369	2,366,615	1,871,652	1,369,225	1,070,325	889,269	752,241	652,793	628,525	553,264	450,712
Hawaii	455,338	403,240	356,267	294,052	203,088	153,064	...	...	...	...	...	...
Idaho..........................	579,408	469,645	360,723	324,107	218,960	193,839	169,110	141,727	108,044	100,500	73,669	35,819
Illinois	4,836,972	4,591,779	4,202,240	4,045,374	3,502,138	3,084,971	2,582,000	2,192,724	1,929,396	1,534,077	1,264,717	1,024,189
Indiana	2,502,154	2,336,306	2,065,355	1,927,050	1,609,494	1,387,878	1,168,916	961,498	843,066	737,707	654,891	567,072
Iowa	1,221,576	1,149,276	1,064,325	1,053,033	896,311	841,357	780,167	701,824	635,704	586,070	512,515	476,710
Kansas	1,112,096	1,037,891	944,726	872,239	727,364	672,899	586,650	511,109	487,188	435,600	395,771	319,422
Kentucky	1,719,965	1,590,647	1,379,782	1,263,355	983,665	851,867	778,754	698,538	609,405	546,306	494,788	434,228
Louisiana	1,728,360	1,656,053	1,499,269	1,411,788	1,052,038	892,344	724,945	592,528	485,363	389,913	344,144	281,449
Maine..........................	557,219	518,200	465,312	395,184	302,923	280,355	254,443	218,968	197,826	186,106	177,960	161,588
Maryland	2,156,411	1,980,859	1,748,991	1,460,865	1,175,073	863,001	641,222	465,683	385,179	324,742	274,824	239,837
Massachusetts	2,547,075	2,443,580	2,247,110	2,032,717	1,759,692	1,534,985	1,305,194	1,120,694	1,021,160	874,798	734,013	604,873
Michigan	3,872,508	3,785,661	3,419,331	3,195,213	2,653,059	2,239,079	1,790,702	1,396,014	1,180,554	862,745	657,418	542,358
Minnesota	2,087,227	1,895,127	1,647,853	1,445,222	1,153,946	991,981	845,265	728,359	606,496	526,026	416,452	337,284
Mississippi...................	1,115,768	1,046,434	911,374	827,169	636,724	568,070	554,765	534,956	471,704	403,198	384,724	316,114
Missouri.......................	2,375,611	2,194,594	1,961,206	1,793,399	1,520,567	1,360,054	1,197,597	1,068,642	939,476	829,043	749,812	646,872
Montana......................	409,607	358,667	306,163	283,742	217,304	202,240	175,470	159,963	136,210	139,912	86,602	52,125
Nebraska	721,130	666,184	602,363	571,400	473,721	433,448	394,148	360,744	342,999	303,436	265,549	217,990
Nevada	1,006,250	751,165	466,297	304,327	160,052	91,520	50,241	33,291	25,469	21,862	23,677	10,472
New Hampshire	518,973	474,606	411,186	323,493	225,378	180,020	155,203	132,936	119,337	108,334	103,156	96,534
New Jersey...................	3,214,360	3,064,645	2,794,711	2,548,594	2,218,182	1,806,439	1,373,637	1,100,260	985,636	721,841	558,202	408,993
New Mexico..................	791,395	677,971	542,709	441,466	289,389	251,209	176,993	129,475	98,546	83,706	78,883	45,510
New York......................	7,317,755	7,056,860	6,639,322	6,340,429	5,913,861	5,248,710	4,325,139	3,662,113	3,153,124	2,441,125	2,046,845	1,608,170
North Carolina	3,745,155	3,132,013	2,517,026	2,043,291	1,509,564	1,204,715	994,356	789,659	644,033	513,377	440,334	367,565
North Dakota...............	281,192	257,152	240,878	227,664	181,613	173,362	162,105	152,043	145,005	134,881	120,910	63,360
Ohio............................	4,603,435	4,445,773	4,087,546	3,833,828	3,289,432	2,852,557	2,313,990	1,897,796	1,697,918	1,414,068	1,138,165	934,674
Oklahoma....................	1,460,450	1,342,293	1,206,135	1,118,561	850,803	734,593	663,203	610,481	564,164	444,524	351,167	161,946
Oregon	1,518,938	1,333,723	1,103,313	991,593	691,631	558,214	479,047	337,492	266,328	202,890	151,858	87,545
Pennsylvania	5,018,904	4,777,003	4,495,966	4,219,606	3,705,410	3,350,839	2,915,879	2,515,524	2,235,620	1,922,114	1,630,628	1,303,174
Rhode Island	413,600	408,424	377,977	338,590	291,965	257,335	225,447	187,706	165,343	137,160	117,976	92,735
South Carolina.............	1,801,181	1,533,854	1,258,044	1,029,981	734,373	603,551	514,638	434,968	365,680	349,126	315,204	267,859
South Dakota...............	322,282	290,245	259,034	242,523	200,807	194,821	182,978	165,428	161,013	142,793	131,060	82,290
Tennessee	2,493,552	2,232,905	1,853,725	1,618,505	1,213,187	1,003,301	871,474	714,894	600,625	519,108	462,553	399,017
Texas..........................	8,922,933	7,393,354	6,070,937	4,929,267	3,433,996	2,778,116	2,189,178	1,678,396	1,380,096	1,017,413	798,426	582,055
Utah	877,692	701,281	537,273	448,603	297,934	241,532	187,825	139,487	115,936	98,346	77,339	55,208
Vermont	256,442	240,634	210,650	178,325	132,098	110,732	103,496	92,435	89,188	85,804	85,178	80,559
Virginia........................	3,056,058	2,699,173	2,291,830	1,863,073	1,390,636	1,072,840	845,259	627,532	529,089	483,363	419,452	360,749
Washington	2,620,076	2,271,398	1,872,431	1,540,510	1,105,587	894,168	735,746	537,337	423,833	342,228	254,692	107,171
West Virginia	763,831	736,481	688,557	686,311	547,214	521,142	518,281	444,815	373,941	310,098	248,480	183,780
Wisconsin	2,279,768	2,084,544	1,822,118	1,652,261	1,328,804	1,146,342	967,448	827,207	711,889	595,316	499,629	420,327
Wyoming......................	226,879	193,608	168,839	165,624	104,600	99,187	84,185	69,374	56,887	48,476	32,092	18,632

Table B. United States and States—*Continued*

State	Percent one-person households											
	2010	2000	1990	1980	1970	1960	1950	1940	1930	1920	1910	1900
	196	197	198	199	200	201	202	203	204	205	206	207
United States	**26.7**	**25.8**	**24.6**	**22.7**	**17.6**	**13.3**	**9.3**	**7.7**	...	...	...	**5.1**
Alabama	27.4	26.1	23.8	20.4	14.6	9.5	6.7	5.2	...	...	...	6.3
Alaska	25.6	23.5	22.1	20.1	13.7	16.2	...	...	...	...	...	...
Arizona	26.1	24.8	24.7	20.9	16.5	13.6	12.2	11.5	...	...	...	20.5
Arkansas	27.1	25.6	24.0	21.3	17.2	12.6	8.7	6.3	...	...	...	4.6
California	23.3	23.5	23.4	24.7	21.0	17.9	14.0	13.5	...	...	...	12.6
Colorado	27.9	26.3	26.6	23.5	18.0	15.5	12.5	11.5	...	...	...	10.9
Connecticut	27.3	26.4	24.2	21.6	16.0	11.6	7.3	6.0	...	...	...	4.8
Delaware	25.6	25.0	23.2	20.9	15.3	10.9	8.5	7.2	...	...	...	3.7
District of Columbia	44.0	43.8	41.5	39.5	32.1	27.0	14.3	9.9	...	...	...	4.4
Florida	27.2	26.6	25.5	23.6	18.7	14.5	11.0	9.6	...	...	...	9.5
Georgia	25.4	23.6	22.7	20.5	14.4	10.1	6.9	5.6	...	...	...	6.4
Hawaii	23.3	21.9	19.4	17.1	12.8	12.1	...	...	...	...	...	...
Idaho	23.8	22.4	22.4	19.9	16.5	13.3	10.9	10.3	...	...	...	19.0
Illinois	27.8	26.8	25.7	24.0	18.5	14.4	9.8	7.6	...	...	...	3.8
Indiana	26.9	25.9	24.1	21.4	16.5	12.3	9.2	7.5	...	...	...	3.8
Iowa	28.4	27.2	25.9	23.4	18.5	13.8	10.2	8.1	...	...	...	4.2
Kansas	27.8	27.0	25.9	23.8	18.4	14.0	11.3	9.1	...	...	...	5.3
Kentucky	27.5	26.0	23.3	20.0	15.2	10.6	7.3	5.7	...	...	...	3.6
Louisiana	26.9	25.3	23.7	21.3	16.0	12.3	9.2	7.0	...	...	...	7.2
Maine	28.6	27.0	23.3	21.3	16.8	12.6	9.8	8.3	...	...	...	5.4
Maryland	26.1	25.0	22.6	20.8	14.9	10.1	7.4	6.8	...	...	...	4.1
Massachusetts	28.7	28.0	25.8	24.4	18.8	14.2	8.8	7.2	...	...	...	4.6
Michigan	27.9	26.2	23.7	21.1	15.5	11.6	8.1	6.5	...	...	...	4.6
Minnesota	28.0	26.9	25.1	23.2	17.7	13.7	10.0	8.2	...	...	...	5.7
Mississippi	26.3	24.6	23.4	20.4	15.4	10.7	7.7	6.3	...	...	...	6.8
Missouri	28.3	27.3	26.0	23.8	19.3	15.2	10.9	8.3	...	...	...	3.9
Montana	29.7	27.4	26.3	23.4	19.8	16.8	14.4	15.1	...	...	...	19.8
Nebraska	28.7	27.6	26.5	24.3	19.3	14.2	10.5	8.7	...	...	...	5.7
Nevada	25.7	24.9	25.7	24.6	19.4	18.9	16.0	17.7	...	...	...	26.2
New Hampshire	25.6	24.4	22.0	21.2	17.0	13.1	10.7	9.2	...	...	...	6.7
New Jersey	25.2	24.5	23.1	21.1	15.8	11.3	7.1	5.7	...	...	...	3.9
New Mexico	28.0	25.4	23.0	21.0	14.9	10.7	9.1	8.4	...	...	...	11.3
New York	29.1	28.1	27.2	26.0	20.2	15.5	9.6	7.6	...	...	...	4.6
North Carolina	27.0	25.4	23.7	20.0	13.3	8.3	5.4	4.0	...	...	...	4.7
North Dakota	31.5	29.3	26.5	22.9	17.0	11.9	9.1	7.9	...	...	...	12.3
Ohio	28.9	27.3	25.0	22.4	16.6	12.1	8.5	7.3	...	...	...	4.4
Oklahoma	27.5	26.7	25.6	23.4	19.1	15.5	10.7	7.4	...	...	...	6.5
Oregon	27.4	26.1	25.3	23.5	19.2	16.2	12.9	13.2	...	...	...	11.6
Pennsylvania	28.6	27.7	25.6	22.7	17.3	11.9	7.9	6.4	...	...	...	3.3
Rhode Island	29.6	28.6	26.2	24.0	18.2	13.7	8.9	7.4	...	...	...	4.5
South Carolina	26.5	25.0	22.4	19.2	13.8	9.4	6.8	5.8	...	...	...	6.2
South Dakota	29.4	27.6	26.4	23.5	18.1	12.8	9.9	8.8	...	...	...	9.0
Tennessee	26.9	25.8	23.9	20.4	14.4	9.7	6.4	5.1	...	...	...	3.5
Texas	24.2	23.7	23.9	21.7	16.3	12.6	8.9	6.8	...	...	...	4.4
Utah	18.7	17.8	18.9	17.2	14.4	12.0	9.1	7.9	...	...	...	7.8
Vermont	28.2	26.2	23.4	22.0	16.8	12.5	9.4	8.0	...	...	...	5.3
Virginia	26.0	25.1	22.9	20.5	14.4	9.4	6.6	5.6	...	...	...	4.9
Washington	27.2	26.2	25.4	24.2	19.6	17.6	14.1	14.9	...	...	...	13.3
West Virginia	28.4	27.1	24.5	20.7	16.0	10.1	6.8	5.1	...	...	...	2.8
Wisconsin	28.2	26.8	24.3	22.5	16.9	12.2	8.2	7.0	...	...	...	4.4
Wyoming	28.0	26.3	24.5	21.3	18.0	14.3	12.3	12.8	...	...	...	18.3

Table B. United States and States—*Continued*

State	Labor force (in thousands)				Labor force participation rate				Employment (in thousands)			
	2010	2000	1990	1980	2010	2000	1990	1980	2010	2000	1990	1980
	208	209	210	211	212	213	214	215	216	217	218	219
United States	**153,889**	**142,583**	**125,840**	**106,940**	**64.7**	**67.1**	**66.5**	**63.8**	**139,064**	**136,891**	**118,793**	**99,303**
Alabama	2,178	2,155	1,903	1,681	59.0	63.8	61.9	59.4	1,978	2,067	1,783	1,539
Alaska	362	319	270	188	69.8	73.1	72.6	71.4	333	299	251	171
Arizona	3,106	2,505	1,788	1,229	63.4	65.1	64.4	61.7	2,782	2,405	1,694	1,147
Arkansas	1,345	1,260	1,126	994	60.2	62.2	63.2	59.5	1,238	1,207	1,050	919
California	18,336	16,858	15,169	11,588	64.3	67.1	67.1	65.5	16,068	16,024	14,294	10,791
Colorado	2,723	2,365	1,769	1,501	70.4	72.4	71.1	70.6	2,478	2,300	1,678	1,413
Connecticut	1,915	1,737	1,815	1,576	68.4	66.9	70.5	66.5	1,737	1,698	1,725	1,483
Delaware	436	417	362	284	62.2	69.8	70.7	64.4	401	403	347	263
District of Columbia	346	309	332	322	68.9	67.6	68.3	65.5	311	292	312	299
Florida	9,167	7,870	6,466	4,289	61.3	63.0	63.0	56.4	8,131	7,569	6,061	4,026
Georgia	4,714	4,243	3,300	2,529	64.4	69.6	67.7	64.5	4,235	4,095	3,129	2,372
Hawaii	647	609	551	441	62.9	67.6	68.1	66.5	604	585	538	420
Idaho	761	663	494	426	65.3	69.7	67.8	64.7	695	632	467	396
Illinois	6,617	6,468	5,932	5,534	66.8	69.2	68.2	65.3	5,925	6,177	5,561	5,082
Indiana	3,168	3,144	2,831	2,627	63.8	68.3	67.7	65.5	2,851	3,053	2,689	2,374
Iowa	1,671	1,602	1,459	1,431	70.9	71.7	69.9	66.5	1,566	1,557	1,393	1,350
Kansas	1,504	1,405	1,270	1,190	70.0	70.2	69.7	68.4	1,397	1,352	1,215	1,137
Kentucky	2,068	1,949	1,748	1,659	61.8	63.2	62.4	62.6	1,857	1,866	1,641	1,525
Louisiana	2,073	2,031	1,877	1,778	60.3	61.7	61.1	59.7	1,919	1,931	1,767	1,655
Maine	702	672	631	506	65.4	67.6	67.2	61.3	645	650	598	469
Maryland	3,074	2,812	2,583	2,142	68.5	70.4	70.0	68.1	2,833	2,711	2,465	2,000
Massachusetts	3,474	3,366	3,226	2,885	66.1	68.3	68.5	66.0	3,187	3,273	3,022	2,721
Michigan	4,754	5,144	4,620	4,325	61.4	68.4	65.9	63.9	4,151	4,953	4,262	3,801
Minnesota	2,962	2,808	2,390	2,101	72.0	75.3	73.1	69.8	2,744	2,720	2,276	1,976
Mississippi	1,310	1,314	1,176	1,051	58.8	62.7	62.1	59.4	1,171	1,240	1,085	970
Missouri	3,035	2,973	2,608	2,310	65.6	70.2	67.5	63.1	2,751	2,875	2,457	2,142
Montana	496	469	408	374	63.8	68.3	68.5	65.0	463	447	384	350
Nebraska	990	950	817	767	71.4	74.0	70.3	66.8	944	923	798	738
Nevada	1,392	1,063	656	430	67.5	69.8	69.8	71.0	1,200	1,015	623	402
New Hampshire	739	694	620	466	70.0	73.1	73.1	68.3	694	676	585	445
New Jersey	4,546	4,288	4,072	3,591	66.2	66.6	67.4	64.1	4,109	4,130	3,865	3,330
New Mexico	930	852	712	563	59.6	63.5	63.7	61.1	856	810	664	520
New York	9,594	9,167	8,809	7,980	62.4	63.0	62.6	59.9	8,767	8,751	8,340	7,379
North Carolina	4,641	4,124	3,498	2,854	63.7	67.4	68.6	66.5	4,138	3,969	3,352	2,672
North Dakota	378	346	319	308	72.5	71.3	68.8	65.9	363	336	306	292
Ohio	5,845	5,807	5,389	5,071	65.1	67.3	65.5	63.4	5,260	5,573	5,079	4,639
Oklahoma	1,775	1,661	1,521	1,382	62.7	64.4	64.8	62.3	1,653	1,610	1,435	1,321
Oregon	1,969	1,810	1,506	1,298	64.9	68.5	68.7	65.7	1,757	1,717	1,425	1,188
Pennsylvania	6,392	6,086	5,827	5,425	63.6	64.2	63.3	60.0	5,851	5,831	5,510	4,997
Rhode Island	572	543	526	470	68.0	66.9	67.8	65.3	505	521	494	437
South Carolina	2,166	1,988	1,722	1,394	60.8	65.7	65.9	62.8	1,925	1,917	1,639	1,302
South Dakota	443	409	351	334	71.5	72.8	70.0	67.4	421	398	338	318
Tennessee	3,083	2,872	2,401	2,072	62.6	65.9	63.8	60.9	2,779	2,756	2,269	1,920
Texas	12,288	10,348	8,594	6,767	66.2	68.1	68.2	66.2	12,288	10,348	8,594	6,767
Utah	1,362	1,136	820	630	69.1	71.8	70.8	65.5	1,253	1,098	784	589
Vermont	360	336	309	250	70.8	70.9	72.0	66.3	337	327	294	234
Virginia	4,139	3,584	3,220	2,577	67.4	67.6	69.2	66.3	3,845	3,503	3,077	2,444
Washington	3,515	3,050	2,537	1,972	67.0	68.3	69.0	64.5	3,167	2,899	2,406	1,816
West Virginia	807	809	756	777	54.7	56.6	54.1	53.8	739	765	691	702
Wisconsin	3,085	2,996	2,599	2,363	69.5	73.3	70.7	68.0	2,823	2,895	2,486	2,190
Wyoming	302	267	236	237	70.1	71.6	71.6	70.5	281	257	224	227

Table B. United States and States—*Continued*

State	Unemployment (in thousands)				Unemployment rate			
	2010	2000	1990	1980	2010	2000	1990	1980
	220	221	222	223	224	225	226	227
United States............	**14,825**	**5,692**	**7,047**	**7,637**	**9.6**	**4.0**	**5.6**	**7.1**
Alabama......................	200	87	121	142	9.2	4.1	6.3	8.4
Alaska.........................	29	20	19	18	8.0	6.2	7.0	9.4
Arizona.......................	324	100	94	82	10.4	4.0	5.3	6.7
Arkansas.....................	106	53	76	74	7.9	4.2	6.8	7.5
California....................	2,268	833	874	796	12.4	4.9	5.8	6.9
Colorado	245	65	91	88	9.0	2.7	5.1	5.9
Connecticut................	178	39	90	93	9.3	2.3	4.9	5.9
Delaware	35	14	15	21	8.0	3.3	4.2	7.4
District of Columbia......	35	18	20	23	10.1	5.7	6.0	7.3
Florida	1,036	300	405	262	11.3	3.8	6.3	6.1
Georgia	479	148	171	158	10.2	3.5	5.2	6.2
Hawaii	44	24	13	21	6.7	4.0	2.4	4.8
Idaho..........................	66	31	27	30	8.7	4.6	5.5	7.1
Illinois........................	692	291	371	452	10.5	4.5	6.3	8.2
Indiana	317	92	142	253	10.0	2.9	5.0	9.6
Iowa...........................	105	45	66	81	6.3	2.8	4.5	5.7
Kansas........................	106	53	55	54	7.1	3.8	4.3	4.5
Kentucky	211	83	107	134	10.2	4.2	6.1	8.1
Louisiana	153	101	110	123	7.4	5.0	5.9	6.9
Maine	57	22	33	38	8.2	3.3	5.3	7.4
Maryland	241	100	118	142	7.9	3.6	4.6	6.6
Massachusetts	287	92	204	164	8.3	2.7	6.3	5.7
Michigan	603	190	358	524	12.7	3.7	7.7	12.1
Minnesota	218	87	114	124	7.4	3.1	4.8	5.9
Mississippi..................	139	74	90	81	10.6	5.7	7.7	7.7
Missouri......................	283	98	151	167	9.3	3.3	5.8	7.3
Montana.....................	33	22	25	23	6.7	4.8	6.0	6.3
Nebraska	47	27	19	30	4.7	2.8	2.3	3.9
Nevada	192	48	33	28	13.8	4.5	5.1	6.5
New Hampshire	46	19	35	21	6.2	2.7	5.6	4.6
New Jersey..................	437	157	208	261	9.6	3.7	5.1	7.3
New Mexico.................	74	42	48	43	8.0	5.0	6.8	7.6
New York.....................	827	416	469	601	8.6	4.5	5.3	7.5
North Carolina.............	503	155	145	182	10.8	3.7	4.2	6.4
North Dakota...............	14	10	13	15	3.8	2.9	4.0	5.0
Ohio...........................	586	234	310	432	10.0	4.0	5.7	8.5
Oklahoma...................	122	52	86	61	6.9	3.1	5.7	4.4
Oregon.......................	212	93	81	110	10.8	5.1	5.4	8.4
Pennsylvania	541	255	317	428	8.5	4.2	5.4	7.9
Rhode Island...............	67	23	32	33	11.7	4.2	6.1	7.1
South Carolina.............	241	71	84	93	11.1	3.6	4.9	6.6
South Dakota...............	22	11	13	16	5.1	2.7	3.7	4.7
Tennessee	304	115	132	151	9.9	4.0	5.5	7.3
Texas..........................	1,007	452	552	350	8.2	4.4	6.4	5.2
Utah	110	38	36	41	8.1	3.4	4.4	6.5
Vermont	23	9	15	16	6.4	2.7	4.9	6.3
Virginia.......................	294	82	143	133	7.1	2.3	4.4	5.2
Washington	349	151	131	157	9.9	5.0	5.1	7.9
West Virginia	68	44	65	75	8.5	5.5	8.6	9.6
Wisconsin	261	101	113	172	8.5	3.4	4.3	7.3
Wyoming....................	21	10	13	9	7.0	3.8	5.3	4.0

Table B. United States and States—*Continued*

State	Personal Income (millions of dollars)								
	2010	2000	1990	1980	1970	1960	1950	1940	1930
	228	229	230	231	232	233	234	235	236
United States..............	12,417,659	8,630,550	4,888,493	2,306,348	855,078	418,095	233,009	79,171	76,371
Alabama......................	162,201	109,650	64,031	30,847	10,605	5,216	2,819	800	697
Alaska.........................	32,528	19,775	12,649	6,204	1,787	807	392		
Arizona.......................	217,856	136,950	63,347	26,355	7,180	2,833	1,057	253	225
Arkansas.....................	93,562	61,024	34,454	17,361	5,636	2,558	1,625	502	416
California....................	1,578,553	1,134,034	643,662	283,799	99,441	46,333	20,679	5,950	5,079
Colorado	210,454	148,099	64,844	31,661	9,448	4,303	2,079	619	596
Connecticut.................	197,630	143,971	86,956	38,451	15,679	7,267	3,862	1,589	1,494
Delaware	36,860	25,240	14,402	6,427	2,606	1,302	670	279	205
District of Columbia.......	42,014	24,716	15,566	8,350	4,129	2,379	1,959	842	641
Florida	725,160	474,533	259,952	100,142	28,474	10,480	3,785	1,018	688
Georgia	333,559	235,896	115,481	46,906	16,272	6,949	3,773	1,053	882
Hawaii	56,824	35,104	24,921	11,458	4,229	1,625	791		
Idaho.........................	50,420	32,821	16,149	8,314	2,617	1,301	790	239	218
Illinois	539,689	409,511	240,684	125,242	51,640	27,344	16,168	5,990	6,189
Indiana	222,888	171,265	98,245	51,163	19,958	10,410	6,067	1,896	1,660
Iowa	119,062	80,792	49,035	27,984	11,124	5,737	4,037	1,253	1,238
Kansas........................	110,957	77,482	45,658	23,847	8,897	4,825	2,841	760	866
Kentucky	143,166	100,976	57,439	29,757	10,517	5,034	2,944	919	844
Louisiana	169,086	105,323	64,233	37,054	11,584	5,596	3,054	864	743
Maine.........................	49,395	34,618	21,645	9,580	3,530	1,936	1,111	452	459
Maryland	289,560	187,646	110,694	48,530	19,210	7,741	4,006	1,329	1,179
Massachusetts	337,924	244,458	138,968	61,440	26,093	13,193	7,911	3,422	3,578
Michigan	346,470	298,722	176,379	94,124	37,166	18,838	10,995	3,632	3,178
Minnesota	226,071	159,485	86,859	41,689	15,640	7,435	4,324	1,461	1,409
Mississippi...................	91,577	61,421	34,264	17,983	6,064	2,775	1,697	461	396
Missouri......................	219,490	157,035	91,726	46,076	18,437	9,638	5,698	1,968	2,041
Montana......................	34,284	21,323	12,420	7,208	2,609	1,446	995	316	270
Nebraska	73,059	49,645	29,197	14,758	5,810	3,141	2,102	578	704
Nevada	99,092	63,001	24,994	9,563	2,534	884	334	102	77
New Hampshire	59,199	42,504	23,022	9,272	2,974	1,380	726	288	302
New Jersey...................	448,422	330,112	192,478	86,935	35,352	16,588	8,865	3,462	3,460
New Mexico.................	68,506	42,647	23,029	11,214	3,478	1,905	863	200	142
New York.....................	961,812	670,895	432,242	193,125	90,165	48,288	27,905	11,881	13,168
North Carolina	338,739	225,146	115,652	48,909	17,266	7,646	4,468	1,154	909
North Dakota................	29,182	16,611	10,285	5,278	2,105	1,212	861	225	210
Ohio	417,929	325,228	202,763	107,003	44,121	23,510	12,905	4,602	4,422
Oklahoma....................	135,002	85,675	50,938	29,124	9,304	4,619	2,601	869	876
Oregon	137,747	99,004	51,648	26,819	8,471	4,145	2,575	663	578
Pennsylvania	529,201	374,450	233,147	118,943	48,815	26,277	16,384	6,520	6,915
Rhode Island................	45,279	31,719	20,302	9,333	4,085	2,015	1,259	551	545
South Carolina..............	151,467	101,104	56,031	24,818	8,364	3,587	1,999	598	417
South Dakota................	33,149	20,604	11,499	5,716	2,263	1,323	852	229	247
Tennessee	225,191	156,756	81,898	37,979	12,844	5,956	3,458	994	841
Texas..........................	960,970	593,589	296,074	142,595	42,338	19,438	10,825	2,817	2,380
Utah...........................	90,021	55,596	25,722	12,169	3,767	1,900	964	267	251
Vermont	25,116	17,403	10,210	4,467	1,649	760	444	188	206
Virginia.......................	359,782	230,606	129,502	56,548	19,388	8,204	4,409	1,304	938
Washington	286,862	194,251	98,837	45,782	14,964	7,189	4,264	1,161	1,030
West Virginia	58,959	39,927	26,100	15,551	5,499	3,090	2,114	779	706
Wisconsin	220,327	157,907	90,107	47,044	17,609	8,955	5,188	1,723	1,724
Wyoming.....................	25,404	14,300	8,154	5,450	1,341	781	516	150	132

Table B. United States and States—*Continued*

State	Per capita income (dollars)								
	2010	2000	1990	1980	1970	1960	1950	1940	1930
	237	238	239	240	241	242	243	244	245
United States..........	**40,144**	**30,587**	**19,584**	**10,150**	**4,196**	**2,323**	**1,534**	**600**	**621**
Alabama....................	33,894	24,628	15,810	7,909	3,074	1,593	922	281	263
Alaska......................	45,565	31,491	22,861	15,307	5,873	3,525	2,903	...	...
Arizona....................	33,993	26,538	17,195	9,627	4,000	2,145	1,398	506	518
Arkansas..................	32,017	22,782	14,621	7,585	2,920	1,430	852	257	224
California.................	42,282	33,366	21,484	11,924	4,966	2,920	1,937	856	889
Colorado	41,689	34,227	19,604	10,885	4,248	2,432	1,569	548	574
Connecticut..............	55,216	42,198	26,415	12,351	5,160	2,856	1,916	930	926
Delaware	40,969	32,097	21,509	10,804	4,736	2,901	2,087	1,037	858
District of Columbia...	69,431	43,206	25,716	13,082	5,469	3,110	2,431	1,220	1314
Florida	38,478	29,570	19,945	10,177	4,160	2,094	1,347	531	467
Georgia	34,341	28,672	17,732	8,550	3,533	1,756	1,091	338	303
Hawaii	41,668	28,927	22,381	11,841	5,544	2,531	1,585	...	...
Idaho......................	32,100	25,258	15,951	8,770	3,649	1,939	1,340	458	488
Illinois	42,033	32,934	21,014	10,953	4,642	2,711	1,850	758	810
Indiana	34,344	28,114	17,677	9,318	3,835	2,227	1,529	552	512
Iowa	39,033	27,583	17,632	9,603	3,933	2,082	1,538	494	500
Kansas....................	38,811	28,764	18,401	10,066	3,958	2,210	1,483	425	460
Kentucky	32,929	24,938	15,549	8,121	3,256	1,655	1,003	322	322
Louisiana	37,199	23,552	15,215	8,774	3,174	1,717	1,133	365	353
Maine	37,213	27,108	17,573	8,502	3,541	1,985	1,212	532	573
Maryland	50,035	35,331	23,062	11,479	4,878	2,487	1,701	722	721
Massachusetts	51,487	38,430	23,074	10,693	4,575	2,557	1,688	792	842
Michigan	35,082	30,015	18,942	10,170	4,178	2,405	1,716	683	657
Minnesota	42,572	32,326	19,786	10,205	4,099	2,171	1,443	524	547
Mississippi................	30,834	21,564	13,286	7,121	2,730	1,272	780	212	197
Missouri...................	36,606	28,006	17,884	9,361	3,936	2,228	1,438	520	560
Montana..................	34,612	23,593	15,521	9,138	3,742	2,130	1,677	566	501
Nebraska	39,926	28,967	18,459	9,386	3,905	2,217	1,584	439	510
Nevada	36,657	31,208	20,475	11,803	5,138	3,036	2,063	902	834
New Hampshire	44,963	34,280	20,696	10,032	4,009	2,266	1,365	585	647
New Jersey................	50,941	39,156	24,794	11,786	4,917	2,718	1,819	829	850
New Mexico..............	33,175	23,417	15,135	8,565	3,399	1,997	1,253	377	332
New York..................	49,582	35,307	23,986	10,994	4,935	2,868	1,877	883	1041
North Carolina	35,435	27,859	17,355	8,291	3,386	1,672	1,098	323	287
North Dakota............	43,275	25,872	16,128	8,066	3,401	1,911	1,391	352	308
Ohio.......................	36,199	28,620	18,663	9,907	4,136	2,415	1,617	664	664
Oklahoma................	35,912	24,802	16,177	9,578	3,625	1,977	1,167	374	365
Oregon....................	35,898	28,867	18,056	10,154	4,033	2,339	1,681	611	605
Pennsylvania	41,635	30,482	19,587	10,022	4,133	2,319	1,559	659	717
Rhode Island.............	43,013	30,201	20,181	9,836	4,298	2,357	1,602	766	794
South Carolina..........	32,669	25,124	16,003	7,918	3,219	1,500	946	314	239
South Dakota............	40,613	27,260	16,495	8,275	3,394	1,938	1,300	357	357
Tennessee	35,426	27,483	16,733	8,256	3,262	1,666	1,043	339	321
Texas......................	38,065	28,341	17,358	9,945	3,768	2,020	1,392	438	407
Utah	32,447	24,770	14,858	8,263	3,535	2,111	1,385	484	494
Vermont	40,134	28,547	18,076	8,717	3,696	1,954	1,171	518	572
Virginia....................	44,836	32,453	20,831	10,534	4,161	2,058	1,330	480	387
Washington	42,547	32,865	20,158	11,019	4,379	2,518	1,786	667	657
West Virginia	31,798	22,096	14,560	7,970	3,148	1,667	1,054	409	407
Wisconsin	38,728	29,384	18,372	9,984	3,979	2,260	1,509	548	584
Wyoming..................	45,025	28,930	17,973	11,494	4,017	2,360	1,778	602	582

Table B. United States and States—*Continued*

State	Disposable personal income (millions of dollars)							Per capita disposable income (dollars)		
	2010	2000	1990	1980	1970	1960	1950	2010	2000	1990
	246	247	248	249	250	251	252	253	254	255
United States...............	11,227,398	7,399,373	4,297,155	2,008,241	752,652	372,162	214,165	36,296	26,224	17,215
Alabama.........................	149,686	97,576	57,245	27,452	9,570	4,770	2,662	31,279	21,916	14,134
Alaska............................	29,971	17,623	11,178	5,426	1,577	725		41,984	28,064	20,204
Arizona..........................	201,318	119,781	56,444	23,438	6,372	2,541	979	31,413	23,211	15,321
Arkansas........................	86,197	54,212	30,983	15,484	5,072	2,361	1,545	29,496	20,239	13,147
California.......................	1,405,662	939,121	560,783	247,892	88,720	41,110	18,885	37,651	27,631	18,718
Colorado	189,499	125,939	56,990	27,512	8,358	3,813	1,908	37,538	29,106	17,230
Connecticut...................	170,348	116,393	75,819	32,940	13,633	6,348	3,481	47,594	34,115	23,031
Delaware	33,332	21,638	12,429	5,369	2,180	1,096	554	37,047	27,517	18,562
District of Columbia.......	37,457	20,700	13,378	7,175	3,603	2,056	1,790	61,900	36,185	22,100
Florida	669,728	415,360	233,378	88,637	25,471	9,510	3,520	35,537	25,883	17,906
Georgia	303,912	203,591	101,553	41,361	14,481	6,310	3,563	31,288	24,746	15,593
Hawaii	52,251	30,771	21,673	10,070	3,692	1,416		38,315	25,357	19,464
Idaho.............................	46,636	28,782	14,392	7,433	2,362	1,167	742	29,691	22,150	14,216
Illinois	486,548	350,319	210,272	107,623	44,522	24,115	14,697	37,894	28,174	18,359
Indiana	203,313	150,088	86,446	44,653	17,501	9,302	5,622	31,327	24,637	15,554
Iowa	109,207	71,548	43,419	24,298	9,910	5,162	3,776	35,802	24,427	15,613
Kansas	100,844	67,690	40,414	20,712	7,893	4,345	2,637	35,274	25,129	16,287
Kentucky	130,853	88,586	50,732	26,313	9,338	4,555	2,749	30,097	21,878	13,733
Louisiana	156,384	94,165	57,968	32,419	10,482	5,109	2,855	34,405	21,057	13,731
Maine.............................	45,228	30,188	19,196	8,585	3,188	1,762	1,044	34,073	23,638	15,585
Maryland	257,537	158,708	95,040	41,443	16,447	6,782	3,625	44,501	29,883	19,801
Massachusetts	296,022	197,215	119,405	52,540	22,611	11,549	7,215	45,103	31,003	19,826
Michigan	316,748	257,840	154,491	81,812	32,328	16,782	10,051	32,072	25,907	16,592
Minnesota	202,105	135,717	75,503	35,893	13,789	6,635	3,992	38,059	27,508	17,199
Mississippi.....................	85,109	55,541	31,225	16,210	5,514	2,573	1,622	28,656	19,499	12,108
Missouri.........................	200,751	137,102	81,005	40,261	16,217	8,590	5,247	33,480	24,451	15,794
Montana.........................	31,393	18,894	11,098	6,338	2,332	1,307	924	31,694	20,905	13,869
Nebraska	66,777	43,599	26,108	12,957	5,173	2,843	1,968	36,493	25,440	16,507
Nevada	91,139	54,718	21,967	8,428	2,250	782	301	33,715	27,105	17,995
New Hampshire	54,371	36,532	20,553	8,208	2,621	1,237	676	41,296	29,464	18,477
New Jersey.....................	398,122	276,722	167,705	74,966	31,068	14,684	8,129	45,227	32,823	21,603
New Mexico....................	63,569	38,003	20,730	10,084	3,131	1,738	803	30,784	20,867	13,624
New York........................	834,592	556,786	372,067	165,193	77,529	42,067	25,116	43,024	29,302	20,647
North Carolina	309,086	195,568	101,992	42,871	15,286	6,967	4,213	32,333	24,199	15,305
North Dakota.................	26,715	15,006	9,337	4,640	1,913	1,120	817	39,617	23,373	14,643
Ohio...............................	378,864	280,487	177,805	93,225	38,817	20,879	11,850	32,815	24,683	16,366
Oklahoma.......................	124,443	75,721	44,932	25,393	8,337	4,187	2,412	33,103	21,920	14,270
Oregon...........................	124,086	84,655	45,394	23,170	7,421	3,645	2,343	32,337	24,683	15,870
Pennsylvania	477,990	323,940	205,270	103,330	42,845	23,368	15,042	37,606	26,371	17,245
Rhode Island..................	41,241	27,364	17,920	8,194	3,656	1,801	1,145	39,177	26,055	17,814
South Carolina...............	139,982	89,373	49,732	22,007	7,548	3,296	1,878	30,192	22,209	14,204
South Dakota.................	31,024	18,681	10,558	5,194	2,089	1,230	809	38,010	24,715	15,146
Tennessee	211,180	141,470	74,213	34,055	11,491	5,430	3,248	33,222	24,803	15,163
Texas..............................	887,148	523,684	265,415	123,720	37,707	17,503	9,933	35,141	25,003	15,561
Utah...............................	82,582	48,722	22,752	10,818	3,387	1,715	906	29,765	21,707	13,142
Vermont	23,050	15,171	9,014	3,952	1,443	685	413	36,833	24,886	15,960
Virginia..........................	321,706	196,076	113,481	49,169	16,945	7,353	4,114	40,091	27,594	18,254
Washington	264,662	167,914	88,106	40,191	13,449	6,465	3,952	39,254	28,409	17,970
West Virginia	54,106	35,665	23,361	13,621	4,878	2,777	1,979	29,181	19,737	13,032
Wisconsin.......................	199,767	136,079	78,973	40,822	15,313	7,898	4,771	35,114	25,322	16,102
Wyoming........................	23,160	12,349	7,313	4,738	1,195	700	480	41,047	24,982	16,120

Table B. United States and States—Continued

State	Per capita disposable income (dollars)				Total earnings by place of work (millions of dollars)					
	1980	1970	1960	1950	2010	2000	1990	1980	1970	1960
	256	257	258	259	260	261	262	263	264	265
United States...........	**8,838**	**3,693**	**2,068**	**1,410**	**8,981,654**	**6,611,246**	**3,683,053**	**1,788,607**	**695,122**	**348,795**
Alabama....................	7,038	2,774	1,457	871	108,949	79,616	47,470	23,747	8,642	4,432
Alaska......................	13,388	5,183	3,166	...	26,137	15,822	10,947	5,870	1,626	723
Arizona....................	8,561	3,550	1,923	1,294	149,982	103,080	44,403	19,617	5,572	2,337
Arkansas..................	6,765	2,628	1,320	810	62,220	44,958	24,825	12,668	4,452	2,121
California..................	10,415	4,431	2,590	1,769	1,148,399	892,562	496,060	220,243	78,653	38,019
Colorado	9,458	3,758	2,156	1,440	159,588	118,962	49,768	25,292	7,495	3,468
Connecticut..............	10,581	4,486	2,495	1,727	139,256	106,683	63,556	28,367	11,830	5,901
Delaware	9,025	3,960	2,441	1,726	29,026	21,098	11,911	5,340	2,171	1,069
District of Columbia...	11,241	4,772	2,688	2,221	78,599	46,759	30,956	15,983	7,057	3,253
Florida	9,008	3,721	1,901	1,253	438,641	310,700	161,317	65,762	20,550	8,064
Georgia	7,539	3,144	1,595	1,030	248,457	190,378	91,538	37,837	13,752	5,937
Hawaii	10,406	4,839	2,206	...	40,454	26,131	19,800	9,011	3,475	1,361
Idaho.......................	7,841	3,293	1,740	1,257	34,822	24,579	12,086	6,392	2,115	1,085
Illinois	9,412	4,002	2,391	1,682	400,631	317,272	185,336	98,028	43,017	23,308
Indiana	8,132	3,363	1,990	1,417	158,446	130,403	73,916	39,718	16,838	8,946
Iowa	8,338	3,504	1,873	1,439	86,547	59,447	35,196	20,503	8,772	4,646
Kansas	8,743	3,511	1,990	1,376	80,966	57,480	32,992	17,503	6,700	3,740
Kentucky	7,181	2,890	1,498	936	101,334	74,945	42,426	22,789	8,466	4,066
Louisiana	7,677	2,872	1,567	1,059	120,974	77,404	47,262	30,341	9,500	4,574
Maine.......................	7,618	3,198	1,808	1,138	33,009	24,326	15,817	7,135	2,816	1,612
Maryland	9,803	4,176	2,179	1,539	194,780	126,474	74,579	32,619	13,374	5,848
Massachusetts	9,144	3,964	2,238	1,540	257,498	196,093	107,559	47,922	20,819	10,886
Michigan	8,839	3,634	2,142	1,569	240,886	233,206	135,394	73,856	31,272	16,097
Minnesota	8,787	3,614	1,937	1,332	171,294	127,789	67,816	33,021	12,836	6,119
Mississippi................	6,419	2,483	1,179	745	59,126	43,217	24,181	13,226	4,892	2,316
Missouri...................	8,180	3,462	1,986	1,324	161,116	121,051	70,377	36,306	15,728	8,150
Montana...................	8,036	3,345	1,925	1,559	22,907	14,655	8,438	5,238	2,050	1,175
Nebraska	8,241	3,476	2,006	1,483	55,595	37,720	22,210	11,130	4,696	2,547
Nevada	10,403	4,562	2,687	1,858	70,934	48,512	19,701	7,962	2,178	763
New Hampshire	8,880	3,532	2,031	1,270	41,035	29,747	15,639	6,371	2,145	1,058
New Jersey................	10,163	4,321	2,406	1,668	304,345	233,302	138,228	61,988	26,138	13,280
New Mexico..............	7,701	3,060	1,822	1,165	46,866	31,116	16,776	8,620	2,792	1,624
New York..................	9,404	4,243	2,498	1,690	741,729	537,940	339,123	154,550	75,554	40,931
North Carolina..........	7,268	2,998	1,523	1,036	244,810	174,786	90,528	39,312	14,694	6,592
North Dakota............	7,091	3,091	1,766	1,320	22,668	12,511	7,368	3,771	1,700	991
Ohio........................	8,631	3,638	2,145	1,485	305,945	250,754	153,433	84,096	37,259	20,047
Oklahoma................	8,351	3,248	1,792	1,082	94,534	61,966	36,631	22,439	7,266	3,696
Oregon	8,773	3,533	2,057	1,529	98,571	77,569	38,953	20,864	6,850	3,474
Pennsylvania	8,706	3,627	2,063	1,432	373,797	273,343	170,173	92,025	40,627	22,282
Rhode Island............	8,636	3,846	2,107	1,457	30,563	22,074	14,117	6,843	3,180	1,625
South Carolina..........	7,021	2,905	1,378	889	101,843	74,548	42,895	19,524	6,956	3,071
South Dakota............	7,518	3,133	1,801	1,235	23,417	15,076	8,166	3,948	1,763	1,076
Tennessee	7,403	2,919	1,519	980	163,473	124,147	63,352	30,281	10,899	5,079
Texas.......................	8,629	3,356	1,819	1,277	735,547	484,094	231,207	117,886	35,076	16,124
Utah	7,346	3,178	1,906	1,302	69,620	45,235	20,558	9,942	3,112	1,592
Vermont	7,711	3,233	1,760	1,091	17,082	12,495	7,427	3,305	1,322	631
Virginia....................	9,159	3,636	1,845	1,241	263,885	174,075	95,181	40,932	14,918	6,440
Washington	9,674	3,936	2,264	1,656	206,801	149,171	74,672	35,915	11,860	5,884
West Virginia	6,980	2,793	1,499	986	38,082	27,165	18,161	12,102	4,575	2,631
Wisconsin	8,663	3,460	1,993	1,388	158,434	119,032	66,667	35,842	14,021	7,452
Wyoming..................	9,993	3,579	2,116	1,657	18,033	9,777	5,961	4,629	1,072	654

Table B. United States and States—*Continued*

State	Total earnings by place of work (millions of dollars)			Farm income (millions of dollars)								
	1950	1940	1930	2010	2000	1990	1980	1970	1960	1950	1940	1930
	266	267	268	269	270	271	272	273	274	275	276	277
United States..........	195,092	64,812	57,943	71,129	51,334	46,700	20,246	17,499	13,666	15,786	5,098	5,077
Alabama....................	2,381	708	584	700	952	841	204	249	256	289	103	114
Alaska.....................	384			10	20	8	3	2	2	1	...	...
Arizona....................	873	210	188	643	783	628	468	176	127	148	29	31
Arkansas..................	1,349	442	345	1,205	1,688	1,032	361	412	311	367	136	68
California................	16,847	4,688	3,714	12,103	8,453	6,975	5,479	1,669	1,425	1,129	351	379
Colorado	1,628	490	468	937	757	698	283	286	173	191	61	84
Connecticut..............	3,053	1,239	1,059	154	218	179	80	70	63	68	29	39
Delaware	510	176	132	145	145	139	12	34	34	40	13	10
District of Columbia ...	2,050	669	476	0	0	0	0	0	0	0	0	0
Florida	3,010	767	530	2,221	2,540	2,034	1,631	535	379	274	61	66
Georgia	3,173	920	744	1,735	1,829	1,247	31	395	324	352	145	141
Hawaii.....................	676			255	229	248	371	130	80	76	...	...
Idaho......................	671	213	195	1,536	990	986	400	264	158	166	55	73
Illinois....................	13,744	4,947	4,704	3,455	1,792	1,745	366	718	645	822	226	231
Indiana	5,285	1,644	1,375	1,917	859	850	370	378	365	461	130	138
Iowa.......................	3,379	1,069	1,022	4,732	2,445	2,487	706	1,212	730	1,144	332	287
Kansas....................	2,329	632	711	2,112	994	1,370	91	604	442	543	125	165
Kentucky	2,422	791	672	539	1,480	1,112	555	392	322	336	133	112
Louisiana	2,466	724	590	839	611	394	167	281	185	241	78	72
Maine......................	904	352	343	195	203	169	45	77	102	84	31	52
Maryland	3,041	1,051	825	300	408	350	55	120	93	97	45	38
Massachusetts	6,440	2,620	2,550	117	125	148	103	68	68	81	33	45
Michigan	9,484	3,157	2,452	1,675	567	754	526	338	238	316	153	137
Minnesota	3,577	1,215	1,156	3,999	1,414	1,935	949	874	513	558	193	208
Mississippi..............	1,399	410	340	1,136	781	482	175	391	280	377	115	94
Missouri..................	4,849	1,626	1,612	1,509	774	697	235	522	442	617	168	148
Montana..................	855	275	227	540	251	389	115	290	161	261	61	40
Nebraska	1,765	484	583	3,330	1,429	2,186	98	540	390	589	110	183
Nevada	284	81	62	126	100	78	56	34	14	31	8	11
New Hampshire	569	227	235	27	43	43	13	16	20	20	9	17
New Jersey...............	7,038	2,830	2,555	338	311	235	111	98	120	132	48	55
New Mexico..............	726	173	118	1,000	530	410	178	130	86	103	35	27
New York.................	23,892	9,135	9,074	1,132	734	742	516	414	350	362	160	217
North Carolina..........	3,865	1,027	768	2,527	2,942	2,116	635	669	602	642	181	159
North Dakota............	718	197	181	2,508	1,091	767	-388	305	273	312	71	62
Ohio......................	11,080	3,894	3,492	1,683	1,181	1,174	565	431	332	436	178	161
Oklahoma................	2,115	721	698	826	821	852	259	357	334	280	138	86
Oregon	2,181	567	474	939	759	683	468	213	172	201	63	63
Pennsylvania	13,646	5,330	5,104	1,095	1,079	978	414	383	297	304	140	149
Rhode Island............	1,091	425	392	16	15	30	7	9	7	10	4	6
South Carolina..........	1,704	537	357	413	518	294	31	187	168	216	89	84
South Dakota............	716	198	214	2,232	1,335	1,016	134	372	324	283	61	83
Tennessee	2,900	864	692	67	320	436	192	268	245	321	129	104
Texas......................	9,075	2,330	1,890	3,673	3,308	3,005	582	1,155	918	1,188	381	333
Utah	805	231	209	142	198	248	58	77	44	76	26	33
Vermont	370	152	162	145	147	112	107	62	56	43	20	30
Virginia...................	3,564	1,130	770	201	558	678	62	211	213	288	110	90
Washington	3,496	984	841	2,286	1,623	1,157	842	342	254	273	78	96
West Virginia	1,886	696	589	-81	9	42	8	26	50	79	44	41
Wisconsin	4,402	1,437	1,353	1,674	852	1,371	1,436	637	427	482	176	190
Wyoming.................	424	129	115	123	119	149	83	78	50	78	30	24

Table B. United States and States—*Continued*

State	Nonfarm personal income (millions of dollars)								
	2010	2000	1990	1980	1970	1960	1950	1940	1930
	278	279	280	281	282	283	284	285	286
United States..........	12,346,530	8,579,216	4,841,793	2,286,102	837,579	404,429	217,222	74,073	71,294
Alabama..................	161,501	108,698	63,190	30,643	10,357	4,960	2,530	696	583
Alaska.....................	32,518	19,755	12,641	6,201	1,785	805	391		
Arizona...................	217,212	136,167	62,719	25,888	7,004	2,707	908	224	194
Arkansas.................	92,356	59,336	33,423	16,999	5,224	2,247	1,258	366	348
California................	1,566,451	1,125,581	636,687	278,321	97,772	44,908	19,549	5,599	4,699
Colorado	209,517	147,342	64,145	31,378	9,162	4,129	1,887	558	512
Connecticut.............	197,476	143,753	86,776	38,371	15,608	7,204	3,794	1,560	1,456
Delaware.................	36,715	25,095	14,263	6,415	2,572	1,268	630	266	195
District of Columbia...	42,014	24,716	15,566	8,350	4,129	2,379	1,959	842	641
Florida	722,940	471,993	257,919	98,510	27,939	10,101	3,511	957	621
Georgia	331,825	234,067	114,234	46,876	15,877	6,624	3,421	908	741
Hawaii	56,570	34,875	24,673	11,088	4,100	1,545	715		
Idaho	48,883	31,831	15,162	7,914	2,353	1,143	624	184	145
Illinois....................	536,234	407,718	238,939	124,876	50,922	26,699	15,346	5,764	5,958
Indiana	220,971	170,405	97,394	50,793	19,580	10,046	5,606	1,766	1,522
Iowa	114,330	78,347	46,548	27,278	9,911	5,007	2,893	921	952
Kansas....................	108,845	76,488	44,288	23,756	8,293	4,384	2,297	635	701
Kentucky	142,627	99,496	56,328	29,202	10,126	4,712	2,608	786	732
Louisiana	168,246	104,711	63,838	36,886	11,304	5,411	2,813	786	671
Maine......................	49,201	34,415	21,477	9,535	3,454	1,833	1,028	421	407
Maryland	289,259	187,238	110,344	48,475	19,090	7,647	3,909	1,284	1,141
Massachusetts	337,807	244,332	138,820	61,337	26,026	13,126	7,830	3,389	3,533
Michigan	344,796	298,155	175,625	93,598	36,828	18,599	10,679	3,479	3,041
Minnesota	222,072	158,071	84,923	40,739	14,766	6,921	3,766	1,268	1,201
Mississippi.................	90,442	60,640	33,782	17,809	5,674	2,495	1,320	346	302
Missouri....................	217,981	156,261	91,029	45,841	17,915	9,196	5,082	1,800	1,894
Montana..................	33,745	21,071	12,031	7,093	2,319	1,285	734	254	230
Nebraska	69,729	48,215	27,010	14,660	5,270	2,751	1,514	468	521
Nevada	98,966	62,900	24,916	9,507	2,500	869	304	94	66
New Hampshire	59,172	42,461	22,979	9,259	2,958	1,360	706	279	284
New Jersey................	448,083	329,801	192,242	86,824	35,254	16,468	8,733	3,414	3,404
New Mexico..............	67,506	42,117	22,618	11,037	3,348	1,819	761	165	115
New York..................	960,680	670,161	431,500	192,609	89,751	47,938	27,544	11,721	12,951
North Carolina..........	336,212	222,204	113,535	48,274	16,597	7,044	3,826	973	750
North Dakota............	26,674	15,520	9,518	5,666	1,800	939	549	154	148
Ohio	416,246	324,047	201,589	106,438	43,690	23,179	12,470	4,424	4,261
Oklahoma...............	134,176	84,854	50,086	28,864	8,947	4,285	2,321	731	789
Oregon	136,808	98,245	50,965	26,351	8,258	3,973	2,374	601	515
Pennsylvania	528,106	373,370	232,169	118,529	48,431	25,981	16,080	6,380	6,766
Rhode Island.............	45,263	31,704	20,272	9,325	4,076	2,008	1,249	547	539
South Carolina..........	151,054	100,586	55,737	24,787	8,176	3,419	1,783	508	333
South Dakota............	30,917	19,270	10,483	5,583	1,890	1,000	569	168	164
Tennessee	225,124	156,436	81,462	37,788	12,576	5,711	3,137	865	737
Texas......................	957,297	590,281	293,070	142,013	41,183	18,519	9,637	2,436	2,047
Utah.......................	89,880	55,398	25,475	12,111	3,690	1,856	888	241	218
Vermont	24,971	17,256	10,097	4,361	1,588	704	401	168	176
Virginia....................	359,582	230,048	128,824	56,486	19,177	7,991	4,121	1,194	848
Washington	284,577	192,628	97,679	44,940	14,622	6,935	3,991	1,083	935
West Virginia	59,040	39,918	26,058	15,543	5,473	3,040	2,035	735	665
Wisconsin	218,653	157,055	88,737	45,608	16,972	8,528	4,706	1,547	1,534
Wyoming.................	25,280	14,181	8,005	5,367	1,263	731	438	120	107

PART B. NOTES AND DEFINITIONS

Part B presents data for the 50 states and the District of Columbia. Most of the data are from the decennial census. Basic population data are included from the first census in 1790 to the present. Most population characteristics are shown from 1900 through 2010.

POPULATION (Items 1 through 46)
Source: U.S. Census Bureau, 2010 Census of Population and Housing, *Population and Housing Unit Counts*, CPH-2-1, United States Summary, U.S. Government Printing Office, 2012.

The population data are from Table 12 in *Population and Housing Unit Counts*.

POPULATION CHARACTERISTICS (Items 47 through 146)
Source: (2010) U.S. Census Bureau, 2010 Census of Population and Housing, *Summary Population and Housing Characteristics*, CPH-1-1, United States Summary, U.S. Government Printing Office, 2013.

(1900 to 2000) Hobbs, Frank and Nicole Stoops, U.S. Census Bureau, Census 2000 Special Reports, Series CENSR-4, *Demographic Trends in the 20th Century*, U.S. Government Printing Office, Washington, DC, 2002.

Sex ratio. The sex ratio is an indication of the balance of males and females in a population. It is calculated by dividing the male population by the female population and multiplying by 100.

Age. The age classification is based on the age of the person at his or her last birthday.

Race. Data on race have been collected since the first U.S. decennial census in 1790. The terms used to describe each race, the categories collected on the questionnaire, the method of obtaining responses on race, and the manner of tabulating the data all changed over the years.

The race data included in Table B represent the totals as reported at the time of each census, with one exception. The 1930 census included a separate race category for the Mexican population, while the 1940 census eliminated this category and revised the 1930 data tabulation to include the Mexican population in the White population. For increased comparability, the Census Bureau's report

Demographic Trends in the 20th Century used the 1940 revision of the 1930 race data.

Prior to 1950, all published race data could be classified into one of four categories: White, Black, Asian and Pacific Islander, and American Indian, Eskimo, and Aleut. Beginning with the 1950 census, the category "Other" or "Some other race" became a fifth major category.

For the 2000 and 2010 censuses, the Asian and Pacific Islander category was split into "Asian" and "Native Hawaiian and Other Pacific Islander." Also, for the first time, individuals could identify themselves or other members of their household as more than one race. As a result, a seventh major category, "Two or more races," was added to allow for the tabulation of people who reported more than one of the six major categories. Although the collection of race data for specific population groups varied over the censuses, Table B uses the current names for categories.

Since the 2000 and 2010 censuses allowed individuals to self-identify as more than one race for the first time, the data on race is published in two broad categories: the "race alone" population and the "race in combination" population. People who indicated only one race are referred to as the "race alone" population. Individuals who chose more than one of the six individual race categories are referred to as the "race in combination" population, or as the group who reported more than one race. Adding the "race alone" population and the "race in combination" population together creates the maximum number of people reporting an individual race, and is referred to as the "race alone or in combination" population. Table B shows the "race alone or in combination" population, while Table A shows the race alone population for those two censuses.

The 2010 definitions of the racial categories are:

White: A person having origins in any of the original peoples of Europe, the Middle East, or North Africa. It includes people who indicate their race as *White* or report entries such as Irish, German, Italian, Lebanese, Near Easterner, Arab, or Polish.

Black: A person having origins in any of the Black racial groups of Africa. Over time, the terminology used for this race category has included Black, Negro, and African

American. It includes written entries such as African American, Afro American, Kenyan, Nigerian, or Haitian.

American Indian and Alaskan Native: A person having origins in any of the original peoples of North and South America (including Central America), who maintains tribal affiliation or community attachment. Over time, the terminology used for this race category changed to reflect the data collected during each decennial census. The terms used over the years included Indian; American Indian; American Indian, Eskimo, and Aleut; and American Indian and Alaska Native.

Asian and Pacific Islander: Asian describes a person having origins in any of the original peoples of the Far East, Southeast Asia, or the Indian subcontinent, including, for example, Cambodia, China, India, Japan, Korea, Malaysia, Pakistan, the Philippine Islands, Thailand, and Vietnam. It includes people who indicate their race as "Asian Indian," "Chinese," "Filipino," "Korean," "Japanese," "Vietnamese," and "Other Asian" or provide other detailed Asian responses. Native Hawaiian or Other Pacific Islander describes a person having origins in any of the original peoples of Hawaii, Guam, Samoa, or other Pacific Islands. It includes people who indicate their race as "Native Hawaiian," "Guamanian or Chamorro," "Samoan," and "Other Pacific Islander" or provide other detailed Pacific Islander response.

The term *Asian and Pacific Islander* is used here in order to maximize data comparability over the centuries despite changes that took place in the terms used to describe each race, the race categories collected on the questionnaire, and the manner in which the data were tabulated. Prior to 1910, the only individual Asian and Pacific Islander categories available were Chinese and Japanese. From 1910 to 1940, the racial classification included an Other race category with write-in responses to obtain separate figures on other groups such as Filipinos and Koreans. For those years, each detailed Asian and Pacific Islander group tabulated separately was classified into the total Asian and Pacific Islander group. However, data collection and publication practices varied with each census. For a more detailed explanation see *Demographic Trends in the 20th Century.*

Because Table B uses the "race alone or in combination" designations, the sum of the racial groups often is more than 100 percent. When the Asian and Native Hawaiian and other Pacific Islander "alone or in combination" groups are combined, it would result in double-counting of persons who identify with both of those groups. A detailed tally of all races was used to avoid double-counting. This group comprises a large proportion of Hawaii's population.

Hispanic or Latino Origin. People who identify with the terms Hispanic or Latino are those who classify themselves in one of the specific Hispanic or Latino categories listed on the decennial census questionnaire—"Mexican, Mexican-Am., Chicano," "Puerto Rican," or "Cuban"— as well as those who indicate that they are "other Spanish, Hispanic, or Latino." Origin can be viewed as the heritage, nationality group, lineage, or country of birth of the person or the person's parents or ancestors before their arrival in the United States. People who identify their origin as Spanish, Hispanic, or Latino may be of any race.

The question on Hispanic or Latino origin was not asked until the 1970 census when it was only asked of a 5 percent sample of the population. Beginning in 1980, it was asked of all individuals. Table B includes the percent Hispanic or Latino from 1980 through 2010.

FOREIGN-BORN POPULATION (Items 147 through 163)
Source: (1850 to 1990) Gibson, Campbell J. and Emily Lennon, U.S. Census Bureau, *Historical Census Statistics on the Foreign-born Population of the United States: 1850-1990,* Population Division Working Paper No. 29. 1999.

(2000) Malone, Nolan, Kaari F. Baluja, Joseph M. Costanzo, and Cynthia J. Davis; *The Foreign-Born Population: 2000*; Census 2000 Brief C2KBR-34, 2003.

(2010) U.S. Census Bureau, American Community Survey, 2010 1-year estimates, Table B05002, via American FactFinder.

The U.S. Census Bureau uses the term **foreign born** to refer to anyone who is not a U.S. citizen at birth. This includes naturalized citizens, lawful permanent residents, temporary migrants (such as foreign students), humanitarian migrants (such as refugees), and undocumented migrants. The term native born refers to anyone born in the United States, Puerto Rico, or a U.S. Island Area, or those born abroad of at least one U.S. citizen parent.

HOUSING UNITS AND HOUSEHOLDS (Items 164 through 207)
Source: (2010) U.S. Census Bureau, 2010 Census of Population and Housing, *Summary Population and Housing Characteristics,* CPH-1-1, United States Summary, U.S. Government Printing Office, 2013.

(1940 to 2000) Hobbs, Frank and Nicole Stoops, U.S. Census Bureau, Census 2000 Special Reports, Series CENSR-4, *Demographic Trends in the 20th Century*, U.S. Government Printing Office, Washington, DC, 2002.

A **housing unit** is a house, an apartment, a mobile home, a group of rooms, or a single room that is occupied, or intended for occupancy, as separate living quarters. Separate living quarters are those in which the occupant(s) live separately from any other people in the building and which have direct access from outside the building or through a common hall.

A housing unit is **owner occupied** if the owner or co-owner lives in the unit even if it is mortgaged or not fully paid for.

A **household** consists of one person or a group of people living in a housing unit.

CIVILIAN LABOR FORCE AND UNEMPLOYMENT (Items 208 through 227)
Source: U.S. Bureau of Labor Statistics—Current Population Survey
http://www.bls.gov/cps/

The Current Population Survey (CPS) is a monthly survey that analyzes and publishes statistics on the labor force, employment, and unemployment, classified by a variety of demographic, social, and economic characteristics. This survey is conducted by the Census Bureau for the Bureau of Labor Statistics (BLS).

The **civilian labor force** consists of all civilians 16 years old and over who are either employed or unemployed.

The **labor force participation rate** represents the proportion of the civilian noninstitutional population currently in the labor force.

Employed people are those who, during the reference week (a) did any work at all (for at least 1 hour) as paid employees; worked in their own businesses, professions, or on their own farms; or worked 15 hours or more as unpaid workers in an enterprise operated by a family member, or (b) were not working, but who had a job or business from which they were temporarily absent because of vacation, illness, bad weather, childcare problems, maternity or paternity leave, labor-management dispute, job training, or other family or personal reasons whether or not they were paid for the time off or were seeking other jobs. Each employed person is counted only once, even if he or she holds more than one job.

The **unemployment rate** is the number of unemployed persons as a percentage of the civilian labor force. Unemployed persons are all persons who had no employment during the reference week, but who were available for work (except for temporary illness) and had made specific efforts to find employment some time during the four-week period ending with the reference week. Persons who were waiting to be recalled to a job from which they had been laid off need not have been looking for work to be classified as unemployed.

PERSONAL INCOME AND EARNINGS (Items 228 through 286)
Source: U.S. Bureau of Economic Analysis, Regional Economic Accounts
http://www.bea.gov/regional/index.htm#state

Total personal income is the current income received by residents of an area from all sources. It is measured before deductions of income and other personal taxes but after deductions of personal contributions for Social Security, government retirement, and other social insurance programs. It consists of wage and salary disbursements (covering all employee earnings, including executive salaries, bonuses, commissions, payments-in-kind, incentive payments, and tips); various types of supplementary earnings, such as employers' contributions to pension funds (termed "other labor income" or "supplements to wages and salaries"); proprietors' income; rental income of persons; dividends; personal interest income; and government and business transfer payments.

Per capita personal income is based on resident population estimated as of July 1 of the year shown.

Disposable personal income is total personal income minus personal current taxes. It is the portion of personal income that is available for consumption expenditures, interest payments, current transfer payments, or saving. Personal current taxes are tax payments (net of refunds) that are made by persons and that are not chargeable to business expense and certain other payments by persons to government agencies (except government enterprises) that are treated like taxes. Personal current taxes includes taxes on income, including realized net capital gains, and on personal property. Also included in personal taxes are personal licenses. Contributions for government social insurance are not included.

Per capita disposable personal income is based on resident population estimated as of July 1 of the year shown.

Earnings by place of work is the sum of three components of personal income—wages and salaries, supplements to wages and salaries, and proprietors' income.

Farm income is the sum of wages and salaries, employer contributions for employee pension and insurance funds, and proprietors' income in the farm industry. It comprises the net income of sole proprietors, partners, and hired laborers arising directly from the current production of agricultural commodities, both livestock and crops, and specifically excludes the income of non-family farm corporations.

Nonfarm income is personal income minus farm income.

PART C

Counties

INTRODUCTION TO PART C

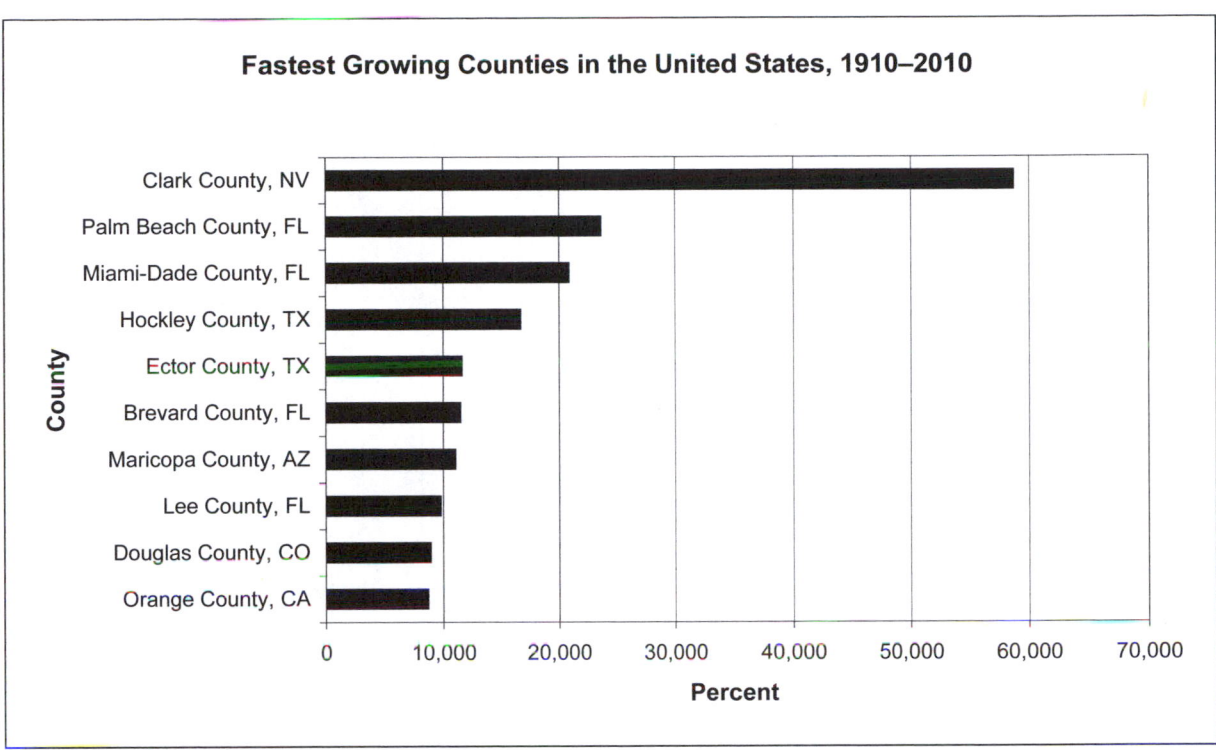

Fastest Growing Counties in the United States, 1910–2010

Part C shows the decennial census population of all counties in the United States since their beginnings. The decennial census was mandated by the Constitution and is the basis for defining congressional districts and electing members of congress. The 1990 census marked 200 years since the first census in 1790. In 1996, the Census Bureau produced a very comprehensive historical document *Population of States and Counties of the United States: 1790 to 1990,* compiled and edited by Richard L. Forstall. (http://www.census.gov/population/www/censusdata/pop1790-1990.html)

Table C reproduces those population numbers for all counties and adds the populations from the censuses of 2000 and 2010. The well-researched geographic notes in *Population of States and Counties of the United States: 1790 to 1990* have been converted to the Notes and Definitions section that follows the table. Table C includes all counties that existed in 2010 as well as at any time since 1790. Changes in names and boundaries are detailed in the Notes and Definitions for each state. Each county is identified by its 5-digit FIPS (Federal Information Processing Standards) code. For those counties that ceased to exist before the establishment of the FIPS coding system, the Census Bureau's document added a code with a decimal suffix.

For a few areas, the Notes and Definitions section includes additional population counts not included in Table C.

The numbers in Table C reflect the effort to replicate the county as it now exists, often converted from census numbers that enumerated areas that were defined at the time.

Alaska has no counties, and its Census Areas and Boroughs change frequently from decade to decade. Prior to statehood, Alaska's population was enumerated in Judicial Divisions (1910 through 1950) and Districts (1880 through 1900).

The District of Columbia has been tallied as a single county-equivalent area since 1900. From 1810 through 1890, the census included separate counts for Georgetown city, Washington city, and the remainder of the District of Columbia.

In Oklahoma, there was little census coverage prior to statehood in 1907. Some numbers for Indian Reservations and Indian Nations for 1890, 1900, and 1907 are included in the Notes and Definitions. The Census Bureau conducted a special census of Oklahoma in 1907, but it is not included in Table C. Refer to the Census Bureau's *Population of States and Counties of the United States: 1790 to 1990* for the 1907 counts for all Oklahoma counties.

In South Dakota, some Indian Reservations were not reported by county in 1880, 1890, 1900, and 1910. These are included in the Notes and Definitions.

Table C. States and Counties. Resident Population 1790 through 2010

STATE/ County code	STATE County	Year of first census	Resident population enumerated by census									
			2010	2000	1990	1980	1970	1960	1950	1940	1930	1920
00000	**UNITED STATES**...............	1790	308,745,538	281,424,603	248,718,302	226,542,199	203,302,031	179,323,175	151,325,798	132,164,569	123,202,624	106,021,537
01000	**ALABAMA**........................	1800	4,779,736	4,447,100	4,040,587	3,893,888	3,444,165	3,266,740	3,061,743	2,832,961	2,646,248	2,348,174
01001	Autauga	1820	54,571	43,671	34,222	32,259	24,460	18,739	18,186	20,977	19,694	18,908
01003	Baldwin	1810	182,265	140,415	98,280	78,556	59,382	49,088	40,997	32,324	28,289	20,730
01005	Barbour	1840	27,457	29,038	25,417	24,756	22,543	24,700	28,892	32,722	32,425	32,067
01007	Bibb...............................	1820	22,915	20,826	16,576	15,723	13,812	14,357	17,987	20,155	20,780	23,144
01009	Blount............................	1820	57,322	51,024	39,248	36,459	26,853	25,449	28,975	29,490	28,020	25,538
01011	Bullock...........................	1870	10,914	11,714	11,042	10,596	11,824	13,462	16,054	19,810	20,016	25,333
01013	Butler............................	1820	20,947	21,399	21,892	21,680	22,007	24,560	29,228	32,447	30,195	29,531
01015	Calhoun...........................	1840	118,572	112,249	116,034	119,761	103,092	95,878	79,539	63,319	55,611	47,822
01017	Chambers..........................	1840	34,215	36,583	36,876	39,191	36,356	37,828	39,528	42,146	39,313	41,201
01019	Cherokee..........................	1840	25,989	23,988	19,543	18,760	15,606	16,303	17,634	19,928	20,219	20,862
01021	Chilton...........................	1870	43,643	39,593	32,458	30,612	25,180	25,693	26,922	27,955	24,579	22,770
01023	Choctaw...........................	1850	13,859	15,922	16,018	16,839	16,589	17,870	19,152	20,195	20,513	20,753
01025	Clarke............................	1820	25,833	27,867	27,240	27,702	26,724	25,738	26,548	27,636	26,016	26,409
01027	Clay..............................	1870	13,932	14,254	13,252	13,703	12,636	12,400	13,929	16,907	17,768	22,645
01029	Cleburne..........................	1870	14,972	14,123	12,730	12,595	10,996	10,911	11,904	13,629	12,877	13,360
01031	Coffee............................	1850	49,948	43,615	40,240	38,533	34,872	30,583	30,720	31,987	32,556	30,070
01033	Colbert...........................	1870	54,428	54,984	51,666	54,519	49,632	46,506	39,561	34,093	29,860	31,997
01035	Conecuh...........................	1820	13,228	14,089	14,054	15,884	15,645	17,762	21,776	25,489	25,429	24,593
01037	Coosa.............................	1840	11,539	12,202	11,063	11,377	10,662	10,726	11,766	13,460	12,460	14,839
01039	Covington.........................	1830	37,765	37,631	36,478	36,850	34,079	35,631	40,373	42,417	41,356	38,103
01041	Crenshaw..........................	1870	13,906	13,665	13,635	14,110	13,188	14,909	18,981	23,631	23,656	23,017
01043	Cullman...........................	1880	80,406	77,483	67,613	61,642	52,445	45,572	49,046	47,343	41,051	33,034
01045	Dale..............................	1830	50,251	49,129	49,633	47,821	52,938	31,066	20,828	22,685	23,175	22,711
01047	Dallas............................	1820	43,820	46,365	48,130	53,981	55,296	56,667	56,270	55,245	55,094	54,697
01049	DeKalb............................	1840	71,109	64,452	54,651	53,658	41,981	41,417	45,048	43,075	40,104	34,426
01051	Elmore............................	1870	79,303	65,874	49,210	43,390	33,535	30,524	31,649	34,546	34,280	28,085
01053	Escambia	1870	38,319	38,440	35,518	38,440	34,906	33,511	31,443	30,671	27,963	22,464
01055	Etowah............................	1870	104,430	103,459	99,840	103,057	94,144	96,980	93,892	72,580	63,399	47,275
01057	Fayette...........................	1830	17,241	18,495	17,962	18,809	16,252	16,148	19,388	21,651	18,443	18,365
01059	Franklin..........................	1820	31,704	31,223	27,814	28,350	23,933	21,988	25,705	27,552	25,372	22,011
01061	Geneva	1870	26,790	25,764	23,647	24,253	21,924	22,310	25,899	29,172	30,104	29,315
01063	Greene............................	1820	9,045	9,974	10,153	11,021	10,650	13,600	16,482	19,185	19,745	18,133
01065	Hale..............................	1870	15,760	17,185	15,498	15,604	15,888	19,537	20,832	25,533	26,265	24,289
01067	Henry.............................	1820	17,302	16,310	15,374	15,302	13,254	15,286	18,674	21,912	22,820	21,547
01069	Houston...........................	1910	101,547	88,787	81,331	74,632	56,574	50,718	46,522	45,665	45,935	37,334
01071	Jackson...........................	1820	53,227	53,926	47,796	51,407	39,202	36,681	38,998	41,802	36,881	35,864
01073	Jefferson.........................	1830	658,466	662,047	651,525	671,324	644,991	634,864	558,928	459,930	431,493	310,054
01075	Lamar.............................	1870	14,564	15,904	15,715	16,453	14,335	14,271	16,441	19,708	18,001	18,149
01077	Lauderdale........................	1820	92,709	87,966	79,661	80,546	68,111	61,622	54,179	46,230	41,130	39,556
01079	Lawrence..........................	1830	34,339	34,803	31,513	30,170	27,281	24,501	27,128	27,880	26,942	24,307
01081	Lee	1870	140,247	115,092	87,146	76,283	61,268	49,754	45,073	36,455	36,063	32,821
01083	Limestone	1820	82,782	65,676	54,135	46,005	41,699	36,513	35,766	35,642	36,629	31,341
01085	Lowndes...........................	1830	11,299	13,473	12,658	13,253	12,897	15,417	18,018	22,661	22,878	25,406
01087	Macon.............................	1840	21,452	24,105	24,928	26,829	24,841	26,717	30,561	27,654	27,103	23,561
01089	Madison...........................	1810	334,811	276,700	238,912	196,966	186,540	117,348	72,903	66,317	64,623	51,268
01091	Marengo...........................	1820	21,027	22,539	23,084	25,047	23,819	27,098	29,494	35,736	36,426	36,065
01093	Marion............................	1830	30,776	31,214	29,830	30,041	23,788	21,837	27,264	28,776	25,967	22,008
01095	Marshall..........................	1840	93,019	82,231	70,832	65,622	54,211	48,018	45,090	42,395	39,802	32,669
01097	Mobile............................	1820	412,992	399,843	378,643	364,980	317,308	314,301	231,105	141,974	118,363	100,117
01099	Monroe	1820	23,068	24,324	23,968	22,651	20,883	22,372	25,732	29,465	30,070	28,884
01101	Montgomery........................	1820	229,363	223,510	209,085	197,038	167,790	169,210	138,965	114,420	98,671	80,853
01103	Morgan	1820	119,490	111,064	100,043	90,231	77,306	60,454	52,924	48,148	46,176	40,196
01105	Perry.............................	1830	10,591	11,861	12,759	15,012	15,388	17,358	20,439	26,610	26,385	25,373
01107	Pickens...........................	1830	19,746	20,949	20,699	21,481	20,326	21,882	24,349	27,671	24,902	25,353
01109	Pike..............................	1830	32,899	29,605	27,595	28,050	25,038	25,987	30,608	32,493	32,240	31,631
01111	Randolph..........................	1840	22,913	22,380	19,881	20,075	18,331	19,477	22,513	25,516	26,861	27,064
01113	Russell	1840	52,947	49,756	46,860	47,356	45,394	46,351	40,364	35,775	27,377	27,448
01115	St. Clair.........................	1820	83,593	64,742	50,009	41,205	27,956	25,388	26,687	27,336	24,510	23,383
01117	Shelby............................	1820	195,085	143,293	99,358	66,298	38,037	32,132	30,362	28,962	27,576	27,097
01119	Sumter............................	1840	13,763	14,798	16,174	16,908	16,974	20,041	23,610	27,321	26,929	25,569
01121	Talladega	1840	82,291	80,321	74,107	73,826	65,280	65,495	63,639	51,832	45,241	41,005
01123	Tallapoosa........................	1840	41,616	41,475	38,826	38,676	33,840	35,007	35,074	35,270	31,188	29,744

Table C. States and Counties. Resident Population 1790 through 2010—*Continued*

STATE/ County code	STATE County	Resident population enumerated by census (continued)												
		1910	1900	1890	1880	1870	1860	1850	1840	1830	1820	1810	1800	1790
00000	**UNITED STATES**	**92,228,496**	**76,212,168**	**62,979,766**	**50,189,209**	**38,558,371**	**31,443,321**	**23,191,876**	**17,069,453**	**12,866,020**	**9,638,453**	**7,239,881**	**5,308,483**	**3,929,214**
01000	**ALABAMA**	2,138,093	1,828,697	1,513,401	1,262,505	996,992	964,201	771,623	590,756	309,527	127,901	9,046	1,250	---
01001	Autauga	20,038	17,915	13,330	13,108	11,623	16,739	15,023	14,342	11,874	3,853	---	---	---
01003	Baldwin	18,178	13,194	8,941	8,603	6,004	7,530	4,414	2,951	2,324	1,713	1,427	---	---
01005	Barbour	32,728	35,152	34,898	33,979	29,309	30,812	23,632	12,024	---	---	---	---	---
01007	Bibb	22,791	18,498	13,824	9,487	7,469	11,894	9,969	8,284	6,306	3,676	---	---	---
01009	Blount	21,456	23,119	21,927	15,369	9,945	10,865	7,367	5,570	4,233	2,415	---	---	---
01011	Bullock	30,196	31,944	27,063	29,066	24,474	---	---	---	---	---	---	---	---
01013	Butler	29,030	25,761	21,641	19,649	14,981	18,122	10,836	8,685	5,650	1,405	---	---	---
01015	Calhoun	39,115	34,874	33,835	19,591	13,980	21,539	17,163	14,260	---	---	---	---	---
01017	Chambers	36,056	32,554	26,319	23,440	17,562	23,214	23,960	17,333	---	---	---	---	---
01019	Cherokee	20,226	21,096	20,459	19,108	11,132	18,360	13,884	8,773	---	---	---	---	---
01021	Chilton	23,187	16,522	14,549	10,793	6,194	---	---	---	---	---	---	---	---
01023	Choctaw	18,483	18,136	17,526	15,731	12,676	13,877	8,389	---	---	---	---	---	---
01025	Clarke	30,987	27,790	22,624	17,806	14,663	15,049	9,786	8,640	7,595	5,839	---	---	---
01027	Clay	21,006	17,099	15,765	12,938	9,560	---	---	---	---	---	---	---	---
01029	Cleburne	13,385	13,206	13,218	10,976	8,017	---	---	---	---	---	---	---	---
01031	Coffee	26,119	20,972	12,170	8,119	6,171	9,623	5,940	---	---	---	---	---	---
01033	Colbert	24,802	22,341	20,189	16,153	12,537	---	---	---	---	---	---	---	---
01035	Conecuh	21,433	17,514	14,594	12,605	9,574	11,311	9,322	8,197	7,444	5,713	---	---	---
01037	Coosa	16,634	16,144	15,906	15,113	11,945	19,273	14,543	6,995	---	---	---	---	---
01039	Covington	32,124	15,346	7,536	5,639	4,868	6,469	3,645	2,435	1,522	---	---	---	---
01041	Crenshaw	23,313	19,668	15,425	11,726	11,156	---	---	---	---	---	---	---	---
01043	Cullman	28,321	17,849	13,439	6,355	---	---	---	---	---	---	---	---	---
01045	Dale	21,608	21,189	17,225	12,677	11,325	12,197	6,382	7,397	2,031	---	---	---	---
01047	Dallas	53,401	54,657	49,350	48,433	40,705	33,625	29,727	25,199	14,017	6,003	---	---	---
01049	DeKalb	28,261	23,558	21,106	12,675	7,126	10,705	8,245	5,929	---	---	---	---	---
01051	Elmore	28,245	26,099	21,732	17,502	14,477	---	---	---	---	---	---	---	---
01053	Escambia	18,889	11,320	8,666	5,719	4,041	---	---	---	---	---	---	---	---
01055	Etowah	39,109	27,361	21,926	15,398	10,109	---	---	---	---	---	---	---	---
01057	Fayette	16,248	14,132	12,823	10,135	7,136	12,850	9,681	6,942	3,547	---	---	---	---
01059	Franklin	19,369	16,511	10,681	9,155	8,006	18,627	19,610	14,270	11,078	4,988	---	---	---
01061	Geneva	26,230	19,096	10,690	4,342	2,959	---	---	---	---	---	---	---	---
01063	Greene	22,717	24,182	22,007	21,931	18,399	30,859	31,441	24,024	15,026	4,554	---	---	---
01065	Hale	27,883	31,011	27,501	26,553	21,792	---	---	---	---	---	---	---	---
01067	Henry	20,943	36,147	24,847	18,761	14,191	14,918	9,019	5,787	4,020	2,638	---	---	---
01069	Houston	32,414	---	---	---	---	---	---	---	---	---	---	---	---
01071	Jackson	32,918	30,508	28,026	25,114	19,410	18,283	14,088	15,715	12,700	8,751	---	---	---
01073	Jefferson	226,476	140,420	88,501	23,272	12,345	11,746	8,989	7,131	6,855	---	---	---	---
01075	Lamar	17,487	16,084	14,187	12,142	8,893	---	---	---	---	---	---	---	---
01077	Lauderdale	30,936	26,559	23,739	21,035	15,091	17,420	17,172	14,485	11,781	4,963	---	---	---
01079	Lawrence	21,984	20,124	20,725	21,392	16,658	13,975	15,258	13,313	14,984	---	---	---	---
01081	Lee	32,867	31,826	28,694	27,262	21,750	---	---	---	---	---	---	---	---
01083	Limestone	26,880	22,387	21,201	21,600	15,017	15,306	16,483	14,374	14,807	9,871	---	---	---
01085	Lowndes	31,894	35,651	31,550	31,176	25,719	27,716	21,915	19,539	9,410	---	---	---	---
01087	Macon	26,049	23,126	18,439	17,371	17,727	26,802	26,898	11,247	---	---	---	---	---
01089	Madison	47,041	43,702	38,119	37,625	31,267	26,451	26,427	25,706	27,990	17,481	4,699	---	---
01091	Marengo	39,923	38,315	33,095	30,890	26,151	31,171	27,831	17,264	7,700	2,933	---	---	---
01093	Marion	17,495	14,494	11,347	9,364	6,059	11,182	7,833	5,847	4,058	---	---	---	---
01095	Marshall	28,553	23,289	18,935	14,585	9,871	11,472	8,846	7,553	---	---	---	---	---
01097	Mobile	80,854	62,740	51,971	48,653	49,311	41,131	27,600	18,741	6,267	2,672	---	---	---
01099	Monroe	27,155	23,666	18,990	17,091	14,214	15,667	12,013	10,680	8,782	8,838	---	---	---
01101	Montgomery	82,178	72,047	56,172	52,356	43,704	35,904	29,711	24,574	12,695	6,604	---	---	---
01103	Morgan	33,781	28,820	24,089	16,428	12,187	11,335	10,125	9,841	9,062	5,263	---	---	---
01105	Perry	31,222	31,783	29,332	30,741	24,975	27,724	22,285	19,086	11,490	---	---	---	---
01107	Pickens	25,055	24,402	22,470	21,479	17,690	22,316	21,512	17,118	6,622	---	---	---	---
01109	Pike	30,815	29,172	24,423	20,640	17,423	24,435	15,920	10,108	7,108	---	---	---	---
01111	Randolph	24,659	21,647	17,219	16,575	12,006	20,059	11,581	4,973	---	---	---	---	---
01113	Russell	25,937	27,083	24,093	24,837	21,636	26,592	19,548	13,513	---	---	---	---	---
01115	St. Clair	20,715	19,425	17,353	14,462	9,360	11,013	6,829	5,638	5,975	4,166	---	---	---
01117	Shelby	26,949	23,684	20,886	17,236	12,218	12,618	9,536	6,112	5,704	2,416	---	---	---
01119	Sumter	28,699	32,710	29,574	28,728	24,109	24,035	22,250	29,937	---	---	---	---	---
01121	Talladega	37,921	35,773	29,346	23,360	18,064	23,520	18,624	12,587	---	---	---	---	---
01123	Tallapoosa	31,034	29,675	25,460	23,401	16,963	23,827	15,584	6,444	---	---	---	---	---

Table C. States and Counties. Resident Population 1790 through 2010—*Continued*

STATE/ County code	STATE County	Year of first census	Resident population enumerated by census									
			2010	2000	1990	1980	1970	1960	1950	1940	1930	1920
	ALABAMA cnt'd											
01125	Tuscaloosa	1820	194,656	164,875	150,522	137,541	116,029	109,047	94,092	76,036	64,153	53,680
01127	Walker	1830	67,023	70,713	67,670	68,660	56,246	54,211	63,769	64,201	59,445	50,593
01129	Washington	1800	17,581	18,097	16,694	16,821	16,241	15,372	15,612	16,188	16,365	14,279
01131	Wilcox	1820	11,670	13,183	13,568	14,755	16,303	18,739	23,476	26,279	24,880	31,080
01133	Winston	1850	24,484	24,843	22,053	21,953	16,654	14,858	18,250	18,746	15,596	14,378
02000	**ALASKA**	1880	710,231	626,932	550,043	401,851	300,382	226,167	128,643	72,524	59,278	55,036
02013	Aleutians East Borough	1990	3,141	2,697	2,464	---	---	---	---	---	---	---
02016	Aleutians West Census Area	1960	5,561	5,465	9,478	7,768	8,057	6,011	---	---	---	---
02020	Anchorage Borough/ Municipality	1960	291,826	260,283	226,338	174,431	124,542	82,833	---	---	---	---
02030	Angoon	1970	---	---	---	---	503	---	---	---	---	---
02050	Bethel Census Area	1960	17,013	16,006	13,656	10,999	7,579	5,537	---	---	---	---
02060	Bristol Bay Borough	1970	997	1,258	1,410	1,094	1,147	---	---	---	---	---
02060.1	Cordova-McCarthy	1960	---	---	---	---	1,857	1,759	---	---	---	---
02068	Denali Borough	2000	1,826	1,893								
02070	Dillingham Census Area	1960	4,847	4,922	4,012	4,616	3,485	4,024	---	---	---	---
02090	Fairbanks North Star Borough	1960	97,581	82,840	77,720	53,983	45,864	43,412	---	---	---	---
02100	Haines Borough	1970	2,508	2,392	2,117	1,680	1,504	---	---	---	---	---
02105	Hoonah-Angoon Census Area	2010	2,150	---	---	---	---	---	---	---	---	---
02110	Juneau City and Borough	1960	31,275	30,711	26,751	19,528	13,556	9,745	---	---	---	---
02122	Kenai Peninsula Borough	1960	55,400	49,691	40,802	25,282	14,250	6,097	---	---	---	---
02130	Ketchikan Gateway Borough	1960	13,477	14,070	13,828	11,316	10,041	10,070	---	---	---	---
02150	Kodiak Island Borough	1960	13,592	13,913	13,309	9,939	9,409	7,174	---	---	---	---
02160	Kuskokwim	1960	---	---	---	---	2,306	2,301	---	---	---	---
02164	Lake and Peninsula Borough	1990	1,631	1,823	1,668	---	---	---	---	---	---	---
02165.1	Lynn Canal-Icy Straits	1960	---	---	---	---	---	2,945	---	---	---	---
02170	Matanuska-Susitna Borough	1960	88,995	59,322	39,683	17,816	6,509	5,188	---	---	---	---
02180	Nome Census Area	1960	9,492	9,196	8,288	6,537	5,749	6,091	---	---	---	---
02185	North Slope Borough	1960	9,430	7,385	5,979	4,199	2,663	2,133	---	---	---	---
02188	Northwest Arctic Borough	1960	7,523	7,208	6,113	4,831	4,434	3,560	---	---	---	---
02190	Outer Ketchikan	1970	---	---	---	---	1,676	---	---	---	---	---
02195	Petersburg Census Area	2010	3,815	---	---	---	---	---	---	---	---	---
02198	Prince of Wales-Hyder Census Area	2010	5,559	---	---	---	---	---	---	---	---	---
02201	Prince of Wales-Outer Ketchikan Census Area	1960	---	---	6,278	3,822	2,106	1,772	---	---	---	---
02210	Seward	1960	---	---	---	---	2,336	2,956	---	---	---	---
02220	Sitka Borough	1960	8,881	8,835	8,588	7,803	6,109	6,690	---	---	---	---
02231	Skagway-Yakutat-Angoon Census Area	1970	---	---	4,385	3,478	2,157	---	---	---	---	---
02230	Skagway Municipality	2010	968	---	---	---	---	---	---	---	---	---
02240	Southeast Fairbanks Census Area	1970	7,029	6,174	5,913	5,676	4,179	---	---	---	---	---
02250	Upper Yukon	1960	---	---	---	---	1,684	1,619	---	---	---	---
02261	Valdez-Cordova Census Area	1960	9,636	10,195	9,952	8,348	3,098	2,844	---	---	---	---
02270	Wade Hampton Census Area	1960	7,459	7,028	5,791	4,665	3,917	3,128	---	---	---	---
02275	Wrangell City and Borough	2010	2,369	---	---	---	---	---	---	---	---	---
02280	Wrangell-Petersburg C.A	1960	---	---	7,042	6,167	4,913	4,181	---	---	---	---
02282	Yakutat City and Borough	2000	662	808	---	---	---	---	---	---	---	---
02290	Yukon-Koyukuk Census Area	1960	5,588	6,551	8,478	7,873	4,752	4,097	---	---	---	---

Table C. States and Counties. Resident Population 1790 through 2010—*Continued*

STATE/ County code	STATE County	Resident population enumerated by census (continued)												
		1910	1900	1890	1880	1870	1860	1850	1840	1830	1820	1810	1800	1790
	ALABAMA cnt'd													
01125	Tuscaloosa	47,559	36,147	30,352	24,957	20,081	23,200	18,056	16,583	13,646	8,229	---	---	---
01127	Walker	37,013	25,162	16,078	9,479	6,543	7,980	5,124	4,032	2,202	---	---	---	---
01129	Washington	14,454	11,134	7,935	4,538	3,912	4,669	2,713	5,300	3,474	---	2,920	1,250	---
01131	Wilcox	33,810	35,631	30,816	31,828	28,377	24,618	17,352	15,278	9,548	2,917	---	---	---
01133	Winston	12,855	9,554	6,552	4,253	4,155	3,576	1,542	---	---	---	---	---	---
02000	**ALASKA**	64,356	63,592	32,052	33,426	---	---	---	---	---	---	---	---	---
02013	Aleutians East Borough	---	---	---	---	---	---	---	---	---	---	---	---	---
02016	Aleutians West Census Area	---	---	---	---	---	---	---	---	---	---	---	---	---
02020	Anchorage Borough/ Municipality	---	---	---	---	---	---	---	---	---	---	---	---	---
02030	Angoon	---	---	---	---	---	---	---	---	---	---	---	---	---
02050	Bethel Census Area	---	---	---	---	---	---	---	---	---	---	---	---	---
02060	Bristol Bay Borough	---	---	---	---	---	---	---	---	---	---	---	---	---
02060.1	Cordova-McCarthy	---	---	---	---	---	---	---	---	---	---	---	---	---
02068	Denali Borough					---	---	---	---	---	---	---	---	---
02070	Dillingham Census Area	---	---	---	---	---	---	---	---	---	---	---	---	---
02090	Fairbanks North Star Borough	---	---	---	---	---	---	---	---	---	---	---	---	---
02100	Haines Borough	---	---	---	---	---	---	---	---	---	---	---	---	---
02105	Hoonah-Angoon Census Area	---	---	---	---	---	---	---	---	---	---	---	---	---
02110	Juneau City and Borough	---	---	---	---	---	---	---	---	---	---	---	---	---
02122	Kenai Peninsula Borough	---	---	---	---	---	---	---	---	---	---	---	---	---
02130	Ketchikan Gateway Borough	---	---	---	---	---	---	---	---	---	---	---	---	---
02150	Kodiak Island Borough	---	---	---	---	---	---	---	---	---	---	---	---	---
02160	Kuskokwim	---	---	---	---	---	---	---	---	---	---	---	---	---
02164	Lake and Peninsula Borough	---	---	---	---	---	---	---	---	---	---	---	---	---
02165.1	Lynn Canal-Icy Straits	---	---	---	---	---	---	---	---	---	---	---	---	---
02170	Matanuska-Susitna Borough	---	---	---	---	---	---	---	---	---	---	---	---	---
02180	Nome Census Area	---	---	---	---	---	---	---	---	---	---	---	---	---
02185	North Slope Borough	---	---	---	---	---	---	---	---	---	---	---	---	---
02188	Northwest Arctic Borough	---	---	---	---	---	---	---	---	---	---	---	---	---
02190	Outer Ketchikan	---	---	---	---	---	---	---	---	---	---	---	---	---
02195	Petersburg Census Area	---	---	---	---	---	---	---	---	---	---	---	---	---
02198	Prince of Wales-Hyder Census Area	---	---	---	---	---	---	---	---	---	---	---	---	---
02201	Prince of Wales-Outer Ketchikan Census Area	---	---	---	---	---	---	---	---	---	---	---	---	---
02210	Seward	---	---	---	---	---	---	---	---	---	---	---	---	---
02220	Sitka Borough	---	---	---	---	---	---	---	---	---	---	---	---	---
02231	Skagway-Yakutat-Angoon Census Area	---	---	---	---	---	---	---	---	---	---	---	---	---
02230	Skagway Municipality	---	---	---	---	---	---	---	---	---	---	---	---	---
02240	Southeast Fairbanks Census Area	---	---	---	---	---	---	---	---	---	---	---	---	---
02250	Upper Yukon	---	---	---	---	---	---	---	---	---	---	---	---	---
02261	Valdez-Cordova Census Area	---	---	---	---	---	---	---	---	---	---	---	---	---
02270	Wade Hampton Census Area	---	---	---	---	---	---	---	---	---	---	---	---	---
02275	Wrangell City and Borough	---	---	---	---	---	---	---	---	---	---	---	---	---
02280	Wrangell-Petersburg C.A.	---	---	---	---	---	---	---	---	---	---	---	---	---
02282	Yakutat City and Borough	---	---	---	---	---	---	---	---	---	---	---	---	---
02290	Yukon-Koyukuk Census Area	---	---	---	---	---	---	---	---	---	---	---	---	---

Table C. States and Counties. Resident Population 1790 through 2010—*Continued*

STATE/ County code	STATE County	Year of first census	Resident population enumerated by census									
			2010	2000	1990	1980	1970	1960	1950	1940	1930	1920
04000	**ARIZONA**	1860	6,392,017	5,130,632	3,665,228	2,718,215	1,770,900	1,302,161	749,587	499,261	435,573	334,162
04001	Apache	1880	71,518	69,423	61,591	52,108	32,298	30,438	27,767	24,095	17,765	13,196
04001.1	Arizona	1860	---	---	---	---	---	---	---	---	---	---
04003	Cochise	1890	131,346	117,755	97,624	85,686	61,910	55,039	31,488	34,627	40,998	46,465
04005	Coconino	1900	134,421	116,320	96,591	75,008	48,326	41,857	23,910	18,770	14,064	9,982
04007	Gila	1890	53,597	51,335	40,216	37,080	29,255	25,745	24,158	23,867	31,016	25,678
04009	Graham	1890	37,220	33,489	26,554	22,862	16,578	14,045	12,985	12,113	10,373	10,148
04011	Greenlee	1920	8,437	8,547	8,008	11,406	10,330	11,509	12,805	8,698	9,886	15,362
04012	La Paz	1990	20,489	19,715	13,844	---	---	---	---	---	---	---
04013	Maricopa	1880	3,817,117	3,072,149	2,122,101	1,509,052	967,522	663,510	331,770	186,193	150,970	89,576
04015	Mohave	1870	200,186	155,032	93,497	55,865	25,857	7,736	8,510	8,591	5,572	5,259
04017	Navajo	1900	107,449	97,470	77,658	67,629	47,715	37,994	29,446	25,309	21,202	16,077
04019	Pima	1870	980,263	843,746	666,880	531,443	351,667	265,660	141,216	72,838	55,676	34,680
04021	Pinal	1880	375,770	179,727	116,379	90,918	67,916	62,673	43,191	28,841	22,081	16,130
04023	Santa Cruz	1900	47,420	38,381	29,676	20,459	13,966	10,808	9,344	9,482	9,684	12,689
04025	Yavapai	1870	211,033	167,517	107,714	68,145	36,733	28,912	24,991	26,511	28,470	24,016
04027	Yuma	1870	195,751	160,026	106,895	90,554	60,827	46,235	28,006	19,326	17,816	14,904
05000	**ARKANSAS**	1810	2,915,918	2,673,400	2,350,725	2,286,435	1,923,295	1,786,272	1,909,511	1,949,387	1,854,482	1,752,204
05001	Arkansas	1810	19,019	20,749	21,653	24,175	23,347	23,355	23,665	24,437	22,300	21,483
05003	Ashley	1850	21,853	24,209	24,319	26,538	24,976	24,220	25,660	26,785	25,151	23,410
05005	Baxter	1880	41,513	38,386	31,186	27,409	15,319	9,943	11,683	10,281	9,519	10,216
05007	Benton	1840	221,339	153,406	97,499	78,115	50,476	36,272	38,076	36,148	35,253	36,253
05009	Boone	1870	36,903	33,948	28,297	26,067	19,073	16,116	16,260	15,860	14,937	16,098
05011	Bradley	1850	11,508	12,600	11,793	13,803	12,778	14,029	15,987	18,097	17,494	15,970
05013	Calhoun	1860	5,368	5,744	5,826	6,079	5,573	5,991	7,132	9,636	9,752	11,807
05015	Carroll	1840	27,446	25,357	18,654	16,203	12,301	11,284	13,244	14,737	15,820	17,786
05017	Chicot	1830	11,800	14,117	15,713	17,793	18,164	18,990	22,306	27,452	22,646	21,749
05019	Clark	1820	22,995	23,546	21,437	23,326	21,537	20,950	22,998	24,402	24,932	25,632
05021	Clay	1880	16,083	17,609	18,107	20,616	18,771	21,258	26,674	28,386	27,278	27,276
05023	Cleburne	1890	25,970	24,046	19,411	16,909	10,349	9,059	11,487	13,134	11,373	12,696
05025	Cleveland	1880	8,689	8,571	7,781	7,868	6,605	6,944	8,956	12,570	12,744	12,260
05027	Columbia	1860	24,552	25,603	25,691	26,644	25,952	26,400	28,770	29,822	27,320	27,670
05029	Conway	1830	21,273	20,336	19,151	19,505	16,805	15,430	18,137	21,536	21,949	22,578
05031	Craighead	1860	96,443	82,148	68,956	63,239	52,068	47,303	50,613	47,200	44,740	37,541
05033	Crawford	1830	61,948	53,247	42,493	36,892	25,677	21,318	22,727	23,920	22,549	25,739
05035	Crittenden	1830	50,902	50,866	49,939	49,499	48,106	47,564	47,184	42,473	39,717	29,309
05037	Cross	1870	17,870	19,526	19,225	20,434	19,783	19,551	24,757	26,046	25,723	18,579
05039	Dallas	1850	8,116	9,210	9,614	10,515	10,022	10,522	12,416	14,471	14,671	14,424
05041	Desha	1840	13,008	15,341	16,798	19,760	18,761	20,770	25,155	27,160	21,814	20,297
05043	Drew	1850	18,509	18,723	17,369	17,910	15,157	15,213	17,959	19,831	19,928	21,822
05045	Faulkner	1880	113,237	86,014	60,006	46,192	31,572	24,303	25,289	25,880	28,381	27,681
05047	Franklin	1840	18,125	17,771	14,897	14,705	11,301	10,213	12,358	15,683	15,762	19,364
05049	Fulton	1850	12,245	11,642	10,037	9,975	7,699	6,657	9,187	10,253	10,834	11,182
05051	Garland	1880	96,024	88,068	73,397	70,531	54,131	46,697	47,102	41,664	36,031	25,785
05053	Grant	1870	17,853	16,464	13,948	13,008	9,711	8,294	9,024	10,477	9,834	10,710
05055	Greene	1840	42,090	37,331	31,804	30,744	24,765	25,198	29,149	30,204	26,127	26,105
05057	Hempstead	1820	22,609	23,587	21,621	23,635	19,308	19,661	25,080	32,770	30,847	31,602
05059	Hot Spring	1830	32,923	30,353	26,115	26,819	21,963	21,893	22,181	18,916	18,105	17,784
05061	Howard	1880	13,789	14,300	13,569	13,459	11,412	10,878	13,342	16,621	17,489	18,565
05063	Independence	1830	36,647	34,233	31,192	30,147	22,723	20,048	23,488	25,643	24,225	23,976
05065	Izard	1830	13,696	13,249	11,364	10,768	7,381	6,766	9,953	12,834	12,872	13,871
05067	Jackson	1830	17,997	18,418	18,944	21,646	20,452	22,843	25,912	26,427	27,943	25,446
05069	Jefferson	1830	77,435	84,278	85,487	90,718	85,329	81,373	76,075	65,101	64,154	60,330
05071	Johnson	1840	25,540	22,781	18,221	17,423	13,630	12,421	16,138	18,795	19,289	21,062
05073	Lafayette	1830	7,645	8,559	9,643	10,213	10,018	11,030	13,203	16,851	16,934	15,522
05075	Lawrence	1820	17,415	17,774	17,457	18,447	16,320	17,267	21,303	22,651	21,663	22,098
05077	Lee	1880	10,424	12,580	13,053	15,539	18,884	21,001	24,322	26,810	26,637	28,852
05079	Lincoln	1880	14,134	14,492	13,690	13,369	12,913	14,447	17,079	19,709	20,250	18,774
05081	Little River	1870	13,171	13,628	13,966	13,952	11,194	9,211	11,690	15,932	15,515	16,301
05083	Logan	1880	22,353	22,486	20,557	20,144	16,789	15,957	20,260	25,967	24,110	25,866
05085	Lonoke	1880	68,356	52,828	39,268	34,518	26,249	24,551	27,278	29,802	33,759	33,400
05087	Madison	1840	15,717	14,243	11,618	11,373	9,453	9,068	11,734	14,531	13,334	14,918

Table C. States and Counties. Resident Population 1790 through 2010—*Continued*

STATE/ County code	STATE County	Resident population enumerated by census (continued)												
		1910	1900	1890	1880	1870	1860	1850	1840	1830	1820	1810	1800	1790
04000	**ARIZONA**	204,354	122,931	88,243	40,440	9,658	6,482	---	---	---	---	---	---	---
04001	Apache	9,196	8,297	4,281	5,283	---	---	---	---	---	---	---	---	---
04001.1	Arizona	---	---	---	---	---	6,482	---	---	---	---	---	---	---
04003	Cochise	34,591	9,251	6,938	---	---	---	---	---	---	---	---	---	---
04005	Coconino	8,130	5,514	---	---	---	---	---	---	---	---	---	---	---
04007	Gila	16,348	4,973	2,021	---	---	---	---	---	---	---	---	---	---
04009	Graham	23,999	14,162	5,670	---	---	---	---	---	---	---	---	---	---
04011	Greenlee	---	---	---	---	---	---	---	---	---	---	---	---	---
04012	La Paz	---	---	---	---	---	---	---	---	---	---	---	---	---
04013	Maricopa	34,488	20,457	10,986	5,689	---	---	---	---	---	---	---	---	---
04015	Mohave	3,773	3,426	1,444	1,190	179	---	---	---	---	---	---	---	---
04017	Navajo	11,471	8,829	---	---	---	---	---	---	---	---	---	---	---
04019	Pima	22,818	14,689	12,673	17,006	5,716	---	---	---	---	---	---	---	---
04021	Pinal	9,045	7,779	4,251	3,044	---	---	---	---	---	---	---	---	---
04023	Santa Cruz	6,766	4,545	---	---	---	---	---	---	---	---	---	---	---
04025	Yavapai	15,996	13,799	8,685	5,013	2,142	---	---	---	---	---	---	---	---
04027	Yuma	7,733	4,145	2,671	3,215	1,621	---	---	---	---	---	---	---	---
05000	**ARKANSAS**	1,574,449	1,311,564	1,128,211	802,525	484,471	435,450	209,897	97,574	30,388	14,273	1,062	---	---
05001	Arkansas	16,103	12,973	11,432	8,038	8,268	8,844	3,245	1,346	1,426	1,260	1,062	---	---
05003	Ashley	25,268	19,734	13,295	10,156	8,042	8,590	2,058	---	---	---	---	---	---
05005	Baxter	10,389	9,298	8,527	6,004	---	---	---	---	---	---	---	---	---
05007	Benton	33,389	31,611	27,716	20,328	13,831	9,306	3,710	2,228	---	---	---	---	---
05009	Boone	14,318	16,396	15,816	12,146	7,032	---	---	---	---	---	---	---	---
05011	Bradley	14,518	9,651	7,972	6,285	8,646	8,388	3,829	---	---	---	---	---	---
05013	Calhoun	9,894	8,539	7,267	5,671	3,853	4,103	---	---	---	---	---	---	---
05015	Carroll	16,829	18,848	17,288	13,337	5,780	9,383	4,614	2,844	---	---	---	---	---
05017	Chicot	21,987	14,528	11,419	10,117	7,214	9,234	5,115	3,806	1,165	---	---	---	---
05019	Clark	23,686	21,289	20,997	15,771	11,953	9,735	4,070	2,309	1,369	1,040	---	---	---
05021	Clay	23,690	15,886	12,200	7,213	---	---	---	---	---	---	---	---	---
05023	Cleburne	11,903	9,628	7,884	---	---	---	---	---	---	---	---	---	---
05025	Cleveland	13,481	11,620	11,362	8,370	---	---	---	---	---	---	---	---	---
05027	Columbia	23,820	22,077	19,893	14,090	11,397	12,449	---	---	---	---	---	---	---
05029	Conway	22,729	19,772	19,459	12,755	8,112	6,697	3,583	2,892	982	---	---	---	---
05031	Craighead	27,627	19,505	12,025	7,037	4,577	3,066	---	---	---	---	---	---	---
05033	Crawford	23,942	21,270	21,714	14,740	8,957	7,850	7,960	4,266	2,440	---	---	---	---
05035	Crittenden	22,447	14,529	13,940	9,415	3,831	4,920	2,648	1,561	1,272	---	---	---	---
05037	Cross	14,042	11,051	7,693	5,050	3,915	---	---	---	---	---	---	---	---
05039	Dallas	12,621	11,518	9,296	6,505	5,707	8,283	6,877	---	---	---	---	---	---
05041	Desha	15,274	11,511	10,324	8,973	6,125	6,459	2,911	1,598	---	---	---	---	---
05043	Drew	21,960	19,451	17,352	12,231	9,960	9,078	3,276	---	---	---	---	---	---
05045	Faulkner	23,708	20,780	18,342	12,786	---	---	---	---	---	---	---	---	---
05047	Franklin	20,638	17,395	19,934	14,951	9,627	7,298	3,972	2,665	---	---	---	---	---
05049	Fulton	12,193	12,917	10,984	6,720	4,843	4,024	1,819	---	---	---	---	---	---
05051	Garland	27,271	18,773	15,328	9,023	---	---	---	---	---	---	---	---	---
05053	Grant	9,425	7,671	7,786	6,185	3,943	---	---	---	---	---	---	---	---
05055	Greene	23,852	16,979	12,908	7,480	7,573	5,843	2,593	1,586	---	---	---	---	---
05057	Hempstead	28,285	24,101	22,796	19,015	13,768	13,989	7,672	4,921	2,512	2,248	---	---	---
05059	Hot Spring	15,022	12,748	11,603	7,775	5,877	5,635	3,609	1,907	458	---	---	---	---
05061	Howard	16,898	14,076	13,789	9,917	---	---	---	---	---	---	---	---	---
05063	Independence	24,776	22,557	21,961	18,086	14,566	14,307	7,767	3,669	2,031	---	---	---	---
05065	Izard	14,561	13,506	13,038	10,857	6,806	7,215	3,213	2,240	1,266	---	---	---	---
05067	Jackson	23,501	18,383	15,179	10,877	7,268	10,493	3,086	1,540	333	---	---	---	---
05069	Jefferson	52,734	40,972	40,881	22,386	15,733	14,971	5,834	2,566	772	---	---	---	---
05071	Johnson	19,698	17,448	16,758	11,565	9,152	7,612	5,227	3,433	---	---	---	---	---
05073	Lafayette	13,741	10,594	7,700	5,730	9,139	8,464	5,220	2,200	748	---	---	---	---
05075	Lawrence	20,001	16,491	12,984	8,782	5,981	9,372	5,274	2,835	2,806	5,602	---	---	---
05077	Lee	24,252	19,409	18,886	13,288	---	---	---	---	---	---	---	---	---
05079	Lincoln	15,118	13,389	10,255	9,255	---	---	---	---	---	---	---	---	---
05081	Little River	13,597	13,731	8,903	6,404	3,236	---	---	---	---	---	---	---	---
05083	Logan	26,350	20,563	20,774	14,885	---	---	---	---	---	---	---	---	---
05085	Lonoke	27,983	22,544	19,263	12,146	---	---	---	---	---	---	---	---	---
05087	Madison	16,056	19,864	17,402	11,455	8,231	7,740	4,823	2,775	---	---	---	---	---

Table C. States and Counties. Resident Population 1790 through 2010—*Continued*

STATE/ County code	STATE County	Year of first census	Resident population enumerated by census									
			2010	2000	1990	1980	1970	1960	1950	1940	1930	1920
	ARKANSAS cnt'd											
05089	Marion..............	1840	16,653	16,140	12,001	11,334	7,000	6,041	8,609	9,464	8,876	10,154
05089.1	Miller (old).............	1820	---	---	---	---	---	---	---	---	---	---
05091	Miller..............	1880	43,462	40,443	38,467	37,766	33,385	31,686	32,614	31,874	30,586	24,021
05093	Mississippi..............	1840	46,480	51,979	57,525	59,517	62,060	70,174	82,375	80,217	69,289	47,320
05095	Monroe..............	1830	8,149	10,254	11,333	14,052	15,657	17,327	19,540	21,133	20,651	21,601
05097	Montgomery..............	1850	9,487	9,245	7,841	7,771	5,821	5,370	6,680	8,876	10,768	11,112
05099	Nevada..............	1880	8,997	9,955	10,101	11,097	10,111	10,700	14,781	19,869	20,407	21,934
05101	Newton..............	1850	8,330	8,608	7,666	7,756	5,844	5,963	8,685	10,881	10,564	11,199
05103	Ouachita..............	1850	26,120	28,790	30,574	30,541	30,896	31,641	33,051	31,151	29,890	20,636
05105	Perry..............	1850	10,445	10,209	7,969	7,266	5,634	4,927	5,978	8,392	7,695	9,905
05107	Phillips..............	1820	21,757	26,445	28,838	34,772	40,046	43,997	46,254	45,970	40,683	44,530
05109	Pike..............	1840	11,291	11,303	10,086	10,373	8,711	7,864	10,032	11,786	11,792	12,397
05111	Poinsett..............	1840	24,583	25,614	24,664	27,032	26,822	30,834	39,311	37,670	29,695	20,848
05113	Polk..............	1850	20,662	20,229	17,347	17,007	13,297	11,981	14,182	15,832	14,857	16,412
05115	Pope..............	1830	61,754	54,469	45,883	39,021	28,607	21,177	23,291	25,682	26,547	27,153
05117	Prairie..............	1850	8,715	9,539	9,518	10,140	10,249	10,515	13,768	15,304	15,187	17,447
05119	Pulaski..............	1820	382,748	361,474	349,660	340,613	287,189	242,980	196,685	156,085	137,727	109,464
05121	Randolph..............	1840	17,969	18,195	16,558	16,834	12,645	12,520	15,982	18,319	16,871	17,713
05123	St. Francis..............	1830	28,258	29,329	28,497	30,858	30,799	33,303	36,841	36,043	33,394	28,385
05125	Saline..............	1840	107,118	83,529	64,183	53,161	36,107	28,956	23,816	19,163	15,660	16,781
05127	Scott..............	1840	11,233	10,996	10,205	9,685	8,207	7,297	10,057	13,300	11,803	13,232
05129	Searcy..............	1840	8,195	8,261	7,841	8,847	7,731	8,124	10,424	11,942	11,056	14,590
05131	Sebastian..............	1860	125,744	115,071	99,590	95,172	79,237	66,685	64,202	62,809	54,426	56,739
05133	Sevier..............	1830	17,058	15,757	13,637	14,060	11,272	10,156	12,293	15,248	16,364	18,301
05135	Sharp..............	1870	17,264	17,119	14,109	14,607	8,233	6,319	8,999	11,497	10,715	11,132
05137	Stone..............	1880	12,394	11,499	9,775	9,022	6,838	6,294	7,662	8,603	7,993	8,779
05139	Union..............	1830	41,639	45,629	46,719	48,573	45,428	49,518	49,686	50,461	55,800	29,691
05141	Van Buren..............	1840	17,295	16,192	14,008	13,357	8,275	7,228	9,687	12,518	11,962	13,666
05143	Washington..............	1830	203,065	157,715	113,409	100,494	77,370	55,797	49,979	41,114	39,255	35,468
05145	White..............	1840	77,076	67,165	54,676	50,835	39,253	32,745	38,040	37,176	38,269	34,603
05147	Woodruff..............	1870	7,260	8,741	9,520	11,222	11,566	13,954	18,957	22,133	22,682	21,547
05149	Yell..............	1850	22,185	21,139	17,759	17,026	14,208	11,940	14,057	20,970	21,313	25,655
06000	**CALIFORNIA**..............	1850	37,253,956	33,871,648	29,760,021	23,667,902	19,953,134	15,717,204	10,586,223	6,907,387	5,677,251	3,426,861
06001	Alameda..............	1860	1,510,271	1,443,741	1,279,182	1,105,379	1,073,184	908,209	740,315	513,011	474,883	344,177
06003	Alpine..............	1870	1,175	1,208	1,113	1,097	484	397	241	323	241	243
06005	Amador..............	1860	38,091	35,100	30,039	19,314	11,821	9,990	9,151	8,973	8,494	7,793
06007	Butte..............	1850	220,000	203,171	182,120	143,851	101,969	82,030	64,930	42,840	34,093	30,030
06009	Calaveras..............	1850	45,578	40,554	31,998	20,710	13,585	10,289	9,902	8,221	6,008	6,183
06011	Colusa..............	1850	21,419	18,804	16,275	12,791	12,430	12,075	11,651	9,788	10,258	9,290
06013	Contra Costa..............	1860	1,049,025	948,816	803,732	656,380	558,389	409,030	298,984	100,450	78,608	53,889
06015	Del Norte..............	1860	28,610	27,507	23,460	18,217	14,580	17,771	8,078	4,745	4,739	2,759
06017	El Dorado..............	1850	181,058	156,299	125,995	85,812	43,833	29,390	16,207	13,229	8,325	6,426
06019	Fresno..............	1860	930,450	799,407	667,490	514,621	413,053	365,945	276,515	178,565	144,379	128,779
06021	Glenn..............	1900	28,122	26,453	24,798	21,350	17,521	17,245	15,448	12,195	10,935	11,853
06023	Humboldt..............	1860	134,623	126,518	119,118	108,514	99,692	104,892	69,241	45,812	43,233	37,413
06025	Imperial..............	1910	174,528	142,361	109,303	92,110	74,492	72,105	62,975	59,740	60,903	43,453
06027	Inyo..............	1870	18,546	17,945	18,281	17,895	15,571	11,684	11,658	7,625	6,555	7,031
06029	Kern..............	1870	839,631	661,645	543,477	403,089	329,162	291,984	228,309	135,124	82,570	54,843
06031	Kings..............	1900	152,982	129,461	101,469	73,738	64,610	49,954	46,768	35,168	25,385	22,031
06031.5	Klamath..............	1860	---	---	---	---	---	---	---	---	---	---
06033	Lake..............	1870	64,665	58,309	50,631	36,366	19,548	13,786	11,481	8,069	7,166	5,402
06035	Lassen..............	1870	34,895	33,828	27,598	21,661	14,960	13,597	18,474	14,479	12,589	8,507
06037	Los Angeles..............	1850	9,818,605	9,519,338	8,863,164	7,477,503	7,032,075	6,038,771	4,151,687	2,785,643	2,208,492	936,455
06039	Madera..............	1900	150,865	123,109	88,090	63,116	41,519	40,468	36,964	23,314	17,164	12,203
06041	Marin..............	1850	252,409	247,289	230,096	222,568	206,038	146,820	85,619	52,907	41,648	27,342
06043	Mariposa..............	1850	18,251	17,130	14,302	11,108	6,015	5,064	5,145	5,605	3,233	2,775
06045	Mendocino..............	1850	87,841	86,265	80,345	66,738	51,101	51,059	40,854	27,864	23,505	24,116
06047	Merced..............	1860	255,793	210,554	178,403	134,560	104,629	90,446	69,780	46,988	36,748	24,579
06049	Modoc..............	1880	9,686	9,449	9,678	8,610	7,469	8,308	9,678	8,713	8,038	5,425
06051	Mono..............	1870	14,202	12,853	9,956	8,577	4,016	2,213	2,115	2,299	1,360	960
06053	Monterey..............	1850	415,057	401,762	355,660	290,444	250,071	198,351	130,498	73,032	53,705	27,980
06055	Napa..............	1850	136,484	124,279	110,765	99,199	79,140	65,890	46,603	28,503	22,897	20,678
06057	Nevada..............	1860	98,764	92,033	78,510	51,645	26,346	20,911	19,888	19,283	10,596	10,850

Table C. States and Counties. Resident Population 1790 through 2010—*Continued*

STATE/ County code	STATE County	Resident population enumerated by census (continued)												
		1910	1900	1890	1880	1870	1860	1850	1840	1830	1820	1810	1800	1790
	ARKANSAS cnt'd													
05089	Marion	10,203	11,377	10,390	7,907	3,979	6,192	2,308	1,325	---	---	---	---	---
05089.1	Miller (old)	---	---	---	---	---	---	---	---	356	999	---	---	---
05091	Miller	19,555	17,558	14,714	9,919	---	---	---	---	---	---	---	---	---
05093	Mississippi	30,468	16,384	11,635	7,332	3,633	3,895	2,368	1,410	---	---	---	---	---
05095	Monroe	19,907	16,816	15,336	9,574	8,336	5,657	2,049	936	461	---	---	---	---
05097	Montgomery	12,455	9,444	7,923	5,729	2,984	3,633	1,958	---	---	---	---	---	---
05099	Nevada	19,344	16,609	14,832	12,959	---	---	---	---	---	---	---	---	---
05101	Newton	10,612	12,538	9,950	6,120	4,374	3,393	1,758	---	---	---	---	---	---
05103	Ouachita	21,774	20,892	17,033	11,758	12,975	12,936	9,591	---	---	---	---	---	---
05105	Perry	9,402	7,294	5,538	3,872	2,685	2,465	978	---	---	---	---	---	---
05107	Phillips	33,535	26,561	25,341	21,262	15,372	14,877	6,935	3,547	1,152	1,201	---	---	---
05109	Pike	12,565	10,301	8,537	6,345	3,788	4,025	1,861	969	---	---	---	---	---
05111	Poinsett	12,791	7,025	4,272	2,192	1,720	3,621	2,308	1,320	---	---	---	---	---
05113	Polk	17,216	18,352	9,283	5,857	3,376	4,262	1,263	---	---	---	---	---	---
05115	Pope	24,527	21,715	19,458	14,322	8,386	7,883	4,710	2,850	1,483	---	---	---	---
05117	Prairie	13,853	11,875	11,374	8,435	5,604	8,854	2,097	---	---	---	---	---	---
05119	Pulaski	86,751	63,179	47,329	32,616	32,066	11,699	5,657	5,350	2,395	1,923	---	---	---
05121	Randolph	18,987	17,156	14,485	11,724	7,466	6,261	3,275	2,196	---	---	---	---	---
05123	St. Francis	22,548	17,157	13,543	8,389	6,714	8,672	4,479	2,499	1,505	---	---	---	---
05125	Saline	16,657	13,122	11,311	8,953	3,911	6,640	3,903	2,061	---	---	---	---	---
05127	Scott	14,302	13,183	12,635	9,174	7,483	5,145	3,083	1,694	---	---	---	---	---
05129	Searcy	14,825	11,988	9,664	7,278	5,614	5,271	1,979	936	---	---	---	---	---
05131	Sebastian	52,278	36,935	33,200	19,560	12,940	9,238	---	---	---	---	---	---	---
05133	Sevier	16,616	16,339	10,072	6,192	4,492	10,516	4,240	2,810	634	---	---	---	---
05135	Sharp	11,688	12,199	10,418	9,047	5,400	---	---	---	---	---	---	---	---
05137	Stone	8,946	8,100	7,043	5,089	---	---	---	---	---	---	---	---	---
05139	Union	30,723	22,495	14,977	13,419	10,571	12,288	10,298	2,889	640	---	---	---	---
05141	Van Buren	13,509	11,220	8,567	9,565	5,107	5,357	2,864	1,518	---	---	---	---	---
05143	Washington	33,889	34,256	32,024	23,844	17,266	14,673	9,970	7,148	2,182	---	---	---	---
05145	White	28,574	24,864	22,946	17,794	10,347	8,316	2,619	929	---	---	---	---	---
05147	Woodruff	20,049	16,304	14,009	8,646	6,891	---	---	---	---	---	---	---	---
05149	Yell	26,323	22,750	18,015	13,852	8,048	6,333	3,341	---	---	---	---	---	---
06000	**CALIFORNIA**	2,377,549	1,485,053	1,213,398	864,694	560,247	379,994	92,597	---	---	---	---	---	---
06001	Alameda	246,131	130,197	93,864	62,976	24,237	8,927	---	---	---	---	---	---	---
06003	Alpine	309	509	667	539	685	---	---	---	---	---	---	---	---
06005	Amador	9,086	11,116	10,320	11,384	9,582	10,930	---	---	---	---	---	---	---
06007	Butte	27,301	17,117	17,939	18,721	11,403	12,106	3,574	---	---	---	---	---	---
06009	Calaveras	9,171	11,200	8,882	9,094	8,895	16,299	16,884	---	---	---	---	---	---
06011	Colusa	7,732	7,364	14,640	13,118	6,165	2,274	115	---	---	---	---	---	---
06013	Contra Costa	31,674	18,046	13,515	12,525	8,461	5,328	---	---	---	---	---	---	---
06015	Del Norte	2,417	2,408	2,592	2,584	2,022	1,993	---	---	---	---	---	---	---
06017	El Dorado	7,492	8,986	9,232	10,683	10,309	20,562	20,057	---	---	---	---	---	---
06019	Fresno	75,657	37,862	32,026	9,478	6,336	4,605	---	---	---	---	---	---	---
06021	Glenn	7,172	5,150	---	---	---	---	---	---	---	---	---	---	---
06023	Humboldt	33,857	27,104	23,469	15,512	6,140	2,694	---	---	---	---	---	---	---
06025	Imperial	13,591	---	---	---	---	---	---	---	---	---	---	---	---
06027	Inyo	6,974	4,377	3,544	2,928	1,956	---	---	---	---	---	---	---	---
06029	Kern	37,715	16,480	9,808	5,601	2,925	---	---	---	---	---	---	---	---
06031	Kings	16,230	9,871	---	---	---	---	---	---	---	---	---	---	---
06031.5	Klamath	---	---	---	---	1,686	1,803	---	---	---	---	---	---	---
06033	Lake	5,526	6,017	7,101	6,596	2,969	---	---	---	---	---	---	---	---
06035	Lassen	4,802	4,511	4,239	3,340	1,327	---	---	---	---	---	---	---	---
06037	Los Angeles	504,131	170,298	101,454	33,381	15,309	11,333	3,530	---	---	---	---	---	---
06039	Madera	8,368	6,364	---	---	---	---	---	---	---	---	---	---	---
06041	Marin	25,114	15,702	13,072	11,324	6,903	3,334	323	---	---	---	---	---	---
06043	Mariposa	3,956	4,720	3,787	4,339	4,572	6,243	4,379	---	---	---	---	---	---
06045	Mendocino	23,929	20,465	17,612	12,800	7,545	3,967	55	---	---	---	---	---	---
06047	Merced	15,148	9,215	8,085	5,656	2,807	1,141	---	---	---	---	---	---	---
06049	Modoc	6,191	5,076	4,986	4,399	---	---	---	---	---	---	---	---	---
06051	Mono	2,042	2,167	2,002	7,499	430	---	---	---	---	---	---	---	---
06053	Monterey	24,146	19,380	18,637	11,302	9,876	4,739	1,872	---	---	---	---	---	---
06055	Napa	19,800	16,451	16,411	13,235	7,163	5,521	405	---	---	---	---	---	---
06057	Nevada	14,955	17,789	17,369	20,823	19,134	16,446	---	---	---	---	---	---	---

Table C. States and Counties. Resident Population 1790 through 2010—*Continued*

STATE/ County code	STATE County	Year of first census	Resident population enumerated by census									
			2010	2000	1990	1980	1970	1960	1950	1940	1930	1920
	CALIFORNIA cnt'd											
06059	Orange	1890	3,010,232	2,846,289	2,410,556	1,932,709	1,420,386	703,925	216,224	130,760	118,674	61,375
06061	Placer	1860	348,432	248,399	172,796	117,247	77,306	56,998	41,649	28,108	24,468	18,584
06063	Plumas	1860	20,007	20,824	19,739	17,340	11,707	11,620	13,519	11,548	7,913	5,681
06065	Riverside	1900	2,189,641	1,545,387	1,170,413	663,166	459,074	306,191	170,046	105,524	81,024	50,297
06067	Sacramento	1850	1,418,788	1,223,499	1,041,219	783,381	631,498	502,778	277,140	170,333	141,999	91,029
06069	San Benito	1880	55,269	53,234	36,697	25,005	18,226	15,396	14,370	11,392	11,311	8,995
06071	San Bernardino	1860	2,035,210	1,709,434	1,418,380	895,016	684,072	503,591	281,642	161,108	133,900	73,401
06073	San Diego	1850	3,095,313	2,813,833	2,498,016	1,861,846	1,357,854	1,033,011	556,808	289,348	209,659	112,248
06075	San Francisco	1860	805,235	776,733	723,959	678,974	715,674	740,316	775,357	634,536	634,394	506,676
06077	San Joaquin	1850	685,306	563,598	480,628	347,342	290,208	249,989	200,750	134,207	102,940	79,905
06079	San Luis Obispo	1850	269,637	246,681	217,162	155,435	105,690	81,044	51,417	33,246	29,613	21,893
06081	San Mateo	1860	718,451	707,161	649,623	587,329	556,234	444,387	235,659	111,782	77,405	36,781
06083	Santa Barbara	1850	423,895	399,347	369,608	298,694	264,324	168,962	98,220	70,555	65,167	41,097
06085	Santa Clara	1860	1,781,642	1,682,585	1,497,577	1,295,071	1,064,714	642,315	290,547	174,949	145,118	100,676
06087	Santa Cruz	1850	262,382	255,602	229,734	188,141	123,790	84,219	66,534	45,057	37,433	26,269
06089	Shasta	1850	177,223	163,256	147,036	115,715	77,640	59,468	36,413	28,800	13,927	13,361
06091	Sierra	1860	3,240	3,555	3,318	3,073	2,365	2,247	2,410	3,025	2,422	1,783
06093	Siskiyou	1860	44,900	44,301	43,531	39,732	33,225	32,885	30,733	28,598	25,480	18,545
06095	Solano	1850	413,344	394,542	340,421	235,203	169,941	134,597	104,833	49,118	40,834	40,602
06097	Sonoma	1850	483,878	458,614	388,222	299,681	204,885	147,375	103,405	69,052	62,222	52,090
06099	Stanislaus	1860	514,453	446,997	370,522	265,900	194,506	157,294	127,231	74,866	56,641	43,557
06101	Sutter	1850	94,737	78,930	64,415	52,246	41,935	33,380	26,239	18,680	14,618	10,115
06103	Tehama	1860	63,463	56,039	49,625	38,888	29,517	25,305	19,276	14,316	13,866	12,882
06105	Trinity	1850	13,786	13,022	13,063	11,858	7,615	9,706	5,087	3,970	2,809	2,551
06107	Tulare	1860	442,179	368,021	311,921	245,738	188,322	168,403	149,264	107,152	77,442	59,031
06109	Tuolumne	1850	55,365	54,501	48,456	33,928	22,169	14,404	12,584	10,887	9,271	7,768
06111	Ventura	1880	823,318	753,197	669,016	529,174	376,430	199,138	114,647	69,685	54,976	28,724
06113	Yolo	1850	200,849	168,660	141,092	113,374	91,788	65,727	40,640	27,243	23,644	17,105
06115	Yuba	1850	72,155	60,219	58,228	49,733	44,736	33,859	24,420	17,034	11,331	10,375
08000	**COLORADO**	1860	5,029,196	4,301,261	3,294,394	2,889,964	2,207,259	1,753,947	1,325,089	1,123,296	1,035,791	939,629
08001	Adams	1910	441,603	348,618	265,038	245,944	185,789	120,296	40,234	22,481	20,245	14,430
08003	Alamosa	1920	15,445	14,966	13,617	11,799	11,422	10,000	10,531	10,484	8,602	5,148
08005	Arapahoe	1870	572,003	487,967	391,511	293,621	162,142	113,426	52,125	32,150	22,647	13,766
08007	Archuleta	1890	12,084	9,898	5,345	3,664	2,733	2,629	3,030	3,806	3,204	3,590
08009	Baca	1890	3,788	4,517	4,556	5,419	5,674	6,310	7,964	6,207	10,570	8,721
08011	Bent	1870	6,499	5,998	5,048	5,945	6,493	7,419	8,775	9,653	9,134	9,705
08013	Boulder	1870	294,567	269,814	225,339	189,625	131,889	74,254	48,296	37,438	32,456	31,861
08014	Broomfield	2000	55,889	38,272	---	---	---	---	---	---	---	---
08015	Chaffee	1880	17,809	16,242	12,684	13,227	10,162	8,298	7,168	8,109	8,126	7,753
08017	Cheyenne	1890	1,836	2,231	2,397	2,153	2,396	2,789	3,453	2,964	3,723	3,746
08019	Clear Creek	1870	9,088	9,322	7,619	7,308	4,819	2,793	3,289	3,784	2,155	2,891
08021	Conejos	1870	8,256	8,400	7,453	7,794	7,846	8,428	10,171	11,648	9,803	8,416
08023	Costilla	1870	3,524	3,663	3,190	3,071	3,091	4,219	6,067	7,533	5,779	5,032
08025	Crowley	1920	5,823	5,518	3,946	2,988	3,086	3,978	5,222	5,398	5,934	6,383
08027	Custer	1880	4,255	3,503	1,926	1,528	1,120	1,305	1,573	2,270	2,124	2,172
08029	Delta	1890	30,952	27,834	20,980	21,225	15,286	15,602	17,365	16,470	14,204	13,668
08031	Denver	1910	600,158	554,636	467,610	492,365	514,678	493,887	415,786	322,412	287,861	256,491
08033	Dolores	1890	2,064	1,844	1,504	1,658	1,641	2,196	1,966	1,958	1,412	1,243
08035	Douglas	1870	285,465	175,766	60,391	25,153	8,407	4,816	3,507	3,496	3,498	3,517
08037	Eagle	1890	52,197	41,659	21,928	13,320	7,498	4,677	4,488	5,361	3,924	3,385
08039	Elbert	1880	23,086	19,872	9,646	6,850	3,903	3,708	4,477	5,460	6,580	6,980
08041	El Paso	1870	622,263	516,929	397,014	309,424	235,972	143,742	74,523	54,025	49,570	44,027
08043	Fremont	1870	46,824	46,145	32,273	28,676	21,942	20,196	18,366	19,742	18,896	17,883
08045	Garfield	1890	56,389	43,791	29,974	22,514	14,821	12,017	11,625	10,560	9,975	9,304
08047	Gilpin	1870	5,441	4,757	3,070	2,441	1,272	685	850	1,625	1,212	1,364
08049	Grand	1880	14,843	12,442	7,966	7,475	4,107	3,557	3,963	3,587	2,108	2,659
08049.1	Greenwood	1870	---	---	---	---	---	---	---	---	---	---
08051	Gunnison	1880	15,324	13,956	10,273	10,689	7,578	5,477	5,716	6,192	5,527	5,590
08053	Hinsdale	1880	843	790	467	408	202	208	263	349	449	538
08055	Huerfano	1870	6,711	7,862	6,009	6,440	6,590	7,867	10,549	16,088	17,062	16,879
08057	Jackson	1910	1,394	1,577	1,605	1,863	1,811	1,758	1,976	1,798	1,386	1,340
08059	Jefferson	1870	534,543	525,507	438,430	371,753	233,031	127,520	55,687	30,725	21,810	14,400
08061	Kiowa	1890	1,398	1,622	1,688	1,936	2,029	2,425	3,003	2,793	3,786	3,755

Table C. States and Counties. Resident Population 1790 through 2010—*Continued*

STATE/ County code	STATE County	Resident population enumerated by census (continued)												
		1910	1900	1890	1880	1870	1860	1850	1840	1830	1820	1810	1800	1790
	CALIFORNIA cnt'd													
06059	Orange	34,436	19,696	13,589	---	---	---	---	---	---	---	---	---	---
06061	Placer	18,237	15,786	15,101	14,232	11,357	13,270	---	---	---	---	---	---	---
06063	Plumas	5,259	4,657	4,933	6,180	4,489	4,363	---	---	---	---	---	---	---
06065	Riverside	34,696	17,897	---	---	---	---	---	---	---	---	---	---	---
06067	Sacramento	67,806	45,915	40,339	34,390	26,830	24,142	9,087	---	---	---	---	---	---
06069	San Benito	8,041	6,633	6,412	5,584	---	---	---	---	---	---	---	---	---
06071	San Bernardino	56,706	27,929	25,497	7,786	3,988	5,551	---	---	---	---	---	---	---
06073	San Diego	61,665	35,090	34,987	8,618	4,951	4,324	798	---	---	---	---	---	---
06075	San Francisco	416,912	342,782	298,997	233,959	149,473	56,802	---	---	---	---	---	---	---
06077	San Joaquin	50,731	35,452	28,629	24,349	21,050	9,435	3,647	---	---	---	---	---	---
06079	San Luis Obispo	19,383	16,637	16,072	9,142	4,772	1,782	336	---	---	---	---	---	---
06081	San Mateo	26,585	12,094	10,087	8,669	6,635	3,214	---	---	---	---	---	---	---
06083	Santa Barbara	27,738	18,934	15,754	9,513	7,784	3,543	1,185	---	---	---	---	---	---
06085	Santa Clara	83,539	60,216	48,005	35,039	26,246	11,912	---	---	---	---	---	---	---
06087	Santa Cruz	26,140	21,512	19,270	12,802	8,743	4,944	643	---	---	---	---	---	---
06089	Shasta	18,920	17,318	12,133	9,492	4,173	4,360	378	---	---	---	---	---	---
06091	Sierra	4,098	4,017	5,051	6,623	5,619	11,387	---	---	---	---	---	---	---
06093	Siskiyou	18,801	16,962	12,163	8,610	6,848	7,629	---	---	---	---	---	---	---
06095	Solano	27,559	24,143	20,946	18,475	16,871	7,169	580	---	---	---	---	---	---
06097	Sonoma	48,394	38,480	32,721	25,926	19,819	11,867	560	---	---	---	---	---	---
06099	Stanislaus	22,522	9,550	10,040	8,751	6,499	2,245	---	---	---	---	---	---	---
06101	Sutter	6,328	5,886	5,469	5,159	5,030	3,390	3,444	---	---	---	---	---	---
06103	Tehama	11,401	10,996	9,916	9,301	3,587	4,044	---	---	---	---	---	---	---
06105	Trinity	3,301	4,383	3,719	4,999	3,213	5,125	1,635	---	---	---	---	---	---
06107	Tulare	35,440	18,375	24,574	11,281	4,533	4,638	---	---	---	---	---	---	---
06109	Tuolumne	9,979	11,166	6,082	7,848	8,150	16,229	8,351	---	---	---	---	---	---
06111	Ventura	18,347	14,367	10,071	5,073	---	---	---	---	---	---	---	---	---
06113	Yolo	13,926	13,618	12,684	11,772	9,899	4,716	1,086	---	---	---	---	---	---
06115	Yuba	10,042	8,620	9,636	11,284	10,851	13,668	9,673	---	---	---	---	---	---
08000	**COLORADO**	799,024	539,700	413,249	194,327	39,864	34,277	---	---	---	---	---	---	---
08001	Adams	8,892	---	---	---	---	---	---	---	---	---	---	---	---
08003	Alamosa	---	---	---	---	---	---	---	---	---	---	---	---	---
08005	Arapahoe	10,263	153,017	132,135	38,644	6,829	---	---	---	---	---	---	---	---
08007	Archuleta	3,302	2,117	826	---	---	---	---	---	---	---	---	---	---
08009	Baca	2,516	759	1,479	---	---	---	---	---	---	---	---	---	---
08011	Bent	5,043	3,049	1,313	1,654	592	---	---	---	---	---	---	---	---
08013	Boulder	30,330	21,544	14,082	9,723	1,939	---	---	---	---	---	---	---	---
08014	Broomfield	---	---	---	---	---	---	---	---	---	---	---	---	---
08015	Chaffee	7,622	7,085	6,612	6,512	---	---	---	---	---	---	---	---	---
08017	Cheyenne	3,687	501	534	---	---	---	---	---	---	---	---	---	---
08019	Clear Creek	5,001	7,082	7,184	7,823	1,596	---	---	---	---	---	---	---	---
08021	Conejos	11,285	8,794	7,193	5,605	2,504	---	---	---	---	---	---	---	---
08023	Costilla	5,498	4,632	3,491	2,879	1,779	---	---	---	---	---	---	---	---
08025	Crowley	---	---	---	---	---	---	---	---	---	---	---	---	---
08027	Custer	1,947	2,937	2,970	8,080	---	---	---	---	---	---	---	---	---
08029	Delta	13,688	5,487	2,534	---	---	---	---	---	---	---	---	---	---
08031	Denver	213,381	---	---	---	---	---	---	---	---	---	---	---	---
08033	Dolores	642	1,134	1,498	---	---	---	---	---	---	---	---	---	---
08035	Douglas	3,192	3,120	3,006	2,486	1,388	---	---	---	---	---	---	---	---
08037	Eagle	2,985	3,008	3,725	---	---	---	---	---	---	---	---	---	---
08039	Elbert	5,331	3,101	1,856	1,708	---	---	---	---	---	---	---	---	---
08041	El Paso	43,321	31,602	21,239	7,949	987	---	---	---	---	---	---	---	---
08043	Fremont	18,181	15,636	9,156	4,735	1,064	---	---	---	---	---	---	---	---
08045	Garfield	10,144	5,835	4,478	---	---	---	---	---	---	---	---	---	---
08047	Gilpin	4,131	6,690	5,867	6,489	5,490	---	---	---	---	---	---	---	---
08049	Grand	1,862	741	604	417	---	---	---	---	---	---	---	---	---
08049.1	Greenwood	---	---	---	---	510	---	---	---	---	---	---	---	---
08051	Gunnison	5,897	5,331	4,359	8,235	---	---	---	---	---	---	---	---	---
08053	Hinsdale	646	1,609	862	1,487	---	---	---	---	---	---	---	---	---
08055	Huerfano	13,320	8,395	6,882	4,124	2,250	---	---	---	---	---	---	---	---
08057	Jackson	1,013	---	---	---	---	---	---	---	---	---	---	---	---
08059	Jefferson	14,231	9,306	8,450	6,804	2,390	---	---	---	---	---	---	---	---
08061	Kiowa	2,899	701	1,243	---	---	---	---	---	---	---	---	---	---

Table C. States and Counties. Resident Population 1790 through 2010—*Continued*

STATE/ County code	STATE County	Year of first census	Resident population enumerated by census									
			2010	2000	1990	1980	1970	1960	1950	1940	1930	1920
	COLORADO cnt'd											
08063	Kit Carson	1890	8,270	8,011	7,140	7,599	7,530	6,957	8,600	7,512	9,725	8,915
08065	Lake	1870	7,310	7,812	6,007	8,830	8,282	7,101	6,150	6,883	4,899	6,630
08067	La Plata	1880	51,334	43,941	32,284	27,424	19,199	19,225	14,880	15,494	12,975	11,218
08069	Larimer	1870	299,630	251,494	186,136	149,184	89,900	53,343	43,554	35,539	33,137	27,872
08071	Las Animas	1870	15,507	15,207	13,765	14,897	15,744	19,983	25,902	32,369	36,008	38,975
08073	Lincoln	1890	5,467	6,087	4,529	4,663	4,836	5,310	5,909	5,882	7,850	8,273
08075	Logan	1890	22,709	20,504	17,567	19,800	18,852	20,302	17,187	18,370	19,946	18,427
08077	Mesa	1890	146,723	116,255	93,145	81,530	54,374	50,715	38,974	33,791	25,908	22,281
08079	Mineral	1900	712	831	558	804	786	424	698	975	640	779
08081	Moffat	1920	13,795	13,184	11,357	13,133	6,525	7,061	5,946	5,086	4,861	5,129
08083	Montezuma	1890	25,535	23,830	18,672	16,510	12,952	14,024	9,991	10,463	7,798	6,260
08085	Montrose	1890	41,276	33,432	24,423	24,352	18,366	18,286	15,220	15,418	11,742	11,852
08087	Morgan	1890	28,159	27,171	21,939	22,513	20,105	21,192	18,074	17,214	18,284	16,124
08089	Otero	1890	18,831	20,311	20,185	22,567	23,523	24,128	25,275	23,571	24,390	22,623
08091	Ouray	1880	4,436	3,742	2,295	1,925	1,546	1,601	2,103	2,089	1,784	2,620
08093	Park	1870	16,206	14,523	7,174	5,333	2,185	1,822	1,870	3,272	2,052	1,977
08095	Phillips	1890	4,442	4,480	4,189	4,542	4,131	4,440	4,924	4,948	5,797	5,499
08097	Pitkin	1890	17,148	14,872	12,661	10,338	6,185	2,381	1,646	1,836	1,770	2,707
08099	Prowers	1890	12,551	14,483	13,347	13,070	13,258	13,296	14,836	12,304	14,762	13,845
08101	Pueblo	1870	159,063	141,472	123,051	125,972	118,238	118,707	90,188	68,870	66,038	57,638
08103	Rio Blanco	1890	6,666	5,986	5,972	6,255	4,842	5,150	4,719	2,943	2,980	3,135
08105	Rio Grande	1880	11,982	12,413	10,770	10,511	10,494	11,160	12,832	12,404	9,953	7,855
08107	Routt	1880	23,509	19,690	14,088	13,404	6,592	5,900	8,940	10,525	9,352	8,948
08109	Saguache	1870	6,108	5,917	4,619	3,935	3,827	4,473	5,664	6,173	6,250	4,638
08111	San Juan	1880	699	558	745	833	831	849	1,471	1,439	1,935	1,700
08113	San Miguel	1890	7,359	6,594	3,653	3,192	1,949	2,944	2,693	3,664	2,184	5,281
08115	Sedgwick	1890	2,379	2,747	2,690	3,266	3,405	4,242	5,095	5,294	5,580	4,207
08117	Summit	1870	27,994	23,548	12,881	8,848	2,665	2,073	1,135	1,754	987	1,724
08119	Teller	1900	23,350	20,555	12,468	8,034	3,316	2,495	2,754	6,463	4,141	6,696
08121	Washington	1890	4,814	4,926	4,812	5,304	5,550	6,625	7,520	8,336	9,591	11,208
08123	Weld	1870	252,825	180,926	131,821	123,438	89,297	72,344	67,504	63,747	65,097	54,059
08125	Yuma	1890	10,043	9,841	8,954	9,682	8,544	8,912	10,827	12,102	13,613	13,897
09000	**CONNECTICUT**	1790	3,574,097	3,405,565	3,287,116	3,107,576	3,031,709	2,535,234	2,007,280	1,709,242	1,606,903	1,380,631
09001	Fairfield	1790	916,829	882,567	827,645	807,143	792,814	653,589	504,342	418,384	386,702	320,936
09003	Hartford	1790	894,014	857,183	851,783	807,766	816,737	689,555	539,661	450,189	421,097	336,027
09005	Litchfield	1790	189,927	182,193	174,092	156,769	144,091	119,856	98,872	87,041	82,556	76,262
09007	Middlesex	1790	165,676	155,071	143,196	129,017	114,816	88,865	67,332	55,999	51,388	47,550
09009	New Haven	1790	862,477	824,008	804,219	761,337	744,948	660,315	545,784	484,316	463,449	415,214
09011	New London	1790	274,055	259,088	254,957	238,409	230,348	185,745	144,821	125,224	118,966	104,611
09013	Tolland	1790	152,691	136,364	128,699	114,823	103,440	68,737	44,709	31,866	28,659	27,216
09015	Windham	1790	118,428	109,091	102,525	92,312	84,515	68,572	61,759	56,223	54,086	52,815
10000	**DELAWARE**	1790	897,934	783,600	666,168	594,338	548,104	446,292	318,085	266,505	238,380	223,003
10001	Kent	1790	162,310	126,697	110,993	98,219	81,892	65,651	37,870	34,441	31,841	31,023
10003	New Castle	1790	538,479	500,265	441,946	398,115	385,856	307,446	218,879	179,562	161,032	148,239
10005	Sussex	1790	197,145	156,638	113,229	98,004	80,356	73,195	61,336	52,502	45,507	43,741
11000	**DISTRICT OF COLUMBIA**	1800	601,723	572,059	606,900	638,333	756,510	763,956	802,178	663,091	486,869	437,571
11001	District of Columbia	1800	601,723	572,059	606,900	638,333	756,510	763,956	802,178	663,091	486,869	437,571
12000	**FLORIDA**	1830	18,801,310	15,982,378	12,937,926	9,746,324	6,789,443	4,951,560	2,771,305	1,897,414	1,468,211	968,470
12001	Alachua	1830	247,336	217,955	181,596	151,348	104,764	74,074	57,026	38,607	34,365	31,689
12003	Baker	1870	27,115	22,259	18,486	15,289	9,242	7,363	6,313	6,510	6,273	5,622
12005	Bay	1920	168,852	148,217	126,994	97,740	75,283	67,131	42,689	20,686	12,091	11,407
12007	Bradford	1860	28,520	26,088	22,515	20,023	14,625	12,446	11,457	8,717	9,405	12,503
12009	Brevard	1850	543,376	476,230	398,978	272,959	230,006	111,435	23,653	16,142	13,283	8,505
12011	Broward	1920	1,748,066	1,623,018	1,255,488	1,018,200	620,100	333,946	83,933	39,794	20,094	5,135
12013	Calhoun	1840	14,625	13,017	11,011	9,294	7,624	7,422	7,922	8,218	7,298	8,775
12015	Charlotte	1930	159,978	141,627	110,975	58,460	27,559	12,594	4,286	3,663	4,013	---
12017	Citrus	1890	141,236	118,085	93,515	54,703	19,196	9,268	6,111	5,846	5,516	5,220
12019	Clay	1860	190,865	140,814	105,986	67,052	32,059	19,535	14,323	6,468	6,859	5,621
12021	Collier	1930	321,520	251,377	152,099	85,971	38,040	15,753	6,488	5,102	2,883	---

Table C. States and Counties. Resident Population 1790 through 2010—*Continued*

STATE/ County code	STATE County	Resident population enumerated by census (continued)												
		1910	1900	1890	1880	1870	1860	1850	1840	1830	1820	1810	1800	1790
	COLORADO cnt'd													
08063	Kit Carson	7,483	1,580	2,472	---	---	---	---	---	---	---	---	---	---
08065	Lake	10,600	18,054	14,663	23,563	522	---	---	---	---	---	---	---	---
08067	La Plata	10,812	7,016	5,509	1,110	---	---	---	---	---	---	---	---	---
08069	Larimer	25,270	12,168	9,712	4,892	838	---	---	---	---	---	---	---	---
08071	Las Animas	33,643	21,842	17,208	8,903	4,276	---	---	---	---	---	---	---	---
08073	Lincoln	5,917	926	689	---	---	---	---	---	---	---	---	---	---
08075	Logan	9,549	3,292	3,070	---	---	---	---	---	---	---	---	---	---
08077	Mesa	22,197	9,267	4,260	---	---	---	---	---	---	---	---	---	---
08079	Mineral	1,239	1,913	---	---	---	---	---	---	---	---	---	---	---
08081	Moffat	---	---	---	---	---	---	---	---	---	---	---	---	---
08083	Montezuma	5,029	3,058	1,529	---	---	---	---	---	---	---	---	---	---
08085	Montrose	10,291	4,535	3,980	---	---	---	---	---	---	---	---	---	---
08087	Morgan	9,577	3,268	1,601	---	---	---	---	---	---	---	---	---	---
08089	Otero	20,201	11,522	4,192	---	---	---	---	---	---	---	---	---	---
08091	Ouray	3,514	4,731	6,510	2,669	---	---	---	---	---	---	---	---	---
08093	Park	2,492	2,998	3,548	3,970	447	---	---	---	---	---	---	---	---
08095	Phillips	3,179	1,583	2,642	---	---	---	---	---	---	---	---	---	---
08097	Pitkin	4,566	7,020	8,929	---	---	---	---	---	---	---	---	---	---
08099	Prowers	9,520	3,766	1,969	---	---	---	---	---	---	---	---	---	---
08101	Pueblo	52,223	34,448	31,491	7,617	2,265	---	---	---	---	---	---	---	---
08103	Rio Blanco	2,332	1,690	1,200	---	---	---	---	---	---	---	---	---	---
08105	Rio Grande	6,563	4,080	3,451	1,944	---	---	---	---	---	---	---	---	---
08107	Routt	7,561	3,661	2,369	140	---	---	---	---	---	---	---	---	---
08109	Saguache	4,160	3,853	3,313	1,973	304	---	---	---	---	---	---	---	---
08111	San Juan	3,063	2,342	1,572	1,087	---	---	---	---	---	---	---	---	---
08113	San Miguel	4,700	5,379	2,909	---	---	---	---	---	---	---	---	---	---
08115	Sedgwick	3,061	971	1,293	---	---	---	---	---	---	---	---	---	---
08117	Summit	2,003	2,744	1,906	5,459	258	---	---	---	---	---	---	---	---
08119	Teller	14,351	29,002	---	---	---	---	---	---	---	---	---	---	---
08121	Washington	6,002	1,241	2,301	---	---	---	---	---	---	---	---	---	---
08123	Weld	39,177	16,808	11,736	5,646	1,636	---	---	---	---	---	---	---	---
08125	Yuma	8,499	1,729	2,596	---	---	---	---	---	---	---	---	---	---
09000	**CONNECTICUT**	1,114,756	908,420	746,258	622,700	537,454	460,147	370,792	309,978	297,675	275,248	261,942	251,002	237,946
09001	Fairfield	245,322	184,203	150,081	112,042	95,276	77,476	59,775	49,917	47,010	42,739	40,950	38,208	36,250
09003	Hartford	250,182	195,480	147,180	125,382	109,007	89,962	69,967	55,629	51,131	47,264	44,733	42,147	38,029
09005	Litchfield	70,260	63,672	53,542	52,044	48,727	47,318	45,253	40,448	42,858	41,267	41,375	41,214	38,755
09007	Middlesex	45,637	41,760	39,524	35,589	36,099	30,859	27,216	24,879	24,844	22,405	20,723	19,847	18,855
09009	New Haven	337,282	269,163	209,058	156,523	121,257	97,345	65,588	48,582	43,847	39,616	37,064	32,162	30,830
09011	New London	91,253	82,758	76,634	73,152	66,570	61,731	51,821	44,463	42,201	35,943	34,707	34,883	33,200
09013	Tolland	26,459	24,523	25,081	24,112	22,000	21,177	20,091	17,980	18,702	14,330	13,779	14,319	13,106
09015	Windham	48,361	46,861	45,158	43,856	38,518	34,279	31,081	28,080	27,082	31,684	28,611	28,222	28,921
10000	**DELAWARE**	202,322	184,735	168,493	146,608	125,015	112,216	91,532	78,085	76,748	72,749	72,674	64,273	59,096
10001	Kent	32,721	32,762	32,664	32,874	29,804	27,804	22,816	19,872	19,913	20,793	20,495	19,554	18,920
10003	New Castle	123,188	109,697	97,182	77,716	63,515	54,797	42,780	33,120	29,720	27,899	24,429	25,361	19,688
10005	Sussex	46,413	42,276	38,647	36,018	31,696	29,615	25,936	25,093	27,115	24,057	27,750	19,358	20,488
11000	**DISTRICT OF COLUMBIA**	331,069	278,718	230,392	177,624	131,700	75,080	51,687	33,745	30,261	23,336	15,471	8,144	---
11001	District of Columbia	331,069	278,718	230,392	177,624	131,700	75,080	51,687	33,745	30,,261	23,336	15,471	8,144	---
12000	**FLORIDA**	752,619	528,542	391,422	269,493	187,748	140,424	87,445	54,477	34,730	---	---	---	---
12001	Alachua	34,305	32,245	22,934	16,462	17,328	8,232	2,524	2,282	2,204	---	---	---	---
12003	Baker	4,805	4,516	3,333	2,303	1,325	---	---	---	---	---	---	---	---
12005	Bay	---	---	---	---	---	---	---	---	---	---	---	---	---
12007	Bradford	14,090	10,295	7,516	6,112	3,671	3,820	---	---	---	---	---	---	---
12009	Brevard	4,717	5,158	3,401	1,478	1,216	246	139	---	---	---	---	---	---
12011	Broward	---	---	---	---	---	---	---	---	---	---	---	---	---
12013	Calhoun	7,465	5,132	1,681	1,580	998	1,446	1,377	1,142	---	---	---	---	---
12015	Charlotte	---	---	---	---	---	---	---	---	---	---	---	---	---
12017	Citrus	6,731	5,391	2,394	---	---	---	---	---	---	---	---	---	---
12019	Clay	6,116	5,635	5,154	2,838	2,098	1,914	---	---	---	---	---	---	---
12021	Collier	---	---	---	---	---	---	---	---	---	---	---	---	---

Table C. States and Counties. Resident Population 1790 through 2010—*Continued*

STATE/ County code	STATE County	Year of first census	Resident population enumerated by census									
			2010	2000	1990	1980	1970	1960	1950	1940	1930	1920
	FLORIDA cnt'd											
12023	Columbia	1840	67,531	56,513	42,613	35,399	25,250	20,077	18,216	16,859	14,638	14,290
12027	DeSoto	1890	34,862	32,209	23,865	19,039	13,060	11,683	9,242	7,792	7,745	25,434
12029	Dixie	1930	16,422	13,827	10,585	7,751	5,480	4,479	3,928	7,018	6,419	---
12031	Duval	1830	864,263	778,879	672,971	571,003	528,865	455,411	304,029	210,143	155,503	113,540
12033	Escambia	1830	297,619	294,410	262,798	233,794	205,334	173,829	112,706	74,667	53,594	49,386
12035	Flagler	1920	95,696	49,832	28,701	10,913	4,454	4,566	3,367	3,008	2,466	2,442
12037	Franklin	1840	11,549	11,057	8,967	7,661	7,065	6,576	5,814	5,991	6,283	5,318
12039	Gadsden	1830	46,389	45,087	41,105	41,565	39,184	41,989	36,457	31,450	29,890	23,539
12041	Gilchrist	1930	16,939	14,437	9,667	5,767	3,551	2,868	3,499	4,250	4,137	---
12043	Glades	1930	12,884	10,576	7,591	5,992	3,669	2,950	2,199	2,745	2,762	---
12045	Gulf	1930	15,863	13,332	11,504	10,658	10,096	9,937	7,460	6,951	3,182	---
12047	Hamilton	1830	14,799	13,327	10,930	8,761	7,787	7,705	8,981	9,778	9,454	9,873
12049	Hardee	1930	27,731	26,938	19,499	19,379	14,889	12,370	10,073	10,158	10,348	---
12051	Hendry	1930	39,140	36,210	25,773	18,599	11,859	8,119	6,051	5,237	3,492	---
12053	Hernando	1850	172,778	130,802	101,115	44,469	17,004	11,205	6,693	5,641	4,948	4,548
12055	Highlands	1930	98,786	87,366	68,432	47,526	29,507	21,338	13,636	9,246	9,192	---
12057	Hillsborough	1840	1,229,226	998,948	834,054	646,960	490,265	397,788	249,894	180,148	153,519	88,257
12059	Holmes	1850	19,927	18,564	15,778	14,723	10,720	10,844	13,988	15,447	12,924	12,850
12061	Indian River	1930	138,028	112,947	90,208	59,896	35,992	25,309	11,872	8,957	6,724	---
12063	Jackson	1830	49,746	46,755	41,375	39,154	34,434	36,208	34,645	34,428	31,969	31,224
12065	Jefferson	1830	14,761	12,902	11,296	10,703	8,778	9,543	10,413	12,032	13,408	14,502
12067	Lafayette	1860	8,870	7,022	5,578	4,035	2,892	2,889	3,440	4,405	4,361	6,242
12069	Lake	1890	297,052	210,528	152,104	104,870	69,305	57,383	36,340	27,255	23,161	12,744
12071	Lee	1890	618,754	440,888	335,113	205,266	105,216	54,539	23,404	17,488	14,990	9,540
12073	Leon	1830	275,487	239,452	192,493	148,655	103,047	74,225	51,590	31,646	23,476	18,059
12075	Levy	1850	40,801	34,450	25,923	19,870	12,756	10,364	10,637	12,550	12,456	9,921
12077	Liberty	1860	8,365	7,021	5,569	4,260	3,379	3,138	3,182	3,752	4,067	5,006
12079	Madison	1830	19,224	18,733	16,569	14,894	13,481	14,154	14,197	16,190	15,614	16,516
12081	Manatee	1860	322,833	264,002	211,707	148,442	97,115	69,168	34,704	26,098	22,502	18,712
12083	Marion	1850	331,298	258,916	194,833	122,488	69,030	51,616	38,187	31,243	29,578	23,968
12085	Martin	1930	146,318	126,731	100,900	64,014	28,035	16,932	7,807	6,295	5,111	---
12086	Miami-Dade	1840	2,496,435	2,253,362	1,937,094	1,625,781	1,267,792	935,047	495,084	267,739	142,955	42,753
12087	Monroe	1830	73,090	79,589	78,024	63,188	52,586	47,921	29,957	14,078	13,624	19,550
12089	Nassau	1830	73,314	57,663	43,941	32,894	20,626	17,189	12,811	10,826	9,375	11,340
12091	Okaloosa	1920	180,822	170,498	143,776	109,920	88,187	61,175	27,533	12,900	9,897	9,360
12093	Okeechobee	1920	39,996	35,910	29,627	20,264	11,233	6,424	3,454	3,000	4,129	2,132
12095	Orange	1830	1,145,956	896,344	677,491	471,016	344,311	263,540	114,950	70,074	49,737	19,890
12097	Osceola	1890	268,685	172,493	107,728	49,287	25,267	19,029	11,406	10,119	10,699	7,195
12099	Palm Beach	1910	1,320,134	1,131,184	863,518	576,863	348,753	228,106	114,688	79,989	51,781	18,654
12101	Pasco	1890	464,697	344,765	281,131	193,643	75,955	36,785	20,529	13,981	10,574	8,802
12103	Pinellas	1920	916,542	921,482	851,659	728,531	522,329	374,665	159,249	91,852	62,149	28,265
12105	Polk	1870	602,095	483,924	405,382	321,652	227,222	195,139	123,997	86,665	72,291	38,661
12107	Putnam	1850	74,364	70,423	65,070	50,549	36,290	32,212	23,615	18,698	18,096	14,568
12109	St. Johns	1830	190,039	123,135	83,829	51,303	30,727	30,034	24,998	20,012	18,676	13,061
12111	St. Lucie	1910	277,789	192,695	150,171	87,182	50,836	39,294	20,180	11,871	7,057	7,886
12113	Santa Rosa	1850	151,372	117,743	81,608	55,988	37,741	29,547	18,554	16,085	14,083	13,670
12115	Sarasota	1930	379,448	325,957	277,776	202,251	120,413	76,895	28,827	16,106	12,440	---
12117	Seminole	1920	422,718	365,196	287,529	179,752	83,692	54,947	26,883	22,304	18,735	10,986
12119	Sumter	1860	93,420	53,345	31,577	24,272	14,839	11,869	11,330	11,041	10,644	7,851
12121	Suwannee	1860	41,551	34,844	26,780	22,287	15,559	14,961	16,986	17,073	15,731	19,789
12123	Taylor	1860	22,570	19,256	17,111	16,532	13,641	13,168	10,416	11,565	13,136	11,219
12125	Union	1930	15,535	13,442	10,252	10,166	8,112	6,043	8,906	7,094	7,428	---
12127	Volusia	1860	494,593	443,343	370,712	258,762	169,487	125,319	74,229	53,710	42,757	23,374
12129	Wakulla	1850	30,776	22,863	14,202	10,887	6,308	5,257	5,258	5,463	5,468	5,129
12131	Walton	1830	55,043	40,601	27,760	21,300	16,087	15,576	14,725	14,246	14,576	12,119
12133	Washington	1830	24,896	20,973	16,919	14,509	11,453	11,249	11,888	12,302	12,180	11,828

Table C. States and Counties. Resident Population 1790 through 2010-–*Continued*

STATE/ County code	STATE County	Resident population enumerated by census (continued)												
		1910	1900	1890	1880	1870	1860	1850	1840	1830	1820	1810	1800	1790
	FLORIDA cnt'd													
12023	Columbia	17,689	17,094	12,877	9,589	7,335	4,646	4,808	2,102	---	---	---	---	---
12027	DeSoto	14,200	8,047	4,944	---	---	---	---	---	---	---	---	---	---
12029	Dixie	---	---	---	---	---	---	---	---	---	---	---	---	---
12031	Duval	75,163	39,733	26,800	19,431	11,921	5,074	4,539	4,156	1,970	---	---	---	---
12033	Escambia	38,029	28,313	20,188	12,156	7,817	5,768	4,351	3,993	3,386	---	---	---	---
12035	Flagler	---	---	---	---	---	---	---	---	---	---	---	---	---
12037	Franklin	5,201	4,890	3,308	1,791	1,256	1,904	1,561	1,030	---	---	---	---	---
12039	Gadsden	22,198	15,294	11,894	12,169	9,802	9,396	8,784	5,992	4,895	---	---	---	---
12041	Gilchrist	---	---	---	---	---	---	---	---	---	---	---	---	---
12043	Glades	---	---	---	---	---	---	---	---	---	---	---	---	---
12045	Gulf	---	---	---	---	---	---	---	---	---	---	---	---	---
12047	Hamilton	11,825	11,881	8,507	6,790	5,749	4,154	2,511	1,464	553	---	---	---	---
12049	Hardee	---	---	---	---	---	---	---	---	---	---	---	---	---
12051	Hendry	---	---	---	---	---	---	---	---	---	---	---	---	---
12053	Hernando	4,997	3,638	2,476	4,248	2,938	1,200	926	---	---	---	---	---	---
12055	Highlands	---	---	---	---	---	---	---	---	---	---	---	---	---
12057	Hillsborough	78,374	36,013	14,941	5,814	3,216	2,981	2,377	452	---	---	---	---	---
12059	Holmes	11,557	7,762	4,336	2,170	1,572	1,386	1,205	---	---	---	---	---	---
12061	Indian River	---	---	---	---	---	---	---	---	---	---	---	---	---
12063	Jackson	29,821	23,377	17,544	14,372	9,528	10,209	6,639	4,681	3,907	---	---	---	---
12065	Jefferson	17,210	16,195	15,757	16,065	13,398	9,876	7,718	5,713	3,312	---	---	---	---
12067	Lafayette	6,710	4,987	3,686	2,441	1,783	2,068	---	---	---	---	---	---	---
12069	Lake	9,509	7,467	8,034	---	---	---	---	---	---	---	---	---	---
12071	Lee	6,294	3,071	1,414	---	---	---	---	---	---	---	---	---	---
12073	Leon	19,427	19,887	17,752	19,662	15,236	12,343	11,442	10,713	6,494	---	---	---	---
12075	Levy	10,361	8,603	6,586	5,767	2,018	1,781	465	---	---	---	---	---	---
12077	Liberty	4,700	2,956	1,452	1,362	1,050	1,457	---	---	---	---	---	---	---
12079	Madison	16,919	15,446	14,316	14,798	11,121	7,779	5,490	2,644	525	---	---	---	---
12081	Manatee	9,550	4,663	2,895	3,544	1,931	854	---	---	---	---	---	---	---
12083	Marion	26,941	24,403	20,796	13,046	10,804	8,609	3,338	---	---	---	---	---	---
12085	Martin	---	---	---	---	---	---	---	---	---	---	---	---	---
12086	Miami-Dade	11,933	4,955	861	257	85	83	159	446	---	---	---	---	---
12087	Monroe	21,563	18,006	18,786	10,940	5,657	2,913	2,645	688	517	---	---	---	---
12089	Nassau	10,525	9,654	8,294	6,635	4,247	3,644	2,164	1,892	1,511	---	---	---	---
12091	Okaloosa	---	---	---	---	---	---	---	---	---	---	---	---	---
12093	Okeechobee	---	---	---	---	---	---	---	---	---	---	---	---	---
12095	Orange	19,107	11,374	12,584	6,618	2,195	987	466	73	733	---	---	---	---
12097	Osceola	5,507	3,444	3,133	---	---	---	---	---	---	---	---	---	---
12099	Palm Beach	5,577	---	---	---	---	---	---	---	---	---	---	---	---
12101	Pasco	7,502	6,054	4,249	---	---	---	---	---	---	---	---	---	---
12103	Pinellas	---	---	---	---	---	---	---	---	---	---	---	---	---
12105	Polk	24,148	12,472	7,905	3,181	3,169	---	---	---	---	---	---	---	---
12107	Putnam	13,096	11,641	11,186	6,261	3,821	2,712	687	---	---	---	---	---	---
12109	St. Johns	13,208	9,165	8,712	4,535	2,618	3,038	2,525	2,694	2,538	---	---	---	---
12111	St. Lucie	4,075	---	---	---	---	---	---	---	---	---	---	---	---
12113	Santa Rosa	14,897	10,293	7,961	6,645	3,312	5,480	2,883	---	---	---	---	---	---
12115	Sarasota	---	---	---	---	---	---	---	---	---	---	---	---	---
12117	Seminole	---	---	---	---	---	---	---	---	---	---	---	---	---
12119	Sumter	6,696	6,187	5,363	4,686	2,952	1,549	---	---	---	---	---	---	---
12121	Suwannee	18,603	14,554	10,524	7,161	3,556	2,303	---	---	---	---	---	---	---
12123	Taylor	7,103	3,999	2,122	2,279	1,453	1,384	---	---	---	---	---	---	---
12125	Union	---	---	---	---	---	---	---	---	---	---	---	---	---
12127	Volusia	16,510	10,003	8,467	3,294	1,723	1,158	---	---	---	---	---	---	---
12129	Wakulla	4,802	5,149	3,117	2,723	2,506	2,839	1,955	---	---	---	---	---	---
12131	Walton	16,460	9,346	4,816	4,201	3,041	3,037	1,817	1,461	1,207	---	---	---	---
12133	Washington	16,403	10,154	6,426	4,089	2,302	2,154	1,950	859	978	---	---	---	---

Table C. States and Counties. Resident Population 1790 through 2010—*Continued*

STATE/ County code	STATE County	Year of first census	Resident population enumerated by census									
			2010	2000	1990	1980	1970	1960	1950	1940	1930	1920
13000	**GEORGIA**............	1790	9,687,653	8,186,453	6,478,216	5,463,105	4,589,575	3,943,116	3,444,578	3,123,723	2,908,506	2,895,832
13001	Appling................	1820	18,236	17,419	15,744	15,565	12,726	13,246	14,003	14,497	13,314	10,594
13003	Atkinson..............	1920	8,375	7,609	6,213	6,141	5,879	6,188	7,362	7,093	6,894	7,656
13005	Bacon..................	1920	11,096	10,103	9,566	9,379	8,233	8,359	8,940	8,096	7,055	6,460
13007	Baker...................	1830	3,451	4,074	3,615	3,808	3,875	4,543	5,952	7,344	7,818	8,298
13009	Baldwin...............	1810	45,720	44,700	39,530	34,686	34,240	34,064	29,706	24,190	22,878	19,791
13011	Banks..................	1860	18,395	14,422	10,308	8,702	6,833	6,497	6,935	8,733	9,703	11,814
13013	Barrow................	1920	69,367	46,144	29,721	21,354	16,859	14,485	13,115	13,064	12,401	13,188
13015	Bartow................	1840	100,157	76,019	55,911	40,760	32,663	28,267	27,370	25,283	25,364	24,527
13017	Ben Hill..............	1910	17,634	17,484	16,245	16,000	13,171	13,633	14,879	14,523	13,047	14,599
13019	Berrien...............	1860	19,286	16,235	14,153	13,525	11,556	12,038	13,966	15,370	14,646	15,573
13021	Bibb...................	1830	155,547	153,887	149,967	150,256	143,418	141,249	114,079	83,783	77,042	71,304
13023	Bleckley..............	1920	13,063	11,666	10,430	10,767	10,291	9,642	9,218	9,655	9,133	10,532
13025	Brantley..............	1930	18,411	14,629	11,077	8,701	5,940	5,891	6,387	6,871	6,895	---
13027	Brooks................	1860	16,243	16,450	15,398	15,255	13,739	15,292	18,169	20,497	21,330	24,538
13029	Bryan.................	1800	30,233	23,417	15,438	10,175	6,539	6,226	5,965	6,288	5,952	6,343
13031	Bulloch...............	1800	70,217	55,983	43,125	35,785	31,585	24,263	24,740	26,010	26,509	26,133
13033	Burke.................	1790	23,316	22,243	20,579	19,349	18,255	20,596	23,458	26,520	29,224	30,836
13035	Butts.................	1830	23,655	19,522	15,326	13,665	10,560	8,976	9,079	9,182	9,345	12,327
13037	Calhoun..............	1860	6,694	6,320	5,013	5,717	6,606	7,341	8,578	10,438	10,576	10,225
13039	Camden...............	1790	50,513	43,664	30,167	13,371	11,334	9,975	7,322	5,910	6,338	6,969
13041	Campbell.............	1830	---	---	---	---	---	---	---	---	9,903	11,709
13043	Candler...............	1920	10,998	9,577	7,744	7,518	6,412	6,672	8,063	9,103	8,991	9,228
13045	Carroll................	1830	110,527	87,268	71,422	56,346	45,404	36,451	34,112	34,156	34,272	34,752
13047	Catoosa...............	1860	63,942	53,282	42,464	36,991	28,271	21,101	15,146	12,199	9,421	6,677
13049	Charlton..............	1860	12,171	10,282	8,496	7,343	5,680	5,313	4,821	5,256	4,381	4,536
13051	Chatham..............	1790	265,128	232,048	216,935	202,226	187,767	188,299	151,481	117,970	105,431	100,032
13053	Chattahoochee.......	1860	11,267	14,882	16,934	21,732	25,813	13,011	12,149	15,138	8,894	5,266
13055	Chattooga............	1840	26,015	25,470	22,242	21,856	20,541	19,954	21,197	18,532	15,407	14,312
13057	Cherokee.............	1840	214,346	141,903	90,204	51,699	31,059	23,001	20,750	20,126	20,003	18,569
13059	Clarke................	1810	116,714	101,489	87,594	74,498	65,177	45,363	36,550	28,398	25,613	26,111
13061	Clay..................	1860	3,183	3,357	3,364	3,553	3,636	4,551	5,844	7,064	6,943	7,557
13063	Clayton...............	1860	259,424	236,517	182,052	150,357	98,043	46,365	22,872	11,655	10,260	11,159
13065	Clinch................	1850	6,798	6,878	6,160	6,660	6,405	6,545	6,007	6,437	7,015	7,984
13067	Cobb..................	1840	688,078	607,751	447,745	297,718	196,793	114,174	61,830	38,272	35,408	30,437
13069	Coffee................	1860	42,356	37,413	29,592	26,894	22,828	21,953	23,961	21,541	19,739	18,653
13071	Colquitt..............	1860	45,498	42,053	36,645	35,376	32,200	34,048	33,999	33,012	30,622	29,332
13073	Columbia.............	1800	124,053	89,288	66,031	40,118	22,327	13,423	9,525	9,433	8,793	11,718
13075	Cook..................	1920	17,212	15,771	13,456	13,490	12,129	11,822	12,201	11,919	11,311	11,180
13077	Coweta................	1830	127,317	89,215	53,853	39,268	32,310	28,893	27,786	26,972	25,127	29,047
13079	Crawford..............	1830	12,630	12,495	8,991	7,684	5,748	5,816	6,080	7,128	7,020	8,893
13081	Crisp.................	1910	23,439	21,996	20,011	19,489	18,087	17,768	17,663	17,540	17,343	18,914
13083	Dade..................	1840	16,633	15,154	13,147	12,318	9,910	8,666	7,364	5,894	4,146	3,918
13085	Dawson................	1860	22,330	15,999	9,429	4,774	3,639	3,590	3,712	4,479	3,502	4,204
13087	Decatur...............	1830	27,842	28,240	25,511	25,495	22,310	25,203	23,620	22,234	23,622	31,785
13089	DeKalb................	1830	691,893	665,865	545,837	483,024	415,387	256,782	136,395	86,942	70,278	44,051
13091	Dodge.................	1880	21,796	19,171	17,607	16,955	15,658	16,483	17,865	21,022	21,599	22,540
13093	Dooly.................	1830	14,918	11,525	9,901	10,826	10,404	11,474	14,159	16,886	18,025	20,522
13095	Dougherty............	1860	94,565	96,065	96,311	100,718	89,639	75,680	43,617	28,565	22,306	20,063
13097	Douglas...............	1880	132,403	92,174	71,120	54,573	28,659	16,741	12,173	10,053	9,461	10,477
13099	Early..................	1820	11,008	12,354	11,854	13,158	12,682	13,151	17,413	18,679	18,273	18,983
13101	Echols................	1860	4,034	3,754	2,334	2,297	1,924	1,876	2,494	2,964	2,744	3,313
13103	Effingham.............	1790	52,250	37,535	25,687	18,327	13,632	10,144	9,133	9,646	10,164	9,985
13105	Elbert.................	1800	20,166	20,511	18,949	18,758	17,262	17,835	18,585	19,618	18,485	23,905
13107	Emanuel...............	1820	22,598	21,837	20,546	20,795	18,189	17,815	19,789	23,517	24,101	25,862
13109	Evans.................	1920	11,000	10,495	8,724	8,428	7,290	6,952	6,653	7,401	7,102	6,594
13111	Fannin................	1860	23,682	19,798	15,992	14,748	13,357	13,620	15,192	14,752	12,969	12,103
13113	Fayette...............	1830	106,567	91,263	62,415	29,043	11,364	8,199	7,978	8,170	8,665	11,396
13115	Floyd.................	1840	96,317	90,565	81,251	79,800	73,742	69,130	62,899	56,141	48,667	39,841
13117	Forsyth...............	1840	175,511	98,407	44,083	27,958	16,928	12,170	11,005	11,322	10,624	11,755
13119	Franklin..............	1790	22,084	20,285	16,650	15,185	12,784	13,274	14,446	15,612	15,902	19,957
13121	Fulton................	1860	920,581	816,006	648,951	589,904	607,592	556,326	473,572	392,886	318,587	232,606
13123	Gilmer................	1840	28,292	23,456	13,368	11,110	8,956	8,922	9,963	9,001	7,344	8,406

Table C. States and Counties. Resident Population 1790 through 2010—*Continued*

STATE/ County code	STATE County	Resident population enumerated by census (continued)												
		1910	1900	1890	1880	1870	1860	1850	1840	1830	1820	1810	1800	1790
13000	**GEORGIA**	2,609,121	2,216,331	1,837,353	1,542,180	1,184,109	1,057,286	906,185	691,392	516,823	340,989	251,407	162,686	82,548
13001	Appling	12,318	12,336	8,676	5,276	5,086	4,190	2,949	2,052	1,468	1,264	---	---	---
13003	Atkinson	---	---	---	---	---	---	---	---	---	---	---	---	---
13005	Bacon	---	---	---	---	---	---	---	---	---	---	---	---	---
13007	Baker	7,973	6,704	6,144	7,307	6,843	4,985	8,120	4,226	1,253	---	---	---	---
13009	Baldwin	18,354	17,768	14,608	13,806	10,618	9,078	8,148	7,250	7,295	7,734	6,356	---	---
13011	Banks	11,244	10,545	8,562	7,337	4,973	4,707	---	---	---	---	---	---	---
13013	Barrow	---	---	---	---	---	---	---	---	---	---	---	---	---
13015	Bartow	25,388	20,823	20,616	18,690	16,566	15,724	13,300	9,390	---	---	---	---	---
13017	Ben Hill	11,863	---	---	---	---	---	---	---	---	---	---	---	---
13019	Berrien	22,772	19,440	10,694	6,619	4,518	3,475	---	---	---	---	---	---	---
13021	Bibb	56,646	50,473	42,370	27,147	21,255	16,291	12,699	9,802	7,154	---			
13023	Bleckley	---	---	---	---	---	---	---	---	---	---	---	---	---
13025	Brantley	---	---	---	---	---	---	---	---	---	---	---	---	---
13027	Brooks	23,832	18,606	13,979	11,727	8,342	6,356	---	---	---	---	---	---	---
13029	Bryan	6,702	6,122	5,520	4,929	5,252	4,015	3,424	3,182	3,139	3,021	2,827	2,836	---
13031	Bulloch	26,464	21,377	13,712	8,053	5,610	5,668	4,300	3,102	2,587	2,578	2,305	1,913	---
13033	Burke	27,268	30,165	28,501	27,128	17,679	17,165	16,100	13,176	11,833	11,577	10,858	9,504	9,467
13035	Butts	13,624	12,805	10,565	8,311	6,941	6,455	6,488	5,308	4,944	---	---	---	---
13037	Calhoun	11,334	9,274	8,438	7,024	5,503	4,913	---	---	---	---	---	---	---
13039	Camden	7,690	7,669	6,178	6,183	4,615	5,420	6,319	6,075	4,578	4,342	3,941	1,681	305
13041	Campbell	10,874	9,518	9,115	9,970	9,176	8,301	7,232	5,370	3,323	---	---	---	---
13043	Candler	---	---	---	---	---	---	---	---	---	---	---	---	---
13045	Carroll	30,855	26,576	22,301	16,901	11,782	11,991	9,357	5,252	3,419	---	---	---	---
13047	Catoosa	7,184	5,823	5,431	4,739	4,409	5,082	---	---	---	---	---	---	---
13049	Charlton	4,722	3,592	3,335	2,154	1,897	1,780	---	---	---	---	---	---	---
13051	Chatham	79,690	71,239	57,740	45,023	41,279	31,043	23,901	18,801	14,127	14,737	13,540	12,946	10,769
13053	Chattahoochee	5,586	5,790	4,902	5,670	6,059	5,797	---	---	---	---	---	---	---
13055	Chattooga	13,608	12,952	11,202	10,021	6,902	7,165	6,815	3,438	---	---	---	---	---
13057	Cherokee	16,661	15,243	15,412	14,325	10,399	11,291	12,800	5,895	---	---	---	---	---
13059	Clarke	23,273	17,708	15,186	11,702	12,941	11,218	11,119	10,522	10,176	8,767	7,628	---	---
13061	Clay	8,960	8,568	7,817	6,650	5,493	4,893	---	---	---	---	---	---	---
13063	Clayton	10,453	9,598	8,295	8,027	5,477	4,466	---	---	---	---	---	---	---
13065	Clinch	8,424	8,732	6,652	4,138	3,945	3,063	637	---	---	---	---	---	---
13067	Cobb	28,397	24,664	22,286	20,748	13,814	14,242	13,843	7,539	---	---	---	---	---
13069	Coffee	21,953	16,169	10,483	5,070	3,192	2,879	---	---	---	---	---	---	---
13071	Colquitt	19,789	13,636	4,794	2,527	1,654	1,316	---	---	---	---	---	---	---
13073	Columbia	12,328	10,653	11,281	10,465	13,529	11,860	11,961	11,356	12,606	12,695	11,242	8,345	---
13075	Cook	---	---	---	---	---	---	---	---	---	---	---	---	---
13077	Coweta	28,800	24,980	22,354	21,109	15,875	14,703	13,635	10,364	5,003	---	---	---	---
13079	Crawford	8,310	10,368	9,315	8,656	7,557	7,693	8,984	7,981	5,313	---	---	---	---
13081	Crisp	16,423	---	---	---	---	---	---	---	---	---	---	---	---
13083	Dade	4,139	4,578	5,707	4,702	3,033	3,069	2,680	1,364	---	---	---	---	---
13085	Dawson	4,686	5,442	5,612	5,837	4,369	3,856	---	---	---	---	---	---	---
13087	Decatur	29,045	29,454	19,949	19,072	15,183	11,922	8,262	5,872	3,854	---	---	---	---
13089	DeKalb	27,881	21,112	17,189	14,497	10,014	7,806	14,328	10,467	10,042	---	---	---	---
13091	Dodge	20,127	13,975	11,452	5,358	---	---	---	---	---	---	---	---	---
13093	Dooly	20,554	26,567	18,146	12,420	9,790	8,917	8,361	4,427	2,135	---	---	---	---
13095	Dougherty	16,035	13,679	12,206	12,622	11,517	8,295	---	---	---	---	---	---	---
13097	Douglas	8,953	8,745	7,794	6,934	---	---	---	---	---	---	---	---	---
13099	Early	18,122	14,828	9,792	7,611	6,998	6,149	7,246	5,444	2,051	768	---	---	---
13101	Echols	3,309	3,209	3,079	2,553	1,978	1,491	---	---	---	---	---	---	---
13103	Effingham	9,971	8,334	5,599	5,979	4,214	4,755	3,864	3,075	2,924	3,018	2,586	2,072	2,424
13105	Elbert	24,125	19,729	15,376	12,957	9,249	10,433	12,959	11,125	12,354	11,788	12,156	10,094	---
13107	Emanuel	25,140	21,279	14,703	9,759	6,134	5,081	4,577	3,129	2,673	2,928	---	---	---
13109	Evans	---	---	---	---	---	---	---	---	---	---	---	---	---
13111	Fannin	12,574	11,214	8,724	7,245	5,429	5,139	---	---	---	---	---	---	---
13113	Fayette	10,966	10,114	8,728	8,605	8,221	7,047	8,709	6,191	5,504	---	---	---	---
13115	Floyd	36,736	33,113	28,391	24,418	17,230	15,195	8,205	4,441	---	---	---	---	---
13117	Forsyth	11,940	11,550	11,155	10,559	7,983	7,749	8,850	5,619	---	---	---	---	---
13119	Franklin	17,894	17,700	14,670	11,453	7,893	7,393	11,513	9,886	10,107	9,040	10,815	6,859	1,041
13121	Fulton	177,733	117,363	84,655	49,137	33,446	14,427	---	---	---	---	---	---	---
13123	Gilmer	9,237	10,198	9,074	8,386	6,644	6,724	8,440	2,536	---	---	---	---	---

Table C. States and Counties. Resident Population 1790 through 2010—*Continued*

STATE/ County code	STATE County	Year of first census	Resident population enumerated by census									
			2010	2000	1990	1980	1970	1960	1950	1940	1930	1920
	GEORGIA cnt'd											
13125	Glascock	1860	3,082	2,556	2,357	2,382	2,280	2,672	3,579	4,547	4,388	4,192
13127	Glynn	1790	79,626	67,568	62,496	54,981	50,528	41,954	29,046	21,920	19,400	19,370
13129	Gordon	1850	55,186	44,104	35,072	30,070	23,570	19,228	18,922	18,445	16,846	17,736
13131	Grady	1910	25,011	23,659	20,279	19,845	17,826	18,015	18,928	19,654	19,200	20,306
13133	Greene	1790	15,994	14,406	11,793	11,391	10,212	11,193	12,843	13,709	12,616	18,972
13135	Gwinnett	1820	805,321	588,448	352,910	166,903	72,349	43,541	32,320	29,087	27,853	30,327
13137	Habersham	1820	43,041	35,902	27,621	25,020	20,691	18,116	16,553	14,771	12,748	10,730
13139	Hall	1820	179,684	139,277	95,428	75,649	59,405	49,739	40,113	34,822	30,313	26,822
13141	Hancock	1800	9,429	10,076	8,908	9,466	9,019	9,979	11,052	12,764	13,070	18,357
13143	Haralson	1860	28,780	25,690	21,966	18,422	15,927	14,543	14,663	14,377	13,263	14,440
13145	Harris	1830	32,024	23,695	17,788	15,464	11,520	11,167	11,265	11,428	11,140	15,775
13147	Hart	1860	25,213	22,997	19,712	18,585	15,814	15,229	14,495	15,512	15,174	17,944
13149	Heard	1840	11,834	11,012	8,628	6,520	5,354	5,333	6,975	8,610	9,102	11,126
13151	Henry	1830	203,922	119,341	58,741	36,309	23,724	17,619	15,857	15,119	15,924	20,420
13153	Houston	1830	139,900	110,765	89,208	77,605	62,924	39,154	20,964	11,303	11,280	21,964
13155	Irwin	1820	9,538	9,931	8,649	8,988	8,036	9,211	11,973	12,936	12,199	12,670
13157	Jackson	1800	60,485	41,589	30,005	25,343	21,093	18,499	18,997	20,089	21,609	24,654
13159	Jasper	1810	13,900	11,426	8,453	7,553	5,760	6,135	7,473	8,772	8,594	16,362
13161	Jeff Davis	1910	15,068	12,684	12,032	11,473	9,425	8,914	9,299	8,841	8,118	7,322
13163	Jefferson	1800	16,930	17,266	17,408	18,403	17,174	17,468	18,855	20,040	20,727	22,602
13165	Jenkins	1910	8,340	8,575	8,247	8,841	8,332	9,148	10,264	11,843	12,908	14,328
13167	Johnson	1860	9,980	8,560	8,329	8,660	7,727	8,048	9,893	12,953	12,681	13,546
13169	Jones	1810	28,669	23,639	20,739	16,579	12,218	8,468	7,538	8,331	8,992	13,269
13171	Lamar	1930	18,317	15,912	13,038	12,215	10,688	10,240	10,242	10,091	9,745	---
13173	Lanier	1930	10,078	7,241	5,531	5,654	5,031	5,097	5,151	5,632	5,190	---
13175	Laurens	1810	48,434	44,874	39,988	36,990	32,738	32,313	33,123	33,606	32,693	39,605
13177	Lee	1830	28,298	24,757	16,250	11,684	7,044	6,204	6,674	7,837	8,328	10,904
13179	Liberty	1790	63,453	61,610	52,745	37,583	17,569	14,487	8,444	8,595	8,153	12,707
13181	Lincoln	1800	7,996	8,348	7,442	6,716	5,895	5,906	6,462	7,042	7,847	9,739
13183	Long	1930	14,464	10,304	6,202	4,524	3,746	3,874	3,598	4,086	4,180	---
13185	Lowndes	1830	109,233	92,115	75,981	67,972	55,112	49,270	35,211	31,860	29,994	26,521
13187	Lumpkin	1840	29,966	21,016	14,573	10,762	8,728	7,241	6,574	6,223	4,927	5,240
13189	McDuffie	1880	21,875	21,231	20,119	18,546	15,276	12,627	11,443	10,878	9,014	11,509
13191	McIntosh	1800	14,333	10,847	8,634	8,046	7,371	6,364	6,008	5,292	5,763	5,119
13193	Macon	1840	14,740	14,074	13,114	14,003	12,933	13,170	14,213	15,947	16,643	17,667
13195	Madison	1820	28,120	25,730	21,050	17,747	13,517	11,246	12,238	13,431	14,921	18,803
13197	Marion	1830	8,742	7,144	5,590	5,297	5,099	5,477	6,521	6,954	6,968	7,604
13199	Meriwether	1830	21,992	22,534	22,411	21,229	19,461	19,756	21,055	22,055	22,437	26,168
13201	Miller	1860	6,125	6,383	6,280	7,038	6,397	6,908	9,023	9,998	9,076	9,565
13203	Milton	1860	---	---	---	---	---	---	---	---	6,730	6,885
13205	Mitchell	1860	23,498	23,932	20,275	21,114	18,956	19,652	22,528	23,261	23,620	25,588
13207	Monroe	1830	26,424	21,757	17,113	14,610	10,991	10,495	10,523	10,749	11,606	20,138
13209	Montgomery	1800	9,123	8,270	7,163	7,011	6,099	6,284	7,901	9,668	10,020	9,167
13211	Morgan	1810	17,868	15,457	12,883	11,572	9,904	10,280	11,899	12,713	12,488	20,143
13213	Murray	1840	39,628	36,506	26,147	19,685	12,986	10,447	10,676	11,137	9,215	9,490
13215	Muscogee	1830	189,885	186,291	179,278	170,108	167,377	158,623	118,028	75,494	57,558	44,195
13217	Newton	1830	99,958	62,001	41,808	34,489	26,282	20,999	20,185	18,576	17,290	21,680
13219	Oconee	1880	32,808	26,225	17,618	12,427	7,915	6,304	7,009	7,576	8,082	11,067
13221	Oglethorpe	1800	14,899	12,635	9,763	8,929	7,598	7,926	9,958	12,430	12,927	20,287
13223	Paulding	1840	142,324	81,678	41,611	26,110	17,520	13,101	11,752	12,832	12,327	14,025
13225	Peach	1930	27,695	23,668	21,189	19,151	15,990	13,846	11,705	10,378	10,268	---
13227	Pickens	1860	29,431	22,983	14,432	11,652	9,620	8,903	8,855	9,136	9,687	8,222
13229	Pierce	1860	18,758	15,636	13,328	11,897	9,281	9,678	11,112	11,800	12,522	11,934
13231	Pike	1830	17,869	13,688	10,224	8,937	7,316	7,138	8,459	10,375	10,853	21,212
13233	Polk	1860	41,475	38,127	33,815	32,386	29,656	28,015	30,976	28,467	25,141	20,357
13235	Pulaski	1810	12,010	9,588	8,108	8,950	8,066	8,204	8,808	9,829	9,005	11,587
13237	Putnam	1810	21,218	18,812	14,137	10,295	8,394	7,798	7,731	8,514	8,367	15,151
13239	Quitman	1860	2,513	2,598	2,209	2,357	2,180	2,432	3,015	3,435	3,820	3,417
13241	Rabun	1820	16,276	15,050	11,648	10,466	8,327	7,456	7,424	7,821	6,331	5,746
13243	Randolph	1830	7,719	7,791	8,023	9,599	8,734	11,078	13,804	16,609	17,174	16,721
13245	Richmond	1790	200,549	199,775	189,719	181,629	162,437	135,601	108,876	81,863	72,990	63,692
13247	Rockdale	1880	85,215	70,111	54,091	36,747	18,152	10,572	8,464	7,724	7,247	9,521
13249	Schley	1860	5,010	3,766	3,588	3,433	3,097	3,256	4,036	5,033	5,347	5,243
13251	Screven	1800	14,593	15,374	13,842	14,043	12,591	14,919	18,000	20,353	20,503	23,552

Table C. States and Counties. Resident Population 1790 through 2010—*Continued*

STATE/ County code	STATE County	Resident population enumerated by census (continued)												
		1910	1900	1890	1880	1870	1860	1850	1840	1830	1820	1810	1800	1790
	GEORGIA cnt'd													
13125	Glascock	4,669	4,516	3,720	3,577	2,736	2,437	---	---	---	---	---	---	---
13127	Glynn	15,720	14,317	13,420	6,497	5,376	3,889	4,933	5,302	4,567	3,418	3,417	1,874	413
13129	Gordon	15,861	14,119	12,758	11,171	9,268	10,146	5,984						
13131	Grady	18,457	---	---	---	---	---	---	---	---	---	---	---	---
13133	Greene	18,512	16,542	17,051	17,547	12,454	12,652	13,068	11,690	12,549	13,589	11,679	10,761	5,405
13135	Gwinnett	28,824	25,585	19,899	19,531	12,431	12,940	11,257	10,804	13,289	4,589	---	---	---
13137	Habersham	10,134	13,604	11,573	8,718	6,322	5,966	8,895	7,961	10,671	3,145	---	---	---
13139	Hall	25,730	20,752	18,047	15,298	9,607	9,366	8,713	7,875	11,748	5,086	---	---	---
13141	Hancock	19,189	18,277	17,149	16,989	11,317	12,044	11,578	9,659	11,820	12,734	13,330	14,456	---
13143	Haralson	13,514	11,922	11,316	5,974	4,004	3,039	---	---	---	---	---	---	---
13145	Harris	17,886	18,009	16,797	15,758	13,284	13,736	14,721	13,933	5,105	---	---	---	---
13147	Hart	16,216	14,492	10,887	9,094	6,783	6,137	---	---	---	---	---	---	---
13149	Heard	11,189	11,177	9,557	8,769	7,866	7,805	6,923	5,329	---	---	---	---	---
13151	Henry	19,927	18,602	16,220	14,193	10,102	10,702	14,726	11,756	10,566	---	---	---	---
13153	Houston	23,609	22,641	21,613	22,414	20,406	15,611	16,450	9,711	7,369	---	---	---	---
13155	Irwin	10,461	13,645	6,316	2,696	1,837	1,699	3,334	2,038	1,180	411	---	---	---
13157	Jackson	30,169	24,039	19,176	16,297	11,181	10,605	9,768	8,522	9,004	8,355	10,569	7,736	---
13159	Jasper	16,552	15,033	13,879	11,851	10,439	10,743	11,486	11,111	13,131	14,614	7,573	---	---
13161	Jeff Davis	6,050	---	---	---	---	---	---	---	---	---	---	---	---
13163	Jefferson	21,379	18,212	17,213	15,671	12,190	10,219	9,131	7,254	7,309	7,056	6,111	5,684	---
13165	Jenkins	11,520	---	---	---	---	---	---	---	---	---	---	---	---
13167	Johnson	12,897	11,409	6,129	4,800	2,964	2,919	---	---	---	---	---	---	---
13169	Jones	13,103	13,358	12,709	11,613	9,436	9,107	10,224	10,065	13,345	16,570	8,597	---	---
13171	Lamar	---	---	---	---	---	---	---	---	---	---	---	---	---
13173	Lanier	---	---	---	---	---	---	---	---	---	---	---	---	---
13175	Laurens	35,501	25,908	13,747	10,053	7,834	6,998	6,442	5,585	5,589	5,436	2,210	---	---
13177	Lee	11,679	10,344	9,074	10,577	9,567	7,196	6,660	4,520	1,680	---	---	---	---
13179	Liberty	12,924	13,093	12,887	10,649	7,688	8,367	7,926	7,241	7,233	6,695	6,228	5,313	5,355
13181	Lincoln	8,714	7,156	6,146	6,412	5,413	5,466	5,998	5,895	6,145	6,458	4,555	4,766	---
13183	Long	---	---	---	---	---	---	---	---	---	---	---	---	---
13185	Lowndes	24,436	20,036	15,102	11,049	8,321	5,249	7,714	5,574	2,453	---	---	---	---
13187	Lumpkin	5,444	7,433	6,867	6,526	5,161	4,626	8,955	5,671	---	---	---	---	---
13189	McDuffie	10,325	9,804	8,789	9,449	---	---	---	---	---	---	---	---	---
13191	McIntosh	6,442	6,537	6,470	6,241	4,491	5,546	6,027	5,360	4,998	5,129	3,739	2,660	---
13193	Macon	15,016	14,093	13,183	11,675	11,458	8,449	7,052	5,045	---	---	---	---	---
13195	Madison	16,851	13,224	11,024	7,978	5,227	5,933	5,703	4,510	4,646	3,735	---	---	---
13197	Marion	9,147	10,080	7,728	8,598	8,000	7,390	10,280	4,812	1,436	---	---	---	---
13199	Meriwether	25,180	23,339	20,740	17,651	13,756	15,330	16,476	14,132	4,422	---	---	---	---
13201	Miller	7,986	6,319	4,275	3,720	3,091	1,791	---	---	---	---	---	---	---
13203	Milton	7,239	6,763	6,208	6,261	4,284	4,602	---	---	---	---	---	---	---
13205	Mitchell	22,114	14,767	10,906	9,392	6,633	4,308	---	---	---	---	---	---	---
13207	Monroe	20,450	20,682	19,137	18,808	17,213	15,953	16,985	16,275	16,202	---	---	---	---
13209	Montgomery	19,638	16,359	9,248	5,381	3,586	2,997	2,154	1,616	1,269	1,869	2,954	3,180	---
13211	Morgan	19,717	15,813	16,041	14,032	10,696	9,997	10,744	9,121	12,046	13,520	8,369	---	---
13213	Murray	9,763	8,623	8,461	8,269	6,500	7,083	14,433	4,695	---	---	---	---	---
13215	Muscogee	36,227	29,836	27,761	19,322	16,663	16,584	18,578	11,699	3,508	---	---	---	---
13217	Newton	18,449	16,734	14,310	13,623	14,615	14,320	13,296	11,628	11,155	---	---	---	---
13219	Oconee	11,104	8,602	7,713	6,351	---	---	---	---	---	---	---	---	---
13221	Oglethorpe	18,680	17,881	16,951	15,400	11,782	11,549	12,259	10,868	13,618	14,046	12,297	9,780	---
13223	Paulding	14,124	12,969	11,948	10,887	7,639	7,038	7,039	2,556	---	---	---	---	---
13225	Peach	---	---	---	---	---	---	---	---	---	---	---	---	---
13227	Pickens	9,041	8,641	8,182	6,790	5,317	4,951	---	---	---	---	---	---	---
13229	Pierce	10,749	8,100	6,379	4,538	2,778	1,973	---	---	---	---	---	---	---
13231	Pike	19,495	18,761	16,300	15,849	10,905	10,078	14,306	9,176	6,149	---	---	---	---
13233	Polk	20,203	17,856	14,945	11,952	7,822	6,295	---	---	---	---	---	---	---
13235	Pulaski	22,835	18,489	16,559	14,058	11,940	8,744	6,627	5,389	4,906	5,283	2,093	---	---
13237	Putnam	13,876	13,436	14,842	14,539	10,461	10,125	10,794	10,260	13,261	15,475	10,029	---	---
13239	Quitman	4,594	4,701	4,471	4,392	4,150	3,499	---	---	---	---	---	---	---
13241	Rabun	5,562	6,285	5,606	4,634	3,256	3,271	2,448	1,912	2,176	524	---	---	---
13243	Randolph	18,841	16,847	15,267	13,341	10,561	9,571	12,868	8,276	2,191	---	---	---	---
13245	Richmond	58,886	53,735	45,194	34,665	25,724	21,284	16,246	11,932	11,644	8,608	6,189	5,475	11,317
13247	Rockdale	8,916	7,515	6,813	6,838	---	---	---	---	---	---	---	---	---
13249	Schley	5,213	5,499	5,443	5,302	5,129	4,633	---	---	---	---	---	---	---
13251	Screven	20,202	19,252	14,424	12,786	9,175	8,274	6,847	4,794	4,776	3,941	4,477	3,019	---

Table C. States and Counties. Resident Population 1790 through 2010—*Continued*

STATE/ County code	STATE County	Year of first census	Resident population enumerated by census									
			2010	2000	1990	1980	1970	1960	1950	1940	1930	1920
	GEORGIA cnt'd											
13253	Seminole	1930	8,729	9,369	9,010	9,057	7,059	6,802	7,904	8,492	7,389	---
13255	Spalding	1860	64,073	58,417	54,457	47,899	39,514	35,404	31,045	28,427	23,495	21,908
13257	Stephens	1910	26,175	25,435	23,257	21,763	20,331	18,391	16,647	12,972	11,740	11,215
13259	Stewart	1840	6,058	5,252	5,654	5,896	6,511	7,371	9,194	10,603	11,114	12,089
13261	Sumter	1840	32,819	33,200	30,228	29,360	26,931	24,652	24,208	24,502	26,800	29,640
13263	Talbot	1830	6,865	6,498	6,524	6,536	6,625	7,127	7,687	8,141	8,458	11,158
13265	Taliaferro	1830	1,717	2,077	1,915	2,032	2,423	3,370	4,515	6,278	6,172	8,841
13267	Tattnall	1810	25,520	22,305	17,722	18,134	16,557	15,837	15,939	16,243	15,411	14,502
13269	Taylor	1860	8,906	8,815	7,642	7,902	7,865	8,311	9,113	10,768	10,617	11,473
13271	Telfair	1810	16,500	11,794	11,000	11,445	11,381	11,715	13,221	15,145	14,997	15,291
13273	Terrell	1860	9,315	10,970	10,653	12,017	11,416	12,742	14,314	16,675	18,290	19,601
13275	Thomas	1830	44,720	42,737	38,986	38,098	34,515	34,319	33,932	31,289	32,612	33,044
13277	Tift	1910	40,118	38,407	34,998	32,862	27,288	23,487	22,645	18,599	16,068	14,493
13279	Toombs	1910	27,223	26,067	24,072	22,592	19,151	16,837	17,382	16,952	17,165	13,897
13281	Towns	1860	10,471	9,319	6,754	5,638	4,565	4,538	4,803	4,925	4,346	3,937
13283	Treutlen	1920	6,885	6,854	5,994	6,087	5,647	5,874	6,522	7,632	7,488	7,664
13285	Troup	1830	67,044	58,779	55,536	50,003	44,466	47,189	49,841	43,879	36,752	36,097
13287	Turner	1910	8,930	9,504	8,703	9,510	8,790	8,439	10,479	10,846	11,196	12,466
13289	Twiggs	1810	9,023	10,590	9,806	9,354	8,222	7,935	8,308	9,117	8,372	10,407
13291	Union	1840	21,356	17,289	11,993	9,390	6,811	6,510	7,318	7,680	6,340	6,455
13293	Upson	1830	27,153	27,597	26,300	25,998	23,505	23,800	25,078	25,064	19,509	14,786
13295	Walker	1840	68,756	61,053	58,340	56,470	50,691	45,264	38,198	31,024	26,206	23,370
13297	Walton	1820	83,768	60,687	38,586	31,211	23,404	20,481	20,230	20,777	21,118	24,216
13299	Ware	1830	36,312	35,483	35,471	37,180	33,525	34,219	30,289	27,929	26,558	28,361
13301	Warren	1800	5,834	6,336	6,078	6,583	6,669	7,360	8,779	10,236	11,181	11,828
13303	Washington	1790	21,187	21,176	19,112	18,842	17,480	18,903	21,012	24,230	25,030	28,147
13305	Wayne	1810	30,099	26,565	22,356	20,750	17,858	17,921	14,248	13,122	12,647	14,381
13307	Webster	1860	2,799	2,390	2,263	2,341	2,362	3,247	4,081	4,726	5,032	5,342
13309	Wheeler	1920	7,421	6,179	4,903	5,155	4,596	5,342	6,712	8,535	9,149	9,817
13311	White	1860	27,144	19,944	13,006	10,120	7,742	6,935	5,951	6,417	6,056	6,105
13313	Whitfield	1860	102,599	83,525	72,462	65,789	55,108	42,109	34,432	26,105	20,808	16,897
13315	Wilcox	1860	9,255	8,577	7,008	7,682	6,998	7,905	10,167	12,755	13,439	15,511
13317	Wilkes	1790	10,593	10,687	10,597	10,951	10,184	10,961	12,388	15,084	15,944	24,210
13319	Wilkinson	1810	9,563	10,220	10,228	10,368	9,393	9,250	9,781	11,025	10,844	11,376
13321	Worth	1860	21,679	21,967	19,745	18,064	14,770	16,682	19,357	21,374	21,094	23,863
15000	**HAWAII**	1900	1,360,301	1,211,537	1,108,229	964,691	768,561	632,772	499,794	422,770	368,300	255,881
15001	Hawaii	1900	185,079	148,677	120,317	92,053	63,468	61,332	68,350	73,276	73,325	64,895
15003	Honolulu	1900	953,207	876,156	836,231	762,565	629,176	500,409	353,020	257,696	202,887	123,496
15005	Kalawao	1900	90	147	130	144	172	279	340	446	605	667
15007	Kauai	1900	67,091	58,463	51,177	39,082	29,761	28,176	29,905	35,818	35,942	29,438
15009	Maui	1900	154,834	128,094	100,374	70,847	45,984	42,576	48,179	55,534	55,541	37,385
16000	**IDAHO**	1870	1,567,582	1,293,953	1,006,749	943,935	712,567	667,191	588,637	524,873	445,032	431,866
16001	Ada	1870	392,365	300,904	205,775	173,036	112,230	93,460	70,649	50,401	37,925	35,213
16003	Adams	1920	3,976	3,476	3,254	3,347	2,877	2,978	3,347	3,407	2,867	2,966
16003.1	Alturas	1870	---	---	---	---	---	---	---	---	---	---
16005	Bannock	1900	82,839	75,565	66,026	65,421	52,200	49,342	41,745	34,759	31,266	27,532
16007	Bear Lake	1880	5,986	6,411	6,084	6,931	5,801	7,148	6,834	7,911	7,872	8,783
16009	Benewah	1920	9,285	9,171	7,937	8,292	6,230	6,036	6,173	7,332	6,371	6,997
16011	Bingham	1890	45,607	41,735	37,583	36,489	29,167	28,218	23,271	21,044	18,561	18,310
16013	Blaine	1900	21,376	18,991	13,552	9,841	5,749	4,598	5,384	5,295	3,768	4,473
16015	Boise	1870	7,028	6,670	3,509	2,999	1,763	1,646	1,776	2,333	1,847	1,822
16017	Bonner	1910	40,877	36,835	26,622	24,163	15,560	15,587	14,853	15,667	13,152	12,957
16019	Bonneville	1920	104,234	82,522	72,207	65,980	51,250	46,906	30,210	25,697	19,664	17,501

Table C. States and Counties. Resident Population 1790 through 2010—*Continued*

STATE/ County code	STATE County	Resident population enumerated by census (continued)												
		1910	1900	1890	1880	1870	1860	1850	1840	1830	1820	1810	1800	1790
	GEORGIA cnt'd													
13253	Seminole	---	---	---	---	---	---	---	---	---	---	---	---	---
13255	Spalding	19,741	17,619	13,117	12,585	10,205	8,699	---	---	---	---	---	---	---
13257	Stephens	9,728	---	---	---	---	---	---	---	---	---	---	---	---
13259	Stewart	13,437	15,856	15,682	13,998	14,204	13,422	16,027	12,933	---	---	---	---	---
13261	Sumter	29,092	26,212	22,107	18,239	16,559	9,428	10,322	5,759	---	---	---	---	---
13263	Talbot	11,696	12,197	13,258	14,115	11,913	13,616	16,534	15,627	5,940	---	---	---	---
13265	Taliaferro	8,766	7,912	7,291	7,034	4,796	4,583	5,146	5,190	4,934	---	---	---	---
13267	Tattnall	18,569	20,419	10,253	6,988	4,860	4,352	3,227	2,724	2,040	2,644	2,206	---	---
13269	Taylor	10,839	9,846	8,666	8,597	7,143	5,998	---	---	---	---	---	---	---
13271	Telfair	13,288	10,083	5,477	4,828	3,245	2,713	3,026	2,763	2,136	2,104	744	---	---
13273	Terrell	22,003	19,023	14,503	10,451	9,053	6,232	---	---	---	---	---	---	---
13275	Thomas	29,071	31,076	26,154	20,597	14,523	10,766	10,103	6,766	3,299	---	---	---	---
13277	Tift	11,487	---	---	---	---	---	---	---	---	---	---	---	---
13279	Toombs	11,206	---	---	---	---	---	---	---	---	---	---	---	---
13281	Towns	3,932	4,748	4,064	3,261	2,780	2,459	---	---	---	---	---	---	---
13283	Treutlen	---	---	---	---	---	---	---	---	---	---	---	---	---
13285	Troup	26,228	24,002	20,723	20,565	17,632	16,262	16,879	15,733	5,799	---	---	---	---
13287	Turner	10,075	---	---	---	---	---	---	---	---	---	---	---	---
13289	Twiggs	10,736	8,716	8,195	8,918	8,545	8,320	8,179	8,422	8,031	10,640	3,405	---	---
13291	Union	6,918	8,481	7,749	6,431	5,267	4,413	7,234	3,152	---	---	---	---	---
13293	Upson	12,757	13,670	12,188	12,400	9,430	9,910	9,424	9,408	7,013	---	---	---	---
13295	Walker	18,692	15,661	13,282	11,056	9,925	10,082	13,109	6,572	---	---	---	---	---
13297	Walton	25,393	20,942	17,467	15,622	11,038	11,074	10,821	10,209	10,929	4,192	---	---	---
13299	Ware	22,957	13,761	8,811	4,159	2,286	2,200	3,888	2,323	1,205	---	---	---	---
13301	Warren	11,860	11,463	10,957	10,885	10,545	9,820	12,425	9,789	10,946	10,630	8,725	8,329	---
13303	Washington	28,174	28,227	25,237	21,964	15,842	12,698	11,766	10,565	9,820	10,627	9,940	10,300	4,552
13305	Wayne	13,069	9,449	7,485	5,980	2,177	2,268	1,499	1,258	963	1,010	676	---	---
13307	Webster	6,151	6,618	5,695	5,237	4,677	5,030	---	---	---	---	---	---	---
13309	Wheeler	---	---	---	---	---	---	---	---	---	---	---	---	---
13311	White	5,110	5,912	6,151	5,341	4,606	3,315	---	---	---	---	---	---	---
13313	Whitfield	15,934	14,509	12,916	11,900	10,117	10,047	---	---	---	---	---	---	---
13315	Wilcox	13,486	11,097	7,980	3,109	2,439	2,115	---	---	---	---	---	---	---
13317	Wilkes	23,441	20,866	18,081	15,985	11,796	11,420	12,107	10,148	14,237	17,607	14,887	13,103	31,500
13319	Wilkinson	10,078	11,440	10,781	12,061	9,383	9,376	8,296	6,842	6,513	6,992	2,154	---	---
13321	Worth	19,147	18,664	10,048	5,892	3,778	2,763	---	---	---	---	---	---	---
15000	**HAWAII**	191,874	154,001	---	---	---	---	---	---	---	---	---	---	---
15001	Hawaii	55,382	46,843	---	---	---	---	---	---	---	---	---	---	---
15003	Honolulu	81,993	58,504	---	---	---	---	---	---	---	---	---	---	---
15005	Kalawao	785	1,177	---	---	---	---	---	---	---	---	---	---	---
15007	Kauai	23,952	20,734	---	---	---	---	---	---	---	---	---	---	---
15009	Maui	29,762	26,743	---	---	---	---	---	---	---	---	---	---	---
16000	**IDAHO**	325,594	161,772	88,548	32,610	14,999	---	---	---	---	---	---	---	---
16001	Ada	29,088	11,559	8,368	4,674	2,675	---	---	---	---	---	---	---	---
16003	Adams	---	---	---	---	---	---	---	---	---	---	---	---	---
16003.1	Alturas	---	---	2,629	1,693	689	---	---	---	---	---	---	---	---
16005	Bannock	19,242	11,702	---	---	---	---	---	---	---	---	---	---	---
16007	Bear Lake	7,729	7,051	6,057	3,235	---	---	---	---	---	---	---	---	---
16009	Benewah	---	---	---	---	---	---	---	---	---	---	---	---	---
16011	Bingham	23,306	10,447	13,575	---	---	---	---	---	---	---	---	---	---
16013	Blaine	8,387	4,900	---	---	---	---	---	---	---	---	---	---	---
16015	Boise	5,250	4,174	3,342	3,214	3,834	---	---	---	---	---	---	---	---
16017	Bonner	13,588	---	---	---	---	---	---	---	---	---	---	---	---
16019	Bonneville	---	---	---	---	---	---	---	---	---	---	---	---	---

Table C. States and Counties. Resident Population 1790 through 2010—*Continued*

STATE/ County code	STATE County	Year of first census	Resident population enumerated by census									
			2010	2000	1990	1980	1970	1960	1950	1940	1930	1920
	IDAHO cnt'd											
16021	Boundary	1920	10,972	9,871	8,332	7,289	6,371	5,809	5,908	5,987	4,555	4,474
16023	Butte	1920	2,891	2,899	2,918	3,342	2,925	3,498	2,722	1,877	1,934	2,940
16025	Camas	1920	1,117	991	727	818	728	917	1,079	1,360	1,411	1,730
16027	Canyon	1900	188,923	131,441	90,076	83,756	61,288	57,662	53,597	40,987	30,930	26,932
16029	Caribou	1920	6,963	7,304	6,963	8,695	6,534	5,976	5,576	2,284	2,121	2,191
16031	Cassia	1880	22,952	21,416	19,532	19,427	17,017	16,121	14,629	14,430	13,116	15,659
16033	Clark	1920	982	1,022	762	798	741	915	918	1,005	1,122	1,886
16035	Clearwater	1920	8,761	8,930	8,505	10,390	10,871	8,548	8,217	8,243	6,599	4,993
16037	Custer	1890	4,368	4,342	4,133	3,385	2,967	2,996	3,318	3,549	3,162	3,550
16039	Elmore	1890	27,038	29,130	21,205	21,565	17,479	16,719	6,687	5,518	4,491	5,087
16041	Franklin	1920	12,786	11,329	9,232	8,895	7,373	8,457	9,867	10,229	9,379	8,650
16043	Fremont	1900	13,242	11,819	10,937	10,813	8,710	8,679	9,351	10,304	9,924	10,380
16045	Gem	1920	16,719	15,181	11,844	11,972	9,387	9,127	8,730	9,544	7,419	6,427
16047	Gooding	1920	15,464	14,155	11,633	11,874	8,645	9,544	11,101	9,257	7,580	7,548
16049	Idaho	1870	16,267	15,511	13,783	14,769	12,891	13,542	11,423	12,691	10,107	11,749
16051	Jefferson	1920	26,140	19,155	16,543	15,304	11,619	11,672	10,495	10,762	9,171	9,441
16053	Jerome	1920	22,374	18,342	15,138	14,840	10,253	11,712	12,080	9,900	8,358	5,729
16055	Kootenai	1880	138,494	108,685	69,795	59,770	35,332	29,556	24,947	22,283	19,469	17,878
16057	Latah	1890	37,244	34,935	30,617	28,749	24,891	21,170	20,971	18,804	17,798	18,092
16059	Lemhi	1870	7,936	7,806	6,899	7,460	5,566	5,816	6,278	6,521	4,643	5,164
16061	Lewis	1920	3,821	3,747	3,516	4,118	3,867	4,423	4,208	4,666	5,238	5,851
16063	Lincoln	1900	5,208	4,044	3,308	3,436	3,057	3,686	4,256	4,230	3,242	3,446
16063.1	Logan	1890	---	---	---	---	---	---	---	---	---	---
16065	Madison	1920	37,536	27,467	23,674	19,480	13,452	9,417	9,156	9,186	8,316	9,167
16067	Minidoka	1920	20,069	20,174	19,361	19,718	15,731	14,394	9,785	9,870	8,403	9,035
16069	Nez Perce	1870	39,265	37,410	33,754	33,220	30,376	27,066	22,658	18,873	17,591	15,253
16071	Oneida	1870	4,286	4,125	3,492	3,258	2,864	3,603	4,387	5,417	5,870	6,723
16073	Owyhee	1870	11,526	10,644	8,392	8,272	6,422	6,375	6,307	5,652	4,103	4,694
16075	Payette	1920	22,623	20,578	16,434	15,722	12,401	12,363	11,921	9,511	7,318	7,021
16077	Power	1920	7,817	7,538	7,086	6,844	4,864	4,111	3,988	3,965	4,457	5,105
16079	Shoshone	1870	12,765	13,771	13,931	19,226	19,718	20,876	22,806	21,230	19,060	14,250
16081	Teton	1920	10,170	5,999	3,439	2,897	2,351	2,639	3,204	3,601	3,573	3,921
16083	Twin Falls	1910	77,230	64,284	53,580	52,927	41,807	41,842	40,979	36,403	29,828	28,398
16085	Valley	1920	9,862	7,651	6,109	5,604	3,609	3,663	4,270	4,035	3,488	2,524
16087	Washington	1880	10,198	9,977	8,550	8,803	7,633	8,378	8,576	8,853	7,962	9,424
17000	**ILLINOIS**	1800	12,830,632	12,419,293	11,430,602	11,426,518	11,113,976	10,081,158	8,712,176	7,897,241	7,630,654	6,485,280
17001	Adams	1830	67,103	68,277	66,090	71,622	70,861	68,467	64,690	65,229	62,784	62,188
17003	Alexander	1820	8,238	9,590	10,626	12,264	12,015	16,061	20,316	25,496	22,542	23,980
17005	Bond	1820	17,768	17,633	14,991	16,224	14,012	14,060	14,157	14,540	14,406	16,045
17007	Boone	1840	54,165	41,786	30,806	28,630	25,440	20,326	17,070	15,202	15,078	15,322
17009	Brown	1840	6,937	6,950	5,836	5,411	5,586	6,210	7,132	8,053	7,892	9,336
17011	Bureau	1840	34,978	35,503	35,688	39,114	38,541	37,594	37,711	37,600	38,845	42,648
17013	Calhoun	1830	5,089	5,084	5,322	5,867	5,675	5,933	6,898	8,207	8,034	8,245
17015	Carroll	1840	15,387	16,674	16,805	18,779	19,276	19,507	18,976	17,987	18,433	19,345
17017	Cass	1840	13,642	13,695	13,437	15,084	14,219	14,539	15,097	16,425	16,537	17,896
17019	Champaign	1840	201,081	179,669	173,025	168,392	163,281	132,436	106,100	70,578	64,273	56,959
17021	Christian	1840	34,800	35,372	34,418	36,446	35,948	37,207	38,816	38,564	37,538	38,458
17023	Clark	1820	16,335	17,008	15,921	16,913	16,216	16,546	17,362	18,842	17,872	21,165
17025	Clay	1830	13,815	14,560	14,460	15,283	14,735	15,815	17,445	18,947	16,155	17,684
17027	Clinton	1830	37,762	35,535	33,944	32,617	28,315	24,029	22,594	22,912	21,369	22,947
17029	Coles	1840	53,873	53,196	51,644	52,260	47,815	42,860	40,328	38,470	37,315	35,108
17031	Cook	1840	5,194,675	5,376,741	5,105,067	5,253,655	5,492,369	5,129,725	4,508,792	4,063,342	3,982,123	3,053,017
17033	Crawford	1820	19,817	20,452	19,464	20,818	19,824	20,751	21,137	21,294	21,085	22,771
17035	Cumberland	1850	11,048	11,253	10,670	11,062	9,772	9,936	10,496	11,698	10,419	12,858

Table C. States and Counties. Resident Population 1790 through 2010—*Continued*

STATE/ County code	STATE County	Resident population enumerated by census (continued)												
		1910	1900	1890	1880	1870	1860	1850	1840	1830	1820	1810	1800	1790
	IDAHO cnt'd													
16021	Boundary	---	---	---	---	---	---	---	---	---	---	---	---	---
16023	Butte	---	---	---	---	---	---	---	---	---	---	---	---	---
16025	Camas	---	---	---	---	---	---	---	---	---	---	---	---	---
16027	Canyon	25,323	7,497	---	---	---	---	---	---	---	---	---	---	---
16029	Caribou	---	---	---	---	---	---	---	---	---	---	---	---	---
16031	Cassia	7,197	3,951	3,143	1,312	---	---	---	---	---	---	---	---	---
16033	Clark	---	---	---	---	---	---	---	---	---	---	---	---	---
16035	Clearwater	---	---	---	---	---	---	---	---	---	---	---	---	---
16037	Custer	3,001	2,049	2,176	---	---	---	---	---	---	---	---	---	---
16039	Elmore	4,785	2,286	1,870	---	---	---	---	---	---	---	---	---	---
16041	Franklin	---	---	---	---	---	---	---	---	---	---	---	---	---
16043	Fremont	24,606	12,821	---	---	---	---	---	---	---	---	---	---	---
16045	Gem	---	---	---	---	---	---	---	---	---	---	---	---	---
16047	Gooding	---	---	---	---	---	---	---	---	---	---	---	---	---
16049	Idaho	12,384	9,121	2,955	2,031	849	---	---	---	---	---	---	---	---
16051	Jefferson	---	---	---	---	---	---	---	---	---	---	---	---	---
16053	Jerome	---	---	---	---	---	---	---	---	---	---	---	---	---
16055	Kootenai	22,747	10,216	4,108	518	---	---	---	---	---	---	---	---	---
16057	Latah	18,818	13,451	9,173	---	---	---	---	---	---	---	---	---	---
16059	Lemhi	4,786	3,446	1,915	2,230	988	---	---	---	---	---	---	---	---
16061	Lewis	---	---	---	---	---	---	---	---	---	---	---	---	---
16063	Lincoln	12,676	1,784	---	---	---	---	---	---	---	---	---	---	---
16063.1	Logan	---	---	4,169	---	---	---	---	---	---	---	---	---	---
16065	Madison	---	---	---	---	---	---	---	---	---	---	---	---	---
16067	Minidoka	---	---	---	---	---	---	---	---	---	---	---	---	---
16069	Nez Perce	24,860	13,748	2,847	3,965	1,607	---	---	---	---	---	---	---	---
16071	Oneida	15,170	8,933	6,819	6,964	1,922	---	---	---	---	---	---	---	---
16073	Owyhee	4,044	3,804	2,021	1,426	1,713	---	---	---	---	---	---	---	---
16075	Payette	---	---	---	---	---	---	---	---	---	---	---	---	---
16077	Power	---	---	---	---	---	---	---	---	---	---	---	---	---
16079	Shoshone	13,963	11,950	5,382	469	722	---	---	---	---	---	---	---	---
16081	Teton	---	---	---	---	---	---	---	---	---	---	---	---	---
16083	Twin Falls	13,543	---	---	---	---	---	---	---	---	---	---	---	---
16085	Valley	---	---	---	---	---	---	---	---	---	---	---	---	---
16087	Washington	11,101	6,882	3,836	879	---	---	---	---	---	---	---	---	---
17000	**ILLINOIS**	5,638,591	4,821,550	3,826,352	3,077,871	2,539,891	1,711,951	851,470	476,183	157,445	55,211	12,282	2,458	---
17001	Adams	64,588	67,058	61,888	59,135	56,362	41,323	26,508	14,476	2,186	---	---	---	---
17003	Alexander	22,741	19,384	16,563	14,808	10,564	4,707	2,484	3,313	1,390	626	---	---	---
17005	Bond	17,075	16,078	14,550	14,866	13,152	9,815	6,144	5,060	3,124	2,931	---	---	---
17007	Boone	15,481	15,791	12,203	11,508	12,942	11,678	7,624	1,705	---	---	---	---	---
17009	Brown	10,397	11,557	11,951	13,041	12,205	9,938	7,198	4,183	---	---	---	---	---
17011	Bureau	43,975	41,112	35,014	33,172	32,415	26,426	8,841	3,067	---	---	---	---	---
17013	Calhoun	8,610	8,917	7,652	7,467	6,562	5,144	3,231	1,741	1,090	---	---	---	---
17015	Carroll	18,035	18,963	18,320	16,976	16,705	11,733	4,586	1,023	---	---	---	---	---
17017	Cass	17,372	17,222	15,963	14,493	11,580	11,325	7,253	2,981	---	---	---	---	---
17019	Champaign	51,829	47,622	42,159	40,863	32,737	14,629	2,649	1,475	---	---	---	---	---
17021	Christian	34,594	32,790	30,531	28,227	20,363	10,492	3,203	1,878	---	---	---	---	---
17023	Clark	23,517	24,033	21,899	21,894	18,719	14,987	9,532	7,453	3,940	931	---	---	---
17025	Clay	18,661	19,553	16,772	16,192	15,875	9,336	4,289	3,228	755	---	---	---	---
17027	Clinton	22,832	19,824	17,411	18,714	16,285	10,941	5,139	3,718	2,330	---	---	---	---
17029	Coles	34,517	34,146	30,093	27,042	25,235	14,203	9,335	9,616	---	---	---	---	---
17031	Cook	2,405,233	1,838,735	1,191,922	607,524	349,966	144,954	43,385	10,201	---	---	---	---	---
17033	Crawford	26,281	19,240	17,283	16,197	13,889	11,551	7,135	4,422	3,117	3,022	---	---	---
17035	Cumberland	14,281	16,124	15,443	13,759	12,223	8,311	3,718	---	---	---	---	---	---

Table C. States and Counties. Resident Population 1790 through 2010—*Continued*

STATE/ County code	STATE County	Year of first census	Resident population enumerated by census									
			2010	2000	1990	1980	1970	1960	1950	1940	1930	1920
	ILLINOIS cnt'd											
17037	DeKalb	1840	105,160	88,969	77,932	74,624	71,654	51,714	40,781	34,388	32,644	31,339
17039	De Witt	1840	16,561	16,798	16,516	18,108	16,975	17,253	16,894	18,244	18,598	19,252
17041	Douglas	1860	19,980	19,922	19,464	19,774	18,997	19,243	16,706	17,590	17,914	19,604
17043	DuPage	1840	916,924	904,161	781,666	658,835	491,882	313,459	154,599	103,480	91,998	42,120
17045	Edgar	1830	18,576	19,704	19,595	21,725	21,591	22,550	23,407	24,430	24,966	25,769
17047	Edwards	1820	6,721	6,971	7,440	7,961	7,090	7,940	9,056	8,974	8,303	9,431
17049	Effingham	1840	34,242	34,264	31,704	30,944	24,608	23,107	21,675	22,034	19,013	19,556
17051	Fayette	1830	22,140	21,802	20,893	22,167	20,752	21,946	24,582	29,159	23,487	26,187
17053	Ford	1860	14,081	14,241	14,275	15,265	16,382	16,606	15,901	15,007	15,489	16,466
17055	Franklin	1820	39,561	39,018	40,319	43,201	38,329	39,281	48,685	53,137	59,442	57,293
17057	Fulton	1830	37,069	38,250	38,080	43,687	41,890	41,954	43,716	44,627	43,983	48,163
17059	Gallatin	1820	5,589	6,445	6,909	7,590	7,418	7,638	9,818	11,414	10,091	12,856
17061	Greene	1830	13,886	14,761	15,317	16,661	17,014	17,460	18,852	20,292	20,417	22,883
17063	Grundy	1850	50,063	37,535	32,337	30,582	26,535	22,350	19,217	18,398	18,678	18,580
17065	Hamilton	1830	8,457	8,621	8,499	9,172	8,665	10,010	12,256	13,454	12,995	15,920
17067	Hancock	1830	19,104	20,121	21,373	23,877	23,645	24,574	25,790	26,297	26,420	28,523
17069	Hardin	1840	4,320	4,800	5,189	5,383	4,914	5,879	7,530	7,759	6,955	7,533
17071	Henderson	1850	7,331	8,213	8,096	9,114	8,451	8,237	8,416	8,949	8,778	9,770
17073	Henry	1830	50,486	51,020	51,159	57,968	53,217	49,317	46,492	43,798	43,851	45,162
17075	Iroquois	1840	29,718	31,334	30,787	32,976	33,532	33,562	32,348	32,496	32,913	34,841
17077	Jackson	1820	60,218	59,612	61,067	61,522	55,008	42,151	38,124	37,920	35,680	37,091
17079	Jasper	1840	9,698	10,117	10,609	11,318	10,741	11,346	12,266	13,431	12,809	16,064
17081	Jefferson	1820	38,827	40,045	37,020	36,552	31,446	32,315	35,892	34,375	31,034	28,480
17083	Jersey	1840	22,985	21,668	20,539	20,538	18,492	17,023	15,264	13,636	12,556	12,682
17085	Jo Daviess	1830	22,678	22,289	21,821	23,520	21,766	21,821	21,459	19,989	20,235	21,917
17087	Johnson	1820	12,582	12,878	11,347	9,624	7,550	6,928	8,729	10,727	10,203	12,022
17089	Kane	1840	515,269	404,119	317,471	278,405	251,005	208,246	150,388	130,206	125,327	99,499
17091	Kankakee	1860	113,449	103,833	96,255	102,926	97,250	92,063	73,524	60,877	50,095	44,940
17093	Kendall	1850	114,736	54,544	39,413	37,202	26,374	17,540	12,115	11,105	10,555	10,074
17095	Knox	1830	52,919	55,836	56,393	61,607	61,280	61,280	54,366	52,250	51,336	46,727
17097	Lake	1840	703,462	644,356	516,418	440,372	382,638	293,656	179,097	121,094	104,387	74,285
17099	La Salle	1840	113,924	111,509	106,913	112,033	111,409	110,800	100,610	97,801	97,695	92,925
17101	Lawrence	1830	16,833	15,452	15,972	17,807	17,522	18,540	20,539	21,075	21,885	21,380
17103	Lee	1840	36,031	36,062	34,392	36,328	37,947	38,749	36,451	34,604	32,329	28,004
17105	Livingston	1840	38,950	39,678	39,301	41,381	40,690	40,341	37,809	38,838	39,092	39,070
17107	Logan	1840	30,305	31,183	30,798	31,802	33,538	33,656	30,671	29,438	28,863	29,562
17109	McDonough	1840	32,612	32,913	35,244	37,467	36,653	28,928	28,199	26,944	27,329	27,074
17111	McHenry	1840	308,760	260,077	183,241	147,897	111,555	84,210	50,656	37,311	35,079	33,164
17113	McLean	1840	169,572	150,433	129,180	119,149	104,389	83,877	76,577	73,930	73,117	70,107
17115	Macon	1830	110,768	114,706	117,206	131,375	125,010	118,257	98,853	84,693	81,731	65,175
17117	Macoupin	1830	47,765	49,019	47,679	49,384	44,557	43,524	44,210	46,304	48,703	57,274
17119	Madison	1820	269,282	258,941	249,238	247,691	250,934	224,689	182,307	149,349	143,830	106,895
17121	Marion	1830	39,437	41,691	41,561	43,523	38,986	39,349	41,700	47,989	35,635	37,497
17123	Marshall	1840	12,640	13,180	12,846	14,479	13,302	13,334	13,025	13,179	13,023	14,760
17125	Mason	1850	14,666	16,038	16,269	19,492	16,161	15,193	15,326	15,358	15,115	16,634
17127	Massac	1850	15,429	15,161	14,752	14,990	13,889	14,341	13,594	14,937	14,081	13,559
17129	Menard	1840	12,705	12,486	11,164	11,700	9,685	9,248	9,639	10,663	10,575	11,694
17131	Mercer	1830	16,434	16,957	17,290	19,286	17,294	17,149	17,374	17,701	16,641	18,800
17133	Monroe	1820	32,957	27,619	22,422	20,117	18,831	15,507	13,282	12,754	12,369	12,839
17135	Montgomery	1830	30,104	30,652	30,728	31,686	30,260	31,244	32,460	34,499	35,278	41,403
17137	Morgan	1830	35,547	36,616	36,397	37,502	36,174	36,571	35,568	36,378	34,240	33,567
17139	Moultrie	1850	14,846	14,287	13,930	14,546	13,263	13,635	13,171	13,477	13,247	14,839
17141	Ogle	1840	53,497	51,032	45,957	46,338	42,867	38,106	33,429	29,869	28,118	26,830
17143	Peoria	1840	186,494	183,433	182,827	200,466	195,318	189,044	174,347	153,374	141,344	111,710
17145	Perry	1830	22,350	23,094	21,412	21,714	19,757	19,184	21,684	23,438	22,767	22,901
17147	Piatt	1850	16,729	16,365	15,548	16,581	15,509	14,960	13,970	14,659	15,588	15,714
17149	Pike	1830	16,430	17,384	17,577	18,896	19,185	20,552	22,155	25,340	24,357	26,866
17151	Pope	1820	4,470	4,413	4,373	4,404	3,857	4,061	5,779	7,999	7,996	9,625
17153	Pulaski	1850	6,161	7,348	7,523	8,840	8,741	10,490	13,639	15,875	14,834	14,629
17155	Putnam	1830	6,006	6,086	5,730	6,085	5,007	4,570	4,746	5,289	5,235	7,579
17157	Randolph	1810	33,476	33,893	34,583	35,652	31,379	29,988	31,673	33,608	29,313	29,109
17159	Richland	1850	16,233	16,149	16,545	17,587	16,829	16,299	16,889	17,137	14,053	14,044

Table C. States and Counties. Resident Population 1790 through 2010—*Continued*

STATE/ County code	STATE County	Resident population enumerated by census (continued)												
		1910	1900	1890	1880	1870	1860	1850	1840	1830	1820	1810	1800	1790
	ILLINOIS cnt'd													
17037	DeKalb	33,457	31,756	27,066	26,768	23,265	19,086	7,540	1,697	---	---	---	---	---
17039	De Witt	18,906	18,972	17,011	17,010	14,768	10,820	5,002	3,247	---	---	---	---	---
17041	Douglas	19,591	19,097	17,669	15,853	13,484	7,140	---	---	---	---	---	---	---
17043	DuPage	33,432	28,196	22,551	19,161	16,685	14,701	9,290	3,535	---	---	---	---	---
17045	Edgar	27,336	28,273	26,787	25,499	21,450	16,925	10,692	8,225	4,071	---	---	---	---
17047	Edwards	10,049	10,345	9,444	8,597	7,565	5,454	3,524	3,070	1,649	3,444	---	---	---
17049	Effingham	20,055	20,465	19,358	18,920	15,653	7,816	3,799	1,675	---	---	---	---	---
17051	Fayette	28,075	28,065	23,367	23,241	19,638	11,189	8,075	6,328	2,704	---	---	---	---
17053	Ford	17,096	18,359	17,035	15,099	9,103	1,979	---	---	---	---	---	---	---
17055	Franklin	25,943	19,675	17,138	16,129	12,652	9,393	5,681	3,682	4,083	1,763	---	---	---
17057	Fulton	49,549	46,201	43,110	41,240	38,291	33,338	22,508	13,142	1,841	---	---	---	---
17059	Gallatin	14,628	15,836	14,935	12,861	11,134	8,055	5,448	10,760	7,405	3,155	---	---	---
17061	Greene	22,363	23,402	23,791	23,010	20,277	16,093	12,429	11,951	7,674	---	---	---	---
17063	Grundy	24,162	24,136	21,024	16,732	14,938	10,379	3,023	---	---	---	---	---	---
17065	Hamilton	18,227	20,197	17,800	16,712	13,014	9,915	6,362	3,945	2,616	---	---	---	---
17067	Hancock	30,638	32,215	31,907	35,337	35,935	29,061	14,652	9,946	483	---	---	---	---
17069	Hardin	7,015	7,448	7,234	6,024	5,113	3,759	2,887	1,378	---	---	---	---	---
17071	Henderson	9,724	10,836	9,876	10,722	12,582	9,501	4,612	---	---	---	---	---	---
17073	Henry	41,736	40,049	33,338	36,597	35,506	20,660	3,807	1,260	41	---	---	---	---
17075	Iroquois	35,543	38,014	35,167	35,451	25,782	12,325	4,149	1,695	---	---	---	---	---
17077	Jackson	35,143	33,871	27,809	22,505	19,634	9,589	5,862	3,566	1,828	1,542	---	---	---
17079	Jasper	18,157	20,160	18,188	14,515	11,234	8,364	3,220	1,472	---	---	---	---	---
17081	Jefferson	29,111	28,133	22,590	20,686	17,864	12,965	8,109	5,762	2,555	691	---	---	---
17083	Jersey	13,954	14,612	14,810	15,542	15,054	12,051	7,354	4,535	---	---	---	---	---
17085	Jo Daviess	22,657	24,533	25,101	27,528	27,820	27,325	18,604	6,180	2,111	---	---	---	---
17087	Johnson	14,331	15,667	15,013	13,078	11,248	9,342	4,114	3,626	1,596	843	---	---	---
17089	Kane	91,862	78,792	65,061	44,939	39,091	30,062	16,703	6,501	---	---	---	---	---
17091	Kankakee	40,752	37,154	28,732	25,047	24,352	15,412	---	---	---	---	---	---	---
17093	Kendall	10,777	11,467	12,106	13,083	12,399	13,074	7,730	---	---	---	---	---	---
17095	Knox	46,159	43,612	38,752	38,344	39,522	28,663	13,279	7,060	274	---	---	---	---
17097	Lake	55,058	34,504	24,235	21,296	21,014	18,257	14,226	2,634	---	---	---	---	---
17099	La Salle	90,132	87,776	80,798	70,403	60,792	48,332	17,815	9,348	---	---	---	---	---
17101	Lawrence	22,661	16,523	14,693	13,663	12,533	9,214	6,121	7,092	3,668	---	---	---	---
17103	Lee	27,750	29,894	26,187	27,491	27,171	17,651	5,292	2,035	---	---	---	---	---
17105	Livingston	40,465	42,035	38,455	38,450	31,471	11,637	1,552	759	---	---	---	---	---
17107	Logan	30,216	28,680	25,489	25,037	23,053	14,272	5,128	2,333	---	---	---	---	---
17109	McDonough	26,887	28,412	27,467	27,970	26,509	20,069	7,616	5,308	---	---	---	---	---
17111	McHenry	32,509	29,759	26,114	24,908	23,762	22,089	14,978	2,578	---	---	---	---	---
17113	McLean	68,008	67,843	63,036	60,100	53,988	28,772	10,163	6,565	---	---	---	---	---
17115	Macon	54,186	44,003	38,083	30,665	26,481	13,738	3,988	3,039	1,122	---	---	---	---
17117	Macoupin	50,685	42,256	40,380	37,692	32,726	24,602	12,355	7,826	1,990	---	---	---	---
17119	Madison	89,847	64,694	51,535	50,126	44,131	31,251	20,441	14,433	6,221	13,550	---	---	---
17121	Marion	35,094	30,446	24,341	23,686	20,622	12,739	6,720	4,742	2,125	---	---	---	---
17123	Marshall	15,679	16,370	13,653	15,055	16,956	13,437	5,180	1,849	---	---	---	---	---
17125	Mason	17,377	17,491	16,067	16,242	16,184	10,931	5,921	---	---	---	---	---	---
17127	Massac	14,200	13,110	11,313	10,443	9,581	6,213	4,092	---	---	---	---	---	---
17129	Menard	12,796	14,336	13,120	13,024	11,735	9,584	6,349	4,431	---	---	---	---	---
17131	Mercer	19,723	20,945	18,545	19,502	18,769	15,042	5,246	2,352	26	---	---	---	---
17133	Monroe	13,508	13,847	12,948	13,682	12,982	12,832	7,679	4,481	2,000	1,537	---	---	---
17135	Montgomery	35,311	30,836	30,003	28,078	25,314	13,979	6,277	4,490	2,953	---	---	---	---
17137	Morgan	34,420	35,006	32,636	31,514	28,463	22,112	16,064	19,547	12,714	---	---	---	---
17139	Moultrie	14,630	15,224	14,481	13,699	10,385	6,385	3,234	---	---	---	---	---	---
17141	Ogle	27,864	29,129	28,710	29,937	27,492	22,888	10,020	3,479	---	---	---	---	---
17143	Peoria	100,255	88,608	70,378	55,355	47,540	36,601	17,547	6,153	---	---	---	---	---
17145	Perry	22,088	19,830	17,529	16,007	13,723	9,552	5,278	3,222	1,215	---	---	---	---
17147	Piatt	16,376	17,706	17,062	15,583	10,953	6,127	1,606	---	---	---	---	---	---
17149	Pike	28,622	31,595	31,000	33,751	30,768	27,249	18,819	11,728	2,396	---	---	---	---
17151	Pope	11,215	13,585	14,016	13,256	11,437	6,742	3,975	4,094	3,316	2,610	---	---	---
17153	Pulaski	15,650	14,554	11,355	9,507	8,752	3,943	2,265	---	---	---	---	---	---
17155	Putnam	7,561	4,746	4,730	5,554	6,280	5,587	3,924	2,131	1,310	---	---	---	---
17157	Randolph	29,120	28,001	25,049	25,690	20,859	17,205	11,079	7,944	4,429	3,492	7,275	1,103	---
17159	Richland	15,970	16,391	15,019	15,545	12,803	9,711	4,012	---	---	---	---	---	---

Table C. States and Counties. Resident Population 1790 through 2010—*Continued*

STATE/ County code	STATE County	Year of first census	Resident population enumerated by census									
			2010	2000	1990	1980	1970	1960	1950	1940	1930	1920
	ILLINOIS cnt'd											
17161	Rock Island	1840	147,546	149,374	148,723	165,968	166,734	150,991	133,558	113,323	98,191	92,297
17163	St. Clair	1810	270,056	256,082	262,852	267,531	285,176	262,509	205,995	166,899	157,775	136,520
17165	Saline	1850	24,913	26,733	26,551	28,448	25,721	26,227	33,420	38,066	37,100	38,353
17167	Sangamon	1830	197,465	188,951	178,386	176,089	161,335	146,539	131,484	117,912	111,733	100,262
17169	Schuyler	1830	7,544	7,189	7,498	8,365	8,135	8,746	9,613	11,430	11,676	13,285
17171	Scott	1840	5,355	5,537	5,644	6,142	6,096	6,377	7,245	8,176	8,539	9,489
17173	Shelby	1830	22,363	22,893	22,261	23,923	22,589	23,404	24,434	26,290	25,471	29,601
17175	Stark	1840	5,994	6,332	6,534	7,389	7,510	8,152	8,721	8,881	9,184	9,693
17177	Stephenson	1840	47,711	48,979	48,052	49,536	48,861	46,207	41,595	40,646	40,064	37,743
17179	Tazewell	1830	135,394	128,485	123,692	132,078	118,649	99,789	76,165	58,362	46,082	38,540
17181	Union	1820	17,808	18,293	17,619	17,765	16,071	17,645	20,500	21,528	19,883	20,249
17183	Vermilion	1830	81,625	83,919	88,257	95,222	97,047	96,176	87,079	86,791	89,339	86,162
17185	Wabash	1830	11,947	12,937	13,111	13,713	12,841	14,047	14,651	13,724	13,197	14,034
17187	Warren	1830	17,707	18,735	19,181	21,943	21,595	21,587	21,981	21,286	21,745	21,488
17189	Washington	1820	14,716	15,148	14,965	15,472	13,780	13,569	14,460	15,801	16,286	18,035
17191	Wayne	1820	16,760	17,151	17,241	18,059	17,004	19,008	20,933	22,092	19,130	22,772
17193	White	1820	14,665	15,371	16,522	17,864	17,312	19,373	20,935	20,027	18,149	20,081
17195	Whiteside	1840	58,498	60,653	60,186	65,970	62,877	59,887	49,336	43,338	39,019	36,174
17197	Will	1840	677,560	502,266	357,313	324,460	249,498	191,617	134,336	114,210	110,732	92,911
17199	Williamson	1840	66,357	61,296	57,733	56,538	49,021	46,117	48,621	51,424	53,880	61,092
17201	Winnebago	1840	295,266	278,418	252,913	250,884	246,623	209,765	152,385	121,178	117,373	90,929
17203	Woodford	1850	38,664	35,469	32,653	33,320	28,012	24,579	21,335	19,124	18,792	19,340
18000	**INDIANA**	1800	6,483,802	6,080,485	5,544,159	5,490,224	5,193,669	4,662,498	3,934,224	3,427,796	3,238,503	2,930,390
18001	Adams	1840	34,387	33,625	31,095	29,619	26,871	24,643	22,393	21,254	19,957	20,503
18003	Allen	1830	355,329	331,849	300,836	294,335	280,455	232,196	183,722	155,084	146,743	114,303
18005	Bartholomew	1830	76,794	71,435	63,657	65,088	57,022	48,198	36,108	28,276	24,864	23,887
18007	Benton	1850	8,854	9,421	9,441	10,218	11,262	11,912	11,462	11,117	11,886	12,206
18009	Blackford	1840	12,766	14,048	14,067	15,570	15,888	14,792	14,026	13,783	13,617	14,084
18011	Boone	1830	56,640	46,107	38,147	36,446	30,870	27,543	23,993	22,081	22,290	23,575
18013	Brown	1840	15,242	14,957	14,080	12,377	9,057	7,024	6,209	6,189	5,168	7,019
18015	Carroll	1830	20,155	20,165	18,809	19,722	17,734	16,934	16,010	15,410	15,049	16,315
18017	Cass	1830	38,966	40,930	38,413	40,936	40,456	40,931	38,793	36,908	34,518	38,333
18019	Clark	1810	110,232	96,472	87,777	88,838	75,876	62,795	48,330	31,020	30,764	29,381
18021	Clay	1830	26,890	26,556	24,705	24,862	23,933	24,207	23,918	25,365	26,479	29,447
18023	Clinton	1830	33,224	33,866	30,974	31,545	30,547	30,765	29,734	28,411	27,329	27,737
18025	Crawford	1820	10,713	10,743	9,914	9,820	8,033	8,379	9,289	10,171	10,160	11,201
18027	Daviess	1820	31,648	29,820	27,533	27,836	26,602	26,636	26,762	26,163	25,832	26,856
18029	Dearborn	1810	50,047	46,109	38,835	34,291	29,430	28,674	25,141	23,053	21,056	20,033
18031	Decatur	1830	25,740	24,555	23,645	23,841	22,738	20,019	18,218	17,722	17,308	17,813
18033	DeKalb	1840	42,223	40,285	35,324	33,606	30,837	28,271	26,023	24,756	24,911	25,600
18035	Delaware	1820	117,671	118,769	119,659	128,587	129,219	110,938	90,252	74,963	67,270	56,377
18037	Dubois	1820	41,889	39,674	36,616	34,238	30,934	27,463	23,785	22,579	20,553	19,915
18039	Elkhart	1830	197,559	182,791	156,198	137,330	126,529	106,790	84,512	72,634	68,875	56,384
18041	Fayette	1820	24,277	25,588	26,015	28,272	26,216	24,454	23,391	19,411	19,243	17,142
18043	Floyd	1820	74,578	70,823	64,404	61,169	55,622	51,397	43,955	35,061	34,655	30,661
18045	Fountain	1830	17,240	17,954	17,808	19,033	18,257	18,706	17,836	18,299	17,971	18,823
18047	Franklin	1820	23,087	22,151	19,580	19,612	16,943	17,015	16,034	14,412	14,498	14,806
18049	Fulton	1840	20,836	20,511	18,840	19,335	16,984	16,957	16,565	15,577	15,038	16,478
18051	Gibson	1820	33,503	32,500	31,913	33,156	30,444	29,949	30,720	30,709	29,202	29,201
18053	Grant	1840	70,061	73,403	74,169	80,934	83,955	75,741	62,156	55,813	51,066	51,353
18055	Greene	1830	33,165	33,157	30,410	30,416	26,894	26,327	27,886	31,330	31,481	36,770
18057	Hamilton	1830	274,569	182,740	108,936	82,027	54,532	40,132	28,491	24,614	23,444	24,222
18059	Hancock	1830	70,002	55,391	45,527	43,939	35,096	26,665	20,332	17,302	16,605	17,210
18061	Harrison	1810	39,364	34,325	29,890	27,276	20,423	19,207	17,858	17,106	17,254	18,656
18063	Hendricks	1830	145,448	104,093	75,717	69,804	53,974	40,896	24,594	20,151	19,725	20,291
18065	Henry	1830	49,462	48,508	48,139	53,336	52,603	48,899	45,505	40,208	35,238	34,682
18067	Howard	1850	82,752	84,964	80,827	86,896	83,198	69,509	54,498	47,752	46,696	43,965

Table C. States and Counties. Resident Population 1790 through 2010—*Continued*

STATE/ County code	STATE County	Resident population enumerated by census (continued)												
		1910	1900	1890	1880	1870	1860	1850	1840	1830	1820	1810	1800	1790
	ILLINOIS cnt'd													
17161	Rock Island	70,404	55,249	41,917	38,302	29,783	21,005	6,937	2,610	---	---	---	---	---
17163	St. Clair	119,870	86,685	66,571	61,806	51,068	37,694	20,180	13,631	7,078	5,253	5,007	1,355	---
17165	Saline	30,204	21,685	19,342	15,940	12,714	9,331	5,588	---	---	---	---	---	---
17167	Sangamon	91,024	71,593	61,195	52,894	46,352	32,274	19,228	14,716	12,960	---	---	---	---
17169	Schuyler	14,852	16,129	16,013	16,249	17,419	14,684	10,573	6,972	2,959	---	---	---	---
17171	Scott	10,067	10,455	10,304	10,741	10,530	9,069	7,914	6,215	---	---	---	---	---
17173	Shelby	31,693	32,126	31,191	30,270	25,476	14,613	7,807	6,659	2,972	---	---	---	---
17175	Stark	10,098	10,186	9,982	11,207	10,751	9,004	3,710	1,573	---	---	---	---	---
17177	Stephenson	36,821	34,933	31,338	31,963	30,608	25,112	11,666	2,800	---	---	---	---	---
17179	Tazewell	34,027	33,221	29,556	29,666	27,903	21,470	12,052	7,221	4,716	---	---	---	---
17181	Union	21,856	22,610	21,549	18,102	16,518	11,181	7,615	5,524	3,239	2,362	---	---	---
17183	Vermilion	77,996	65,635	49,905	41,588	30,388	19,800	11,492	9,303	5,836	---	---	---	---
17185	Wabash	14,913	12,583	11,866	9,945	8,841	7,313	4,690	4,240	2,710	---	---	---	---
17187	Warren	23,313	23,163	21,281	22,933	23,174	18,336	8,176	6,739	308	---	---	---	---
17189	Washington	18,759	19,526	19,262	21,112	17,599	13,731	6,953	4,810	1,675	1,517	---	---	---
17191	Wayne	25,697	27,626	23,806	21,291	19,758	12,223	6,825	5,133	2,553	1,114	---	---	---
17193	White	23,052	25,386	25,005	23,087	16,846	12,403	8,925	7,919	6,091	4,828	---	---	---
17195	Whiteside	34,507	34,710	30,854	30,885	27,503	18,737	5,361	2,514	---	---	---	---	---
17197	Will	84,371	74,764	62,007	53,422	43,013	29,321	16,703	10,167	---	---	---	---	---
17199	Williamson	45,098	27,796	22,226	19,324	17,329	12,205	7,216	4,457	---	---	---	---	---
17201	Winnebago	63,153	47,845	39,938	30,505	29,301	24,491	11,773	4,609	---	---	---	---	---
17203	Woodford	20,506	21,822	21,429	21,620	18,956	13,282	4,415	---	---	---	---	---	---
18000	**INDIANA**	2,700,876	2,516,462	2,192,404	1,978,301	1,680,637	1,350,428	988,416	685,866	343,031	147,178	24,520	2,632	---
18001	Adams	21,840	22,232	20,181	15,385	11,382	9,252	5,797	2,264	---	---	---	---	---
18003	Allen	93,386	77,270	66,689	54,763	43,494	29,328	16,919	5,942	996	---	---	---	---
18005	Bartholomew	24,813	24,594	23,867	22,777	21,133	17,865	12,428	10,042	5,476	---	---	---	---
18007	Benton	12,688	13,123	11,903	11,108	5,615	2,809	1,144	---	---	---	---	---	---
18009	Blackford	15,820	17,213	10,461	8,020	6,272	4,122	2,860	1,226	---	---	---	---	---
18011	Boone	24,673	26,321	26,572	25,922	22,593	16,753	11,631	8,121	621	---	---	---	---
18013	Brown	7,975	9,727	10,308	10,264	8,681	6,507	4,846	2,364	---	---	---	---	---
18015	Carroll	17,970	19,953	20,021	18,345	16,152	13,489	11,015	7,819	1,611	---	---	---	---
18017	Cass	36,368	34,545	31,152	27,611	24,193	16,843	11,021	5,480	1,162	---	---	---	---
18019	Clark	30,260	31,835	30,259	28,610	24,770	20,502	15,828	14,595	10,686	8,709	5,670	---	---
18021	Clay	32,535	34,285	30,536	25,854	19,084	12,161	7,944	5,567	1,616	---	---	---	---
18023	Clinton	26,674	28,202	27,370	23,472	17,330	14,505	11,869	7,508	1,423	---	---	---	---
18025	Crawford	12,057	13,476	13,941	12,356	9,851	8,226	6,524	5,282	3,238	2,583	---	---	---
18027	Daviess	27,747	29,914	26,227	21,552	16,747	13,323	10,352	6,720	4,543	3,432	---	---	---
18029	Dearborn	21,396	22,194	23,364	26,671	24,116	24,406	20,166	19,327	13,974	11,468	7,310	---	---
18031	Decatur	18,793	19,518	19,277	19,779	19,053	17,294	15,107	12,171	5,887	---	---	---	---
18033	DeKalb	25,054	25,711	24,307	20,225	17,167	13,880	8,251	1,968	---	---	---	---	---
18035	Delaware	51,414	49,624	30,131	22,926	19,030	15,753	10,843	8,843	2,374	3,677	---	---	---
18037	Dubois	19,843	20,357	20,253	15,992	12,597	10,394	6,321	3,632	1,778	1,168	---	---	---
18039	Elkhart	49,008	45,052	39,201	33,454	26,026	20,986	12,690	6,660	935	---	---	---	---
18041	Fayette	14,415	13,495	12,630	11,394	10,476	10,225	10,217	9,837	9,112	5,950	---	---	---
18043	Floyd	30,293	30,118	29,458	24,590	23,300	20,183	14,875	9,454	6,361	2,776	---	---	---
18045	Fountain	20,439	21,446	19,558	20,228	16,389	15,566	13,253	11,218	7,619	---	---	---	---
18047	Franklin	15,335	16,388	18,366	20,092	20,223	19,549	17,968	13,349	10,190	10,763	---	---	---
18049	Fulton	16,879	17,453	16,746	14,301	12,726	9,422	5,982	1,993	---	---	---	---	---
18051	Gibson	30,137	30,099	24,920	22,742	17,371	14,532	10,771	8,977	5,418	3,876	---	---	---
18053	Grant	51,426	54,693	31,493	23,618	18,487	15,797	11,092	4,875	---	---	---	---	---
18055	Greene	36,873	28,530	24,379	22,996	19,514	16,041	12,313	8,321	4,242	---	---	---	---
18057	Hamilton	27,026	29,914	26,123	24,801	20,882	17,310	12,684	9,855	1,757	---	---	---	---
18059	Hancock	19,030	19,189	17,829	17,123	15,123	12,802	9,698	7,535	1,436	---	---	---	---
18061	Harrison	20,232	21,702	20,786	21,326	19,913	18,521	15,286	12,459	10,273	7,875	3,595	---	---
18063	Hendricks	20,840	21,292	21,498	22,981	20,277	16,953	14,083	11,264	3,975	---	---	---	---
18065	Henry	29,758	25,088	23,879	24,016	22,986	20,119	17,605	15,128	6,497	---	---	---	---
18067	Howard	33,177	28,575	26,186	19,584	15,847	12,524	6,657	---	---	---	---	---	---

Table C. States and Counties. Resident Population 1790 through 2010—*Continued*

STATE/ County code	STATE County	Year of first census	Resident population enumerated by census									
			2010	2000	1990	1980	1970	1960	1950	1940	1930	1920
	INDIANA cnt'd											
18069	Huntington	1840	37,124	38,075	35,427	35,596	34,970	33,814	31,400	29,931	29,073	31,671
18071	Jackson	1820	42,376	41,335	37,730	36,523	33,187	30,556	28,237	26,612	23,731	24,228
18073	Jasper	1840	33,478	30,043	24,960	26,138	20,429	18,842	17,031	14,397	13,388	13,961
18075	Jay	1840	21,253	21,806	21,512	23,239	23,575	22,572	23,157	22,601	20,846	23,318
18077	Jefferson	1820	32,428	31,705	29,797	30,419	27,006	24,061	21,613	19,912	19,182	20,709
18079	Jennings	1820	28,525	27,554	23,661	22,854	19,454	17,267	15,250	13,680	11,800	13,280
18081	Johnson	1830	139,654	115,209	88,109	77,240	61,138	43,704	26,183	22,493	21,706	20,739
18083	Knox	1800	38,440	39,256	39,884	41,838	41,546	41,561	43,415	43,973	43,813	46,195
18085	Kosciusko	1840	77,358	74,057	65,294	59,555	48,127	40,373	33,002	29,561	27,488	27,120
18087	LaGrange	1840	37,128	34,909	29,477	25,550	20,890	17,380	15,347	14,352	13,780	14,009
18089	Lake	1840	496,005	484,564	475,594	522,965	546,253	513,269	368,152	293,195	261,310	159,957
18091	LaPorte	1840	111,467	110,106	107,066	108,632	105,342	95,111	76,808	63,660	60,490	50,443
18093	Lawrence	1820	46,134	45,922	42,836	42,472	38,038	36,564	34,346	35,045	35,583	28,228
18095	Madison	1830	131,636	133,358	130,669	139,336	138,451	125,819	103,911	88,575	82,888	69,151
18097	Marion	1830	903,393	860,454	797,159	765,233	792,299	697,567	551,777	460,926	422,666	348,061
18099	Marshall	1840	47,051	45,128	42,182	39,155	34,986	32,443	29,468	25,935	25,077	23,744
18101	Martin	1820	10,334	10,369	10,369	11,001	10,969	10,608	10,678	10,300	10,103	11,865
18103	Miami	1840	36,903	36,082	36,897	39,820	39,246	38,000	28,201	27,926	29,032	28,668
18105	Monroe	1820	137,974	120,563	108,978	98,785	84,849	59,225	50,080	36,534	35,974	24,519
18107	Montgomery	1830	38,124	37,629	34,436	35,501	33,930	32,089	29,122	27,231	26,980	28,490
18109	Morgan	1830	68,894	66,689	55,920	51,999	44,176	33,875	23,726	19,801	19,424	20,010
18111	Newton	1860	14,244	14,566	13,551	14,844	11,606	11,502	11,006	10,775	9,841	10,144
18113	Noble	1840	47,536	46,275	37,877	35,443	31,382	28,162	25,075	22,776	22,404	22,470
18115	Ohio	1850	6,128	5,623	5,315	5,114	4,289	4,165	4,223	3,782	3,747	4,024
18117	Orange	1820	19,840	19,306	18,409	18,677	16,968	16,877	16,879	17,311	17,459	16,974
18119	Owen	1820	21,575	21,786	17,281	15,841	12,163	11,400	11,763	12,090	11,351	12,760
18121	Parke	1830	17,339	17,241	15,410	16,372	14,600	14,804	15,674	17,358	16,561	18,875
18123	Perry	1820	19,338	18,899	19,107	19,346	19,075	17,232	17,367	17,770	16,625	16,692
18125	Pike	1820	12,845	12,837	12,509	13,465	12,281	12,797	14,995	17,045	16,361	18,684
18127	Porter	1840	164,343	146,798	128,932	119,816	87,114	60,279	40,076	27,836	22,821	20,256
18129	Posey	1820	25,910	27,061	25,968	26,414	21,740	19,214	19,818	19,183	17,853	19,334
18131	Pulaski	1840	13,402	13,755	12,643	13,258	12,534	12,837	12,493	12,056	11,195	12,385
18133	Putnam	1830	37,963	36,019	30,315	29,163	26,932	24,927	22,950	20,839	20,448	19,880
18135	Randolph	1820	26,171	27,401	27,148	29,997	28,915	28,434	27,141	26,766	24,859	26,484
18137	Ripley	1820	28,818	26,523	24,616	24,398	21,138	20,641	18,763	18,898	18,078	18,694
18139	Rush	1830	17,392	18,261	18,129	19,604	20,352	20,393	19,799	18,927	19,412	19,241
18141	St. Joseph	1830	266,931	265,559	247,052	241,617	245,045	238,614	205,058	161,823	160,033	103,304
18143	Scott	1820	24,181	22,960	20,991	20,422	17,144	14,643	11,519	8,978	6,664	7,424
18145	Shelby	1830	44,436	43,445	40,307	39,887	37,797	34,093	28,026	25,953	26,552	25,982
18147	Spencer	1820	20,952	20,391	19,490	19,361	17,134	16,074	16,174	16,211	16,713	18,400
18149	Starke	1840	23,363	23,556	22,747	21,997	19,280	17,911	15,282	12,258	10,620	10,278
18151	Steuben	1840	34,185	33,214	27,446	24,694	20,159	17,184	17,087	13,740	13,386	13,360
18153	Sullivan	1820	21,475	21,751	18,993	21,107	19,889	21,721	23,667	27,014	28,133	31,630
18155	Switzerland	1820	10,613	9,065	7,738	7,153	6,306	7,092	7,599	8,167	8,432	9,311
18157	Tippecanoe	1830	172,780	148,955	130,598	121,702	109,378	89,122	74,473	51,020	47,535	42,813
18159	Tipton	1850	15,936	16,577	16,119	16,819	16,650	15,856	15,566	15,135	15,208	16,152
18161	Union	1830	7,516	7,349	6,976	6,860	6,582	6,457	6,412	6,017	5,880	6,021
18163	Vanderburgh	1820	179,703	171,922	165,058	167,515	168,772	165,794	160,422	130,783	113,320	92,293
18165	Vermillion	1830	16,212	16,788	16,773	18,229	16,793	17,683	19,723	21,787	23,238	27,625
18167	Vigo	1820	107,848	105,848	106,107	112,385	114,528	108,458	105,160	99,709	98,861	100,212
18167.1	Wabash (old)	1820	---	---	---	---	---	---	---	---	---	---
18169	Wabash	1840	32,888	34,960	35,069	36,640	35,553	32,605	29,047	26,601	25,170	27,231
18171	Warren	1830	8,508	8,419	8,176	8,976	8,705	8,545	8,535	9,055	9,167	9,699
18173	Warrick	1820	59,689	52,383	44,920	41,474	27,972	23,577	21,527	19,435	18,230	19,862
18175	Washington	1820	28,262	27,223	23,717	21,932	19,278	17,819	16,520	17,008	16,285	16,645
18177	Wayne	1820	68,917	71,097	71,951	76,058	79,109	74,039	68,566	59,229	54,809	48,136
18179	Wells	1840	27,636	27,600	25,948	25,401	23,821	21,220	19,564	19,099	18,411	20,509
18181	White	1840	24,643	25,267	23,265	23,867	20,995	19,709	18,042	17,037	15,831	17,351
18183	Whitley	1840	33,292	30,707	27,651	26,215	23,395	20,954	18,828	17,001	15,931	15,660

Table C. States and Counties. Resident Population 1790 through 2010—*Continued*

STATE/ County code	STATE County	Resident population enumerated by census (continued)												
		1910	1900	1890	1880	1870	1860	1850	1840	1830	1820	1810	1800	1790
	INDIANA cnt'd													
18069	Huntington	28,982	28,901	27,644	21,805	19,036	14,867	7,850	1,579	---	---	---	---	---
18071	Jackson	24,727	26,633	24,139	23,050	18,974	16,286	11,047	8,961	4,870	4,010	---	---	---
18073	Jasper	13,044	14,292	11,185	9,464	6,354	4,291	3,540	1,267	---	---	---	---	---
18075	Jay	24,961	26,818	23,478	19,282	15,000	11,399	7,047	3,863	---	---	---	---	---
18077	Jefferson	20,483	22,913	24,507	25,977	29,741	25,036	23,916	16,614	11,465	8,038	---	---	---
18079	Jennings	14,203	15,757	14,608	16,453	16,218	14,749	12,096	8,829	3,974	2,000	---	---	---
18081	Johnson	20,394	20,223	19,561	19,537	18,366	14,854	12,101	9,352	4,019	---	---	---	---
18083	Knox	39,183	32,746	28,044	26,324	21,562	16,056	11,084	10,657	6,525	5,437	7,945	2,517	---
18085	Kosciusko	27,936	29,109	28,645	26,494	23,531	17,418	10,243	4,170					
18087	LaGrange	15,148	15,284	15,615	15,630	14,148	11,366	8,387	3,664	---	---	---	---	---
18089	Lake	82,864	37,892	23,886	15,091	12,339	9,145	3,991	1,468					
18091	LaPorte	45,797	38,386	34,445	30,985	27,062	22,919	12,145	8,184	---	---			
18093	Lawrence	30,625	25,729	19,792	18,543	14,628	13,692	12,097	11,782	9,234	4,116			
18095	Madison	65,224	70,470	36,487	27,527	22,770	16,518	12,375	8,874	2,238	---	---	---	---
18097	Marion	263,661	197,227	141,156	102,782	71,939	39,855	24,103	16,080	7,192	---	---	---	---
18099	Marshall	24,175	25,119	23,818	23,414	20,211	12,722	5,348	1,651	---	---	---	---	---
18101	Martin	12,950	14,711	13,973	13,475	11,103	8,975	5,941	3,875	2,010	1,032			
18103	Miami	29,350	28,344	25,823	24,083	21,052	16,851	11,304	3,048	---	---			
18105	Monroe	23,426	20,873	17,673	15,875	14,168	12,847	11,286	10,143	6,577	2,679	---	---	---
18107	Montgomery	29,296	29,388	28,025	27,316	23,765	20,888	18,084	14,438	7,317	---	---	---	---
18109	Morgan	21,182	20,457	18,643	18,900	17,528	16,110	14,576	10,741	5,593	---	---	---	---
18111	Newton	10,504	10,448	8,803	8,167	5,829	2,360	---	---	---	---	---	---	---
18113	Noble	24,009	23,533	23,359	22,956	20,389	14,915	7,946	2,702	---	---	---	---	---
18115	Ohio	4,329	4,724	4,955	5,563	5,837	5,462	5,308	---	---	---	---	---	---
18117	Orange	17,192	16,854	14,678	14,363	13,497	12,076	10,809	9,602	7,901	5,368	---	---	---
18119	Owen	14,053	15,149	15,040	15,901	16,137	14,376	12,106	8,359	4,017	838	---	---	---
18121	Parke	22,214	23,000	20,296	19,460	18,166	15,538	14,968	13,499	7,535	---			
18123	Perry	18,078	18,778	18,240	16,997	14,801	11,847	7,268	4,655	3,369	2,330	---	---	---
18125	Pike	19,684	20,486	18,544	16,383	13,779	10,078	7,720	4,769	2,475	1,472	---	---	---
18127	Porter	20,540	19,175	18,052	17,227	13,942	10,313	5,234	2,162	---	---	---	---	---
18129	Posey	21,670	22,333	21,529	20,857	19,185	16,167	12,549	9,683	6,549	4,061	---	---	---
18131	Pulaski	13,312	14,033	11,233	9,851	7,801	5,711	2,595	561	---	---	---	---	---
18133	Putnam	20,520	21,478	22,335	22,501	21,514	20,681	18,615	16,843	8,262	---	---	---	---
18135	Randolph	29,013	28,653	28,085	26,435	22,862	18,997	14,725	10,684	3,912	1,808	---	---	---
18137	Ripley	19,452	19,881	19,350	21,627	20,977	19,054	14,820	10,392	3,989	1,822	---	---	---
18139	Rush	19,349	20,148	19,034	19,238	17,626	16,193	16,445	16,456	9,707	---	---	---	---
18141	St. Joseph	84,312	58,881	42,457	33,178	25,322	18,455	10,954	6,425	287	---	---	---	---
18143	Scott	8,323	8,307	7,833	8,343	7,873	7,303	5,885	4,242	3,092	2,334	---	---	---
18145	Shelby	26,802	26,491	25,454	25,257	21,892	19,569	15,502	12,005	6,295	---	---	---	---
18147	Spencer	20,676	22,407	22,060	22,122	17,998	14,556	8,616	6,305	3,196	1,882	---	---	---
18149	Starke	10,567	10,431	7,339	5,105	3,888	2,195	557	149	---	---	---	---	---
18151	Steuben	14,274	15,219	14,478	14,645	12,854	10,374	6,104	2,578	---	---	---	---	---
18153	Sullivan	32,439	26,005	21,877	20,336	18,453	15,064	10,141	8,315	4,630	3,498	---	---	---
18155	Switzerland	9,914	11,840	12,514	13,336	12,134	12,698	12,932	9,920	7,028	3,934	---	---	---
18157	Tippecanoe	40,063	38,659	35,078	35,966	33,515	25,726	19,377	13,724	7,187	---	---	---	---
18159	Tipton	17,459	19,116	18,157	14,407	11,953	8,170	3,532	---	---	---	---	---	---
18161	Union	6,260	6,748	7,006	7,673	6,341	7,109	6,944	8,017	7,944	---	---	---	---
18163	Vanderburgh	77,438	71,769	59,809	42,193	33,145	20,552	11,414	6,250	2,611	1,798	---	---	---
18165	Vermillion	18,865	15,252	13,154	12,025	10,840	9,422	8,661	8,274	5,692	---	---	---	---
18167	Vigo	87,930	62,035	50,195	45,658	33,549	22,517	15,289	12,076	5,766	3,390	---	---	---
18167.1	Wabash (old)	---	---	---	---	---	---	---	---	---	147	---	---	---
18169	Wabash	26,926	28,235	27,126	25,241	21,305	17,547	12,138	2,756	---	---	---	---	---
18171	Warren	10,899	11,371	10,955	11,497	10,204	10,057	7,387	5,656	2,861	---	---	---	---
18173	Warrick	21,911	22,329	21,161	20,162	17,653	13,261	8,811	6,321	2,877	1,749	---	---	---
18175	Washington	17,445	19,409	18,619	18,955	18,495	17,909	17,040	15,269	13,064	9,039	---	---	---
18177	Wayne	43,757	38,970	37,628	38,613	34,048	29,558	25,320	23,290	18,571	12,119	---	---	---
18179	Wells	22,418	23,449	21,514	18,442	13,585	10,844	6,152	1,822	---	---	---	---	---
18181	White	17,602	19,138	15,671	13,795	10,554	8,258	4,761	1,832	---	---	---	---	---
18183	Whitley	16,892	17,328	17,768	16,941	14,399	10,730	5,190	1,237	---	---	---	---	---

Table C. States and Counties. Resident Population 1790 through 2010—*Continued*

STATE/ County code	STATE County	Year of first census	Resident population enumerated by census									
			2010	2000	1990	1980	1970	1960	1950	1940	1930	1920
19000	**IOWA**	1840	3,046,355	2,926,324	2,776,755	2,913,808	2,824,376	2,757,537	2,621,073	2,538,268	2,470,939	2,404,021
19001	Adair	1860	7,682	8,243	8,409	9,509	9,487	10,893	12,292	13,196	13,891	14,259
19003	Adams	1860	4,029	4,482	4,866	5,731	6,322	7,468	8,753	10,156	10,437	10,521
19005	Allamakee	1850	14,330	14,675	13,855	15,108	14,968	15,982	16,351	17,184	16,328	17,285
19007	Appanoose	1850	12,887	13,721	13,743	15,511	15,007	16,015	19,683	24,245	24,835	30,535
19009	Audubon	1860	6,119	6,830	7,334	8,559	9,595	10,919	11,579	11,790	12,264	12,520
19011	Benton	1850	26,076	25,308	22,429	23,649	22,885	23,422	22,656	22,879	22,851	24,080
19013	Black Hawk	1850	131,090	128,012	123,798	137,961	132,916	122,482	100,448	79,946	69,146	56,570
19015	Boone	1850	26,306	26,224	25,186	26,184	26,470	28,037	28,139	29,782	29,271	29,892
19017	Bremer	1860	24,276	23,325	22,813	24,820	22,737	21,108	18,884	17,932	17,046	16,728
19019	Buchanan	1850	20,958	21,093	20,844	22,900	21,746	22,293	21,927	20,991	19,550	19,890
19021	Buena Vista	1860	20,260	20,411	19,965	20,774	20,693	21,189	21,113	19,838	18,667	18,556
19023	Butler	1860	14,867	15,305	15,731	17,668	16,953	17,467	17,394	17,986	17,617	17,845
19025	Calhoun	1860	9,670	11,115	11,508	13,542	14,287	15,923	16,925	17,584	17,605	17,783
19027	Carroll	1860	20,816	21,421	21,423	22,951	22,912	23,431	23,065	22,770	22,326	21,549
19029	Cass	1860	13,956	14,684	15,128	16,932	17,007	17,919	18,532	18,647	19,422	19,421
19031	Cedar	1840	18,499	18,187	17,381	18,635	17,655	17,791	16,910	16,884	16,760	17,560
19033	Cerro Gordo	1860	44,151	46,447	46,733	48,458	49,335	49,894	46,053	43,845	38,476	34,675
19035	Cherokee	1860	12,072	13,035	14,098	16,238	17,269	18,598	19,052	19,258	18,737	17,760
19037	Chickasaw	1860	12,439	13,095	13,295	15,437	14,969	15,034	15,228	15,227	14,637	15,431
19039	Clarke	1850	9,286	9,133	8,287	8,612	7,581	8,222	9,369	10,233	10,384	10,506
19041	Clay	1860	16,667	17,372	17,585	19,576	18,464	18,504	18,103	17,762	16,107	15,660
19043	Clayton	1840	18,129	18,678	19,054	21,098	20,606	21,962	22,522	24,334	24,559	25,032
19045	Clinton	1840	49,116	50,149	51,040	57,122	56,749	55,060	49,664	44,722	44,377	43,371
19047	Crawford	1860	17,096	16,942	16,775	18,935	18,780	18,569	19,741	20,538	21,028	20,614
19049	Dallas	1850	66,135	40,750	29,755	29,513	26,085	24,123	23,661	24,649	25,493	25,120
19051	Davis	1850	8,753	8,541	8,312	9,104	8,207	9,199	9,959	11,136	11,150	12,574
19053	Decatur	1850	8,457	8,689	8,338	9,794	9,737	10,539	12,601	14,012	14,903	16,566
19055	Delaware	1840	17,764	18,404	18,035	18,933	18,770	18,483	17,734	18,487	18,122	18,183
19057	Des Moines	1840	40,325	42,351	42,614	46,203	46,982	44,605	42,056	36,804	38,162	35,520
19059	Dickinson	1860	16,667	16,424	14,909	15,629	12,565	12,574	12,756	12,185	10,982	10,241
19061	Dubuque	1840	93,653	89,143	86,403	93,745	90,609	80,048	71,337	63,768	61,214	58,262
19063	Emmet	1860	10,302	11,027	11,569	13,336	14,009	14,871	14,102	13,406	12,856	12,627
19065	Fayette	1850	20,880	22,008	21,843	25,488	26,898	28,581	28,294	29,151	29,145	29,251
19067	Floyd	1860	16,303	16,900	17,058	19,597	19,860	21,102	21,505	20,169	19,524	18,860
19069	Franklin	1860	10,680	10,704	11,364	13,036	13,255	15,472	16,268	16,379	16,382	15,807
19071	Fremont	1850	7,441	8,010	8,226	9,401	9,282	10,282	12,323	14,645	15,533	15,447
19073	Greene	1860	9,336	10,366	10,045	12,119	12,716	14,379	15,544	16,599	16,528	16,467
19075	Grundy	1860	12,453	12,369	12,029	14,366	14,119	14,132	13,722	13,518	14,133	14,420
19077	Guthrie	1860	10,954	11,353	10,935	11,983	12,243	13,607	15,197	17,210	17,324	17,596
19079	Hamilton	1860	15,673	16,438	16,071	17,862	18,383	20,032	19,660	19,922	20,978	19,531
19081	Hancock	1860	11,341	12,100	12,638	13,833	13,227	14,604	15,077	15,402	14,802	14,723
19083	Hardin	1860	17,534	18,812	19,094	21,776	22,248	22,533	22,218	22,530	22,947	23,337
19085	Harrison	1860	14,928	15,666	14,730	16,348	16,240	17,600	19,560	22,767	24,897	24,488
19087	Henry	1840	20,145	20,336	19,226	18,890	18,114	18,187	18,708	17,994	17,660	18,298
19089	Howard	1860	9,566	9,932	9,809	11,114	11,442	12,734	13,105	13,531	13,082	13,705
19091	Humboldt	1860	9,815	10,381	10,756	12,246	12,519	13,156	13,117	13,459	13,202	12,951
19093	Ida	1860	7,089	7,837	8,365	8,908	9,190	10,269	10,697	11,047	11,933	11,689
19095	Iowa	1850	16,355	15,671	14,630	15,429	15,419	16,396	15,835	17,016	17,332	18,600
19097	Jackson	1840	19,848	20,296	19,950	22,503	20,839	20,754	18,622	19,181	18,481	19,931
19099	Jasper	1850	36,842	37,213	34,795	36,425	35,425	35,282	32,305	31,496	32,936	27,855
19101	Jefferson	1840	16,843	16,181	16,310	16,316	15,774	15,818	15,696	15,762	16,241	16,440
19103	Johnson	1840	130,882	111,006	96,119	81,717	72,127	53,663	45,756	33,191	30,276	26,462
19105	Jones	1840	20,638	20,221	19,444	20,401	19,868	20,693	19,401	19,950	19,206	18,607
19107	Keokuk	1850	10,511	11,400	11,624	12,921	13,943	15,492	16,797	18,406	19,148	20,983

Table C. States and Counties. Resident Population 1790 through 2010—*Continued*

STATE/ County code	STATE County	Resident population enumerated by census (continued)												
		1910	1900	1890	1880	1870	1860	1850	1840	1830	1820	1810	1800	1790
19000	**IOWA**	2,224,771	2,231,853	1,912,297	1,624,615	1,194,020	674,913	192,214	43,112	---	---	---	---	---
19001	Adair	14,420	16,192	14,534	11,667	3,982	984	---	---	---	---	---	---	---
19003	Adams	10,998	13,601	12,292	11,888	4,614	1,533	---	---	---	---	---	---	---
19005	Allamakee	17,328	18,711	17,907	19,791	17,868	12,237	777	---	---	---	---	---	---
19007	Appanoose	28,701	25,927	18,961	16,636	16,456	11,931	3,131	---	---	---	---	---	---
19009	Audubon	12,671	13,626	12,412	7,448	1,212	454	---	---	---	---	---	---	---
19011	Benton	23,156	25,177	24,178	24,888	22,454	8,496	672	---	---	---	---	---	---
19013	Black Hawk	44,865	32,399	24,219	23,913	21,706	8,244	135	---	---	---	---	---	---
19015	Boone	27,626	28,200	23,772	20,838	14,584	4,232	735	---	---	---	---	---	---
19017	Bremer	15,843	16,305	14,630	14,081	12,528	4,915	---	---	---	---	---	---	---
19019	Buchanan	19,748	21,427	18,997	18,546	17,034	7,906	517	---	---	---	---	---	---
19021	Buena Vista	15,981	16,975	13,548	7,537	1,585	57	---	---	---	---	---	---	---
19023	Butler	17,119	17,955	15,463	14,293	9,951	3,724	---	---	---	---	---	---	---
19025	Calhoun	17,090	18,569	13,107	5,595	1,602	147	---	---	---	---	---	---	---
19027	Carroll	20,117	20,319	18,828	12,351	2,451	281	---	---	---	---	---	---	---
19029	Cass	19,047	21,274	19,645	16,943	5,464	1,612	---	---	---	---	---	---	---
19031	Cedar	17,765	19,371	18,253	18,936	19,731	12,949	3,941	1,253	---	---	---	---	---
19033	Cerro Gordo	25,011	20,672	14,864	11,461	4,722	940	---	---	---	---	---	---	---
19035	Cherokee	16,741	16,570	15,659	8,240	1,967	58	---	---	---	---	---	---	---
19037	Chickasaw	15,375	17,037	15,019	14,534	10,180	4,336	---	---	---	---	---	---	---
19039	Clarke	10,736	12,440	11,332	11,513	8,735	5,427	79	---	---	---	---	---	---
19041	Clay	12,766	13,401	9,309	4,248	1,523	52	---	---	---	---	---	---	---
19043	Clayton	25,576	27,750	26,733	28,829	27,771	20,728	3,873	1,101	---	---	---	---	---
19045	Clinton	45,394	43,832	41,199	36,763	35,357	18,938	2,822	821	---	---	---	---	---
19047	Crawford	20,041	21,685	18,894	12,413	2,530	383	---	---	---	---	---	---	---
19049	Dallas	23,628	23,058	20,479	18,746	12,019	5,244	854	---	---	---	---	---	---
19051	Davis	13,315	15,620	15,258	16,468	15,565	13,764	7,264	---	---	---	---	---	---
19053	Decatur	16,347	18,115	15,643	15,336	12,018	8,677	965	---	---	---	---	---	---
19055	Delaware	17,888	19,185	17,349	17,950	17,432	11,024	1,759	168	---	---	---	---	---
19057	Des Moines	36,145	35,989	35,324	33,099	27,256	19,611	12,988	5,577	---	---	---	---	---
19059	Dickinson	8,137	7,995	4,328	1,901	1,389	180	---	---	---	---	---	---	---
19061	Dubuque	57,450	56,403	49,848	42,996	38,969	31,164	10,841	3,059	---	---	---	---	---
19063	Emmet	9,816	9,936	4,274	1,550	1,392	105	---	---	---	---	---	---	---
19065	Fayette	27,919	29,845	23,141	22,258	16,973	12,073	825	---	---	---	---	---	---
19067	Floyd	17,119	17,754	15,424	14,677	10,768	3,744	---	---	---	---	---	---	---
19069	Franklin	14,780	14,996	12,871	10,249	4,738	1,309	---	---	---	---	---	---	---
19071	Fremont	15,623	18,546	16,842	17,652	11,174	5,074	1,244	---	---	---	---	---	---
19073	Greene	16,023	17,820	15,797	12,727	4,627	1,374	---	---	---	---	---	---	---
19075	Grundy	13,574	13,757	13,215	12,639	6,399	793	---	---	---	---	---	---	---
19077	Guthrie	17,374	18,729	17,380	14,394	7,061	3,058	---	---	---	---	---	---	---
19079	Hamilton	19,242	19,514	15,319	11,252	6,055	1,699	---	---	---	---	---	---	---
19081	Hancock	12,731	13,752	7,621	3,453	999	179	---	---	---	---	---	---	---
19083	Hardin	20,921	22,794	19,003	17,807	13,684	5,440	---	---	---	---	---	---	---
19085	Harrison	23,162	25,597	21,356	16,649	8,931	3,621	---	---	---	---	---	---	---
19087	Henry	18,640	20,022	18,895	20,986	21,463	18,701	8,707	3,772	---	---	---	---	---
19089	Howard	12,920	14,512	11,182	10,837	6,282	3,168	---	---	---	---	---	---	---
19091	Humboldt	12,182	12,667	9,836	5,341	2,596	332	---	---	---	---	---	---	---
19093	Ida	11,296	12,327	10,705	4,382	226	43	---	---	---	---	---	---	---
19095	Iowa	18,409	19,544	18,270	19,221	16,644	8,029	822	---	---	---	---	---	---
19097	Jackson	21,258	23,615	22,771	23,771	22,619	18,493	7,210	1,411	---	---	---	---	---
19099	Jasper	27,034	26,976	24,943	25,963	22,116	9,883	1,280	---	---	---	---	---	---
19101	Jefferson	15,951	17,437	15,184	17,469	17,839	15,038	9,904	2,773	---	---	---	---	---
19103	Johnson	25,914	24,817	23,082	25,429	24,898	17,573	4,472	1,491	---	---	---	---	---
19105	Jones	19,050	21,954	20,233	21,052	19,731	13,306	3,007	471	---	---	---	---	---
19107	Keokuk	21,160	24,979	23,862	21,258	19,434	13,271	4,822	---	---	---	---	---	---

Table C. States and Counties. Resident Population 1790 through 2010—*Continued*

STATE/ County code	STATE County	Year of first census	\	\	\	\	Resident population enumerated by census	\	\	\	\	\
			2010	2000	1990	1980	1970	1960	1950	1940	1930	1920
	IOWA cnt'd											
19109	Kossuth	1860	15,543	17,163	18,591	21,891	22,937	25,314	26,241	26,630	25,452	25,082
19111	Lee	1840	35,862	38,052	38,687	43,106	42,996	44,207	43,102	41,074	41,268	39,676
19113	Linn	1840	211,226	191,701	168,767	169,775	163,213	136,899	104,274	89,142	82,336	74,004
19115	Louisa	1840	11,387	12,183	11,592	12,055	10,682	10,290	11,101	11,384	11,575	12,179
19117	Lucas	1850	8,898	9,422	9,070	10,313	10,163	10,923	12,069	14,571	15,114	15,686
19119	Lyon	1870	11,581	11,763	11,952	12,896	13,340	14,468	14,697	15,374	15,293	15,431
19121	Madison	1850	15,679	14,019	12,483	12,597	11,558	12,295	13,131	14,525	14,331	15,020
19123	Mahaska	1850	22,381	22,335	21,522	22,867	22,177	23,602	24,672	26,485	25,804	26,270
19125	Marion	1850	33,309	32,052	30,001	29,669	26,352	25,886	25,930	27,019	25,727	24,957
19127	Marshall	1850	40,648	39,311	38,276	41,652	41,076	37,984	35,611	35,406	33,727	32,630
19129	Mills	1860	15,059	14,547	13,202	13,406	11,606	13,050	14,064	15,064	15,866	15,422
19131	Mitchell	1860	10,776	10,874	10,928	12,329	13,108	14,043	13,945	14,121	14,065	13,921
19133	Monona	1860	9,243	10,020	10,034	11,692	12,069	13,916	16,303	18,238	18,213	17,125
19135	Monroe	1850	7,970	8,016	8,114	9,209	9,357	10,463	11,814	14,553	15,010	23,467
19137	Montgomery	1860	10,740	11,771	12,076	13,413	12,781	14,467	15,685	15,697	16,752	17,048
19139	Muscatine	1840	42,745	41,722	39,907	40,436	37,181	33,840	32,148	31,296	29,385	29,042
19141	O'Brien	1860	14,398	15,102	15,444	16,972	17,522	18,840	18,970	19,293	18,409	19,051
19143	Osceola	1880	6,462	7,003	7,267	8,371	8,555	10,064	10,181	10,607	10,182	10,223
19145	Page	1850	15,932	16,976	16,870	19,063	18,507	21,023	23,921	24,887	25,904	24,137
19147	Palo Alto	1860	9,421	10,147	10,669	12,721	13,289	14,736	15,891	16,170	15,398	15,486
19149	Plymouth	1860	24,986	24,849	23,388	24,743	24,312	23,906	23,252	23,502	24,159	23,584
19151	Pocahontas	1860	7,310	8,662	9,525	11,369	12,729	14,234	15,496	16,266	15,687	15,602
19153	Polk	1850	430,640	374,601	327,140	303,170	286,101	266,315	226,010	195,835	172,837	154,029
19155	Pottawattamie	1850	93,158	87,704	82,628	86,561	86,991	83,102	69,682	66,756	69,888	61,550
19157	Poweshiek	1850	18,914	18,815	19,033	19,306	18,803	19,300	19,344	18,758	18,727	19,910
19159	Ringgold	1860	5,131	5,469	5,420	6,112	6,373	7,910	9,528	11,137	11,966	12,919
19161	Sac	1860	10,350	11,529	12,324	14,118	15,573	17,007	17,518	17,639	17,641	17,500
19163	Scott	1840	165,224	158,668	150,979	160,022	142,687	119,067	100,698	84,748	77,332	73,952
19165	Shelby	1860	12,167	13,173	13,230	15,043	15,528	15,825	15,942	16,720	17,131	16,065
19167	Sioux	1860	33,704	31,589	29,903	30,813	27,996	26,375	26,381	27,209	26,806	26,458
19169	Story	1860	89,542	79,981	74,252	72,326	62,783	49,327	44,294	33,434	31,141	26,185
19171	Tama	1850	17,767	18,103	17,419	19,533	20,147	21,413	21,688	22,428	21,987	21,861
19173	Taylor	1850	6,317	6,958	7,114	8,353	8,790	10,288	12,420	14,258	14,859	15,514
19175	Union	1860	12,534	12,309	12,750	13,858	13,557	13,712	15,651	16,280	17,435	17,268
19177	Van Buren	1840	7,570	7,809	7,676	8,626	8,643	9,778	11,007	12,053	12,603	14,060
19179	Wapello	1850	35,625	36,051	35,687	40,241	42,149	46,126	47,397	44,280	40,480	37,937
19181	Warren	1850	46,225	40,671	36,033	34,878	27,432	20,829	17,758	17,695	17,700	18,047
19183	Washington	1840	21,704	20,670	19,612	20,141	18,967	19,406	19,557	20,055	19,822	20,421
19185	Wayne	1850	6,403	6,730	7,067	8,199	8,405	9,800	11,737	13,308	13,787	15,378
19187	Webster	1860	38,013	40,235	40,342	45,953	48,391	47,810	44,241	41,521	40,425	37,611
19189	Winnebago	1860	10,866	11,723	12,122	13,010	12,990	13,099	13,450	13,972	13,143	13,489
19191	Winneshiek	1850	21,056	21,310	20,847	21,876	21,758	21,651	21,639	22,263	21,630	22,091
19193	Woodbury	1860	102,172	103,877	98,276	100,884	103,052	107,849	103,917	103,627	101,669	92,171
19195	Worth	1860	7,598	7,909	7,991	9,075	8,968	10,259	11,068	11,449	11,164	11,630
19197	Wright	1860	13,229	14,334	14,269	16,319	17,294	19,447	19,652	20,038	20,216	20,348
20000	**KANSAS**	1860	2,853,118	2,688,418	2,477,574	2,363,679	2,246,578	2,178,611	1,905,299	1,801,028	1,880,999	1,769,257
20001	Allen	1860	13,371	14,385	14,638	15,654	15,043	16,369	18,187	19,874	21,391	23,509
20003	Anderson	1860	8,102	8,110	7,803	8,749	8,501	9,035	10,267	11,658	13,355	12,986
20005	Atchison	1860	16,924	16,774	16,932	18,397	19,165	20,898	21,496	22,222	23,945	23,411
20007	Barber	1880	4,861	5,307	5,874	6,548	7,016	8,713	8,521	9,073	10,178	9,739
20009	Barton	1870	27,674	28,205	29,382	31,343	30,663	32,368	29,909	25,010	19,776	18,422
20011	Bourbon	1860	15,173	15,379	14,966	15,969	15,215	16,090	19,153	20,944	22,386	23,198
20011.1	Breckinridge	1860	---	---	---	---	---	---	---	---	---	---
20013	Brown	1860	9,984	10,724	11,128	11,955	11,685	13,229	14,651	17,395	20,553	20,949
20013.1	Buffalo	1880	---	---	---	---	---	---	---	---	---	---
20015	Butler	1860	65,880	59,482	50,580	44,782	38,658	38,395	31,001	32,013	35,904	43,842
20017	Chase	1860	2,790	3,030	3,021	3,309	3,408	3,921	4,831	6,345	6,952	7,144

Table C. States and Counties. Resident Population 1790 through 2010—*Continued*

STATE/ County code	STATE County	Resident population enumerated by census (continued)												
		1910	1900	1890	1880	1870	1860	1850	1840	1830	1820	1810	1800	1790
	IOWA cnt'd													
19109	Kossuth	21,971	22,720	13,120	6,178	3,351	416	---	---	---	---	---	---	---
19111	Lee	36,702	39,719	37,715	34,859	37,210	29,232	18,861	6,093	---	---	---	---	---
19113	Linn	60,720	55,392	45,303	37,237	31,080	18,947	5,444	1,373	---	---	---	---	---
19115	Louisa	12,855	13,516	11,873	13,142	12,877	10,370	4,939	1,927	---	---	---	---	---
19117	Lucas	13,462	16,126	14,563	14,530	10,388	5,766	471	---	---	---	---	---	---
19119	Lyon	14,624	13,165	8,680	1,968	221	---	---	---	---	---	---	---	---
19121	Madison	15,621	17,710	15,977	17,224	13,884	7,339	1,179	---	---	---	---	---	---
19123	Mahaska	29,860	34,273	28,805	25,202	22,508	14,816	5,989	---	---	---	---	---	---
19125	Marion	22,995	24,159	23,058	25,111	24,436	16,813	5,482	---	---	---	---	---	---
19127	Marshall	30,279	29,991	25,842	23,752	17,576	6,015	338	---	---	---	---	---	---
19129	Mills	15,811	16,764	14,548	14,137	8,718	4,481	---	---	---	---	---	---	---
19131	Mitchell	13,435	14,916	13,299	14,363	9,582	3,409	---	---	---	---	---	---	---
19133	Monona	16,633	17,980	14,515	9,055	3,654	832	---	---	---	---	---	---	---
19135	Monroe	25,429	17,985	13,666	13,719	12,724	8,612	2,884	---	---	---	---	---	---
19137	Montgomery	16,604	17,803	15,848	15,895	5,934	1,256	---	---	---	---	---	---	---
19139	Muscatine	29,505	28,242	24,504	23,170	21,688	16,444	5,731	1,942	---	---	---	---	---
19141	O'Brien	17,262	16,985	13,060	4,155	715	8	---	---	---	---	---	---	---
19143	Osceola	8,956	8,725	5,574	2,219	---	---	---	---	---	---	---	---	---
19145	Page	24,002	24,187	21,341	19,667	9,975	4,419	551	---	---	---	---	---	---
19147	Palo Alto	13,845	14,354	9,318	4,131	1,336	132	---	---	---	---	---	---	---
19149	Plymouth	23,129	22,209	19,568	8,566	2,199	148	---	---	---	---	---	---	---
19151	Pocahontas	14,808	15,339	9,553	3,713	1,446	103	---	---	---	---	---	---	---
19153	Polk	110,438	82,624	65,410	42,395	27,857	11,625	4,513	---	---	---	---	---	---
19155	Pottawattamie	55,832	54,336	47,430	39,850	16,893	4,968	7,828	---	---	---	---	---	---
19157	Poweshiek	19,589	19,414	18,394	18,936	15,581	5,668	615	---	---	---	---	---	---
19159	Ringgold	12,904	15,325	13,556	12,085	5,691	2,923	---	---	---	---	---	---	---
19161	Sac	16,555	17,639	14,522	8,774	1,411	246	---	---	---	---	---	---	---
19163	Scott	60,000	51,558	43,164	41,266	38,599	25,959	5,986	2,140	---	---	---	---	---
19165	Shelby	16,552	17,932	17,611	12,696	2,540	818	---	---	---	---	---	---	---
19167	Sioux	25,248	23,337	18,370	5,426	576	10	---	---	---	---	---	---	---
19169	Story	24,083	23,159	18,127	16,906	11,651	4,051	---	---	---	---	---	---	---
19171	Tama	22,156	24,585	22,052	21,585	16,131	5,285	8	---	---	---	---	---	---
19173	Taylor	16,312	18,784	16,384	15,635	6,989	3,590	204	---	---	---	---	---	---
19175	Union	16,616	19,928	16,900	14,980	5,986	2,012	---	---	---	---	---	---	---
19177	Van Buren	15,020	17,354	16,253	17,043	17,672	17,081	12,270	6,146	---	---	---	---	---
19179	Wapello	37,743	35,426	30,426	25,285	22,346	14,518	8,471	---	---	---	---	---	---
19181	Warren	18,194	20,376	18,269	19,578	17,980	10,281	961	---	---	---	---	---	---
19183	Washington	19,925	20,718	18,468	20,374	18,952	14,235	4,957	1,594	---	---	---	---	---
19185	Wayne	16,184	17,491	15,670	16,127	11,287	6,409	340	---	---	---	---	---	---
19187	Webster	34,629	31,757	21,582	15,951	10,484	2,504	---	---	---	---	---	---	---
19189	Winnebago	11,914	12,725	7,325	4,917	1,562	168	---	---	---	---	---	---	---
19191	Winneshiek	21,729	23,731	22,528	23,938	23,570	13,942	546	---	---	---	---	---	---
19193	Woodbury	67,616	54,610	55,632	14,996	6,172	1,119	---	---	---	---	---	---	---
19195	Worth	9,950	10,887	9,247	7,953	2,892	756	---	---	---	---	---	---	---
19197	Wright	17,951	18,227	12,057	5,062	2,392	653	---	---	---	---	---	---	---
20000	**KANSAS**	1,690,949	1,470,495	1,428,108	996,096	364,399	107,206	---	---	---	---	---	---	---
20001	Allen	27,640	19,507	13,509	11,303	7,022	3,082	---	---	---	---	---	---	---
20003	Anderson	13,829	13,938	14,203	9,057	5,220	2,400	---	---	---	---	---	---	---
20005	Atchison	28,107	28,606	26,758	26,668	15,507	7,729	---	---	---	---	---	---	---
20007	Barber	9,916	6,594	7,973	2,661	---	---	---	---	---	---	---	---	---
20009	Barton	17,876	13,784	13,172	10,318	2	---	---	---	---	---	---	---	---
20011	Bourbon	24,007	24,712	28,575	19,591	15,076	6,101	---	---	---	---	---	---	---
20011.1	Breckinridge	---	---	---	---	---	3,197	---	---	---	---	---	---	---
20013	Brown	21,314	22,369	20,796	12,817	6,823	2,607	---	---	---	---	---	---	---
20013.1	Buffalo	---	---	---	191	---	---	---	---	---	---	---	---	---
20015	Butler	23,059	23,363	24,055	18,586	3,035	437	---	---	---	---	---	---	---
20017	Chase	7,527	8,246	8,233	6,081	1,975	808	---	---	---	---	---	---	---

Table C. States and Counties. Resident Population 1790 through 2010—Continued

STATE/ County code	STATE County	Year of first census	Resident population enumerated by census									
			2010	2000	1990	1980	1970	1960	1950	1940	1930	1920
	KANSAS cnt'd											
20019	Chautauqua................	1880	3,669	4,359	4,407	5,016	4,642	5,956	7,376	9,233	10,352	11,598
20021	Cherokee....................	1860	21,603	22,605	21,374	22,304	21,549	22,279	25,144	29,817	31,457	33,609
20023	Cheyenne	1880	2,726	3,165	3,243	3,678	4,256	4,708	5,668	6,221	6,948	5,587
20025	Clark..........................	1880	2,215	2,390	2,418	2,599	2,896	3,396	3,946	4,081	4,796	4,989
20027	Clay...........................	1860	8,535	8,822	9,158	9,802	9,890	10,675	11,697	13,281	14,556	14,365
20029	Cloud.........................	1870	9,533	10,268	11,023	12,494	13,466	14,407	16,104	17,247	18,006	17,714
20031	Coffey	1860	8,601	8,865	8,404	9,370	7,397	8,403	10,408	12,278	13,653	14,254
20033	Comanche...................	1880	1,891	1,967	2,313	2,554	2,702	3,271	3,888	4,412	5,238	5,302
20035	Cowley	1860	36,311	36,291	36,915	36,824	35,012	37,861	36,905	38,139	40,903	35,155
20037	Crawford.....................	1870	39,134	38,242	35,568	37,916	37,850	37,032	40,231	44,191	49,329	61,800
20039	Decatur.......................	1880	2,961	3,472	4,021	4,509	4,988	5,778	6,185	7,434	8,866	8,121
20041	Dickinson....................	1860	19,754	19,344	18,958	20,175	19,993	21,572	21,190	22,929	25,870	25,777
20043	Doniphan....................	1860	7,945	8,249	8,134	9,268	9,107	9,574	10,499	12,936	14,063	13,438
20045	Douglas......................	1860	110,826	99,962	81,798	67,640	57,932	43,720	34,086	25,171	25,143	23,998
20047	Edwards......................	1880	3,037	3,449	3,787	4,271	4,581	5,118	5,936	6,377	7,295	7,057
20049	Elk	1880	2,882	3,261	3,327	3,918	3,858	5,048	6,679	8,180	9,210	9,034
20051	Ellis	1870	28,452	27,507	26,004	26,098	24,730	21,270	19,043	17,508	15,907	14,138
20053	Ellsworth.....................	1870	6,497	6,525	6,586	6,640	6,146	7,677	8,465	9,855	10,132	10,379
20055	Finney........................	1880	36,776	40,523	33,070	23,825	18,947	16,093	15,092	10,092	11,014	7,674
20055.1	Foote.........................	1880	---	---	---	---	---	---	---	---	---	---
20057	Ford...........................	1870	33,848	32,458	27,463	24,315	22,587	20,938	19,670	17,254	20,647	14,273
20059	Franklin......................	1860	25,992	24,784	21,994	22,062	20,007	19,548	19,928	20,889	22,024	21,946
20059.1	Garfield	1890	---	---	---	---	---	---	---	---	---	---
20061	Geary.........................	1860	34,362	27,947	30,453	29,852	28,111	28,779	21,671	15,222	14,366	13,452
20063	Gove..........................	1880	2,695	3,068	3,231	3,726	3,940	4,107	4,447	4,793	5,643	4,748
20065	Graham.......................	1880	2,597	2,946	3,543	3,995	4,751	5,586	5,020	6,071	7,772	7,624
20067	Grant..........................	1880	7,829	7,909	7,159	6,977	5,961	5,269	4,638	1,946	3,092	1,087
20069	Gray...........................	1890	6,006	5,904	5,396	5,138	4,516	4,380	4,894	4,773	6,211	4,711
20071	Greeley.......................	1880	1,247	1,534	1,774	1,845	1,819	2,087	2,010	1,638	1,712	1,028
20073	Greenwood	1860	6,689	7,673	7,847	8,764	9,141	11,253	13,574	16,495	19,235	14,715
20075	Hamilton....................	1880	2,690	2,670	2,388	2,514	2,747	3,144	3,696	2,645	3,328	2,586
20077	Harper	1880	6,034	6,536	7,124	7,778	7,871	9,541	10,263	12,068	12,823	13,656
20079	Harvey........................	1880	34,684	32,869	31,028	30,531	27,236	25,865	21,698	21,712	22,120	20,744
20081	Haskell.......................	1880	4,256	4,307	3,886	3,814	3,672	2,990	2,606	2,088	2,805	1,455
20083	Hodgeman..................	1880	1,916	2,085	2,177	2,269	2,662	3,115	3,310	3,535	4,157	3,734
20083.1	Howard	1860	---	---	---	---	---	---	---	---	---	---
20085	Jackson.......................	1860	13,462	12,657	11,525	11,644	10,342	10,309	11,098	13,382	14,776	15,495
20087	Jefferson.....................	1860	19,126	18,426	15,905	15,207	11,945	11,252	11,084	12,718	14,129	14,750
20089	Jewell........................	1870	3,077	3,791	4,251	5,241	6,099	7,217	9,698	11,970	14,462	16,240
20091	Johnson......................	1860	544,179	451,086	355,054	270,269	217,662	143,792	62,783	33,327	27,179	18,314
20093	Kearny........................	1880	3,977	4,531	4,027	3,435	3,047	3,108	3,492	2,525	3,196	2,617
20095	Kingman.....................	1880	7,858	8,673	8,292	8,960	8,886	9,958	10,324	12,001	11,674	12,119
20097	Kiowa........................	1890	2,553	3,278	3,660	4,046	4,088	4,626	4,743	5,112	6,035	6,164
20099	Labette.......................	1870	21,607	22,835	23,693	25,682	25,775	26,805	29,285	30,352	31,346	34,047
20101	Lane	1880	1,750	2,155	2,375	2,472	2,707	3,060	2,808	2,821	3,372	2,848
20103	Leavenworth................	1860	76,227	68,691	64,371	54,809	53,340	48,524	42,361	41,112	42,673	38,402
20105	Lincoln.......................	1870	3,241	3,578	3,653	4,145	4,582	5,556	6,643	8,338	9,707	9,894
20107	Linn	1860	9,656	9,570	8,254	8,234	7,770	8,274	10,053	11,969	13,534	13,815
20109	Logan	1890	2,756	3,046	3,081	3,478	3,814	4,036	4,206	3,688	4,145	3,223
20111	Lyon	1870	33,690	35,935	34,732	35,108	32,071	26,928	26,576	26,424	29,240	26,154
20111.1	Madison	1860	---	---	---	---	---	---	---	---	---	---
20113	McPherson...................	1870	29,180	29,554	27,268	26,855	24,778	24,285	23,670	24,152	23,588	21,845
20115	Marion.......................	1860	12,660	13,361	12,888	13,522	13,935	15,143	16,307	18,951	20,739	22,923
20117	Marshall.....................	1860	10,117	10,965	11,705	12,787	13,139	15,598	17,926	20,986	23,056	22,730
20119	Meade........................	1880	4,575	4,631	4,247	4,788	4,912	5,505	5,710	5,522	6,858	5,542
20121	Miami........................	1860	32,787	28,351	23,466	21,618	19,254	19,884	19,698	19,489	21,243	19,809
20123	Mitchell	1870	6,373	6,932	7,203	8,117	8,010	8,866	10,320	11,339	12,774	13,886
20125	Montgomery................	1870	35,471	36,252	38,816	42,281	39,949	45,007	46,487	49,729	51,411	49,645
20127	Morris........................	1860	5,923	6,104	6,198	6,419	6,432	7,392	8,485	10,363	11,859	12,005

Table C. States and Counties. Resident Population 1790 through 2010—*Continued*

STATE/ County code	STATE County	Resident population enumerated by census (continued)												
		1910	1900	1890	1880	1870	1860	1850	1840	1830	1820	1810	1800	1790
	KANSAS cnt'd													
20019	Chautauqua	11,429	11,804	12,297	11,072	---	---	---	---	---	---	---	---	---
20021	Cherokee	38,162	42,694	27,770	21,905	11,038	1,501	---	---	---	---	---	---	---
20023	Cheyenne	4,248	2,640	4,401	37	---	---	---	---	---	---	---	---	---
20025	Clark	4,093	1,701	2,357	163	---	---	---	---	---	---	---	---	---
20027	Clay	15,251	15,833	16,146	12,320	2,942	163	---	---	---	---	---	---	---
20029	Cloud	18,388	18,071	19,295	15,343	2,323	---	---	---	---	---	---	---	---
20031	Coffey	15,205	16,643	15,856	11,438	6,201	2,842	---	---	---	---	---	---	---
20033	Comanche	3,281	1,619	2,549	372	---	---	---	---	---	---	---	---	---
20035	Cowley	31,790	30,156	34,478	21,538	1,175	158	---	---	---	---	---	---	---
20037	Crawford	51,178	38,809	30,286	16,851	8,160	---	---	---	---	---	---	---	---
20039	Decatur	8,976	9,234	8,414	4,180	---	---	---	---	---	---	---	---	---
20041	Dickinson	24,361	21,816	22,273	15,251	3,043	378	---	---	---	---	---	---	---
20043	Doniphan	14,422	15,079	13,535	14,257	13,969	8,083	---	---	---	---	---	---	---
20045	Douglas	24,724	25,096	23,961	21,700	20,592	8,637	---	---	---	---	---	---	---
20047	Edwards	7,033	3,682	3,600	2,409	---	---	---	---	---	---	---	---	---
20049	Elk	10,128	11,443	12,216	10,623	---	---	---	---	---	---	---	---	---
20051	Ellis	12,170	8,626	7,942	6,179	1,336	---	---	---	---	---	---	---	---
20053	Ellsworth	10,444	9,626	9,272	8,494	1,185	---	---	---	---	---	---	---	---
20055	Finney	6,908	3,469	3,350	568	---	---	---	---	---	---	---	---	---
20055.1	Foote	---	---	---	411	---	---	---	---	---	---	---	---	---
20057	Ford	11,393	5,497	5,308	3,122	427	---	---	---	---	---	---	---	---
20059	Franklin	20,884	21,354	20,279	16,797	10,385	3,030	---	---	---	---	---	---	---
20059.1	Garfield	---	---	881	---	---	---	---	---	---	---	---	---	---
20061	Geary	12,681	10,744	10,423	6,994	5,526	1,163	---	---	---	---	---	---	---
20063	Gove	6,044	2,441	2,994	1,196	---	---	---	---	---	---	---	---	---
20065	Graham	8,700	5,173	5,029	4,258	---	---	---	---	---	---	---	---	---
20067	Grant	1,087	422	1,308	9	---	---	---	---	---	---	---	---	---
20069	Gray	3,121	1,264	2,415	---	---	---	---	---	---	---	---	---	---
20071	Greeley	1,335	493	1,264	3	---	---	---	---	---	---	---	---	---
20073	Greenwood	16,060	16,196	16,309	10,548	3,484	759	---	---	---	---	---	---	---
20075	Hamilton	3,360	1,426	2,027	168	---	---	---	---	---	---	---	---	---
20077	Harper	14,748	10,310	13,266	4,133	---	---	---	---	---	---	---	---	---
20079	Harvey	19,200	17,591	17,601	11,451	---	---	---	---	---	---	---	---	---
20081	Haskell	993	457	1,077	3	---	---	---	---	---	---	---	---	---
20083	Hodgeman	2,930	2,032	2,395	1,704	---	---	---	---	---	---	---	---	---
20083.1	Howard	---	---	---	---	2,794	19	---	---	---	---	---	---	---
20085	Jackson	16,861	17,117	15,088	10,718	6,053	1,936	---	---	---	---	---	---	---
20087	Jefferson	15,826	17,533	16,620	15,563	12,526	4,459	---	---	---	---	---	---	---
20089	Jewell	18,148	19,420	19,349	17,475	207	---	---	---	---	---	---	---	---
20091	Johnson	18,288	18,104	17,385	16,853	13,684	4,364	---	---	---	---	---	---	---
20093	Kearny	3,206	1,107	1,571	159	---	---	---	---	---	---	---	---	---
20095	Kingman	13,386	10,663	11,823	3,713	---	---	---	---	---	---	---	---	---
20097	Kiowa	6,174	2,365	2,873	---	---	---	---	---	---	---	---	---	---
20099	Labette	31,423	27,387	27,586	22,735	9,973	---	---	---	---	---	---	---	---
20101	Lane	2,603	1,563	2,060	601	---	---	---	---	---	---	---	---	---
20103	Leavenworth	41,207	40,940	38,485	32,355	32,444	12,606	---	---	---	---	---	---	---
20105	Lincoln	10,142	9,886	9,709	8,582	516	---	---	---	---	---	---	---	---
20107	Linn	14,735	16,689	17,215	15,298	12,174	6,336	---	---	---	---	---	---	---
20109	Logan	4,240	1,962	3,384	---	---	---	---	---	---	---	---	---	---
20111	Lyon	24,927	25,074	23,196	17,326	8,014	---	---	---	---	---	---	---	---
20111.1	Madison	---	---	---	---	---	636	---	---	---	---	---	---	---
20113	McPherson	21,521	21,421	21,614	17,143	738	---	---	---	---	---	---	---	---
20115	Marion	22,415	20,676	20,539	12,453	768	74	---	---	---	---	---	---	---
20117	Marshall	23,880	24,355	23,912	16,136	6,901	2,280	---	---	---	---	---	---	---
20119	Meade	5,055	1,581	2,542	296	---	---	---	---	---	---	---	---	---
20121	Miami	20,030	21,641	19,614	17,802	11,725	4,980	---	---	---	---	---	---	---
20123	Mitchell	14,089	14,647	15,037	14,911	485	---	---	---	---	---	---	---	---
20125	Montgomery	49,474	29,039	23,104	18,213	7,564	---	---	---	---	---	---	---	---
20127	Morris	12,397	11,967	11,381	9,265	2,225	770	---	---	---	---	---	---	---

Table C. States and Counties. Resident Population 1790 through 2010—*Continued*

STATE/ County code	STATE County	Year of first census	Resident population enumerated by census									
			2010	2000	1990	1980	1970	1960	1950	1940	1930	1920
	KANSAS cnt'd											
20129	Morton	1880	3,233	3,496	3,480	3,454	3,576	3,354	2,610	2,186	4,092	3,177
20131	Nemaha	1860	10,178	10,717	10,446	11,211	11,825	12,897	14,341	16,761	18,342	18,487
20133	Neosho	1860	16,512	16,997	17,035	18,967	18,812	19,455	20,348	22,210	22,665	24,000
20135	Ness	1870	3,107	3,454	4,033	4,498	4,791	5,470	6,322	6,864	8,358	7,490
20137	Norton	1880	5,671	5,953	5,947	6,689	7,279	8,035	8,808	9,831	11,701	11,423
20139	Osage	1860	16,295	16,712	15,248	15,319	13,352	12,886	12,811	15,118	17,538	18,621
20141	Osborne	1870	3,858	4,452	4,867	5,959	6,416	7,506	8,558	9,835	11,568	12,441
20141.1	Otoe	1860	---	---	---	---	---	---	---	---	---	---
20143	Ottawa	1870	6,091	6,163	5,634	5,971	6,183	6,779	7,265	9,224	9,819	10,714
20145	Pawnee	1870	6,973	7,233	7,555	8,065	8,484	10,254	11,041	10,300	10,510	9,323
20147	Phillips	1880	5,642	6,001	6,590	7,406	7,888	8,709	9,273	10,435	12,159	12,505
20149	Pottawatomie	1860	21,604	18,209	16,128	14,782	11,755	11,957	12,344	14,015	15,862	16,154
20151	Pratt	1880	9,656	9,647	9,702	10,275	10,056	12,122	12,156	12,348	13,312	12,909
20153	Rawlins	1880	2,519	2,966	3,404	4,105	4,393	5,279	5,728	6,618	7,362	6,799
20155	Reno	1880	64,511	64,790	62,389	64,983	60,765	59,055	54,058	52,165	47,785	44,423
20157	Republic	1870	4,980	5,835	6,482	7,569	8,498	9,768	11,478	13,124	14,745	15,855
20159	Rice	1870	10,083	10,761	10,610	11,900	12,320	13,909	15,635	17,213	13,800	14,832
20161	Riley	1860	71,115	62,843	67,139	63,505	56,788	41,914	33,405	20,617	19,882	20,650
20163	Rooks	1880	5,181	5,685	6,039	7,006	7,628	9,734	9,043	8,497	9,534	9,966
20165	Rush	1880	3,307	3,551	3,842	4,516	5,117	6,160	7,231	8,285	9,093	8,360
20167	Russell	1870	6,970	7,370	7,835	8,868	9,428	11,348	13,406	13,464	11,045	10,748
20169	Saline	1870	55,606	53,597	49,301	48,905	46,592	54,715	33,409	29,535	29,337	25,103
20171	Scott	1880	4,936	5,120	5,289	5,782	5,606	5,228	4,921	3,773	3,976	3,121
20173	Sedgwick	1870	498,365	452,869	403,662	366,531	350,694	343,231	222,290	143,311	136,330	92,234
20175	Seward	1880	22,952	22,510	18,743	17,071	15,744	15,930	9,972	6,540	8,075	6,220
20177	Shawnee	1860	177,934	169,871	160,976	154,916	155,322	141,286	105,418	91,247	85,200	69,159
20179	Sheridan	1880	2,556	2,813	3,043	3,544	3,859	4,267	4,607	5,312	6,038	5,484
20181	Sherman	1880	6,010	6,760	6,926	7,759	7,792	6,682	7,373	6,421	7,400	5,592
20183	Smith	1870	3,853	4,536	5,078	5,947	6,757	7,776	8,846	10,582	13,545	14,985
20185	Stafford	1880	4,437	4,789	5,365	5,694	5,943	7,451	8,816	10,487	10,460	11,559
20187	Stanton	1880	2,235	2,406	2,333	2,339	2,287	2,108	2,263	1,443	2,152	908
20189	Stevens	1880	5,724	5,463	5,048	4,736	4,198	4,400	4,516	3,193	4,655	3,943
20191	Sumner	1870	24,132	25,946	25,841	24,928	23,553	25,316	23,646	26,163	28,960	29,213
20193	Thomas	1880	7,900	8,180	8,258	8,451	7,501	7,358	7,572	6,425	7,334	5,517
20195	Trego	1870	3,001	3,319	3,694	4,165	4,436	5,473	5,868	5,822	6,470	5,880
20197	Wabaunsee	1860	7,053	6,885	6,603	6,867	6,397	6,648	7,212	9,219	10,830	11,424
20199	Wallace	1870	1,485	1,749	1,821	2,045	2,215	2,069	2,508	2,216	2,882	2,424
20201	Washington	1860	5,799	6,483	7,073	8,543	9,249	10,739	12,977	15,921	17,112	17,984
20203	Wichita	1880	2,234	2,531	2,758	3,041	3,274	2,765	2,640	2,185	2,579	1,856
20205	Wilson	1860	9,409	10,332	10,289	12,128	11,317	13,077	14,815	17,723	18,646	21,157
20207	Woodson	1860	3,309	3,788	4,116	4,600	4,789	5,423	6,711	8,014	8,526	8,984
20209	Wyandotte	1860	157,505	157,882	161,993	172,335	186,845	185,495	165,318	145,071	141,211	122,218
21000	**KENTUCKY**	1790	4,339,367	4,041,769	3,685,296	3,660,777	3,218,706	3,038,156	2,944,806	2,845,627	2,614,589	2,416,630
21001	Adair	1810	18,656	17,244	15,360	15,233	13,037	14,699	17,603	18,566	16,401	17,289
21003	Allen	1820	19,956	17,800	14,628	14,128	12,598	12,269	13,787	15,496	15,180	16,761
21005	Anderson	1830	21,421	19,111	14,571	12,567	9,358	8,618	8,984	8,936	8,494	9,982
21007	Ballard	1850	8,249	8,286	7,902	8,798	8,276	8,291	8,545	9,480	9,910	12,045
21009	Barren	1800	42,173	38,033	34,001	34,009	28,677	28,303	28,461	27,559	25,844	25,356
21011	Bath	1820	11,591	11,085	9,692	10,025	9,235	9,114	10,410	11,451	11,075	11,996
21013	Bell	1870	28,691	30,060	31,506	34,330	31,087	35,336	47,602	43,812	38,747	33,988
21015	Boone	1800	118,811	85,991	57,589	45,842	32,812	21,940	13,015	10,820	9,595	9,572
21017	Bourbon	1790	19,985	19,360	19,236	19,405	18,476	18,178	17,752	17,932	18,060	18,418
21019	Boyd	1860	49,542	49,752	51,150	55,513	52,376	52,163	49,949	45,938	43,849	29,281
21021	Boyle	1850	28,432	27,697	25,641	25,066	21,090	21,257	20,532	17,075	16,282	14,998
21023	Bracken	1800	8,488	8,279	7,766	7,738	7,227	7,422	8,424	9,389	9,616	10,210
21025	Breathitt	1840	13,878	16,100	15,703	17,004	14,221	15,490	19,964	23,946	21,143	20,614
21027	Breckinridge	1800	20,059	18,648	16,312	16,861	14,789	14,734	15,528	17,744	17,368	19,652
21029	Bullitt	1800	74,319	61,236	47,567	43,346	26,090	15,726	11,349	9,511	8,868	9,328
21031	Butler	1810	12,690	13,010	11,245	11,064	9,723	9,586	11,309	14,371	12,620	15,197
21033	Caldwell	1810	12,984	13,060	13,232	13,473	13,179	13,073	13,199	14,499	13,781	13,975

Table C. States and Counties. Resident Population 1790 through 2010—*Continued*

STATE/ County code	STATE County	Resident population enumerated by census (continued)												
		1910	1900	1890	1880	1870	1860	1850	1840	1830	1820	1810	1800	1790
	KANSAS cnt'd													
20129	Morton	1,333	304	724	9	---	---	---	---	---	---	---	---	---
20131	Nemaha	19,072	20,376	19,249	12,462	7,339	2,436	---	---	---	---	---	---	---
20133	Neosho	23,754	19,254	18,561	15,121	10,206	88	---	---	---	---	---	---	---
20135	Ness	5,883	4,535	4,944	3,722	2	---	---	---	---	---	---	---	---
20137	Norton	11,614	11,325	10,617	6,998	---	---	---	---	---	---	---	---	---
20139	Osage	19,905	23,659	25,062	19,642	7,648	1,113	---	---	---	---	---	---	---
20141	Osborne	12,827	11,844	12,083	12,517	33	---	---	---	---	---	---	---	---
20141.1	Otoe	---	---	---	---	---	238	---	---	---	---	---	---	---
20143	Ottawa	11,811	11,182	12,581	10,307	2,127	---	---	---	---	---	---	---	---
20145	Pawnee	8,859	5,084	5,204	5,396	179	---	---	---	---	---	---	---	---
20147	Phillips	14,150	14,442	13,661	12,014	---	---	---	---	---	---	---	---	---
20149	Pottawatomie	17,522	18,470	17,722	16,350	7,848	1,529	---	---	---	---	---	---	---
20151	Pratt	11,156	7,085	8,118	1,890	---	---	---	---	---	---	---	---	---
20153	Rawlins	6,380	5,241	6,756	1,623	---	---	---	---	---	---	---	---	---
20155	Reno	37,853	29,027	27,079	12,826	---	---	---	---	---	---	---	---	---
20157	Republic	17,447	18,248	19,002	14,913	1,281	---	---	---	---	---	---	---	---
20159	Rice	15,106	14,745	14,451	9,292	5	---	---	---	---	---	---	---	---
20161	Riley	15,783	13,828	13,183	10,430	5,105	1,224	---	---	---	---	---	---	---
20163	Rooks	11,282	7,960	8,018	8,112	---	---	---	---	---	---	---	---	---
20165	Rush	7,826	6,134	5,204	5,490	---	---	---	---	---	---	---	---	---
20167	Russell	10,800	8,489	7,333	7,351	156	---	---	---	---	---	---	---	---
20169	Saline	20,338	17,076	17,442	13,808	4,246	---	---	---	---	---	---	---	---
20171	Scott	3,047	1,098	1,262	43	---	---	---	---	---	---	---	---	---
20173	Sedgwick	73,095	44,037	43,626	18,753	1,095	---	---	---	---	---	---	---	---
20175	Seward	4,091	822	1,503	5	---	---	---	---	---	---	---	---	---
20177	Shawnee	61,874	53,727	49,172	29,093	13,121	3,513	---	---	---	---	---	---	---
20179	Sheridan	5,651	3,819	3,733	1,567	---	---	---	---	---	---	---	---	---
20181	Sherman	4,549	3,341	5,261	13	---	---	---	---	---	---	---	---	---
20183	Smith	15,365	16,384	15,613	13,883	66	---	---	---	---	---	---	---	---
20185	Stafford	12,510	9,829	8,520	4,755	---	---	---	---	---	---	---	---	---
20187	Stanton	1,034	327	1,031	5	---	---	---	---	---	---	---	---	---
20189	Stevens	2,453	620	1,418	12	---	---	---	---	---	---	---	---	---
20191	Sumner	30,654	25,631	30,271	20,812	22	---	---	---	---	---	---	---	---
20193	Thomas	5,455	4,112	5,538	161	---	---	---	---	---	---	---	---	---
20195	Trego	5,398	2,722	2,535	2,535	166	---	---	---	---	---	---	---	---
20197	Wabaunsee	12,721	12,813	11,720	8,756	3,362	1,023	---	---	---	---	---	---	---
20199	Wallace	2,759	1,178	2,468	686	538	---	---	---	---	---	---	---	---
20201	Washington	20,229	21,963	22,894	14,910	4,081	383	---	---	---	---	---	---	---
20203	Wichita	2,006	1,197	1,827	14	---	---	---	---	---	---	---	---	---
20205	Wilson	19,810	15,621	15,286	13,775	6,694	27	---	---	---	---	---	---	---
20207	Woodson	9,450	10,022	9,021	6,535	3,827	1,488	---	---	---	---	---	---	---
20209	Wyandotte	100,068	73,227	54,407	19,143	10,015	2,609	---	---	---	---	---	---	---
21000	**KENTUCKY**	2,289,905	2,147,174	1,858,635	1,648,690	1,321,011	1,155,684	982,405	779,828	687,917	564,317	406,511	220,955	73,677
21001	Adair	16,503	14,888	13,721	13,078	11,065	9,509	9,898	8,466	8,217	8,765	6,011	---	---
21003	Allen	14,882	14,657	13,692	12,089	10,296	9,187	8,742	7,329	6,485	5,327	---	---	---
21005	Anderson	10,146	10,051	10,610	9,361	5,449	7,404	6,260	5,452	4,520	---	---	---	---
21007	Ballard	12,690	10,761	8,390	14,378	12,576	8,692	5,496	---	---	---	---	---	---
21009	Barren	25,293	23,197	21,490	22,321	17,780	16,665	20,240	17,288	15,079	10,328	11,286	4,784	---
21011	Bath	13,988	14,734	12,813	11,982	10,145	12,113	12,115	9,763	8,799	7,961	---	---	---
21013	Bell	28,447	15,701	10,312	6,055	3,731	---	---	---	---	---	---	---	---
21015	Boone	9,420	11,170	12,246	11,996	10,696	11,196	11,185	10,034	9,075	6,542	3,608	1,534	---
21017	Bourbon	17,462	18,069	16,976	15,956	14,863	14,860	14,466	14,478	18,436	17,664	18,009	12,825	7,837
21019	Boyd	23,444	18,834	14,033	12,165	8,573	6,044	---	---	---	---	---	---	---
21021	Boyle	14,668	13,817	12,948	11,930	9,515	9,304	9,116	---	---	---	---	---	---
21023	Bracken	10,308	12,137	12,369	13,509	11,409	11,021	8,903	7,053	6,518	5,280	3,706	2,606	---
21025	Breathitt	17,540	14,322	8,705	7,742	5,672	4,980	3,785	2,195	---	---	---	---	---
21027	Breckinridge	21,034	20,534	18,976	17,486	13,440	13,236	10,593	8,944	7,345	7,485	3,430	807	---
21029	Bullitt	9,487	9,602	8,291	8,521	7,781	7,289	6,774	6,334	5,652	5,831	4,311	3,542	---
21031	Butler	15,805	15,896	13,956	12,181	9,404	7,927	5,755	3,898	3,058	3,083	2,181	---	---
21033	Caldwell	14,063	14,510	13,186	11,282	10,826	9,318	13,048	10,365	8,324	9,022	4,268	---	---

Table C. States and Counties. Resident Population 1790 through 2010—*Continued*

STATE/ County code	STATE County	Year of first census	Resident population enumerated by census									
			2010	2000	1990	1980	1970	1960	1950	1940	1930	1920
	KENTUCKY cnt'd											
21035	Calloway	1830	37,191	34,177	30,735	30,031	27,692	20,972	20,147	19,041	17,662	20,802
21037	Campbell	1800	90,336	88,616	83,866	83,317	88,501	86,803	76,196	71,918	73,391	61,868
21039	Carlisle	1890	5,104	5,351	5,238	5,487	5,354	5,608	6,206	7,650	7,363	8,231
21041	Carroll	1840	10,811	10,155	9,292	9,270	8,523	7,978	8,517	8,657	8,155	8,346
21043	Carter	1840	27,720	26,889	24,340	25,060	19,850	20,817	22,559	25,545	23,839	22,474
21045	Casey	1810	15,955	15,447	14,211	14,818	12,930	14,327	17,446	19,962	16,747	17,213
21047	Christian	1800	73,955	72,265	68,941	66,878	56,224	56,904	42,359	36,129	34,283	35,883
21049	Clark	1800	35,613	33,144	29,496	28,322	24,090	21,075	18,898	17,988	17,640	17,901
21051	Clay	1810	21,730	24,556	21,746	22,752	18,481	20,748	23,116	23,901	18,526	19,795
21053	Clinton	1840	10,272	9,634	9,135	9,321	8,174	8,886	10,605	10,279	9,004	8,589
21055	Crittenden	1850	9,315	9,384	9,196	9,207	8,493	8,648	10,818	12,115	11,931	13,125
21057	Cumberland	1800	6,856	7,147	6,784	7,289	6,850	7,835	9,309	11,923	10,204	10,648
21059	Daviess	1820	96,656	91,545	87,189	85,949	79,486	70,588	57,241	52,335	43,779	40,733
21061	Edmonson	1830	12,161	11,644	10,357	9,962	8,751	8,085	9,376	11,344	11,475	10,894
21063	Elliott	1870	7,852	6,748	6,455	6,908	5,933	6,330	7,085	8,713	7,571	8,887
21065	Estill	1810	14,672	15,307	14,614	14,495	12,752	12,466	14,677	17,978	17,079	15,569
21067	Fayette	1790	295,803	260,512	225,366	204,165	174,323	131,906	100,746	78,899	68,543	54,664
21069	Fleming	1800	14,348	13,792	12,292	12,323	11,366	10,890	11,962	13,327	12,931	15,614
21071	Floyd	1800	39,451	42,441	43,586	48,764	35,889	41,642	53,500	52,986	41,942	27,427
21073	Franklin	1800	49,285	47,687	43,781	41,830	34,481	29,421	25,933	23,308	21,064	19,357
21075	Fulton	1850	6,813	7,752	8,271	8,971	10,183	11,256	13,668	15,413	14,927	15,197
21077	Gallatin	1800	8,589	7,870	5,393	4,842	4,134	3,867	3,969	4,307	4,437	4,664
21079	Garrard	1800	16,912	14,792	11,579	10,853	9,457	9,747	11,029	11,910	11,562	12,503
21081	Grant	1820	24,662	22,384	15,737	13,308	9,999	9,489	9,809	9,876	9,876	10,435
21083	Graves	1830	37,121	37,028	33,550	34,049	30,939	30,021	31,364	31,763	30,778	32,483
21085	Grayson	1810	25,746	24,053	21,050	20,854	16,445	15,834	17,063	17,562	17,055	19,927
21087	Green	1800	11,258	11,518	10,371	11,043	10,350	11,249	11,261	12,321	11,401	11,391
21089	Greenup	1810	36,910	36,891	36,742	39,132	33,192	29,238	24,887	24,917	24,554	20,062
21091	Hancock	1830	8,565	8,392	7,864	7,742	7,080	5,330	6,009	6,807	6,147	6,945
21093	Hardin	1800	105,543	94,174	89,240	88,917	78,421	67,789	50,312	29,108	20,913	24,287
21095	Harlan	1820	29,278	33,202	36,574	41,889	37,370	51,107	71,751	75,275	64,557	31,546
21097	Harrison	1800	18,846	17,983	16,248	15,166	14,158	13,704	13,736	15,124	14,859	15,798
21099	Hart	1820	18,199	17,445	14,890	15,402	13,980	14,119	15,321	17,239	16,169	18,544
21101	Henderson	1800	46,250	44,829	43,044	40,849	36,031	33,519	30,715	27,020	26,295	27,609
21103	Henry	1800	15,416	15,060	12,823	12,740	10,910	10,987	11,394	12,220	12,564	13,411
21105	Hickman	1830	4,902	5,262	5,566	6,065	6,264	6,747	7,778	9,142	8,725	10,244
21107	Hopkins	1810	46,920	46,519	46,126	46,174	38,167	38,458	38,815	37,789	37,449	34,133
21109	Jackson	1860	13,494	13,495	11,955	11,996	10,005	10,677	13,101	16,339	10,467	11,687
21111	Jefferson	1790	741,096	693,604	664,937	685,004	695,055	610,947	484,615	385,392	355,350	286,369
21113	Jessamine	1800	48,586	39,041	30,508	26,146	17,430	13,625	12,458	12,174	12,431	12,205
21115	Johnson	1850	23,356	23,445	23,248	24,432	17,539	19,748	23,846	25,771	22,968	19,622
21117	Kenton	1840	159,720	151,464	142,031	137,058	129,440	120,700	104,254	93,139	93,534	73,453
21119	Knott	1890	16,346	17,649	17,906	17,940	14,698	17,362	20,320	20,007	15,230	11,655
21121	Knox	1800	31,883	31,795	29,676	30,239	23,689	25,258	30,409	31,029	26,266	24,172
21123	Larue	1850	14,193	13,373	11,679	11,922	10,672	10,346	9,956	9,622	9,093	10,004
21125	Laurel	1830	58,849	52,715	43,438	38,982	27,386	24,901	25,797	25,640	21,109	19,814
21127	Lawrence	1830	15,860	15,569	13,998	14,121	10,726	12,134	14,418	17,275	16,713	17,643
21129	Lee	1870	7,887	7,916	7,422	7,754	6,587	7,420	8,739	10,860	9,729	11,918
21131	Leslie	1880	11,310	12,401	13,642	14,882	11,623	10,941	15,537	14,981	10,765	10,097
21133	Letcher	1850	24,519	25,277	27,000	30,687	23,165	30,102	39,522	40,592	35,702	24,467
21135	Lewis	1810	13,870	14,092	13,029	14,545	12,355	13,115	13,520	15,686	14,315	15,829
21137	Lincoln	1790	24,742	23,361	20,045	19,053	16,663	16,503	18,668	19,859	17,687	16,481
21139	Livingston	1800	9,519	9,804	9,062	9,219	7,596	7,029	7,184	9,127	8,608	9,732
21141	Logan	1800	26,835	26,573	24,416	24,138	21,793	20,896	22,335	23,345	21,875	23,633
21143	Lyon	1860	8,314	8,080	6,624	6,490	5,562	5,924	6,853	9,067	8,530	8,795
21145	McCracken	1830	65,565	65,514	62,879	61,310	58,281	57,306	49,137	48,534	46,271	37,246
21147	McCreary	1920	18,306	17,080	15,603	15,634	12,548	12,463	16,660	16,451	14,627	11,676
21149	McLean	1860	9,531	9,938	9,628	10,090	9,062	9,355	10,021	11,446	11,072	12,502
21151	Madison	1790	82,916	70,872	57,508	53,352	42,730	33,482	31,179	28,541	27,621	26,284
21153	Magoffin	1860	13,333	13,332	13,077	13,515	10,443	11,156	13,839	17,490	15,719	13,859
21155	Marion	1840	19,820	18,212	16,499	17,910	16,714	16,887	17,212	16,913	15,499	15,527

Table C. States and Counties. Resident Population 1790 through 2010—*Continued*

STATE/ County code	STATE County	Resident population enumerated by census (continued)												
		1910	1900	1890	1880	1870	1860	1850	1840	1830	1820	1810	1800	1790
	KENTUCKY cnt'd													
21035	Calloway	19,867	17,633	14,675	13,295	9,410	9,915	8,096	9,794	5,164	---	---	---	---
21037	Campbell	59,369	54,223	44,208	37,440	27,406	20,909	13,127	5,214	9,883	7,022	3,473	1,903	---
21039	Carlisle	9,048	10,195	7,612	---	---	---	---	---	---	---	---	---	---
21041	Carroll	8,110	9,825	9,266	8,953	6,189	6,578	5,526	3,966	---	---	---	---	---
21043	Carter	21,966	20,228	17,204	12,345	7,509	8,516	6,241	2,905	---	---	---	---	---
21045	Casey	15,479	15,144	11,848	10,983	8,884	6,466	6,556	4,939	4,342	4,349	3,285	---	---
21047	Christian	38,845	37,962	34,118	31,682	23,227	21,627	19,580	15,587	12,684	10,459	11,020	2,318	---
21049	Clark	17,987	16,694	15,434	12,115	10,882	11,484	12,683	10,802	13,051	11,449	11,519	7,653	---
21051	Clay	17,789	15,364	12,447	10,222	8,297	6,652	5,421	4,607	3,548	4,393	2,398	---	---
21053	Clinton	8,153	7,871	7,047	7,212	6,497	5,781	4,889	3,863	---	---	---	---	---
21055	Crittenden	13,296	15,191	13,119	11,688	9,381	8,796	6,351	---	---	---	---	---	---
21057	Cumberland	9,846	8,962	8,452	8,894	7,690	7,340	7,005	6,090	8,624	8,058	6,191	3,284	---
21059	Daviess	41,020	38,667	33,120	27,730	20,714	15,549	12,362	8,331	5,209	3,876	---	---	---
21061	Edmonson	10,469	10,080	8,005	7,222	4,459	4,645	4,088	2,914	2,642	---	---	---	---
21063	Elliott	9,814	10,387	9,214	6,567	4,433	---	---	---	---	---	---	---	---
21065	Estill	12,273	11,669	10,836	9,860	9,198	6,886	5,985	5,535	4,618	3,507	2,082	---	---
21067	Fayette	47,715	42,071	35,698	29,023	26,656	22,599	22,735	22,194	25,098	23,250	21,370	14,028	18,410
21069	Fleming	16,066	17,074	16,078	15,221	13,398	12,489	13,914	13,268	13,499	12,186	8,947	5,016	---
21071	Floyd	18,623	15,552	11,256	10,176	7,877	6,388	5,714	6,302	4,347	8,207	3,485	478	---
21073	Franklin	21,135	20,852	21,267	18,699	15,300	12,694	12,462	9,420	9,254	11,024	8,013	5,078	---
21075	Fulton	14,114	11,546	10,005	7,977	6,161	5,317	4,446	---	---	---	---	---	---
21077	Gallatin	4,697	5,163	4,611	4,832	5,074	5,056	5,137	4,003	6,674	7,075	3,307	1,291	---
21079	Garrard	11,894	12,042	11,138	11,704	10,376	10,531	10,237	10,480	11,871	10,851	9,186	6,186	---
21081	Grant	10,581	13,239	12,671	13,083	9,529	8,356	6,531	4,192	2,986	1,805	---	---	---
21083	Graves	33,539	33,204	28,534	24,138	19,398	16,233	11,397	7,465	2,504	---	---	---	---
21085	Grayson	19,958	19,878	18,688	15,784	11,580	7,982	6,837	4,461	3,880	4,055	2,301	---	---
21087	Green	11,871	12,255	11,463	11,871	9,379	8,806	9,060	14,212	13,138	11,943	6,735	6,096	---
21089	Greenup	18,475	15,432	11,911	13,371	11,463	8,760	9,654	6,297	5,852	4,311	2,369	---	---
21091	Hancock	8,512	8,914	9,214	8,563	6,591	6,213	3,853	2,581	1,515	---	---	---	---
21093	Hardin	22,696	22,937	21,304	22,564	15,705	15,189	14,525	16,357	12,849	10,498	7,531	3,653	---
21095	Harlan	10,566	9,838	6,197	5,278	4,415	5,494	4,268	3,015	2,929	1,961	---	---	---
21097	Harrison	16,873	18,570	16,914	16,504	12,993	13,779	13,064	12,472	13,234	12,278	7,752	4,350	---
21099	Hart	18,173	18,390	16,439	17,133	13,687	10,348	9,093	7,031	5,191	4,184	---	---	---
21101	Henderson	29,352	32,907	29,536	24,515	18,457	14,262	12,171	9,548	6,659	5,714	4,703	1,468	---
21103	Henry	13,716	14,620	14,164	14,492	11,066	11,949	11,442	10,015	11,387	10,816	6,777	3,258	---
21105	Hickman	11,750	11,745	11,637	10,651	8,453	7,008	4,791	8,968	5,198	---	---	---	---
21107	Hopkins	34,291	30,995	23,505	19,122	13,827	11,875	12,441	9,171	6,763	5,322	2,964	---	---
21109	Jackson	10,734	10,561	8,261	6,678	4,547	3,087	---	---	---	---	---	---	---
21111	Jefferson	262,920	232,549	188,598	146,010	118,953	89,404	59,831	36,346	23,979	20,768	13,399	8,754	4,765
21113	Jessamine	12,613	11,925	11,248	10,864	8,638	9,465	10,249	9,396	9,960	9,297	8,377	5,461	---
21115	Johnson	17,482	13,730	11,027	9,155	7,494	5,306	3,873	---	---	---	---	---	---
21117	Kenton	70,355	63,591	54,161	43,983	36,096	25,467	17,038	7,816	---	---	---	---	---
21119	Knott	10,791	8,704	5,438	---	---	---	---	---	---	---	---	---	---
21121	Knox	22,116	17,372	13,762	10,587	8,294	7,707	7,050	5,722	4,315	3,661	5,875	1,109	---
21123	Larue	10,701	10,764	9,433	9,793	8,235	6,891	5,859	---	---	---	---	---	---
21125	Laurel	19,872	17,592	13,747	9,131	6,016	5,488	4,145	3,079	2,206	---	---	---	---
21127	Lawrence	20,067	19,612	17,702	13,262	8,497	7,601	6,281	4,730	3,900	---	---	---	---
21129	Lee	9,531	7,988	6,205	4,254	3,055	---	---	---	---	---	---	---	---
21131	Leslie	8,976	6,753	3,964	3,740	---	---	---	---	---	---	---	---	---
21133	Letcher	10,623	9,172	6,920	6,601	4,608	3,904	2,512	---	---	---	---	---	---
21135	Lewis	16,887	17,868	14,803	13,154	9,115	8,361	7,202	6,306	5,229	3,973	2,357	---	---
21137	Lincoln	17,897	17,059	15,962	15,080	10,947	10,647	10,093	10,187	11,002	9,979	8,676	8,621	6,548
21139	Livingston	10,627	11,354	9,474	9,165	8,200	7,213	6,578	9,025	5,971	5,824	3,674	2,856	---
21141	Logan	24,977	25,994	23,812	24,358	20,429	19,021	16,581	13,615	13,012	14,423	12,123	5,807	---
21143	Lyon	9,423	9,319	7,628	6,768	6,233	5,307	---	---	---	---	---	---	---
21145	McCracken	35,064	28,733	21,051	16,262	13,988	10,360	6,067	4,745	1,297	---	---	---	---
21147	McCreary	---	---	---	---	---	---	---	---	---	---	---	---	---
21149	McLean	13,241	12,448	9,887	9,293	7,614	6,144	---	---	---	---	---	---	---
21151	Madison	26,951	25,607	24,348	22,052	19,543	17,207	15,727	16,355	18,751	15,954	15,540	10,490	5,772
21153	Magoffin	13,654	12,006	9,196	6,944	4,684	3,485	---	---	---	---	---	---	---
21155	Marion	16,330	16,290	15,648	14,693	12,838	12,593	11,765	11,032	---	---	---	---	---

Table C. States and Counties. Resident Population 1790 through 2010—*Continued*

STATE/ County code	STATE County	Year of first census	Resident population enumerated by census									
			2010	2000	1990	1980	1970	1960	1950	1940	1930	1920
	KENTUCKY cnt'd											
21157	Marshall	1850	31,448	30,125	27,205	25,637	20,381	16,736	13,387	16,602	12,889	15,215
21159	Martin	1880	12,929	12,578	12,526	13,925	9,377	10,201	11,677	10,970	8,584	7,654
21161	Mason	1790	17,490	16,800	16,666	17,765	17,273	18,454	18,486	19,066	18,862	17,760
21163	Meade	1830	28,602	26,349	24,170	22,854	18,796	18,938	9,422	8,827	8,042	9,442
21165	Menifee	1870	6,306	6,556	5,092	5,117	4,050	4,276	4,798	5,691	4,958	5,779
21167	Mercer	1790	21,331	20,817	19,148	19,011	15,960	14,596	14,643	14,629	14,471	14,795
21169	Metcalfe	1860	10,099	10,037	8,963	9,484	8,177	8,367	9,851	10,853	9,373	10,075
21171	Monroe	1820	10,963	11,756	11,401	12,353	11,642	11,799	13,770	14,070	13,077	14,214
21173	Montgomery	1800	26,499	22,554	19,561	20,046	15,364	13,461	13,025	12,280	11,660	12,245
21175	Morgan	1830	13,923	13,948	11,648	12,103	10,019	11,056	13,624	16,827	15,130	16,518
21177	Muhlenberg	1800	31,499	31,839	31,318	32,238	27,537	27,791	32,501	37,554	37,784	33,353
21179	Nelson	1790	43,437	37,477	29,710	27,584	23,477	22,168	19,521	18,004	16,551	16,137
21181	Nicholas	1800	7,135	6,813	6,725	7,157	6,508	6,677	7,532	8,617	8,571	9,894
21183	Ohio	1800	23,842	22,916	21,105	21,765	18,790	17,725	20,840	24,421	24,469	26,473
21185	Oldham	1830	60,316	46,178	33,263	27,795	14,687	13,388	11,018	10,716	7,402	7,689
21187	Owen	1820	10,841	10,547	9,035	8,924	7,470	8,237	9,755	10,942	10,710	12,554
21189	Owsley	1850	4,755	4,858	5,036	5,709	5,023	5,369	7,324	8,957	7,223	7,820
21191	Pendleton	1800	14,877	14,390	12,036	10,989	9,949	9,968	9,610	10,392	10,876	11,719
21193	Perry	1830	28,712	29,390	30,283	33,763	25,714	34,961	46,566	47,828	42,186	26,042
21195	Pike	1830	65,024	68,736	72,583	81,123	61,059	68,264	81,154	71,122	63,267	49,477
21197	Powell	1860	12,613	13,237	11,686	11,101	7,704	6,674	6,812	7,671	5,800	6,745
21199	Pulaski	1800	63,063	56,217	49,489	45,803	35,234	34,403	38,452	39,863	35,640	34,010
21201	Robertson	1870	2,282	2,266	2,124	2,265	2,163	2,443	2,881	3,419	3,344	3,871
21203	Rockcastle	1810	17,056	16,582	14,803	13,973	12,305	12,334	13,925	17,165	15,149	15,406
21205	Rowan	1860	23,333	22,094	20,353	19,049	17,010	12,808	12,708	12,734	10,893	9,467
21207	Russell	1830	17,565	16,315	14,716	13,708	10,542	11,076	13,717	13,615	11,930	11,854
21209	Scott	1800	47,173	33,061	23,867	21,813	17,948	15,376	15,141	14,314	14,400	15,318
21211	Shelby	1800	42,074	33,337	24,824	23,328	18,999	18,493	17,912	17,759	17,679	18,532
21213	Simpson	1820	17,327	16,405	15,145	14,673	13,054	11,548	11,678	11,752	11,336	11,150
21215	Spencer	1830	17,061	11,766	6,801	5,929	5,488	5,680	6,157	6,757	6,606	7,785
21217	Taylor	1850	24,512	22,927	21,146	21,178	17,138	16,285	14,403	13,556	12,047	12,236
21219	Todd	1820	12,460	11,971	10,940	11,874	10,823	11,364	12,890	14,234	13,520	15,694
21221	Trigg	1820	14,339	12,597	10,361	9,384	8,620	8,870	9,683	12,784	12,531	14,208
21223	Trimble	1840	8,809	8,125	6,090	6,253	5,349	5,102	5,148	5,601	5,348	6,011
21225	Union	1820	15,007	15,637	16,557	17,821	15,882	14,537	14,893	17,411	17,053	18,040
21227	Warren	1800	113,792	92,522	76,673	71,828	57,432	45,491	42,758	36,631	33,676	30,858
21229	Washington	1800	11,717	10,916	10,441	10,764	10,728	11,168	12,777	12,965	12,623	14,773
21231	Wayne	1810	20,813	19,923	17,468	17,022	14,268	14,700	16,475	17,204	15,848	16,208
21233	Webster	1860	13,621	14,120	13,955	14,832	13,282	14,244	15,555	19,198	20,534	20,762
21235	Whitley	1820	35,637	35,865	33,326	33,396	24,145	25,815	31,940	33,186	29,730	27,749
21237	Wolfe	1870	7,355	7,065	6,503	6,698	5,669	6,534	7,615	9,997	8,425	8,783
21239	Woodford	1790	24,939	23,208	19,955	17,778	14,434	11,913	11,212	11,847	10,981	11,784
22000	**LOUISIANA**	1810	4,533,372	4,468,976	4,219,973	4,205,900	3,641,306	3,257,022	2,683,516	2,363,880	2,101,593	1,798,509
22001	Acadia	1890	61,773	58,861	55,882	56,427	52,109	49,931	47,050	46,260	39,326	34,820
22003	Allen	1920	25,764	25,440	21,226	21,390	20,794	19,867	18,835	17,540	15,261	18,382
22005	Ascension	1810	107,215	76,627	58,214	50,068	37,086	27,927	22,387	21,215	18,438	22,155
22007	Assumption	1810	23,421	23,388	22,753	22,084	19,654	17,991	17,278	18,541	15,990	17,912
22009	Avoyelles	1810	42,073	41,481	39,159	41,393	37,751	37,606	38,031	39,256	34,926	35,300
22011	Beauregard	1920	35,654	32,986	30,083	29,692	22,888	19,191	17,766	14,847	14,569	20,767
22013	Bienville	1850	14,353	15,752	15,979	16,387	16,024	16,726	19,105	23,933	23,789	20,977
22015	Bossier	1850	116,979	98,310	86,088	80,721	64,519	57,622	40,139	33,162	28,388	22,266
22017	Caddo	1840	254,969	252,161	248,253	252,358	230,184	223,859	176,547	150,203	124,670	83,265
22019	Calcasieu	1840	192,768	183,577	168,134	167,223	145,415	145,475	89,635	56,506	41,963	32,807
22021	Caldwell	1840	10,132	10,560	9,810	10,761	9,354	9,004	10,293	12,046	10,430	9,514
22023	Cameron	1870	6,839	9,991	9,260	9,336	8,194	6,909	6,244	7,203	6,054	3,952
22025	Catahoula	1810	10,407	10,920	11,065	12,287	11,769	11,421	11,834	14,618	12,451	11,074
22027	Claiborne	1830	17,195	16,851	17,405	17,095	17,024	19,407	25,063	29,855	32,285	27,885
22029	Concordia	1810	20,822	20,247	20,828	22,981	22,578	20,467	14,398	14,562	12,778	12,466
22031	De Soto	1850	26,656	25,494	25,346	25,727	22,764	24,248	24,398	31,803	31,016	29,376
22033	East Baton Rouge	1820	440,171	412,852	380,105	366,191	285,167	230,058	158,236	88,415	68,208	44,513
22035	East Carroll	1840	7,759	9,421	9,709	11,772	12,884	14,433	16,302	19,023	15,815	11,231

Table C. States and Counties. Resident Population 1790 through 2010—*Continued*

STATE/ County code	STATE County	Resident population enumerated by census (continued)												
		1910	1900	1890	1880	1870	1860	1850	1840	1830	1820	1810	1800	1790
	KENTUCKY cnt'd													
21157	Marshall	15,771	13,692	11,287	9,647	9,455	6,982	5,269	---	---	---	---	---	---
21159	Martin	7,291	5,780	4,209	3,057	---	---	---	---	---	---	---	---	---
21161	Mason	18,611	20,446	20,773	20,469	18,126	18,222	18,344	15,719	16,199	13,588	12,459	12,182	2,729
21163	Meade	9,783	10,533	9,484	10,323	9,485	8,898	7,393	5,780	4,131	---	---	---	---
21165	Menifee	6,153	6,818	4,666	3,755	1,986	---	---	---	---	---	---	---	---
21167	Mercer	14,063	14,426	15,034	14,142	13,144	13,701	14,067	18,720	17,694	15,587	12,630	9,646	7,091
21169	Metcalfe	10,453	9,988	9,871	9,423	7,934	6,745	---	---	---	---	---	---	---
21171	Monroe	13,663	13,053	10,989	10,741	9,231	8,551	7,756	6,526	5,340	4,956	---	---	---
21173	Montgomery	12,868	12,834	12,367	10,566	7,557	7,859	9,903	9,332	10,240	9,587	12,975	7,082	---
21175	Morgan	16,259	12,792	11,249	8,455	5,975	9,237	7,620	4,603	2,857	---	---	---	---
21177	Muhlenberg	28,598	20,741	17,955	15,098	12,638	10,725	9,809	6,964	5,340	4,979	4,181	1,443	---
21179	Nelson	16,830	16,587	16,417	16,609	14,804	15,799	14,789	13,637	14,932	16,273	14,078	9,866	11,315
21181	Nicholas	10,601	11,952	10,764	11,869	9,129	11,030	10,361	8,745	8,834	7,973	4,898	2,925	---
21183	Ohio	27,642	27,287	22,946	19,669	15,561	12,209	9,749	6,592	4,715	3,879	3,792	1,223	---
21185	Oldham	7,248	7,078	6,754	7,667	9,027	7,283	7,629	7,380	9,588	---	---	---	---
21187	Owen	14,248	17,553	17,676	17,401	14,309	12,719	10,444	8,232	5,786	2,031	---	---	---
21189	Owsley	7,979	6,874	5,975	4,942	3,889	5,335	3,774	---	---	---	---	---	---
21191	Pendleton	11,985	14,947	16,346	16,702	14,030	10,443	6,774	4,455	3,863	3,086	3,061	1,613	---
21193	Perry	11,255	8,276	6,331	5,607	4,274	3,950	3,092	3,089	3,330	---	---	---	---
21195	Pike	31,679	22,686	17,378	13,001	9,562	7,384	5,365	3,567	2,677	---	---	---	---
21197	Powell	6,268	6,443	4,698	3,639	2,599	2,257	---	---	---	---	---	---	---
21199	Pulaski	35,986	31,293	25,731	21,318	17,670	17,201	14,195	9,620	9,500	7,597	6,897	3,161	---
21201	Robertson	4,121	4,900	4,684	5,814	5,399	---	---	---	---	---	---	---	---
21203	Rockcastle	14,473	12,416	9,841	9,670	7,145	5,343	4,697	3,409	2,865	2,249	1,731	---	---
21205	Rowan	9,438	8,277	6,129	4,420	2,991	2,282	---	---	---	---	---	---	---
21207	Russell	10,861	9,695	8,136	7,591	5,809	6,024	5,349	4,238	3,879	---	---	---	---
21209	Scott	16,956	18,076	16,546	14,965	11,607	14,417	14,946	13,668	14,677	14,219	12,419	8,007	---
21211	Shelby	18,041	18,340	16,521	16,813	15,733	16,433	17,095	17,768	19,030	21,047	14,877	8,191	---
21213	Simpson	11,460	11,624	10,878	10,641	9,573	8,146	7,733	6,537	5,815	4,852	---	---	---
21215	Spencer	7,567	7,406	6,760	7,040	5,956	6,188	6,842	6,581	6,812	---	---	---	---
21217	Taylor	11,961	11,075	9,353	9,259	8,226	7,481	7,250	---	---	---	---	---	---
21219	Todd	16,488	17,371	16,814	15,994	12,612	11,575	12,268	9,991	8,680	5,089	---	---	---
21221	Trigg	14,539	14,073	13,902	14,489	13,686	11,051	10,129	7,716	5,916	3,874	---	---	---
21223	Trimble	6,512	7,272	7,140	7,171	5,577	5,880	5,963	4,480	---	---	---	---	---
21225	Union	19,886	21,326	18,229	17,809	13,640	12,791	9,012	6,673	4,764	3,470	---	---	---
21227	Warren	30,579	29,970	30,158	27,531	21,742	17,320	15,123	15,446	10,949	11,776	11,937	4,686	---
21229	Washington	13,940	14,182	13,622	14,419	12,464	11,575	12,194	10,596	19,017	15,947	13,248	9,050	---
21231	Wayne	17,518	14,892	12,852	12,512	10,602	10,259	8,692	7,399	8,685	7,951	5,430	---	---
21233	Webster	20,974	20,097	17,196	14,246	10,937	7,533	---	---	---	---	---	---	---
21235	Whitley	31,982	25,015	17,590	12,000	8,278	7,762	7,447	4,673	3,806	2,340	---	---	---
21237	Wolfe	9,864	8,764	7,180	5,638	3,603	---	---	---	---	---	---	---	---
21239	Woodford	12,571	13,134	12,380	11,800	8,240	11,219	12,423	11,740	12,273	12,207	9,659	6,624	9,210
22000	**LOUISIANA**	1,656,388	1,381,625	1,118,588	939,946	726,915	708,002	517,762	352,411	215,739	153,407	76,556	---	---
22001	Acadia	31,847	23,483	13,231	---	---	---	---	---	---	---	---	---	---
22003	Allen	---	---	---	---	---	---	---	---	---	---	---	---	---
22005	Ascension	23,887	24,142	19,545	16,895	11,577	11,484	10,752	6,951	5,426	3,728	2,219	---	---
22007	Assumption	24,128	21,620	19,629	17,010	13,234	15,379	10,538	7,141	5,669	3,576	2,472	---	---
22009	Avoyelles	34,102	29,701	25,112	16,747	12,926	13,167	9,326	6,616	3,484	2,245	1,209	---	---
22011	Beauregard	---	---	---	---	---	---	---	---	---	---	---	---	---
22013	Bienville	21,776	17,588	14,108	10,442	10,636	11,000	5,539	---	---	---	---	---	---
22015	Bossier	21,738	24,153	20,330	16,042	12,675	11,348	6,962	---	---	---	---	---	---
22017	Caddo	58,200	44,499	31,555	26,296	21,714	12,140	8,884	5,282	---	---	---	---	---
22019	Calcasieu	62,767	30,428	20,176	12,484	6,733	5,928	3,914	2,057	---	---	---	---	---
22021	Caldwell	8,593	6,917	5,814	5,767	4,820	4,833	2,815	2,017	---	---	---	---	---
22023	Cameron	4,288	3,952	2,828	2,416	1,591	---	---	---	---	---	---	---	---
22025	Catahoula	10,415	16,351	12,002	10,277	8,475	11,651	7,132	4,955	2,581	2,287	1,164	---	---
22027	Claiborne	25,050	23,029	23,312	18,837	20,240	16,848	7,471	6,185	1,764	---	---	---	---
22029	Concordia	14,278	13,559	14,871	14,914	9,977	13,805	7,758	9,414	4,662	2,626	2,895	---	---
22031	De Soto	27,689	25,063	19,860	15,603	14,962	13,298	8,023	---	---	---	---	---	---
22033	East Baton Rouge	34,580	31,153	25,922	19,966	17,816	16,046	11,977	8,138	6,698	5,220	---	---	---
22035	East Carroll	11,637	11,373	12,362	12,134	10,110	18,052	8,789	4,237	---	---	---	---	---

Table C. States and Counties. Resident Population 1790 through 2010—*Continued*

STATE/ County code	STATE County	Year of first census	Resident population enumerated by census									
			2010	2000	1990	1980	1970	1960	1950	1940	1930	1920
	LOUISIANA cnt'd											
22037	East Feliciana	1820	20,267	21,360	19,211	19,015	17,657	20,198	19,133	18,039	17,449	17,487
22039	Evangeline	1920	33,984	35,434	33,274	33,343	31,932	31,639	31,629	30,497	25,483	23,485
22041	Franklin	1850	20,767	21,263	22,387	24,141	23,946	26,088	29,376	32,382	30,530	24,100
22043	Grant	1870	22,309	18,698	17,526	16,703	13,671	13,330	14,263	15,933	15,709	14,403
22045	Iberia	1870	73,240	73,266	68,297	63,752	57,397	51,657	40,059	37,183	28,192	26,855
22047	Iberville	1810	33,387	33,320	31,049	32,159	30,746	29,939	26,750	27,721	24,638	26,806
22049	Jackson	1850	16,274	15,397	15,705	17,321	15,963	15,828	15,434	17,807	13,808	14,486
22051	Jefferson	1830	432,552	455,466	448,306	454,592	337,568	208,769	103,873	50,427	40,032	21,563
22053	Jefferson Davis	1920	31,594	31,435	30,722	32,168	29,554	29,825	26,298	24,191	19,765	18,999
22055	Lafayette	1830	221,578	190,503	164,762	150,017	109,716	84,656	57,743	43,941	38,827	30,841
22057	Lafourche	1810	96,318	89,974	85,860	82,483	68,941	55,381	42,209	38,615	32,419	30,344
22059	La Salle	1910	14,890	14,282	13,662	17,004	13,295	13,011	12,717	10,959	11,668	9,856
22061	Lincoln	1880	46,735	42,509	41,745	39,763	33,800	28,535	25,782	24,790	22,822	16,962
22063	Livingston	1840	128,026	91,814	70,526	58,806	36,511	26,974	20,054	17,790	18,206	11,643
22065	Madison	1840	12,093	13,728	12,463	15,975	15,065	16,444	17,451	18,443	14,829	10,829
22067	Morehouse	1850	27,979	31,021	31,938	34,803	32,463	33,709	32,038	27,571	23,689	19,311
22069	Natchitoches	1810	39,566	39,080	36,689	39,863	35,219	35,653	38,144	40,997	38,477	38,602
22071	Orleans	1810	343,829	484,674	496,938	557,515	593,471	627,525	570,445	494,537	458,762	387,219
22073	Ouachita	1810	153,720	147,250	142,191	139,241	115,387	101,663	74,713	59,168	54,337	30,319
22075	Plaquemines	1810	23,042	26,757	25,575	26,049	25,225	22,545	14,239	12,318	9,608	10,194
22077	Pointe Coupee	1810	22,802	22,763	22,540	24,045	22,002	22,488	21,841	24,004	21,007	24,697
22079	Rapides	1810	131,613	126,337	131,556	135,282	118,078	111,351	90,648	73,370	65,455	59,444
22081	Red River	1880	9,091	9,622	9,387	10,433	9,226	9,978	12,113	15,881	16,078	15,301
22083	Richland	1870	20,725	20,981	20,629	22,187	21,774	23,824	26,672	28,829	26,374	20,860
22085	Sabine	1850	24,233	23,459	22,646	25,280	18,638	18,564	20,880	23,586	24,110	20,713
22087	St. Bernard	1810	35,897	67,229	66,631	64,097	51,185	32,186	11,087	7,280	6,512	4,968
22089	St. Charles	1810	52,780	48,072	42,437	37,259	29,550	21,219	13,363	12,321	12,111	8,586
22091	St. Helena	1820	11,203	10,525	9,874	9,827	9,937	9,162	9,013	9,542	8,492	8,427
22093	St. James	1810	22,102	21,216	20,879	21,495	19,733	18,369	15,334	16,596	15,338	21,228
22095	St. John the Baptist	1810	45,924	43,044	39,996	31,924	23,813	18,439	14,861	14,766	14,078	11,896
22097	St. Landry	1810	83,384	87,700	80,331	84,128	80,364	81,493	78,476	71,481	60,074	51,697
22099	St. Martin	1810	52,160	48,583	43,978	40,214	32,453	29,063	26,353	26,394	21,767	21,990
22101	St. Mary	1830	54,650	53,500	58,086	64,253	60,752	48,833	35,848	31,458	29,397	30,754
22103	St. Tammany	1820	233,740	191,268	144,508	110,869	63,585	38,643	26,988	23,624	20,929	20,645
22105	Tangipahoa	1870	121,097	100,588	85,709	80,698	65,875	59,434	53,218	45,519	46,227	31,440
22107	Tensas	1850	5,252	6,618	7,103	8,525	9,732	11,796	13,209	15,940	15,096	12,085
22109	Terrebonne	1830	111,860	104,503	96,982	94,393	76,049	60,771	43,328	35,880	29,816	26,974
22111	Union	1840	22,721	22,803	20,690	21,167	18,447	17,624	19,141	20,943	20,731	19,621
22113	Vermilion	1850	57,999	53,807	50,055	48,458	43,071	38,855	36,929	37,750	33,684	26,482
22115	Vernon	1880	52,334	52,531	61,961	53,475	53,794	18,301	18,974	19,142	20,047	20,493
22117	Washington	1820	47,168	43,926	43,185	44,207	41,987	44,015	38,371	34,443	29,904	24,164
22119	Webster	1880	41,207	41,831	41,989	43,631	39,939	39,701	35,704	33,676	29,458	24,707
22121	West Baton Rouge	1810	23,788	21,601	19,419	19,086	16,864	14,796	11,738	11,263	9,716	11,092
22123	West Carroll	1880	11,604	12,314	12,093	12,922	13,028	14,177	17,248	19,252	13,895	8,857
22125	West Feliciana	1830	15,625	15,111	12,915	12,186	11,376	12,395	10,169	11,720	10,924	12,303
22127	Winn	1860	15,313	16,894	16,269	17,253	16,369	16,034	16,119	16,923	14,766	16,119
23000	**MAINE**	1790	1,328,361	1,274,923	1,227,928	1,124,660	992,048	969,265	913,774	847,226	797,423	768,014
23001	Androscoggin	1860	107,702	103,793	105,259	99,657	91,279	86,312	83,594	76,679	71,214	65,796
23003	Aroostook	1840	71,870	73,938	86,936	91,331	92,463	106,064	96,039	94,436	87,843	81,728
23005	Cumberland	1790	281,674	265,612	243,135	215,789	192,528	182,751	169,201	146,000	134,645	124,376
23007	Franklin	1840	30,768	29,467	29,008	27,098	22,444	20,069	20,682	19,896	19,941	19,825
23009	Hancock	1790	54,418	51,791	46,948	41,781	34,590	32,293	32,105	32,422	30,721	30,361
23011	Kennebec	1800	122,151	117,114	115,904	109,889	95,247	89,150	83,881	77,231	70,691	63,844
23013	Knox	1860	39,736	39,618	36,310	32,941	29,013	28,575	28,121	27,191	27,693	26,245
23015	Lincoln	1790	34,457	33,616	30,357	25,691	20,537	18,497	18,004	16,294	15,498	15,976
23017	Oxford	1810	57,833	54,755	52,602	48,968	43,457	44,345	44,221	42,662	41,483	37,700
23019	Penobscot	1820	153,923	144,919	146,601	137,015	125,393	126,346	108,198	97,104	92,379	87,684
23021	Piscataquis	1840	17,535	17,235	18,653	17,634	16,285	17,379	18,617	18,467	18,231	20,554

Table C. States and Counties. Resident Population 1790 through 2010—*Continued*

STATE/ County code	STATE County	Resident population enumerated by census (continued)												
		1910	1900	1890	1880	1870	1860	1850	1840	1830	1820	1810	1800	1790
	LOUISIANA cnt'd													
22037	East Feliciana	20,055	20,443	17,903	15,132	13,499	14,697	13,598	11,893	8,247	12,732	---	---	---
22039	Evangeline	---	---	---	---	---	---	---	---	---	---	---	---	---
22041	Franklin	11,989	8,890	6,900	6,495	5,078	6,162	3,251	---	---	---	---	---	---
22043	Grant	15,958	12,902	8,270	6,188	4,517	---	---	---	---	---	---	---	---
22045	Iberia	31,262	29,015	20,997	16,676	9,042	---	---	---	---	---	---	---	---
22047	Iberville	30,954	27,006	21,848	17,544	12,347	14,661	12,278	8,495	7,049	4,414	2,679	---	---
22049	Jackson	13,818	9,119	7,453	5,328	7,646	9,465	5,566	---	---	---	---	---	---
22051	Jefferson	18,247	15,321	13,221	12,166	17,767	15,372	25,093	10,470	6,846	---	---	---	---
22053	Jefferson Davis	---	---	---	---	---	---	---	---	---	---	---	---	---
22055	Lafayette	28,733	22,825	15,966	13,235	10,388	9,003	6,720	7,841	5,653	---	---	---	---
22057	Lafourche	33,111	28,882	22,095	19,113	14,719	14,044	9,532	7,303	5,503	3,755	1,995	---	---
22059	La Salle	9,402	---	---	---	---	---	---	---	---	---	---	---	---
22061	Lincoln	18,485	15,898	14,753	11,075	---	---	---	---	---	---	---	---	---
22063	Livingston	10,627	8,100	5,769	5,258	4,026	4,431	3,385	2,315	---	---	---	---	---
22065	Madison	10,676	12,322	14,135	13,906	8,600	14,133	8,773	5,142	---	---	---	---	---
22067	Morehouse	18,786	16,634	16,786	14,206	9,387	10,357	3,913	---	---	---	---	---	---
22069	Natchitoches	36,455	33,216	25,836	19,707	18,265	16,699	14,228	14,350	7,905	7,486	2,870	---	---
22071	Orleans	339,075	287,104	242,039	216,090	191,418	174,491	119,460	102,193	49,826	41,351	24,552	---	---
22073	Ouachita	25,830	20,947	17,985	14,685	11,582	4,727	5,008	4,640	5,140	2,896	1,077	---	---
22075	Plaquemines	12,524	13,039	12,541	11,575	10,552	8,494	7,390	5,060	4,489	2,354	1,549	---	---
22077	Pointe Coupee	25,289	25,777	19,613	17,785	12,981	17,718	11,339	7,898	5,936	4,912	4,539	---	---
22079	Rapides	44,545	39,578	27,642	23,563	18,015	25,360	16,561	14,132	7,575	6,065	2,200	---	---
22081	Red River	11,402	11,548	11,318	8,573	---	---	---	---	---	---	---	---	---
22083	Richland	15,769	11,116	10,230	8,440	5,110	---	---	---	---	---	---	---	---
22085	Sabine	19,874	15,421	9,390	7,344	6,456	5,828	4,515	---	---	---	---	---	---
22087	St. Bernard	5,277	5,031	4,326	4,405	3,553	4,076	3,802	3,237	3,356	2,635	1,020	---	---
22089	St. Charles	11,207	9,072	7,737	7,161	4,867	5,297	5,120	4,700	5,147	3,862	3,291	---	---
22091	St. Helena	9,172	8,479	8,062	7,504	5,423	7,130	4,561	3,525	4,028	3,026	---	---	---
22093	St. James	23,009	20,197	15,715	14,714	10,152	11,499	11,098	8,548	7,646	5,660	3,955	---	---
22095	St. John the Baptist	14,338	12,330	11,359	9,686	6,762	7,930	7,317	5,776	5,677	3,854	2,990	---	---
22097	St. Landry	66,661	52,906	40,250	40,004	25,553	23,104	22,253	15,233	12,591	10,085	5,048	---	---
22099	St. Martin	23,070	18,940	14,884	12,663	9,370	12,674	11,761	8,674	7,205	12,063	7,369	---	---
22101	St. Mary	39,368	34,145	22,416	19,891	13,860	16,816	13,697	8,950	6,442	---	---	---	---
22103	St. Tammany	18,917	13,335	10,160	6,887	5,586	5,406	6,364	4,598	2,864	1,723	---	---	---
22105	Tangipahoa	29,160	17,625	12,655	9,638	7,928	---	---	---	---	---	---	---	---
22107	Tensas	17,060	19,070	16,647	17,815	12,419	16,078	9,040	---	---	---	---	---	---
22109	Terrebonne	28,320	24,464	20,167	17,957	12,451	12,091	7,724	4,410	2,121	---	---	---	---
22111	Union	20,451	18,520	17,304	13,526	11,685	10,389	8,203	1,838	---	---	---	---	---
22113	Vermilion	26,390	20,705	14,234	8,728	4,528	4,324	3,409	---	---	---	---	---	---
22115	Vernon	17,384	10,327	5,903	5,160	---	---	---	---	---	---	---	---	---
22117	Washington	18,886	9,628	6,700	5,190	3,330	4,708	3,408	2,649	2,286	2,517	---	---	---
22119	Webster	19,186	15,125	12,466	10,005	---	---	---	---	---	---	---	---	---
22121	West Baton Rouge	12,636	10,285	8,363	7,667	5,114	7,312	6,270	4,638	3,084	2,335	1,463	---	---
22123	West Carroll	6,249	3,685	3,748	2,776	---	---	---	---	---	---	---	---	---
22125	West Feliciana	13,449	15,994	15,062	12,809	10,499	11,671	13,245	10,910	8,629	---	---	---	---
22127	Winn	18,357	9,648	7,082	5,846	4,954	6,876	---	---	---	---	---	---	---
23000	**MAINE**	742,371	694,466	661,086	648,936	626,915	628,279	583,169	501,793	399,455	298,335	228,705	151,719	96,540
23001	Androscoggin	59,822	54,242	48,968	45,042	35,866	29,726	---	---	---	---	---	---	---
23003	Aroostook	74,664	60,744	49,589	41,700	29,609	22,479	12,529	9,413	---	---	---	---	---
23005	Cumberland	112,014	100,689	90,949	86,359	82,021	75,591	79,538	68,658	60,102	49,445	42,831	38,208	26,105
23007	Franklin	19,119	18,444	17,053	18,180	18,807	20,403	20,027	20,801	---	---	---	---	---
23009	Hancock	35,575	37,241	37,312	38,129	36,495	37,757	34,372	28,605	24,336	31,290	30,031	16,358	9,549
23011	Kennebec	62,863	59,117	57,012	53,058	53,203	55,655	62,521	55,823	52,485	42,623	32,564	24,571	---
23013	Knox	28,981	30,406	31,473	32,863	30,823	32,716	---	---	---	---	---	---	---
23015	Lincoln	18,216	19,669	21,996	24,821	25,597	27,860	74,875	63,517	57,192	53,189	42,992	30,225	29,236
23017	Oxford	36,256	32,238	30,586	32,627	33,488	36,698	39,763	38,351	35,219	27,104	17,630	---	---
23019	Penobscot	85,285	76,246	72,865	70,476	75,150	72,731	63,089	45,705	31,530	13,870	---	---	---
23021	Piscataquis	19,887	16,949	16,134	14,872	14,403	15,032	14,735	13,138	---	---	---	---	---

Table C. States and Counties. Resident Population 1790 through 2010—*Continued*

STATE/ County code	STATE County	Year of first census	Resident population enumerated by census									
			2010	2000	1990	1980	1970	1960	1950	1940	1930	1920
	MAINE cnt'd											
23023	Sagadahoc	1860	35,293	35,214	33,535	28,795	23,452	22,793	20,911	19,123	16,927	23,021
23025	Somerset	1810	52,228	50,888	49,767	45,028	40,597	39,749	39,785	38,245	39,111	37,171
23027	Waldo	1830	38,786	36,280	33,018	28,414	23,328	22,632	21,687	21,159	20,286	21,328
23029	Washington	1790	32,856	33,941	35,308	34,963	29,859	32,908	35,187	37,767	37,826	41,709
23031	York	1790	197,131	186,742	164,587	139,666	111,576	99,402	93,541	82,550	72,934	70,696
24000	**MARYLAND**	1790	5,773,552	5,296,486	4,781,468	4,216,975	3,922,399	3,100,689	2,343,001	1,821,244	1,631,526	1,449,661
24001	Allegany	1790	75,087	74,930	74,946	80,548	84,044	84,169	89,556	86,973	79,098	69,938
24003	Anne Arundel	1790	537,656	489,656	427,239	370,775	297,539	206,634	117,392	68,375	55,167	43,408
24005	Baltimore	1790	805,029	754,292	692,134	655,615	621,077	492,428	270,273	155,825	124,565	74,817
24009	Calvert	1790	88,737	74,563	51,372	34,638	20,682	15,826	12,100	10,484	9,528	9,744
24011	Caroline	1790	33,066	29,772	27,035	23,143	19,781	19,462	18,234	17,549	17,387	18,652
24013	Carroll	1840	167,134	150,897	123,372	96,356	69,006	52,785	44,907	39,054	35,978	34,245
24015	Cecil	1790	101,108	85,951	71,347	60,430	53,291	48,408	33,356	26,407	25,827	23,612
24017	Charles	1790	146,551	120,546	101,154	72,751	47,678	32,572	23,415	17,612	16,166	17,705
24019	Dorchester	1790	32,618	30,674	30,236	30,623	29,405	29,666	27,815	28,006	26,813	27,895
24021	Frederick	1790	233,385	195,277	150,208	114,792	84,927	71,930	62,287	57,312	54,440	52,541
24023	Garrett	1880	30,097	29,846	28,138	26,498	21,476	20,420	21,259	21,981	19,908	19,678
24025	Harford	1790	244,826	218,590	182,132	145,930	115,378	76,722	51,782	35,060	31,603	29,291
24027	Howard	1860	287,085	247,842	187,328	118,572	61,911	36,152	23,119	17,175	16,169	15,826
24029	Kent	1790	20,197	19,197	17,842	16,695	16,146	15,481	13,677	13,465	14,242	15,026
24031	Montgomery	1790	971,777	873,341	757,027	579,053	522,809	340,928	164,401	83,912	49,206	34,921
24033	Prince George's	1790	863,420	801,515	729,268	665,071	660,567	357,395	194,182	89,490	60,095	43,347
24035	Queen Anne's	1790	47,798	40,563	33,953	25,508	18,422	16,569	14,579	14,476	14,571	16,001
24037	St. Mary's	1790	105,151	86,211	75,974	59,895	47,388	38,915	29,111	14,626	15,189	16,112
24039	Somerset	1790	26,470	24,747	23,440	19,188	18,924	19,623	20,745	20,965	23,382	24,602
24041	Talbot	1790	37,782	33,812	30,549	25,604	23,682	21,578	19,428	18,784	18,583	18,306
24043	Washington	1790	147,430	131,923	121,393	113,086	103,829	91,219	78,886	68,838	65,882	59,694
24045	Wicomico	1870	98,733	84,644	74,339	64,540	54,236	49,050	39,641	34,530	31,229	28,165
24047	Worcester	1790	51,454	46,543	35,028	30,889	24,442	23,733	23,148	21,245	21,624	22,309
24510	Baltimore city	1860	620,961	651,154	736,014	786,775	905,759	939,024	949,708	859,100	804,874	733,826
25000	**MASSACHUSETTS**	1790	6,547,629	6,349,097	6,016,425	5,737,037	5,689,170	5,148,578	4,690,514	4,316,721	4,249,614	3,852,356
25001	Barnstable	1790	215,888	222,230	186,605	147,925	96,656	70,286	46,805	37,295	32,305	26,670
25003	Berkshire	1790	131,219	134,953	139,352	145,110	149,402	142,135	132,966	122,273	120,700	113,033
25005	Bristol	1790	548,285	534,678	506,325	474,641	444,301	398,488	381,569	364,637	364,590	359,005
25007	Dukes	1790	16,535	14,987	11,639	8,942	6,117	5,829	5,633	5,669	4,953	4,372
25009	Essex	1790	743,159	723,419	670,080	633,632	637,887	568,831	522,384	496,313	498,040	482,156
25011	Franklin	1820	71,372	71,535	70,092	64,317	59,210	54,864	52,747	49,453	49,612	49,361
25013	Hampden	1820	463,490	456,228	456,310	443,018	459,050	429,353	367,971	332,107	335,496	300,305
25015	Hampshire	1790	158,080	152,251	146,568	138,813	123,981	103,229	87,594	72,461	72,801	69,599
25017	Middlesex	1790	1,503,085	1,465,396	1,398,468	1,367,034	1,397,268	1,238,742	1,064,569	971,390	934,924	778,352
25019	Nantucket	1790	10,172	9,520	6,012	5,087	3,774	3,559	3,484	3,401	3,678	2,797
25021	Norfolk	1800	670,850	650,308	616,087	606,587	605,051	510,256	392,308	325,180	299,426	219,081
25023	Plymouth	1790	494,919	472,822	435,276	405,437	333,314	248,449	189,468	168,824	162,311	156,968
25025	Suffolk	1790	722,023	689,807	663,906	650,142	735,190	791,329	896,615	863,248	879,536	835,522
25027	Worcester	1790	798,552	750,963	709,705	646,352	637,969	583,228	546,401	504,470	491,242	455,135
26000	**MICHIGAN**	1800	9,883,640	9,938,444	9,295,297	9,262,078	8,875,083	7,823,194	6,371,766	5,256,106	4,842,325	3,668,412
26001	Alcona	1860	10,942	11,719	10,145	9,740	7,113	6,352	5,856	5,463	4,989	5,912
26003	Alger	1890	9,601	9,862	8,972	9,225	8,568	9,250	10,007	10,167	9,327	9,983
26005	Allegan	1840	111,408	105,665	90,509	81,555	66,575	57,729	47,493	41,839	38,974	37,540
26007	Alpena	1860	29,598	31,314	30,605	32,315	30,708	28,556	22,189	20,766	18,574	17,869
26009	Antrim	1860	23,580	23,110	18,185	16,194	12,612	10,373	10,721	10,964	9,979	11,543
26011	Arenac	1890	15,899	17,269	14,931	14,706	11,149	9,860	9,644	9,233	8,007	9,460

Table C. States and Counties. Resident Population 1790 through 2010—*Continued*

STATE/ County code	STATE County	Resident population enumerated by census (continued)												
		1910	1900	1890	1880	1870	1860	1850	1840	1830	1820	1810	1800	1790
	MAINE cnt'd													
23023	Sagadahoc	18,574	20,330	19,452	19,272	18,803	21,790	---	---	---	---	---	---	---
23025	Somerset	36,301	33,849	32,627	32,333	34,611	36,753	35,581	33,912	35,787	21,787	12,910	---	---
23027	Waldo	23,383	24,185	27,759	32,463	34,522	38,447	47,230	41,509	29,788	---	---	---	---
23029	Washington	42,905	45,232	44,482	44,484	43,343	42,534	38,811	28,327	21,294	12,744	7,870	4,461	2,758
23031	York	68,526	64,885	62,829	62,257	60,174	62,107	60,098	54,034	51,722	46,283	41,877	37,896	28,892
24000	**MARYLAND**	1,295,346	1,188,044	1,042,390	934,943	780,894	687,049	583,034	470,019	447,040	407,350	380,546	341,548	319,728
24001	Allegany	62,411	53,694	41,571	38,012	38,536	28,348	22,769	15,690	10,609	8,654	6,909	6,303	4,809
24003	Anne Arundel	39,553	39,620	34,094	28,526	24,457	23,900	32,393	29,532	28,295	27,165	26,668	22,623	22,598
24005	Baltimore	122,349	90,755	72,909	83,336	63,387	54,135	210,646	134,379	120,870	96,201	75,810	59,030	38,937
24009	Calvert	10,325	10,223	9,860	10,538	9,865	10,447	9,646	9,229	8,900	8,073	8,005	8,297	8,652
24011	Caroline	19,216	16,248	13,903	13,766	12,101	11,129	9,692	7,806	9,070	10,108	9,453	9,226	9,506
24013	Carroll	33,934	33,860	32,376	30,992	28,619	24,533	20,616	17,241	---	---	---	---	---
24015	Cecil	23,759	24,662	25,851	27,108	25,874	23,862	18,939	17,232	15,432	16,048	13,066	9,018	13,625
24017	Charles	16,386	17,662	15,191	18,548	15,738	16,517	16,162	16,023	17,769	16,500	20,245	19,172	20,613
24019	Dorchester	28,669	27,962	24,843	23,110	19,458	20,461	18,877	18,843	18,686	17,759	18,108	16,346	15,875
24021	Frederick	52,673	51,920	49,512	50,482	47,572	46,591	40,987	36,405	45,789	40,459	34,437	31,523	30,791
24023	Garrett	20,105	17,701	14,213	12,175	---	---	---	---	---	---	---	---	---
24025	Harford	27,965	28,269	28,993	28,042	22,605	23,415	19,356	17,120	16,319	15,924	21,258	17,626	14,976
24027	Howard	16,106	16,715	16,269	16,140	14,150	13,338	---	---	---	---	---	---	---
24029	Kent	16,957	18,786	17,471	17,605	17,102	13,267	11,386	10,842	10,501	11,453	11,450	11,771	12,836
24031	Montgomery	32,089	30,451	27,185	24,759	20,563	18,322	15,860	15,456	19,816	16,400	17,980	15,058	18,003
24033	Prince George's	36,147	29,898	26,080	26,451	21,138	23,327	21,549	19,539	20,474	20,216	20,589	21,185	21,344
24035	Queen Anne's	16,839	18,364	18,461	19,257	16,171	15,961	14,484	12,633	14,397	14,952	16,648	14,857	15,463
24037	St. Mary's	17,030	17,182	15,819	16,934	14,944	15,213	13,698	13,224	13,459	12,974	12,794	13,699	15,544
24039	Somerset	26,455	25,923	24,155	21,668	18,190	24,992	22,456	19,508	20,166	19,579	17,195	17,358	15,610
24041	Talbot	19,620	20,342	19,736	19,065	16,137	14,795	13,811	12,090	12,947	14,389	14,230	13,436	13,084
24043	Washington	49,617	45,133	39,782	38,561	34,712	31,417	30,848	28,850	25,268	23,075	18,730	18,650	15,822
24045	Wicomico	26,815	22,852	19,930	18,016	15,802	---	---	---	---	---	---	---	---
24047	Worcester	21,841	20,865	19,747	19,539	16,419	20,661	18,859	18,377	18,273	17,421	16,971	16,370	11,640
24510	Baltimore city	558,485	508,957	434,439	332,313	267,354	212,418	---	---	---	---	---	---	---
25000	**MASSACHUSETTS**	3,366,416	2,805,346	2,238,947	1,783,085	1,457,351	1,231,066	994,514	737,699	610,408	523,287	472,040	422,845	378,787
25001	Barnstable	27,542	27,826	29,172	31,897	32,774	35,990	35,276	32,548	28,514	24,026	22,211	19,293	17,354
25003	Berkshire	105,259	95,667	81,108	69,032	64,827	55,120	49,591	41,745	37,835	35,720	35,907	33,885	30,291
25005	Bristol	318,573	252,029	186,465	139,040	102,886	93,794	76,192	60,164	49,592	40,908	37,168	33,880	31,709
25007	Dukes	4,504	4,561	4,369	4,300	3,787	4,403	4,540	3,958	3,517	3,292	3,290	3,118	3,265
25009	Essex	436,477	357,030	299,995	244,535	200,843	165,611	131,300	94,987	82,859	74,655	71,888	61,196	57,913
25011	Franklin	43,600	41,209	38,610	36,001	32,635	31,434	30,870	28,812	29,501	29,268	---	---	---
25013	Hampden	231,369	175,603	135,713	104,142	78,409	57,366	51,283	37,366	31,639	28,021	---	---	---
25015	Hampshire	63,327	58,820	51,859	47,232	44,388	37,823	35,732	30,897	30,254	26,487	76,275	72,432	59,681
25017	Middlesex	669,915	565,696	431,167	317,830	274,353	216,354	161,383	106,611	77,961	61,472	52,789	46,928	42,737
25019	Nantucket	2,962	3,006	3,268	3,727	4,123	6,094	8,452	9,012	7,202	7,266	6,807	5,617	4,620
25021	Norfolk	187,506	151,539	118,950	96,507	89,443	109,950	78,892	53,140	41,972	36,471	31,245	27,216	---
25023	Plymouth	144,337	113,985	92,700	74,018	65,365	64,768	55,697	47,373	43,044	38,136	35,169	30,073	29,535
25025	Suffolk	731,388	611,417	484,780	387,927	270,802	192,700	144,517	95,773	62,163	43,940	34,381	28,015	44,875
25027	Worcester	399,657	346,958	280,787	226,897	192,716	159,659	130,789	95,313	84,355	73,625	64,910	61,192	56,807
26000	**MICHIGAN**	2,810,173	2,420,982	2,093,890	1,636,937	1,184,059	749,113	397,654	212,267	28,004	7,452	4,762	3,757	---
26001	Alcona	5,703	5,691	5,409	3,107	696	185	---	---	---	---	---	---	---
26003	Alger	7,675	5,868	1,238	---	---	---	---	---	---	---	---	---	---
26005	Allegan	39,819	38,812	38,961	37,815	32,105	16,087	5,125	1,783	---	---	---	---	---
26007	Alpena	19,965	18,254	15,581	8,789	2,756	290	---	---	---	---	---	---	---
26009	Antrim	15,692	16,568	10,413	5,237	1,985	179	---	---	---	---	---	---	---
26011	Arenac	9,640	9,821	5,683	---	---	---	---	---	---	---	---	---	---

Table C. States and Counties. Resident Population 1790 through 2010—*Continued*

STATE/ County code	STATE County	Year of first census	Resident population enumerated by census									
			2010	2000	1990	1980	1970	1960	1950	1940	1930	1920
	MICHIGAN cnt'd											
26013	Baraga	1880	8,860	8,746	7,954	8,484	7,789	7,151	8,037	9,356	9,168	7,662
26015	Barry	1840	59,173	56,755	50,057	45,781	38,166	31,738	26,183	22,613	20,928	21,383
26017	Bay	1860	107,771	110,157	111,723	119,881	117,339	107,042	88,461	74,981	69,474	69,548
26019	Benzie	1870	17,525	15,998	12,200	11,205	8,593	7,834	8,306	7,800	6,587	6,947
26021	Berrien	1830	156,813	162,453	161,378	171,276	163,875	149,865	115,702	89,117	81,066	62,653
26023	Branch	1840	45,248	45,787	41,502	40,188	37,906	34,903	30,202	25,845	23,950	23,997
26025	Calhoun	1840	136,146	137,985	135,982	141,557	141,963	138,858	120,813	94,206	87,043	72,918
26027	Cass	1830	52,293	51,104	49,477	49,499	43,312	36,932	28,185	21,910	20,888	20,395
26029	Charlevoix	1870	25,949	26,090	21,468	19,907	16,541	13,421	13,475	13,031	11,981	15,788
26031	Cheboygan	1860	26,152	26,448	21,398	20,649	16,573	14,550	13,731	13,644	11,502	13,991
26033	Chippewa	1830	38,520	38,543	34,604	29,029	32,412	32,655	29,206	27,807	25,047	24,818
26035	Clare	1870	30,926	31,252	24,952	23,822	16,695	11,647	10,253	9,163	7,032	8,250
26037	Clinton	1840	75,382	64,753	57,883	55,893	48,492	37,969	31,195	26,671	24,174	23,110
26039	Crawford	1880	14,074	14,273	12,260	9,465	6,482	4,971	4,151	3,765	3,097	4,049
26041	Delta	1860	37,069	38,520	37,780	38,947	35,924	34,298	32,913	34,037	32,280	30,909
26043	Dickinson	1900	26,168	27,472	26,831	25,341	23,753	23,917	24,844	28,731	29,941	19,456
26045	Eaton	1840	107,759	103,655	92,879	88,337	68,892	49,684	40,023	34,124	31,728	29,377
26047	Emmet	1860	32,694	31,437	25,040	22,992	18,331	15,904	16,534	15,791	15,109	15,639
26049	Genesee	1840	425,790	436,141	430,459	450,449	444,341	374,313	270,963	227,944	211,641	125,668
26051	Gladwin	1860	25,692	26,023	21,896	19,957	13,471	10,769	9,451	9,385	7,424	8,827
26053	Gogebic	1890	16,427	17,370	18,052	19,686	20,676	24,370	27,053	31,797	31,577	33,225
26055	Grand Traverse	1860	86,986	77,654	64,273	54,899	39,175	33,490	28,598	23,390	20,011	19,518
26057	Gratiot	1860	42,476	42,285	38,982	40,448	39,246	37,012	33,429	32,205	30,252	33,914
26059	Hillsdale	1840	46,688	46,527	43,431	42,071	37,171	34,742	31,916	29,092	27,417	28,161
26061	Houghton	1850	36,628	36,016	35,446	37,872	34,652	35,654	39,771	47,631	52,851	71,930
26063	Huron	1850	33,118	36,079	34,951	36,459	34,083	34,006	33,149	32,584	31,132	32,786
26065	Ingham	1840	280,895	279,320	281,912	275,520	261,039	211,296	172,941	130,616	116,587	81,554
26067	Ionia	1840	63,905	61,518	57,024	51,815	45,848	43,132	38,158	35,710	35,093	33,087
26069	Iosco	1860	25,887	27,339	30,209	28,349	24,905	16,505	10,906	8,560	7,517	8,199
26071	Iron	1890	11,817	13,138	13,175	13,635	13,813	17,184	17,692	20,243	20,805	22,107
26073	Isabella	1860	70,311	63,351	54,624	54,110	44,594	35,348	28,964	25,982	21,126	22,610
26073.1	Isle Royal	1880	---	---	---	---	---	---	---	---	---	---
26075	Jackson	1840	160,248	158,422	149,756	151,495	143,274	131,994	107,925	93,108	92,304	72,539
26077	Kalamazoo	1840	250,331	238,603	223,411	212,378	201,550	169,712	126,707	100,085	91,368	71,225
26079	Kalkaska	1870	17,153	16,571	13,497	10,952	5,272	4,382	4,597	5,159	3,799	5,577
26081	Kent	1840	602,622	574,335	500,631	444,506	411,044	363,187	288,292	246,338	240,511	183,041
26083	Keweenaw	1870	2,156	2,301	1,701	1,963	2,264	2,417	2,918	4,004	5,076	6,322
26085	Lake	1870	11,539	11,333	8,583	7,711	5,661	5,338	5,257	4,798	4,066	4,437
26087	Lapeer	1840	88,319	87,904	74,768	70,038	52,317	41,926	35,794	32,116	28,348	25,782
26089	Leelanau	1860	21,708	21,119	16,527	14,007	10,872	9,321	8,647	8,436	8,206	9,061
26091	Lenawee	1830	99,892	98,890	91,476	89,948	81,609	77,789	64,629	53,110	49,849	47,767
26093	Livingston	1840	180,967	156,951	115,645	100,289	58,967	38,233	26,725	20,863	19,274	17,522
26095	Luce	1890	6,631	7,024	5,763	6,659	6,789	7,827	8,147	7,423	6,528	6,149
26097	Mackinac	1800	11,113	11,943	10,674	10,178	9,660	10,853	9,287	9,438	8,783	8,026
26099	Macomb	1810	840,978	788,149	717,400	694,600	625,309	405,804	184,961	107,638	77,146	38,103
26101	Manistee	1860	24,733	24,527	21,265	23,019	20,094	19,042	18,524	18,450	17,409	20,899
26101.1	Manitou	1860	---	---	---	---	---	---	---	---	---	---
26103	Marquette	1850	67,077	64,634	70,887	74,101	64,686	56,154	47,654	47,144	44,076	45,786
26105	Mason	1850	28,705	28,274	25,537	26,365	22,612	21,929	20,474	19,378	18,756	19,831
26107	Mecosta	1860	42,798	40,553	37,308	36,961	27,992	21,051	18,968	16,902	15,738	17,765
26109	Menominee	1870	24,029	25,326	24,920	26,201	24,587	24,685	25,299	24,883	23,652	23,778
26111	Midland	1850	83,629	82,874	75,651	73,578	63,769	51,450	35,662	27,094	19,150	17,237
26113	Missaukee	1870	14,849	14,478	12,147	10,009	7,126	6,784	7,458	8,034	6,992	9,004
26115	Monroe	1810	152,021	145,945	133,600	134,659	118,479	101,120	75,666	58,620	52,485	37,115
26117	Montcalm	1850	63,342	61,266	53,059	47,555	39,660	35,795	31,013	28,581	27,471	30,441
26119	Montmorency	1890	9,765	10,315	8,936	7,492	5,247	4,424	4,125	3,840	2,814	4,089
26121	Muskegon	1860	172,188	170,200	158,983	157,589	157,426	149,943	121,545	94,501	84,630	62,362
26123	Newaygo	1850	48,460	47,874	38,202	34,917	27,992	24,160	21,567	19,286	17,029	17,378
26125	Oakland	1820	1,202,362	1,194,156	1,083,592	1,011,793	907,871	690,259	396,001	254,068	211,251	90,050
26127	Oceana	1840	26,570	26,873	22,454	22,002	17,984	16,547	16,105	14,812	13,805	15,601
26129	Ogemaw	1870	21,699	21,645	18,681	16,436	11,903	9,680	9,345	8,720	6,595	7,786
26131	Ontonagon	1850	6,780	7,818	8,854	9,861	10,548	10,584	10,282	11,359	11,114	12,428

Table C. States and Counties. Resident Population 1790 through 2010—*Continued*

STATE/ County code	STATE County	Resident population enumerated by census (continued)												
		1910	1900	1890	1880	1870	1860	1850	1840	1830	1820	1810	1800	1790
	MICHIGAN cnt'd													
26013	Baraga	6,127	4,320	3,036	1,804	---	---	---	---	---	---	---	---	---
26015	Barry	22,633	22,514	23,783	25,317	22,199	13,858	5,072	1,078	---	---	---	---	---
26017	Bay	68,238	62,378	56,412	38,081	15,900	3,164	---	---	---	---	---	---	---
26019	Benzie	10,638	9,685	5,237	3,433	2,184	---	---	---	---	---	---	---	---
26021	Berrien	53,622	49,165	41,285	36,785	35,104	22,378	11,417	5,011	325	---	---	---	---
26023	Branch	25,605	27,811	26,791	27,941	26,226	20,981	12,472	5,715	---	---	---	---	---
26025	Calhoun	56,638	49,315	43,501	38,452	36,569	29,564	19,162	10,599	---	---	---	---	---
26027	Cass	20,624	20,876	20,953	22,009	21,094	17,721	10,907	5,710	919	---	---	---	---
26029	Charlevoix	19,157	13,956	9,686	5,115	1,724	---	---	---	---	---	---	---	---
26031	Cheboygan	17,872	15,516	11,986	6,524	2,196	517	---	---	---	---	---	---	---
26033	Chippewa	24,472	21,338	12,019	5,248	1,689	1,603	898	534	626	---	---	---	---
26035	Clare	9,240	8,360	7,558	4,187	366	---	---	---	---	---	---	---	---
26037	Clinton	23,129	25,136	26,509	28,100	22,845	13,916	5,102	1,614	---	---	---	---	---
26039	Crawford	3,934	2,943	2,962	1,159	---	---	---	---	---	---	---	---	---
26041	Delta	30,108	23,881	15,330	6,812	2,542	1,172	---	---	---	---	---	---	---
26043	Dickinson	20,524	17,890	---	---	---	---	---	---	---	---	---	---	---
26045	Eaton	30,499	31,668	32,094	31,225	25,171	16,476	7,058	2,379	---	---	---	---	---
26047	Emmet	18,561	15,931	8,756	6,639	1,211	1,149	---	---	---	---	---	---	---
26049	Genesee	64,555	41,804	39,430	39,220	33,900	22,498	12,031	4,268	---	---	---	---	---
26051	Gladwin	8,413	6,564	4,208	1,127	0	14	---	---	---	---	---	---	---
26053	Gogebic	23,333	16,738	13,166	---	---	---	---	---	---	---	---	---	---
26055	Grand Traverse	23,784	20,479	13,355	8,422	4,443	1,286	---	---	---	---	---	---	---
26057	Gratiot	28,820	29,889	28,668	21,936	11,810	4,042	---	---	---	---	---	---	---
26059	Hillsdale	29,673	29,865	30,660	32,723	31,684	25,675	16,159	7,240	---	---	---	---	---
26061	Houghton	88,098	66,063	35,389	22,473	13,879	9,234	708	---	---	---	---	---	---
26063	Huron	34,758	34,162	28,545	20,089	9,049	3,165	210	---	---	---	---	---	---
26065	Ingham	53,310	39,818	37,666	33,676	25,268	17,435	8,631	2,498	---	---	---	---	---
26067	Ionia	33,550	34,329	32,801	33,872	27,681	16,682	7,597	1,923	---	---	---	---	---
26069	Iosco	9,753	10,246	15,224	6,873	3,163	175	---	---	---	---	---	---	---
26071	Iron	15,164	8,990	4,432	---	---	---	---	---	---	---	---	---	---
26073	Isabella	23,029	22,784	18,784	12,159	4,113	1,443	---	---	---	---	---	---	---
26073.1	Isle Royal	---	---	135	55	---	---	---	---	---	---	---	---	---
26075	Jackson	53,426	48,222	45,031	42,031	36,047	26,671	19,431	13,130	---	---	---	---	---
26077	Kalamazoo	60,427	44,310	39,273	34,342	32,054	24,646	13,179	7,380	---	---	---	---	---
26079	Kalkaska	8,097	7,133	5,160	2,937	424	---	---	---	---	---	---	---	---
26081	Kent	159,145	129,714	109,922	73,253	50,403	30,716	12,016	2,587	---	---	---	---	---
26083	Keweenaw	7,156	3,217	2,894	4,270	4,205	---	---	---	---	---	---	---	---
26085	Lake	4,939	4,957	6,505	3,233	548	---	---	---	---	---	---	---	---
26087	Lapeer	26,033	27,641	29,213	30,138	21,345	14,754	7,029	4,265	---	---	---	---	---
26089	Leelanau	10,608	10,556	7,944	6,253	4,576	2,158	---	---	---	---	---	---	---
26091	Lenawee	47,907	48,406	48,448	48,343	45,595	38,112	26,372	17,889	1,491	---	---	---	---
26093	Livingston	17,736	19,664	20,858	22,251	19,336	16,851	13,485	7,430	---	---	---	---	---
26095	Luce	4,004	2,983	2,455	---	---	---	---	---	---	---	---	---	---
26097	Mackinac	9,249	7,703	7,830	2,902	1,716	1,938	3,598	923	877	819	615	551	---
26099	Macomb	32,606	33,244	31,813	31,627	27,616	22,843	15,530	9,716	2,413	898	580	---	---
26101	Manistee	26,688	27,856	24,230	12,532	6,074	975	---	---	---	---	---	---	---
26101.1	Manitou	---	---	860	1,334	891	1,042	---	---	---	---	---	---	---
26103	Marquette	46,739	41,239	39,521	25,394	14,234	2,821	136	---	---	---	---	---	---
26105	Mason	21,832	18,885	16,385	10,065	3,263	831	93	---	---	---	---	---	---
26107	Mecosta	19,466	20,693	19,697	13,973	5,642	970	---	---	---	---	---	---	---
26109	Menominee	25,648	27,046	33,639	11,987	1,791	---	---	---	---	---	---	---	---
26111	Midland	14,005	14,439	10,657	6,893	3,285	787	65	---	---	---	---	---	---
26113	Missaukee	10,606	9,308	5,048	1,553	130	---	---	---	---	---	---	---	---
26115	Monroe	32,917	32,754	32,337	33,624	27,483	21,593	14,698	9,922	3,187	1,831	1,340	---	---
26117	Montcalm	32,069	32,754	32,637	33,148	13,629	3,968	891	---	---	---	---	---	---
26119	Montmorency	3,755	3,234	1,487	---	---	---	---	---	---	---	---	---	---
26121	Muskegon	40,577	37,036	40,013	26,586	14,894	3,947	---	---	---	---	---	---	---
26123	Newaygo	19,220	17,673	20,476	14,688	7,294	2,760	510	---	---	---	---	---	---
26125	Oakland	49,576	44,792	41,245	41,537	40,867	38,261	31,270	23,646	4,911	330	---	---	---
26127	Oceana	18,379	16,644	15,698	11,699	7,222	1,816	300	496	---	---	---	---	---
26129	Ogemaw	8,907	7,765	5,583	1,914	12	---	---	---	---	---	---	---	---
26131	Ontonagon	8,650	6,197	3,756	2,565	2,845	4,568	389	---	---	---	---	---	---

Table C. States and Counties. Resident Population 1790 through 2010—*Continued*

STATE/ County code	STATE County	Year of first census	Resident population enumerated by census									
			2010	2000	1990	1980	1970	1960	1950	1940	1930	1920
	MICHIGAN cnt'd											
26133	Osceola	1860	23,528	23,197	20,146	18,928	14,838	13,595	13,797	13,309	12,806	15,221
26135	Oscoda	1870	8,640	9,418	7,842	6,858	4,726	3,447	3,134	2,543	1,728	1,783
26137	Otsego	1880	24,164	23,301	17,957	14,993	10,422	7,545	6,435	5,827	5,554	6,043
26139	Ottawa	1840	263,801	238,314	187,768	157,174	128,181	98,719	73,751	59,660	54,858	47,660
26141	Presque Isle	1860	13,376	14,411	13,743	14,267	12,836	13,117	11,996	12,250	11,330	12,131
26143	Roscommon	1880	24,449	25,469	19,776	16,374	9,892	7,200	5,916	3,668	2,055	2,032
26145	Saginaw	1840	200,169	210,039	211,946	228,059	219,743	190,752	153,515	130,468	120,717	100,286
26147	St. Clair	1830	163,040	164,235	145,607	138,802	120,175	107,201	91,599	76,222	67,563	58,009
26149	St. Joseph	1830	61,295	62,422	58,913	56,083	47,392	42,332	35,071	31,749	30,618	26,818
26151	Sanilac	1850	43,114	44,547	39,928	40,789	34,889	32,314	30,837	30,114	27,751	31,237
26153	Schoolcraft	1850	8,485	8,903	8,302	8,575	8,226	8,953	9,148	9,524	8,451	9,977
26155	Shiawassee	1840	70,648	71,687	69,770	71,140	63,075	53,446	45,967	41,207	39,517	35,924
26157	Tuscola	1850	55,729	58,266	55,498	56,961	48,603	43,305	38,258	35,694	32,934	33,320
26159	Van Buren	1830	76,258	76,263	70,060	66,814	56,173	48,395	39,184	35,111	32,637	30,715
26161	Washtenaw	1830	344,791	322,895	282,937	264,748	234,103	172,440	134,606	80,810	65,530	49,520
26163	Wayne	1810	1,820,584	2,061,162	2,111,687	2,337,891	2,666,751	2,666,297	2,435,235	2,015,623	1,888,946	1,177,645
26165	Wexford	1870	32,735	30,484	26,360	25,102	19,717	18,466	18,628	17,976	16,827	18,207
27000	**MINNESOTA**	1850	5,303,925	4,919,479	4,375,099	4,075,970	3,804,971	3,413,864	2,982,483	2,792,300	2,563,953	2,387,125
27001	Aitkin	1860	16,202	15,301	12,425	13,404	11,403	12,162	14,327	17,865	15,009	15,043
27003	Anoka	1860	330,844	298,084	243,641	195,998	154,556	85,916	35,579	22,443	18,415	15,626
27005	Becker	1860	32,504	30,000	27,881	29,336	24,372	23,959	24,836	26,562	22,503	22,851
27007	Beltrami	1870	44,442	39,650	34,384	30,982	26,373	23,425	24,962	26,107	20,707	27,079
27009	Benton	1850	38,451	34,226	30,185	25,187	20,841	17,287	15,911	16,106	15,056	14,073
27011	Big Stone	1870	5,269	5,820	6,285	7,716	7,941	8,954	9,607	10,447	9,838	9,766
27013	Blue Earth	1860	64,013	55,941	54,044	52,314	52,322	44,385	38,327	36,203	33,847	31,477
27015	Brown	1860	25,893	26,911	26,984	28,645	28,887	27,676	25,895	25,544	23,428	22,421
27015.1	Buchanan	1860	---	---	---	---	---	---	---	---	---	---
27017	Carlton	1860	35,386	31,671	29,259	29,936	28,072	27,932	24,584	24,212	21,232	19,391
27019	Carver	1860	91,042	70,205	47,915	37,046	28,310	21,358	18,155	17,606	16,936	16,946
27021	Cass	1860	28,567	27,150	21,791	21,050	17,323	16,720	19,468	20,646	15,591	15,897
27023	Chippewa	1870	12,441	13,088	13,228	14,941	15,109	16,320	16,739	16,927	15,762	15,720
27025	Chisago	1860	53,887	41,101	30,521	25,717	17,492	13,419	12,669	13,124	13,189	14,445
27027	Clay	1860	58,999	51,229	50,422	49,327	46,585	39,080	30,363	25,337	23,120	21,780
27029	Clearwater	1910	8,695	8,423	8,309	8,761	8,013	8,864	10,204	11,153	9,546	8,569
27031	Cook	1880	5,176	5,168	3,868	4,092	3,423	3,377	2,900	3,030	2,435	1,841
27033	Cottonwood	1860	11,687	12,167	12,694	14,854	14,887	16,166	15,763	16,143	14,782	14,570
27035	Crow Wing	1860	62,500	55,099	44,249	41,722	34,826	32,134	30,875	30,226	25,627	24,566
27037	Dakota	1850	398,552	355,904	275,227	194,279	139,808	78,303	49,019	39,660	34,592	28,967
27039	Dodge	1860	20,087	17,731	15,731	14,773	13,037	13,259	12,624	12,931	12,127	12,552
27041	Douglas	1860	36,009	32,821	28,674	27,839	22,892	21,313	21,304	20,369	18,813	19,039
27043	Faribault	1860	14,553	16,181	16,937	19,714	20,896	23,685	23,879	23,941	21,642	20,998
27045	Fillmore	1860	20,866	21,122	20,777	21,930	21,916	23,768	24,465	25,830	24,748	25,330
27047	Freeborn	1860	31,255	32,584	33,060	36,329	38,064	37,891	34,517	31,780	28,741	24,692
27049	Goodhue	1860	46,183	44,127	40,690	38,749	34,763	33,035	32,118	31,564	31,317	30,799
27051	Grant	1870	6,018	6,289	6,246	7,171	7,462	8,870	9,542	9,828	9,558	9,788
27053	Hennepin	1860	1,152,425	1,116,200	1,032,431	941,411	960,080	842,854	676,579	568,899	517,785	415,419
27055	Houston	1860	19,027	19,718	18,497	18,382	17,556	16,588	14,435	14,735	13,845	14,013
27057	Hubbard	1890	20,428	18,376	14,939	14,098	10,583	9,962	11,085	11,085	9,596	10,136
27059	Isanti	1860	37,816	31,287	25,921	23,600	16,560	13,530	12,123	12,950	12,081	13,278
27061	Itasca	1850	45,058	43,992	40,863	43,069	35,530	38,006	33,321	32,996	27,224	23,876
27063	Jackson	1860	10,266	11,268	11,677	13,690	14,352	15,501	16,306	16,805	15,863	15,955
27065	Kanabec	1860	16,239	14,996	12,802	12,161	9,775	9,007	9,192	9,651	8,558	9,086
27067	Kandiyohi	1860	42,239	41,203	38,761	36,763	30,548	29,987	28,644	26,524	23,574	22,060
27069	Kittson	1850	4,552	5,285	5,767	6,672	6,853	8,343	9,649	10,717	9,688	10,638
27071	Koochiching	1910	13,311	14,355	16,299	17,571	17,131	18,190	16,910	16,930	14,078	13,520
27071.1	Lac qui Parle (old)	1870	---	---	---	---	---	---	---	---	---	---
27073	Lac qui Parle	1880	7,259	8,067	8,924	10,592	11,164	13,330	14,545	15,509	15,398	15,554
27075	Lake	1860	10,866	11,058	10,415	13,043	13,351	13,702	7,781	6,956	7,068	8,251
27077	Lake of the Woods	1930	4,045	4,522	4,076	3,764	3,987	4,304	4,955	5,975	4,194	---
27079	Le Sueur	1860	27,703	25,426	23,239	23,434	21,332	19,906	19,088	19,227	17,990	17,870
27081	Lincoln	1880	5,896	6,429	6,890	8,207	8,143	9,651	10,150	10,797	11,303	11,268
27083	Lyon	1880	25,857	25,425	24,789	25,207	24,273	22,655	22,253	21,569	19,326	18,837

Table C. States and Counties. Resident Population 1790 through 2010—*Continued*

STATE/ County code	STATE County	Resident population enumerated by census (continued)												
		1910	1900	1890	1880	1870	1860	1850	1840	1830	1820	1810	1800	1790
	MICHIGAN cnt'd													
26133	Osceola	17,889	17,859	14,630	10,777	2,093	27	---	---	---	---	---	---	---
26135	Oscoda	2,027	1,468	1,904	467	70	---	---	---	---	---	---	---	---
26137	Otsego	6,552	6,175	4,272	1,974	---	---	---	---	---	---	---	---	---
26139	Ottawa	45,301	39,667	35,358	33,126	26,651	13,215	5,587	208	---	---	---	---	---
26141	Presque Isle	11,249	8,821	4,687	3,113	355	26	---	---	---	---	---	---	---
26143	Roscommon	2,274	1,787	2,033	1,459	---	---	---	---	---	---	---	---	---
26145	Saginaw	89,290	81,222	82,273	59,095	39,097	12,693	2,609	892	---	---	---	---	---
26147	St. Clair	52,341	55,228	52,105	46,197	36,661	26,604	10,420	4,606	1,114	---	---	---	---
26149	St. Joseph	25,499	23,889	25,356	26,626	26,275	21,262	12,725	7,068	1,313	---	---	---	---
26151	Sanilac	33,930	35,055	32,589	26,341	14,562	7,599	2,112	---	---	---	---	---	---
26153	Schoolcraft	8,681	7,889	5,818	1,575	799	78	16	---	---	---	---	---	---
26155	Shiawassee	33,246	33,866	30,952	27,059	20,858	12,349	5,230	2,103	---	---	---	---	---
26157	Tuscola	34,913	35,890	32,508	25,738	13,714	4,886	291	---	---	---	---	---	---
26159	Van Buren	33,185	33,274	30,541	30,807	28,829	15,224	5,800	1,910	5	---	---	---	---
26161	Washtenaw	44,714	47,761	42,210	41,848	41,434	35,686	28,567	23,571	4,042	---	---	---	---
26163	Wayne	531,591	348,793	257,114	166,444	119,038	75,547	42,756	24,173	6,781	3,574	2,227	3,206	---
26165	Wexford	20,769	16,845	11,278	6,815	650	---	---	---	---	---	---	---	---
27000	**MINNESOTA**	2,075,708	1,751,394	1,310,283	780,773	439,706	172,023	6,077	---	---	---	---	---	---
27001	Aitkin	10,371	6,743	2,462	366	178	2	---	---	---	---	---	---	---
27003	Anoka	12,493	11,313	9,884	7,108	3,940	2,106	---	---	---	---	---	---	---
27005	Becker	18,840	14,375	9,401	5,218	308	386	---	---	---	---	---	---	---
27007	Beltrami	19,337	11,030	312	10	80	---	---	---	---	---	---	---	---
27009	Benton	11,615	9,912	6,284	3,012	1,558	627	418	---	---	---	---	---	---
27011	Big Stone	9,367	8,731	5,722	3,688	24	---	---	---	---	---	---	---	---
27013	Blue Earth	29,337	32,263	29,210	22,889	17,302	4,803	---	---	---	---	---	---	---
27015	Brown	20,134	19,787	15,817	12,018	6,396	2,339	---	---	---	---	---	---	---
27015.1	Buchanan	---	---	---	---	---	26	---	---	---	---	---	---	---
27017	Carlton	17,559	10,017	5,272	1,230	286	51	---	---	---	---	---	---	---
27019	Carver	17,455	17,544	16,532	14,140	11,586	5,106	---	---	---	---	---	---	---
27021	Cass	11,620	7,777	1,247	486	380	150	---	---	---	---	---	---	---
27023	Chippewa	13,458	12,499	8,555	5,408	1,467	---	---	---	---	---	---	---	---
27025	Chisago	13,537	13,248	10,359	7,982	4,358	1,743	---	---	---	---	---	---	---
27027	Clay	19,640	17,942	11,517	5,887	92	79	---	---	---	---	---	---	---
27029	Clearwater	6,870	---	---	---	---	---	---	---	---	---	---	---	---
27031	Cook	1,336	810	98	65	---	---	---	---	---	---	---	---	---
27033	Cottonwood	12,651	12,069	7,412	5,533	534	12	---	---	---	---	---	---	---
27035	Crow Wing	16,861	14,250	8,852	2,319	200	269	---	---	---	---	---	---	---
27037	Dakota	25,171	21,733	20,240	17,391	16,312	9,093	584	---	---	---	---	---	---
27039	Dodge	12,094	13,340	10,864	11,344	8,598	3,797	---	---	---	---	---	---	---
27041	Douglas	17,669	17,964	14,606	9,130	4,239	195	---	---	---	---	---	---	---
27043	Faribault	19,949	22,055	16,708	13,016	9,940	1,335	---	---	---	---	---	---	---
27045	Fillmore	25,680	28,238	25,966	28,162	24,887	13,542	---	---	---	---	---	---	---
27047	Freeborn	22,282	21,838	17,962	16,069	10,578	3,367	---	---	---	---	---	---	---
27049	Goodhue	31,637	31,137	28,806	29,651	22,618	8,977	---	---	---	---	---	---	---
27051	Grant	9,114	8,935	6,875	3,004	340	---	---	---	---	---	---	---	---
27053	Hennepin	333,480	228,340	185,294	67,013	31,566	12,849	---	---	---	---	---	---	---
27055	Houston	14,297	15,400	14,653	16,332	14,936	6,645	---	---	---	---	---	---	---
27057	Hubbard	9,831	6,578	1,412	---	---	---	---	---	---	---	---	---	---
27059	Isanti	12,615	11,675	7,607	5,063	2,035	284	---	---	---	---	---	---	---
27061	Itasca	17,208	4,573	743	124	96	51	97	---	---	---	---	---	---
27063	Jackson	14,491	14,793	8,924	4,806	1,825	181	---	---	---	---	---	---	---
27065	Kanabec	6,461	4,614	1,579	505	93	30	---	---	---	---	---	---	---
27067	Kandiyohi	18,969	18,416	13,997	10,159	1,760	76	---	---	---	---	---	---	---
27069	Kittson	9,669	7,889	5,387	905	64	1,612	1,134	---	---	---	---	---	---
27071	Koochiching	6,431	---	---	---	---	---	---	---	---	---	---	---	---
27071.1	Lac qui Parle (old)	---	---	---	---	145	---	---	---	---	---	---	---	---
27073	Lac qui Parle	15,435	14,289	10,382	4,891	---	---	---	---	---	---	---	---	---
27075	Lake	8,011	4,654	1,299	106	135	248	---	---	---	---	---	---	---
27077	Lake of the Woods	---	---	---	---	---	---	---	---	---	---	---	---	---
27079	Le Sueur	18,609	20,234	19,057	16,103	11,607	5,318	---	---	---	---	---	---	---
27081	Lincoln	9,874	8,966	5,691	2,945	---	---	---	---	---	---	---	---	---
27083	Lyon	15,722	14,591	9,501	6,257	---	---	---	---	---	---	---	---	---

Table C. States and Counties. Resident Population 1790 through 2010—*Continued*

STATE/ County code	STATE County	Year of first census	Resident population enumerated by census									
			2010	2000	1990	1980	1970	1960	1950	1940	1930	1920
	MINNESOTA cnt'd											
27085	McLeod	1860	36,651	34,898	32,030	29,657	27,662	24,401	22,198	21,380	20,522	20,444
27085.1	Mahkahta	1850	---	---	---	---	---	---	---	---	---	---
27087	Mahnomen	1910	5,413	5,190	5,044	5,535	5,638	6,341	7,059	8,054	6,153	6,197
27087.2	Manomin	1860	---	---	---	---	---	---	---	---	---	---
27089	Marshall	1880	9,439	10,155	10,993	13,027	13,060	14,262	16,125	18,364	17,003	19,443
27091	Martin	1860	20,840	21,802	22,914	24,687	24,316	26,986	25,655	24,656	22,401	21,085
27093	Meeker	1860	23,300	22,644	20,846	20,594	18,810	18,887	18,966	19,277	17,914	18,103
27095	Mille Lacs	1860	26,097	22,330	18,670	18,430	15,703	14,560	15,165	15,558	14,076	14,180
27095.1	Monongalia	1860	---	---	---	---	---	---	---	---	---	---
27097	Morrison	1860	33,198	31,712	29,604	29,311	26,949	26,641	25,832	27,473	25,442	25,841
27099	Mower	1860	39,163	38,603	37,385	40,390	43,783	48,498	42,277	36,113	28,065	25,993
27101	Murray	1860	8,725	9,165	9,660	11,507	12,508	14,743	14,801	15,060	13,902	13,631
27103	Nicollet	1860	32,727	29,771	28,076	26,929	24,518	23,196	20,929	18,282	16,550	15,036
27105	Nobles	1860	21,378	20,832	20,098	21,840	23,208	23,365	22,435	21,215	18,618	17,917
27107	Norman	1890	6,852	7,442	7,975	9,379	10,008	11,253	12,909	14,746	14,061	14,880
27109	Olmsted	1860	144,248	124,277	106,470	92,006	84,104	65,532	48,228	42,658	35,426	28,014
27111	Otter Tail	1860	57,303	57,159	50,714	51,937	46,097	48,960	51,320	53,192	51,006	50,818
27113	Pennington	1910	13,930	13,584	13,306	15,258	13,266	12,468	12,965	12,913	10,487	12,091
27113.1	Pierce	1860	---	---	---	---	---	---	---	---	---	---
27115	Pine	1860	29,750	26,530	21,264	19,871	16,821	17,004	18,223	21,478	20,264	21,117
27117	Pipestone	1880	9,596	9,895	10,491	11,690	12,791	13,605	14,003	13,794	12,238	12,050
27119	Polk	1860	31,600	31,369	32,498	34,844	34,435	36,182	35,900	37,734	36,019	37,090
27121	Pope	1870	10,995	11,236	10,745	11,657	11,107	11,914	12,862	13,544	13,085	13,631
27123	Ramsey	1850	508,640	511,035	485,765	459,784	476,255	422,525	355,332	309,935	286,721	244,554
27125	Red Lake	1900	4,089	4,299	4,525	5,471	5,388	5,830	6,806	7,413	6,887	7,263
27127	Redwood	1870	16,059	16,815	17,254	19,341	20,024	21,718	22,127	22,290	20,620	20,908
27129	Renville	1860	15,730	17,154	17,673	20,401	21,139	23,249	23,954	24,625	23,645	23,634
27131	Rice	1860	64,142	56,665	49,183	46,087	41,582	38,988	36,235	32,160	29,974	28,307
27133	Rock	1860	9,687	9,721	9,806	10,703	11,346	11,864	11,278	10,933	10,962	10,965
27135	Roseau	1900	15,629	16,338	15,026	12,574	11,569	12,154	14,505	15,103	12,621	13,305
27137	St. Louis	1860	200,226	200,528	198,213	222,229	220,693	231,588	206,062	206,917	204,596	206,391
27139	Scott	1860	129,928	89,498	57,846	43,784	32,423	21,909	16,486	15,585	14,116	14,245
27141	Sherburne	1860	88,499	64,417	41,945	29,908	18,344	12,861	10,661	10,456	9,709	9,651
27143	Sibley	1860	15,226	15,356	14,366	15,448	15,845	16,228	15,816	16,625	15,865	15,635
27145	Stearns	1860	150,642	133,166	118,791	108,161	95,400	80,345	70,681	67,200	62,121	55,741
27147	Steele	1860	36,576	33,680	30,729	30,328	26,931	25,029	21,155	19,749	18,475	18,061
27149	Stevens	1870	9,726	10,053	10,634	11,322	11,218	11,262	11,106	11,039	10,185	9,778
27151	Swift	1880	9,783	11,956	10,724	12,920	13,177	14,936	15,837	15,469	14,735	15,093
27153	Todd	1860	24,895	24,426	23,363	24,991	22,114	23,119	25,420	27,438	26,170	26,059
27155	Traverse	1870	3,558	4,134	4,463	5,542	6,254	7,503	8,053	8,283	7,938	7,943
27157	Wabasha	1850	21,676	21,610	19,744	19,335	17,224	17,007	16,878	17,653	17,613	17,919
27159	Wadena	1870	13,843	13,713	13,154	14,192	12,412	12,199	12,806	12,772	10,990	10,699
27159.1	Wahnata	1850	---	---	---	---	---	---	---	---	---	---
27161	Waseca	1860	19,136	19,526	18,079	18,448	16,663	16,041	14,957	15,186	14,412	14,133
27163	Washington	1850	238,136	201,130	145,896	113,571	82,948	52,432	34,544	26,430	24,753	23,761
27165	Watonwan	1870	11,211	11,876	11,682	12,361	13,298	14,460	13,881	13,902	12,802	12,457
27167	Wilkin	1860	6,576	7,138	7,516	8,454	9,389	10,650	10,567	10,475	9,791	10,187
27169	Winona	1860	51,461	49,985	47,828	46,256	44,409	40,937	39,841	37,795	35,144	33,653
27171	Wright	1860	124,700	89,986	68,710	58,681	38,933	29,935	27,716	27,550	27,119	28,685
27173	Yellow Medicine	1880	10,438	11,080	11,684	13,653	14,418	15,523	16,279	16,917	16,625	16,550
28000	**MISSISSIPPI**	1800	2,967,297	2,844,658	2,573,216	2,520,638	2,216,912	2,178,141	2,178,914	2,183,796	2,009,821	1,790,618
28001	Adams	1800	32,297	34,340	35,356	38,035	37,293	37,730	32,256	27,238	23,564	22,183
28003	Alcorn	1870	37,057	34,558	31,722	33,036	27,179	25,282	27,158	26,969	23,653	21,369
28005	Amite	1810	13,131	13,599	13,328	13,369	13,763	15,573	19,261	21,892	19,712	18,960
28007	Attala	1840	19,564	19,661	18,481	19,865	19,570	21,335	26,652	30,227	26,035	24,831
28009	Benton	1880	8,729	8,026	8,046	8,153	7,505	7,723	8,793	10,429	9,813	9,851
28011	Bolivar	1840	34,145	40,633	41,875	45,965	49,409	54,464	63,004	67,574	71,051	57,669
28013	Calhoun	1860	14,962	15,069	14,908	15,664	14,623	15,941	18,369	20,893	18,080	16,823
28015	Carroll	1840	10,597	10,769	9,237	9,776	9,397	11,177	15,499	20,651	19,765	20,324
28017	Chickasaw	1840	17,392	19,440	18,085	17,853	16,805	16,891	18,951	21,427	20,835	22,212
28019	Choctaw	1840	8,547	9,758	9,071	8,996	8,440	8,423	11,009	13,548	12,339	12,491
28021	Claiborne	1810	9,604	11,831	11,370	12,279	10,086	10,845	11,944	12,810	12,152	13,019

Table C. States and Counties. Resident Population 1790 through 2010—*Continued*

STATE/County code	STATE County	Resident population enumerated by census (continued)												
		1910	1900	1890	1880	1870	1860	1850	1840	1830	1820	1810	1800	1790
	MINNESOTA cnt'd													
27085	McLeod	18,691	19,595	17,026	12,342	5,643	1,286	---	---	---	---	---	---	---
27085.1	Mahkahta	---	---	---	---	---	---	158	---	---	---	---	---	---
27087	Mahnomen	3,249	---	---	---	---	---	---	---	---	---	---	---	---
27087.2	Manomin	---	---	---	---	---	136	---	---	---	---	---	---	---
27089	Marshall	16,338	15,698	9,130	992	---	---	---	---	---	---	---	---	---
27091	Martin	17,518	16,936	9,403	5,249	3,867	151	---	---	---	---	---	---	---
27093	Meeker	17,022	17,753	15,456	11,739	6,090	928	---	---	---	---	---	---	---
27095	Mille Lacs	10,705	8,066	2,845	1,501	1,109	73	---	---	---	---	---	---	---
27095.1	Monongalia	---	---	---	---	3,161	350	---	---	---	---	---	---	---
27097	Morrison	24,053	22,891	13,325	5,875	1,681	618	---	---	---	---	---	---	---
27099	Mower	22,640	22,335	18,019	16,799	10,447	3,217	---	---	---	---	---	---	---
27101	Murray	11,755	11,911	6,692	3,604	209	29	---	---	---	---	---	---	---
27103	Nicollet	14,125	14,774	13,382	12,333	8,362	3,773	---	---	---	---	---	---	---
27105	Nobles	15,210	14,932	7,958	4,435	117	35	---	---	---	---	---	---	---
27107	Norman	13,446	15,045	10,618	---	---	---	---	---	---	---	---	---	---
27109	Olmsted	22,497	23,119	19,806	21,543	19,793	9,524	---	---	---	---	---	---	---
27111	Otter Tail	46,036	45,375	34,232	18,675	1,968	240	---	---	---	---	---	---	---
27113	Pennington	9,376	---	---	---	---	---	---	---	---	---	---	---	---
27113.1	Pierce	---	---	---	---	---	11	---	---	---	---	---	---	---
27115	Pine	15,878	11,546	4,052	1,365	648	92	---	---	---	---	---	---	---
27117	Pipestone	9,553	9,264	5,132	2,092	---	---	---	---	---	---	---	---	---
27119	Polk	36,001	35,429	30,192	11,433	0	240	---	---	---	---	---	---	---
27121	Pope	12,746	12,577	10,032	5,874	2,691	---	---	---	---	---	---	---	---
27123	Ramsey	223,675	170,554	139,796	45,890	23,085	12,150	2,227	---	---	---	---	---	---
27125	Red Lake	6,564	12,195	---	---	---	---	---	---	---	---	---	---	---
27127	Redwood	18,425	17,261	9,386	5,375	1,829	---	---	---	---	---	---	---	---
27129	Renville	23,123	23,693	17,099	10,791	3,219	245	---	---	---	---	---	---	---
27131	Rice	25,911	26,080	23,968	22,481	16,083	7,543	---	---	---	---	---	---	---
27133	Rock	10,222	9,668	6,817	3,669	138	23	---	---	---	---	---	---	---
27135	Roseau	11,338	6,994	---	---	---	---	---	---	---	---	---	---	---
27137	St. Louis	163,274	82,932	44,862	4,504	4,561	406	---	---	---	---	---	---	---
27139	Scott	14,888	15,147	13,831	13,516	11,042	4,595	---	---	---	---	---	---	---
27141	Sherburne	8,136	7,281	5,908	3,855	2,050	723	---	---	---	---	---	---	---
27143	Sibley	15,540	16,862	15,199	10,637	6,725	3,609	---	---	---	---	---	---	---
27145	Stearns	47,733	44,464	34,844	21,956	14,206	4,505	---	---	---	---	---	---	---
27147	Steele	16,146	16,524	13,232	12,460	8,271	2,863	---	---	---	---	---	---	---
27149	Stevens	8,293	8,721	5,251	3,911	174	---	---	---	---	---	---	---	---
27151	Swift	12,949	13,503	10,161	7,473	---	---	---	---	---	---	---	---	---
27153	Todd	23,407	22,214	12,930	6,133	2,036	430	---	---	---	---	---	---	---
27155	Traverse	8,049	7,573	4,516	1,507	13	---	---	---	---	---	---	---	---
27157	Wabasha	18,554	18,924	16,972	18,206	15,859	7,228	243	---	---	---	---	---	---
27159	Wadena	8,652	7,921	4,053	2,080	6	---	---	---	---	---	---	---	---
27159.1	Wahnata	---	---	---	---	---	---	160	---	---	---	---	---	---
27161	Waseca	13,466	14,760	13,313	12,385	7,854	2,601	---	---	---	---	---	---	---
27163	Washington	26,013	27,808	25,992	19,563	11,809	6,123	1,056	---	---	---	---	---	---
27165	Watonwan	11,382	11,496	7,746	5,104	2,426	---	---	---	---	---	---	---	---
27167	Wilkin	9,063	8,080	4,346	1,906	295	40	---	---	---	---	---	---	---
27169	Winona	33,398	35,686	33,797	27,197	22,319	9,208	---	---	---	---	---	---	---
27171	Wright	28,082	29,157	24,164	18,104	9,457	3,729	---	---	---	---	---	---	---
27173	Yellow Medicine	15,406	14,602	9,854	5,884	---	---	---	---	---	---	---	---	---
28000	**MISSISSIPPI**	1,797,114	1,551,270	1,289,600	1,131,597	827,922	791,305	606,526	375,651	136,621	75,448	31,306	7,600	---
28001	Adams	25,265	30,111	26,031	22,649	19,084	20,165	18,601	19,434	14,937	12,076	10,002	4,660	---
28003	Alcorn	18,159	14,987	13,115	14,272	10,431	---	---	---	---	---	---	---	---
28005	Amite	22,954	20,708	18,198	14,004	10,973	12,336	9,694	9,511	7,934	6,853	4,750	---	---
28007	Attala	28,851	26,248	22,213	19,988	14,776	14,169	10,991	4,303	---	---	---	---	---
28009	Benton	10,245	10,510	10,585	11,023	---	---	---	---	---	---	---	---	---
28011	Bolivar	48,905	35,427	29,980	18,652	9,732	10,471	2,577	1,356	---	---	---	---	---
28013	Calhoun	17,726	16,512	14,688	13,492	10,561	9,518	---	---	---	---	---	---	---
28015	Carroll	23,139	22,116	18,773	17,795	21,047	22,035	18,491	10,481	---	---	---	---	---
28017	Chickasaw	22,846	19,892	19,891	17,905	19,899	16,426	16,369	2,955	---	---	---	---	---
28019	Choctaw	14,357	13,036	10,847	9,036	16,988	15,722	11,402	6,010	---	---	---	---	---
28021	Claiborne	17,403	20,787	14,516	16,768	13,386	15,679	14,941	13,078	9,787	5,963	3,102	---	---

Table C. States and Counties. Resident Population 1790 through 2010—*Continued*

STATE/ County code	STATE County	Year of first census	Resident population enumerated by census 2010	2000	1990	1980	1970	1960	1950	1940	1930	1920
	MISSISSIPPI cnt'd											
28023	Clarke	1840	16,732	17,955	17,313	16,945	15,049	16,493	19,362	20,596	19,679	17,927
28025	Clay	1880	20,634	21,979	21,120	21,082	18,840	18,933	17,757	19,030	17,931	17,490
28027	Coahoma	1840	26,151	30,622	31,665	36,918	40,447	46,212	49,361	48,333	46,327	41,511
28029	Copiah	1830	29,449	28,757	27,592	26,503	24,749	27,051	30,493	33,974	31,614	28,672
28031	Covington	1820	19,568	19,407	16,527	15,927	14,002	13,637	16,036	17,030	15,028	14,869
28033	DeSoto	1840	161,252	107,199	67,910	53,930	35,885	23,891	24,599	26,663	25,438	24,359
28035	Forrest	1910	74,934	72,604	68,314	66,018	57,849	52,722	45,055	34,901	30,115	21,238
28037	Franklin	1810	8,118	8,448	8,377	8,208	8,011	9,286	10,929	12,504	12,268	14,156
28039	George	1910	22,578	19,144	16,673	15,297	12,459	11,098	10,012	8,704	7,523	5,564
28041	Greene	1820	14,400	13,299	10,220	9,827	8,545	8,366	8,215	9,512	10,644	10,430
28043	Grenada	1870	21,906	23,263	21,555	21,043	19,854	18,409	18,830	19,052	16,802	13,607
28045	Hancock	1820	43,929	42,967	31,760	24,537	17,387	14,039	11,891	11,328	11,415	10,380
28047	Harrison	1850	187,105	189,601	165,365	157,665	134,582	119,489	84,073	50,799	44,143	32,855
28049	Hinds	1830	245,285	250,800	254,441	250,998	214,973	187,045	142,164	107,273	85,118	57,110
28051	Holmes	1840	19,198	21,609	21,604	22,970	23,120	27,096	33,301	39,710	38,534	34,513
28053	Humphreys	1920	9,375	11,206	12,134	13,931	14,601	19,093	23,115	26,257	24,729	19,192
28055	Issaquena	1850	1,406	2,274	1,909	2,513	2,737	3,576	4,966	6,433	5,734	7,618
28057	Itawamba	1840	23,401	22,770	20,017	20,518	16,847	15,080	17,216	19,922	18,225	15,647
28059	Jackson	1820	139,668	131,420	115,243	118,015	87,975	55,522	31,401	20,601	15,973	19,208
28061	Jasper	1840	17,062	18,149	17,114	17,265	15,994	16,909	18,912	19,484	18,634	18,508
28063	Jefferson	1800	7,726	9,740	8,653	9,181	9,295	10,142	11,306	13,969	14,291	15,946
28065	Jefferson Davis	1910	12,487	13,962	14,051	13,846	12,936	13,540	15,500	15,869	14,281	12,755
28067	Jones	1830	67,761	64,958	62,031	61,912	56,357	59,542	57,235	49,227	41,492	32,919
28069	Kemper	1840	10,456	10,453	10,356	10,148	10,233	12,277	15,893	21,867	21,881	19,619
28071	Lafayette	1840	47,351	38,744	31,826	31,030	24,181	21,355	22,798	21,257	19,978	19,243
28073	Lamar	1910	55,658	39,070	30,424	23,821	15,209	13,675	13,225	12,096	12,848	12,869
28075	Lauderdale	1840	80,261	78,161	75,555	77,285	67,087	67,119	64,171	58,247	52,748	45,897
28077	Lawrence	1820	12,929	13,258	12,458	12,518	11,137	10,215	12,639	13,983	12,471	12,663
28079	Leake	1840	23,805	20,940	18,436	18,790	17,085	18,660	21,610	24,570	21,803	16,973
28081	Lee	1870	82,910	75,755	65,581	57,061	46,148	40,589	38,237	38,838	35,313	29,618
28083	Leflore	1880	32,317	37,947	37,341	41,525	42,111	47,142	51,813	53,406	53,506	37,256
28085	Lincoln	1870	34,869	33,166	30,278	30,174	26,198	26,759	27,899	27,506	26,357	24,652
28087	Lowndes	1830	59,779	61,586	59,308	57,304	49,700	46,639	37,852	35,245	29,987	27,632
28089	Madison	1830	95,203	74,674	53,794	41,613	29,737	32,904	33,860	37,504	35,796	29,292
28091	Marion	1820	27,088	25,595	25,544	25,708	22,871	23,293	23,967	24,085	19,923	17,144
28093	Marshall	1840	37,144	34,993	30,361	29,296	24,027	24,503	25,106	25,522	24,869	26,105
28095	Monroe	1820	36,989	38,014	36,582	36,404	34,043	33,953	36,543	37,648	36,141	32,613
28097	Montgomery	1880	10,925	12,189	12,388	13,366	12,918	13,320	14,470	15,703	15,009	13,805
28099	Neshoba	1840	29,676	28,684	24,800	23,789	20,802	20,927	25,730	27,882	26,691	19,303
28101	Newton	1840	21,720	21,838	20,291	19,944	18,983	19,517	22,681	24,249	22,910	20,727
28103	Noxubee	1840	11,545	12,548	12,604	13,212	14,288	16,826	20,022	25,669	25,560	23,710
28105	Oktibbeha	1840	47,671	42,902	38,375	36,018	28,752	26,175	24,569	22,151	19,119	16,872
28107	Panola	1840	34,707	34,274	29,996	28,164	26,829	28,791	31,271	34,421	28,648	27,845
28109	Pearl River	1890	55,834	48,621	38,714	33,795	27,802	22,411	20,641	19,125	19,405	15,468
28111	Perry	1820	12,250	12,138	10,865	9,864	9,065	8,745	9,108	9,292	8,197	8,987
28113	Pike	1820	40,404	38,940	36,882	36,173	31,756	35,063	35,137	35,002	32,201	28,725
28115	Pontotoc	1840	29,957	26,726	22,237	20,918	17,363	17,232	19,994	22,904	22,034	19,962
28117	Prentiss	1870	25,276	25,556	23,278	24,025	20,133	17,949	19,810	20,921	19,265	17,606
28119	Quitman	1880	8,223	10,117	10,490	12,636	15,888	21,019	25,885	27,191	25,304	19,861
28121	Rankin	1830	141,617	115,327	87,161	69,427	43,933	34,322	28,881	27,934	20,353	20,272
28123	Scott	1840	28,264	28,423	24,137	24,556	21,369	21,187	21,681	23,144	20,914	16,420
28125	Sharkey	1880	4,916	6,580	7,066	7,964	8,937	10,738	12,903	15,433	13,877	14,190
28127	Simpson	1830	27,503	27,639	23,953	23,441	19,947	20,454	21,819	22,024	20,897	18,109
28129	Smith	1840	16,491	16,182	14,798	15,077	13,561	14,303	16,740	19,403	18,405	16,178
28131	Stone	1920	17,786	13,622	10,750	9,716	8,101	7,013	6,264	6,155	5,704	6,528
28133	Sunflower	1850	29,450	34,369	32,867	34,844	37,047	45,750	56,031	61,007	66,364	46,374
28135	Tallahatchie	1840	15,378	14,903	15,210	17,157	19,338	24,081	30,486	34,166	35,568	35,953
28137	Tate	1880	28,886	25,370	21,432	20,119	18,544	18,138	18,011	19,309	17,671	19,636
28139	Tippah	1840	22,232	20,826	19,523	18,739	15,852	15,093	17,522	19,680	18,658	15,419
28141	Tishomingo	1840	19,593	19,163	17,683	18,434	14,940	13,889	15,544	16,974	16,411	15,091
28143	Tunica	1840	10,778	9,227	8,164	9,652	11,854	16,826	21,664	22,610	21,233	20,386
28145	Union	1880	27,134	25,362	22,085	21,741	19,096	18,904	20,262	21,867	21,268	20,044
28147	Walthall	1920	15,443	15,156	14,352	13,761	12,500	13,512	15,563	17,534	13,871	13,455

Table C. States and Counties. Resident Population 1790 through 2010—*Continued*

STATE/ County code	STATE County	Resident population enumerated by census (continued)												
		1910	1900	1890	1880	1870	1860	1850	1840	1830	1820	1810	1800	1790
	MISSISSIPPI cnt'd													
28023	Clarke	21,630	17,741	15,826	15,021	7,505	10,771	5,477	2,986	---	---	---	---	---
28025	Clay	20,203	19,563	18,607	17,367	---	---	---	---	---	---	---	---	---
28027	Coahoma	34,217	26,293	18,342	13,568	7,144	6,606	2,780	1,290	---	---	---	---	---
28029	Copiah	35,914	34,395	30,233	27,552	20,608	15,398	11,794	8,954	7,001	---	---	---	---
28031	Covington	16,909	13,076	8,299	5,993	4,753	4,408	3,338	2,717	2,551	2,230	---	---	---
28033	DeSoto	23,130	24,751	24,183	22,924	32,021	23,336	19,042	7,002	---	---	---	---	---
28035	Forrest	20,722	---	---	---	---	---	---	---	---	---	---	---	---
28037	Franklin	15,193	13,678	10,424	9,729	7,498	8,265	5,904	4,775	4,622	3,821	2,016	---	---
28039	George	6,599	---	---	---	---	---	---	---	---	---	---	---	---
28041	Greene	6,050	6,795	3,906	3,194	2,038	2,232	2,018	1,636	1,854	1,445	---	---	---
28043	Grenada	15,727	14,112	14,974	12,071	10,571	---	---	---	---	---	---	---	---
28045	Hancock	11,207	11,886	8,318	6,439	4,239	3,139	3,672	3,367	1,962	1,594	---	---	---
28047	Harrison	34,658	21,002	12,481	7,895	5,795	4,819	4,875	---	---	---	---	---	---
28049	Hinds	63,726	52,577	39,279	43,958	30,488	31,339	25,340	19,098	8,645	---	---	---	---
28051	Holmes	39,088	36,828	30,970	27,164	19,370	17,791	13,928	9,452	---	---	---	---	---
28053	Humphreys	---	---	---	---	---	---	---	---	---	---	---	---	---
28055	Issaquena	10,560	10,400	12,318	10,004	6,887	7,831	4,478	---	---	---	---	---	---
28057	Itawamba	14,526	13,544	11,708	10,663	7,812	17,695	13,528	5,375	---	---	---	---	---
28059	Jackson	15,451	16,513	11,251	7,607	4,362	4,122	3,196	1,965	1,792	1,682	---	---	---
28061	Jasper	18,498	15,394	14,785	12,126	10,884	11,007	6,184	3,958	---	---	---	---	---
28063	Jefferson	18,221	21,292	18,947	17,314	13,848	15,349	13,193	11,650	9,755	6,822	4,001	2,940	---
28065	Jefferson Davis	12,860	---	---	---	---	---	---	---	---	---	---	---	---
28067	Jones	29,885	17,846	8,333	3,828	3,313	3,323	2,164	1,258	1,471	---	---	---	---
28069	Kemper	20,348	20,492	17,961	15,719	12,920	11,682	12,517	7,663	---	---	---	---	---
28071	Lafayette	21,883	22,110	20,553	21,671	18,802	16,125	14,069	6,531	---	---	---	---	---
28073	Lamar	11,741	---	---	---	---	---	---	---	---	---	---	---	---
28075	Lauderdale	46,919	38,150	29,661	21,501	13,462	13,313	8,717	5,358	---	---	---	---	---
28077	Lawrence	13,080	15,103	12,318	9,420	6,720	9,213	6,478	5,920	5,293	4,916	---	---	---
28079	Leake	18,298	17,360	14,803	13,146	8,496	9,324	5,533	2,162	---	---	---	---	---
28081	Lee	28,894	21,956	20,040	20,470	15,955	---	---	---	---	---	---	---	---
28083	Leflore	36,290	23,834	16,869	10,246	---	---	---	---	---	---	---	---	---
28085	Lincoln	28,597	21,552	17,912	13,547	10,184	---	---	---	---	---	---	---	---
28087	Lowndes	30,703	29,095	27,047	28,244	30,502	23,625	19,544	14,513	3,173	---	---	---	---
28089	Madison	33,505	32,493	27,321	25,866	20,948	23,382	18,173	15,530	4,973	---	---	---	---
28091	Marion	15,599	13,501	9,532	6,901	4,211	4,686	4,410	3,830	3,691	3,116	---	---	---
28093	Marshall	26,796	27,674	26,043	29,330	29,416	28,823	29,689	17,526	---	---	---	---	---
28095	Monroe	35,178	31,216	30,730	28,553	22,631	21,283	21,172	9,250	3,861	2,721	---	---	---
28097	Montgomery	17,706	16,536	14,459	13,348	---	---	---	---	---	---	---	---	---
28099	Neshoba	17,980	12,726	11,146	8,741	7,439	8,343	4,728	2,437	---	---	---	---	---
28101	Newton	23,085	19,708	16,625	13,436	10,067	9,661	4,465	2,527	---	---	---	---	---
28103	Noxubee	28,503	30,846	27,338	29,874	20,905	20,667	16,299	9,975	---	---	---	---	---
28105	Oktibbeha	19,676	20,183	17,694	15,978	14,891	12,977	9,171	4,276	---	---	---	---	---
28107	Panola	31,274	29,027	26,977	28,352	20,754	13,794	11,444	4,657	---	---	---	---	---
28109	Pearl River	10,593	6,697	2,957	---	---	---	---	---	---	---	---	---	---
28111	Perry	7,685	14,682	6,494	3,427	2,694	2,606	2,438	1,889	2,300	2,037	---	---	---
28113	Pike	37,272	27,545	21,203	16,688	11,303	11,135	7,360	6,151	5,402	4,438	---	---	---
28115	Pontotoc	19,688	18,274	14,940	13,858	12,525	22,113	17,112	4,491	---	---	---	---	---
28117	Prentiss	16,931	15,788	13,679	12,158	9,348	---	---	---	---	---	---	---	---
28119	Quitman	11,593	5,435	3,286	1,407	---	---	---	---	---	---	---	---	---
28121	Rankin	23,944	20,955	17,922	16,752	12,977	13,635	7,227	4,631	2,083	---	---	---	---
28123	Scott	16,723	14,316	11,740	10,845	7,847	8,139	3,961	1,653	---	---	---	---	---
28125	Sharkey	15,694	12,178	8,382	6,306	---	---	---	---	---	---	---	---	---
28127	Simpson	17,201	12,800	10,138	8,008	5,718	6,080	4,734	3,380	2,680	---	---	---	---
28129	Smith	16,603	13,055	10,635	8,088	7,126	7,638	4,071	1,961	---	---	---	---	---
28131	Stone	---	---	---	---	---	---	---	---	---	---	---	---	---
28133	Sunflower	28,787	16,084	9,384	4,661	5,015	5,019	1,102	---	---	---	---	---	---
28135	Tallahatchie	29,078	19,600	14,361	10,926	7,852	7,890	4,643	2,985	---	---	---	---	---
28137	Tate	19,714	20,618	19,253	18,721	---	---	---	---	---	---	---	---	---
28139	Tippah	14,631	12,983	12,951	12,867	20,727	22,550	20,741	9,444	---	---	---	---	---
28141	Tishomingo	13,067	10,124	9,302	8,774	7,350	24,149	15,490	6,681	---	---	---	---	---
28143	Tunica	18,646	16,479	12,158	8,461	5,358	4,366	1,314	821	---	---	---	---	---
28145	Union	18,997	16,522	15,606	13,030	---	---	---	---	---	---	---	---	---
28147	Walthall	---	---	---	---	---	---	---	---	---	---	---	---	---

Table C. States and Counties. Resident Population 1790 through 2010—*Continued*

STATE/ County code	STATE County	Year of first census	Resident population enumerated by census									
			2010	2000	1990	1980	1970	1960	1950	1940	1930	1920
	MISSISSIPPI cnt'd											
28149	Warren	1810	48,773	49,644	47,880	51,627	44,981	42,206	39,616	39,595	35,785	33,362
28151	Washington	1830	51,137	62,977	67,935	72,344	70,581	78,638	70,504	67,576	54,310	51,092
28153	Wayne	1810	20,747	21,216	19,517	19,135	16,650	16,258	17,010	16,928	15,295	15,467
28155	Webster	1880	10,253	10,294	10,222	10,300	10,047	10,580	11,607	14,160	12,128	12,644
28157	Wilkinson	1810	9,878	10,312	9,678	10,021	11,099	13,235	14,116	15,955	13,957	15,319
28159	Winston	1840	19,198	20,160	19,433	19,474	18,406	19,246	22,231	22,751	21,239	18,139
28161	Yalobusha	1840	12,678	13,051	12,033	13,139	11,915	12,502	15,191	18,387	17,750	18,738
28163	Yazoo	1830	28,065	28,149	25,506	27,349	27,304	31,653	35,712	40,091	37,262	37,149
29000	**MISSOURI**	1810	5,988,927	5,595,211	5,117,073	4,916,686	4,676,501	4,319,813	3,954,653	3,784,664	3,629,367	3,404,055
29001	Adair	1850	25,607	24,977	24,577	24,870	22,472	20,105	19,689	20,246	19,436	21,404
29003	Andrew	1850	17,291	16,492	14,632	13,980	11,913	11,062	11,727	13,015	13,469	14,075
29005	Atchison	1850	5,685	6,430	7,457	8,605	9,240	9,213	11,127	12,897	13,421	13,008
29007	Audrain	1840	25,529	25,853	23,599	26,458	25,362	26,079	23,829	22,673	22,077	20,589
29009	Barry	1840	35,597	34,010	27,547	24,408	19,597	18,921	21,755	23,546	22,803	23,473
29011	Barton	1860	12,402	12,541	11,312	11,292	10,431	11,113	12,678	14,148	14,560	16,879
29013	Bates	1850	17,049	16,653	15,025	15,873	15,468	15,905	17,534	19,531	22,068	23,933
29015	Benton	1840	19,056	17,180	13,859	12,183	9,695	8,737	9,080	11,142	11,708	12,989
29017	Bollinger	1860	12,363	12,029	10,619	10,301	8,820	9,167	11,019	12,898	12,269	13,909
29019	Boone	1830	162,642	135,454	112,379	100,376	80,911	55,202	48,432	34,991	30,995	29,672
29021	Buchanan	1840	89,201	85,998	83,083	87,888	86,915	90,581	96,826	94,067	98,633	93,684
29023	Butler	1850	42,794	40,867	38,765	37,693	33,529	34,656	37,707	34,276	23,697	24,106
29025	Caldwell	1840	9,424	8,969	8,380	8,660	8,351	8,830	9,929	11,629	12,509	13,849
29027	Callaway	1830	44,332	40,766	32,809	32,252	25,850	23,858	23,316	23,094	19,923	23,007
29029	Camden	1850	44,002	37,051	27,495	20,017	13,315	9,116	7,861	8,971	9,142	10,474
29031	Cape Girardeau	1810	75,674	68,693	61,633	58,837	49,350	42,020	38,397	37,775	33,203	29,839
29033	Carroll	1840	9,295	10,285	10,748	12,131	12,565	13,847	15,589	17,814	19,940	20,480
29035	Carter	1860	6,265	5,941	5,515	5,428	3,878	3,973	4,777	6,226	5,503	7,482
29037	Cass	1840	99,478	82,092	63,808	51,029	39,448	29,702	19,325	19,534	20,962	21,536
29039	Cedar	1850	13,982	13,733	12,093	11,894	9,424	9,185	10,663	11,697	11,136	13,933
29041	Chariton	1830	7,831	8,438	9,202	10,489	11,084	12,720	14,944	18,084	19,588	21,769
29043	Christian	1860	77,422	54,285	32,644	22,402	15,124	12,359	12,412	13,538	13,169	15,252
29045	Clark	1840	7,139	7,416	7,547	8,493	8,260	8,725	9,003	10,166	10,254	11,874
29047	Clay	1830	221,939	184,006	153,411	136,488	123,322	87,474	45,221	30,417	26,811	20,455
29049	Clinton	1840	20,743	18,979	16,595	15,916	12,462	11,588	11,726	13,261	13,505	14,461
29051	Cole	1830	75,990	71,397	63,579	56,663	46,228	40,761	35,464	34,912	30,848	24,680
29053	Cooper	1820	17,601	16,670	14,835	14,643	14,732	15,448	16,608	18,075	19,522	19,308
29055	Crawford	1830	24,696	22,804	19,173	18,300	14,828	12,647	11,615	12,693	11,287	12,355
29057	Dade	1850	7,883	7,923	7,449	7,383	6,850	7,577	9,324	11,248	11,764	14,173
29059	Dallas	1850	16,777	15,661	12,646	12,096	10,054	9,314	10,392	11,523	10,541	12,033
29061	Daviess	1840	8,433	8,016	7,865	8,905	8,420	9,502	11,180	13,398	14,424	16,641
29063	DeKalb	1850	12,892	11,597	9,967	8,222	7,305	7,226	8,047	9,751	10,270	11,694
29065	Dent	1860	15,657	14,927	13,702	14,517	11,457	10,445	10,936	11,763	10,974	12,318
29065.1	Dodge	1850	---	---	---	---	---	---	---	---	---	---
29067	Douglas	1860	13,684	13,084	11,876	11,594	9,268	9,653	12,638	15,600	13,959	15,436
29069	Dunklin	1850	31,953	33,155	33,112	36,324	33,742	39,139	45,329	44,957	35,799	32,773
29071	Franklin	1820	101,492	93,807	80,603	71,233	55,116	44,566	36,046	33,868	30,519	28,427
29073	Gasconade	1830	15,222	15,342	14,006	13,181	11,878	12,195	12,342	12,414	12,172	12,381
29075	Gentry	1850	6,738	6,861	6,848	7,887	8,060	8,793	11,036	13,359	14,348	15,634
29077	Greene	1840	275,174	240,391	207,949	185,302	152,929	126,276	104,823	90,541	82,929	68,698
29079	Grundy	1850	10,261	10,432	10,536	11,959	11,819	12,220	13,220	15,716	16,135	17,554
29081	Harrison	1850	8,957	8,850	8,469	9,890	10,257	11,603	14,107	16,525	17,233	19,719
29083	Henry	1840	22,272	21,997	20,044	19,672	18,451	19,226	20,043	22,313	22,931	25,116
29085	Hickory	1850	9,627	8,940	7,335	6,367	4,481	4,516	5,387	6,506	6,430	7,033
29087	Holt	1850	4,912	5,351	6,034	6,882	6,654	7,885	9,833	12,476	12,720	14,084
29089	Howard	1820	10,144	10,212	9,631	10,008	10,561	10,859	11,857	13,026	13,490	13,997
29091	Howell	1860	40,400	37,238	31,447	28,807	23,521	22,027	22,725	22,270	19,672	21,102
29093	Iron	1860	10,630	10,697	10,726	11,084	9,529	8,041	9,458	10,440	9,642	9,458
29095	Jackson	1830	674,158	654,880	633,232	629,266	654,558	622,732	541,035	477,828	470,454	367,846
29097	Jasper	1850	117,404	104,686	90,465	86,958	79,852	78,863	79,106	78,705	73,810	75,941
29099	Jefferson	1820	218,733	198,099	171,380	146,183	105,248	66,377	38,007	32,023	27,563	26,555
29101	Johnson	1840	52,595	48,258	42,514	39,059	34,172	28,981	20,716	21,617	22,413	24,899

Table C. States and Counties. Resident Population 1790 through 2010—*Continued*

STATE/ County code	STATE County	Resident population enumerated by census (continued)												
		1910	1900	1890	1880	1870	1860	1850	1840	1830	1820	1810	1800	1790
	MISSISSIPPI cnt'd													
28149	Warren	37,488	40,912	33,164	31,238	26,769	20,696	18,120	15,820	7,861	2,693	1,114	---	---
28151	Washington	48,933	49,216	40,414	25,367	14,569	15,679	8,389	7,287	1,976	---	---	---	---
28153	Wayne	14,709	12,539	9,817	8,741	4,206	3,691	2,892	2,120	2,781	3,323	1,253	---	---
28155	Webster	14,853	13,619	12,060	9,534	---	---	---	---	---	---	---	---	---
28157	Wilkinson	18,075	21,453	17,592	17,815	12,705	15,933	16,914	14,193	11,686	9,718	5,068	---	---
28159	Winston	17,139	14,124	12,089	10,087	8,984	9,811	7,956	4,650	---	---	---	---	---
28161	Yalobusha	21,519	19,742	16,629	15,649	13,254	16,952	17,258	12,248	---	---	---	---	---
28163	Yazoo	46,672	43,948	36,394	33,845	17,279	22,373	14,418	10,480	6,550	---	---	---	---
29000	**MISSOURI**	3,293,335	3,106,665	2,679,185	2,168,380	1,721,295	1,182,012	682,044	383,702	140,455	66,586	19,783	---	---
29001	Adair	22,700	21,728	17,417	15,190	11,448	8,531	2,342	---	---	---	---	---	---
29003	Andrew	15,282	17,332	16,000	16,318	15,137	11,850	9,433	---	---	---	---	---	---
29005	Atchison	13,604	16,501	15,533	14,556	8,440	4,649	1,678	---	---	---	---	---	---
29007	Audrain	21,687	21,160	22,074	19,732	12,307	8,075	3,506	1,949	---	---	---	---	---
29009	Barry	23,869	25,532	22,943	14,405	10,373	7,995	3,467	4,795	---	---	---	---	---
29011	Barton	16,747	18,253	18,504	10,332	5,087	1,817	---	---	---	---	---	---	---
29013	Bates	25,869	30,141	32,223	25,381	15,960	7,215	3,669	---	---	---	---	---	---
29015	Benton	14,881	16,556	14,973	12,396	11,322	9,072	5,015	4,205	---	---	---	---	---
29017	Bollinger	14,576	14,650	13,121	11,130	8,162	7,371	---	---	---	---	---	---	---
29019	Boone	30,533	28,642	26,043	25,422	20,765	19,486	14,979	13,561	8,859	---	---	---	---
29021	Buchanan	93,020	121,838	70,100	49,792	35,109	23,861	12,975	6,237	---	---	---	---	---
29023	Butler	20,624	16,769	10,164	6,011	4,298	2,891	1,616	---	---	---	---	---	---
29025	Caldwell	14,605	16,656	15,152	13,646	11,390	5,034	2,316	1,458	---	---	---	---	---
29027	Callaway	24,400	25,984	25,131	23,670	19,202	17,449	13,827	11,765	6,159	---	---	---	---
29029	Camden	11,582	13,113	10,040	7,266	6,108	4,975	2,338	---	---	---	---	---	---
29031	Cape Girardeau	27,621	24,315	22,060	20,998	17,558	15,547	13,912	9,359	7,445	5,968	3,888	---	---
29033	Carroll	23,098	26,455	25,742	23,274	17,446	9,763	5,441	2,423	---	---	---	---	---
29035	Carter	5,504	6,706	4,659	2,168	1,455	1,235	---	---	---	---	---	---	---
29037	Cass	22,973	23,636	23,301	22,431	19,296	9,794	6,090	4,693	---	---	---	---	---
29039	Cedar	16,080	16,923	15,620	10,741	9,474	6,637	3,361	---	---	---	---	---	---
29041	Chariton	23,503	26,826	26,254	25,224	19,136	12,562	7,514	4,746	1,780	---	---	---	---
29043	Christian	15,832	16,939	14,017	9,628	6,707	5,491	---	---	---	---	---	---	---
29045	Clark	12,811	15,383	15,126	15,031	13,667	11,684	5,527	2,846	---	---	---	---	---
29047	Clay	20,302	18,903	19,856	15,572	15,564	13,023	10,332	8,282	5,338	---	---	---	---
29049	Clinton	15,297	17,363	17,138	16,073	14,063	7,848	3,786	2,724	---	---	---	---	---
29051	Cole	21,957	20,578	17,281	15,515	10,292	9,697	6,696	9,286	3,023	---	---	---	---
29053	Cooper	20,311	22,532	22,707	21,596	20,692	17,356	12,950	10,484	6,904	6,959	---	---	---
29055	Crawford	13,576	12,959	11,961	10,756	7,982	5,823	6,397	3,561	1,712	---	---	---	---
29057	Dade	15,613	18,125	17,526	12,557	8,683	7,072	4,246	---	---	---	---	---	---
29059	Dallas	13,181	13,903	12,647	9,263	8,383	5,892	3,648	---	---	---	---	---	---
29061	Daviess	17,605	21,325	20,456	19,145	14,410	9,606	5,298	2,736	---	---	---	---	---
29063	DeKalb	12,531	14,418	14,539	13,334	9,858	5,224	2,075	---	---	---	---	---	---
29065	Dent	13,245	12,986	12,149	10,646	6,357	5,654	---	---	---	---	---	---	---
29065.1	Dodge	---	---	---	---	---	---	375	---	---	---	---	---	---
29067	Douglas	16,664	16,802	14,111	7,753	3,915	2,414	---	---	---	---	---	---	---
29069	Dunklin	30,328	21,706	15,085	9,604	5,982	5,026	1,229	---	---	---	---	---	---
29071	Franklin	29,830	30,581	28,056	26,534	30,098	18,085	11,021	7,515	3,484	2,379	---	---	---
29073	Gasconade	12,847	12,298	11,706	11,153	10,093	8,727	4,996	5,330	1,545	---	---	---	---
29075	Gentry	16,820	20,554	19,018	17,176	11,607	11,980	4,248	---	---	---	---	---	---
29077	Greene	63,831	52,713	48,616	28,801	21,549	13,186	12,785	5,372	---	---	---	---	---
29079	Grundy	16,744	17,832	17,876	15,185	10,567	7,887	3,006	---	---	---	---	---	---
29081	Harrison	20,466	24,398	21,033	20,304	14,635	10,626	2,447	---	---	---	---	---	---
29083	Henry	27,242	28,054	28,235	23,906	17,401	9,866	4,052	4,726	---	---	---	---	---
29085	Hickory	8,741	9,985	9,453	7,387	6,452	4,705	2,329	---	---	---	---	---	---
29087	Holt	14,539	17,083	15,469	15,509	11,652	6,550	3,957	---	---	---	---	---	---
29089	Howard	15,653	18,337	17,371	18,428	17,233	15,946	13,969	13,108	10,854	13,426	---	---	---
29091	Howell	21,065	21,834	18,618	8,814	4,218	3,169	---	---	---	---	---	---	---
29093	Iron	8,563	8,716	9,119	8,183	6,278	5,842	---	---	---	---	---	---	---
29095	Jackson	283,522	195,193	160,510	82,325	55,041	22,913	14,000	7,612	2,823	---	---	---	---
29097	Jasper	89,673	84,018	50,500	32,019	14,928	6,883	4,223	---	---	---	---	---	---
29099	Jefferson	27,878	25,712	22,484	18,736	15,380	10,344	6,928	4,296	2,592	1,835	---	---	---
29101	Johnson	26,297	27,843	28,132	28,172	24,648	14,644	7,464	4,471	---	---	---	---	---

Table C. States and Counties. Resident Population 1790 through 2010—*Continued*

STATE/ County code	STATE County	Year of first census	Resident population enumerated by census									
			2010	2000	1990	1980	1970	1960	1950	1940	1930	1920
	MISSOURI cnt'd											
29103	Knox	1850	4,131	4,361	4,482	5,508	5,692	6,558	7,617	8,878	9,658	10,783
29105	Laclede	1850	35,571	32,513	27,158	24,323	19,944	18,991	19,010	18,718	16,320	16,857
29107	Lafayette	1830	33,381	32,960	31,107	29,925	26,626	25,274	25,272	27,856	29,259	30,006
29109	Lawrence	1850	38,634	35,204	30,236	28,973	24,585	23,260	23,420	24,637	23,774	24,211
29111	Lewis	1840	10,211	10,494	10,233	10,901	10,993	10,984	10,733	11,490	12,093	13,465
29113	Lincoln	1820	52,566	38,944	28,892	22,193	18,041	14,783	13,478	14,395	13,929	15,956
29115	Linn	1840	12,761	13,754	13,885	15,495	15,125	16,815	18,865	21,416	23,339	24,778
29117	Livingston	1840	15,195	14,558	14,592	15,739	15,368	15,771	16,532	18,000	18,615	18,857
29119	McDonald	1850	23,083	21,681	16,938	14,917	12,357	11,798	14,144	15,749	13,936	14,690
29121	Macon	1840	15,566	15,762	15,345	16,313	15,432	16,473	18,332	21,396	23,070	27,518
29123	Madison	1820	12,226	11,800	11,127	10,725	8,641	9,366	10,380	9,656	9,418	10,721
29125	Maries	1860	9,176	8,903	7,976	7,551	6,851	7,282	7,423	8,638	8,368	9,500
29127	Marion	1830	28,781	28,289	27,682	28,638	28,121	29,522	29,765	31,576	33,493	30,226
29129	Mercer	1850	3,785	3,757	3,723	4,685	4,910	5,750	7,235	8,766	9,350	11,281
29131	Miller	1840	24,748	23,564	20,700	18,532	15,026	13,800	13,734	14,798	16,728	15,567
29133	Mississippi	1850	14,358	13,427	14,442	15,726	16,647	20,695	22,551	23,149	15,762	12,860
29135	Moniteau	1850	15,607	14,827	12,298	12,068	10,742	10,500	10,840	11,775	12,173	13,532
29137	Monroe	1840	8,840	9,311	9,104	9,716	9,542	10,688	11,314	13,195	13,466	16,414
29139	Montgomery	1820	12,236	12,136	11,355	11,537	11,000	11,097	11,555	12,442	13,011	15,233
29141	Morgan	1840	20,565	19,309	15,574	13,807	10,068	9,476	10,207	11,140	10,968	12,015
29143	New Madrid	1810	18,956	19,760	20,928	22,945	23,420	31,350	39,444	39,787	30,262	25,180
29145	Newton	1840	58,114	52,636	44,445	40,555	32,901	30,093	28,240	29,039	26,959	24,886
29147	Nodaway	1850	23,370	21,912	21,709	21,996	22,467	22,215	24,033	25,556	26,371	27,744
29149	Oregon	1850	10,881	10,344	9,470	10,238	9,180	9,845	11,978	13,390	12,220	12,889
29151	Osage	1850	13,878	13,062	12,018	12,014	10,994	10,867	11,301	12,375	12,462	13,559
29153	Ozark	1850	9,723	9,542	8,598	7,961	6,226	6,744	8,856	10,766	9,537	11,125
29155	Pemiscot	1860	18,296	20,047	21,921	24,987	26,373	38,095	45,624	46,857	37,284	26,634
29157	Perry	1830	18,971	18,132	16,648	16,784	14,393	14,642	14,890	15,358	13,707	14,434
29159	Pettis	1840	42,201	39,403	35,437	36,378	34,137	35,120	31,577	33,336	34,664	35,813
29161	Phelps	1860	45,156	39,825	35,248	33,633	29,481	25,396	21,504	17,437	15,308	14,941
29163	Pike	1820	18,516	18,351	15,969	17,568	16,928	16,706	16,844	18,327	18,001	20,345
29165	Platte	1840	89,322	73,781	57,867	46,341	32,081	23,350	14,973	13,862	13,819	13,996
29167	Polk	1840	31,137	26,992	21,826	18,822	15,415	13,753	16,062	17,400	17,803	20,351
29169	Pulaski	1840	52,274	41,165	41,307	42,011	53,781	46,567	10,392	10,775	10,755	10,490
29171	Putnam	1850	4,979	5,223	5,079	6,092	5,916	6,999	9,166	11,327	11,503	13,115
29173	Ralls	1830	10,167	9,626	8,476	8,911	7,764	8,078	8,686	10,040	10,704	10,412
29175	Randolph	1830	25,414	24,663	24,370	25,460	22,434	22,014	22,918	24,458	26,431	27,633
29177	Ray	1830	23,494	23,354	21,971	21,378	17,599	16,075	15,932	18,584	19,846	20,508
29179	Reynolds	1850	6,696	6,689	6,661	7,230	6,106	5,161	6,918	9,370	8,923	10,106
29181	Ripley	1840	14,100	13,509	12,303	12,458	9,803	9,096	11,414	12,606	11,176	12,061
29183	St. Charles	1810	360,485	283,883	212,907	144,107	92,954	52,970	29,834	25,562	24,354	22,828
29185	St. Clair	1850	9,805	9,652	8,457	8,622	7,667	8,421	10,482	13,146	13,289	15,341
29186	Ste. Genevieve	1810	18,145	17,842	16,037	15,180	12,867	12,116	11,237	10,905	10,097	9,809
29187	St. Francois	1830	65,359	55,641	48,904	42,600	36,818	36,516	35,276	35,950	35,832	31,403
29189	St. Louis	1810	998,954	1,016,315	993,529	973,896	951,353	703,532	406,349	274,230	211,593	100,737
29195	Saline	1830	23,370	23,756	23,523	24,919	24,633	25,148	26,694	29,416	30,598	28,826
29197	Schuyler	1850	4,431	4,170	4,236	4,979	4,665	5,052	5,760	6,627	6,951	8,383
29199	Scotland	1850	4,843	4,983	4,822	5,415	5,499	6,484	7,332	8,557	8,853	10,700
29201	Scott	1830	39,191	40,422	39,376	39,647	33,250	32,748	32,842	30,377	24,913	23,409
29203	Shannon	1850	8,441	8,324	7,613	7,885	7,196	7,087	8,377	11,831	10,894	11,865
29205	Shelby	1840	6,373	6,799	6,942	7,826	7,906	9,063	9,730	11,224	11,983	13,617
29207	Stoddard	1840	29,968	29,705	28,895	29,009	25,771	29,490	33,463	33,009	27,452	29,755
29209	Stone	1860	32,202	28,658	19,078	15,587	9,921	8,176	9,748	11,298	11,614	11,941
29211	Sullivan	1850	6,714	7,219	6,326	7,434	7,572	8,783	11,299	13,701	15,212	17,781
29213	Taney	1840	51,675	39,703	25,561	20,467	13,023	10,238	9,863	10,323	8,867	8,178
29215	Texas	1850	26,008	23,003	21,476	21,070	18,320	17,758	18,992	19,813	18,580	20,548
29217	Vernon	1860	21,159	20,454	19,041	19,806	19,065	20,540	22,685	25,586	25,031	26,069
29219	Warren	1840	32,513	24,525	19,534	14,900	9,699	8,750	7,666	7,734	8,082	8,490
29221	Washington	1820	25,195	23,344	20,380	17,983	15,086	14,346	14,689	17,492	14,450	13,803
29223	Wayne	1820	13,521	13,259	11,543	11,277	8,546	8,638	10,514	12,794	12,243	13,012
29225	Webster	1860	36,202	31,045	23,753	20,414	15,562	13,753	15,072	17,226	16,148	16,609
29227	Worth	1870	2,171	2,382	2,440	3,008	3,359	3,936	5,120	6,345	6,535	7,642
29229	Wright	1850	18,815	17,955	16,758	16,188	13,667	14,183	15,834	17,967	16,741	17,733
29510	St. Louis city	1880	319,294	348,189	396,685	453,085	622,236	750,026	856,796	816,048	821,960	772,897

Table C. States and Counties. Resident Population 1790 through 2010—*Continued*

STATE/ County code	STATE County	Resident population enumerated by census (continued)												
		1910	1900	1890	1880	1870	1860	1850	1840	1830	1820	1810	1800	1790
	MISSOURI cnt'd													
29103	Knox	12,403	13,479	13,501	13,047	10,974	8,727	2,894	---	---	---	---	---	---
29105	Laclede	17,363	16,523	14,701	11,524	9,380	5,182	2,498	---	---	---	---	---	---
29107	Lafayette	30,154	31,679	30,184	25,710	22,623	20,098	13,690	6,815	2,912	---	---	---	---
29109	Lawrence	26,583	31,662	26,228	17,583	13,067	8,846	4,859	---	---	---	---	---	---
29111	Lewis	15,514	16,724	15,935	15,925	15,114	12,286	6,578	6,040	---	---	---	---	---
29113	Lincoln	17,033	18,352	18,346	17,426	15,960	14,210	9,421	7,449	4,059	1,662	---	---	---
29115	Linn	25,253	25,503	24,121	20,016	15,900	9,112	4,058	2,245	---	---	---	---	---
29117	Livingston	19,453	22,302	20,668	20,196	16,730	7,417	4,247	4,325	---	---	---	---	---
29119	McDonald	13,539	13,574	11,283	7,816	5,226	4,038	2,236	---	---	---	---	---	---
29121	Macon	30,868	33,018	30,575	26,222	23,230	14,346	6,565	6,034	---	---	---	---	---
29123	Madison	11,273	9,975	9,268	8,876	5,849	5,664	6,003	3,395	2,371	2,047	---	---	---
29125	Maries	10,088	9,616	8,600	7,304	5,916	4,901	---	---	---	---	---	---	---
29127	Marion	30,572	26,331	26,233	24,837	23,780	18,838	12,230	9,623	4,837	---	---	---	---
29129	Mercer	12,335	14,706	14,581	14,673	11,557	9,300	2,691	---	---	---	---	---	---
29131	Miller	16,717	15,187	14,162	9,805	6,616	6,812	3,834	2,282	---	---	---	---	---
29133	Mississippi	14,557	11,837	10,134	9,270	4,982	4,859	3,123	---	---	---	---	---	---
29135	Moniteau	14,375	15,931	15,630	14,346	11,375	10,124	6,004	---	---	---	---	---	---
29137	Monroe	18,304	19,716	20,790	19,071	17,149	14,785	10,541	9,505	---	---	---	---	---
29139	Montgomery	15,604	16,571	16,850	16,249	10,405	9,718	5,489	4,371	3,902	3,074	---	---	---
29141	Morgan	12,863	12,175	12,311	10,132	8,434	8,202	4,650	4,407	---	---	---	---	---
29143	New Madrid	19,488	11,280	9,317	7,694	6,357	5,654	5,541	4,554	2,350	2,296	2,103	---	---
29145	Newton	27,136	27,001	22,108	18,947	12,821	9,319	4,268	3,790	---	---	---	---	---
29147	Nodaway	28,833	32,938	30,914	29,544	14,751	5,252	2,118	---	---	---	---	---	---
29149	Oregon	14,681	13,906	10,467	5,791	3,287	3,009	1,432	---	---	---	---	---	---
29151	Osage	14,283	14,096	13,080	11,824	10,793	7,879	6,704	---	---	---	---	---	---
29153	Ozark	11,926	12,145	9,795	5,618	3,363	2,447	2,294	---	---	---	---	---	---
29155	Pemiscot	19,559	12,115	5,975	4,299	2,059	2,962	---	---	---	---	---	---	---
29157	Perry	14,898	15,134	13,237	11,895	9,877	9,128	7,215	5,760	3,349	---	---	---	---
29159	Pettis	33,913	32,438	31,151	27,271	18,706	9,392	5,150	2,930	---	---	---	---	---
29161	Phelps	15,796	14,194	12,636	12,568	10,506	5,714	---	---	---	---	---	---	---
29163	Pike	22,556	25,744	26,321	26,715	23,076	18,417	13,609	10,646	6,129	3,747	---	---	---
29165	Platte	14,429	16,193	16,248	17,366	17,352	18,350	16,845	8,913	---	---	---	---	---
29167	Polk	21,561	23,255	20,339	15,734	12,445	9,995	6,186	8,449	---	---	---	---	---
29169	Pulaski	11,438	10,394	9,387	7,250	4,714	3,835	3,998	6,529	---	---	---	---	---
29171	Putnam	14,308	16,688	15,365	13,555	11,217	9,207	1,636	---	---	---	---	---	---
29173	Ralls	12,913	12,287	12,294	11,838	10,510	8,592	6,151	5,670	4,375	---	---	---	---
29175	Randolph	26,182	24,442	24,893	22,751	15,908	11,407	9,439	7,198	2,942	---	---	---	---
29177	Ray	21,451	24,805	24,215	20,190	18,700	14,092	10,373	6,553	2,657	---	---	---	---
29179	Reynolds	9,592	8,161	6,803	5,722	3,756	3,173	1,849	---	---	---	---	---	---
29181	Ripley	13,099	13,186	8,512	5,377	3,175	3,747	2,830	2,856	---	---	---	---	---
29183	St. Charles	24,695	24,474	22,977	23,065	21,304	16,523	11,454	7,911	4,320	3,970	3,505	---	---
29185	St. Clair	16,412	17,907	16,747	14,125	6,742	6,812	3,556	---	---	---	---	---	---
29186	Ste. Genevieve	10,607	10,359	9,883	10,390	8,384	8,029	5,313	3,148	2,186	4,962	4,620	---	---
29187	St. Francois	35,738	24,051	17,347	13,822	9,742	7,249	4,964	3,211	2,366	---	---	---	---
29189	St. Louis	82,417	50,040	36,307	31,888	351,189	190,524	104,978	35,979	14,125	10,049	5,667	---	---
29195	Saline	29,448	33,703	33,762	29,911	21,672	14,699	8,843	5,258	2,873	---	---	---	---
29197	Schuyler	9,062	10,840	11,249	10,470	8,820	6,697	3,287	---	---	---	---	---	---
29199	Scotland	11,869	13,232	12,674	12,508	10,670	8,873	3,782	---	---	---	---	---	---
29201	Scott	22,372	13,092	11,228	8,587	7,317	5,247	3,182	5,974	2,136	---	---	---	---
29203	Shannon	11,443	11,247	8,898	3,441	2,339	2,284	1,199	---	---	---	---	---	---
29205	Shelby	14,864	16,167	15,642	14,024	10,119	7,301	4,253	3,056	---	---	---	---	---
29207	Stoddard	27,807	24,669	17,327	13,431	8,535	7,877	4,277	3,153	---	---	---	---	---
29209	Stone	11,559	9,892	7,090	4,404	3,253	2,400	---	---	---	---	---	---	---
29211	Sullivan	18,598	20,282	19,000	16,569	11,907	9,198	2,983	---	---	---	---	---	---
29213	Taney	9,134	10,127	7,973	5,599	4,407	3,576	4,373	3,264	---	---	---	---	---
29215	Texas	21,458	22,192	19,406	12,206	9,618	6,067	2,312	---	---	---	---	---	---
29217	Vernon	28,827	31,619	31,505	19,369	11,247	4,850	---	---	---	---	---	---	---
29219	Warren	9,123	9,919	9,913	10,806	9,673	8,839	5,860	4,253	---	---	---	---	---
29221	Washington	13,378	14,263	13,153	12,896	11,719	9,723	8,811	7,213	6,784	2,769	---	---	---
29223	Wayne	15,181	15,309	11,927	9,096	6,068	5,629	4,518	3,403	3,264	1,443	---	---	---
29225	Webster	17,377	16,640	15,177	12,175	10,434	7,099	---	---	---	---	---	---	---
29227	Worth	8,007	9,832	8,738	8,203	5,004	---	---	---	---	---	---	---	---
29229	Wright	18,315	17,519	14,484	9,712	5,684	4,508	3,387	---	---	---	---	---	---
29510	St. Louis city	687,029	575,238	451,770	350,518	---	---	---	---	---	---	---	---	---

Table C. States and Counties. Resident Population 1790 through 2010—*Continued*

STATE/ County code	STATE County	Year of first census	Resident population enumerated by census									
			2010	2000	1990	1980	1970	1960	1950	1940	1930	1920
30000	**MONTANA**	1870	989,415	902,195	799,065	786,690	694,409	674,767	591,024	559,456	537,606	548,889
30001	Beaverhead	1870	9,246	9,202	8,424	8,186	8,187	7,194	6,671	6,943	6,654	7,369
30003	Big Horn	1920	12,865	12,671	11,337	11,096	10,057	10,007	9,824	10,419	8,543	7,015
30005	Blaine	1920	6,491	7,009	6,728	6,999	6,727	8,091	8,516	9,566	9,006	9,057
30007	Broadwater	1900	5,612	4,385	3,318	3,267	2,526	2,804	2,922	3,451	2,738	3,239
30009	Carbon	1900	10,078	9,552	8,080	8,099	7,080	8,317	10,241	11,865	12,571	15,279
30011	Carter	1920	1,160	1,360	1,503	1,799	1,956	2,493	2,798	3,280	4,136	3,972
30013	Cascade	1890	81,327	80,357	77,691	80,696	81,804	73,418	53,027	41,999	41,146	38,836
30015	Chouteau	1870	5,813	5,970	5,452	6,092	6,473	7,348	6,974	7,316	8,635	11,051
30017	Custer	1870	11,699	11,696	11,697	13,109	12,174	13,227	12,661	10,422	11,242	12,194
30019	Daniels	1930	1,751	2,017	2,266	2,835	3,083	3,755	3,946	4,563	5,553	---
30021	Dawson	1870	8,966	9,059	9,505	11,805	11,269	12,314	9,092	8,618	9,881	9,239
30023	Deer Lodge	1870	9,298	9,417	10,278	12,518	15,652	18,640	16,553	13,627	16,293	15,323
30025	Fallon	1920	2,890	2,837	3,103	3,763	4,050	3,997	3,660	3,719	4,568	4,548
30027	Fergus	1890	11,586	11,893	12,083	13,076	12,611	14,018	14,015	14,040	16,531	28,344
30029	Flathead	1900	90,928	74,471	59,218	51,966	39,460	32,965	31,495	24,271	19,200	21,705
30031	Gallatin	1870	89,513	67,831	50,463	42,865	32,505	26,045	21,902	18,269	16,124	15,864
30033	Garfield	1920	1,206	1,279	1,589	1,656	1,796	1,981	2,172	2,641	4,252	5,368
30035	Glacier	1920	13,399	13,247	12,121	10,628	10,783	11,565	9,645	9,034	5,297	4,178
30037	Golden Valley	1930	884	1,042	912	1,026	931	1,203	1,337	1,607	2,126	---
30039	Granite	1900	3,079	2,830	2,548	2,700	2,737	3,014	2,773	3,401	3,013	4,167
30041	Hill	1920	16,096	16,673	17,654	17,985	17,358	18,653	14,285	13,304	13,775	13,958
30043	Jefferson	1870	11,406	10,049	7,939	7,029	5,238	4,297	4,014	4,664	4,133	5,203
30045	Judith Basin	1930	2,072	2,329	2,282	2,646	2,667	3,085	3,200	3,655	5,238	---
30047	Lake	1930	28,746	26,507	21,041	19,056	14,445	13,104	13,835	13,490	9,541	---
30049	Lewis and Clark	1870	63,395	55,716	47,495	43,039	33,281	28,006	24,540	22,131	18,224	18,660
30051	Liberty	1920	2,339	2,158	2,295	2,329	2,359	2,624	2,180	2,209	2,198	2,416
30053	Lincoln	1910	19,687	18,837	17,481	17,752	18,063	12,537	8,693	7,882	7,089	7,797
30055	McCone	1920	1,734	1,977	2,276	2,702	2,875	3,321	3,258	3,798	4,790	4,747
30057	Madison	1870	7,691	6,851	5,989	5,448	5,014	5,211	5,998	7,294	6,323	7,495
30059	Meagher	1870	1,891	1,932	1,819	2,154	2,122	2,616	2,079	2,237	2,272	2,622
30061	Mineral	1920	4,223	3,884	3,315	3,675	2,958	3,037	2,081	2,135	1,626	2,327
30063	Missoula	1870	109,299	95,802	78,687	76,016	58,263	44,663	35,493	29,038	21,782	24,041
30065	Musselshell	1920	4,538	4,497	4,106	4,428	3,734	4,888	5,408	5,717	7,242	12,030
30067	Park	1890	15,636	15,694	14,562	12,869	11,197	13,168	11,999	11,566	10,922	11,330
30069	Petroleum	1930	494	493	519	655	675	894	1,026	1,083	2,045	---
30071	Phillips	1920	4,253	4,601	5,163	5,367	5,386	6,027	6,334	7,892	8,208	9,311
30073	Pondera	1920	6,153	6,424	6,433	6,731	6,611	7,653	6,392	6,716	6,964	5,741
30075	Powder River	1920	1,743	1,858	2,090	2,520	2,862	2,485	2,693	3,159	3,909	3,357
30077	Powell	1910	7,027	7,180	6,620	6,958	6,660	7,002	6,301	6,152	6,202	6,909
30079	Prairie	1920	1,179	1,199	1,383	1,836	1,752	2,318	2,377	2,410	3,941	3,684
30081	Ravalli	1900	40,212	36,070	25,010	22,493	14,409	12,341	13,101	12,978	10,315	10,098
30083	Richland	1920	9,746	9,667	10,716	12,243	9,837	10,504	10,366	10,209	9,633	8,989
30085	Roosevelt	1920	10,425	10,620	10,999	10,467	10,365	11,731	9,580	9,806	10,672	10,347
30087	Rosebud	1910	9,233	9,383	10,505	9,899	6,032	6,187	6,570	6,477	7,347	8,002
30089	Sanders	1910	11,413	10,227	8,669	8,675	7,093	6,880	6,983	6,926	5,692	4,903
30091	Sheridan	1920	3,384	4,105	4,732	5,414	5,779	6,458	6,674	7,814	9,869	13,847
30093	Silver Bow	1890	34,200	34,606	33,941	38,092	41,981	46,454	48,422	53,207	56,969	60,313
30095	Stillwater	1920	9,117	8,195	6,536	5,598	4,632	5,526	5,416	5,694	6,253	7,630
30097	Sweet Grass	1900	3,651	3,609	3,154	3,216	2,980	3,290	3,621	3,719	3,944	4,926
30099	Teton	1900	6,073	6,445	6,271	6,491	6,116	7,295	7,232	6,922	6,068	5,870
30101	Toole	1920	5,324	5,267	5,046	5,559	5,839	7,904	6,867	6,769	6,714	3,724
30103	Treasure	1920	718	861	874	981	1,069	1,345	1,402	1,499	1,661	1,990
30105	Valley	1900	7,369	7,675	8,239	10,250	11,471	17,080	11,353	15,181	11,181	11,542
30107	Wheatland	1920	2,168	2,259	2,246	2,359	2,529	3,026	3,187	3,286	3,751	5,619
30109	Wibaux	1920	1,017	1,068	1,191	1,476	1,465	1,698	1,907	2,161	2,767	3,113
30111	Yellowstone	1890	147,972	129,352	113,419	108,035	87,367	79,016	55,875	41,182	30,785	29,600
30113	Yellowstone Nat.Pk.(pt.)	1930	---	---	52	66	64	47	58	43	52	---

Table C. States and Counties. Resident Population 1790 through 2010—*Continued*

STATE/ County code	STATE County	Resident population enumerated by census (continued)												
		1910	1900	1890	1880	1870	1860	1850	1840	1830	1820	1810	1800	1790
30000	**MONTANA**	376,053	243,329	142,924	39,159	20,595	---	---	---	---	---	---	---	---
30001	Beaverhead	6,446	5,615	4,655	2,712	722	---	---	---	---	---	---	---	---
30003	Big Horn	---	---	---	---	---	---	---	---	---	---	---	---	---
30005	Blaine	---	---	---	---	---	---	---	---	---	---	---	---	---
30007	Broadwater	3,491	2,641	---	---	---	---	---	---	---	---	---	---	---
30009	Carbon	13,962	7,533	---	---	---	---	---	---	---	---	---	---	---
30011	Carter	---	---	---	---	---	---	---	---	---	---	---	---	---
30013	Cascade	28,833	25,777	8,755	---	---	---	---	---	---	---	---	---	---
30015	Chouteau	17,191	10,966	4,741	3,058	517	---	---	---	---	---	---	---	---
30017	Custer	14,123	7,891	5,308	2,510	38	---	---	---	---	---	---	---	---
30019	Daniels	---	---	---	---	---	---	---	---	---	---	---	---	---
30021	Dawson	12,725	2,443	2,056	180	177	---	---	---	---	---	---	---	---
30023	Deer Lodge	12,988	17,393	15,155	8,876	4,367	---	---	---	---	---	---	---	---
30025	Fallon	---	---	---	---	---	---	---	---	---	---	---	---	---
30027	Fergus	17,385	6,937	3,514	---	---	---	---	---	---	---	---	---	---
30029	Flathead	18,785	9,375	---	---	---	---	---	---	---	---	---	---	---
30031	Gallatin	14,079	9,553	6,246	3,643	1,578	---	---	---	---	---	---	---	---
30033	Garfield	---	---	---	---	---	---	---	---	---	---	---	---	---
30035	Glacier	---	---	---	---	---	---	---	---	---	---	---	---	---
30037	Golden Valley	---	---	---	---	---	---	---	---	---	---	---	---	---
30039	Granite	2,942	4,328	---	---	---	---	---	---	---	---	---	---	---
30041	Hill	---	---	---	---	---	---	---	---	---	---	---	---	---
30043	Jefferson	5,601	5,330	6,026	2,464	1,531	---	---	---	---	---	---	---	---
30045	Judith Basin	---	---	---	---	---	---	---	---	---	---	---	---	---
30047	Lake	---	---	---	---	---	---	---	---	---	---	---	---	---
30049	Lewis and Clark	21,853	19,171	19,145	6,521	5,040	---	---	---	---	---	---	---	---
30051	Liberty	---	---	---	---	---	---	---	---	---	---	---	---	---
30053	Lincoln	3,638	---	---	---	---	---	---	---	---	---	---	---	---
30055	McCone	---	---	---	---	---	---	---	---	---	---	---	---	---
30057	Madison	7,229	7,695	4,692	3,915	2,684	---	---	---	---	---	---	---	---
30059	Meagher	4,190	2,526	4,749	2,743	1,387	---	---	---	---	---	---	---	---
30061	Mineral	---	---	---	---	---	---	---	---	---	---	---	---	---
30063	Missoula	23,596	13,964	14,427	2,537	2,554	---	---	---	---	---	---	---	---
30065	Musselshell	---	---	---	---	---	---	---	---	---	---	---	---	---
30067	Park	10,731	7,341	6,881	---	---	---	---	---	---	---	---	---	---
30069	Petroleum	---	---	---	---	---	---	---	---	---	---	---	---	---
30071	Phillips	---	---	---	---	---	---	---	---	---	---	---	---	---
30073	Pondera	---	---	---	---	---	---	---	---	---	---	---	---	---
30075	Powder River	---	---	---	---	---	---	---	---	---	---	---	---	---
30077	Powell	5,904	---	---	---	---	---	---	---	---	---	---	---	---
30079	Prairie	---	---	---	---	---	---	---	---	---	---	---	---	---
30081	Ravalli	11,666	7,822	---	---	---	---	---	---	---	---	---	---	---
30083	Richland	---	---	---	---	---	---	---	---	---	---	---	---	---
30085	Roosevelt	---	---	---	---	---	---	---	---	---	---	---	---	---
30087	Rosebud	7,985	---	---	---	---	---	---	---	---	---	---	---	---
30089	Sanders	3,713	---	---	---	---	---	---	---	---	---	---	---	---
30091	Sheridan	---	---	---	---	---	---	---	---	---	---	---	---	---
30093	Silver Bow	56,848	47,635	23,744	---	---	---	---	---	---	---	---	---	---
30095	Stillwater	---	---	---	---	---	---	---	---	---	---	---	---	---
30097	Sweet Grass	4,029	3,086	---	---	---	---	---	---	---	---	---	---	---
30099	Teton	9,546	5,080	---	---	---	---	---	---	---	---	---	---	---
30101	Toole	---	---	---	---	---	---	---	---	---	---	---	---	---
30103	Treasure	---	---	---	---	---	---	---	---	---	---	---	---	---
30105	Valley	13,630	4,355	---	---	---	---	---	---	---	---	---	---	---
30107	Wheatland	---	---	---	---	---	---	---	---	---	---	---	---	---
30109	Wibaux	---	---	---	---	---	---	---	---	---	---	---	---	---
30111	Yellowstone	22,944	6,212	2,065	---	---	---	---	---	---	---	---	---	---
30113	Yellowstone Nat.Pk.(pt.)	---	---	---	---	---	---	---	---	---	---	---	---	---

Table C. States and Counties. Resident Population 1790 through 2010—*Continued*

STATE/ County code	STATE County	Year of first census	Resident population enumerated by census									
			2010	2000	1990	1980	1970	1960	1950	1940	1930	1920
31000	**NEBRASKA**	1860	1,826,341	1,711,263	1,578,385	1,569,825	1,483,493	1,411,330	1,325,510	1,315,834	1,377,963	1,296,372
31001	Adams	1870	31,364	31,151	29,625	30,656	30,553	28,944	28,855	24,576	26,275	22,621
31003	Antelope	1880	6,685	7,452	7,965	8,675	9,047	10,176	11,624	13,289	15,206	15,243
31005	Arthur	1890	460	444	462	513	606	680	803	1,045	1,344	1,412
31007	Banner	1890	690	819	852	918	1,034	1,269	1,325	1,403	1,676	1,435
31009	Blaine	1890	478	583	675	867	847	1,016	1,203	1,538	1,584	1,778
31011	Boone	1880	5,505	6,259	6,667	7,391	8,190	9,134	10,721	12,127	14,738	14,146
31013	Box Butte	1890	11,308	12,158	13,130	13,696	10,094	11,688	12,279	10,736	11,861	8,407
31015	Boyd	1890	2,099	2,438	2,835	3,331	3,752	4,513	4,911	6,060	7,169	8,243
31017	Brown	1890	3,145	3,525	3,657	4,377	4,021	4,436	5,164	5,962	5,772	6,749
31019	Buffalo	1860	46,102	42,259	37,447	34,797	31,222	26,236	25,134	23,655	24,338	23,787
31021	Burt	1860	6,858	7,791	7,868	8,813	9,247	10,192	11,536	12,546	13,062	12,559
31023	Butler	1860	8,395	8,767	8,601	9,330	9,461	10,312	11,432	13,106	14,410	14,606
31025	Cass	1860	25,241	24,334	21,318	20,297	18,076	17,821	16,361	16,992	17,684	18,029
31027	Cedar	1860	8,852	9,615	10,131	11,375	12,192	13,368	13,843	15,126	16,427	16,225
31029	Chase	1880	3,966	4,068	4,381	4,758	4,129	4,317	5,176	5,310	5,484	4,939
31031	Cherry	1890	5,713	6,148	6,307	6,758	6,846	8,218	8,397	9,637	10,898	11,753
31033	Cheyenne	1870	9,998	9,830	9,494	10,057	10,778	14,828	12,081	9,505	10,187	8,405
31033.1	Clay (old)	1860	---	---	---	---	---	---	---	---	---	---
31035	Clay	1870	6,542	7,039	7,123	8,106	8,266	8,717	8,700	10,445	13,571	14,486
31037	Colfax	1870	10,515	10,441	9,139	9,890	9,498	9,595	10,010	10,627	11,434	11,624
31039	Cuming	1860	9,139	10,203	10,117	11,664	12,034	12,435	12,994	13,562	14,327	13,769
31041	Custer	1880	10,939	11,793	12,270	13,877	14,092	16,517	19,170	22,591	26,189	26,407
31043	Dakota	1860	21,006	20,253	16,742	16,573	13,137	12,168	10,401	9,836	9,505	7,694
31045	Dawes	1890	9,182	9,060	9,021	9,609	9,693	9,536	9,708	10,128	11,493	10,160
31047	Dawson	1860	24,326	24,365	19,940	22,304	19,467	19,405	19,393	17,890	17,875	16,004
31049	Deuel	1890	1,941	2,098	2,237	2,462	2,717	3,125	3,330	3,580	3,992	3,282
31051	Dixon	1860	6,000	6,339	6,143	7,137	7,453	8,106	9,129	10,413	11,586	11,815
31053	Dodge	1860	36,691	36,160	34,500	35,847	34,782	32,471	26,265	23,799	25,273	23,197
31055	Douglas	1860	517,110	463,585	416,444	397,038	389,455	343,490	281,020	247,562	232,982	204,524
31057	Dundy	1880	2,008	2,292	2,582	2,861	2,926	3,570	4,354	5,122	5,610	4,869
31059	Fillmore	1870	5,890	6,634	7,103	7,920	8,137	9,425	9,610	11,417	12,971	13,671
31061	Franklin	1870	3,225	3,574	3,938	4,377	4,566	5,449	7,096	7,740	9,094	10,067
31063	Frontier	1880	2,756	3,099	3,101	3,647	3,982	4,311	5,282	6,417	8,114	8,540
31065	Furnas	1880	4,959	5,324	5,553	6,486	6,897	7,711	9,385	10,098	12,140	11,657
31067	Gage	1860	22,311	22,993	22,794	24,456	25,719	26,818	28,052	29,588	30,242	29,721
31069	Garden	1910	2,057	2,292	2,460	2,802	2,929	3,472	4,114	4,680	5,099	4,572
31071	Garfield	1890	2,049	1,902	2,141	2,363	2,411	2,699	2,912	3,444	3,207	3,496
31073	Gosper	1880	2,044	2,143	1,928	2,140	2,178	2,489	2,734	3,687	4,287	4,669
31073.1	Grant (old)	1870	---	---	---	---	---	---	---	---	---	---
31075	Grant	1890	614	747	769	877	1,019	1,009	1,057	1,327	1,427	1,486
31077	Greeley	1880	2,538	2,714	3,006	3,462	4,000	4,595	5,575	6,845	8,442	8,685
31079	Hall	1860	58,607	53,534	48,925	47,690	42,851	35,757	32,186	27,523	27,117	23,720
31081	Hamilton	1870	9,124	9,403	8,862	9,301	8,867	8,714	8,778	9,982	12,159	13,237
31083	Harlan	1880	3,423	3,786	3,810	4,292	4,357	5,081	7,189	7,130	8,957	9,220
31083.1	Harrison	1870	---	---	---	---	---	---	---	---	---	---
31085	Hayes	1880	967	1,068	1,222	1,356	1,530	1,919	2,404	2,958	3,603	3,327
31087	Hitchcock	1880	2,908	3,111	3,750	4,079	4,051	4,829	5,867	6,404	7,269	6,045
31089	Holt	1880	10,435	11,551	12,599	13,552	12,933	13,722	14,859	16,552	16,509	17,151
31091	Hooker	1890	736	783	793	990	939	1,130	1,061	1,253	1,180	1,378
31093	Howard	1880	6,274	6,567	6,055	6,773	6,807	6,541	7,226	8,422	10,020	10,739
31093.1	Jackson	1870	---	---	---	---	---	---	---	---	---	---
31095	Jefferson	1870	7,547	8,333	8,759	9,817	10,436	11,620	13,623	15,532	16,409	16,140
31097	Johnson	1860	5,217	4,488	4,673	5,285	5,743	6,281	7,251	8,662	9,157	8,940
31097.1	Jones	1860	---	---	---	---	---	---	---	---	---	---
31099	Kearney	1860	6,489	6,882	6,629	7,053	6,707	6,580	6,409	6,854	8,094	8,583
31101	Keith	1880	8,368	8,875	8,584	9,364	8,487	7,958	7,449	8,333	6,721	5,294
31103	Keya Paha	1890	824	983	1,029	1,301	1,340	1,672	2,160	3,235	3,203	3,594
31105	Kimball	1890	3,821	4,089	4,108	4,882	6,009	7,975	4,283	3,913	4,675	4,498
31107	Knox	1860	8,701	9,374	9,534	11,457	11,723	13,300	14,820	16,478	19,110	18,894
31109	Lancaster	1860	285,407	250,291	213,641	192,884	167,972	155,272	119,742	100,585	100,324	85,902
31111	Lincoln	1870	36,288	34,632	32,508	36,455	29,538	28,491	27,380	25,425	25,627	23,420

Table C. States and Counties. Resident Population 1790 through 2010—*Continued*

STATE/ County code	STATE County	Resident population enumerated by census (continued)												
		1910	1900	1890	1880	1870	1860	1850	1840	1830	1820	1810	1800	1790
31000	**NEBRASKA**	1,192,214	1,066,300	1,062,656	452,402	122,993	28,841	---	---	---	---	---	---	---
31001	Adams	20,900	18,840	24,303	10,235	19	---	---	---	---	---	---	---	---
31003	Antelope	14,003	11,344	10,399	3,953	---	---	---	---	---	---	---	---	---
31005	Arthur	---	---	91	---	---	---	---	---	---	---	---	---	---
31007	Banner	1,444	1,114	2,435	---	---	---	---	---	---	---	---	---	---
31009	Blaine	1,672	603	1,146	---	---	---	---	---	---	---	---	---	---
31011	Boone	13,145	11,689	8,683	4,170	---	---	---	---	---	---	---	---	---
31013	Box Butte	6,131	5,572	5,494	---	---	---	---	---	---	---	---	---	---
31015	Boyd	8,826	7,332	695	---	---	---	---	---	---	---	---	---	---
31017	Brown	6,083	3,470	4,359	---	---	---	---	---	---	---	---	---	---
31019	Buffalo	21,907	20,254	22,162	7,531	193	114	---	---	---	---	---	---	---
31021	Burt	12,726	13,040	11,069	6,937	2,847	388	---	---	---	---	---	---	---
31023	Butler	15,403	15,703	15,454	9,194	1,290	27	---	---	---	---	---	---	---
31025	Cass	19,786	21,330	24,080	16,683	8,151	3,369	---	---	---	---	---	---	---
31027	Cedar	15,191	12,467	7,028	2,899	1,032	246	---	---	---	---	---	---	---
31029	Chase	3,613	2,559	4,807	70	---	---	---	---	---	---	---	---	---
31031	Cherry	10,414	6,541	6,428	---	---	---	---	---	---	---	---	---	---
31033	Cheyenne	4,551	5,570	5,693	1,558	190	---	---	---	---	---	---	---	---
31033.1	Clay (old)	---	---	---	---	---	165	---	---	---	---	---	---	---
31035	Clay	15,729	15,735	16,310	11,294	54	---	---	---	---	---	---	---	---
31037	Colfax	11,610	11,211	10,453	6,588	1,424	---	---	---	---	---	---	---	---
31039	Cuming	13,782	14,584	12,265	5,569	2,964	67	---	---	---	---	---	---	---
31041	Custer	25,668	19,758	21,677	2,211	---	---	---	---	---	---	---	---	---
31043	Dakota	6,564	6,286	5,386	3,213	2,040	819	---	---	---	---	---	---	---
31045	Dawes	8,254	6,215	9,722	---	---	---	---	---	---	---	---	---	---
31047	Dawson	15,961	12,214	10,129	2,909	103	16	---	---	---	---	---	---	---
31049	Deuel	1,786	2,630	2,893	---	---	---	---	---	---	---	---	---	---
31051	Dixon	11,477	10,535	8,084	4,177	1,345	247	---	---	---	---	---	---	---
31053	Dodge	22,145	22,298	19,260	11,263	4,212	309	---	---	---	---	---	---	---
31055	Douglas	168,546	140,590	158,008	37,645	19,982	4,328	---	---	---	---	---	---	---
31057	Dundy	4,098	2,434	4,012	37	---	---	---	---	---	---	---	---	---
31059	Fillmore	14,674	15,087	16,022	10,204	238	---	---	---	---	---	---	---	---
31061	Franklin	10,303	9,455	7,693	5,465	26	---	---	---	---	---	---	---	---
31063	Frontier	8,572	8,781	8,497	934	---	---	---	---	---	---	---	---	---
31065	Furnas	12,083	12,373	9,840	6,407	---	---	---	---	---	---	---	---	---
31067	Gage	30,325	30,051	36,344	13,164	3,359	421	---	---	---	---	---	---	---
31069	Garden	3,538	---	---	---	---	---	---	---	---	---	---	---	---
31071	Garfield	3,417	2,127	1,659	---	---	---	---	---	---	---	---	---	---
31073	Gosper	4,933	5,301	4,816	1,673	---	---	---	---	---	---	---	---	---
31073.1	Grant (old)	---	---	---	---	484	---	---	---	---	---	---	---	---
31075	Grant	1,097	763	458	---	---	---	---	---	---	---	---	---	---
31077	Greeley	8,047	5,691	4,869	1,461	---	---	---	---	---	---	---	---	---
31079	Hall	20,361	17,206	16,513	8,572	1,057	116	---	---	---	---	---	---	---
31081	Hamilton	13,459	13,330	14,096	8,267	130	---	---	---	---	---	---	---	---
31083	Harlan	9,578	9,370	8,158	6,086	---	---	---	---	---	---	---	---	---
31083.1	Harrison	---	---	---	---	631	---	---	---	---	---	---	---	---
31085	Hayes	3,011	2,708	3,953	119	---	---	---	---	---	---	---	---	---
31087	Hitchcock	5,415	4,409	5,799	1,012	---	---	---	---	---	---	---	---	---
31089	Holt	15,545	12,224	13,672	3,287	---	---	---	---	---	---	---	---	---
31091	Hooker	981	432	426	---	---	---	---	---	---	---	---	---	---
31093	Howard	10,783	10,343	9,430	4,391	---	---	---	---	---	---	---	---	---
31093.1	Jackson	---	---	---	---	9	---	---	---	---	---	---	---	---
31095	Jefferson	16,852	15,196	14,850	8,096	2,440	---	---	---	---	---	---	---	---
31097	Johnson	10,187	11,197	10,333	7,595	3,429	528	---	---	---	---	---	---	---
31097.1	Jones	---	---	---	---	---	122	---	---	---	---	---	---	---
31099	Kearney	9,106	9,866	9,061	4,072	58	474	---	---	---	---	---	---	---
31101	Keith	3,692	1,951	2,556	194	---	---	---	---	---	---	---	---	---
31103	Keya Paha	3,452	3,076	3,920	---	---	---	---	---	---	---	---	---	---
31105	Kimball	1,942	758	959	---	---	---	---	---	---	---	---	---	---
31107	Knox	18,358	14,343	8,582	3,666	261	152	---	---	---	---	---	---	---
31109	Lancaster	73,793	64,835	76,395	28,090	7,074	153	---	---	---	---	---	---	---
31111	Lincoln	15,684	11,416	10,441	3,632	17	---	---	---	---	---	---	---	---

Table C. States and Counties. Resident Population 1790 through 2010—*Continued*

STATE/ County code	STATE County	Year of first census	Resident population enumerated by census 2010	2000	1990	1980	1970	1960	1950	1940	1930	1920
	NEBRASKA cnt'd											
31113	Logan	1890	763	774	878	983	991	1,108	1,357	1,742	2,014	1,596
31115	Loup	1890	632	712	683	859	854	1,097	1,348	1,777	1,818	1,946
31115.1	Lyon	1870	---	---	---	---	---	---	---	---	---	---
31117	McPherson	1890	539	533	546	593	623	735	825	1,175	1,358	1,692
31119	Madison	1870	34,876	35,226	32,655	31,382	27,402	25,145	24,338	24,269	26,037	22,511
31121	Merrick	1860	7,845	8,204	8,042	8,945	8,751	8,363	8,812	9,354	10,619	10,763
31121.1	Monroe	1870	---	---	---	---	---	---	---	---	---	---
31123	Morrill	1910	5,042	5,440	5,423	6,085	5,813	7,057	8,263	9,436	9,950	9,151
31125	Nance	1870	3,735	4,038	4,275	4,740	5,142	5,635	6,512	7,653	8,718	8,712
31127	Nemaha	1860	7,248	7,576	7,980	8,367	8,976	9,099	10,973	12,781	12,356	12,547
31127.1	Nuckolls (old)	1860	---	---	---	---	---	---	---	---	---	---
31129	Nuckolls	1870	4,500	5,057	5,786	6,726	7,404	8,217	9,609	10,446	12,629	13,236
31131	Otoe	1860	15,740	15,396	14,252	15,183	15,576	16,503	17,056	18,994	19,901	19,494
31133	Pawnee	1860	2,773	3,087	3,317	3,937	4,473	5,356	6,744	8,514	9,423	9,578
31135	Perkins	1890	2,970	3,200	3,367	3,637	3,423	4,189	4,809	5,197	5,834	3,967
31137	Phelps	1880	9,188	9,747	9,715	9,769	9,553	9,800	9,048	8,452	9,261	9,900
31139	Pierce	1870	7,266	7,857	7,827	8,481	8,493	8,722	9,405	10,211	11,080	10,681
31141	Platte	1860	32,237	31,662	29,820	28,852	26,508	23,992	19,910	20,191	21,181	19,464
31143	Polk	1860	5,406	5,639	5,675	6,320	6,468	7,210	8,044	8,748	10,092	10,714
31145	Red Willow	1880	11,055	11,448	11,705	12,615	12,191	12,940	12,977	11,951	13,859	11,434
31147	Richardson	1860	8,363	9,531	9,937	11,315	12,277	13,903	16,886	19,178	19,826	18,968
31149	Rock	1890	1,526	1,756	2,019	2,383	2,231	2,554	3,026	3,977	3,366	3,703
31151	Saline	1860	14,200	13,843	12,715	13,131	12,809	12,542	14,046	15,010	16,356	16,514
31153	Sarpy	1860	158,840	122,595	102,583	86,015	63,696	31,281	15,693	10,835	10,402	9,370
31155	Saunders	1860	20,780	19,830	18,285	18,716	17,018	17,270	16,923	17,892	20,167	20,589
31157	Scotts Bluff	1890	36,970	36,951	36,025	38,344	36,432	33,809	33,939	33,917	28,644	20,710
31159	Seward	1860	16,750	16,496	15,450	15,789	14,460	13,581	13,155	14,167	15,938	15,867
31161	Sheridan	1890	5,469	6,198	6,750	7,544	7,285	9,049	9,539	9,869	10,793	9,625
31163	Sherman	1880	3,152	3,318	3,718	4,226	4,725	5,382	6,421	7,764	9,122	8,877
31163.1	Shorter	1860	---	---	---	---	---	---	---	---	---	---
31165	Sioux	1880	1,311	1,475	1,549	1,845	2,034	2,575	3,124	4,001	4,667	4,528
31167	Stanton	1870	6,129	6,455	6,244	6,549	5,758	5,783	6,387	6,887	7,809	7,756
31167.1	Taylor	1870	---	---	---	---	---	---	---	---	---	---
31169	Thayer	1880	5,228	6,055	6,635	7,582	7,779	9,118	10,563	12,262	13,684	13,976
31171	Thomas	1890	647	729	851	973	954	1,078	1,206	1,553	1,510	1,773
31173	Thurston	1870	6,940	7,171	6,936	7,186	6,942	7,237	8,590	10,243	10,462	9,589
31175	Valley	1880	4,260	4,647	5,169	5,633	5,783	6,590	7,252	8,163	9,533	9,823
31177	Washington	1860	20,234	18,780	16,607	15,508	13,310	12,103	11,511	11,578	12,095	12,180
31179	Wayne	1870	9,595	9,851	9,364	9,858	10,400	9,959	10,129	9,880	10,566	9,725
31181	Webster	1870	3,812	4,061	4,279	4,858	6,477	6,224	7,395	8,071	10,210	10,922
31183	Wheeler	1880	818	886	948	1,060	1,054	1,297	1,526	2,170	2,335	2,531
31183.1	Winnebago Ind. Res.	1870	---	---	---	---	---	---	---	---	---	---
31185	York	1870	13,665	14,598	14,428	14,798	13,685	13,724	14,346	14,874	17,239	17,146
32000	**NEVADA**	1860	2,700,551	1,998,257	1,201,833	800,493	488,738	285,278	160,083	110,247	91,058	77,407
32000.9	Carson	1860	---	---	---	---	---	---	---	---	---	---
32001	Churchill	1870	24,877	23,982	17,938	13,917	10,513	8,452	6,161	5,317	5,075	4,649
32003	Clark	1910	1,951,269	1,375,765	741,459	463,087	273,288	127,016	48,289	16,414	8,532	4,859
32005	Douglas	1870	46,997	41,259	27,637	19,421	6,882	3,481	2,029	2,056	1,840	1,825
32007	Elko	1870	48,818	45,291	33,530	17,269	13,958	12,011	11,654	10,912	9,960	8,083
32009	Esmeralda	1870	783	971	1,344	777	629	619	614	1,554	1,077	2,410
32011	Eureka	1880	1,987	1,651	1,547	1,198	948	767	896	1,361	1,333	1,350
32013	Humboldt	1860	16,528	16,106	12,844	9,434	6,375	5,708	4,838	4,743	3,795	3,743
32015	Lander	1870	5,775	5,794	6,266	4,076	2,666	1,566	1,850	1,745	1,714	1,484
32017	Lincoln	1870	5,345	4,165	3,775	3,732	2,557	2,431	3,837	4,130	3,601	2,287
32019	Lyon	1870	51,980	34,501	20,001	13,594	8,221	6,143	3,679	4,076	3,810	4,078
32021	Mineral	1920	4,772	5,071	6,475	6,217	7,051	6,329	5,560	2,342	1,863	1,848
32023	Nye	1870	43,946	32,485	17,781	9,048	5,599	4,374	3,101	3,606	3,989	6,504
32027	Pershing	1920	6,753	6,693	4,336	3,408	2,670	3,199	3,103	2,713	2,652	2,803
32027.1	Rio Virgin	1870	---	---	---	---	---	---	---	---	---	---
32027.2	Roop	1870	---	---	---	---	---	---	---	---	---	---
32027.3	St. Marys	1860	---	---	---	---	---	---	---	---	---	---

Table C. States and Counties. Resident Population 1790 through 2010—*Continued*

STATE/ County code	STATE County	Resident population enumerated by census (continued)												
		1910	1900	1890	1880	1870	1860	1850	1840	1830	1820	1810	1800	1790
	NEBRASKA cnt'd													
31113	Logan	1,521	960	1,378	---	---	---	---	---	---	---	---	---	---
31115	Loup	2,188	1,305	1,662	---	---	---	---	---	---	---	---	---	---
31115.1	Lyon	---	---	---	---	78	---	---	---	---	---	---	---	---
31117	McPherson	2,470	517	401	---	---	---	---	---	---	---	---	---	---
31119	Madison	19,101	16,976	13,669	5,589	1,133	---	---	---	---	---	---	---	---
31121	Merrick	10,379	9,255	8,758	5,341	557	109	---	---	---	---	---	---	---
31121.1	Monroe	---	---	---	---	235	---	---	---	---	---	---	---	---
31123	Morrill	4,584	---	---	---	---	---	---	---	---	---	---	---	---
31125	Nance	8,926	8,222	5,773	1,212	44	---	---	---	---	---	---	---	---
31127	Nemaha	13,095	14,952	12,930	10,451	7,593	3,139	---	---	---	---	---	---	---
31127.1	Nuckolls (old)	---	---	---	---	---	22	---	---	---	---	---	---	---
31129	Nuckolls	13,019	12,414	11,417	4,235	8	---	---	---	---	---	---	---	---
31131	Otoe	19,323	22,288	25,403	15,727	12,345	4,211	---	---	---	---	---	---	---
31133	Pawnee	10,582	11,770	10,340	6,920	4,171	882	---	---	---	---	---	---	---
31135	Perkins	2,570	1,702	4,364	---	---	---	---	---	---	---	---	---	---
31137	Phelps	10,451	10,772	9,869	2,447	---	---	---	---	---	---	---	---	---
31139	Pierce	10,122	8,445	4,864	1,202	152	---	---	---	---	---	---	---	---
31141	Platte	19,006	17,747	15,437	9,511	1,899	782	---	---	---	---	---	---	---
31143	Polk	10,521	10,542	10,817	6,846	136	19	---	---	---	---	---	---	---
31145	Red Willow	11,056	9,604	8,837	3,044	---	---	---	---	---	---	---	---	---
31147	Richardson	17,448	19,614	17,574	15,031	9,780	2,835	---	---	---	---	---	---	---
31149	Rock	3,627	2,809	3,083	---	---	---	---	---	---	---	---	---	---
31151	Saline	17,866	18,252	20,097	14,491	3,106	39	---	---	---	---	---	---	---
31153	Sarpy	9,274	9,080	6,875	4,481	2,913	1,201	---	---	---	---	---	---	---
31155	Saunders	21,179	22,085	21,577	15,810	4,547	41	---	---	---	---	---	---	---
31157	Scotts Bluff	8,355	2,552	1,888	---	---	---	---	---	---	---	---	---	---
31159	Seward	15,895	15,690	16,140	11,147	2,953	16	---	---	---	---	---	---	---
31161	Sheridan	7,328	6,033	8,687	---	---	---	---	---	---	---	---	---	---
31163	Sherman	8,278	6,550	6,399	2,061	---	---	---	---	---	---	---	---	---
31163.1	Shorter	---	---	---	---	---	117	---	---	---	---	---	---	---
31165	Sioux	5,599	2,055	2,452	699	---	---	---	---	---	---	---	---	---
31167	Stanton	7,542	6,959	4,619	1,813	636	---	---	---	---	---	---	---	---
31167.1	Taylor	---	---	---	---	97	---	---	---	---	---	---	---	---
31169	Thayer	14,775	14,325	12,738	6,113	---	---	---	---	---	---	---	---	---
31171	Thomas	1,191	628	517	---	---	---	---	---	---	---	---	---	---
31173	Thurston	8,704	6,517	3,176	109	31	---	---	---	---	---	---	---	---
31175	Valley	9,480	7,339	7,092	2,324	---	---	---	---	---	---	---	---	---
31177	Washington	12,738	13,086	11,869	8,631	4,452	1,249	---	---	---	---	---	---	---
31179	Wayne	10,397	9,862	6,169	813	182	---	---	---	---	---	---	---	---
31181	Webster	12,008	11,619	11,210	7,104	16	---	---	---	---	---	---	---	---
31183	Wheeler	2,292	1,362	1,683	644	---	---	---	---	---	---	---	---	---
31183.1	Winnebago Ind. Res.	---	---	---	---	31	---	---	---	---	---	---	---	---
31185	York	18,721	18,205	17,279	11,170	604	---	---	---	---	---	---	---	---
32000	**NEVADA**	81,875	42,335	47,355	62,266	42,941	6,857	---	---	---	---	---	---	---
32000.9	Carson	---	---	---	---	---	6,712	---	---	---	---	---	---	---
32001	Churchill	2,811	830	703	479	196	---	---	---	---	---	---	---	---
32003	Clark	3,321	---	---	---	---	---	---	---	---	---	---	---	---
32005	Douglas	1,895	1,534	1,551	1,581	1,215	---	---	---	---	---	---	---	---
32007	Elko	8,133	5,688	4,794	5,716	3,447	---	---	---	---	---	---	---	---
32009	Esmeralda	9,369	1,972	2,148	3,220	1,553	---	---	---	---	---	---	---	---
32011	Eureka	1,830	1,954	3,275	7,086	---	---	---	---	---	---	---	---	---
32013	Humboldt	6,825	4,463	3,434	3,480	1,916	40	---	---	---	---	---	---	---
32015	Lander	1,786	1,534	2,266	3,624	2,815	---	---	---	---	---	---	---	---
32017	Lincoln	3,489	3,284	2,466	2,637	2,985	---	---	---	---	---	---	---	---
32019	Lyon	3,568	2,268	1,987	2,409	1,837	---	---	---	---	---	---	---	---
32021	Mineral	---	---	---	---	---	---	---	---	---	---	---	---	---
32023	Nye	7,513	1,140	1,290	1,875	1,087	---	---	---	---	---	---	---	---
32027	Pershing	---	---	---	---	---	---	---	---	---	---	---	---	---
32027.1	Rio Virgin	---	---	---	---	450	---	---	---	---	---	---	---	---
32027.2	Roop	---	---	---	286	133	---	---	---	---	---	---	---	---
32027.3	St. Marys	---	---	---	---	---	105	---	---	---	---	---	---	---

Table C. States and Counties. Resident Population 1790 through 2010—*Continued*

STATE/County code	STATE County	Year of first census	Resident population enumerated by census									
			2010	2000	1990	1980	1970	1960	1950	1940	1930	1920
	NEVADA cnt'd											
32029	Storey	1870	4,010	3,399	2,526	1,503	695	568	671	1,216	667	1,469
32031	Washoe	1870	421,407	339,486	254,667	193,623	121,068	84,743	50,205	32,476	27,158	18,627
32033	White Pine	1870	10,030	9,181	9,264	8,167	10,150	9,808	9,424	12,377	11,771	8,935
32510	Carson City	1870	55,274	52,457	40,443	32,022	15,468	8,063	4,172	3,209	2,221	2,453
33000	**NEW HAMPSHIRE**	1790	1,316,470	1,235,786	1,109,252	920,610	737,681	606,921	533,242	491,524	465,293	443,083
33001	Belknap	1850	60,088	56,325	49,216	42,884	32,367	28,912	26,632	24,328	22,623	21,178
33003	Carroll	1850	47,818	43,666	35,410	27,931	18,548	15,829	15,868	15,589	14,277	15,017
33005	Cheshire	1790	77,117	73,825	70,121	62,116	52,364	43,342	38,811	34,953	33,685	30,975
33007	Coos	1810	33,055	33,111	34,828	35,147	34,291	37,140	35,932	39,274	38,959	36,093
33009	Grafton	1790	89,118	81,743	74,929	65,806	54,914	48,857	47,923	44,645	42,816	40,572
33011	Hillsborough	1790	400,721	380,841	336,073	276,608	223,941	178,161	156,987	144,888	140,165	135,512
33013	Merrimack	1830	146,445	136,225	120,005	98,302	80,925	67,785	63,022	60,710	56,152	51,770
33015	Rockingham	1790	295,223	277,359	245,845	190,345	138,951	99,029	70,059	58,142	53,750	52,498
33017	Strafford	1790	123,143	112,233	104,233	85,408	70,431	59,799	51,567	43,553	38,580	38,546
33019	Sullivan	1830	43,742	40,458	38,592	36,063	30,949	28,067	26,441	25,442	24,286	20,922
34000	**NEW JERSEY**	1790	8,791,894	8,414,350	7,730,188	7,364,823	7,168,164	6,066,782	4,835,329	4,160,165	4,041,334	3,155,900
34001	Atlantic	1840	274,549	252,552	224,327	194,119	175,043	160,880	132,399	124,066	124,823	83,914
34003	Bergen	1790	905,116	884,118	825,380	845,385	898,012	780,255	539,139	409,646	364,977	210,703
34005	Burlington	1790	448,734	423,394	395,066	362,542	323,132	224,499	135,910	97,013	93,541	81,770
34007	Camden	1850	513,657	508,932	502,824	471,650	456,291	392,035	300,743	255,727	252,312	190,508
34009	Cape May	1790	97,265	102,326	95,089	82,266	59,554	48,555	37,131	28,919	29,486	19,460
34011	Cumberland	1790	156,898	146,438	138,053	132,866	121,374	106,850	88,597	73,184	69,895	61,348
34013	Essex	1790	783,969	793,633	778,206	851,116	929,986	923,545	905,949	837,340	833,513	652,089
34015	Gloucester	1790	288,288	254,673	230,082	199,917	172,681	134,840	91,727	72,219	70,802	48,224
34017	Hudson	1840	634,266	608,975	553,099	556,972	609,266	610,734	647,437	652,040	690,730	629,154
34019	Hunterdon	1790	128,349	121,989	107,776	87,361	69,718	54,107	42,736	36,766	34,728	32,885
34021	Mercer	1840	366,513	350,761	325,824	307,863	303,968	266,392	229,781	197,318	187,143	159,881
34023	Middlesex	1790	809,858	750,162	671,780	595,893	583,813	433,856	264,872	217,077	212,208	162,334
34025	Monmouth	1790	630,380	615,301	553,124	503,173	459,379	334,401	225,327	161,238	147,209	104,925
34027	Morris	1790	492,276	470,212	421,353	407,630	383,454	261,620	164,371	125,732	110,445	82,694
34029	Ocean	1850	576,567	510,916	433,203	346,038	208,470	108,241	56,622	37,706	33,069	22,155
34031	Passaic	1840	501,226	489,049	453,060	447,585	460,782	406,618	337,093	309,353	302,129	259,174
34033	Salem	1790	66,083	64,285	65,294	64,676	60,346	58,711	49,508	42,274	36,834	36,572
34035	Somerset	1790	323,444	297,490	240,279	203,129	198,372	143,913	99,052	74,390	65,132	47,991
34037	Sussex	1790	149,265	144,166	130,943	116,119	77,528	49,255	34,423	29,632	27,830	24,905
34039	Union	1860	536,499	522,541	493,819	504,094	543,116	504,255	398,138	328,344	305,209	200,157
34041	Warren	1830	108,692	102,437	91,607	84,429	73,879	63,220	54,374	50,181	49,319	45,057
35000	**NEW MEXICO**	1850	2,059,179	1,819,046	1,515,069	1,302,894	1,016,000	951,023	681,187	531,818	423,317	360,350
35001	Bernalillo	1850	662,564	556,678	480,577	419,700	315,774	262,199	145,673	69,391	45,430	29,855
35003	Catron	1930	3,725	3,543	2,563	2,720	2,198	2,773	3,533	4,881	3,282	---
35005	Chaves	1900	65,645	61,382	57,849	51,103	43,335	57,649	40,605	23,980	19,549	12,075
35006	Cibola	1990	27,213	25,595	23,794	---	---	---	---	---	---	---
35007	Colfax	1870	13,750	14,189	12,925	13,667	12,170	13,806	16,761	18,718	19,157	21,550
35009	Curry	1910	48,376	45,044	42,207	42,019	39,517	32,691	23,351	18,159	15,809	11,236
35011	De Baca	1920	2,022	2,240	2,252	2,454	2,547	2,991	3,464	3,725	2,893	3,196
35013	Doña Ana	1860	209,233	174,682	135,510	96,340	69,773	59,948	39,557	30,411	27,455	16,548
35015	Eddy	1900	53,829	51,658	48,605	47,855	41,119	50,783	40,640	24,311	15,842	9,116
35017	Grant	1870	29,514	31,002	27,676	26,204	22,030	18,700	21,649	20,050	19,050	21,939
35019	Guadalupe	1900	4,687	4,680	4,156	4,496	4,969	5,610	6,772	8,646	7,027	8,015
35021	Harding	1930	695	810	987	1,090	1,348	1,874	3,013	4,374	4,421	---
35023	Hidalgo	1920	4,894	5,932	5,958	6,049	4,734	4,961	5,095	4,821	5,023	4,338
35025	Lea	1920	64,727	55,511	55,765	55,993	49,554	53,429	30,717	21,154	6,144	3,545
35027	Lincoln	1870	20,497	19,411	12,219	10,997	7,560	7,744	7,409	8,557	7,198	7,823
35028	Los Alamos	1950	17,950	18,343	18,115	17,599	15,198	13,037	10,476	---	---	---
35029	Luna	1910	25,095	25,016	18,110	15,585	11,706	9,839	8,753	6,457	6,247	12,270
35031	McKinley	1910	71,492	74,798	60,686	56,449	43,208	37,209	27,451	23,641	20,643	13,731
35033	Mora	1860	4,881	5,180	4,264	4,205	4,673	6,028	8,720	10,981	10,322	13,915
35035	Otero	1900	63,797	62,298	51,928	44,665	41,097	36,976	14,909	10,522	9,779	7,902
35037	Quay	1910	9,041	10,155	10,823	10,577	10,903	12,279	13,971	12,111	10,828	10,444
35039	Rio Arriba	1850	40,246	41,190	34,365	29,282	25,170	24,193	24,997	25,352	21,381	19,552

Table C. States and Counties. Resident Population 1790 through 2010—*Continued*

STATE/ County code	STATE County	Resident population enumerated by census (continued)												
		1910	1900	1890	1880	1870	1860	1850	1840	1830	1820	1810	1800	1790
	NEVADA cnt'd													
32029	Storey	3,045	3,673	8,806	16,115	11,359	---	---	---	---	---	---	---	---
32031	Washoe	17,434	9,141	6,437	5,664	3,091	---	---	---	---	---	---	---	---
32033	White Pine	7,441	1,961	1,721	2,682	7,189	---	---	---	---	---	---	---	---
32510	Carson City	3,415	2,893	4,883	5,412	3,668	---	---	---	---	---	---	---	---
33000	**NEW HAMPSHIRE**	430,572	411,588	376,530	346,991	318,300	326,073	317,976	284,574	269,328	244,161	214,460	183,858	141,885
33001	Belknap	21,309	19,526	20,321	17,948	17,681	18,549	17,721	---	---	---	---	---	---
33003	Carroll	16,316	16,895	18,124	18,224	17,332	20,465	20,157	---	---	---	---	---	---
33005	Cheshire	30,659	31,321	29,579	28,734	27,265	27,434	30,144	26,429	27,016	45,376	40,988	38,825	28,772
33007	Coos	30,753	29,468	23,211	18,580	14,932	13,161	11,853	9,849	8,388	5,549	3,991	---	---
33009	Grafton	41,652	40,844	37,217	38,788	39,103	42,260	42,343	42,311	38,682	32,989	28,462	23,093	13,472
33011	Hillsborough	126,072	112,640	93,247	75,634	64,238	62,140	57,478	42,494	37,724	53,884	49,249	43,899	32,871
33013	Merrimack	53,335	52,430	49,435	46,300	42,151	41,408	40,337	36,253	34,614	---	---	---	---
33015	Rockingham	52,188	51,118	49,650	49,064	47,297	50,122	49,194	45,771	44,325	55,246	50,175	45,427	43,169
33017	Strafford	38,951	39,337	38,442	35,558	30,243	31,493	29,374	61,127	58,910	51,117	41,595	32,614	23,601
33019	Sullivan	19,337	18,009	17,304	18,161	18,058	19,041	19,375	20,340	19,669	---	---	---	---
34000	**NEW JERSEY**	2,537,167	1,883,669	1,444,933	1,131,116	906,096	672,035	489,555	373,306	320,823	277,575	245,562	211,149	184,139
34001	Atlantic	71,894	46,402	28,836	18,704	14,093	11,786	8,961	8,726	---	---	---	---	---
34003	Bergen	138,002	78,441	47,226	36,786	30,122	21,618	14,725	13,223	22,412	18,178	16,603	15,156	12,601
34005	Burlington	66,565	58,241	58,528	55,402	53,639	49,730	43,203	32,831	31,107	28,822	24,979	21,521	18,095
34007	Camden	142,029	107,643	87,687	62,942	46,193	34,457	25,422	---	---	---	---	---	---
34009	Cape May	19,745	13,201	11,268	9,765	8,349	7,130	6,433	5,324	4,936	4,265	3,632	3,066	2,571
34011	Cumberland	55,153	51,193	45,438	37,687	34,665	22,605	17,189	14,374	14,093	12,668	12,670	9,529	8,248
34013	Essex	512,886	359,053	256,098	189,929	143,839	98,877	73,950	44,621	41,911	30,793	25,984	22,269	17,785
34015	Gloucester	37,368	31,905	28,649	25,886	21,562	18,444	14,655	25,438	28,431	23,089	19,744	16,115	13,363
34017	Hudson	537,231	386,048	275,126	187,944	129,067	62,717	21,822	9,483	---	---	---	---	---
34019	Hunterdon	33,569	34,507	35,355	38,570	36,963	33,654	28,990	24,789	31,060	28,604	24,556	21,261	20,153
34021	Mercer	125,657	95,365	79,978	58,061	46,386	37,419	27,992	21,502	---	---	---	---	---
34023	Middlesex	114,426	79,762	61,754	52,286	45,029	34,812	28,635	21,893	23,157	21,470	20,381	17,890	15,956
34025	Monmouth	94,734	82,057	69,128	55,538	46,195	39,346	30,313	32,909	29,233	25,038	22,150	19,872	16,918
34027	Morris	74,704	65,156	54,101	50,861	43,137	34,677	30,158	25,844	23,666	21,368	21,828	17,750	16,216
34029	Ocean	21,318	19,747	15,974	14,455	13,628	11,176	10,032	---	---	---	---	---	---
34031	Passaic	215,902	155,202	105,046	68,860	46,416	29,013	22,569	16,734	---	---	---	---	---
34033	Salem	26,999	25,530	25,151	24,579	23,940	22,458	19,467	16,024	14,155	14,022	12,761	11,371	10,437
34035	Somerset	38,820	32,948	28,311	27,162	23,510	22,057	19,692	17,455	17,689	16,506	14,725	12,815	12,296
34037	Sussex	26,781	24,134	22,259	23,539	23,168	23,846	22,989	21,770	20,346	32,752	25,549	22,534	19,500
34039	Union	140,197	99,353	72,467	55,571	41,859	27,780	---	---	---	---	---	---	---
34041	Warren	43,187	37,781	36,553	36,589	34,336	28,433	22,358	20,366	18,627	---	---	---	---
35000	**NEW MEXICO**	327,301	195,310	160,282	119,565	91,874	87,034	61,547	---	---	---	---	---	---
35001	Bernalillo	23,606	28,630	20,913	17,225	7,591	8,769	7,751	---	---	---	---	---	---
35003	Catron	---	---	---	---	---	---	---	---	---	---	---	---	---
35005	Chaves	16,850	4,773	---	---	---	---	---	---	---	---	---	---	---
35006	Cibola	---	---	---	---	---	---	---	---	---	---	---	---	---
35007	Colfax	16,460	10,150	7,974	3,398	1,992	---	---	---	---	---	---	---	---
35009	Curry	11,443	---	---	---	---	---	---	---	---	---	---	---	---
35011	De Baca	---	---	---	---	---	---	---	---	---	---	---	---	---
35013	Doña Ana	12,893	10,187	9,191	7,612	5,864	6,239	---	---	---	---	---	---	---
35015	Eddy	12,400	3,229	---	---	---	---	---	---	---	---	---	---	---
35017	Grant	14,813	12,883	9,657	4,539	1,143	---	---	---	---	---	---	---	---
35019	Guadalupe	10,927	5,429	---	---	---	---	---	---	---	---	---	---	---
35021	Harding	---	---	---	---	---	---	---	---	---	---	---	---	---
35023	Hidalgo	---	---	---	---	---	---	---	---	---	---	---	---	---
35025	Lea	---	---	---	---	---	---	---	---	---	---	---	---	---
35027	Lincoln	7,822	4,953	7,081	2,513	1,803	---	---	---	---	---	---	---	---
35028	Los Alamos	---	---	---	---	---	---	---	---	---	---	---	---	---
35029	Luna	3,913	---	---	---	---	---	---	---	---	---	---	---	---
35031	McKinley	12,963	---	---	---	---	---	---	---	---	---	---	---	---
35033	Mora	12,611	10,304	10,618	9,751	8,056	5,566	---	---	---	---	---	---	---
35035	Otero	7,069	4,791	---	---	---	---	---	---	---	---	---	---	---
35037	Quay	14,912	---	---	---	---	---	---	---	---	---	---	---	---
35039	Rio Arriba	16,624	13,777	11,534	11,023	9,294	9,849	10,668	---	---	---	---	---	---

Table C. States and Counties. Resident Population 1790 through 2010—*Continued*

STATE/ County code	STATE County	Year of first census	Resident population enumerated by census									
			2010	2000	1990	1980	1970	1960	1950	1940	1930	1920
	NEVADA cnt'd											
35041	Roosevelt	1910	19,846	18,018	16,702	15,695	16,479	16,198	16,409	14,549	11,109	6,548
35043	Sandoval	1910	131,561	89,908	63,319	34,799	17,492	14,201	12,438	13,898	11,144	8,863
35045	San Juan	1890	130,044	113,801	91,605	81,433	52,517	53,306	18,292	17,115	14,701	8,333
35047	San Miguel	1850	29,393	30,126	25,743	22,751	21,951	23,468	26,512	27,910	23,636	22,867
35047.1	Santa Ana	1850	---	---	---	---	---	---	---	---	---	---
35049	Santa Fe	1850	144,170	129,292	98,928	75,360	53,756	44,970	38,153	30,826	19,567	15,030
35051	Sierra	1890	11,988	13,270	9,912	8,454	7,189	6,409	7,186	6,962	5,184	4,619
35053	Socorro	1860	17,866	18,078	14,764	12,566	9,763	10,168	9,670	11,422	9,611	14,061
35055	Taos	1850	32,937	29,979	23,118	19,456	17,516	15,934	17,146	18,528	14,394	12,773
35057	Torrance	1910	16,383	16,911	10,285	7,491	5,290	6,497	8,012	11,026	9,269	9,731
35059	Union	1900	4,549	4,174	4,124	4,725	4,925	6,068	7,372	9,095	11,036	16,680
35061	Valencia	1850	76,569	66,152	45,235	61,115	40,539	39,085	22,481	20,245	16,186	13,795
36000	**NEW YORK**	1790	19,378,102	18,976,457	17,990,455	17,558,072	18,236,967	16,782,304	14,830,192	13,479,142	12,588,066	10,385,227
36001	Albany	1790	304,204	294,565	292,594	285,909	286,742	272,926	239,386	221,315	211,953	186,106
36003	Allegany	1810	48,946	49,927	50,470	51,742	46,458	43,978	43,784	39,681	38,025	36,842
36005	Bronx	1920	1,385,108	1,332,650	1,203,789	1,168,972	1,471,701	1,424,815	1,451,277	1,394,711	1,265,258	732,016
36007	Broome	1810	200,600	200,536	212,160	213,648	221,815	212,661	184,698	165,749	147,022	113,610
36009	Cattaraugus	1820	80,317	83,955	84,234	85,697	81,666	80,187	77,901	72,652	72,398	71,323
36011	Cayuga	1800	80,026	81,963	82,313	79,894	77,439	73,942	70,136	65,508	64,751	65,221
36013	Chautauqua	1820	134,905	139,750	141,895	146,925	147,305	145,377	135,189	123,580	126,457	115,348
36015	Chemung	1840	88,830	91,070	95,195	97,656	101,537	98,706	86,827	73,718	74,680	65,872
36017	Chenango	1800	50,477	51,401	51,768	49,344	46,368	43,243	39,138	36,454	34,665	34,969
36019	Clinton	1790	82,128	79,894	85,969	80,750	72,934	72,722	53,622	54,006	46,687	43,898
36021	Columbia	1790	63,096	63,094	62,982	59,487	51,519	47,322	43,182	41,464	41,617	38,930
36023	Cortland	1810	49,336	48,599	48,963	48,820	45,894	41,113	37,158	33,668	31,709	29,625
36025	Delaware	1800	47,980	48,055	47,225	46,824	44,718	43,540	44,420	40,989	41,163	42,774
36027	Dutchess	1790	297,488	280,150	259,462	245,055	222,295	176,008	136,781	120,542	105,462	91,747
36029	Erie	1830	919,040	950,265	968,532	1,015,472	1,113,491	1,064,688	899,238	798,377	762,408	634,688
36031	Essex	1810	39,370	38,851	37,152	36,176	34,631	35,300	35,086	34,178	33,959	31,871
36033	Franklin	1810	51,599	51,134	46,540	44,929	43,931	44,742	44,830	44,286	45,694	43,541
36035	Fulton	1840	55,531	55,073	54,191	55,153	52,637	51,304	51,021	48,597	46,560	44,927
36037	Genesee	1810	60,079	60,370	60,060	59,400	58,722	53,994	47,584	44,481	44,468	37,976
36039	Greene	1800	49,221	48,195	44,739	40,861	33,136	31,372	28,745	27,926	25,808	25,796
36041	Hamilton	1820	4,836	5,379	5,279	5,034	4,714	4,267	4,105	4,188	3,929	3,970
36043	Herkimer	1800	64,519	64,427	65,797	66,714	67,633	66,370	61,407	59,527	64,006	64,962
36045	Jefferson	1810	116,229	111,738	110,943	88,151	88,508	87,835	85,521	84,003	83,574	82,250
36047	Kings	1790	2,504,700	2,465,326	2,300,664	2,230,936	2,602,012	2,627,319	2,738,175	2,698,285	2,560,401	2,018,356
36049	Lewis	1810	27,087	26,944	26,796	25,035	23,644	23,249	22,521	22,815	23,447	23,704
36051	Livingston	1830	65,393	64,328	62,372	57,006	54,041	44,053	40,257	38,510	37,560	36,830
36053	Madison	1810	73,442	69,441	69,120	65,150	62,864	54,635	46,214	39,598	39,790	39,535
36055	Monroe	1830	744,344	735,343	713,968	702,238	711,917	586,387	487,632	438,230	423,881	352,034
36057	Montgomery	1790	50,219	49,708	51,981	53,439	55,883	57,240	59,594	59,142	60,076	57,928
36059	Nassau	1900	1,339,532	1,334,544	1,287,348	1,321,582	1,428,080	1,300,171	672,765	406,748	303,053	126,120
36061	New York	1790	1,585,873	1,537,195	1,487,536	1,428,285	1,539,233	1,698,281	1,960,101	1,889,924	1,867,312	2,284,103
36063	Niagara	1810	216,469	219,846	220,756	227,354	235,720	242,269	189,992	160,110	149,329	118,705
36065	Oneida	1800	234,878	235,469	250,836	253,466	273,037	264,401	222,855	203,636	198,763	182,833
36067	Onondaga	1800	467,026	458,336	468,973	463,920	472,746	423,028	341,719	295,108	291,606	241,465
36069	Ontario	1790	107,931	100,224	95,101	88,909	78,849	68,070	60,172	55,307	54,276	52,652
36071	Orange	1790	372,813	341,367	307,647	259,603	221,657	183,734	152,255	140,113	130,383	119,844
36073	Orleans	1830	42,883	44,171	41,846	38,496	37,305	34,159	29,832	27,760	28,795	28,619
36075	Oswego	1820	122,109	122,377	121,771	113,901	100,897	86,118	77,181	71,275	69,645	71,045
36077	Otsego	1800	62,259	61,676	60,517	59,075	56,181	51,942	50,763	46,082	46,710	46,200
36079	Putnam	1820	99,710	95,745	83,941	77,193	56,696	31,722	20,307	16,555	13,744	10,802
36081	Queens	1790	2,230,722	2,229,379	1,951,598	1,891,325	1,986,473	1,809,578	1,550,849	1,297,634	1,079,129	469,042
36083	Rensselaer	1800	159,429	152,538	154,429	151,966	152,510	142,585	132,607	121,834	119,781	113,129
36085	Richmond	1790	468,730	443,728	378,977	352,121	295,443	221,991	191,555	174,441	158,346	116,531
36087	Rockland	1800	311,687	286,753	265,475	259,530	229,903	136,803	89,276	74,261	59,599	45,548
36089	St. Lawrence	1810	111,944	111,931	111,974	114,254	111,991	111,239	98,897	91,098	90,960	88,121
36091	Saratoga	1800	219,607	200,635	181,276	153,759	121,679	89,096	74,869	65,606	63,314	60,029
36093	Schenectady	1810	154,727	146,555	149,285	149,946	160,979	152,896	142,497	122,494	125,021	109,363
36095	Schoharie	1800	32,749	31,582	31,859	29,710	24,750	22,616	22,703	20,812	19,667	21,303
36097	Schuyler	1860	18,343	19,224	18,662	17,686	16,737	15,044	14,182	12,979	12,909	13,098

STATE/ County code	STATE County	Resident population enumerated by census (continued)												
		1910	1900	1890	1880	1870	1860	1850	1840	1830	1820	1810	1800	1790
	NEVADA cnt'd													
35041	Roosevelt	12,064	---	---	---	---	---	---	---	---	---	---	---	---
35043	Sandoval	8,579	---	---	---	---	---	---	---	---	---	---	---	---
35045	San Juan	8,504	4,828	1,890	---	---	---	---	---	---	---	---	---	---
35047	San Miguel	22,930	22,053	24,204	20,638	16,058	13,714	7,074	---	---	---	---	---	---
35047.1	Santa Ana	---	---	---	---	2,599	3,572	4,645	---	---	---	---	---	---
35049	Santa Fe	14,770	14,658	13,562	10,867	9,699	8,114	7,713	---	---	---	---	---	---
35051	Sierra	3,536	3,158	3,630	---	---	---	---	---	---	---	---	---	---
35053	Socorro	14,761	12,195	9,595	7,875	6,603	5,787	---	---	---	---	---	---	---
35055	Taos	12,008	10,889	9,868	11,029	12,079	14,103	9,507	---	---	---	---	---	---
35057	Torrance	10,119	---	---	---	---	---	---	---	---	---	---	---	---
35059	Union	11,404	4,528	---	---	---	---	---	---	---	---	---	---	---
35061	Valencia	13,320	13,895	13,876	13,095	9,093	11,321	14,189	---	---	---	---	---	---
36000	**NEW YORK**	9,113,614	7,268,894	6,003,174	5,082,871	4,382,759	3,880,735	3,097,394	2,428,921	1,918,608	1,372,812	959,049	589,051	340,120
36001	Albany	173,666	165,571	164,555	154,890	133,052	113,917	93,279	68,593	53,520	38,116	34,661	34,103	75,736
36003	Allegany	41,412	41,501	43,240	41,810	40,814	41,881	37,808	40,975	26,276	9,330	1,942	---	---
36005	Bronx	---	---	---	---	---	---	---	---	---	---	---	---	---
36007	Broome	78,809	69,149	62,973	49,483	44,103	35,906	30,660	22,338	17,579	14,343	8,130	---	---
36009	Cattaraugus	65,919	65,643	60,866	55,806	43,909	43,886	38,950	28,872	16,724	4,090	---	---	---
36011	Cayuga	67,106	66,234	65,302	65,081	59,550	55,767	55,458	50,338	47,948	38,897	29,843	15,907	---
36013	Chautauqua	105,126	88,314	75,202	65,342	59,327	58,422	50,493	47,975	34,671	12,568	---	---	---
36015	Chemung	54,662	54,063	48,265	43,065	35,281	26,917	28,821	20,732	---	---	---	---	---
36017	Chenango	35,575	36,568	37,776	39,891	40,564	40,934	40,311	40,785	37,238	31,215	21,704	16,087	---
36019	Clinton	48,230	47,430	46,437	50,897	47,947	45,735	40,047	28,157	19,344	12,070	8,002	8,516	1,614
36021	Columbia	43,658	43,211	46,172	47,928	47,044	47,172	43,073	43,252	39,907	38,330	32,390	35,472	27,732
36023	Cortland	29,249	27,576	28,657	25,825	25,173	26,294	25,140	24,607	23,791	16,507	8,869	---	---
36025	Delaware	45,575	46,413	45,496	42,721	42,972	42,465	39,834	35,396	33,024	26,587	20,303	10,228	---
36027	Dutchess	87,661	81,670	77,879	79,184	74,041	64,941	58,992	52,398	50,926	46,615	51,363	47,775	45,266
36029	Erie	528,985	433,686	322,981	219,884	178,699	141,971	100,993	62,465	35,719	---	---	---	---
36031	Essex	33,458	30,707	33,052	34,515	29,042	28,214	31,148	23,634	19,287	12,811	9,477	---	---
36033	Franklin	45,717	42,853	38,110	32,390	30,271	30,837	25,102	16,518	11,312	4,439	2,617	---	---
36035	Fulton	44,534	42,842	37,650	30,985	27,064	24,162	20,171	18,049	---	---	---	---	---
36037	Genesee	37,615	34,561	33,265	32,806	31,606	32,189	28,488	59,587	52,147	58,093	12,588	---	---
36039	Greene	30,214	31,478	31,598	32,695	31,832	31,930	33,126	30,446	29,525	22,996	19,536	13,074	---
36041	Hamilton	4,373	4,947	4,762	3,923	2,960	3,024	2,188	1,907	1,325	1,251	---	---	---
36043	Herkimer	56,356	51,049	45,608	42,669	39,929	40,561	38,244	37,477	35,870	31,017	22,046	14,503	---
36045	Jefferson	80,382	76,748	68,806	66,103	65,415	69,825	68,153	60,984	48,493	32,952	15,140	---	---
36047	Kings	1,634,351	1,166,582	838,547	599,495	419,921	279,122	138,882	47,613	20,535	11,187	8,303	5,740	4,495
36049	Lewis	24,849	27,427	29,806	31,416	28,699	28,580	24,564	17,830	15,239	9,227	6,433	---	---
36051	Livingston	38,037	37,059	37,801	39,562	38,309	39,546	40,875	35,140	27,729	---	---	---	---
36053	Madison	39,289	40,545	42,892	44,112	43,522	43,545	43,072	40,008	39,038	32,208	25,144	---	---
36055	Monroe	283,212	217,854	189,586	144,903	117,868	100,648	87,650	64,902	49,855	---	---	---	---
36057	Montgomery	57,567	47,488	45,699	38,315	34,457	30,866	31,992	35,818	43,715	37,569	41,214	22,051	28,848
36059	Nassau	83,930	55,448	---	---	---	---	---	---	---	---	---	---	---
36061	New York	2,762,522	2,050,600	1,515,301	1,206,299	942,292	813,669	515,547	312,710	202,589	123,706	96,373	60,515	33,131
36063	Niagara	92,036	74,961	62,491	54,173	50,437	50,399	42,276	31,132	18,482	22,990	8,971	---	---
36065	Oneida	154,157	132,800	122,922	115,475	110,008	105,202	99,566	85,310	71,326	50,997	33,792	22,258	---
36067	Onondaga	200,298	168,735	146,247	117,893	104,183	90,686	85,890	67,911	58,973	41,467	25,987	7,698	---
36069	Ontario	52,286	49,605	48,453	49,541	45,108	44,563	43,929	43,501	40,288	88,267	42,032	15,218	1,075
36071	Orange	116,001	103,859	97,859	88,220	80,902	63,812	57,145	50,739	45,366	41,213	34,347	29,355	18,492
36073	Orleans	32,000	30,164	30,803	30,128	27,689	28,717	28,501	25,127	17,732	---	---	---	---
36075	Oswego	71,664	70,881	71,883	77,911	77,941	75,958	62,198	43,619	27,119	12,374	---	---	---
36077	Otsego	47,216	48,939	50,861	51,397	48,967	50,157	48,638	49,628	51,372	44,856	38,802	21,343	---
36079	Putnam	14,665	13,787	14,849	15,181	15,420	14,002	14,138	12,825	12,628	11,268	---	---	---
36081	Queens	284,041	152,999	128,059	90,574	73,803	57,391	36,833	30,324	22,460	21,519	19,336	16,916	16,014
36083	Rensselaer	122,276	121,697	124,511	115,328	99,549	86,328	73,363	60,259	49,424	40,153	36,309	30,351	---
36085	Richmond	85,969	67,021	51,693	38,991	33,029	25,492	15,061	10,965	7,082	6,135	5,347	4,564	3,835
36087	Rockland	46,873	38,298	35,162	27,690	25,213	22,492	16,962	11,975	9,388	8,837	7,758	6,353	---
36089	St. Lawrence	89,005	89,083	85,048	85,997	84,826	83,689	68,617	56,706	36,354	16,037	7,885	---	---
36091	Saratoga	61,917	61,089	57,663	55,156	51,529	51,729	45,646	40,553	38,679	36,052	33,147	24,564	---
36093	Schenectady	88,235	46,852	29,797	23,538	21,347	20,002	20,054	17,387	12,347	13,081	10,201	---	---
36095	Schoharie	23,855	26,854	29,164	32,910	33,340	34,469	33,548	32,358	27,902	23,154	18,945	9,808	---
36097	Schuyler	14,004	15,811	16,711	18,842	18,989	18,840	---	---	---	---	---	---	---

Table C. States and Counties. Resident Population 1790 through 2010—*Continued*

STATE/ County code	STATE County	Year of first census	Resident population enumerated by census									
			2010	2000	1990	1980	1970	1960	1950	1940	1930	1920
	NEW YORK cnt'd											
36099	Seneca	1810	35,251	33,342	33,683	33,733	35,083	31,984	29,253	25,732	24,983	24,735
36101	Steuben	1800	98,990	98,726	99,088	99,217	99,546	97,691	91,439	84,927	82,671	80,627
36103	Suffolk	1790	1,493,350	1,419,369	1,321,864	1,284,231	1,124,950	666,784	276,129	197,355	161,055	110,246
36105	Sullivan	1810	77,547	73,966	69,277	65,155	52,580	45,272	40,731	37,901	35,272	33,163
36107	Tioga	1800	51,125	51,784	52,337	49,812	46,513	37,802	30,166	27,072	25,480	24,212
36109	Tompkins	1820	101,564	96,501	94,097	87,085	76,879	66,164	59,122	42,340	41,490	35,285
36111	Ulster	1790	182,493	177,749	165,304	158,158	141,241	118,804	92,621	87,017	80,155	74,979
36113	Warren	1820	65,707	63,303	59,209	54,854	49,402	44,002	39,205	36,035	34,174	31,673
36115	Washington	1790	63,216	61,042	59,330	54,795	52,725	48,476	47,144	46,726	46,482	44,888
36117	Wayne	1830	93,772	93,765	89,123	84,581	79,404	67,989	57,323	52,747	49,995	48,827
36119	Westchester	1790	949,113	923,459	874,866	866,599	894,104	808,891	625,816	573,558	520,947	344,436
36121	Wyoming	1850	42,155	43,424	42,507	39,895	37,688	34,793	32,822	31,394	28,764	30,314
36123	Yates	1830	25,348	24,621	22,810	21,459	19,831	18,614	17,615	16,381	16,848	16,641
37000	**NORTH CAROLINA**	1790	9,535,483	8,049,313	6,628,637	5,881,766	5,082,059	4,556,155	4,061,929	3,571,623	3,170,276	2,559,123
37001	Alamance	1850	151,131	130,800	108,213	99,319	96,362	85,674	71,220	57,427	42,140	32,718
37003	Alexander	1850	37,198	33,603	27,544	24,999	19,466	15,625	14,554	13,454	12,922	12,212
37005	Alleghany	1860	11,155	10,677	9,590	9,587	8,134	7,734	8,155	8,341	7,186	7,403
37007	Anson	1790	26,948	25,275	23,474	25,649	23,488	24,962	26,781	28,443	29,349	28,334
37009	Ashe	1800	27,281	24,384	22,209	22,325	19,571	19,768	21,878	22,664	21,019	21,001
37011	Avery	1920	17,797	17,167	14,867	14,409	12,655	12,009	13,352	13,561	11,803	10,335
37013	Beaufort	1790	47,759	44,958	42,283	40,355	35,980	36,014	37,134	36,431	35,026	31,024
37015	Bertie	1790	21,282	19,773	20,388	21,024	20,528	24,350	26,439	26,201	25,844	23,993
37017	Bladen	1790	35,190	32,278	28,663	30,491	26,477	28,881	29,703	27,156	22,389	19,761
37019	Brunswick	1790	107,431	73,143	50,985	35,777	24,223	20,278	19,238	17,125	15,818	14,876
37021	Buncombe	1800	238,318	206,330	174,821	160,934	145,056	130,074	124,403	108,755	97,937	64,148
37023	Burke	1790	90,912	89,148	75,744	72,504	60,364	52,701	45,518	38,615	29,410	23,297
37025	Cabarrus	1800	178,011	131,063	98,935	85,895	74,629	68,137	63,783	59,393	44,331	33,730
37027	Caldwell	1850	83,029	77,415	70,709	67,746	56,699	49,552	43,352	35,795	28,016	19,984
37029	Camden	1790	9,980	6,885	5,904	5,829	5,453	5,598	5,223	5,440	5,461	5,382
37031	Carteret	1790	66,469	59,383	52,556	41,092	31,603	30,940	23,059	18,284	16,900	15,384
37033	Caswell	1790	23,719	23,501	20,693	20,705	19,055	19,912	20,870	20,032	18,214	15,759
37035	Catawba	1850	154,358	141,685	118,412	105,208	90,873	73,191	61,794	51,653	43,991	33,839
37037	Chatham	1790	63,505	49,329	38,759	33,415	29,554	26,785	25,392	24,726	24,177	23,814
37039	Cherokee	1840	27,444	24,298	20,170	18,933	16,330	16,335	18,294	18,813	16,151	15,242
37041	Chowan	1790	14,793	14,526	13,506	12,558	10,764	11,729	12,540	11,572	11,282	10,649
37043	Clay	1870	10,587	8,775	7,155	6,619	5,180	5,526	6,006	6,405	5,434	4,646
37045	Cleveland	1850	98,078	96,287	84,714	83,435	72,556	66,048	64,357	58,055	51,914	34,272
37047	Columbus	1810	58,098	54,749	49,587	51,037	46,937	48,973	50,621	45,663	37,720	30,124
37049	Craven	1790	103,505	91,436	81,613	71,043	62,554	58,773	48,823	31,298	30,665	29,048
37051	Cumberland	1790	319,431	302,963	274,566	247,160	212,042	148,418	96,006	59,320	45,219	35,064
37053	Currituck	1790	23,547	18,190	13,736	11,089	6,976	6,601	6,201	6,709	6,710	7,268
37055	Dare	1870	33,920	29,967	22,746	13,377	6,995	5,935	5,405	6,041	5,202	5,115
37057	Davidson	1830	162,878	147,246	126,677	113,162	95,627	79,493	62,244	53,377	47,865	35,201
37059	Davie	1840	41,240	34,835	27,859	24,599	18,855	16,728	15,420	14,909	14,386	13,578
37061	Duplin	1790	58,505	49,063	39,995	40,952	38,015	40,270	41,074	39,739	35,103	30,223
37063	Durham	1890	267,587	223,314	181,835	152,785	132,681	111,995	101,639	80,244	67,196	42,219
37065	Edgecombe	1790	56,552	55,606	56,558	55,988	52,341	54,226	51,634	49,162	47,894	37,995
37067	Forsyth	1850	350,670	306,067	265,878	243,683	214,348	189,428	146,135	126,475	111,681	77,269
37069	Franklin	1790	60,619	47,260	36,414	30,055	26,820	28,755	31,341	30,382	29,456	26,667
37071	Gaston	1850	206,086	190,365	175,093	162,568	148,415	127,074	110,836	87,531	78,093	51,242
37073	Gates	1790	12,197	10,516	9,305	8,875	8,524	9,254	9,555	10,060	10,551	10,537
37075	Graham	1880	8,861	7,993	7,196	7,217	6,562	6,432	6,886	6,418	5,841	4,872
37077	Granville	1790	59,916	48,498	38,345	34,043	32,762	33,110	31,793	29,344	28,723	26,846
37079	Greene	1790	21,362	18,974	15,384	16,117	14,967	16,741	18,024	18,548	18,656	16,212
37081	Guilford	1790	488,406	421,048	347,420	317,154	288,590	246,520	191,057	153,916	133,010	79,272
37083	Halifax	1790	54,691	57,370	55,516	55,286	53,884	58,956	58,377	56,512	53,246	43,766
37085	Harnett	1860	114,678	91,025	67,822	59,570	49,667	48,236	47,605	44,239	37,911	28,313

Table C. States and Counties. Resident Population 1790 through 2010—*Continued*

STATE/County code	STATE County	Resident population enumerated by census (continued)												
		1910	1900	1890	1880	1870	1860	1850	1840	1830	1820	1810	1800	1790
	NEW YORK cnt'd													
36099	Seneca	26,972	28,114	28,227	29,278	27,823	28,138	25,441	24,874	21,041	23,619	16,609	---	---
36101	Steuben	83,362	82,822	81,473	77,586	67,717	66,690	63,771	46,138	33,851	21,989	7,246	1,788	---
36103	Suffolk	96,138	77,582	62,491	53,888	46,924	43,275	36,922	32,469	26,780	24,272	21,113	19,735	16,440
36105	Sullivan	33,808	32,306	31,031	32,491	34,550	32,385	25,088	15,629	12,364	8,900	6,108	---	---
36107	Tioga	25,624	27,951	29,935	32,673	30,572	28,748	24,880	20,527	27,690	16,971	7,899	7,109	---
36109	Tompkins	33,647	33,830	32,923	34,445	33,178	31,409	38,746	37,948	36,545	20,681	---	---	---
36111	Ulster	91,769	88,422	87,062	85,838	84,075	76,381	59,384	45,822	36,550	30,934	26,576	24,855	29,397
36113	Warren	32,223	29,943	27,866	25,179	22,592	21,434	17,199	13,422	11,796	9,453	---	---	---
36115	Washington	47,778	45,624	45,690	47,871	49,568	45,904	44,750	41,080	42,635	38,831	44,289	35,792	14,042
36117	Wayne	50,179	48,660	49,729	51,700	47,710	47,762	44,953	42,057	33,643	---	---	---	---
36119	Westchester	283,055	184,257	146,772	108,988	131,348	99,497	58,263	48,686	36,456	32,638	30,272	27,373	24,003
36121	Wyoming	31,880	30,413	31,193	30,907	29,164	31,968	31,981	---	---	---	---	---	---
36123	Yates	18,642	20,318	21,001	21,087	19,595	20,290	20,590	20,444	19,009	---	---	---	---
37000	**NORTH CAROLINA**	2,206,287	1,893,810	1,617,949	1,399,750	1,071,361	992,622	869,039	753,419	737,987	638,829	556,526	478,103	393,751
37001	Alamance	28,712	25,665	18,271	14,613	11,874	11,852	11,444	---	---	---	---	---	---
37003	Alexander	11,592	10,960	9,430	8,355	6,868	6,022	5,220	---	---	---	---	---	---
37005	Alleghany	7,745	7,759	6,523	5,486	3,691	3,590	---	---	---	---	---	---	---
37007	Anson	25,465	21,870	20,027	17,994	12,428	13,664	13,489	15,077	14,095	12,534	8,831	8,146	5,133
37009	Ashe	19,074	19,581	15,628	14,437	9,573	7,956	8,777	7,467	6,987	4,335	3,694	2,783	---
37011	Avery	---	---	---	---	---	---	---	---	---	---	---	---	---
37013	Beaufort	30,877	26,404	21,072	17,474	13,011	14,766	13,816	12,225	10,969	9,850	7,203	6,242	5,462
37015	Bertie	23,039	20,538	19,176	16,399	12,950	14,310	12,851	12,175	12,262	10,805	11,218	11,249	12,606
37017	Bladen	18,006	17,677	16,763	16,158	12,831	11,995	9,767	8,022	7,811	7,276	5,671	7,028	5,084
37019	Brunswick	14,432	12,657	10,900	9,389	7,754	8,406	7,272	5,265	6,516	5,480	4,778	4,110	3,071
37021	Buncombe	49,798	44,288	35,266	21,909	15,412	12,654	13,425	10,084	16,281	10,542	9,277	5,812	---
37023	Burke	21,408	17,699	14,939	12,809	9,777	9,237	7,772	15,799	17,888	13,411	11,007	9,929	8,118
37025	Cabarrus	26,240	22,456	18,142	14,964	11,954	10,546	9,747	9,259	8,810	7,248	6,158	5,094	---
37027	Caldwell	20,579	15,694	12,298	10,291	8,476	7,497	6,317	---	---	---	---	---	---
37029	Camden	5,640	5,474	5,667	6,274	5,361	5,343	6,049	5,663	6,733	6,347	5,347	4,191	4,033
37031	Carteret	13,776	11,811	10,825	9,784	9,010	8,186	6,939	6,591	6,597	5,609	4,823	4,399	3,732
37033	Caswell	14,858	15,028	16,028	17,825	16,081	16,215	15,269	14,693	15,185	13,253	11,757	8,701	10,096
37035	Catawba	27,918	22,133	18,689	14,946	10,984	10,729	8,862	---	---	---	---	---	---
37037	Chatham	22,635	23,912	25,413	23,453	19,723	19,101	18,449	16,242	15,405	12,661	12,977	11,861	9,221
37039	Cherokee	14,136	11,860	9,976	8,182	8,080	9,166	6,838	3,427	---	---	---	---	---
37041	Chowan	11,303	10,258	9,167	7,900	6,450	6,842	6,721	6,690	6,697	6,464	5,297	5,132	5,011
37043	Clay	3,909	4,532	4,197	3,316	2,461	---	---	---	---	---	---	---	---
37045	Cleveland	29,494	25,078	20,394	16,571	12,696	12,348	10,396	---	---	---	---	---	---
37047	Columbus	28,020	21,274	17,856	14,439	8,474	8,597	5,909	3,941	4,141	3,912	3,022	---	---
37049	Craven	25,594	24,160	20,533	19,729	20,516	16,268	14,709	13,438	13,734	13,394	12,676	10,245	10,469
37051	Cumberland	35,284	29,249	27,321	23,836	17,035	16,369	20,610	15,284	14,834	14,446	9,382	9,264	8,671
37053	Currituck	7,693	6,529	6,747	6,476	5,131	7,415	7,236	6,703	7,655	8,098	6,985	6,928	5,219
37055	Dare	4,841	4,757	3,768	3,243	2,778	---	---	---	---	---	---	---	---
37057	Davidson	29,404	23,403	21,702	20,333	17,414	16,601	15,320	14,606	13,389	---	---	---	---
37059	Davie	13,394	12,115	11,621	11,096	9,620	8,494	7,866	7,574	---	---	---	---	---
37061	Duplin	25,442	22,405	18,690	18,773	15,542	15,784	13,514	11,182	11,291	9,744	7,863	6,796	5,662
37063	Durham	35,276	26,233	18,041	---	---	---	---	---	---	---	---	---	---
37065	Edgecombe	32,010	26,591	24,113	26,181	22,970	17,376	17,189	15,708	14,935	13,276	12,423	10,421	10,255
37067	Forsyth	47,311	35,261	28,434	18,070	13,050	12,692	11,168	---	---	---	---	---	---
37069	Franklin	24,692	25,116	21,090	20,829	14,134	14,107	11,713	10,980	10,665	9,741	10,166	8,529	7,559
37071	Gaston	37,063	27,903	17,764	14,254	12,602	9,307	8,073	---	---	---	---	---	---
37073	Gates	10,455	10,413	10,252	8,897	7,724	8,443	8,426	8,161	7,866	6,837	5,965	5,881	5,392
37075	Graham	4,749	4,343	3,313	2,335	---	---	---	---	---	---	---	---	---
37077	Granville	25,102	23,263	24,484	31,286	24,831	23,396	21,249	18,817	19,355	18,222	15,576	14,015	10,982
37079	Greene	13,083	12,038	10,039	10,037	8,687	7,925	6,619	6,595	6,413	4,533	4,867	4,218	6,893
37081	Guilford	60,497	39,074	28,052	23,585	21,736	20,056	19,754	19,175	18,737	14,511	11,420	9,442	7,191
37083	Halifax	37,646	30,793	28,908	30,300	20,408	19,442	16,589	16,865	17,739	17,237	13,620	13,945	13,965
37085	Harnett	22,174	15,988	13,700	10,862	8,895	8,039	---	---	---	---	---	---	---

Table C. States and Counties. Resident Population 1790 through 2010—*Continued*

STATE/ County code	STATE County	Year of first census	Resident population enumerated by census									
			2010	2000	1990	1980	1970	1960	1950	1940	1930	1920
	NORTH CAROLINA cnt'd											
37087	Haywood	1810	59,036	54,033	46,942	46,495	41,710	39,711	37,631	34,804	28,273	23,496
37089	Henderson	1840	106,740	89,173	69,285	58,580	42,804	36,163	30,921	26,049	23,404	18,248
37091	Hertford	1790	24,669	22,601	22,523	23,368	23,529	22,718	21,453	19,352	17,542	16,294
37093	Hoke	1920	46,952	33,646	22,856	20,383	16,436	16,356	15,756	14,937	14,244	11,722
37095	Hyde	1790	5,810	5,826	5,411	5,873	5,571	5,765	6,479	7,860	8,550	8,386
37097	Iredell	1790	159,437	122,660	92,931	82,538	72,197	62,526	56,303	50,424	46,693	37,956
37099	Jackson	1860	40,271	33,121	26,846	25,811	21,593	17,780	19,261	19,366	17,519	13,396
37101	Johnston	1790	168,878	121,965	81,306	70,599	61,737	62,936	65,906	63,798	57,621	48,998
37103	Jones	1790	10,153	10,381	9,414	9,705	9,779	11,005	11,004	10,926	10,428	9,912
37105	Lee	1910	57,866	49,040	41,374	36,718	30,467	26,561	23,522	18,743	16,996	13,400
37107	Lenoir	1800	59,495	59,648	57,274	59,819	55,204	55,276	45,953	41,211	35,716	29,555
37109	Lincoln	1790	78,265	63,780	50,319	42,372	32,682	28,814	27,459	24,187	22,872	17,862
37111	McDowell	1850	44,996	42,151	35,681	35,135	30,648	26,742	25,720	22,996	20,336	16,763
37113	Macon	1830	33,922	29,811	23,499	20,178	15,788	14,935	16,174	15,880	13,672	12,887
37115	Madison	1860	20,764	19,635	16,953	16,827	16,003	17,217	20,522	22,522	20,306	20,083
37117	Martin	1790	24,505	25,593	25,078	25,948	24,730	27,139	27,938	26,111	23,400	20,828
37119	Mecklenburg	1790	919,628	695,454	511,433	404,270	354,656	272,111	197,052	151,826	127,971	80,695
37121	Mitchell	1870	15,579	15,687	14,433	14,428	13,447	13,906	15,143	15,980	13,962	11,278
37123	Montgomery	1790	27,798	26,822	23,346	22,469	19,267	18,408	17,260	16,280	16,218	14,607
37125	Moore	1790	88,247	74,769	59,013	50,505	39,048	36,733	33,129	30,969	28,215	21,388
37127	Nash	1790	95,840	87,420	76,677	67,153	59,122	61,002	59,919	55,608	52,782	41,061
37129	New Hanover	1790	202,667	160,307	120,284	103,471	82,996	71,742	63,272	47,935	43,010	40,620
37131	Northampton	1790	22,099	22,086	20,798	22,584	24,009	26,811	28,432	28,299	27,161	23,184
37133	Onslow	1790	177,772	150,355	149,838	112,784	103,126	82,706	42,047	17,939	15,289	14,703
37135	Orange	1790	133,801	118,227	93,851	77,055	57,707	42,970	34,435	23,072	21,171	17,895
37137	Pamlico	1880	13,144	12,934	11,372	10,398	9,467	9,850	9,993	9,706	9,299	9,060
37139	Pasquotank	1790	40,661	34,897	31,298	28,462	26,824	25,630	24,347	20,568	19,143	17,670
37141	Pender	1880	52,217	41,082	28,855	22,215	18,149	18,508	18,423	17,710	15,686	14,788
37143	Perquimans	1790	13,453	11,368	10,447	9,486	8,351	9,178	9,602	9,773	10,668	11,137
37145	Person	1800	39,464	35,623	30,180	29,164	25,914	26,394	24,361	25,029	22,039	18,973
37147	Pitt	1790	168,148	133,798	107,924	90,146	73,900	69,942	63,789	61,244	54,466	45,569
37149	Polk	1860	20,510	18,324	14,416	12,984	11,735	11,395	11,627	11,874	10,216	8,832
37151	Randolph	1790	141,752	130,454	106,546	91,728	76,358	61,497	50,804	44,554	36,259	30,856
37153	Richmond	1790	46,639	46,564	44,518	45,481	39,889	39,202	39,597	36,810	34,016	25,567
37155	Robeson	1790	134,168	123,339	105,179	101,610	84,842	89,102	87,769	76,860	66,512	54,674
37157	Rockingham	1790	93,643	91,928	86,064	83,426	72,402	69,629	64,816	57,898	51,083	44,149
37159	Rowan	1790	138,428	130,340	110,605	99,186	90,035	82,817	75,410	69,206	56,665	44,062
37161	Rutherford	1790	67,810	62,899	56,918	53,787	47,337	45,091	46,356	45,577	40,452	31,426
37163	Sampson	1790	63,431	60,161	47,297	49,687	44,954	48,013	49,780	47,440	40,082	36,002
37165	Scotland	1900	36,157	35,998	33,754	32,273	26,929	25,183	26,336	23,232	20,174	15,600
37167	Stanly	1850	60,585	58,100	51,765	48,517	42,822	40,873	37,130	32,834	30,216	27,429
37169	Stokes	1790	47,401	44,711	37,223	33,086	23,782	22,314	21,520	22,656	22,290	20,575
37171	Surry	1790	73,673	71,219	61,704	59,449	51,415	48,205	45,593	41,783	39,749	32,464
37173	Swain	1880	13,981	12,968	11,268	10,283	7,861	8,387	9,921	12,177	11,568	13,224
37175	Transylvania	1870	33,090	29,334	25,520	23,417	19,713	16,372	15,194	12,241	9,589	9,303
37177	Tyrrell	1790	4,407	4,149	3,856	3,975	3,806	4,520	5,048	5,556	5,164	4,849
37179	Union	1850	201,292	123,677	84,211	70,380	54,714	44,670	42,034	39,097	40,979	36,029
37181	Vance	1890	45,422	42,954	38,892	36,748	32,691	32,002	32,101	29,961	27,294	22,799
37183	Wake	1790	900,993	627,846	423,380	301,327	228,453	169,082	136,450	109,544	94,757	75,155
37183.1	Walton	1810	---	---	---	---	---	---	---	---	---	---
37185	Warren	1790	20,972	19,972	17,265	16,232	15,810	19,652	23,539	23,145	23,364	21,593
37187	Washington	1800	13,228	13,723	13,997	14,801	14,038	13,488	13,180	12,323	11,603	11,429
37189	Watauga	1850	51,079	42,695	36,952	31,666	23,404	17,529	18,342	18,114	15,165	13,477
37191	Wayne	1790	122,623	113,329	104,666	97,054	85,408	82,059	64,267	58,328	53,013	43,640
37193	Wilkes	1790	69,340	65,632	59,393	58,657	49,524	45,269	45,243	43,003	36,162	32,644
37195	Wilson	1860	81,234	73,814	66,061	63,132	57,486	57,716	54,506	50,219	44,914	36,813
37197	Yadkin	1860	38,406	36,348	30,488	28,439	24,599	22,804	22,133	20,657	18,010	16,391
37199	Yancey	1840	17,818	17,774	15,419	14,934	12,629	14,008	16,306	17,202	14,486	15,093

Table C. States and Counties. Resident Population 1790 through 2010—*Continued*

STATE/ County code	STATE County	Resident population enumerated by census (continued)												
		1910	1900	1890	1880	1870	1860	1850	1840	1830	1820	1810	1800	1790
	NORTH CAROLINA cnt'd													
37087	Haywood	21,020	16,222	13,346	10,271	7,921	5,801	7,074	4,975	4,578	4,073	2,780	---	---
37089	Henderson	16,262	14,104	12,589	10,281	7,706	10,448	6,853	5,129	---	---	---	---	---
37091	Hertford	15,436	14,294	13,851	11,843	9,273	9,504	8,142	7,484	8,537	7,712	6,052	6,701	5,828
37093	Hoke	---	---	---	---	---	---	---	---	---	---	---	---	---
37095	Hyde	8,840	9,278	8,903	7,765	6,445	7,732	7,636	6,458	6,184	4,967	6,029	4,829	4,120
37097	Iredell	34,315	29,064	25,462	22,675	16,931	15,347	14,719	15,685	14,918	13,071	10,972	8,856	5,435
37099	Jackson	12,998	11,853	9,512	7,343	6,683	5,515	---	---	---	---	---	---	---
37101	Johnston	41,401	32,250	27,239	23,461	16,897	15,656	13,726	10,599	10,938	9,607	6,867	6,301	5,634
37103	Jones	8,721	8,226	7,403	7,491	5,002	5,730	5,038	4,945	5,608	5,216	4,968	4,339	4,822
37105	Lee	11,376	---	---	---	---	---	---	---	---	---	---	---	---
37107	Lenoir	22,769	18,639	14,879	15,344	10,434	10,220	7,828	7,605	7,723	6,799	5,572	4,005	---
37109	Lincoln	17,132	15,498	12,586	11,061	9,573	8,195	7,746	25,160	22,455	18,147	16,359	12,660	9,224
37111	McDowell	13,538	12,567	10,939	9,836	7,592	7,120	6,246	---	---	---	---	---	---
37113	Macon	12,191	12,104	10,102	8,064	6,615	6,004	6,389	4,869	5,333	---	---	---	---
37115	Madison	20,132	20,644	17,805	12,810	8,192	5,908	---	---	---	---	---	---	---
37117	Martin	17,797	15,383	15,221	13,140	9,647	10,195	8,307	7,637	8,539	6,320	5,987	5,629	6,080
37119	Mecklenburg	67,031	55,268	42,673	34,175	24,299	17,374	13,914	18,273	20,073	16,895	14,272	10,439	11,395
37121	Mitchell	17,245	15,221	12,807	9,435	4,705	---	---	---	---	---	---	---	---
37123	Montgomery	14,967	14,197	11,239	9,374	7,487	7,649	6,872	10,780	10,919	8,693	8,430	7,677	4,725
37125	Moore	17,010	23,622	20,479	16,821	12,040	11,427	9,342	7,988	7,745	7,128	6,367	4,767	3,770
37127	Nash	33,727	25,478	20,707	17,731	11,077	11,687	10,657	9,047	8,490	8,185	7,268	6,975	7,393
37129	New Hanover	32,037	25,785	24,026	21,376	27,978	21,715	17,668	13,312	10,959	10,866	11,465	7,060	6,831
37131	Northampton	22,323	21,150	21,242	20,032	14,749	13,372	13,335	13,369	13,391	13,242	13,082	12,353	9,981
37133	Onslow	14,125	11,940	10,303	9,829	7,569	8,856	8,283	7,527	7,814	7,016	6,669	5,623	5,387
37135	Orange	15,064	14,690	14,948	23,698	17,507	16,947	17,055	24,356	23,908	23,492	20,135	16,362	12,216
37137	Pamlico	9,966	8,045	7,146	6,323	---	---	---	---	---	---	---	---	---
37139	Pasquotank	16,693	13,660	10,748	10,369	8,131	8,940	8,950	8,514	8,641	8,008	7,674	5,379	5,497
37141	Pender	15,471	13,381	12,514	12,468	---	---	---	---	---	---	---	---	---
37143	Perquimans	11,054	10,091	9,293	9,466	7,945	7,238	7,332	7,346	7,419	6,857	6,052	5,708	5,440
37145	Person	17,356	16,685	15,151	13,719	11,170	11,221	10,781	9,790	10,027	9,029	6,642	6,402	---
37147	Pitt	36,340	30,889	25,519	21,794	17,276	16,080	13,397	11,806	12,093	10,001	9,169	9,084	8,275
37149	Polk	7,640	7,004	5,902	5,062	4,319	4,043	---	---	---	---	---	---	---
37151	Randolph	29,491	28,232	25,195	20,836	17,551	16,793	15,832	12,875	12,406	11,331	10,112	9,234	7,276
37153	Richmond	19,673	15,855	23,948	18,245	12,882	11,009	9,818	8,909	9,396	7,537	6,695	5,623	5,055
37155	Robeson	51,945	40,371	31,483	23,880	16,262	15,489	12,826	10,370	9,433	8,204	7,528	6,839	5,326
37157	Rockingham	36,442	33,163	25,363	21,744	15,708	16,746	14,495	13,442	12,935	11,474	10,316	8,277	6,187
37159	Rowan	37,521	31,066	24,123	19,965	16,810	14,589	13,870	12,109	20,786	26,009	21,543	20,060	15,828
37161	Rutherford	28,385	25,101	18,770	15,198	13,121	11,573	13,550	19,202	17,557	15,351	13,202	10,753	7,808
37163	Sampson	29,982	26,380	25,096	22,894	16,436	16,624	14,585	12,157	11,634	8,908	6,620	6,719	6,065
37165	Scotland	15,363	12,553	---	---	---	---	---	---	---	---	---	---	---
37167	Stanly	19,909	15,220	12,136	10,505	8,315	7,801	6,922	---	---	---	---	---	---
37169	Stokes	20,151	19,866	17,199	15,353	11,208	10,402	9,206	16,265	16,196	14,033	11,645	11,026	8,528
37171	Surry	29,705	25,515	19,281	15,302	11,252	10,380	18,443	15,079	14,504	12,320	10,366	9,505	7,191
37173	Swain	10,403	8,401	6,577	3,784	---	---	---	---	---	---	---	---	---
37175	Transylvania	7,191	6,620	5,881	5,340	3,536	---	---	---	---	---	---	---	---
37177	Tyrrell	5,219	4,980	4,225	4,545	4,173	4,944	5,133	4,657	4,732	4,319	3,364	3,395	4,744
37179	Union	33,277	27,156	21,259	18,056	12,217	11,202	10,051	---	---	---	---	---	---
37181	Vance	19,425	16,684	17,581	---	---	---	---	---	---	---	---	---	---
37183	Wake	63,229	54,626	49,207	47,939	35,617	28,627	24,888	21,118	20,398	20,102	17,086	13,437	10,192
37183.1	Walton	---	---	---	---	---	---	---	---	---	---	1,026	---	---
37185	Warren	20,266	19,151	19,360	22,619	17,768	15,726	13,912	12,919	11,877	11,158	11,004	11,284	9,397
37187	Washington	11,062	10,608	10,200	8,928	6,516	6,357	5,664	4,525	4,552	3,986	3,464	2,422	---
37189	Watauga	13,556	13,417	10,611	8,160	5,287	4,957	3,400	---	---	---	---	---	---
37191	Wayne	35,698	31,356	26,100	24,951	18,144	14,905	13,486	10,891	10,331	9,040	8,687	6,772	6,133
37193	Wilkes	30,282	26,872	22,675	19,181	15,539	14,749	12,099	12,577	11,968	9,967	9,054	7,247	8,143
37195	Wilson	28,269	23,596	18,644	16,064	12,258	9,720	---	---	---	---	---	---	---
37197	Yadkin	15,428	14,083	13,790	12,420	10,697	10,714	---	---	---	---	---	---	---
37199	Yancey	12,072	11,464	9,490	7,694	5,909	8,655	8,205	5,962	---	---	---	---	---

STATE/ County code	STATE County	Year of first census	Resident population enumerated by census									
			2010	2000	1990	1980	1970	1960	1950	1940	1930	1920
38000	**NORTH DAKOTA**............	1870	672,591	642,200	638,800	652,717	617,761	632,446	619,636	641,935	680,845	646,872
38001	Adams.......................	1910	2,343	2,593	3,174	3,584	3,832	4,449	4,910	4,664	6,343	5,593
38003	Barnes......................	1880	11,066	11,775	12,545	13,960	14,669	16,719	16,884	17,814	18,804	18,678
38005	Benson......................	1890	6,660	6,964	7,198	7,944	8,245	9,435	10,675	12,629	13,327	13,095
38007	Billings.....................	1880	783	888	1,108	1,138	1,198	1,513	1,777	2,531	3,140	3,126
38009	Bottineau...................	1890	6,429	7,149	8,011	9,239	9,496	11,315	12,140	13,253	14,853	15,109
38011	Bowman.....................	1890	3,151	3,242	3,596	4,229	3,901	4,154	4,001	3,860	5,119	4,768
38011.1	Buford......................	1890	---	---	---	---	---	---	---	---	---	---
38013	Burke.......................	1910	1,968	2,242	3,002	3,822	4,739	5,886	6,621	7,653	9,998	9,511
38015	Burleigh....................	1880	81,308	69,416	60,131	54,811	40,714	34,016	25,673	22,736	19,769	15,578
38017	Cass........................	1880	149,778	123,138	102,874	88,247	73,653	66,947	58,877	52,849	48,735	41,477
38019	Cavalier....................	1890	3,993	4,831	6,064	7,636	8,213	10,064	11,840	13,923	14,554	15,555
38019.1	Church......................	1890	---	---	---	---	---	---	---	---	---	---
38021	Dickey......................	1890	5,289	5,757	6,107	7,207	6,976	8,147	9,121	9,696	10,877	10,499
38023	Divide......................	1910	2,071	2,283	2,899	3,494	4,564	5,566	5,967	7,086	9,636	9,637
38025	Dunn........................	1890	3,536	3,600	4,005	4,627	4,895	6,350	7,212	8,376	9,566	8,828
38027	Eddy........................	1890	2,385	2,757	2,951	3,554	4,103	4,936	5,372	5,741	6,346	6,493
38029	Emmons......................	1880	3,550	4,331	4,830	5,877	7,200	8,462	9,715	11,699	12,467	11,288
38029.1	Flannery....................	1890	---	---	---	---	---	---	---	---	---	---
38031	Foster......................	1880	3,343	3,759	3,983	4,611	4,832	5,361	5,337	5,824	6,353	6,108
38031.1	Garfield....................	1890	---	---	---	---	---	---	---	---	---	---
38033	Golden Valley...............	1920	1,680	1,924	2,108	2,391	2,611	3,100	3,499	3,498	4,122	4,832
38035	Grand Forks.................	1880	66,861	66,109	70,683	66,100	61,102	48,677	39,443	34,518	31,956	28,795
38037	Grant.......................	1920	2,394	2,841	3,549	4,274	5,009	6,248	7,114	8,264	10,134	9,553
38039	Griggs......................	1890	2,420	2,754	3,303	3,714	4,184	5,023	5,460	5,818	6,889	7,402
38041	Hettinger...................	1890	2,477	2,715	3,445	4,275	5,075	6,317	7,100	7,457	8,796	7,685
38041.1	Howard......................	1880	---	---	---	---	---	---	---	---	---	---
38043	Kidder......................	1880	2,435	2,753	3,332	3,833	4,362	5,386	6,168	6,692	8,031	7,798
38045	LaMoure.....................	1880	4,139	4,701	5,383	6,473	7,117	8,705	9,498	10,298	11,517	11,564
38047	Logan.......................	1890	1,990	2,308	2,847	3,493	4,245	5,369	6,357	7,561	8,089	7,723
38049	McHenry.....................	1890	5,395	5,987	6,528	7,858	8,977	11,099	12,556	14,034	15,439	15,544
38051	McIntosh....................	1890	2,809	3,390	4,021	4,800	5,545	6,702	7,590	8,984	9,621	9,010
38053	McKenzie....................	1890	6,360	5,737	6,383	7,132	6,127	7,296	6,849	8,426	9,709	9,544
38055	McLean......................	1890	8,962	9,311	10,457	12,383	11,251	14,030	18,824	16,082	17,991	17,266
38057	Mercer......................	1890	8,424	8,644	9,808	9,404	6,175	6,805	8,686	9,611	9,516	8,224
38059	Morton......................	1880	27,471	25,303	23,700	25,177	20,310	20,992	19,295	20,184	19,647	18,714
38061	Mountrail...................	1890	7,673	6,631	7,021	7,679	8,437	10,077	9,418	10,482	13,544	12,140
38063	Nelson......................	1890	3,126	3,715	4,410	5,233	5,776	7,034	8,090	9,129	10,203	10,362
38065	Oliver......................	1890	1,846	2,065	2,381	2,495	2,322	2,610	3,091	3,859	4,262	4,425
38067	Pembina.....................	1870	7,413	8,585	9,238	10,399	10,728	12,946	13,990	15,671	14,757	15,177
38069	Pierce......................	1890	4,357	4,675	5,052	6,166	6,323	7,394	8,326	9,208	9,074	9,283
38071	Ramsey......................	1880	11,451	12,066	12,681	13,048	12,915	13,443	14,373	15,626	16,252	15,427
38073	Ransom......................	1880	5,457	5,890	5,921	6,698	7,102	8,078	8,876	10,061	10,983	11,618
38075	Renville....................	1890	2,470	2,610	3,160	3,608	3,828	4,698	5,405	5,533	7,263	7,776
38077	Richland....................	1880	16,321	17,998	18,148	19,207	18,089	18,824	19,865	20,519	21,008	20,887
38079	Rolette.....................	1890	13,937	13,674	12,772	12,177	11,549	10,641	11,102	12,583	10,760	10,061
38081	Sargent.....................	1890	3,829	4,366	4,549	5,512	5,937	6,856	7,616	8,693	9,298	9,655
38083	Sheridan....................	1890	1,321	1,710	2,148	2,819	3,232	4,350	5,253	6,616	7,373	7,935
38085	Sioux.......................	1920	4,153	4,044	3,761	3,620	3,632	3,662	3,696	4,419	4,687	3,308
38087	Slope.......................	1920	727	767	907	1,157	1,484	1,893	2,315	2,932	4,150	4,940
38089	Stark.......................	1890	24,199	22,636	22,832	23,697	19,613	18,451	16,137	15,414	15,340	13,542
38091	Steele......................	1890	1,975	2,258	2,420	3,106	3,749	4,719	5,145	6,193	6,972	7,401
38091.1	Stevens.....................	1880	---	---	---	---	---	---	---	---	---	---
38093	Stutsman....................	1880	21,100	21,908	22,241	24,154	23,550	25,137	24,158	23,495	26,100	24,575
38095	Towner......................	1890	2,246	2,876	3,627	4,052	4,645	5,624	6,360	7,200	8,393	8,327
38097	Traill......................	1880	8,121	8,477	8,752	9,624	9,571	10,583	11,359	12,300	12,600	12,210
38097.1	Wallace.....................	1890	---	---	---	---	---	---	---	---	---	---
38097.3	Wallette....................	1880	---	---	---	---	---	---	---	---	---	---
38099	Walsh.......................	1890	11,119	12,389	13,840	15,371	16,251	17,997	18,859	20,747	20,047	19,078
38101	Ward........................	1890	61,675	58,795	57,921	58,392	58,560	47,072	34,782	31,981	33,597	28,811
38103	Wells.......................	1890	4,207	5,102	5,864	6,979	7,847	9,237	10,417	11,198	13,285	12,957
38103.1	Williams (old)..............	1880	---	---	---	---	---	---	---	---	---	---
38105	Williams....................	1900	22,398	19,761	21,129	22,237	19,301	22,051	16,442	16,315	19,553	17,980

Table C. States and Counties. Resident Population 1790 through 2010—*Continued*

| STATE/ County code | STATE County | Resident population enumerated by census (continued) |||||||||||||
		1910	1900	1890	1880	1870	1860	1850	1840	1830	1820	1810	1800	1790
38000	**NORTH DAKOTA**	577,056	319,146	190,983	36,909	2,405	---	---	---	---	---	---	---	---
38001	Adams	5,407	---	---	---	---	---	---	---	---	---	---	---	---
38003	Barnes	18,066	13,159	7,045	1,585	---	---	---	---	---	---	---	---	---
38005	Benson	12,681	8,320	2,460	---	---	---	---	---	---	---	---	---	---
38007	Billings	10,186	975	170	1,323	---	---	---	---	---	---	---	---	---
38009	Bottineau	17,295	7,532	2,893	---	---	---	---	---	---	---	---	---	---
38011	Bowman	4,668	---	6	---	---	---	---	---	---	---	---	---	---
38011.1	Buford	---	---	803	---	---	---	---	---	---	---	---	---	---
38013	Burke	9,064	---	---	---	---	---	---	---	---	---	---	---	---
38015	Burleigh	13,087	6,081	4,247	3,246	---	---	---	---	---	---	---	---	---
38017	Cass	33,935	28,625	19,613	8,998	---	---	---	---	---	---	---	---	---
38019	Cavalier	15,659	12,580	6,471	---	---	---	---	---	---	---	---	---	---
38019.1	Church	---	---	74	---	---	---	---	---	---	---	---	---	---
38021	Dickey	9,839	6,061	5,573	---	---	---	---	---	---	---	---	---	---
38023	Divide	6,015	---	---	---	---	---	---	---	---	---	---	---	---
38025	Dunn	5,302	---	159	---	---	---	---	---	---	---	---	---	---
38027	Eddy	4,800	3,330	1,377	---	---	---	---	---	---	---	---	---	---
38029	Emmons	9,796	4,349	1,971	38	---	---	---	---	---	---	---	---	---
38029.1	Flannery	---	---	72	---	---	---	---	---	---	---	---	---	---
38031	Foster	5,313	3,770	1,210	37	---	---	---	---	---	---	---	---	---
38031.1	Garfield	---	---	33	---	---	---	---	---	---	---	---	---	---
38033	Golden Valley	---	---	---	---	---	---	---	---	---	---	---	---	---
38035	Grand Forks	27,888	24,459	18,357	6,248	---	---	---	---	---	---	---	---	---
38037	Grant	---	---	---	---	---	---	---	---	---	---	---	---	---
38039	Griggs	6,274	4,744	2,817	---	---	---	---	---	---	---	---	---	---
38041	Hettinger	6,557	---	81	---	---	---	---	---	---	---	---	---	---
38041.1	Howard	---	---	---	12	---	---	---	---	---	---	---	---	---
38043	Kidder	5,962	1,754	1,211	89	---	---	---	---	---	---	---	---	---
38045	LaMoure	10,724	6,048	3,187	20	---	---	---	---	---	---	---	---	---
38047	Logan	6,168	1,625	597	---	---	---	---	---	---	---	---	---	---
38049	McHenry	17,627	5,253	1,584	---	---	---	---	---	---	---	---	---	---
38051	McIntosh	7,251	4,818	3,248	---	---	---	---	---	---	---	---	---	---
38053	McKenzie	5,720	---	3	---	---	---	---	---	---	---	---	---	---
38055	McLean	14,496	4,791	860	---	---	---	---	---	---	---	---	---	---
38057	Mercer	4,747	1,778	428	---	---	---	---	---	---	---	---	---	---
38059	Morton	25,289	8,069	4,728	200	---	---	---	---	---	---	---	---	---
38061	Mountrail	8,491	---	122	13	---	---	---	---	---	---	---	---	---
38063	Nelson	10,140	7,316	4,293	---	---	---	---	---	---	---	---	---	---
38065	Oliver	3,577	990	464	---	---	---	---	---	---	---	---	---	---
38067	Pembina	14,749	17,869	14,334	4,862	1,213	---	---	---	---	---	---	---	---
38069	Pierce	9,740	4,765	905	---	---	---	---	---	---	---	---	---	---
38071	Ramsey	15,199	9,198	4,418	281	---	---	---	---	---	---	---	---	---
38073	Ransom	10,345	6,919	5,393	537	---	---	---	---	---	---	---	---	---
38075	Renville	7,840	---	99	---	---	---	---	---	---	---	---	---	---
38077	Richland	19,659	17,387	10,751	3,597	---	---	---	---	---	---	---	---	---
38079	Rolette	9,558	7,995	2,427	---	---	---	---	---	---	---	---	---	---
38081	Sargent	9,202	6,039	5,076	---	---	---	---	---	---	---	---	---	---
38083	Sheridan	8,103	---	5	---	---	---	---	---	---	---	---	---	---
38085	Sioux	---	---	---	---	---	---	---	---	---	---	---	---	---
38087	Slope	---	---	---	---	---	---	---	---	---	---	---	---	---
38089	Stark	12,504	7,621	2,304	---	---	---	---	---	---	---	---	---	---
38091	Steele	7,616	5,888	3,777	---	---	---	---	---	---	---	---	---	---
38091.1	Stevens	---	---	16	247	---	---	---	---	---	---	---	---	---
38093	Stutsman	18,189	9,143	5,266	1,007	---	---	---	---	---	---	---	---	---
38095	Towner	8,963	6,491	1,450	---	---	---	---	---	---	---	---	---	---
38097	Traill	12,545	13,107	10,217	4,123	---	---	---	---	---	---	---	---	---
38097.1	Wallace	---	---	24	---	---	---	---	---	---	---	---	---	---
38097.3	Wallette	---	---	---	432	---	---	---	---	---	---	---	---	---
38099	Walsh	19,491	20,288	16,587	---	---	---	---	---	---	---	---	---	---
38101	Ward	25,281	7,961	1,681	---	---	---	---	---	---	---	---	---	---
38103	Wells	11,814	8,310	1,212	---	---	---	---	---	---	---	---	---	---
38103.1	Williams (old)	---	---	109	14	---	---	---	---	---	---	---	---	---
38105	Williams	14,234	1,530	---	---	---	---	---	---	---	---	---	---	---

Table C. States and Counties. Resident Population 1790 through 2010—*Continued*

STATE/ County code	STATE County	Year of first census	Resident population enumerated by census									
			2010	2000	1990	1980	1970	1960	1950	1940	1930	1920
39000	**OHIO**	1800	11,536,504	11,353,140	10,847,115	10,797,630	10,652,017	9,706,397	7,946,627	6,907,612	6,646,697	5,759,394
39001	Adams	1800	28,550	27,330	25,371	24,328	18,957	19,982	20,499	21,705	20,381	22,403
39003	Allen	1830	106,331	108,473	109,755	112,241	111,144	103,691	88,183	73,303	69,419	68,223
39005	Ashland	1850	53,139	52,523	47,507	46,178	43,303	38,771	33,040	29,785	26,867	24,627
39007	Ashtabula	1820	101,497	102,728	99,821	104,215	98,237	93,067	78,695	68,674	68,361	65,545
39009	Athens	1810	64,757	62,223	59,549	56,399	54,889	46,998	45,839	46,166	44,175	50,430
39011	Auglaize	1850	45,949	46,611	44,585	42,554	38,602	36,147	30,637	28,037	28,034	29,527
39013	Belmont	1810	70,400	70,226	71,074	82,569	80,917	83,864	87,740	95,614	94,719	93,193
39015	Brown	1820	44,846	42,285	34,966	31,920	26,635	25,178	22,221	21,638	20,148	22,621
39017	Butler	1810	368,130	332,807	291,479	258,787	226,207	199,076	147,203	120,249	114,084	87,025
39019	Carroll	1840	28,836	28,836	26,521	25,598	21,579	20,857	19,039	17,449	16,057	15,942
39021	Champaign	1810	40,097	38,890	36,019	33,649	30,491	29,714	26,793	25,258	24,103	25,071
39023	Clark	1820	138,333	144,742	147,548	150,236	157,115	131,440	111,661	95,647	90,936	80,728
39025	Clermont	1810	197,363	177,977	150,187	128,483	95,725	80,530	42,182	34,109	29,786	28,291
39027	Clinton	1810	42,040	40,543	35,415	34,603	31,464	30,004	25,572	22,574	21,547	23,036
39029	Columbiana	1810	107,841	112,075	108,276	113,572	108,310	107,004	98,920	90,121	86,484	83,131
39031	Coshocton	1820	36,901	36,655	35,427	36,024	33,486	32,224	31,141	30,594	28,976	29,595
39033	Crawford	1830	43,784	46,966	47,870	50,075	50,364	46,775	38,738	35,571	35,345	36,054
39035	Cuyahoga	1810	1,280,122	1,393,978	1,412,140	1,498,400	1,721,300	1,647,895	1,389,532	1,217,250	1,201,455	943,495
39037	Darke	1820	52,959	53,309	53,619	55,096	49,141	45,612	41,799	38,831	38,009	42,911
39039	Defiance	1850	39,037	39,500	39,350	39,987	36,949	31,508	25,925	24,367	22,714	24,549
39041	Delaware	1810	174,214	109,989	66,929	53,840	42,908	36,107	30,278	26,780	26,016	26,013
39043	Erie	1840	77,079	79,551	76,779	79,655	75,909	68,000	52,565	43,201	42,133	39,789
39045	Fairfield	1810	146,156	122,759	103,461	93,678	73,301	63,912	52,130	48,490	44,010	40,484
39047	Fayette	1810	29,030	28,433	27,466	27,467	25,461	24,775	22,554	21,385	20,755	21,518
39049	Franklin	1810	1,163,414	1,068,978	961,437	869,132	833,249	682,962	503,410	388,712	361,055	283,951
39051	Fulton	1850	42,698	42,084	38,498	37,751	33,071	29,301	25,580	23,626	23,477	23,445
39053	Gallia	1810	30,934	31,069	30,954	30,098	25,239	26,120	24,910	24,930	23,050	23,311
39055	Geauga	1810	93,389	90,895	81,129	74,474	62,977	47,573	26,646	19,430	15,414	15,036
39057	Greene	1810	161,573	147,886	136,731	129,769	125,057	94,642	58,892	35,863	33,259	31,221
39059	Guernsey	1810	40,087	40,792	39,024	42,024	37,665	38,579	38,452	38,822	41,486	45,352
39061	Hamilton	1800	802,374	845,303	866,228	873,224	924,018	864,121	723,952	621,987	589,356	493,678
39063	Hancock	1830	74,782	71,295	65,536	64,581	61,217	53,686	44,280	40,793	40,404	38,394
39065	Hardin	1820	32,058	31,945	31,111	32,719	30,813	29,633	28,673	27,061	27,635	29,167
39067	Harrison	1820	15,864	15,856	16,085	18,152	17,013	17,995	19,054	20,313	18,844	19,625
39069	Henry	1830	28,215	29,210	29,108	28,383	27,058	25,392	22,423	22,756	22,524	23,362
39071	Highland	1810	43,589	40,875	35,728	33,477	28,996	29,716	28,188	27,099	25,416	27,610
39073	Hocking	1820	29,380	28,241	25,533	24,304	20,322	20,168	19,520	21,504	20,407	23,291
39075	Holmes	1830	42,366	38,943	32,849	29,416	23,024	21,591	18,760	17,876	16,726	16,965
39077	Huron	1820	59,626	59,487	56,240	54,608	49,587	47,326	39,353	34,800	33,700	32,424
39079	Jackson	1820	33,225	32,641	30,230	30,592	27,174	29,372	27,767	27,004	25,040	27,342
39081	Jefferson	1800	69,709	73,894	80,298	91,564	96,193	99,201	96,495	98,129	88,307	77,580
39083	Knox	1810	60,921	54,500	47,473	46,304	41,795	38,808	35,287	31,024	29,338	29,580
39085	Lake	1840	230,041	227,511	215,499	212,801	197,200	148,700	75,979	50,020	41,674	28,667
39087	Lawrence	1820	62,450	62,319	61,834	63,849	56,868	55,438	49,115	46,705	44,541	39,540
39089	Licking	1810	166,492	145,491	128,300	120,981	107,799	90,242	70,645	62,279	59,962	56,426
39091	Logan	1820	45,858	46,005	42,310	39,155	35,072	34,803	31,329	29,624	28,981	30,104
39093	Lorain	1830	301,356	284,664	271,126	274,909	256,843	217,500	148,162	112,390	109,206	90,612
39095	Lucas	1840	441,815	455,054	462,361	471,741	484,370	456,931	395,551	344,333	347,709	275,721
39097	Madison	1810	43,435	40,213	37,068	33,004	28,318	26,454	22,300	21,811	20,253	19,662
39099	Mahoning	1850	238,823	257,555	264,806	289,487	303,424	300,480	257,629	240,251	236,142	186,310
39101	Marion	1830	66,501	66,217	64,274	67,974	64,724	60,221	49,959	44,898	45,420	42,004
39103	Medina	1820	172,332	151,095	122,354	113,150	82,717	65,315	40,417	33,034	29,677	26,067
39105	Meigs	1820	23,770	23,072	22,987	23,641	19,799	22,159	23,227	24,104	23,961	26,189
39107	Mercer	1820	40,814	40,924	39,443	38,334	35,265	32,559	28,311	26,256	25,096	26,872
39109	Miami	1810	102,506	98,868	93,182	90,381	84,342	72,901	61,309	52,632	51,301	48,428
39111	Monroe	1820	14,642	15,180	15,497	17,382	15,739	15,268	15,362	18,641	18,426	20,660
39113	Montgomery	1810	535,153	559,062	573,809	571,697	606,148	527,080	398,441	295,480	273,481	209,532
39115	Morgan	1820	15,054	14,897	14,194	14,241	12,375	12,747	12,836	14,227	13,583	14,555
39117	Morrow	1850	34,827	31,628	27,749	26,480	21,348	19,405	17,168	15,646	14,489	15,570
39119	Muskingum	1810	86,074	84,585	82,068	83,340	77,826	79,159	74,535	69,795	67,398	57,980
39121	Noble	1860	14,645	14,058	11,336	11,310	10,428	10,982	11,750	14,587	14,961	17,849
39123	Ottawa	1840	41,428	40,985	40,029	40,076	37,099	35,323	29,469	24,360	24,109	22,193

Table C. States and Counties. Resident Population 1790 through 2010—*Continued*

STATE/ County code	STATE County	Resident population enumerated by census (continued)												
		1910	1900	1890	1880	1870	1860	1850	1840	1830	1820	1810	1800	1790
39000	**OHIO**	4,767,121	4,157,545	3,672,329	3,198,062	2,665,260	2,339,511	1,980,329	1,519,467	937,903	581,434	230,760	42,159	---
39001	Adams	24,755	26,328	26,093	24,005	20,750	20,309	18,883	13,183	12,281	10,406	9,434	3,432	---
39003	Allen	56,580	47,976	40,644	31,314	23,623	19,185	12,109	9,079	578	---	---	---	---
39005	Ashland	22,975	21,184	22,223	23,883	21,933	22,951	23,813	---	---	---	---	---	---
39007	Ashtabula	59,547	51,448	43,655	37,139	32,517	31,814	28,767	23,724	14,584	7,382	---	---	---
39009	Athens	47,798	38,730	35,194	28,411	23,768	21,364	18,215	19,109	9,787	6,338	2,791	---	---
39011	Auglaize	31,246	31,192	28,100	25,444	20,041	17,187	11,338	---	---	---	---	---	---
39013	Belmont	76,856	60,875	57,413	49,638	39,714	36,398	34,600	30,901	28,627	20,329	11,097	---	---
39015	Brown	24,832	28,237	29,899	32,911	30,802	29,958	27,332	22,715	17,867	13,356	---	---	---
39017	Butler	70,271	56,870	48,597	42,579	39,912	35,840	30,789	28,173	27,142	21,746	11,150	---	---
39019	Carroll	15,761	16,811	17,566	16,416	14,491	15,738	17,685	18,108	---	---	---	---	---
39021	Champaign	26,351	26,642	26,980	27,817	24,188	22,698	19,782	16,721	12,131	8,479	6,303	---	---
39023	Clark	66,435	58,939	52,277	41,948	32,070	25,300	22,178	16,882	13,114	9,533	---	---	---
39025	Clermont	29,551	31,610	33,553	36,713	34,268	33,034	30,455	23,106	20,466	15,820	9,965	---	---
39027	Clinton	23,680	24,202	24,240	24,756	21,914	21,461	18,838	15,719	11,436	8,085	2,674	---	---
39029	Columbiana	76,619	68,590	59,029	48,602	38,299	32,836	33,621	40,378	35,592	22,033	10,878	---	---
39031	Coshocton	30,121	29,337	26,703	26,642	23,600	25,032	25,674	21,590	11,161	7,086	---	---	---
39033	Crawford	34,036	33,915	31,927	30,583	25,556	23,881	18,177	13,152	4,791	---	---	---	---
39035	Cuyahoga	637,425	439,120	309,970	196,943	132,010	78,033	48,099	26,506	10,373	6,328	1,459	---	---
39037	Darke	42,933	42,532	42,961	40,496	32,278	26,009	20,276	13,282	6,204	3,622	---	---	---
39039	Defiance	24,498	26,387	25,769	22,515	15,719	11,886	6,966	---	---	---	---	---	---
39041	Delaware	27,182	26,401	27,189	27,381	25,175	23,902	21,817	22,060	11,504	7,639	2,000	---	---
39043	Erie	38,327	37,650	35,462	32,640	28,188	24,474	18,568	12,599	---	---	---	---	---
39045	Fairfield	39,201	34,259	33,939	34,284	31,138	30,538	30,264	31,924	24,786	16,633	11,361	---	---
39047	Fayette	21,744	21,725	22,309	20,364	17,170	15,935	12,726	10,984	8,182	6,316	1,854	---	---
39049	Franklin	221,567	164,460	124,087	86,797	63,019	50,361	42,909	25,049	14,741	10,292	3,486	---	---
39051	Fulton	23,914	22,801	22,023	21,053	17,789	14,043	7,781	---	---	---	---	---	---
39053	Gallia	25,745	27,918	27,005	28,124	25,545	22,043	17,063	13,444	9,733	7,098	4,181	---	---
39055	Geauga	14,670	14,744	13,489	14,251	14,190	15,817	17,827	16,297	15,813	7,791	2,917	---	---
39057	Greene	29,733	31,613	29,820	31,349	28,038	26,197	21,946	17,528	14,801	10,529	5,870	---	---
39059	Guernsey	42,716	34,425	28,645	27,197	23,838	24,474	30,438	27,748	18,036	9,292	3,051	---	---
39061	Hamilton	460,732	409,479	374,573	313,374	260,370	216,410	156,844	80,145	52,317	31,764	15,258	14,692	---
39063	Hancock	37,860	41,993	42,563	27,784	23,847	22,886	16,751	9,986	813	---	---	---	---
39065	Hardin	30,407	31,187	28,939	27,023	18,714	13,570	8,251	4,598	210	22	---	---	---
39067	Harrison	19,076	20,486	20,830	20,456	18,682	19,110	20,157	20,099	20,916	14,345	---	---	---
39069	Henry	25,119	27,282	25,080	20,585	14,028	8,901	3,434	2,503	262	---	---	---	---
39071	Highland	28,711	30,982	29,048	30,281	29,133	27,773	25,781	22,269	16,345	12,308	5,766	---	---
39073	Hocking	23,650	24,398	22,658	21,126	17,925	17,057	14,119	9,741	4,008	2,130	---	---	---
39075	Holmes	17,909	19,511	21,139	20,776	18,177	20,589	20,452	18,088	9,135	---	---	---	---
39077	Huron	34,206	32,330	31,949	31,609	28,532	29,616	26,203	23,933	13,341	6,675	---	---	---
39079	Jackson	30,791	34,248	28,408	23,686	21,759	17,941	12,719	9,744	5,941	3,746	---	---	---
39081	Jefferson	65,423	44,357	39,415	33,018	29,188	26,115	29,133	25,030	22,489	18,531	17,260	8,766	---
39083	Knox	30,181	27,768	27,600	27,431	26,333	27,735	28,872	29,579	17,085	8,326	2,149	---	---
39085	Lake	22,927	21,680	18,235	16,326	15,935	15,576	14,654	13,719	---	---	---	---	---
39087	Lawrence	39,488	39,534	39,556	39,068	31,380	23,249	15,246	9,738	5,367	3,499	---	---	---
39089	Licking	55,590	47,070	43,279	40,450	35,756	37,011	38,846	35,096	20,869	11,861	3,852	---	---
39091	Logan	30,084	30,420	27,386	26,267	23,028	20,996	19,162	14,015	6,440	3,159	---	---	---
39093	Lorain	76,037	54,857	40,295	35,526	30,308	29,744	26,086	18,467	5,696	---	---	---	---
39095	Lucas	192,728	153,559	102,296	67,377	46,722	25,831	12,363	9,382	---	---	---	---	---
39097	Madison	19,902	20,590	20,057	20,129	15,633	13,015	10,015	9,025	6,190	4,799	1,603	---	---
39099	Mahoning	116,151	70,134	55,979	42,871	31,001	25,894	23,735	---	---	---	---	---	---
39101	Marion	33,971	28,678	24,727	20,565	16,184	15,490	12,618	14,765	6,551	---	---	---	---
39103	Medina	23,598	21,958	21,742	21,453	20,092	22,517	24,441	18,352	7,560	3,082	---	---	---
39105	Meigs	25,594	28,620	29,813	32,325	31,465	26,534	17,971	11,452	6,158	4,480	---	---	---
39107	Mercer	27,536	28,021	27,220	21,808	17,254	14,104	7,712	8,277	1,110	95	---	---	---
39109	Miami	45,047	43,105	39,754	36,158	32,740	29,959	24,999	19,688	12,807	8,851	3,941	---	---
39111	Monroe	24,244	27,031	25,175	26,496	25,779	25,741	28,351	18,521	8,768	4,645	---	---	---
39113	Montgomery	163,763	130,146	100,852	78,550	64,006	52,230	38,218	31,938	24,362	15,999	7,722	---	---
39115	Morgan	16,097	17,905	19,143	20,074	20,363	22,119	28,585	20,852	11,800	5,297	---	---	---
39117	Morrow	16,815	17,879	18,120	19,072	18,583	20,445	20,280	---	---	---	---	---	---
39119	Muskingum	57,488	53,185	51,210	49,774	44,886	44,416	45,049	38,749	29,334	17,824	10,036	---	---
39121	Noble	18,601	19,466	20,753	21,138	19,949	20,751	---	---	---	---	---	---	---
39123	Ottawa	22,360	22,213	21,974	19,762	13,364	7,016	3,308	2,248	---	---	---	---	---

Table C. States and Counties. Resident Population 1790 through 2010—*Continued*

STATE/ County code	STATE County	Year of first census	Resident population enumerated by census									
			2010	2000	1990	1980	1970	1960	1950	1940	1930	1920
	OHIO cnt'd											
39125	Paulding	1830	19,614	20,293	20,488	21,302	19,329	16,792	15,047	15,527	15,301	18,736
39127	Perry	1820	36,058	34,078	31,557	31,032	27,434	27,864	28,999	31,087	31,445	36,098
39129	Pickaway	1810	55,698	52,727	48,255	43,662	40,071	35,855	29,352	27,889	27,238	25,788
39131	Pike	1820	28,709	27,695	24,249	22,802	19,114	19,380	14,607	16,113	13,876	14,151
39133	Portage	1810	161,419	152,061	142,585	135,856	125,868	91,798	63,954	46,660	42,682	36,269
39135	Preble	1810	42,270	42,337	40,113	38,223	34,719	32,498	27,081	23,329	22,455	23,238
39137	Putnam	1830	34,499	34,726	33,819	32,991	31,134	28,331	25,248	25,016	25,074	27,751
39139	Richland	1820	124,475	128,852	126,137	131,205	129,997	117,761	91,305	73,853	65,902	55,178
39141	Ross	1800	78,064	73,345	69,330	65,004	61,211	61,215	54,424	52,147	45,181	41,556
39143	Sandusky	1820	60,944	61,792	61,963	63,267	60,983	56,486	46,114	41,014	39,731	37,109
39145	Scioto	1810	79,499	79,195	80,327	84,545	76,951	84,216	82,910	86,565	81,221	62,850
39147	Seneca	1830	56,745	58,683	59,733	61,901	60,696	59,326	52,978	48,499	47,941	43,176
39149	Shelby	1820	49,423	47,910	44,915	43,089	37,748	33,586	28,488	26,071	24,924	25,923
39151	Stark	1810	375,586	378,098	367,585	378,823	372,210	340,345	283,194	234,887	221,784	177,218
39153	Summit	1840	541,781	542,899	514,990	524,472	553,371	513,569	410,032	339,405	344,131	286,065
39155	Trumbull	1800	210,312	225,116	227,813	241,863	232,579	208,526	158,915	132,315	123,063	83,920
39157	Tuscarawas	1810	92,582	90,914	84,090	84,614	77,211	76,789	70,320	68,816	68,193	63,578
39159	Union	1820	52,300	40,909	31,969	29,536	23,786	22,853	20,687	20,012	19,192	20,918
39161	Van Wert	1830	28,744	29,659	30,464	30,458	29,194	28,840	26,971	26,759	26,273	28,210
39163	Vinton	1850	13,435	12,806	11,098	11,584	9,420	10,274	10,759	11,573	10,287	12,075
39165	Warren	1810	212,693	158,383	113,909	99,276	84,925	65,711	38,505	29,894	27,348	25,716
39167	Washington	1800	61,778	63,251	62,254	64,266	57,160	51,689	44,407	43,537	42,437	43,049
39169	Wayne	1820	114,520	111,564	101,461	97,408	87,123	75,497	58,716	50,520	47,024	41,346
39171	Williams	1830	37,642	39,188	36,956	36,369	33,669	29,968	26,202	25,510	24,316	24,627
39173	Wood	1820	125,488	121,065	113,269	107,372	89,722	72,596	59,605	51,796	50,320	44,892
39175	Wyandot	1850	22,615	22,908	22,254	22,651	21,826	21,648	19,785	19,218	19,036	19,481
40000	**OKLAHOMA**	1890	3,751,351	3,450,654	3,145,585	3,025,290	2,559,229	2,328,284	2,233,351	2,336,434	2,396,040	2,028,283
40001	Adair	1907	22,683	21,038	18,421	18,575	15,141	13,112	14,918	15,755	14,756	13,703
40003	Alfalfa	1907	5,642	6,105	6,416	7,077	7,224	8,445	10,699	14,129	15,228	16,253
40005	Atoka	1907	14,182	13,879	12,778	12,748	10,972	10,352	14,269	18,702	14,533	20,862
40007	Beaver	1890	5,636	5,857	6,023	6,806	6,282	6,965	7,411	8,648	11,452	14,048
40009	Beckham	1907	22,119	19,799	18,812	19,243	15,754	17,782	21,627	22,169	28,991	18,989
40011	Blaine	1900	11,943	11,976	11,470	13,443	11,794	12,077	15,049	18,543	20,452	15,875
40013	Bryan	1907	42,416	36,534	32,089	30,535	25,552	24,252	28,999	38,138	32,277	40,700
40015	Caddo	1907	29,600	30,150	29,550	30,905	28,931	28,621	34,913	41,567	50,779	34,207
40017	Canadian	1890	115,541	87,697	74,409	56,452	32,245	24,727	25,644	27,329	28,115	22,288
40019	Carter	1907	47,557	45,621	42,919	43,610	37,349	39,044	36,455	43,292	41,419	40,247
40021	Cherokee	1907	46,987	42,521	34,049	30,684	23,174	17,762	18,989	21,030	17,470	19,872
40023	Choctaw	1907	15,205	15,342	15,302	17,203	15,141	15,637	20,405	28,358	24,142	32,144
40025	Cimarron	1907	2,475	3,148	3,301	3,648	4,145	4,496	4,589	3,654	5,408	3,436
40027	Cleveland	1890	255,755	208,016	174,253	133,173	81,839	47,600	41,443	27,728	24,948	19,389
40029	Coal	1907	5,925	6,031	5,780	6,041	5,525	5,546	8,056	12,811	11,521	18,406
40031	Comanche	1907	124,098	114,996	111,486	112,456	108,144	90,803	55,165	38,988	34,317	26,629
40033	Cotton	1920	6,193	6,614	6,651	7,338	6,832	8,031	10,180	12,884	15,442	16,679
40035	Craig	1907	15,029	14,950	14,104	15,014	14,722	16,303	18,263	21,083	18,052	19,160
40037	Creek	1907	69,967	67,367	60,915	59,016	45,532	40,495	43,143	55,503	64,115	62,480
40039	Custer	1900	27,469	26,142	26,897	25,995	22,665	21,040	21,097	23,068	27,517	18,736
40039.1	Day	1900	---	---	---	---	---	---	---	---	---	---
40041	Delaware	1907	41,487	37,077	28,070	23,946	17,767	13,198	14,734	18,592	15,370	13,868
40043	Dewey	1900	4,810	4,743	5,551	5,922	5,656	6,051	8,789	11,981	13,250	12,434
40045	Ellis	1907	4,151	4,075	4,497	5,596	5,129	5,457	7,326	8,466	10,541	11,673
40047	Garfield	1900	60,580	57,813	56,735	62,820	55,365	52,975	52,820	45,484	45,588	37,500
40049	Garvin	1907	27,576	27,210	26,605	27,856	24,874	28,290	29,500	31,150	31,401	32,445
40051	Grady	1907	52,431	45,516	41,747	39,490	29,354	29,590	34,872	41,116	47,638	33,943
40053	Grant	1900	4,527	5,144	5,689	6,518	7,117	8,140	10,461	13,128	14,150	16,072
40055	Greer	1890	6,239	6,061	6,559	7,028	7,979	8,877	11,749	14,550	20,282	15,836
40057	Harmon	1910	2,922	3,283	3,793	4,519	5,136	5,852	8,079	10,019	13,834	11,261
40059	Harper	1907	3,685	3,562	4,063	4,715	5,151	5,956	5,977	6,454	7,761	7,623
40061	Haskell	1907	12,769	11,792	10,940	11,010	9,578	9,121	13,313	17,324	16,216	19,397

Table C. States and Counties. Resident Population 1790 through 2010—*Continued*

STATE/ County code	STATE County	Resident population enumerated by census (continued)												
		1910	1900	1890	1880	1870	1860	1850	1840	1830	1820	1810	1800	1790
	OHIO cnt'd													
39125	Paulding	22,730	27,528	25,932	13,485	8,544	4,945	1,766	1,034	161	---	---	---	---
39127	Perry	35,396	31,841	31,151	28,218	18,453	19,678	20,775	19,344	13,970	8,429	---	---	---
39129	Pickaway	26,158	27,016	26,959	27,415	24,875	23,469	21,006	19,725	16,001	13,149	7,124	---	---
39131	Pike	15,723	18,172	17,482	17,927	15,447	13,643	10,953	7,626	6,024	4,253	---	---	---
39133	Portage	30,307	29,246	27,868	27,500	24,584	24,208	24,419	22,965	18,826	10,095	2,995	---	---
39135	Preble	23,834	23,713	23,421	24,533	21,809	21,820	21,736	19,482	16,291	10,237	3,304	---	---
39137	Putnam	29,972	32,525	30,188	23,713	17,081	12,808	7,221	5,189	230	---	---	---	---
39139	Richland	47,667	44,289	38,072	36,306	32,516	31,158	30,879	44,532	24,006	9,169	---	---	---
39141	Ross	40,069	40,940	39,454	40,307	37,097	35,071	32,074	27,460	24,068	20,619	15,514	8,540	---
39143	Sandusky	35,171	34,311	30,617	32,057	25,503	21,429	14,305	10,182	2,851	852	---	---	---
39145	Scioto	48,463	40,981	35,377	33,511	29,302	24,297	18,428	11,192	8,740	5,750	3,399	---	---
39147	Seneca	42,421	41,163	40,869	36,947	30,827	30,868	27,104	18,128	5,159	---	---	---	---
39149	Shelby	24,663	24,625	24,707	24,137	20,748	17,493	13,958	12,154	3,671	2,106	---	---	---
39151	Stark	122,987	94,747	84,170	64,031	52,508	42,978	39,878	34,603	26,588	12,406	2,734	---	---
39153	Summit	108,253	71,715	54,089	43,788	34,674	27,344	27,485	22,560	---	---	---	---	---
39155	Trumbull	52,766	46,591	42,373	44,880	38,659	30,656	30,490	38,107	26,153	15,546	8,671	1,302	---
39157	Tuscarawas	57,035	53,751	46,618	40,198	33,840	32,463	31,761	25,631	14,298	8,328	3,045	---	---
39159	Union	21,871	22,342	22,860	22,375	18,730	16,507	12,204	8,422	3,192	1,996	---	---	---
39161	Van Wert	29,119	30,394	29,671	23,028	15,823	10,238	4,793	1,577	49	---	---	---	---
39163	Vinton	13,096	15,330	16,045	17,223	15,027	13,631	9,353	---	---	---	---	---	---
39165	Warren	24,497	25,584	25,468	28,392	26,689	26,902	25,560	23,141	21,468	17,837	9,925	---	---
39167	Washington	45,422	48,245	42,380	43,244	40,609	36,268	29,540	20,823	11,731	10,425	5,991	5,427	---
39169	Wayne	38,058	37,870	39,005	40,076	35,116	32,483	32,981	35,808	23,333	11,933	---	---	---
39171	Williams	25,198	24,953	24,897	23,821	20,991	16,633	8,018	4,465	387	---	---	---	---
39173	Wood	46,330	51,555	44,392	34,022	24,596	17,886	9,157	5,357	1,102	733	---	---	---
39175	Wyandot	20,760	21,125	21,722	22,395	18,553	15,596	11,194	---	---	---	---	---	---
40000	**OKLAHOMA**	1,657,155	790,391	258,657	---	---	---	---	---	---	---	---	---	---
40001	Adair	10,535	---	---	---	---	---	---	---	---	---	---	---	---
40003	Alfalfa	18,138	---	---	---	---	---	---	---	---	---	---	---	---
40005	Atoka	13,808	---	---	---	---	---	---	---	---	---	---	---	---
40007	Beaver	13,631	3,051	2,674	---	---	---	---	---	---	---	---	---	---
40009	Beckham	19,699	---	---	---	---	---	---	---	---	---	---	---	---
40011	Blaine	17,960	10,658	---	---	---	---	---	---	---	---	---	---	---
40013	Bryan	29,854	---	---	---	---	---	---	---	---	---	---	---	---
40015	Caddo	35,685	---	---	---	---	---	---	---	---	---	---	---	---
40017	Canadian	23,501	15,981	7,158	---	---	---	---	---	---	---	---	---	---
40019	Carter	25,358	---	---	---	---	---	---	---	---	---	---	---	---
40021	Cherokee	16,778	---	---	---	---	---	---	---	---	---	---	---	---
40023	Choctaw	21,862	---	---	---	---	---	---	---	---	---	---	---	---
40025	Cimarron	4,553	---	---	---	---	---	---	---	---	---	---	---	---
40027	Cleveland	18,843	16,388	6,605	---	---	---	---	---	---	---	---	---	---
40029	Coal	15,817	---	---	---	---	---	---	---	---	---	---	---	---
40031	Comanche	41,489	---	---	---	---	---	---	---	---	---	---	---	---
40033	Cotton	---	---	---	---	---	---	---	---	---	---	---	---	---
40035	Craig	17,404	---	---	---	---	---	---	---	---	---	---	---	---
40037	Creek	26,223	---	---	---	---	---	---	---	---	---	---	---	---
40039	Custer	23,231	12,264	---	---	---	---	---	---	---	---	---	---	---
40039.1	Day	---	2,173	---	---	---	---	---	---	---	---	---	---	---
40041	Delaware	11,469	---	---	---	---	---	---	---	---	---	---	---	---
40043	Dewey	14,132	8,819	---	---	---	---	---	---	---	---	---	---	---
40045	Ellis	15,375	---	---	---	---	---	---	---	---	---	---	---	---
40047	Garfield	33,050	22,076	---	---	---	---	---	---	---	---	---	---	---
40049	Garvin	26,545	---	---	---	---	---	---	---	---	---	---	---	---
40051	Grady	30,309	---	---	---	---	---	---	---	---	---	---	---	---
40053	Grant	18,760	17,273	---	---	---	---	---	---	---	---	---	---	---
40055	Greer	16,449	17,922	5,338	---	---	---	---	---	---	---	---	---	---
40057	Harmon	11,328	---	---	---	---	---	---	---	---	---	---	---	---
40059	Harper	8,189	---	---	---	---	---	---	---	---	---	---	---	---
40061	Haskell	18,875	---	---	---	---	---	---	---	---	---	---	---	---

Table C. States and Counties. Resident Population 1790 through 2010—*Continued*

STATE/ County code	STATE County	Year of first census	Resident population enumerated by census									
			2010	2000	1990	1980	1970	1960	1950	1940	1930	1920
	OKLAHOMA cnt'd											
40063	Hughes	1907	14,003	14,154	13,023	14,338	13,228	15,144	20,664	29,189	30,334	26,045
40065	Jackson	1907	26,446	28,439	28,764	30,356	30,902	29,736	20,082	22,708	28,910	22,141
40067	Jefferson	1907	6,472	6,818	7,010	8,183	7,125	8,192	11,122	15,107	17,392	17,664
40069	Johnston	1907	10,957	10,513	10,032	10,356	7,870	8,517	10,608	15,960	13,082	20,125
40071	Kay	1900	46,562	48,080	48,056	49,852	48,791	51,042	48,892	47,084	50,186	34,907
40073	Kingfisher	1890	15,034	13,926	13,212	14,187	12,857	10,635	12,860	15,617	15,960	15,671
40075	Kiowa	1907	9,446	10,227	11,347	12,711	12,532	14,825	18,926	22,817	29,630	23,094
40077	Latimer	1907	11,154	10,692	10,333	9,840	8,601	7,738	9,690	12,380	11,184	13,866
40079	Le Flore	1907	50,384	48,109	43,270	40,698	32,137	29,106	35,276	45,866	42,896	42,765
40081	Lincoln	1900	34,273	32,080	29,216	26,601	19,482	18,783	22,102	29,529	33,738	33,406
40083	Logan	1890	41,848	33,924	29,011	26,881	19,645	18,662	22,170	25,245	27,761	27,550
40085	Love	1907	9,423	8,831	8,157	7,469	5,637	5,862	7,721	11,433	9,639	12,433
40087	McClain	1907	34,506	27,740	22,795	20,291	14,157	12,740	14,681	19,205	21,575	19,326
40089	McCurtain	1907	33,151	34,402	33,433	36,151	28,642	25,851	31,588	41,318	34,759	37,905
40091	McIntosh	1907	20,252	19,456	16,779	15,562	12,472	12,371	17,829	24,097	24,924	26,404
40093	Major	1907	7,527	7,545	8,055	8,772	7,529	7,808	10,279	11,946	12,206	12,426
40095	Marshall	1907	15,840	13,184	10,829	10,550	7,682	7,263	8,177	12,384	11,026	14,674
40097	Mayes	1907	41,259	38,369	33,366	32,261	23,302	20,073	19,743	21,668	17,883	16,829
40099	Murray	1907	13,488	12,623	12,042	12,147	10,669	10,622	10,775	13,841	12,410	13,115
40101	Muskogee	1907	70,990	69,451	68,078	66,939	59,542	61,866	65,573	65,914	66,424	61,710
40103	Noble	1900	11,561	11,411	11,045	11,573	10,043	10,376	12,156	14,826	15,139	13,560
40105	Nowata	1907	10,536	10,569	9,992	11,486	9,773	10,848	12,734	15,774	13,611	15,899
40107	Okfuskee	1907	12,191	11,814	11,551	11,125	10,683	11,706	16,948	26,279	29,016	25,051
40109	Oklahoma	1890	718,633	660,448	599,611	568,933	526,805	439,506	325,352	244,159	221,738	116,307
40111	Okmulgee	1907	40,069	39,685	36,490	39,169	35,358	36,945	44,561	50,101	56,558	55,072
40113	Osage	1890	47,472	44,437	41,645	39,327	29,750	32,441	33,071	41,502	47,334	36,536
40115	Ottawa	1907	31,848	33,194	30,561	32,870	29,800	28,301	32,218	35,849	38,542	41,108
40117	Pawnee	1900	16,577	16,612	15,575	15,310	11,338	10,884	13,616	17,395	19,882	19,126
40119	Payne	1890	77,350	68,190	61,507	62,435	50,654	44,231	46,430	36,057	36,905	30,180
40121	Pittsburg	1907	45,837	43,953	40,581	40,524	37,521	34,360	41,031	48,985	50,778	52,570
40123	Pontotoc	1907	37,492	35,143	34,119	32,598	27,867	28,089	30,875	39,792	32,469	30,949
40125	Pottawatomie	1900	69,442	65,521	58,760	55,239	43,134	41,486	43,517	54,377	66,572	46,028
40127	Pushmataha	1907	11,572	11,667	10,997	11,773	9,385	9,088	12,001	19,466	14,744	17,514
40129	Roger Mills	1900	3,647	3,436	4,147	4,799	4,452	5,090	7,395	10,736	14,164	10,638
40131	Rogers	1907	86,905	70,641	55,170	46,436	28,425	20,614	19,532	21,078	18,956	17,605
40133	Seminole	1907	25,482	24,894	25,412	27,473	25,144	28,066	40,672	61,201	79,621	23,808
40135	Sequoyah	1907	42,391	38,972	33,828	30,749	23,370	18,001	19,773	23,138	19,505	26,786
40137	Stephens	1907	45,048	43,182	42,299	43,419	35,902	37,990	34,071	31,090	33,069	24,692
40139	Texas	1907	20,640	20,107	16,419	17,727	16,352	14,162	14,235	9,896	14,100	13,975
40141	Tillman	1907	7,992	9,287	10,384	12,398	12,901	14,654	17,598	20,754	24,390	22,433
40143	Tulsa	1907	603,403	563,299	503,341	470,593	401,663	346,038	251,686	193,363	187,574	109,023
40145	Wagoner	1907	73,085	57,491	47,883	41,801	22,163	15,673	16,741	21,642	22,428	21,371
40147	Washington	1907	50,976	48,996	48,066	48,113	42,277	42,347	32,880	30,559	27,777	27,002
40149	Washita	1900	11,629	11,508	11,441	13,798	12,141	18,121	17,657	22,279	29,435	22,237
40151	Woods	1900	8,878	9,089	9,103	10,923	11,920	11,932	14,526	14,915	17,005	15,939
40153	Woodward	1900	20,081	18,486	18,976	21,172	15,537	13,902	14,383	16,270	15,844	14,663
41000	**OREGON**	1850	3,831,074	3,421,399	2,842,321	2,633,105	2,091,385	1,768,687	1,521,341	1,089,684	953,786	783,389
41001	Baker	1870	16,134	16,741	15,317	16,134	14,919	17,295	16,175	18,297	16,754	17,929
41003	Benton	1850	85,579	78,153	70,811	68,211	53,776	39,165	31,570	18,629	16,555	13,744
41005	Clackamas	1850	375,992	338,391	278,850	241,919	166,088	113,038	86,716	57,130	46,205	37,698
41007	Clatsop	1850	37,039	35,630	33,301	32,489	28,473	27,380	30,776	24,697	21,124	23,030
41009	Columbia	1860	49,351	43,560	37,557	35,646	28,790	22,379	22,967	20,971	20,047	13,960
41011	Coos	1860	63,043	62,779	60,273	64,047	56,515	54,955	42,265	32,466	28,373	22,257
41013	Crook	1890	20,978	19,182	14,111	13,091	9,985	9,430	8,991	5,533	3,336	3,424
41015	Curry	1860	22,364	21,137	19,327	16,992	13,006	13,983	6,048	4,301	3,257	3,025
41017	Deschutes	1920	157,733	115,367	74,958	62,142	30,442	23,100	21,812	18,631	14,749	9,622
41019	Douglas	1860	107,667	100,399	94,649	93,748	71,743	68,458	54,549	25,728	21,965	21,332
41021	Gilliam	1890	1,871	1,915	1,717	2,057	2,342	3,069	2,817	2,844	3,467	3,960

Table C. States and Counties. Resident Population 1790 through 2010—*Continued*

STATE/ County code	STATE County	Resident population enumerated by census (continued)												
		1910	1900	1890	1880	1870	1860	1850	1840	1830	1820	1810	1800	1790
	OKLAHOMA cnt'd													
40063	Hughes	24,040	---	---	---	---	---	---	---	---	---	---	---	---
40065	Jackson	23,737	---	---	---	---	---	---	---	---	---	---	---	---
40067	Jefferson	17,430	---	---	---	---	---	---	---	---	---	---	---	---
40069	Johnston	16,734	---	---	---	---	---	---	---	---	---	---	---	---
40071	Kay	26,999	22,530	---	---	---	---	---	---	---	---	---	---	---
40073	Kingfisher	18,825	18,501	8,332	---	---	---	---	---	---	---	---	---	---
40075	Kiowa	27,526	---	---	---	---	---	---	---	---	---	---	---	---
40077	Latimer	11,321	---	---	---	---	---	---	---	---	---	---	---	---
40079	Le Flore	29,127	---	---	---	---	---	---	---	---	---	---	---	---
40081	Lincoln	34,779	27,007	---	---	---	---	---	---	---	---	---	---	---
40083	Logan	31,740	26,563	12,770	---	---	---	---	---	---	---	---	---	---
40085	Love	10,236	---	---	---	---	---	---	---	---	---	---	---	---
40087	McClain	15,659	---	---	---	---	---	---	---	---	---	---	---	---
40089	McCurtain	20,681	---	---	---	---	---	---	---	---	---	---	---	---
40091	McIntosh	20,961	---	---	---	---	---	---	---	---	---	---	---	---
40093	Major	15,248	---	---	---	---	---	---	---	---	---	---	---	---
40095	Marshall	11,619	---	---	---	---	---	---	---	---	---	---	---	---
40097	Mayes	13,596	---	---	---	---	---	---	---	---	---	---	---	---
40099	Murray	12,744	---	---	---	---	---	---	---	---	---	---	---	---
40101	Muskogee	52,743	---	---	---	---	---	---	---	---	---	---	---	---
40103	Noble	14,945	11,798	---	---	---	---	---	---	---	---	---	---	---
40105	Nowata	14,223	---	---	---	---	---	---	---	---	---	---	---	---
40107	Okfuskee	19,995	---	---	---	---	---	---	---	---	---	---	---	---
40109	Oklahoma	85,232	25,915	11,742	---	---	---	---	---	---	---	---	---	---
40111	Okmulgee	21,115	---	---	---	---	---	---	---	---	---	---	---	---
40113	Osage	20,101	---	---	---	---	---	---	---	---	---	---	---	---
40115	Ottawa	15,713	---	---	---	---	---	---	---	---	---	---	---	---
40117	Pawnee	17,332	12,366	---	---	---	---	---	---	---	---	---	---	---
40119	Payne	23,735	20,909	7,215	---	---	---	---	---	---	---	---	---	---
40121	Pittsburg	47,650	---	---	---	---	---	---	---	---	---	---	---	---
40123	Pontotoc	24,331	---	---	---	---	---	---	---	---	---	---	---	---
40125	Pottawatomie	43,595	26,412	---	---	---	---	---	---	---	---	---	---	---
40127	Pushmataha	10,118	---	---	---	---	---	---	---	---	---	---	---	---
40129	Roger Mills	12,861	6,190	---	---	---	---	---	---	---	---	---	---	---
40131	Rogers	17,736	---	---	---	---	---	---	---	---	---	---	---	---
40133	Seminole	19,964	---	---	---	---	---	---	---	---	---	---	---	---
40135	Sequoyah	25,005	---	---	---	---	---	---	---	---	---	---	---	---
40137	Stephens	22,252	---	---	---	---	---	---	---	---	---	---	---	---
40139	Texas	14,249	---	---	---	---	---	---	---	---	---	---	---	---
40141	Tillman	18,650	---	---	---	---	---	---	---	---	---	---	---	---
40143	Tulsa	34,995	---	---	---	---	---	---	---	---	---	---	---	---
40145	Wagoner	22,086	---	---	---	---	---	---	---	---	---	---	---	---
40147	Washington	17,484	---	---	---	---	---	---	---	---	---	---	---	---
40149	Washita	25,034	15,001	---	---	---	---	---	---	---	---	---	---	---
40151	Woods	17,567	34,975	---	---	---	---	---	---	---	---	---	---	---
40153	Woodward	16,592	7,469	---	---	---	---	---	---	---	---	---	---	---
41000	**OREGON**	672,765	413,536	317,704	174,768	90,923	52,465	12,093	---	---	---	---	---	---
41001	Baker	18,076	15,597	6,764	4,616	2,804	---	---	---	---	---	---	---	---
41003	Benton	10,663	6,706	8,650	6,403	4,584	3,074	814	---	---	---	---	---	---
41005	Clackamas	29,931	19,658	15,233	9,260	5,993	3,466	1,859	---	---	---	---	---	---
41007	Clatsop	16,106	12,765	10,016	7,222	1,255	498	462	---	---	---	---	---	---
41009	Columbia	10,580	6,237	5,191	2,042	863	532	---	---	---	---	---	---	---
41011	Coos	17,959	10,324	8,874	4,834	1,644	445	---	---	---	---	---	---	---
41013	Crook	9,315	3,964	3,244	---	---	---	---	---	---	---	---	---	---
41015	Curry	2,044	1,868	1,709	1,208	504	393	---	---	---	---	---	---	---
41017	Deschutes	---	---	---	---	---	---	---	---	---	---	---	---	---
41019	Douglas	19,674	14,565	11,864	9,596	6,066	3,203	---	---	---	---	---	---	---
41021	Gilliam	3,701	3,201	3,600	---	---	---	---	---	---	---	---	---	---

Table C. States and Counties. Resident Population 1790 through 2010—*Continued*

STATE/ County code	STATE County	Year of first census	Resident population enumerated by census									
			2010	2000	1990	1980	1970	1960	1950	1940	1930	1920
	OREGON cnt'd											
41023	Grant	1870	7,445	7,935	7,853	8,210	6,996	7,726	8,329	6,380	5,940	5,496
41025	Harney	1890	7,422	7,609	7,060	8,314	7,215	6,744	6,113	5,374	5,920	3,992
41027	Hood River	1910	22,346	20,411	16,903	15,835	13,187	13,395	12,740	11,580	8,938	8,315
41029	Jackson	1860	203,206	181,269	146,389	132,456	94,533	73,962	58,510	36,213	32,918	20,405
41031	Jefferson	1920	21,720	19,009	13,676	11,599	8,548	7,130	5,536	2,042	2,291	3,211
41033	Josephine	1860	82,713	75,726	62,649	58,855	35,746	29,917	26,542	16,301	11,498	7,655
41035	Klamath	1890	66,380	63,775	57,702	59,117	50,021	47,475	42,150	40,497	32,407	11,413
41037	Lake	1880	7,895	7,422	7,186	7,532	6,343	7,158	6,649	6,293	4,833	3,991
41039	Lane	1860	351,715	322,959	282,912	275,226	213,358	162,890	125,776	69,096	54,493	36,166
41041	Lincoln	1900	46,034	44,479	38,889	35,264	25,755	24,635	21,308	14,549	9,903	6,084
41043	Linn	1850	116,672	103,069	91,227	89,495	71,914	58,867	54,317	30,485	24,700	24,550
41045	Malheur	1890	31,313	31,615	26,038	26,896	23,169	22,764	23,223	19,767	11,269	10,907
41047	Marion	1850	315,335	284,834	228,483	204,692	151,309	120,888	101,401	75,246	60,541	47,187
41049	Morrow	1890	11,173	10,995	7,625	7,519	4,465	4,871	4,783	4,337	4,941	5,617
41051	Multnomah	1860	735,334	660,486	583,887	562,640	556,667	522,813	471,537	355,099	338,241	275,898
41053	Polk	1850	75,403	62,380	49,541	45,203	35,349	26,523	26,317	19,989	16,858	14,181
41055	Sherman	1890	1,765	1,934	1,918	2,172	2,139	2,446	2,271	2,321	2,978	3,826
41057	Tillamook	1860	25,250	24,262	21,570	21,164	17,930	18,955	18,606	12,263	11,824	8,810
41059	Umatilla	1870	75,889	70,548	59,249	58,861	44,923	44,352	41,703	26,030	24,399	25,946
41061	Union	1870	25,748	24,530	23,598	23,921	19,377	18,180	17,962	17,399	17,492	16,636
41061.1	Umpqua	1860	---	---	---	---	---	---	---	---	---	---
41063	Wallowa	1890	7,008	7,226	6,911	7,273	6,247	7,102	7,264	7,623	7,814	9,778
41065	Wasco	1860	25,213	23,791	21,683	21,732	20,133	20,205	15,552	13,069	12,646	13,648
41067	Washington	1850	529,710	445,342	311,554	245,808	157,920	92,237	61,269	39,194	30,275	26,376
41069	Wheeler	1900	1,441	1,547	1,396	1,513	1,849	2,722	3,313	2,974	2,799	2,791
41071	Yamhill	1850	99,193	84,992	65,551	55,332	40,213	32,478	33,484	26,336	22,036	20,529
42000	**PENNSYLVANIA**	1790	12,702,379	12,281,054	11,881,643	11,863,895	11,793,909	11,319,366	10,498,012	9,900,180	9,631,350	8,720,017
42001	Adams	1800	101,407	91,292	78,274	68,292	56,937	51,906	44,197	39,435	37,128	34,583
42003	Allegheny	1790	1,223,348	1,281,666	1,336,449	1,450,085	1,605,016	1,628,587	1,515,237	1,411,539	1,374,410	1,185,808
42005	Armstrong	1800	68,941	72,392	73,478	77,768	75,590	79,524	80,842	81,087	79,298	75,568
42007	Beaver	1800	170,539	181,412	186,093	204,441	208,418	206,948	175,192	156,754	149,062	111,621
42009	Bedford	1790	49,762	49,984	47,919	46,784	42,353	42,451	40,775	40,809	37,309	38,277
42011	Berks	1790	411,442	373,638	336,523	312,509	296,382	275,414	255,740	241,884	231,717	200,854
42013	Blair	1850	127,089	129,144	130,542	136,621	135,356	137,270	139,514	140,358	139,840	128,334
42015	Bradford	1820	62,622	62,761	60,967	62,919	57,962	54,925	51,722	50,615	49,039	53,166
42017	Bucks	1790	625,249	597,635	541,174	479,211	415,056	308,567	144,620	107,715	96,727	82,476
42019	Butler	1800	183,862	174,083	152,013	147,912	127,941	114,639	97,320	87,590	80,480	77,270
42021	Cambria	1810	143,679	152,598	163,029	183,263	186,785	203,283	209,541	213,459	203,146	197,839
42023	Cameron	1870	5,085	5,974	5,913	6,674	7,096	7,586	7,023	6,852	5,307	6,297
42025	Carbon	1850	65,249	58,802	56,846	53,285	50,573	52,889	57,558	61,735	63,380	62,565
42027	Centre	1810	153,990	135,758	123,786	112,760	99,267	78,580	65,922	52,608	46,294	44,304
42029	Chester	1790	498,886	433,501	376,396	316,660	278,311	210,608	159,141	135,626	126,629	115,120
42031	Clarion	1850	39,988	41,765	41,699	43,362	38,414	37,408	38,344	38,410	34,531	36,170
42033	Clearfield	1810	81,642	83,382	78,097	83,578	74,619	81,534	85,957	92,094	86,727	103,236
42035	Clinton	1840	39,238	37,914	37,182	38,971	37,721	37,619	36,532	34,557	32,319	33,555
42037	Columbia	1820	67,295	64,151	63,202	61,967	55,114	53,489	53,460	51,413	48,803	48,349
42039	Crawford	1800	88,765	90,366	86,169	88,869	81,342	77,956	78,948	71,644	62,980	60,667
42041	Cumberland	1790	235,406	213,674	195,257	178,541	158,177	124,816	94,457	74,806	68,236	58,578
42043	Dauphin	1790	268,100	251,798	237,813	232,317	223,834	220,255	197,784	177,410	165,231	153,116
42045	Delaware	1790	558,979	550,864	547,651	555,007	600,035	553,154	414,234	310,756	280,264	173,084
42047	Elk	1850	31,946	35,112	34,878	38,338	37,770	37,328	34,503	34,443	33,431	34,981
42049	Erie	1800	280,566	280,843	275,572	279,780	263,654	250,682	219,388	180,889	175,277	153,536
42051	Fayette	1790	136,606	148,644	145,351	159,417	154,667	169,340	189,899	200,999	198,542	188,104
42053	Forest	1860	7,716	4,946	4,802	5,072	4,926	4,485	4,944	5,791	5,180	7,477
42055	Franklin	1790	149,618	129,313	121,082	113,629	100,833	88,172	75,927	69,378	65,010	62,275
42057	Fulton	1850	14,845	14,261	13,837	12,842	10,776	10,597	10,387	10,673	9,231	9,617
42059	Greene	1800	38,686	40,672	39,550	40,476	36,090	39,424	45,394	44,671	41,767	30,804
42061	Huntingdon	1790	45,913	45,586	44,164	42,253	39,108	39,457	40,872	41,836	39,021	39,848
42063	Indiana	1810	88,880	89,605	89,994	92,281	79,451	75,366	77,106	79,854	75,395	80,910
42065	Jefferson	1810	45,200	45,932	46,083	48,303	43,695	46,792	49,147	54,090	52,114	62,104
42067	Juniata	1840	24,636	22,821	20,625	19,188	16,712	15,874	15,243	15,373	14,325	14,464

Table C. States and Counties. Resident Population 1790 through 2010—*Continued*

STATE/ County code	STATE County	Resident population enumerated by census (continued)												
		1910	1900	1890	1880	1870	1860	1850	1840	1830	1820	1810	1800	1790
	OREGON cnt'd													
41023	Grant	5,607	5,948	5,080	4,303	2,251	---	---	---	---	---	---	---	---
41025	Harney	4,059	2,598	2,559	---	---	---	---	---	---	---	---	---	---
41027	Hood River	8,016	---	---	---	---	---	---	---		---	---	---	---
41029	Jackson	25,756	13,698	11,455	8,154	4,778	3,736	---	---	---	---	---	---	---
41031	Jefferson	---	---	---	---	---	---	---	---		---	---	---	---
41033	Josephine	9,567	7,517	4,878	2,485	1,204	1,623	---	---	---	---	---	---	---
41035	Klamath	8,554	3,970	2,444	---	---	---	---	---	---	---	---	---	---
41037	Lake	4,658	2,847	2,604	2,804	---	---	---	---	---	---	---	---	---
41039	Lane	33,783	19,604	15,198	9,411	6,426	4,780	---	---	---	---	---	---	---
41041	Lincoln	5,587	3,575				---	---	---	---	---	---	---	---
41043	Linn	22,662	18,603	16,265	12,676	8,717	6,772	994	---	---	---	---	---	---
41045	Malheur	8,601	4,203	2,601	---	---	---	---	---	---	---	---	---	---
41047	Marion	39,780	27,713	22,934	14,576	9,965	7,088	2,749	---	---	---	---	---	---
41049	Morrow	4,357	4,151	4,205	---	---	---	---	---	---	---	---	---	---
41051	Multnomah	226,261	103,167	74,884	25,203	11,510	4,150	---	---	---	---	---	---	---
41053	Polk	13,469	9,923	7,858	6,601	4,701	3,625	1,051	---	---	---	---	---	---
41055	Sherman	4,242	3,477	1,792	---	---	---	---	---	---	---	---	---	---
41057	Tillamook	6,266	4,471	2,932	970	408	95	---	---	---	---	---	---	---
41059	Umatilla	20,309	18,049	13,381	9,607	2,916	---	---	---	---	---	---	---	---
41061	Union	16,191	16,070	12,044	6,650	2,552	---	---	---	---	---	---	---	---
41061.1	Umpqua	---	---	---	---	---	1,250	---	---	---	---	---	---	---
41063	Wallowa	8,364	5,538	3,661	---	---	---	---	---	---	---	---	---	---
41065	Wasco	16,336	13,199	9,183	11,120	2,509	1,689	---	---	---	---	---	---	---
41067	Washington	21,522	14,467	11,972	7,082	4,261	2,801	2,652	---	---	---	---	---	---
41069	Wheeler	2,484	2,443	---	---	---	---	---	---	---	---	---	---	---
41071	Yamhill	18,285	13,420	10,692	7,945	5,012	3,245	1,512	---	---	---	---	---	---
42000	**PENNSYLVANIA**	7,665,111	6,302,115	5,258,113	4,282,891	3,521,951	2,906,215	2,311,786	1,724,033	1,348,233	1,049,458	810,091	602,365	434,373
42001	Adams	34,319	34,496	33,486	32,455	30,315	28,006	25,981	23,044	21,379	19,370	15,152	13,172	---
42003	Allegheny	1,018,463	775,058	551,959	355,869	262,204	178,831	138,290	81,235	50,552	34,921	25,317	15,087	10,309
42005	Armstrong	67,880	52,551	46,747	47,641	43,382	35,797	29,560	28,365	17,701	10,324	6,143	2,399	---
42007	Beaver	78,353	56,432	50,077	39,605	36,148	29,140	26,689	29,368	24,183	15,340	12,168	5,776	---
42009	Bedford	38,879	39,468	38,644	34,929	29,635	26,736	23,052	29,335	24,502	20,248	15,746	12,039	13,124
42011	Berks	183,222	159,615	137,327	122,597	106,701	93,818	77,129	64,569	53,152	46,275	43,146	32,407	30,179
42013	Blair	108,858	85,099	70,866	52,740	38,051	27,829	21,777	---	---	---	---	---	---
42015	Bradford	54,526	59,403	59,233	58,541	53,204	48,734	42,831	32,769	19,746	11,554	---	---	---
42017	Bucks	76,530	71,190	70,615	68,656	64,336	63,578	56,091	48,107	45,745	37,842	32,371	27,496	25,401
42019	Butler	72,689	56,962	55,339	52,536	36,510	35,594	30,346	22,378	14,581	10,193	7,346	3,916	---
42021	Cambria	166,131	104,837	66,375	46,811	36,569	29,155	17,773	11,256	7,076	3,287	2,117	---	---
42023	Cameron	7,644	7,048	7,238	5,159	4,273	---	---	---	---	---	---	---	---
42025	Carbon	52,846	44,510	38,624	31,923	28,144	21,033	15,686	---	---	---	---	---	---
42027	Centre	43,424	42,894	43,269	37,922	34,418	27,000	23,355	20,492	18,879	13,796	10,681	---	---
42029	Chester	109,213	95,695	89,377	83,481	77,805	74,578	66,438	57,515	50,910	44,451	39,596	32,093	27,937
42031	Clarion	36,638	34,283	36,802	40,328	26,537	24,988	23,565	---	---	---	---	---	---
42033	Clearfield	93,768	80,614	69,565	43,408	25,741	18,759	12,586	7,834	4,803	2,342	875	---	---
42035	Clinton	31,545	29,197	28,685	26,278	23,211	17,723	11,207	8,323	---	---	---	---	---
42037	Columbia	48,467	39,896	36,832	32,409	28,766	25,065	17,710	24,267	20,059	17,621	---	---	---
42039	Crawford	61,565	63,643	65,324	68,607	63,832	48,755	37,849	31,724	16,030	9,397	6,178	2,346	---
42041	Cumberland	54,479	50,344	47,271	45,977	43,912	40,098	34,327	30,953	29,226	23,606	26,757	25,386	18,243
42043	Dauphin	136,152	114,443	96,977	76,148	60,740	46,756	35,754	30,118	25,243	21,653	31,883	22,270	18,177
42045	Delaware	117,906	94,762	74,683	56,101	39,403	30,597	24,679	19,791	17,323	14,810	14,734	12,809	9,483
42047	Elk	35,871	32,903	22,239	12,800	8,488	5,915	3,531	---	---	---	---	---	---
42049	Erie	115,517	98,473	86,074	74,688	65,973	49,432	38,742	31,344	17,041	8,553	3,758	1,468	---
42051	Fayette	167,449	110,412	80,006	58,842	43,284	39,909	39,112	33,574	29,172	27,285	24,714	20,159	13,325
42053	Forest	9,435	11,039	8,482	4,385	4,010	898	---	---	---	---	---	---	---
42055	Franklin	59,775	54,902	51,433	49,855	45,365	42,126	39,904	37,793	35,037	31,892	23,083	19,638	15,655
42057	Fulton	9,703	9,924	10,137	10,149	9,360	9,131	7,567	---	---	---	---	---	---
42059	Greene	28,882	28,281	28,935	28,273	25,887	24,343	22,136	19,147	18,028	15,554	12,544	8,605	---
42061	Huntingdon	38,304	34,650	35,751	33,954	31,251	28,100	24,786	35,484	27,145	20,142	14,778	13,008	7,565
42063	Indiana	66,210	42,556	42,175	40,527	36,138	33,687	27,170	20,782	14,252	8,882	6,214	---	---
42065	Jefferson	63,090	59,113	44,005	27,935	21,656	18,270	13,518	7,253	2,025	561	161	---	---
42067	Juniata	15,013	16,054	16,655	18,227	17,390	16,986	13,029	11,080	---	---	---	---	---
42069	Lackawanna	259,570	193,831	142,088	89,269	---	---	---	---	---	---	---	---	---

Table C. States and Counties. Resident Population 1790 through 2010—*Continued*

STATE/ County code	STATE County	Year of first census	Resident population enumerated by census									
			2010	2000	1990	1980	1970	1960	1950	1940	1930	1920
	PENNSYLVANIA cnt'd											
42069	Lackawanna	1880	214,437	213,295	219,039	227,908	234,107	234,531	257,396	301,243	310,397	286,311
42071	Lancaster	1790	519,445	470,658	422,822	362,346	319,693	278,359	234,717	212,504	196,882	173,797
42073	Lawrence	1850	91,108	94,643	96,246	107,150	107,374	112,965	105,120	96,877	97,258	85,545
42075	Lebanon	1820	133,568	120,327	113,744	108,582	99,665	90,853	81,683	72,641	67,103	63,152
42077	Lehigh	1820	349,497	312,090	291,130	272,349	255,304	227,536	198,207	177,533	172,893	148,101
42079	Luzerne	1790	320,918	319,250	328,149	343,079	342,301	346,972	392,241	441,518	445,109	390,991
42081	Lycoming	1800	116,111	120,044	118,710	118,416	113,296	109,367	101,249	93,633	93,421	83,100
42083	McKean	1810	43,450	45,936	47,131	50,635	51,915	54,517	56,607	56,673	55,167	48,934
42085	Mercer	1800	116,638	120,293	121,003	128,299	127,175	127,519	111,954	101,039	99,246	93,788
42087	Mifflin	1790	46,682	46,486	46,197	46,908	45,268	44,348	43,691	42,993	40,335	31,439
42089	Monroe	1840	169,842	138,687	95,709	69,409	45,422	39,567	33,773	29,802	28,286	24,295
42091	Montgomery	1790	799,874	750,097	678,111	643,621	623,799	516,682	353,068	289,247	265,804	199,310
42093	Montour	1850	18,267	18,236	17,735	16,675	16,508	16,730	16,001	15,466	14,517	14,080
42095	Northampton	1790	297,735	267,066	247,105	225,418	214,368	201,412	185,243	168,959	169,304	153,506
42097	Northumberland	1790	94,528	94,556	96,771	100,381	99,190	104,138	117,115	126,887	128,504	122,079
42099	Perry	1820	45,969	43,602	41,172	35,718	28,615	26,582	24,782	23,213	21,744	22,875
42101	Philadelphia	1790	1,526,006	1,517,550	1,585,577	1,688,210	1,948,609	2,002,512	2,071,605	1,931,334	1,950,961	1,823,779
42103	Pike	1820	57,369	46,302	27,966	18,271	11,818	9,158	8,425	7,452	7,483	6,818
42105	Potter	1810	17,457	18,080	16,717	17,726	16,395	16,483	16,810	18,201	17,489	21,089
42107	Schuylkill	1820	148,289	150,336	152,585	160,630	160,089	173,027	200,577	228,331	235,505	217,754
42109	Snyder	1860	39,702	37,546	36,680	33,584	29,269	25,922	22,912	20,208	18,836	17,129
42111	Somerset	1800	77,742	80,023	78,218	81,243	76,037	77,450	81,813	84,957	80,764	82,112
42113	Sullivan	1850	6,428	6,556	6,104	6,349	5,961	6,251	6,745	7,504	7,499	9,520
42115	Susquehanna	1820	43,356	42,238	40,380	37,876	34,344	33,137	31,970	33,893	33,806	34,763
42117	Tioga	1810	41,981	41,373	41,126	40,973	39,691	36,614	35,474	35,004	31,871	37,118
42119	Union	1820	44,947	41,624	36,176	32,870	28,603	25,646	23,150	20,247	17,468	15,850
42121	Venango	1800	54,984	57,565	59,381	64,444	62,353	65,295	65,328	63,958	63,226	59,184
42123	Warren	1800	41,815	43,863	45,050	47,449	47,682	45,582	42,698	42,789	41,453	40,024
42125	Washington	1790	207,820	202,897	204,584	217,074	210,876	217,271	209,628	210,852	204,802	188,992
42127	Wayne	1800	52,822	47,722	39,944	35,237	29,581	28,237	28,478	29,934	28,420	27,435
42129	Westmoreland	1790	365,169	369,993	370,321	392,294	376,935	352,629	313,179	303,411	294,995	273,568
42131	Wyoming	1850	28,276	28,080	28,076	26,433	19,082	16,813	16,766	16,702	15,517	14,101
42133	York	1790	434,972	381,751	339,574	312,963	272,603	238,336	202,737	178,022	167,135	144,521
44000	**RHODE ISLAND**	1790	1,052,567	1,048,319	1,003,464	947,154	946,725	859,488	791,896	713,346	687,497	604,397
44001	Bristol	1790	49,875	50,648	48,859	46,942	45,937	37,146	29,079	25,548	25,089	23,113
44003	Kent	1790	166,158	167,090	161,135	154,163	142,382	112,619	77,763	58,311	51,390	38,269
44005	Newport	1790	82,888	85,433	87,194	81,383	94,559	81,891	61,539	46,696	41,668	42,893
44007	Providence	1790	626,667	621,602	596,270	571,349	580,261	568,778	574,973	550,298	540,016	475,190
44009	Washington	1790	126,979	123,546	110,006	93,317	83,586	59,054	48,542	32,493	29,334	24,932
45000	**SOUTH CAROLINA**	1790	4,625,364	4,012,012	3,486,703	3,121,820	2,590,516	2,382,594	2,117,027	1,899,804	1,738,765	1,683,724
45001	Abbeville	1790	25,417	26,167	23,862	22,627	21,112	21,417	22,456	22,931	23,323	27,139
45003	Aiken	1880	160,099	142,552	120,940	105,625	91,023	81,038	53,137	49,916	47,403	45,574
45005	Allendale	1920	10,419	11,211	11,722	10,700	9,692	11,362	11,773	13,040	13,294	16,098
45007	Anderson	1830	187,126	165,740	145,196	133,235	105,474	98,478	90,664	88,712	80,949	76,349
45009	Bamberg	1900	15,987	16,658	16,902	18,118	15,950	16,274	17,533	18,643	19,410	20,962
45011	Barnwell	1800	22,621	23,478	20,293	19,868	17,176	17,659	17,266	20,138	21,221	23,081
45013	Beaufort	1790	162,233	120,937	86,425	65,364	51,136	44,187	26,993	22,037	21,815	22,269
45015	Berkeley	1890	177,843	142,651	128,776	94,727	56,199	38,196	30,251	27,128	22,236	22,558
45017	Calhoun	1910	15,175	15,185	12,753	12,206	10,780	12,256	14,753	16,229	16,707	18,384
45019	Charleston	1790	350,209	309,969	295,039	276,974	247,650	216,382	164,856	121,105	101,050	108,450
45021	Cherokee	1900	55,342	52,537	44,506	40,983	36,791	35,205	34,992	33,290	32,201	27,570
45023	Chester	1790	33,140	34,068	32,170	30,148	29,811	30,888	32,597	32,579	31,803	33,389
45025	Chesterfield	1800	46,734	42,768	38,577	38,161	33,667	33,717	36,236	35,963	34,334	31,969
45027	Clarendon	1790	34,971	32,502	28,450	27,464	25,604	29,490	32,215	31,500	30,036	34,878
45029	Colleton	1800	38,892	38,264	34,377	31,776	27,622	27,816	28,242	26,268	25,821	29,897
45031	Darlington	1800	68,681	67,394	61,851	62,717	53,442	52,928	50,016	45,198	41,427	39,126
45033	Dillon	1910	32,062	30,722	29,114	31,083	28,838	30,584	30,930	29,625	25,733	25,278
45035	Dorchester	1900	136,555	96,413	83,060	58,761	32,276	24,383	22,601	19,928	18,956	19,459
45037	Edgefield	1790	26,985	24,595	18,375	17,528	15,692	15,735	16,591	17,894	19,326	23,928
45039	Fairfield	1790	23,956	23,454	22,295	20,700	19,999	20,713	21,780	24,187	23,287	27,159
45041	Florence	1890	136,885	125,761	114,344	110,163	89,636	84,438	79,710	70,582	61,027	50,406
45043	Georgetown	1790	60,158	55,797	46,302	42,461	33,500	34,798	31,762	26,352	21,738	21,716

Table C. States and Counties. Resident Population 1790 through 2010—*Continued*

STATE/ County code	STATE County	Resident population enumerated by census (continued)												
		1910	1900	1890	1880	1870	1860	1850	1840	1830	1820	1810	1800	1790
	PENNSYLVANIA cnt'd													
42071	Lancaster	167,029	159,241	149,095	139,447	121,340	116,314	98,944	84,203	76,631	68,336	53,927	43,403	36,147
42073	Lawrence	70,032	57,042	37,517	33,312	27,298	22,999	21,079	---	---	---	---	---	---
42075	Lebanon	59,565	53,827	48,131	38,476	34,096	31,831	26,071	21,872	20,557	16,988	---	---	---
42077	Lehigh	118,832	93,893	76,631	65,969	56,796	43,753	32,479	25,787	22,256	18,895	---	---	---
42079	Luzerne	343,186	257,121	201,203	133,065	160,915	90,244	56,072	44,006	27,379	20,027	18,109	12,839	4,904
42081	Lycoming	80,813	75,663	70,579	57,486	47,626	37,399	26,257	22,649	17,636	13,517	11,006	5,414	---
42083	McKean	47,868	51,343	46,863	42,565	8,825	8,859	5,254	2,975	1,439	728	142	---	---
42085	Mercer	77,699	57,387	55,744	56,161	49,977	36,856	33,172	32,873	19,729	11,681	8,277	3,228	---
42087	Mifflin	27,785	23,160	19,996	19,577	17,508	16,340	14,980	13,092	21,690	16,618	12,132	13,609	7,562
42089	Monroe	22,941	21,161	20,111	20,175	18,362	16,758	13,270	9,879	---	---	---	---	---
42091	Montgomery	169,590	138,995	123,290	96,494	81,612	70,500	58,291	47,241	39,406	35,793	29,703	24,150	22,929
42093	Montour	14,868	15,526	15,645	15,468	15,344	13,053	13,239	---	---	---	---	---	---
42095	Northampton	127,667	99,687	84,220	70,312	61,432	47,904	40,235	40,996	39,482	31,765	38,145	30,062	24,250
42097	Northumberland	111,420	90,911	74,698	53,123	41,444	28,922	23,272	20,027	18,133	15,424	36,327	27,797	17,161
42099	Perry	24,136	26,263	26,276	27,522	25,447	22,793	20,088	17,096	14,261	11,342	---	---	---
42101	Philadelphia	1,549,008	1,293,697	1,046,964	847,170	674,022	565,529	408,762	258,037	188,797	137,097	111,210	81,009	54,391
42103	Pike	8,033	8,766	9,412	9,663	8,436	7,155	5,881	3,832	4,843	2,894	---	---	---
42105	Potter	29,729	30,621	22,778	13,797	11,265	11,470	6,048	3,371	1,265	186	29	---	---
42107	Schuylkill	207,894	172,927	154,163	129,974	116,428	89,510	60,713	29,053	20,744	11,339	---	---	---
42109	Snyder	16,800	17,304	17,651	17,797	15,606	15,035	---	---	---	---	---	---	---
42111	Somerset	67,717	49,461	37,317	33,110	28,226	26,778	24,416	19,650	17,762	13,974	11,284	10,188	---
42113	Sullivan	11,293	12,134	11,620	8,073	6,191	5,637	3,694	---	---	---	---	---	---
42115	Susquehanna	37,746	40,043	40,093	40,354	37,523	36,267	28,688	21,195	16,787	9,960	---	---	---
42117	Tioga	42,829	49,086	52,313	45,814	35,097	31,044	23,987	15,498	8,978	4,021	1,687	---	---
42119	Union	16,249	17,592	17,820	16,905	15,565	14,145	26,083	22,787	20,795	18,619	---	---	---
42121	Venango	56,359	49,648	46,640	43,670	47,925	25,043	18,310	17,900	9,470	4,915	3,060	1,130	---
42123	Warren	39,573	38,946	37,684	27,981	23,897	19,190	13,671	9,278	4,697	1,976	827	233	---
42125	Washington	143,680	92,181	71,155	55,418	48,483	46,805	44,939	41,279	42,784	40,038	36,289	28,298	23,866
42127	Wayne	29,236	30,171	31,010	33,513	33,188	32,239	21,890	11,848	7,663	4,127	4,125	2,562	---
42129	Westmoreland	231,304	160,175	112,819	78,036	58,719	53,736	51,726	42,699	38,400	30,540	26,392	22,726	16,018
42131	Wyoming	15,509	17,152	15,891	15,598	14,585	12,540	10,655	---	---	---	---	---	---
42133	York	136,405	116,413	99,489	87,841	76,134	68,200	57,450	47,010	42,859	38,759	31,958	25,643	37,747
44000	**RHODE ISLAND**	542,610	428,556	345,506	276,531	217,353	174,620	147,545	108,830	97,199	83,059	76,931	69,122	68,825
44001	Bristol	17,602	13,144	11,428	11,394	9,421	8,907	8,514	6,476	5,446	5,637	5,072	3,801	3,211
44003	Kent	36,378	29,976	26,754	20,588	18,595	17,303	15,068	13,083	12,789	10,228	9,834	8,487	8,848
44005	Newport	39,335	32,599	28,552	24,180	20,050	21,896	20,007	16,874	16,535	15,771	16,294	14,845	14,300
44007	Providence	424,353	328,683	255,123	197,874	149,190	107,799	87,526	58,073	47,018	35,736	30,769	25,854	24,391
44009	Washington	24,942	24,154	23,649	22,495	20,097	18,715	16,430	14,324	15,411	15,687	14,962	16,135	18,075
45000	**SOUTH CAROLINA**	1,515,400	1,340,316	1,151,149	995,577	705,606	703,708	668,507	594,398	581,185	502,741	415,115	345,591	249,073
45001	Abbeville	34,804	33,400	46,854	40,815	31,129	32,385	32,318	29,351	28,149	23,167	21,156	13,553	9,197
45003	Aiken	41,849	39,032	31,822	28,112	---	---	---	---	---	---	---	---	---
45005	Allendale	---	---	---	---	---	---	---	---	---	---	---	---	---
45007	Anderson	69,568	55,728	43,696	33,612	24,049	22,873	21,475	18,493	17,169	---	---	---	---
45009	Bamberg	18,544	17,296	---	---	---	---	---	---	---	---	---	---	---
45011	Barnwell	34,209	35,504	44,613	39,857	35,724	30,743	26,608	21,471	19,236	14,750	12,280	7,376	---
45013	Beaufort	30,355	35,495	34,119	30,176	34,359	40,053	38,805	35,794	37,032	32,199	25,887	20,428	18,753
45015	Berkeley	23,487	30,454	55,428	---	---	---	---	---	---	---	---	---	---
45017	Calhoun	16,634	---	---	---	---	---	---	---	---	---	---	---	---
45019	Charleston	88,594	88,006	59,903	102,800	88,863	70,100	72,805	82,661	86,338	80,212	63,179	57,480	66,985
45021	Cherokee	26,179	21,359	---	---	---	---	---	---	---	---	---	---	---
45023	Chester	29,425	28,616	26,660	24,153	18,805	18,122	18,038	17,747	17,182	14,189	11,479	8,185	6,866
45025	Chesterfield	26,301	20,401	18,468	16,345	10,584	11,834	10,790	8,574	8,472	6,645	5,564	5,216	---
45027	Clarendon	32,188	28,184	23,233	19,190	14,038	13,095	---	---	---	---	---	---	2,392
45029	Colleton	35,390	33,452	40,293	36,386	25,410	41,916	39,505	25,548	27,256	26,404	26,359	24,903	---
45031	Darlington	36,027	32,388	29,134	34,485	26,243	20,361	16,830	14,822	13,728	10,949	9,047	7,631	---
45033	Dillon	22,615	---	---	---	---	---	---	---	---	---	---	---	---
45035	Dorchester	17,891	16,294	---	---	---	---	---	---	---	---	---	---	---
45037	Edgefield	28,281	25,478	49,259	45,844	42,486	39,887	39,262	32,852	30,509	25,119	23,160	18,130	13,289
45039	Fairfield	29,442	29,425	28,599	27,765	19,888	22,111	21,404	20,165	21,546	17,174	11,857	10,087	7,623
45041	Florence	35,671	28,474	25,027	---	---	---	---	---	---	---	---	---	---
45043	Georgetown	22,270	22,846	20,857	19,613	16,161	21,305	20,647	18,274	19,943	17,603	15,679	22,938	22,122

Table C. States and Counties. Resident Population 1790 through 2010—*Continued*

STATE/ County code	STATE County	Year of first census	Resident population enumerated by census									
			2010	2000	1990	1980	1970	1960	1950	1940	1930	1920
	SOUTH CAROLINA cnt'd											
45045	Greenville	1790	451,225	379,616	320,167	287,913	240,546	209,776	168,152	136,580	117,009	88,498
45047	Greenwood	1900	69,661	66,271	59,567	57,847	49,686	44,346	41,628	40,083	36,078	35,791
45049	Hampton	1880	21,090	21,386	18,191	18,159	15,878	17,425	18,027	17,465	17,243	19,550
45051	Horry	1810	269,291	196,629	144,053	101,419	69,992	68,247	59,820	51,951	39,376	32,077
45053	Jasper	1920	24,777	20,678	15,487	14,504	11,885	12,237	10,995	11,011	9,988	9,868
45055	Kershaw	1800	61,697	52,647	43,599	39,015	34,727	33,585	32,287	32,913	32,070	29,398
45057	Lancaster	1790	76,652	61,351	54,516	53,361	43,328	39,352	37,071	33,542	27,980	28,628
45059	Laurens	1790	66,537	69,567	58,092	52,214	49,713	47,609	46,974	44,185	42,094	42,560
45061	Lee	1910	19,220	20,119	18,437	18,929	18,323	21,832	23,173	24,908	24,096	26,827
45063	Lexington	1810	262,391	216,014	167,611	140,353	89,012	60,726	44,279	35,994	36,494	35,676
45065	McCormick	1920	10,233	9,958	8,868	7,797	7,955	8,629	9,577	10,367	11,471	16,444
45067	Marion	1800	33,062	35,466	33,899	34,179	30,270	32,014	33,110	30,107	27,221	23,721
45069	Marlboro	1790	28,933	28,818	29,361	31,634	27,151	28,529	31,766	33,281	31,634	33,180
45071	Newberry	1790	37,508	36,108	33,172	31,242	29,273	29,416	31,771	33,577	34,681	35,552
45073	Oconee	1870	74,273	66,215	57,494	48,611	40,728	40,204	39,050	36,512	33,368	30,117
45075	Orangeburg	1790	92,501	91,582	84,803	82,276	69,789	68,559	68,726	63,707	63,864	64,907
45075.1	Pendleton	1790	---	---	---	---	---	---	---	---	---	---
45077	Pickens	1830	119,224	110,757	93,894	79,292	58,956	46,030	40,058	37,111	33,709	28,329
45079	Richland	1790	384,504	320,677	285,720	269,735	233,868	200,102	142,565	104,843	87,667	78,122
45081	Saluda	1900	19,875	19,181	16,357	16,150	14,528	14,554	15,924	17,192	18,148	22,088
45083	Spartanburg	1790	284,307	253,791	226,800	201,861	173,724	156,830	150,349	127,733	116,323	94,265
45085	Sumter	1790	107,456	104,646	102,637	88,243	79,425	74,941	57,634	52,463	45,902	43,040
45087	Union	1790	28,961	29,881	30,337	30,751	29,230	30,015	31,334	31,360	30,920	30,372
45089	Williamsburg	1810	34,423	37,217	36,815	38,226	34,243	40,932	43,807	41,011	34,914	38,539
45091	York	1790	226,073	164,614	131,497	106,720	85,216	78,760	71,596	58,663	53,418	50,536
46000	**SOUTH DAKOTA**	1860	814,180	754,844	696,004	690,768	665,507	680,514	652,740	642,961	692,849	636,547
46001	Armstrong	1890	---	---	---	---	---	---	52	42	80	---
46003	Aurora	1880	2,710	3,058	3,135	3,628	4,183	4,749	5,020	5,387	7,139	7,246
46005	Beadle	1880	17,398	17,023	18,253	19,195	20,877	21,682	21,082	19,648	22,917	19,273
46007	Bennett	1910	3,431	3,574	3,206	3,044	3,088	3,053	3,396	3,983	4,590	1,924
46009	Bon Homme	1870	7,070	7,260	7,089	8,059	8,577	9,229	9,440	10,241	11,737	11,940
46009.1	Boreman	1880	---	---	---	---	---	---	---	---	---	---
46011	Brookings	1870	31,965	28,220	25,207	24,332	22,158	20,046	17,851	16,560	16,847	16,119
46013	Brown	1880	36,531	35,460	35,580	36,962	36,920	34,106	32,617	29,676	31,458	29,509
46015	Brule	1880	5,255	5,364	5,485	5,245	5,870	6,319	6,076	6,195	7,416	7,141
46017	Buffalo	1870	1,912	2,032	1,759	1,795	1,739	1,547	1,615	1,853	1,931	1,715
46019	Butte	1890	10,110	9,094	7,914	8,372	7,825	8,592	8,161	8,004	8,589	6,819
46021	Campbell	1880	1,466	1,782	1,965	2,243	2,866	3,531	4,046	5,033	5,629	5,305
46023	Charles Mix	1870	9,129	9,350	9,131	9,680	9,994	11,785	15,558	13,449	16,703	16,256
46023.1	Choteau	1890	---	---	---	---	---	---	---	---	---	---
46025	Clark	1880	3,691	4,143	4,403	4,894	5,515	7,134	8,369	8,955	11,022	11,136
46027	Clay	1870	13,864	13,537	13,186	13,689	12,923	10,810	10,993	9,592	10,088	9,654
46029	Codington	1880	27,227	25,897	22,698	20,885	19,140	20,220	18,944	17,014	17,457	16,549
46031	Corson	1910	4,050	4,181	4,195	5,196	4,994	5,798	6,168	6,755	9,535	7,249
46033	Custer	1880	8,216	7,275	6,179	6,000	4,698	4,906	5,517	6,023	5,353	3,907
46035	Davison	1880	19,504	18,741	17,503	17,820	17,319	16,681	16,522	15,336	16,821	14,139
46037	Day	1880	5,710	6,267	6,978	8,133	8,713	10,516	12,294	13,565	14,606	15,194
46037.1	Delano	1890	---	---	---	---	---	---	---	---	---	---
46039	Deuel	1870	4,364	4,498	4,522	5,289	5,686	6,782	7,689	8,450	8,732	8,759
46041	Dewey	1880	5,301	5,972	5,523	5,366	5,170	5,257	4,916	5,709	6,476	4,802
46043	Douglas	1880	3,002	3,458	3,746	4,181	4,569	5,113	5,636	6,348	7,236	6,993
46045	Edmunds	1890	4,071	4,367	4,356	5,159	5,548	6,079	7,275	7,814	8,712	8,336
46045.1	Ewing	1890	---	---	---	---	---	---	---	---	---	---
46047	Fall River	1890	7,094	7,453	7,353	8,439	7,505	10,688	10,439	8,089	8,741	6,985
46049	Faulk	1880	2,364	2,640	2,744	3,327	3,893	4,397	4,752	5,168	6,895	6,442
46051	Grant	1880	7,356	7,847	8,372	9,013	9,005	9,913	10,233	10,552	10,729	10,880
46053	Gregory	1890	4,271	4,792	5,359	6,015	6,710	7,399	8,556	9,554	11,420	12,700
46055	Haakon	1920	1,937	2,196	2,624	2,794	2,802	3,303	3,167	3,515	4,679	4,596

Table C. States and Counties. Resident Population 1790 through 2010—*Continued*

STATE/ County code	STATE County	Resident population enumerated by census (continued)												
		1910	1900	1890	1880	1870	1860	1850	1840	1830	1820	1810	1800	1790
	SOUTH CAROLINA cnt'd													
45045	Greenville	68,377	53,490	44,310	37,496	22,262	21,892	20,156	17,839	16,476	14,530	13,133	11,504	6,503
45047	Greenwood	34,225	28,343	---	---	---	---	---	---	---	---	---	---	---
45049	Hampton	25,126	23,738	20,544	18,741	---	---	---	---	---	---	---	---	---
45051	Horry	26,995	23,364	19,256	15,574	10,721	7,962	7,646	5,755	5,245	5,025	4,349	---	---
45053	Jasper	---	---	---	---	---	---	---	---	---	---	---	---	---
45055	Kershaw	27,094	24,696	22,361	21,538	11,754	13,086	14,473	12,281	13,545	12,432	9,867	7,340	
45057	Lancaster	26,650	24,311	20,761	16,903	12,087	11,797	10,988	9,907	10,361	8,716	6,318	6,012	6,302
45059	Laurens	41,550	37,382	31,610	29,444	22,536	23,858	23,407	21,584	20,863	17,682	14,982	12,809	9,337
45061	Lee	25,318	---	---	---	---	---	---	---	---	---	---	---	---
45063	Lexington	32,040	27,264	22,181	18,564	12,988	15,579	12,930	12,111	9,065	8,083	6,641	---	---
45065	McCormick	---	---	---	---	---	---	---	---	---	---	---	---	---
45067	Marion	20,596	35,181	29,976	34,107	22,160	21,190	17,407	13,932	11,208	10,201	8,884	6,914	---
45069	Marlboro	31,189	27,639	23,500	20,598	11,814	12,434	10,789	8,408	8,582	6,425	4,966	5,452	10,706
45071	Newberry	34,586	30,182	26,434	26,497	20,775	20,879	20,143	18,350	17,441	16,104	13,964	12,006	9,342
45073	Oconee	27,337	23,634	18,687	16,256	10,536	---	---	---	---	---	---	---	---
45075	Orangeburg	55,893	59,663	49,393	41,395	16,865	24,896	23,582	18,519	18,453	15,653	13,229	15,766	18,513
45075.1	Pendleton	---	---	---	---	---	---	---	---	---	27,022	22,897	20,052	9,568
45077	Pickens	25,422	19,375	16,389	14,389	10,269	19,639	16,904	14,356	14,473	---	---	---	---
45079	Richland	55,143	45,589	36,821	28,573	23,025	18,307	20,243	16,397	14,772	12,321	9,027	6,097	3,930
45081	Saluda	20,943	18,966	---	---	---	---	---	---	---	---	---	---	---
45083	Spartanburg	83,465	65,560	55,385	40,409	25,784	26,919	26,400	23,669	21,150	16,989	14,259	12,122	8,800
45085	Sumter	38,472	51,237	43,605	37,037	25,268	23,859	33,220	27,892	28,277	25,369	19,054	13,103	4,548
45087	Union	29,911	25,501	25,363	24,080	19,248	19,635	19,852	18,936	17,906	14,126	10,995	10,237	7,693
45089	Williamsburg	37,626	31,685	27,777	24,110	15,489	15,489	12,447	10,327	9,018	8,716	6,871	---	---
45091	York	47,718	41,684	38,831	30,713	24,286	21,502	19,433	18,383	17,790	14,936	10,032	10,250	6,604
46000	**SOUTH DAKOTA**	583,888	401,570	348,600	98,268	11,776	4,837	---	---	---	---	---	---	---
46001	Armstrong	647	8	34	---	---	---	---	---	---	---	---	---	---
46003	Aurora	6,143	4,011	5,045	69	---	---	---	---	---	---	---	---	---
46005	Beadle	15,776	8,081	9,586	1,290	---	---	---	---	---	---	---	---	---
46007	Bennett	96	---	---	---	---	---	---	---	---	---	---	---	---
46009	Bon Homme	11,061	10,379	9,057	5,468	608	---	---	---	---	---	---	---	---
46009.1	Boreman	---	---	---	534	---	---	---	---	---	---	---	---	---
46011	Brookings	14,178	12,561	10,132	4,965	163	---	---	---	---	---	---	---	---
46013	Brown	25,867	15,286	16,855	353	---	---	---	---	---	---	---	---	---
46015	Brule	6,451	5,401	6,737	238	---	---	---	---	---	---	---	---	---
46017	Buffalo	1,589	1,790	993	63	246	---	---	---	---	---	---	---	---
46019	Butte	4,993	2,907	1,037	---	---	---	---	---	---	---	---	---	---
46021	Campbell	5,244	4,527	3,510	50	---	---	---	---	---	---	---	---	---
46023	Charles Mix	14,899	8,498	6,016	407	152	---	---	---	---	---	---	---	---
46023.1	Choteau	---	---	8	---	---	---	---	---	---	---	---	---	---
46025	Clark	10,901	6,942	6,728	114	---	---	---	---	---	---	---	---	---
46027	Clay	8,711	9,316	7,509	5,001	2,621	---	---	---	---	---	---	---	---
46029	Codington	14,092	8,770	7,037	2,156	---	---	---	---	---	---	---	---	---
46031	Corson	2,929	---	---	---	---	---	---	---	---	---	---	---	---
46033	Custer	4,458	2,728	4,891	995	---	---	---	---	---	---	---	---	---
46035	Davison	11,625	7,483	5,449	1,256	---	---	---	---	---	---	---	---	---
46037	Day	14,372	12,254	9,168	231	---	---	---	---	---	---	---	---	---
46037.1	Delano	---	---	40	---	---	---	---	---	---	---	---	---	---
46039	Deuel	7,768	6,656	4,574	2,302	37	---	---	---	---	---	---	---	---
46041	Dewey	1,145	---	---	46	---	---	---	---	---	---	---	---	---
46043	Douglas	6,400	5,012	4,600	6	---	---	---	---	---	---	---	---	---
46045	Edmunds	7,654	4,916	4,399	---	---	---	---	---	---	---	---	---	---
46045.1	Ewing	---	---	16	---	---	---	---	---	---	---	---	---	---
46047	Fall River	7,763	3,541	4,478	---	---	---	---	---	---	---	---	---	---
46049	Faulk	6,716	3,547	4,062	4	---	---	---	---	---	---	---	---	---
46051	Grant	10,303	9,103	6,814	3,010	---	---	---	---	---	---	---	---	---
46053	Gregory	13,061	2,211	295	---	---	---	---	---	---	---	---	---	---
46055	Haakon	---	---	---	---	---	---	---	---	---	---	---	---	---

Table C. States and Counties. Resident Population 1790 through 2010—*Continued*

STATE/ County code	STATE County	Year of first census	Resident population enumerated by census									
			2010	2000	1990	1980	1970	1960	1950	1940	1930	1920
	SOUTH DAKOTA cnt'd											
46057	Hamlin	1880	5,903	5,540	4,974	5,261	5,172	6,303	7,058	7,562	8,299	8,054
46059	Hand	1880	3,431	3,741	4,272	4,948	5,883	6,712	7,149	7,166	9,485	8,778
46061	Hanson	1880	3,331	3,139	2,994	3,415	3,781	4,584	4,896	5,400	6,131	6,202
46063	Harding	1890	1,255	1,353	1,669	1,700	1,855	2,371	2,289	3,010	3,589	3,953
46065	Hughes	1880	17,022	16,481	14,817	14,220	11,632	12,725	8,111	6,624	7,009	5,711
46067	Hutchinson	1870	7,343	8,075	8,262	9,350	10,379	11,085	11,423	12,668	13,904	13,475
46069	Hyde	1890	1,420	1,671	1,696	2,069	2,515	2,602	2,811	3,113	3,690	3,315
46071	Jackson	1890	3,031	2,930	2,811	3,437	1,531	1,985	1,768	1,955	2,636	2,472
46071.1	Jayne	1870	---	---	---	---	---	---	---	---	---	---
46073	Jerauld	1890	2,071	2,295	2,425	2,929	3,310	4,048	4,476	4,752	5,816	6,338
46075	Jones	1920	1,006	1,193	1,324	1,463	1,882	2,066	2,281	2,509	3,177	3,004
46077	Kingsbury	1880	5,148	5,815	5,925	6,679	7,657	9,227	9,962	10,831	12,805	12,802
46079	Lake	1880	11,200	11,276	10,550	10,724	11,456	11,764	11,792	12,412	12,379	12,257
46081	Lawrence	1880	24,097	21,802	20,655	18,339	17,453	17,075	16,648	19,093	13,920	13,029
46083	Lincoln	1870	44,828	24,131	15,427	13,942	11,761	12,371	12,767	13,171	13,918	13,893
46085	Lyman	1880	3,755	3,895	3,638	3,864	4,060	4,428	4,572	5,045	6,335	6,591
46087	McCook	1880	5,618	5,832	5,688	6,444	7,246	8,268	8,828	9,793	10,316	9,990
46089	McPherson	1890	2,459	2,904	3,228	4,027	5,022	5,821	7,071	8,353	8,774	7,705
46091	Marshall	1890	4,656	4,576	4,844	5,404	5,965	6,663	7,835	8,880	9,540	9,596
46091.1	Martin	1890	---	---	---	---	---	---	---	---	---	---
46093	Meade	1890	25,434	24,253	21,878	20,717	16,618	12,044	11,516	9,735	11,482	9,367
46095	Mellette	1910	2,048	2,083	2,137	2,249	2,420	2,664	3,046	4,107	5,293	3,850
46095.1	Meyer	1880	---	---	---	---	---	---	---	---	---	---
46097	Miner	1880	2,389	2,884	3,272	3,739	4,454	5,398	6,268	6,836	8,376	8,560
46099	Minnehaha	1870	169,468	148,281	123,809	109,435	95,209	86,575	70,910	57,697	50,872	42,490
46101	Moody	1880	6,486	6,595	6,507	6,692	7,622	8,810	9,252	9,341	9,603	9,742
46101.1	Nowlin	1890	---	---	---	---	---	---	---	---	---	---
46103	Pennington	1880	100,948	88,565	81,343	70,361	59,349	58,195	34,053	23,799	20,079	12,720
46105	Perkins	1910	2,982	3,363	3,932	4,700	4,769	5,977	6,776	6,585	8,717	7,993
46107	Potter	1890	2,329	2,693	3,190	3,674	4,449	4,926	4,688	4,614	5,762	4,382
46107.1	Pratt	1890	---	---	---	---	---	---	---	---	---	---
46107.2	Presho	1890	---	---	---	---	---	---	---	---	---	---
46109	Roberts	1890	10,149	10,016	9,914	10,911	11,678	13,190	14,929	15,887	15,782	16,514
46111	Sanborn	1890	2,355	2,675	2,833	3,213	3,697	4,641	5,142	5,754	7,326	7,877
46111.1	Schnasse	1910	---	---	---	---	---	---	---	---	---	---
46111.2	Scobey	1890	---	---	---	---	---	---	---	---	---	---
46113	Shannon	1880	13,586	12,466	9,902	11,323	8,198	6,000	5,669	5,366	4,058	2,003
46115	Spink	1880	6,415	7,454	7,981	9,201	10,595	11,706	12,204	12,527	15,304	15,768
46117	Stanley	1880	2,966	2,772	2,453	2,533	2,457	4,085	2,055	1,959	2,381	2,908
46117.1	Sterling	1890	---	---	---	---	---	---	---	---	---	---
46119	Sully	1880	1,373	1,556	1,589	1,990	2,362	2,607	2,713	2,668	3,852	2,831
46119.1	Todd (old)	1870	---	---	---	---	---	---	---	---	---	---
46121	Todd	1910	9,612	9,050	8,352	7,328	6,606	4,661	4,758	5,714	5,898	2,784
46123	Tripp	1910	5,644	6,430	6,924	7,268	8,171	8,761	9,139	9,937	12,712	11,970
46125	Turner	1880	8,347	8,849	8,576	9,255	9,872	11,159	12,100	13,270	14,891	14,871
46127	Union	1870	14,399	12,584	10,189	10,938	9,643	10,197	10,792	11,675	11,480	11,099
46129	Walworth	1880	5,438	5,974	6,087	7,011	7,842	8,097	7,648	7,274	8,791	8,447
46131	Washabaugh	1920	---	---	---	---	1,389	1,042	1,551	1,980	2,474	1,166
46133	Washington	1890	---	---	---	---	---	---	---	1,789	1,827	1,521
46135	Yankton	1870	22,438	21,652	19,252	18,952	19,039	17,551	16,804	16,725	16,589	15,233
46135.1	Ziebach (old)	1890	---	---	---	---	---	---	---	---	---	---
46137	Ziebach	1920	2,801	2,519	2,220	2,308	2,221	2,495	2,606	2,875	4,039	3,718
47000	**TENNESSEE**	1790	6,346,105	5,689,283	4,877,185	4,591,120	3,923,687	3,567,089	3,291,718	2,915,841	2,616,556	2,337,885
47001	Anderson	1810	75,129	71,330	68,250	67,346	60,300	60,032	59,407	26,504	19,722	18,298
47003	Bedford	1810	45,058	37,586	30,411	27,916	25,039	23,150	23,627	23,151	21,077	21,737
47005	Benton	1840	16,489	16,537	14,524	14,901	12,126	10,662	11,495	11,976	11,237	12,046
47007	Bledsoe	1810	12,876	12,367	9,669	9,478	7,643	7,811	8,561	8,358	7,128	7,218
47009	Blount	1800	123,010	105,823	85,969	77,770	63,744	57,525	54,691	41,116	33,989	28,800
47011	Bradley	1840	98,963	87,965	73,712	67,547	50,686	38,324	32,338	28,498	22,870	18,652
47013	Campbell	1810	40,716	39,854	35,079	34,923	26,045	27,936	34,369	31,131	26,827	28,265
47015	Cannon	1840	13,801	12,826	10,467	10,234	8,467	8,537	9,174	9,880	8,935	10,241
47017	Carroll	1830	28,522	29,475	27,514	28,285	25,741	23,476	26,553	25,978	26,132	24,361
47019	Carter	1800	57,424	56,742	51,505	50,205	42,575	41,578	42,432	35,127	29,223	21,488

Table C. States and Counties. Resident Population 1790 through 2010—*Continued*

STATE/ County code	STATE County	Resident population enumerated by census (continued)												
		1910	1900	1890	1880	1870	1860	1850	1840	1830	1820	1810	1800	1790
	SOUTH DAKOTA cnt'd													
46057	Hamlin	7,475	5,945	4,625	693	---	---	---	---	---	---	---	---	---
46059	Hand	7,870	4,525	6,546	153	---	---	---	---	---	---	---	---	---
46061	Hanson	6,237	4,947	4,267	1,301	---	---	---	---	---	---	---	---	---
46063	Harding	4,228	---	167	---	---	---	---	---	---	---	---	---	---
46065	Hughes	6,271	3,684	5,044	268	---	---	---	---	---	---	---	---	---
46067	Hutchinson	12,319	11,897	10,469	5,573	37	---	---	---	---	---	---	---	---
46069	Hyde	3,307	1,492	1,860	---	---	---	---	---	---	---	---	---	---
46071	Jackson	---	---	30	---	---	---	---	---	---	---	---	---	---
46071.1	Jayne	---	---	---	---	5	---	---	---	---	---	---	---	---
46073	Jerauld	5,120	2,798	3,605	---	---	---	---	---	---	---	---	---	---
46075	Jones	---	---	---	---	---	---	---	---	---	---	---	---	---
46077	Kingsbury	12,560	9,866	8,562	1,102	---	---	---	---	---	---	---	---	---
46079	Lake	10,711	9,137	7,508	2,657	---	---	---	---	---	---	---	---	---
46081	Lawrence	19,694	17,897	11,673	13,248	---	---	---	---	---	---	---	---	---
46083	Lincoln	12,712	12,161	9,143	5,896	712	---	---	---	---	---	---	---	---
46085	Lyman	10,848	2,632	233	124	---	---	---	---	---	---	---	---	---
46087	McCook	9,589	8,689	6,448	1,283	---	---	---	---	---	---	---	---	---
46089	McPherson	6,791	6,327	5,940	---	---	---	---	---	---	---	---	---	---
46091	Marshall	8,021	5,942	4,544	---	---	---	---	---	---	---	---	---	---
46091.1	Martin	---	---	7	---	---	---	---	---	---	---	---	---	---
46093	Meade	12,640	4,907	4,640	---	---	---	---	---	---	---	---	---	---
46095	Mellette	1,700	---	---	---	---	---	---	---	---	---	---	---	---
46095.1	Meyer	---	---	---	115	---	---	---	---	---	---	---	---	---
46097	Miner	7,661	5,864	5,165	363	---	---	---	---	---	---	---	---	---
46099	Minnehaha	29,631	23,926	21,879	8,251	355	---	---	---	---	---	---	---	---
46101	Moody	8,695	8,326	5,941	3,915	---	---	---	---	---	---	---	---	---
46101.1	Nowlin	---	---	149	---	---	---	---	---	---	---	---	---	---
46103	Pennington	12,453	5,610	6,540	2,244	---	---	---	---	---	---	---	---	---
46105	Perkins	11,348	---	---	---	---	---	---	---	---	---	---	---	---
46107	Potter	4,466	2,988	2,910	---	---	---	---	---	---	---	---	---	---
46107.1	Pratt	---	---	23	---	---	---	---	---	---	---	---	---	---
46107.2	Presho	---	---	181	---	---	---	---	---	---	---	---	---	---
46109	Roberts	14,897	12,216	1,997	---	---	---	---	---	---	---	---	---	---
46111	Sanborn	6,607	4,464	4,610	---	---	---	---	---	---	---	---	---	---
46111.1	Schnasse	292	---	---	---	---	---	---	---	---	---	---	---	---
46111.2	Scobey	---	---	32	---	---	---	---	---	---	---	---	---	---
46113	Shannon	---	---	---	113	---	---	---	---	---	---	---	---	---
46115	Spink	15,981	9,487	10,581	477	---	---	---	---	---	---	---	---	---
46117	Stanley	14,975	1,341	1,028	793	---	---	---	---	---	---	---	---	---
46117.1	Sterling	252	---	96	---	---	---	---	---	---	---	---	---	---
46119	Sully	2,462	1,715	2,412	296	---	---	---	---	---	---	---	---	---
46119.1	Todd (old)	---	---	188	203	337	---	---	---	---	---	---	---	---
46121	Todd	2,164	---	---	---	---	---	---	---	---	---	---	---	---
46123	Tripp	8,323	---	---	---	---	---	---	---	---	---	---	---	---
46125	Turner	13,840	13,175	10,256	5,320	---	---	---	---	---	---	---	---	---
46127	Union	10,676	11,153	9,130	6,813	3,507	---	---	---	---	---	---	---	---
46129	Walworth	6,488	3,839	2,153	46	---	---	---	---	---	---	---	---	---
46131	Washabaugh	---	---	---	---	---	---	---	---	---	---	---	---	---
46133	Washington	---	---	40	---	---	---	---	---	---	---	---	---	---
46135	Yankton	13,135	12,649	10,444	8,390	2,097	---	---	---	---	---	---	---	---
46135.1	Ziebach (old)	---	---	510	---	---	---	---	---	---	---	---	---	---
46137	Ziebach	---	---	---	---	---	---	---	---	---	---	---	---	---
47000	**TENNESSEE**	2,184,789	2,020,616	1,767,518	1,542,359	1,258,520	1,109,801	1,002,717	829,210	681,904	422,823	261,727	105,602	35,691
47001	Anderson	17,717	17,634	15,128	10,820	8,704	7,068	6,938	5,658	5,310	4,668	3,959	---	---
47003	Bedford	22,667	23,845	24,739	26,025	24,333	21,584	21,511	20,546	30,396	16,012	8,242	---	---
47005	Benton	12,452	11,888	11,230	9,780	8,234	8,463	6,315	4,772	---	---	---	---	---
47007	Bledsoe	6,329	6,626	6,134	5,617	4,870	4,459	5,959	5,676	4,648	4,005	3,259	---	---
47009	Blount	20,809	19,206	17,589	15,985	14,237	13,270	12,424	11,745	11,028	11,258	8,839	5,587	---
47011	Bradley	16,336	15,759	13,607	12,124	11,652	11,701	12,259	7,385	---	---	---	---	---
47013	Campbell	27,387	17,317	13,486	10,005	7,445	6,712	6,068	6,149	5,110	4,244	2,668	---	---
47015	Cannon	10,825	12,121	12,197	11,859	10,502	9,509	8,982	7,193	---	---	---	---	---
47017	Carroll	23,971	24,250	23,630	22,103	19,447	17,437	15,967	12,362	9,397	---	---	---	---
47019	Carter	19,838	16,688	13,389	10,019	7,909	7,124	6,296	5,372	6,414	4,835	4,190	4,813	---

Table C. States and Counties. Resident Population 1790 through 2010—*Continued*

STATE/ County code	STATE County	Year of first census	Resident population enumerated by census									
			2010	2000	1990	1980	1970	1960	1950	1940	1930	1920
	TENNESSEE cnt'd											
47021	Cheatham...........	1860	39,105	35,912	27,140	21,616	13,199	9,428	9,167	9,928	9,025	10,039
47023	Chester...............	1890	17,131	15,540	12,819	12,727	9,927	9,569	11,149	11,124	10,603	9,669
47025	Claiborne...........	1810	32,213	29,862	26,137	24,595	19,420	19,067	24,788	24,657	24,313	23,286
47027	Clay...................	1880	7,861	7,976	7,238	7,676	6,624	7,289	8,701	10,904	9,577	9,193
47029	Cocke................	1810	35,662	33,565	29,141	28,792	25,283	23,390	22,991	24,083	21,775	20,782
47031	Coffee...............	1840	52,796	48,014	40,339	38,311	32,572	28,603	23,049	18,959	16,801	17,344
47033	Crockett............	1880	14,586	14,532	13,378	14,941	14,402	14,594	16,624	17,330	17,359	17,438
47035	Cumberland........	1860	56,053	46,802	34,736	28,676	20,733	19,135	18,877	15,592	11,440	10,094
47037	Davidson............	1790	626,681	569,891	510,784	477,811	448,003	399,743	321,758	257,267	222,854	167,815
47039	Decatur..............	1850	11,757	11,731	10,472	10,857	9,457	8,324	9,442	10,261	10,106	10,198
47041	DeKalb...............	1840	18,723	17,423	14,360	13,589	11,151	10,774	11,680	14,588	14,213	15,370
47043	Dickson.............	1810	49,666	43,156	35,061	30,037	21,977	18,839	18,805	19,718	18,491	19,342
47045	Dyer...................	1830	38,335	37,279	34,854	34,663	30,427	29,537	33,473	34,920	31,405	29,983
47047	Fayette..............	1830	38,413	28,806	25,559	25,305	22,692	24,577	27,535	30,322	28,891	31,499
47049	Fentress............	1830	17,959	16,625	14,669	14,826	12,593	13,288	14,917	14,262	11,036	10,435
47051	Franklin.............	1810	41,052	39,270	34,725	31,983	27,244	25,528	25,431	23,892	21,796	20,641
47053	Gibson...............	1830	49,683	48,152	46,315	49,467	47,871	44,699	48,132	44,835	46,528	43,388
47055	Giles.................	1810	29,485	29,447	25,741	24,625	22,138	22,410	26,961	29,240	28,016	30,948
47057	Grainger............	1800	22,657	20,659	17,095	16,751	13,948	12,506	13,086	14,356	12,737	13,369
47059	Greene...............	1790	68,831	62,909	55,853	54,422	47,630	42,163	41,048	39,405	35,119	32,824
47061	Grundy..............	1850	13,703	14,332	13,362	13,787	10,631	11,512	12,558	11,552	9,717	9,753
47063	Hamblen............	1880	62,544	58,128	50,480	49,300	38,696	33,092	23,976	18,611	16,616	15,056
47065	Hamilton............	1820	336,463	307,896	285,536	287,740	254,236	237,905	208,255	180,478	159,497	115,954
47067	Hancock............	1850	6,819	6,786	6,739	6,887	6,719	7,757	9,116	11,231	9,673	10,454
47069	Hardeman..........	1830	27,253	28,105	23,377	23,873	22,435	21,517	23,311	23,590	22,193	22,278
47071	Hardin...............	1820	26,026	25,578	22,633	22,280	18,212	17,397	16,908	17,806	16,213	17,291
47073	Hawkins............	1790	56,833	53,563	44,565	43,751	33,726	30,468	30,494	28,523	24,117	22,918
47075	Haywood...........	1830	18,787	19,797	19,437	20,318	19,596	23,393	26,212	27,699	26,063	25,386
47077	Henderson.........	1830	27,769	25,522	21,844	21,390	17,291	16,115	17,173	19,220	17,655	18,436
47079	Henry................	1830	32,330	31,115	27,888	28,656	23,749	22,275	23,828	25,877	26,432	27,151
47081	Hickman............	1810	24,690	22,295	16,754	15,151	12,096	11,862	13,353	14,873	13,613	16,216
47083	Houston.............	1880	8,426	8,088	7,018	6,871	5,845	4,794	5,318	6,432	5,555	6,212
47085	Humphreys.........	1810	18,538	17,929	15,795	15,957	13,560	11,511	11,030	12,421	12,039	13,482
47087	Jackson.............	1810	11,638	10,984	9,297	9,398	8,141	9,233	12,348	15,082	13,589	14,955
47087.1	James................	1880	---	---	---	---	---	---	---	---	---	---
47089	Jefferson...........	1800	51,407	44,294	33,016	31,284	24,940	21,493	19,667	18,621	17,914	17,677
47091	Johnson............	1840	18,244	17,499	13,766	13,745	11,569	10,765	12,278	12,998	12,209	12,230
47093	Knox.................	1800	432,226	382,032	335,749	319,694	276,293	250,523	223,007	178,468	155,902	112,926
47095	Lake.................	1870	7,832	7,954	7,129	7,455	7,896	9,572	11,655	11,235	10,486	9,075
47097	Lauderdale.........	1840	27,815	27,101	23,491	24,555	20,271	21,844	25,047	24,461	23,406	21,494
47099	Lawrence...........	1820	41,869	39,926	35,303	34,110	29,097	28,049	28,818	28,726	26,776	23,593
47101	Lewis................	1850	12,161	11,367	9,247	9,700	6,761	6,269	6,078	5,849	5,258	5,707
47103	Lincoln..............	1810	33,361	31,340	28,157	26,483	24,318	23,829	25,624	27,214	25,422	25,786
47105	Loudon..............	1880	48,556	39,086	31,255	28,553	24,266	23,757	23,182	19,838	17,805	16,275
47107	McMinn.............	1820	52,266	49,015	42,383	41,878	35,462	33,662	32,024	30,781	29,019	25,133
47109	McNairy............	1830	26,075	24,653	22,422	22,525	18,369	18,085	20,390	20,424	19,901	18,350
47111	Macon...............	1850	22,248	20,386	15,906	15,700	12,315	12,197	13,599	14,904	13,872	14,922
47113	Madison............	1830	98,294	91,837	77,982	74,546	65,727	60,655	60,128	54,115	51,059	43,824
47115	Marion..............	1820	28,237	27,776	24,860	24,416	20,577	21,036	20,520	19,140	17,549	17,402
47117	Marshall............	1840	30,617	26,767	21,539	19,698	17,319	16,859	17,768	16,030	15,574	17,375
47119	Maury...............	1810	80,956	69,498	54,812	51,095	43,376	41,699	40,368	40,357	34,016	35,403
47121	Meigs................	1840	11,753	11,086	8,033	7,431	5,219	5,160	6,080	6,393	6,127	6,077
47123	Monroe.............	1820	44,519	38,961	30,541	28,700	23,475	23,316	24,513	24,275	21,377	22,060
47125	Montgomery.......	1790	172,331	134,768	100,498	83,342	62,721	55,645	44,186	33,346	30,882	32,265
47127	Moore...............	1880	6,362	5,740	4,721	4,510	3,568	3,454	3,948	4,093	4,037	4,491
47129	Morgan.............	1820	21,987	19,757	17,300	16,604	13,619	14,304	15,727	15,242	13,603	13,285
47131	Obion................	1830	31,807	32,450	31,717	32,781	29,936	26,957	29,056	30,978	29,086	28,393
47133	Overton.............	1810	22,083	20,118	17,636	17,575	14,866	14,661	17,566	18,883	18,079	17,617
47135	Perry.................	1820	7,915	7,631	6,612	6,111	5,238	5,273	6,462	7,535	7,147	7,765
47137	Pickett..............	1890	5,077	4,945	4,548	4,358	3,774	4,431	5,093	6,213	5,615	5,205
47139	Polk.................	1840	16,825	16,050	13,643	13,602	11,669	12,160	14,074	15,473	15,686	14,243
47141	Putnam.............	1860	72,321	62,315	51,373	47,690	35,487	29,236	29,869	26,250	23,759	22,231
47143	Rhea.................	1810	31,809	28,400	24,344	24,235	17,202	15,863	16,041	16,353	13,871	13,812
47145	Roane...............	1810	54,181	51,910	47,227	48,425	38,881	39,133	31,665	27,795	24,477	24,624

Table C. States and Counties. Resident Population 1790 through 2010—*Continued*

STATE/ County code	STATE County	Resident population enumerated by census (continued)												
		1910	1900	1890	1880	1870	1860	1850	1840	1830	1820	1810	1800	1790
	TENNESSEE cnt'd													
47021	Cheatham	10,540	10,112	8,845	7,956	6,678	7,258	---	---	---	---	---	---	---
47023	Chester	9,090	9,896	9,069	---	---	---	---	---	---	---	---	---	---
47025	Claiborne	23,504	20,696	15,103	13,373	9,321	9,643	9,369	9,474	8,470	5,508	4,798	---	---
47027	Clay	9,009	8,421	7,260	6,987	---	---	---	---	---	---	---	---	---
47029	Cocke	19,399	19,153	16,523	14,808	12,458	10,408	8,300	6,992	6,017	4,892	5,154	---	---
47031	Coffee	15,625	15,574	13,827	12,894	10,237	9,689	8,351	8,184	---	---	---	---	---
47033	Crockett	16,076	15,867	15,146	14,109	---	---	---	---	---	---	---	---	---
47035	Cumberland	9,327	8,311	5,376	4,538	3,461	3,460	---	---	---	---	---	---	---
47037	Davidson	149,478	122,815	108,174	79,026	62,897	47,055	38,882	30,509	28,122	20,154	15,608	9,965	3,459
47039	Decatur	10,093	10,439	8,995	8,498	7,772	6,276	6,003	---	---	---	---	---	---
47041	DeKalb	15,434	16,460	15,650	14,813	11,425	10,573	8,016	5,868	---	---	---	---	---
47043	Dickson	19,955	18,635	13,645	12,460	9,340	9,982	8,404	7,074	7,265	5,190	4,516	---	---
47045	Dyer	27,721	23,776	19,878	15,118	13,706	10,536	6,361	4,484	1,904	---	---	---	---
47047	Fayette	30,257	29,701	28,878	31,871	26,145	24,327	26,719	21,501	8,652	---	---	---	---
47049	Fentress	7,446	6,106	5,226	5,941	4,717	5,054	4,454	3,550	2,748	---	---	---	---
47051	Franklin	20,491	20,392	18,929	17,178	14,970	13,848	13,768	12,033	15,620	16,571	5,730	---	---
47053	Gibson	41,630	39,408	35,859	32,685	25,666	21,777	19,548	13,689	5,801	---	---	---	---
47055	Giles	32,629	33,035	34,957	36,014	32,413	26,166	25,949	21,494	18,703	12,558	4,546	---	---
47057	Grainger	13,888	15,512	13,196	12,384	12,421	10,962	12,370	10,572	10,066	7,651	6,397	7,367	---
47059	Greene	31,083	30,596	26,614	24,005	21,668	19,004	17,824	16,076	14,410	11,324	9,713	7,610	7,741
47061	Grundy	8,322	7,802	6,345	4,592	3,250	3,093	2,773	---	---	---	---	---	---
47063	Hamblen	13,650	12,728	11,418	10,187	---	---	---	---	---	---	---	---	---
47065	Hamilton	89,267	61,695	53,482	23,642	17,241	13,258	10,075	8,175	2,276	821	---	---	---
47067	Hancock	10,778	11,147	10,342	9,098	7,148	7,020	5,660	---	---	---	---	---	---
47069	Hardeman	23,011	22,976	21,029	22,921	18,074	17,769	17,456	14,563	11,655	---	---	---	---
47071	Hardin	17,521	19,246	17,698	14,793	11,768	11,214	10,328	8,245	4,868	1,462	---	---	---
47073	Hawkins	23,587	24,267	22,246	20,610	15,837	16,162	13,370	15,035	13,683	10,949	7,643	6,563	6,970
47075	Haywood	25,910	25,189	23,558	26,053	25,094	19,232	17,259	13,870	5,334	---	---	---	---
47077	Henderson	17,030	18,117	16,336	17,430	14,217	14,491	13,164	11,875	8,748	---	---	---	---
47079	Henry	25,434	24,208	21,070	22,142	20,380	19,133	18,233	14,906	12,249	---	---	---	---
47081	Hickman	16,527	16,367	14,499	12,095	9,856	9,312	9,397	8,618	8,119	6,080	2,583	---	---
47083	Houston	6,224	6,476	5,390	4,295	---	---	---	---	---	---	---	---	---
47085	Humphreys	13,908	13,398	11,720	11,379	9,326	9,096	6,422	5,195	6,187	4,067	1,511	---	---
47087	Jackson	15,036	15,039	13,325	12,008	12,583	11,725	15,673	12,872	9,698	7,593	5,401	---	---
47087.1	James	5,210	5,407	4,903	5,187	---	---	---	---	---	---	---	---	---
47089	Jefferson	17,755	18,590	16,478	15,846	19,476	16,043	13,204	12,076	11,801	8,953	7,309	9,017	---
47091	Johnson	13,191	10,589	8,858	7,766	5,852	5,018	3,705	2,658	---	---	---	---	---
47093	Knox	94,187	74,302	59,557	39,124	28,990	22,813	18,807	15,485	14,498	13,034	10,171	12,446	---
47095	Lake	8,704	7,368	5,304	3,968	2,428	---	---	---	---	---	---	---	---
47097	Lauderdale	21,105	21,971	18,756	14,918	10,838	7,559	5,169	3,435	---	---	---	---	---
47099	Lawrence	17,569	15,402	12,286	10,383	7,601	9,320	9,280	7,121	5,411	3,271	---	---	---
47101	Lewis	6,033	4,455	2,555	2,181	1,986	2,241	4,438	---	---	---	---	---	---
47103	Lincoln	25,908	26,304	27,382	26,960	28,050	22,828	23,492	21,493	22,075	14,761	6,104	---	---
47105	Loudon	13,612	10,838	9,273	9,148	---	---	---	---	---	---	---	---	---
47107	McMinn	21,046	19,163	17,890	15,064	13,969	13,555	13,906	12,719	14,460	1,623	---	---	---
47109	McNairy	16,356	17,760	15,510	17,271	12,726	14,732	12,864	9,385	5,697	---	---	---	---
47111	Macon	14,559	12,881	10,878	9,321	6,633	7,290	6,948	---	---	---	---	---	---
47113	Madison	39,357	36,333	30,497	30,874	23,480	21,535	21,470	16,530	11,594	---	---	---	---
47115	Marion	18,820	17,281	15,411	10,910	6,841	6,190	6,314	6,070	5,508	3,888	---	---	---
47117	Marshall	16,872	18,763	18,906	19,259	16,207	14,592	15,616	14,555	---	---	---	---	---
47119	Maury	40,456	42,703	38,112	39,904	36,289	32,498	29,520	28,186	27,665	22,141	10,359	---	---
47121	Meigs	6,131	7,491	6,930	7,117	4,511	4,667	4,879	4,794	---	---	---	---	---
47123	Monroe	20,716	18,585	15,329	14,283	12,589	12,607	11,874	12,056	13,708	2,529	---	---	---
47125	Montgomery	33,672	36,017	29,697	28,481	24,747	20,895	21,045	16,927	14,349	12,219	8,021	2,899	1,387
47127	Moore	4,800	5,706	5,975	6,233	---	---	---	---	---	---	---	---	---
47129	Morgan	11,458	9,587	7,639	5,156	2,969	3,353	3,430	2,660	2,582	1,676	---	---	---
47131	Obion	29,946	28,286	27,273	22,912	15,584	12,817	7,633	4,814	2,099	---	---	---	---
47133	Overton	15,854	13,353	12,039	12,153	11,297	12,637	11,211	9,279	8,242	7,128	5,643	---	---
47135	Perry	8,815	8,800	7,785	7,174	6,925	6,042	5,821	7,419	7,094	2,384	---	---	---
47137	Pickett	5,087	5,366	4,736	---	---	---	---	---	---	---	---	---	---
47139	Polk	14,116	11,357	8,361	7,269	7,369	8,726	6,338	3,570	---	---	---	---	---
47141	Putnam	20,023	16,890	13,683	11,501	8,698	8,558	---	---	---	---	---	---	---
47143	Rhea	15,410	14,318	12,647	7,073	5,538	4,991	4,415	3,985	8,186	4,215	2,504	---	---
47145	Roane	22,860	22,738	17,418	15,237	15,622	13,583	12,185	10,948	11,341	7,895	5,581	---	---

Table C. States and Counties. Resident Population 1790 through 2010—*Continued*

STATE/ County code	STATE County	Year of first census	Resident population enumerated by census									
			2010	2000	1990	1980	1970	1960	1950	1940	1930	1920
	TENNESSEE cnt'd											
47147	Robertson	1800	66,283	54,433	41,494	37,021	29,102	27,335	27,024	29,046	28,191	25,621
47149	Rutherford	1810	262,604	182,023	118,570	84,058	59,428	52,368	40,696	33,604	32,286	33,059
47151	Scott	1850	22,228	21,127	18,358	19,259	14,762	15,413	17,362	15,966	14,080	13,411
47153	Sequatchie	1860	14,112	11,370	8,863	8,605	6,331	5,915	5,685	5,038	4,047	3,632
47155	Sevier	1790	89,889	71,170	51,043	41,418	28,241	24,251	23,375	23,291	20,480	22,384
47157	Shelby	1820	927,644	897,472	826,330	777,113	722,014	627,019	482,393	358,250	306,482	223,216
47159	Smith	1800	19,166	17,712	14,143	14,935	12,509	12,059	14,098	16,148	15,473	17,134
47161	Stewart	1810	13,324	12,370	9,479	8,665	7,319	7,851	9,175	13,549	13,278	14,664
47163	Sullivan	1790	156,823	153,048	143,596	143,968	127,329	114,139	95,063	69,085	51,087	36,259
47165	Sumner	1790	160,645	130,449	103,281	85,790	56,106	36,217	33,533	32,719	28,622	27,708
47167	Tipton	1830	61,081	51,271	37,568	32,930	28,001	28,564	29,782	28,036	27,498	30,258
47169	Trousdale	1880	7,870	7,259	5,920	6,137	5,155	4,914	5,520	6,113	5,629	5,996
47171	Unicoi	1880	18,313	17,667	16,549	16,362	15,254	15,082	15,886	14,128	12,678	10,120
47173	Union	1860	19,109	17,808	13,694	11,707	9,072	8,498	8,670	9,030	11,371	11,615
47175	Van Buren	1850	5,548	5,508	4,846	4,728	3,758	3,671	3,985	4,090	3,516	2,624
47177	Warren	1810	39,839	38,276	32,992	32,653	26,972	23,102	22,271	19,764	20,209	17,306
47179	Washington	1790	122,979	107,198	92,315	88,755	73,924	64,832	59,971	51,631	45,805	34,052
47181	Wayne	1820	17,021	16,842	13,935	13,946	12,365	11,908	13,864	13,638	12,134	12,877
47183	Weakley	1830	35,021	34,895	31,972	32,896	28,827	24,227	27,962	29,498	29,262	31,053
47185	White	1810	25,841	23,102	20,090	19,567	17,088	15,577	16,204	15,983	15,543	15,701
47187	Williamson	1800	183,182	126,638	81,021	58,108	34,330	25,267	24,307	25,220	22,845	23,409
47189	Wilson	1800	113,993	88,809	67,675	56,064	36,999	27,668	26,318	25,267	23,929	26,241
48000	**TEXAS**	1850	25,145,561	20,851,820	16,986,510	14,229,191	11,196,730	9,579,677	7,711,194	6,414,824	5,824,715	4,663,228
48001	Anderson	1850	58,458	55,109	48,024	38,381	27,789	28,162	31,875	37,092	34,643	34,318
48003	Andrews	1890	14,786	13,004	14,338	13,323	10,372	13,450	5,002	1,277	736	350
48005	Angelina	1850	86,771	80,130	69,884	64,172	49,349	39,814	36,032	32,201	27,803	22,287
48007	Aransas	1880	23,158	22,497	17,892	14,260	8,902	7,006	4,252	3,469	2,219	2,064
48009	Archer	1880	9,054	8,854	7,973	7,266	5,759	6,110	6,816	7,599	9,684	5,254
48011	Armstrong	1880	1,901	2,148	2,021	1,994	1,895	1,966	2,215	2,495	3,329	2,816
48013	Atascosa	1860	44,911	38,628	30,533	25,055	18,696	18,828	20,048	19,275	15,654	12,702
48015	Austin	1850	28,417	23,590	19,832	17,726	13,831	13,777	14,663	17,384	18,860	18,874
48017	Bailey	1900	7,165	6,594	7,064	8,168	8,487	9,090	7,592	6,318	5,186	517
48019	Bandera	1860	20,485	17,645	10,562	7,084	4,747	3,892	4,410	4,234	3,784	4,001
48021	Bastrop	1850	74,171	57,733	38,263	24,726	17,297	16,925	19,622	21,610	23,888	26,649
48023	Baylor	1880	3,726	4,093	4,385	4,919	5,221	5,893	6,875	7,755	7,418	7,027
48025	Bee	1860	31,861	32,359	25,135	26,030	22,737	23,755	18,174	16,481	15,721	12,137
48027	Bell	1860	310,235	237,974	191,088	157,889	124,483	94,097	73,824	44,863	50,030	46,412
48029	Bexar	1850	1,714,773	1,392,931	1,185,394	988,800	830,460	687,151	500,460	338,176	292,533	202,096
48029.1	Bexar (district)	1870	---	---	---	---	---	---	---	---	---	---
48031	Blanco	1860	10,497	8,418	5,972	4,681	3,567	3,657	3,780	4,264	3,842	4,063
48033	Borden	1880	641	729	799	859	888	1,076	1,106	1,396	1,505	965
48035	Bosque	1860	18,212	17,204	15,125	13,401	10,966	10,809	11,836	15,761	15,750	18,032
48037	Bowie	1850	92,565	89,306	81,665	75,301	67,813	59,971	61,966	50,208	48,563	39,472
48039	Brazoria	1850	313,166	241,767	191,707	169,587	108,312	76,204	46,549	27,069	23,054	20,614
48041	Brazos	1850	194,851	152,415	121,862	93,588	57,978	44,895	38,390	26,977	21,835	21,975
48043	Brewster	1890	9,232	8,866	8,681	7,573	7,780	6,434	7,309	6,478	6,624	4,822
48045	Briscoe	1880	1,637	1,790	1,971	2,579	2,794	3,577	3,528	4,056	5,590	2,948
48047	Brooks	1920	7,223	7,976	8,204	8,428	8,005	8,609	9,195	6,362	5,901	4,560
48049	Brown	1860	38,106	37,674	34,371	33,057	25,877	24,728	28,607	25,924	26,382	21,682
48049.1	Buchel	1890	---	---	---	---	---	---	---	---	---	---
48051	Burleson	1850	17,187	16,470	13,625	12,313	9,999	11,177	13,000	18,334	19,848	16,855
48053	Burnet	1860	42,750	34,147	22,677	17,803	11,420	9,265	10,356	10,771	10,355	9,499
48055	Caldwell	1850	38,066	32,194	26,392	23,637	21,178	17,222	19,350	24,893	31,397	25,160
48057	Calhoun	1850	21,381	20,647	19,053	19,574	17,831	16,592	9,222	5,911	5,385	4,700
48059	Callahan	1880	13,544	12,905	11,859	10,992	8,205	7,929	9,087	11,568	12,785	11,844
48061	Cameron	1850	406,220	335,227	260,120	209,727	140,368	151,098	125,170	83,202	77,540	36,662
48063	Camp	1880	12,401	11,549	9,904	9,275	8,005	7,849	8,740	10,285	10,063	11,103

Table C. States and Counties. Resident Population 1790 through 2010—*Continued*

STATE/ County code	STATE County	Resident population enumerated by census (continued)												
		1910	1900	1890	1880	1870	1860	1850	1840	1830	1820	1810	1800	1790
	TENNESSEE cnt'd													
47147	Robertson	25,466	25,029	20,078	18,861	16,166	15,265	16,145	13,801	13,272	9,938	7,270	4,280	---
47149	Rutherford	33,199	33,543	35,097	36,741	33,289	27,918	29,122	24,280	26,134	19,552	10,265	---	---
47151	Scott	12,947	11,077	9,794	6,021	4,054	3,519	1,905	---	---	---	---	---	---
47153	Sequatchie	4,202	3,326	3,027	2,565	2,335	2,120	---	---	---	---	---	---	---
47155	Sevier	22,296	22,021	18,761	15,541	11,028	9,122	6,920	6,442	5,717	4,772	4,595	3,419	3,619
47157	Shelby	191,439	153,557	112,740	78,430	76,378	48,092	31,157	14,721	5,648	364	---	---	---
47159	Smith	18,548	19,026	18,404	17,799	15,994	16,357	18,412	21,179	19,906	17,580	11,649	4,294	---
47161	Stewart	14,860	15,224	12,193	12,690	12,019	9,896	9,719	8,587	6,968	8,397	4,262	---	---
47163	Sullivan	28,120	24,935	20,879	18,321	13,136	13,552	11,742	10,736	10,073	7,015	6,847	10,218	4,447
47165	Sumner	25,621	26,072	23,668	23,625	23,711	22,030	22,717	22,445	20,569	19,211	13,792	4,616	2,196
47167	Tipton	29,459	29,273	24,271	21,033	14,884	10,705	8,887	6,800	5,317	---	---	---	---
47169	Trousdale	5,874	6,004	5,850	6,646	---	---	---	---	---	---	---	---	---
47171	Unicoi	7,201	5,851	4,619	3,645	---	---	---	---	---	---	---	---	---
47173	Union	11,414	12,894	11,459	10,260	7,605	6,117	---	---	---	---	---	---	---
47175	Van Buren	2,784	3,126	2,863	2,933	2,725	2,581	2,674	---	---	---	---	---	---
47177	Warren	16,534	16,410	14,413	14,079	12,714	11,147	10,179	10,803	15,210	10,348	5,725	---	---
47179	Washington	28,968	22,604	20,354	16,181	16,317	14,829	13,861	11,751	10,995	9,557	7,740	6,379	5,872
47181	Wayne	12,062	12,936	11,471	11,301	10,209	9,115	8,170	7,705	6,013	2,459	---	---	---
47183	Weakley	31,929	32,546	28,955	24,538	20,755	18,216	14,608	9,870	4,797	---	---	---	---
47185	White	15,420	14,157	12,348	11,176	9,375	9,381	11,444	10,747	9,967	8,701	4,028	---	---
47187	Williamson	24,213	26,429	26,321	28,313	25,328	23,827	27,201	27,006	26,638	20,640	13,153	2,868	---
47189	Wilson	25,394	27,078	27,148	28,747	25,881	26,072	27,443	24,460	25,472	18,730	11,952	3,261	---
48000	**TEXAS**	3,896,542	3,048,710	2,235,527	1,591,749	818,579	604,215	212,592	---	---	---	---	---	---
48001	Anderson	29,650	28,015	20,923	17,395	9,229	10,398	2,884	---	---	---	---	---	---
48003	Andrews	975	87	24	---	---	---	---	---	---	---	---	---	---
48005	Angelina	17,705	13,481	6,306	5,239	3,985	4,271	1,165	---	---	---	---	---	---
48007	Aransas	2,106	1,716	1,824	996	---	---	---	---	---	---	---	---	---
48009	Archer	6,525	2,508	2,101	596	---	---	---	---	---	---	---	---	---
48011	Armstrong	2,682	1,205	944	31	---	---	---	---	---	---	---	---	---
48013	Atascosa	10,004	7,143	6,459	4,217	2,915	1,578	---	---	---	---	---	---	---
48015	Austin	17,699	20,676	17,859	14,429	15,087	10,139	3,841	---	---	---	---	---	---
48017	Bailey	312	4	0	---	---	---	---	---	---	---	---	---	---
48019	Bandera	4,921	5,332	3,795	2,158	649	399	---	---	---	---	---	---	---
48021	Bastrop	25,344	26,845	20,736	17,215	12,290	7,006	3,099	---	---	---	---	---	---
48023	Baylor	8,411	3,052	2,595	715	---	---	---	---	---	---	---	---	---
48025	Bee	12,090	7,720	3,720	2,298	1,082	910	---	---	---	---	---	---	---
48027	Bell	49,186	45,535	33,377	20,518	9,771	4,799	---	---	---	---	---	---	---
48029	Bexar	119,676	69,422	49,266	30,470	16,043	14,454	6,052	---	---	---	---	---	---
48029.1	Bexar (district)	---	---	---	---	1,077	---	---	---	---	---	---	---	---
48031	Blanco	4,311	4,703	4,649	3,583	1,187	1,281	---	---	---	---	---	---	---
48033	Borden	1,386	776	222	35	---	---	---	---	---	---	---	---	---
48035	Bosque	19,013	17,390	14,224	11,217	4,981	2,005	---	---	---	---	---	---	---
48037	Bowie	34,827	26,676	20,267	10,965	4,684	5,052	2,912	---	---	---	---	---	---
48039	Brazoria	13,299	14,861	11,506	9,774	7,527	7,143	4,841	---	---	---	---	---	---
48041	Brazos	18,919	18,859	16,650	13,576	9,205	2,776	614	---	---	---	---	---	---
48043	Brewster	5,220	2,356	710	---	---	---	---	---	---	---	---	---	---
48045	Briscoe	2,162	1,253	0	12	---	---	---	---	---	---	---	---	---
48047	Brooks	---	---	---	---	---	---	---	---	---	---	---	---	---
48049	Brown	22,935	16,019	11,421	8,414	544	244	---	---	---	---	---	---	---
48049.1	Buchel	---	---	298	---	---	---	---	---	---	---	---	---	---
48051	Burleson	18,687	18,367	13,001	9,243	8,072	5,683	1,713	---	---	---	---	---	---
48053	Burnet	10,755	10,528	10,747	6,855	3,688	2,487	---	---	---	---	---	---	---
48055	Caldwell	24,237	21,765	15,769	11,757	6,572	4,481	1,329	---	---	---	---	---	---
48057	Calhoun	3,635	2,395	815	1,739	3,443	2,642	1,110	---	---	---	---	---	---
48059	Callahan	12,973	8,768	5,457	3,453	---	---	---	---	---	---	---	---	---
48061	Cameron	27,158	16,095	14,424	14,959	10,999	6,028	8,541	---	---	---	---	---	---
48063	Camp	9,551	9,146	6,624	5,931	---	---	---	---	---	---	---	---	---

Table C. States and Counties. Resident Population 1790 through 2010—*Continued*

STATE/ County code	STATE County	Year of first census	Resident population enumerated by census 2010	2000	1990	1980	1970	1960	1950	1940	1930	1920
	TEXAS cnt'd											
48065	Carson	1890	6,182	6,516	6,576	6,672	6,358	7,781	6,852	6,624	7,745	3,078
48067	Cass	1850	30,464	30,438	29,982	29,430	24,133	23,496	26,732	33,496	30,030	30,041
48069	Castro	1890	8,062	8,285	9,070	10,556	10,394	8,923	5,417	4,631	4,720	1,948
48071	Chambers	1860	35,096	26,031	20,088	18,538	12,187	10,379	7,871	7,511	5,710	4,162
48073	Cherokee	1850	50,845	46,659	41,049	38,127	32,008	33,120	38,694	43,970	43,180	37,633
48075	Childress	1880	7,041	7,688	5,953	6,950	6,605	8,421	12,123	12,149	16,044	10,933
48077	Clay	1860	10,752	11,006	10,024	9,582	8,079	8,351	9,896	12,524	14,545	16,864
48079	Cochran	1900	3,127	3,730	4,377	4,825	5,326	6,417	5,928	3,735	1,963	67
48081	Coke	1890	3,320	3,864	3,424	3,196	3,087	3,589	4,045	4,590	5,253	4,557
48083	Coleman	1870	8,895	9,235	9,710	10,439	10,288	12,458	15,503	20,571	23,669	18,805
48085	Collin	1850	782,341	491,675	264,036	144,576	66,920	41,247	41,692	47,190	46,180	49,609
48087	Collingsworth	1880	3,057	3,206	3,573	4,648	4,755	6,276	9,139	10,331	14,461	9,154
48089	Colorado	1850	20,874	20,390	18,383	18,823	17,638	18,463	17,576	17,812	19,129	19,013
48091	Comal	1850	108,472	78,021	51,832	36,446	24,165	19,844	16,357	12,321	11,984	8,824
48093	Comanche	1860	13,974	14,026	13,381	12,617	11,898	11,865	15,516	19,245	18,430	25,748
48095	Concho	1880	4,087	3,966	3,044	2,915	2,937	3,672	5,078	6,192	7,645	5,847
48097	Cooke	1850	38,437	36,363	30,777	27,656	23,471	22,560	22,146	24,909	24,136	25,667
48099	Coryell	1860	75,388	74,978	64,213	56,767	35,311	23,961	16,284	20,226	19,999	20,601
48101	Cottle	1880	1,505	1,904	2,247	2,947	3,204	4,207	6,099	7,079	9,395	6,901
48103	Crane	1890	4,375	3,996	4,652	4,600	4,172	4,699	3,965	2,841	2,221	37
48105	Crockett	1880	3,719	4,099	4,078	4,608	3,885	4,209	3,981	2,809	2,590	1,500
48107	Crosby	1880	6,059	7,072	7,304	8,859	9,085	10,347	9,582	10,046	11,023	6,084
48109	Culberson	1920	2,398	2,975	3,407	3,315	3,429	2,794	1,825	1,653	1,228	912
48111	Dallam	1890	6,703	6,222	5,461	6,531	6,012	6,302	7,640	6,494	7,830	4,528
48113	Dallas	1850	2,368,139	2,218,899	1,852,810	1,556,390	1,327,321	951,527	614,799	398,564	325,691	210,551
48113.1	Dawson (old)	1860	---	---	---	---	---	---	---	---	---	---
48115	Dawson	1880	13,833	14,985	14,349	16,184	16,604	19,185	19,113	15,367	13,573	4,309
48117	Deaf Smith	1880	19,372	18,561	19,153	21,165	18,999	13,187	9,111	6,056	5,979	3,747
48119	Delta	1880	5,231	5,327	4,857	4,839	4,927	5,860	8,964	12,858	13,138	15,887
48121	Denton	1850	662,614	432,976	273,525	143,126	75,633	47,432	41,365	33,658	32,822	35,355
48123	DeWitt	1850	20,097	20,013	18,840	18,903	18,660	20,683	22,973	24,935	27,441	27,971
48125	Dickens	1880	2,444	2,762	2,571	3,539	3,737	4,963	7,177	7,847	8,601	5,876
48127	Dimmit	1870	9,996	10,248	10,433	11,367	9,039	10,095	10,654	8,542	8,828	5,296
48129	Donley	1880	3,677	3,828	3,696	4,075	3,641	4,449	6,216	7,487	10,262	8,035
48131	Duval	1870	11,782	13,120	12,918	12,517	11,722	13,398	15,643	20,565	12,191	8,251
48133	Eastland	1860	18,583	18,297	18,488	19,480	18,092	19,526	23,942	30,345	34,156	58,505
48135	Ector	1890	137,130	121,123	118,934	115,374	91,805	90,995	42,102	15,051	3,958	760
48137	Edwards	1880	2,002	2,162	2,266	2,033	2,107	2,317	2,908	2,933	2,764	2,283
48139	Ellis	1850	149,610	111,360	85,167	59,743	46,638	43,395	45,645	47,733	53,936	55,700
48141	El Paso	1860	800,647	679,622	591,610	479,899	359,291	314,070	194,968	131,067	131,597	101,877
48141.1	Encinal	1860	---	---	---	---	---	---	---	---	---	---
48143	Erath	1860	37,890	33,001	27,991	22,560	18,141	16,236	18,434	20,760	20,804	28,385
48145	Falls	1860	17,866	18,576	17,712	17,946	17,300	21,263	26,724	35,984	38,771	36,217
48147	Fannin	1850	33,915	31,242	24,804	24,285	22,705	23,880	31,253	41,064	41,163	48,186
48149	Fayette	1850	24,554	21,804	20,095	18,832	17,650	20,384	24,176	29,246	30,708	29,965
48151	Fisher	1880	3,974	4,344	4,842	5,891	6,344	7,865	11,023	12,932	13,563	11,009
48153	Floyd	1880	6,446	7,771	8,497	9,834	11,044	12,369	10,535	10,659	12,409	9,758
48155	Foard	1900	1,336	1,622	1,794	2,158	2,211	3,125	4,216	5,237	6,315	4,747
48155.1	Foley	1890	---	---	---	---	---	---	---	---	---	---
48157	Fort Bend	1850	585,375	354,452	225,421	130,846	52,314	40,527	31,056	32,963	29,718	22,931
48159	Franklin	1880	10,605	9,458	7,802	6,893	5,291	5,101	6,257	8,378	8,494	9,304
48161	Freestone	1860	19,816	17,867	15,818	14,830	11,116	12,525	15,696	21,138	22,589	23,264
48163	Frio	1860	17,217	16,252	13,472	13,785	11,159	10,112	10,357	9,207	9,411	9,296
48165	Gaines	1880	17,526	14,467	14,123	13,150	11,593	12,267	8,909	8,136	2,800	1,018
48167	Galveston	1850	291,309	250,158	217,399	195,940	169,812	140,364	113,066	81,173	64,401	53,150
48169	Garza	1880	6,461	4,872	5,143	5,336	5,289	6,611	6,281	5,678	5,586	4,253
48171	Gillespie	1850	24,837	20,814	17,204	13,532	10,553	10,048	10,520	10,670	11,020	10,015
48173	Glasscock	1890	1,226	1,406	1,447	1,304	1,155	1,118	1,089	1,193	1,263	555
48175	Goliad	1850	7,210	6,928	5,980	5,193	4,869	5,429	6,219	8,798	10,093	9,348
48177	Gonzales	1850	19,807	18,628	17,205	16,883	16,375	17,845	21,164	26,075	28,337	28,438
48179	Gray	1880	22,535	22,744	23,967	26,386	26,949	31,535	24,728	23,911	22,090	4,663
48181	Grayson	1850	120,877	110,595	95,021	89,796	83,225	73,043	70,467	69,499	65,843	74,165

Table C. States and Counties. Resident Population 1790 through 2010—*Continued*

STATE/ County code	STATE County	1910	1900	1890	1880	1870	1860	1850	1840	1830	1820	1810	1800	1790
		Resident population enumerated by census (continued)												
	TEXAS cnt'd													
48065	Carson	2,127	469	356	---	---	---	---	---	---	---	---	---	---
48067	Cass	27,587	22,841	22,554	16,724	8,875	8,411	4,991	---	---	---	---	---	---
48069	Castro	1,850	400	9	---	---	---	---	---	---	---	---	---	---
48071	Chambers	4,234	3,046	2,241	2,187	1,503	1,508	---	---	---	---	---	---	---
48073	Cherokee	29,038	25,154	22,975	16,723	11,079	12,098	6,673	---	---	---	---	---	---
48075	Childress	9,538	2,138	1,175	25	---	---	---	---	---	---	---	---	---
48077	Clay	17,043	9,231	7,503	5,045	0	109	---	---	---	---	---	---	---
48079	Cochran	65	25	---	---	---	---	---	---	---	---	---	---	---
48081	Coke	6,412	3,430	2,059	---	---	---	---	---	---	---	---	---	---
48083	Coleman	22,618	10,077	6,112	3,603	347	---	---	---	---	---	---	---	---
48085	Collin	49,021	50,087	36,736	25,983	14,013	9,264	1,950	---	---	---	---	---	---
48087	Collingsworth	5,224	1,233	357	6	---	---	---	---	---	---	---	---	---
48089	Colorado	18,897	22,203	19,512	16,673	8,326	7,885	2,257	---	---	---	---	---	---
48091	Comal	8,434	7,008	6,398	5,546	5,283	4,030	1,723	---	---	---	---	---	---
48093	Comanche	27,186	23,009	15,608	8,608	1,001	709	---	---	---	---	---	---	---
48095	Concho	6,654	1,427	1,065	800	---	---	---	---	---	---	---	---	---
48097	Cooke	26,603	27,494	24,696	20,391	5,315	3,760	220	---	---	---	---	---	---
48099	Coryell	21,703	21,308	16,873	10,924	4,124	2,666	---	---	---	---	---	---	---
48101	Cottle	4,396	1,002	240	24	---	---	---	---	---	---	---	---	---
48103	Crane	331	51	15	---	---	---	---	---	---	---	---	---	---
48105	Crockett	1,296	1,591	194	127	---	---	---	---	---	---	---	---	---
48107	Crosby	1,765	788	346	82	---	---	---	---	---	---	---	---	---
48109	Culberson	---	---	---	---	---	---	---	---	---	---	---	---	---
48111	Dallam	4,001	146	112	---	---	---	---	---	---	---	---	---	---
48113	Dallas	135,748	82,726	67,042	33,488	13,314	8,665	2,743	---	---	---	---	---	---
48113.1	Dawson (old)	---	---	---	---	---	281	---	---	---	---	---	---	---
48115	Dawson	2,320	37	29	24	---	---	---	---	---	---	---	---	---
48117	Deaf Smith	3,942	843	179	38	---	---	---	---	---	---	---	---	---
48119	Delta	14,566	15,249	9,117	5,597	---	---	---	---	---	---	---	---	---
48121	Denton	31,258	28,318	21,289	18,143	7,251	5,031	641	---	---	---	---	---	---
48123	DeWitt	23,501	21,311	14,307	10,082	6,443	5,108	1,716	---	---	---	---	---	---
48125	Dickens	3,092	1,151	295	28	---	---	---	---	---	---	---	---	---
48127	Dimmit	3,460	1,106	1,049	665	109	---	---	---	---	---	---	---	---
48129	Donley	5,284	2,756	1,056	160	---	---	---	---	---	---	---	---	---
48131	Duval	8,964	8,483	7,598	5,732	1,083	---	---	---	---	---	---	---	---
48133	Eastland	23,421	17,971	10,373	4,855	88	99	---	---	---	---	---	---	---
48135	Ector	1,178	381	224	---	---	---	---	---	---	---	---	---	---
48137	Edwards	3,768	3,108	1,970	266	---	---	---	---	---	---	---	---	---
48139	Ellis	53,629	50,059	31,774	21,294	7,514	5,246	989	---	---	---	---	---	---
48141	El Paso	52,599	24,886	15,678	3,845	3,671	4,051	---	---	---	---	---	---	---
48141.1	Encinal	---	---	2,744	1,902	427	43	---	---	---	---	---	---	---
48143	Erath	32,095	29,966	21,594	11,796	1,801	2,425	---	---	---	---	---	---	---
48145	Falls	35,649	33,342	20,706	16,240	9,851	3,614	---	---	---	---	---	---	---
48147	Fannin	44,801	51,793	38,709	25,501	13,207	9,217	3,788	---	---	---	---	---	---
48149	Fayette	29,796	36,542	31,481	27,996	16,863	11,604	3,756	---	---	---	---	---	---
48151	Fisher	12,596	3,708	2,996	136	---	---	---	---	---	---	---	---	---
48153	Floyd	4,638	2,020	529	3	---	---	---	---	---	---	---	---	---
48155	Foard	5,726	1,568	---	---	---	---	---	---	---	---	---	---	---
48155.1	Foley	---	---	25	---	---	---	---	---	---	---	---	---	---
48157	Fort Bend	18,168	16,538	10,586	9,380	7,114	6,143	2,533	---	---	---	---	---	---
48159	Franklin	9,331	8,674	6,481	5,280	---	---	---	---	---	---	---	---	---
48161	Freestone	20,557	18,910	15,987	14,921	8,139	6,881	---	---	---	---	---	---	---
48163	Frio	8,895	4,200	3,112	2,130	309	42	---	---	---	---	---	---	---
48165	Gaines	1,255	55	68	8	---	---	---	---	---	---	---	---	---
48167	Galveston	44,479	44,116	31,476	24,121	15,290	8,229	4,529	---	---	---	---	---	---
48169	Garza	1,995	185	14	36	---	---	---	---	---	---	---	---	---
48171	Gillespie	9,447	8,229	7,056	5,228	3,566	2,736	1,240	---	---	---	---	---	---
48173	Glasscock	1,143	286	208	---	---	---	---	---	---	---	---	---	---
48175	Goliad	9,909	8,310	5,910	5,832	3,628	3,384	648	---	---	---	---	---	---
48177	Gonzales	28,055	28,882	18,016	14,840	8,951	8,059	1,492	---	---	---	---	---	---
48179	Gray	3,405	480	203	56	---	---	---	---	---	---	---	---	---
48181	Grayson	65,996	63,661	53,211	38,108	14,387	8,184	2,008	---	---	---	---	---	---

Table C. States and Counties. Resident Population 1790 through 2010—*Continued*

STATE/ County code	STATE County	Year of first census	Resident population enumerated by census									
			2010	2000	1990	1980	1970	1960	1950	1940	1930	1920
	TEXAS cnt'd											
48183	Gregg	1880	121,730	111,379	104,948	99,487	75,929	69,436	61,258	58,027	15,778	16,767
48185	Grimes	1850	26,604	23,552	18,828	13,580	11,855	12,709	15,135	21,960	22,642	23,101
48187	Guadalupe	1850	131,533	89,023	64,873	46,708	33,554	29,017	25,392	25,596	28,925	27,719
48189	Hale	1890	36,273	36,602	34,671	37,592	34,137	36,798	28,211	18,813	20,189	10,104
48191	Hall	1880	3,353	3,782	3,905	5,594	6,015	7,322	10,930	12,117	16,966	11,137
48193	Hamilton	1860	8,517	8,229	7,733	8,297	7,198	8,488	10,660	13,303	13,523	14,676
48195	Hansford	1880	5,613	5,369	5,848	6,209	6,351	6,208	4,202	2,783	3,548	1,354
48197	Hardeman	1880	4,139	4,724	5,283	6,368	6,795	8,275	10,212	11,073	14,532	12,487
48199	Hardin	1860	54,635	48,073	41,320	40,721	29,996	24,629	19,535	15,875	13,936	15,983
48201	Harris	1850	4,092,459	3,400,578	2,818,199	2,409,547	1,741,912	1,243,158	806,701	528,961	359,328	186,667
48203	Harrison	1850	65,631	62,110	57,483	52,265	44,841	45,594	47,745	50,900	48,937	43,565
48205	Hartley	1880	6,062	5,537	3,634	3,987	2,782	2,171	1,913	1,873	2,185	1,109
48207	Haskell	1880	5,899	6,093	6,820	7,725	8,512	11,174	13,736	14,905	16,669	14,193
48209	Hays	1850	157,107	97,589	65,614	40,594	27,642	19,934	17,840	15,349	14,915	15,920
48211	Hemphill	1880	3,807	3,351	3,720	5,304	3,084	3,185	4,123	4,170	4,637	4,280
48213	Henderson	1850	78,532	73,277	58,543	42,606	26,466	21,786	23,405	31,822	30,583	28,327
48215	Hidalgo	1860	774,769	569,463	383,545	283,229	181,535	180,904	160,446	106,059	77,004	38,110
48217	Hill	1860	35,089	32,321	27,146	25,024	22,596	23,650	31,282	38,355	43,036	43,332
48219	Hockley	1900	22,935	22,716	24,199	23,230	20,396	22,340	20,407	12,693	9,298	137
48221	Hood	1870	51,182	41,100	28,981	17,714	6,368	5,443	5,287	6,674	6,779	8,759
48223	Hopkins	1850	35,161	31,960	28,833	25,247	20,710	18,594	23,490	30,274	29,410	34,791
48225	Houston	1850	23,732	23,185	21,375	22,299	17,855	19,376	22,825	31,137	30,017	28,601
48227	Howard	1880	35,012	33,627	32,343	33,142	37,796	40,139	26,722	20,990	22,888	6,962
48229	Hudspeth	1920	3,476	3,344	2,915	2,728	2,392	3,343	4,298	3,149	3,728	962
48231	Hunt	1850	86,129	76,596	64,343	55,248	47,948	39,399	42,731	48,793	49,016	50,350
48233	Hutchinson	1880	22,150	23,857	25,689	26,304	24,443	34,419	31,580	19,069	14,848	721
48235	Irion	1890	1,599	1,771	1,629	1,386	1,070	1,183	1,590	1,963	2,049	1,610
48237	Jack	1860	9,044	8,763	6,981	7,408	6,711	7,418	7,755	10,206	9,046	9,863
48239	Jackson	1850	14,075	14,391	13,039	13,352	12,975	14,040	12,916	11,720	10,980	11,244
48241	Jasper	1850	35,710	35,604	31,102	30,781	24,692	22,100	20,049	17,491	17,064	15,569
48243	Jeff Davis	1890	2,342	2,207	1,946	1,647	1,527	1,582	2,090	2,375	1,800	1,445
48245	Jefferson	1850	252,273	252,051	239,397	250,938	244,773	245,659	195,083	145,329	133,391	73,120
48247	Jim Hogg	1920	5,300	5,281	5,109	5,168	4,654	5,022	5,389	5,449	4,919	1,914
48249	Jim Wells	1920	40,838	39,326	37,679	36,498	33,032	34,548	27,991	20,239	13,456	6,587
48251	Johnson	1860	150,934	126,811	97,165	67,649	45,769	34,720	31,390	30,384	33,317	37,286
48253	Jones	1880	20,202	20,785	16,490	17,268	16,106	19,299	22,147	23,378	24,233	22,323
48255	Karnes	1860	14,824	15,446	12,455	13,593	13,462	14,995	17,139	19,248	23,316	19,049
48257	Kaufman	1850	103,350	71,313	52,220	39,015	32,392	29,931	31,170	38,308	40,905	41,276
48259	Kendall	1870	33,410	23,743	14,589	10,635	6,964	5,889	5,423	5,080	4,970	4,779
48261	Kenedy	1920	416	414	460	543	678	884	632	700	701	1,033
48263	Kent	1880	808	859	1,010	1,145	1,434	1,727	2,249	3,413	3,851	3,335
48265	Kerr	1860	49,625	43,653	36,304	28,780	19,454	16,800	14,022	11,650	10,151	5,842
48267	Kimble	1870	4,607	4,468	4,122	4,063	3,904	3,943	4,619	5,064	4,119	3,581
48269	King	1880	286	356	354	425	464	640	870	1,066	1,193	655
48271	Kinney	1860	3,598	3,379	3,119	2,279	2,006	2,452	2,668	4,533	3,980	3,746
48273	Kleberg	1920	32,061	31,549	30,274	33,358	33,166	30,052	21,991	13,344	12,451	7,837
48275	Knox	1880	3,719	4,253	4,837	5,329	5,972	7,857	10,082	10,090	11,368	9,240
48277	Lamar	1850	49,793	48,499	43,949	42,156	36,062	34,234	43,033	50,425	48,529	55,742
48279	Lamb	1890	13,977	14,709	15,072	18,669	17,770	21,896	20,015	17,606	17,452	1,175
48281	Lampasas	1860	19,677	17,762	13,521	12,005	9,323	9,418	9,929	9,167	8,677	8,800
48283	La Salle	1870	6,886	5,866	5,254	5,514	5,014	5,972	7,485	8,003	8,228	4,821
48285	Lavaca	1850	19,263	19,210	18,690	19,004	17,903	20,174	22,159	25,485	27,550	28,964
48287	Lee	1880	16,612	15,657	12,854	10,952	8,048	8,949	10,144	12,751	13,390	14,014
48289	Leon	1850	16,801	15,335	12,665	9,594	8,738	9,951	12,024	17,733	19,898	18,286
48291	Liberty	1850	75,643	70,154	52,726	47,088	33,014	31,595	26,729	24,541	19,868	14,637
48293	Limestone	1850	23,384	22,051	20,946	20,224	18,100	20,413	25,251	33,781	39,497	33,283
48295	Lipscomb	1880	3,302	3,057	3,143	3,766	3,486	3,406	3,658	3,764	4,512	3,684
48297	Live Oak	1860	11,531	12,309	9,556	9,606	6,697	7,846	9,054	9,799	8,956	4,171
48299	Llano	1860	19,301	17,044	11,631	10,144	6,979	5,240	5,377	5,996	5,538	5,360
48301	Loving	1890	82	67	107	91	164	226	227	285	195	82
48303	Lubbock	1880	278,831	242,628	222,636	211,651	179,295	156,271	101,048	51,782	39,104	11,096
48305	Lynn	1880	5,915	6,550	6,758	8,605	9,107	10,914	11,030	11,931	12,372	4,751
48307	McCulloch	1870	8,283	8,205	8,778	8,735	8,571	8,815	11,701	13,208	13,883	11,020

Table C. States and Counties. Resident Population 1790 through 2010—*Continued*

STATE/ County code	STATE County	Resident population enumerated by census (continued)												
		1910	1900	1890	1880	1870	1860	1850	1840	1830	1820	1810	1800	1790
	TEXAS cnt'd													
48183	Gregg	14,140	12,343	9,402	8,530	---	---	---	---	---	---	---	---	---
48185	Grimes	21,205	26,106	21,312	18,603	13,218	10,307	4,008	---	---	---	---	---	---
48187	Guadalupe	24,913	21,385	15,217	12,202	7,282	5,444	1,511	---	---	---	---	---	---
48189	Hale	7,566	1,680	721	---	---	---	---	---	---	---	---	---	---
48191	Hall	8,279	1,670	703	36	---	---	---	---	---	---	---	---	---
48193	Hamilton	15,315	13,520	9,313	6,365	733	489	---	---	---	---	---	---	---
48195	Hansford	935	167	133	18	---	---	---	---	---	---	---	---	---
48197	Hardeman	11,213	3,634	3,904	50	---	---	---	---	---	---	---	---	---
48199	Hardin	12,947	5,049	3,956	1,870	1,460	1,353	---	---	---	---	---	---	---
48201	Harris	115,693	63,786	37,249	27,985	17,375	9,070	4,668	---	---	---	---	---	---
48203	Harrison	37,243	31,878	26,721	25,177	13,241	15,001	11,822	---	---	---	---	---	---
48205	Hartley	1,298	377	252	100	---	---	---	---	---	---	---	---	---
48207	Haskell	16,249	2,637	1,665	48	---	---	---	---	---	---	---	---	---
48209	Hays	15,518	14,142	11,352	7,555	4,088	2,126	387	---	---	---	---	---	---
48211	Hemphill	3,170	815	519	149	---	---	---	---	---	---	---	---	---
48213	Henderson	20,131	19,970	12,285	9,735	6,786	4,595	1,237	---	---	---	---	---	---
48215	Hidalgo	13,728	6,837	6,534	4,347	2,387	1,192	---	---	---	---	---	---	---
48217	Hill	46,760	41,355	27,583	16,554	7,453	3,653	---	---	---	---	---	---	---
48219	Hockley	137	44	---	---	---	---	---	---	---	---	---	---	---
48221	Hood	10,008	9,146	7,614	6,125	2,585	---	---	---	---	---	---	---	---
48223	Hopkins	31,038	27,950	20,572	15,461	12,651	7,745	2,623	---	---	---	---	---	---
48225	Houston	29,564	25,452	19,360	16,702	8,147	8,058	2,721	---	---	---	---	---	---
48227	Howard	8,881	2,528	1,210	50	---	---	---	---	---	---	---	---	---
48229	Hudspeth	---	---	---	---	---	---	---	---	---	---	---	---	---
48231	Hunt	48,116	47,295	31,885	17,230	10,291	6,630	1,520	---	---	---	---	---	---
48233	Hutchinson	892	303	58	50	---	---	---	---	---	---	---	---	---
48235	Irion	1,283	848	870	---	---	---	---	---	---	---	---	---	---
48237	Jack	11,817	10,224	9,740	6,626	694	1,000	---	---	---	---	---	---	---
48239	Jackson	6,471	6,094	3,281	2,723	2,278	2,612	996	---	---	---	---	---	---
48241	Jasper	14,000	7,138	5,592	5,779	4,218	4,037	1,767	---	---	---	---	---	---
48243	Jeff Davis	1,678	1,150	1,394	---	---	---	---	---	---	---	---	---	---
48245	Jefferson	38,182	14,239	5,857	3,489	1,906	1,995	1,836	---	---	---	---	---	---
48247	Jim Hogg	---	---	---	---	---	---	---	---	---	---	---	---	---
48249	Jim Wells	---	---	---	---	---	---	---	---	---	---	---	---	---
48251	Johnson	34,460	33,819	22,313	17,911	4,923	4,305	---	---	---	---	---	---	---
48253	Jones	24,299	7,053	3,797	546	---	---	---	---	---	---	---	---	---
48255	Karnes	14,942	8,681	3,637	3,270	1,705	2,171	---	---	---	---	---	---	---
48257	Kaufman	35,323	33,376	21,598	15,448	6,895	3,936	1,047	---	---	---	---	---	---
48259	Kendall	4,517	4,103	3,826	2,763	1,536	---	---	---	---	---	---	---	---
48261	Kenedy	---	---	---	---	---	---	---	---	---	---	---	---	---
48263	Kent	2,655	899	324	92	---	---	---	---	---	---	---	---	---
48265	Kerr	5,505	4,980	4,462	2,168	1,042	634	---	---	---	---	---	---	---
48267	Kimble	3,261	2,503	2,243	1,343	72	---	---	---	---	---	---	---	---
48269	King	810	490	173	40	---	---	---	---	---	---	---	---	---
48271	Kinney	3,401	2,447	3,781	4,487	1,204	61	---	---	---	---	---	---	---
48273	Kleberg	---	---	---	---	---	---	---	---	---	---	---	---	---
48275	Knox	9,625	2,322	1,134	77	---	---	---	---	---	---	---	---	---
48277	Lamar	46,544	48,627	37,302	27,193	15,790	10,136	3,978	---	---	---	---	---	---
48279	Lamb	540	31	4	---	---	---	---	---	---	---	---	---	---
48281	Lampasas	9,532	8,625	7,584	5,421	1,344	1,028	---	---	---	---	---	---	---
48283	La Salle	4,747	2,303	2,139	789	69	---	---	---	---	---	---	---	---
48285	Lavaca	26,418	28,121	21,887	13,641	9,168	5,945	1,571	---	---	---	---	---	---
48287	Lee	13,132	14,595	11,952	8,937	---	---	---	---	---	---	---	---	---
48289	Leon	16,583	18,072	13,841	12,817	6,523	6,781	1,946	---	---	---	---	---	---
48291	Liberty	10,686	8,102	4,230	4,999	4,414	3,189	2,522	---	---	---	---	---	---
48293	Limestone	34,621	32,573	21,678	16,246	8,591	4,537	2,608	---	---	---	---	---	---
48295	Lipscomb	2,634	790	632	69	---	---	---	---	---	---	---	---	---
48297	Live Oak	3,442	2,268	2,055	1,994	852	593	---	---	---	---	---	---	---
48299	Llano	6,520	7,301	6,772	4,962	1,379	1,101	---	---	---	---	---	---	---
48301	Loving	249	33	3	---	---	---	---	---	---	---	---	---	---
48303	Lubbock	3,624	293	33	25	---	---	---	---	---	---	---	---	---
48305	Lynn	1,713	17	24	9	---	---	---	---	---	---	---	---	---
48307	McCulloch	13,405	3,960	3,217	1,533	173	---	---	---	---	---	---	---	---

Table C. States and Counties. Resident Population 1790 through 2010—*Continued*

STATE/ County code	STATE County	Year of first census	Resident population enumerated by census									
			2010	2000	1990	1980	1970	1960	1950	1940	1930	1920
	TEXAS cnt'd											
48309	McLennan	1860	234,906	213,517	189,123	170,755	147,553	150,091	130,194	101,898	98,682	82,921
48311	McMullen	1870	707	851	817	789	1,095	1,116	1,187	1,374	1,351	952
48313	Madison	1860	13,664	12,940	10,931	10,649	7,693	6,749	7,996	12,029	12,227	11,956
48315	Marion	1860	10,546	10,941	9,984	10,360	8,517	8,049	10,172	11,457	10,371	10,886
48317	Martin	1880	4,799	4,746	4,956	4,684	4,774	5,068	5,541	5,556	5,785	1,146
48319	Mason	1860	4,012	3,738	3,423	3,683	3,356	3,780	4,945	5,378	5,511	4,824
48321	Matagorda	1850	36,702	37,957	36,928	37,828	27,913	25,744	21,559	20,066	17,678	16,589
48323	Maverick	1860	54,258	47,297	36,378	31,398	18,093	14,508	12,292	10,071	6,120	7,418
48325	Medina	1850	46,006	39,304	27,312	23,164	20,249	18,904	17,013	16,106	13,989	11,679
48327	Menard	1870	2,242	2,360	2,252	2,346	2,646	2,964	4,175	4,521	4,447	3,162
48329	Midland	1890	136,872	116,009	106,611	82,636	65,433	67,717	25,785	11,721	8,005	2,449
48331	Milam	1850	24,757	24,238	22,946	22,732	20,028	22,263	23,585	33,120	37,915	38,104
48333	Mills	1890	4,936	5,151	4,531	4,477	4,212	4,467	5,999	7,951	8,293	9,019
48335	Mitchell	1880	9,403	9,698	8,016	9,088	9,073	11,255	14,357	12,477	14,183	7,527
48337	Montague	1860	19,719	19,117	17,274	17,410	15,326	14,893	17,070	20,442	19,159	22,200
48339	Montgomery	1850	455,746	293,768	182,201	128,487	49,479	26,839	24,504	23,055	14,588	17,334
48341	Moore	1890	21,904	20,121	17,865	16,575	14,060	14,773	13,349	4,461	1,555	571
48343	Morris	1880	12,934	13,048	13,200	14,629	12,310	12,576	9,433	9,810	10,028	10,289
48345	Motley	1880	1,210	1,426	1,532	1,950	2,178	2,870	3,963	4,994	6,812	4,107
48347	Nacogdoches	1850	64,524	59,203	54,753	46,786	36,362	28,046	30,326	35,392	30,290	28,457
48349	Navarro	1850	47,735	45,124	39,926	35,323	31,150	34,423	39,916	51,308	60,507	50,624
48351	Newton	1850	14,445	15,072	13,569	13,254	11,657	10,372	10,832	13,700	12,524	12,196
48353	Nolan	1880	15,216	15,802	16,594	17,359	16,220	18,963	19,808	17,309	19,323	10,868
48355	Nueces	1850	340,223	313,645	291,145	268,215	237,544	221,573	165,471	92,661	51,779	22,807
48357	Ochiltree	1890	10,223	9,006	9,128	9,588	9,704	9,380	6,024	4,213	5,224	2,331
48359	Oldham	1880	2,052	2,185	2,278	2,283	2,258	1,928	1,672	1,385	1,404	709
48361	Orange	1860	81,837	84,966	80,509	83,838	71,170	60,357	40,567	17,382	15,149	15,379
48363	Palo Pinto	1860	28,111	27,026	25,055	24,062	28,962	20,516	17,154	18,456	17,576	23,431
48365	Panola	1850	23,796	22,756	22,035	20,724	15,894	16,870	19,250	22,513	24,063	21,755
48367	Parker	1860	116,927	88,495	64,785	44,609	33,888	22,880	21,528	20,482	18,759	23,382
48369	Parmer	1890	10,269	10,016	9,863	11,038	10,509	9,583	5,787	5,890	5,869	1,699
48371	Pecos	1880	15,507	16,809	14,675	14,618	13,748	11,957	9,939	8,185	7,812	3,857
48373	Polk	1850	45,413	41,133	30,687	24,407	14,457	13,861	16,194	20,635	17,555	16,784
48375	Potter	1880	121,073	113,546	97,874	98,637	90,511	115,580	73,366	54,265	46,080	16,710
48377	Presidio	1860	7,818	7,304	6,637	5,188	4,842	5,460	7,354	10,925	10,154	12,202
48379	Rains	1880	10,914	9,139	6,715	4,839	3,752	2,993	4,266	7,334	7,114	8,099
48381	Randall	1880	120,725	104,312	89,673	75,062	53,885	33,913	13,774	7,185	7,071	3,675
48383	Reagan	1910	3,367	3,326	4,514	4,135	3,239	3,782	3,127	1,997	3,028	377
48385	Real	1920	3,309	3,047	2,412	2,469	2,013	2,079	2,479	2,420	2,197	1,461
48387	Red River	1850	12,860	14,314	14,317	16,101	14,298	15,682	21,851	29,769	30,923	35,829
48389	Reeves	1890	13,783	13,137	15,852	15,801	16,526	17,644	11,745	8,006	6,407	4,457
48391	Refugio	1850	7,383	7,828	7,976	9,289	9,494	10,975	10,113	10,383	7,691	4,050
48393	Roberts	1880	929	887	1,025	1,187	967	1,075	1,031	1,289	1,457	1,469
48395	Robertson	1850	16,622	16,000	15,511	14,653	14,389	16,157	19,908	25,710	27,240	27,933
48397	Rockwall	1880	78,337	43,080	25,604	14,528	7,046	5,878	6,156	7,051	7,658	8,591
48399	Runnels	1880	10,501	11,495	11,294	11,872	12,108	15,016	16,771	18,903	21,821	17,074
48401	Rusk	1850	53,330	47,372	43,735	41,382	34,102	36,421	42,348	51,023	32,484	31,689
48403	Sabine	1850	10,834	10,469	9,586	8,702	7,187	7,302	8,568	10,896	11,998	12,299
48405	San Augustine	1850	8,865	8,946	7,999	8,785	7,858	7,722	8,837	12,471	12,471	13,737
48407	San Jacinto	1880	26,384	22,246	16,372	11,434	6,702	6,153	7,172	9,056	9,711	9,867
48409	San Patricio	1850	64,804	67,138	58,749	58,013	47,288	45,021	35,842	28,871	23,836	11,386
48411	San Saba	1860	6,131	6,186	5,401	6,204	5,540	6,381	8,666	11,012	10,273	10,045
48413	Schleicher	1890	3,461	2,935	2,990	2,820	2,277	2,791	2,852	3,083	3,166	1,851
48415	Scurry	1880	16,921	16,361	18,634	18,192	15,760	20,369	22,779	11,545	12,188	9,003
48417	Shackelford	1860	3,378	3,302	3,316	3,915	3,323	3,990	5,001	6,211	6,695	4,960
48419	Shelby	1850	25,448	25,224	22,034	23,084	19,672	20,479	23,479	29,235	28,627	27,464
48421	Sherman	1890	3,034	3,186	2,858	3,174	3,657	2,605	2,443	2,026	2,314	1,473
48423	Smith	1850	209,714	174,706	151,309	128,366	97,096	86,350	74,701	69,090	53,123	46,769
48425	Somervell	1880	8,490	6,809	5,360	4,154	2,793	2,577	2,542	3,071	3,016	3,563
48427	Starr	1860	60,968	53,597	40,518	27,266	17,707	17,137	13,948	13,312	11,409	11,089
48429	Stephens	1860	9,630	9,674	9,010	9,926	8,414	8,885	10,597	12,356	16,560	15,403
48431	Sterling	1900	1,143	1,393	1,438	1,206	1,056	1,177	1,282	1,404	1,431	1,053
48433	Stonewall	1880	1,490	1,693	2,013	2,406	2,397	3,017	3,679	5,589	5,667	4,086

Table C. States and Counties. Resident Population 1790 through 2010—*Continued*

STATE/ County code	STATE County	Resident population enumerated by census (continued)												
		1910	1900	1890	1880	1870	1860	1850	1840	1830	1820	1810	1800	1790
	TEXAS cnt'd													
48309	McLennan	73,250	59,772	39,204	26,934	13,500	6,206	---	---	---	---	---	---	---
48311	McMullen	1,091	1,024	1,038	701	230	---	---	---	---	---	---	---	---
48313	Madison	10,318	10,432	8,512	5,395	4,061	2,238	---	---	---	---	---	---	---
48315	Marion	10,472	10,754	10,862	10,983	8,562	3,977	---	---	---	---	---	---	---
48317	Martin	1,549	332	264	12	---	---	---	---	---	---	---	---	---
48319	Mason	5,683	5,573	5,180	2,655	678	630	---	---	---	---	---	---	---
48321	Matagorda	13,594	6,097	3,985	3,940	3,377	3,454	2,124	---	---	---	---	---	---
48323	Maverick	5,151	4,066	3,698	2,967	1,951	726	---	---	---	---	---	---	---
48325	Medina	13,415	7,783	5,730	4,492	2,078	1,838	909	---	---	---	---	---	---
48327	Menard	2,707	2,011	1,215	1,239	667	---	---	---	---	---	---	---	---
48329	Midland	3,464	1,741	1,033	---	---	---	---	---	---	---	---	---	---
48331	Milam	36,780	39,666	24,773	18,659	8,984	5,175	2,907	---	---	---	---	---	---
48333	Mills	9,694	7,851	5,493	---	---	---	---	---	---	---	---	---	---
48335	Mitchell	8,956	2,855	2,059	117	---	---	---	---	---	---	---	---	---
48337	Montague	25,123	24,800	18,863	11,257	890	849	---	---	---	---	---	---	---
48339	Montgomery	15,679	17,067	11,765	10,154	6,483	5,479	2,384	---	---	---	---	---	---
48341	Moore	561	209	15	---	---	---	---	---	---	---	---	---	---
48343	Morris	10,439	8,220	6,580	5,032	---	---	---	---	---	---	---	---	---
48345	Motley	2,396	1,257	139	24	---	---	---	---	---	---	---	---	---
48347	Nacogdoches	27,406	24,663	15,984	11,590	9,614	8,292	5,193	---	---	---	---	---	---
48349	Navarro	47,070	43,374	26,373	21,702	8,879	5,996	2,190	---	---	---	---	---	---
48351	Newton	10,850	7,282	4,650	4,359	2,187	3,119	1,689	---	---	---	---	---	---
48353	Nolan	11,999	2,611	1,573	640	---	---	---	---	---	---	---	---	---
48355	Nueces	21,955	10,439	8,093	7,673	3,975	2,906	698	---	---	---	---	---	---
48357	Ochiltree	1,602	267	198	---	---	---	---	---	---	---	---	---	---
48359	Oldham	812	349	270	287	---	---	---	---	---	---	---	---	---
48361	Orange	9,528	5,905	4,770	2,938	1,255	1,916	---	---	---	---	---	---	---
48363	Palo Pinto	19,506	12,291	8,320	5,885	0	1,524	---	---	---	---	---	---	---
48365	Panola	20,424	21,404	14,328	12,219	10,119	8,475	3,871	---	---	---	---	---	---
48367	Parker	26,331	25,823	21,682	15,870	4,186	4,213	---	---	---	---	---	---	---
48369	Parmer	1,555	34	7	---	---	---	---	---	---	---	---	---	---
48371	Pecos	2,071	2,360	1,326	1,807	---	---	---	---	---	---	---	---	---
48373	Polk	17,459	14,447	10,332	7,189	8,707	8,300	2,348	---	---	---	---	---	---
48375	Potter	12,424	1,820	849	28	---	---	---	---	---	---	---	---	---
48377	Presidio	5,218	3,673	1,698	2,873	1,636	580	---	---	---	---	---	---	---
48379	Rains	6,787	6,127	3,909	3,035	---	---	---	---	---	---	---	---	---
48381	Randall	3,312	963	187	3	---	---	---	---	---	---	---	---	---
48383	Reagan	392	---	---	---	---	---	---	---	---	---	---	---	---
48385	Real	---	---	---	---	---	---	---	---	---	---	---	---	---
48387	Red River	28,564	29,893	21,452	17,194	10,653	8,535	3,906	---	---	---	---	---	---
48389	Reeves	4,392	1,847	1,247	---	---	---	---	---	---	---	---	---	---
48391	Refugio	2,814	1,641	1,239	1,585	2,324	1,600	288	---	---	---	---	---	---
48393	Roberts	950	620	326	32	---	---	---	---	---	---	---	---	---
48395	Robertson	27,454	31,480	26,506	22,383	9,990	4,997	934	---	---	---	---	---	---
48397	Rockwall	8,072	8,531	5,972	2,984	---	---	---	---	---	---	---	---	---
48399	Runnels	20,858	5,379	3,193	980	---	---	---	---	---	---	---	---	---
48401	Rusk	26,946	26,099	18,559	18,986	16,916	15,803	8,148	---	---	---	---	---	---
48403	Sabine	8,582	6,394	4,969	4,161	3,256	2,750	2,498	---	---	---	---	---	---
48405	San Augustine	11,264	8,434	6,688	5,084	4,196	4,094	3,648	---	---	---	---	---	---
48407	San Jacinto	9,542	10,277	7,360	6,186	---	---	---	---	---	---	---	---	---
48409	San Patricio	7,307	2,372	1,312	1,010	602	620	200	---	---	---	---	---	---
48411	San Saba	11,245	7,569	6,641	5,324	1,425	913	---	---	---	---	---	---	---
48413	Schleicher	1,893	515	155	---	---	---	---	---	---	---	---	---	---
48415	Scurry	10,924	4,158	1,415	102	---	---	---	---	---	---	---	---	---
48417	Shackelford	4,201	2,461	2,012	2,037	455	44	---	---	---	---	---	---	---
48419	Shelby	26,423	20,452	14,365	9,523	5,732	5,362	4,239	---	---	---	---	---	---
48421	Sherman	1,376	104	34	---	---	---	---	---	---	---	---	---	---
48423	Smith	41,746	37,370	28,324	21,863	16,532	13,392	4,292	---	---	---	---	---	---
48425	Somervell	3,931	3,498	3,419	2,649	---	---	---	---	---	---	---	---	---
48427	Starr	13,151	11,469	10,749	8,304	4,154	2,406	---	---	---	---	---	---	---
48429	Stephens	7,980	6,466	4,926	4,725	330	230	---	---	---	---	---	---	---
48431	Sterling	1,493	1,127	---	---	---	---	---	---	---	---	---	---	---
48433	Stonewall	5,320	2,183	1,024	104	---	---	---	---	---	---	---	---	---

Table C. States and Counties. Resident Population 1790 through 2010—*Continued*

STATE/ County code	STATE County	Year of first census	Resident population enumerated by census									
			2010	2000	1990	1980	1970	1960	1950	1940	1930	1920
	TEXAS cnt'd											
48435	Sutton	1890	4,128	4,077	4,135	5,130	3,175	3,738	3,746	3,977	2,807	1,598
48437	Swisher	1880	7,854	8,378	8,133	9,723	10,373	10,607	8,249	6,528	7,343	4,388
48439	Tarrant	1850	1,809,034	1,446,219	1,170,103	860,880	716,317	538,495	361,253	225,521	197,553	152,800
48441	Taylor	1880	131,506	126,555	119,655	110,932	97,853	101,078	63,370	44,147	41,023	24,081
48443	Terrell	1910	984	1,081	1,410	1,595	1,940	2,600	3,189	2,952	2,660	1,595
48445	Terry	1890	12,651	12,761	13,218	14,581	14,118	16,286	13,107	11,160	8,883	2,236
48447	Throckmorton	1860	1,641	1,850	1,880	2,053	2,205	2,767	3,618	4,275	5,253	3,589
48449	Titus	1850	32,334	28,118	24,009	21,442	16,702	16,785	17,302	19,228	16,003	18,128
48451	Tom Green	1880	110,224	104,010	98,458	84,784	71,047	64,630	58,929	39,302	36,033	15,210
48453	Travis	1850	1,024,266	812,280	576,407	419,573	295,516	212,136	160,980	111,053	77,777	57,616
48455	Trinity	1860	14,585	13,779	11,445	9,450	7,628	7,539	10,040	13,705	13,637	13,623
48457	Tyler	1850	21,766	20,871	16,646	16,223	12,417	10,666	11,292	11,948	11,448	10,415
48459	Upshur	1850	39,309	35,291	31,370	28,595	20,976	19,793	20,822	26,178	22,297	22,472
48461	Upton	1890	3,355	3,404	4,447	4,619	4,697	6,239	5,307	4,297	5,968	253
48463	Uvalde	1860	26,405	25,926	23,340	22,441	17,348	16,814	16,015	13,246	12,945	10,769
48465	Val Verde	1890	48,879	44,856	38,721	35,910	27,471	24,461	16,635	15,453	14,924	12,706
48467	Van Zandt	1850	52,579	48,140	37,944	31,426	22,155	19,091	22,593	31,155	32,315	30,784
48469	Victoria	1850	86,793	84,088	74,361	68,807	53,766	46,475	31,241	23,741	20,048	18,271
48471	Walker	1850	67,861	61,758	50,917	41,789	27,680	21,475	20,163	19,868	18,528	18,556
48473	Waller	1880	43,205	32,663	23,390	19,798	14,285	12,071	11,961	10,280	10,014	10,292
48475	Ward	1890	10,658	10,909	13,115	13,976	13,019	14,917	13,346	9,575	4,599	2,615
48477	Washington	1850	33,718	30,373	26,154	21,998	18,842	19,145	20,542	25,387	25,394	26,624
48479	Webb	1860	250,304	193,117	133,239	99,258	72,859	64,791	56,141	45,916	42,128	29,152
48481	Wharton	1850	41,280	41,188	39,955	40,242	36,729	38,152	36,077	36,158	29,681	24,288
48483	Wheeler	1880	5,410	5,284	5,879	7,137	6,434	7,947	10,317	12,411	15,555	7,397
48485	Wichita	1880	131,500	131,664	122,378	121,082	121,862	123,528	98,493	73,604	74,416	72,911
48487	Wilbarger	1880	13,535	14,676	15,121	15,931	15,355	17,748	20,552	20,474	24,579	15,112
48489	Willacy	1930	22,134	20,082	17,705	17,495	15,570	20,084	20,920	13,230	10,499	---
48491	Williamson	1850	422,679	249,967	139,551	76,521	37,305	35,044	38,853	41,698	44,146	42,934
48493	Wilson	1870	42,918	32,408	22,650	16,756	13,041	13,267	14,672	17,066	17,606	17,289
48495	Winkler	1890	7,110	7,173	8,626	9,944	9,640	13,652	10,064	6,141	6,784	81
48497	Wise	1860	59,127	48,793	34,679	26,575	19,687	17,012	16,141	19,074	19,178	23,363
48499	Wood	1860	41,964	36,752	29,380	24,697	18,589	17,653	21,308	24,360	24,183	27,707
48501	Yoakum	1890	7,879	7,322	8,786	8,299	7,344	8,032	4,339	5,354	1,263	504
48503	Young	1860	18,550	17,943	18,126	19,083	15,400	17,254	16,810	19,004	20,128	13,379
48505	Zapata	1860	14,018	12,182	9,279	6,628	4,352	4,393	4,405	3,916	2,867	2,929
48507	Zavala	1860	11,677	11,600	12,162	11,666	11,370	12,696	11,201	11,603	10,349	3,108
49000	**UTAH**	1850	2,763,885	2,233,169	1,722,850	1,461,037	1,059,273	890,627	688,862	550,310	507,847	449,396
49001	Beaver	1860	6,629	6,005	4,765	4,378	3,800	4,331	4,856	5,014	5,136	5,139
49003	Box Elder	1860	49,975	42,745	36,485	33,222	28,129	25,061	19,734	18,832	17,810	18,788
49005	Cache	1860	112,656	91,391	70,183	57,176	42,331	35,788	33,536	29,797	27,424	26,992
49007	Carbon	1900	21,403	20,422	20,228	22,179	15,647	21,135	24,901	18,459	17,798	15,489
49007.1	Cedar	1860	---	---	---	---	---	---	---	---	---	---
49009	Daggett	1920	1,059	921	690	769	666	1,164	364	564	411	400
49011	Davis	1850	306,479	238,994	187,941	146,540	99,028	64,760	30,867	15,784	14,021	11,450
49013	Duchesne	1920	18,607	14,371	12,645	12,565	7,299	7,179	8,134	8,958	8,263	9,093
49015	Emery	1880	10,976	10,860	10,332	11,451	5,137	5,546	6,304	7,072	7,042	7,411
49017	Garfield	1890	5,172	4,735	3,980	3,673	3,157	3,577	4,151	5,253	4,642	4,768
49019	Grand	1890	9,225	8,485	6,620	8,241	6,688	6,345	1,903	2,070	1,813	1,808
49019.1	Green River	1860	---	---	---	---	---	---	---	---	---	---
49021	Iron	1850	46,163	33,779	20,789	17,349	12,177	10,795	9,642	8,331	7,227	5,787
49023	Juab	1860	10,246	8,238	5,817	5,530	4,574	4,597	5,981	7,392	8,605	9,871
49025	Kane	1870	7,125	6,046	5,169	4,024	2,421	2,667	2,299	2,561	2,235	2,054
49027	Millard	1860	12,503	12,405	11,333	8,970	6,988	7,866	9,387	9,613	9,945	9,659
49029	Morgan	1870	9,469	7,129	5,528	4,917	3,983	2,837	2,519	2,611	2,536	2,542
49031	Piute	1870	1,556	1,435	1,277	1,329	1,164	1,436	1,911	2,203	1,956	2,770
49033	Rich	1870	2,264	1,961	1,725	2,100	1,615	1,685	1,673	2,028	1,873	1,890
49035	Salt Lake	1850	1,029,655	898,387	725,956	619,066	458,607	383,035	274,895	211,623	194,102	159,282
49037	San Juan	1880	14,746	14,413	12,621	12,253	9,606	9,040	5,315	4,712	3,496	3,379
49039	Sanpete	1850	27,822	22,763	16,259	14,620	10,976	11,053	13,891	16,063	16,022	17,505

Table C. States and Counties. Resident Population 1790 through 2010—*Continued*

STATE/ County code	STATE County	Resident population enumerated by census (continued)												
		1910	1900	1890	1880	1870	1860	1850	1840	1830	1820	1810	1800	1790
	TEXAS cnt'd													
48435	Sutton	1,569	1,727	658	---	---	---	---	---	---	---	---	---	---
48437	Swisher	4,012	1,227	100	4	---	---	---	---	---	---	---	---	---
48439	Tarrant	108,572	52,376	41,142	24,671	5,788	6,020	664	---	---	---	---	---	---
48441	Taylor	26,293	10,499	6,957	1,736	---	---	---	---	---	---	---	---	---
48443	Terrell	1,430	---	---	---	---	---	---	---	---	---	---	---	---
48445	Terry	1,474	48	21	---	---	---	---	---	---	---	---	---	---
48447	Throckmorton	4,563	1,750	902	711	0	124	---	---	---	---	---	---	---
48449	Titus	16,422	12,292	8,190	5,959	11,339	9,648	3,636	---	---	---	---	---	---
48451	Tom Green	17,882	6,804	5,152	3,615	---	---	---	---	---	---	---	---	---
48453	Travis	55,620	47,386	36,322	27,028	13,153	8,080	3,138	---	---	---	---	---	---
48455	Trinity	12,768	10,976	7,648	4,915	4,141	4,392	---	---	---	---	---	---	---
48457	Tyler	10,250	11,899	10,877	5,825	5,010	4,525	1,894	---	---	---	---	---	---
48459	Upshur	19,960	16,266	12,695	10,266	12,039	10,645	3,394	---	---	---	---	---	---
48461	Upton	501	48	52	---	---	---	---	---	---	---	---	---	---
48463	Uvalde	11,233	4,647	3,804	2,541	851	506	---	---	---	---	---	---	---
48465	Val Verde	8,613	5,263	2,874	---	---	---	---	---	---	---	---	---	---
48467	Van Zandt	25,651	25,481	16,225	12,619	6,494	3,777	1,348	---	---	---	---	---	---
48469	Victoria	14,990	13,678	8,737	6,289	4,860	4,171	2,019	---	---	---	---	---	---
48471	Walker	16,061	15,813	12,874	12,024	9,776	8,191	3,964	---	---	---	---	---	---
48473	Waller	12,138	14,246	10,888	9,024	---	---	---	---	---	---	---	---	---
48475	Ward	2,389	1,451	77	---	---	---	---	---	---	---	---	---	---
48477	Washington	25,561	32,931	29,161	27,565	23,104	15,215	5,983	---	---	---	---	---	---
48479	Webb	22,503	21,851	14,842	5,273	2,615	1,397	---	---	---	---	---	---	---
48481	Wharton	21,123	16,942	7,584	4,549	3,426	3,380	1,752	---	---	---	---	---	---
48483	Wheeler	5,258	636	778	512	---	---	---	---	---	---	---	---	---
48485	Wichita	16,094	5,806	4,831	433	---	---	---	---	---	---	---	---	---
48487	Wilbarger	12,000	5,759	7,092	126	---	---	---	---	---	---	---	---	---
48489	Willacy	---	---	---	---	---	---	---	---	---	---	---	---	---
48491	Williamson	42,228	38,072	25,909	15,155	6,368	4,529	1,568	---	---	---	---	---	---
48493	Wilson	17,066	13,961	10,655	7,118	2,556	---	---	---	---	---	---	---	---
48495	Winkler	442	60	18	---	---	---	---	---	---	---	---	---	---
48497	Wise	26,450	27,116	24,134	16,601	1,450	3,160	---	---	---	---	---	---	---
48499	Wood	23,417	21,048	13,932	11,212	6,894	4,968	---	---	---	---	---	---	---
48501	Yoakum	602	26	4	---	---	---	---	---	---	---	---	---	---
48503	Young	13,657	6,540	5,049	4,726	135	592	---	---	---	---	---	---	---
48505	Zapata	3,809	4,760	3,562	3,636	1,488	1,248	---	---	---	---	---	---	---
48507	Zavala	1,889	792	1,097	410	133	26	---	---	---	---	---	---	---
49000	**UTAH**	373,351	276,749	210,779	143,963	86,336	40,273	11,380	---	---	---	---	---	---
49001	Beaver	4,717	3,613	3,340	3,918	2,007	785	---	---	---	---	---	---	---
49003	Box Elder	13,894	10,009	7,642	6,761	4,855	1,608	---	---	---	---	---	---	---
49005	Cache	23,062	18,139	15,509	12,562	8,229	2,605	---	---	---	---	---	---	---
49007	Carbon	8,624	5,004	---	---	---	---	---	---	---	---	---	---	---
49007.1	Cedar	---	---	---	---	---	741	---	---	---	---	---	---	---
49009	Daggett	---	---	---	---	---	---	---	---	---	---	---	---	---
49011	Davis	10,191	7,996	6,751	5,279	4,459	2,904	1,134	---	---	---	---	---	---
49013	Duchesne	---	---	---	---	---	---	---	---	---	---	---	---	---
49015	Emery	6,750	4,657	5,076	556	---	---	---	---	---	---	---	---	---
49017	Garfield	3,660	3,400	2,457	---	---	---	---	---	---	---	---	---	---
49019	Grand	1,595	1,149	541	---	---	---	---	---	---	---	---	---	---
49019.1	Green River	---	---	---	---	---	141	---	---	---	---	---	---	---
49021	Iron	3,933	3,546	2,683	4,013	2,277	1,010	360	---	---	---	---	---	---
49023	Juab	10,702	10,082	5,582	3,474	2,034	672	---	---	---	---	---	---	---
49025	Kane	1,652	1,811	1,685	3,085	1,513	---	---	---	---	---	---	---	---
49027	Millard	6,118	5,678	4,033	3,727	2,753	715	---	---	---	---	---	---	---
49029	Morgan	2,467	2,045	1,780	1,783	1,972	---	---	---	---	---	---	---	---
49031	Piute	1,734	1,954	2,842	1,651	82	---	---	---	---	---	---	---	---
49033	Rich	1,883	1,946	1,527	1,263	1,955	---	---	---	---	---	---	---	---
49035	Salt Lake	131,426	77,725	58,457	31,977	18,337	11,295	6,157	---	---	---	---	---	---
49037	San Juan	2,377	1,023	365	204	---	---	---	---	---	---	---	---	---
49039	Sanpete	16,704	16,313	13,146	11,557	6,786	3,815	365	---	---	---	---	---	---

Table C. States and Counties. Resident Population 1790 through 2010—*Continued*

STATE/ County code	STATE County	Year of first census	Resident population enumerated by census									
			2010	2000	1990	1980	1970	1960	1950	1940	1930	1920
	UTAH cnt'd											
49039.1	Shambip	1860	---	---	---	---	---	---	---	---	---	---
49041	Sevier	1870	20,802	18,842	15,431	14,727	10,103	10,565	12,072	12,112	11,199	11,281
49043	Summit	1860	36,324	29,736	15,518	10,198	5,879	5,673	6,745	8,714	9,527	7,862
49045	Tooele	1850	58,218	40,735	26,601	26,033	21,545	17,868	14,636	9,133	9,413	7,965
49047	Uintah	1880	32,588	25,224	22,211	20,506	12,684	11,582	10,300	9,898	9,035	8,470
49049	Utah	1850	516,564	368,536	263,590	218,106	137,776	106,991	81,912	57,382	49,021	40,792
49051	Wasatch	1870	23,530	15,215	10,089	8,523	5,863	5,308	5,574	5,754	5,636	4,625
49053	Washington	1860	138,115	90,354	48,560	26,065	13,669	10,271	9,836	9,269	7,420	6,764
49055	Wayne	1900	2,778	2,509	2,177	1,911	1,483	1,728	2,205	2,394	2,067	2,097
49057	Weber	1850	231,236	196,533	158,330	144,616	126,278	110,744	83,319	56,714	52,172	43,463
50000	**VERMONT**	1790	625,741	608,827	562,758	511,456	444,330	389,881	377,747	359,231	359,611	352,428
50001	Addison	1790	36,821	35,974	32,953	29,406	24,266	20,076	19,442	17,944	17,952	18,666
50003	Bennington	1790	37,125	36,994	35,845	33,345	29,282	25,088	24,115	22,286	21,655	21,577
50005	Caledonia	1800	31,227	29,702	27,846	25,808	22,789	22,786	24,049	24,320	27,253	25,762
50007	Chittenden	1790	156,545	146,571	131,761	115,534	99,131	74,425	62,570	52,098	47,471	43,708
50009	Essex	1800	6,306	6,459	6,405	6,313	5,416	6,083	6,257	6,490	7,067	7,364
50011	Franklin	1800	47,746	45,417	39,980	34,788	31,282	29,474	29,894	29,601	29,975	30,026
50013	Grand Isle	1810	6,970	6,901	5,318	4,613	3,574	2,927	3,406	3,802	3,944	3,784
50015	Lamoille	1840	24,475	23,233	19,735	16,767	13,309	11,027	11,388	11,028	10,947	11,858
50017	Orange	1790	28,936	28,226	26,149	22,739	17,676	16,014	17,027	17,048	16,694	17,279
50019	Orleans	1800	27,231	26,277	24,053	23,440	20,153	20,143	21,190	21,718	23,036	23,913
50021	Rutland	1790	61,642	63,400	62,142	58,347	52,637	46,719	45,905	45,638	48,453	46,213
50023	Washington	1820	59,534	58,039	54,928	52,393	47,659	42,860	42,870	41,546	41,733	38,921
50025	Windham	1790	44,513	44,216	41,588	36,933	33,074	29,776	28,749	27,850	26,015	26,373
50027	Windsor	1790	56,670	57,418	54,055	51,030	44,082	42,483	40,885	37,862	37,416	36,984
51000	**VIRGINIA**	1790	8,001,024	7,078,515	6,187,358	5,346,818	4,648,494	3,966,949	3,318,680	2,677,773	2,421,851	2,309,187
51001	Accomack	1790	33,164	38,305	31,703	31,268	29,004	30,635	33,832	33,030	35,854	34,795
51003	Albemarle	1790	98,970	79,236	68,040	55,783	37,780	30,969	26,662	24,652	26,981	26,005
51005	Alleghany	1830	16,250	17,215	13,176	14,333	12,461	12,128	23,139	22,688	20,188	15,332
51007	Amelia	1790	12,690	11,400	8,787	8,405	7,592	7,815	7,908	8,495	8,979	9,800
51009	Amherst	1790	32,353	31,894	28,578	29,122	26,072	22,953	20,332	20,273	19,020	19,771
51011	Appomattox	1850	14,973	13,705	12,298	11,971	9,784	9,148	8,764	9,020	8,402	9,255
51013	Arlington	1800	207,627	189,453	170,936	152,599	174,284	163,401	135,449	57,040	26,615	16,040
51015	Augusta	1790	73,750	65,615	54,677	53,732	44,220	37,363	34,154	42,772	38,163	34,671
51017	Bath	1800	4,731	5,048	4,799	5,860	5,192	5,335	6,296	7,191	8,137	6,389
51019	Bedford	1790	68,676	60,371	45,656	34,927	26,728	31,028	29,627	29,687	29,091	30,669
51021	Bland	1870	6,824	6,871	6,514	6,349	5,423	5,982	6,436	6,731	6,031	5,593
51023	Botetourt	1790	33,148	30,496	24,992	23,270	18,193	16,715	15,766	16,447	15,457	16,557
51025	Brunswick	1790	17,434	18,419	15,987	15,632	16,172	17,779	20,136	19,575	20,486	21,025
51027	Buchanan	1860	24,098	26,978	31,333	37,989	32,071	36,724	35,748	31,477	16,740	15,441
51029	Buckingham	1790	17,146	15,623	12,873	11,751	10,597	10,877	12,288	13,398	13,315	14,885
51031	Campbell	1790	54,842	51,078	47,572	45,424	43,319	32,958	28,877	26,048	22,885	26,716
51033	Caroline	1790	28,545	22,121	19,217	17,904	13,925	12,725	12,471	13,945	15,263	15,954
51035	Carroll	1850	30,042	29,245	26,594	27,270	23,092	23,178	26,695	25,904	22,141	21,283
51036	Charles City	1790	7,256	6,926	6,282	6,692	6,158	5,492	4,676	4,275	4,881	4,793
51037	Charlotte	1790	12,586	12,472	11,688	12,266	11,551	13,368	14,057	15,861	16,061	17,540
51041	Chesterfield	1790	316,236	259,903	209,274	141,372	76,855	71,197	40,400	31,183	26,049	20,496
51043	Clarke	1840	14,034	12,652	12,101	9,965	8,102	7,942	7,074	7,159	7,167	7,165
51045	Craig	1860	5,190	5,091	4,372	3,948	3,524	3,356	3,452	3,769	3,562	4,100
51047	Culpeper	1790	46,689	34,262	27,791	22,620	18,218	15,088	13,242	13,365	13,306	13,292
51049	Cumberland	1790	10,052	9,017	7,825	7,881	6,179	6,360	7,252	7,505	7,535	9,111
51051	Dickenson	1890	15,903	16,395	17,620	19,806	16,077	20,211	23,393	21,266	16,163	13,542
51053	Dinwiddie	1790	28,001	24,533	20,960	22,602	25,046	22,183	18,839	18,166	18,492	17,949
51055	Elizabeth City	1790	---	---	---	---	---	---	55,028	32,283	19,835	19,111
51057	Essex	1790	11,151	9,989	8,689	8,864	7,099	6,690	6,530	7,006	6,976	8,542
51059	Fairfax	1790	1,081,726	969,749	818,584	596,901	455,021	275,002	98,557	40,929	25,264	21,943
51061	Fauquier	1790	65,203	55,139	48,741	35,889	26,375	24,066	21,248	21,039	21,071	21,869
51063	Floyd	1840	15,279	13,874	12,005	11,563	9,775	10,462	11,351	11,967	11,698	13,115
51065	Fluvanna	1790	25,691	20,047	12,429	10,244	7,621	7,227	7,121	7,088	7,466	8,547

Table C. States and Counties. Resident Population 1790 through 2010—*Continued*

STATE/County code	STATE County	Resident population enumerated by census (continued)												
		1910	1900	1890	1880	1870	1860	1850	1840	1830	1820	1810	1800	1790
	UTAH cnt'd													
49039.1	Shambip	---	---	---	---	---	162	---	---	---	---	---	---	---
49041	Sevier	9,775	8,451	6,199	4,457	19	---	---	---	---	---	---	---	---
49043	Summit	8,200	9,439	7,733	4,921	2,512	198	---	---	---	---	---	---	---
49045	Tooele	7,924	7,361	3,700	4,497	2,177	1,008	152	---	---	---	---	---	---
49047	Uintah	7,050	6,458	2,762	799	---	---	---	---	---	---	---	---	---
49049	Utah	37,942	32,456	23,768	17,973	12,203	8,248	2,026	---	---	---	---	---	---
49051	Wasatch	8,920	4,736	3,595	2,927	1,244	---	---	---	---	---	---	---	---
49053	Washington	5,123	4,612	4,009	4,235	3,064	691	---	---	---	---	---	---	---
49055	Wayne	1,749	1,907	---	---	---	---	---	---	---	---	---	---	---
49057	Weber	35,179	25,239	22,723	12,344	7,858	3,675	1,186	---	---	---	---	---	---
50000	**VERMONT**	355,956	343,641	332,422	332,286	330,551	315,098	314,120	291,948	280,652	235,981	217,895	154,465	85,425
50001	Addison	20,010	21,912	22,277	24,173	23,484	24,010	26,549	23,583	24,940	20,469	19,993	13,417	6,449
50003	Bennington	21,378	21,705	20,448	21,950	21,325	19,436	18,589	16,872	17,468	16,125	15,893	14,617	12,254
50005	Caledonia	26,031	24,381	23,436	23,607	22,235	21,698	23,595	21,891	20,967	16,669	18,730	9,377	---
50007	Chittenden	42,447	39,600	35,389	32,792	36,480	28,171	29,036	22,977	21,765	16,272	18,120	12,778	7,295
50009	Essex	7,384	8,056	9,511	7,931	6,811	5,786	4,650	4,226	3,981	3,284	3,087	1,479	---
50011	Franklin	29,866	30,198	29,755	30,225	30,291	27,231	28,586	24,531	24,525	17,192	16,427	8,782	---
50013	Grand Isle	3,761	4,462	3,843	4,124	4,082	4,276	4,145	3,883	3,696	3,527	3,445	---	---
50015	Lamoille	12,585	12,289	12,831	12,684	12,448	12,311	10,872	10,475	---	---	---	---	---
50017	Orange	18,703	19,313	19,575	23,525	23,090	25,455	27,296	27,873	27,285	24,681	25,247	18,238	10,526
50019	Orleans	23,337	22,024	22,101	22,083	21,035	18,981	15,707	13,634	13,980	6,976	5,830	1,439	---
50021	Rutland	48,139	44,209	45,397	41,829	40,651	35,946	33,059	30,699	31,294	29,983	29,486	23,813	15,591
50023	Washington	41,702	36,607	29,606	25,404	26,520	27,622	24,654	23,506	21,378	14,113	---	---	---
50025	Windham	26,932	26,660	26,547	26,763	26,036	26,982	29,062	27,442	28,748	28,457	26,760	23,581	17,570
50027	Windsor	33,681	32,225	31,706	35,196	36,063	37,193	38,320	40,356	40,625	38,233	34,877	26,944	15,740
51000	**VIRGINIA**	2,061,612	1,854,184	1,655,980	1,512,565	1,225,163	1,219,630	1,119,348	1,025,227	1,044,054	938,261	877,683	807,557	691,737
51001	Accomack	36,650	32,570	27,277	24,408	20,409	18,586	17,890	17,096	16,656	15,966	15,743	15,693	13,959
51003	Albemarle	29,871	28,473	32,379	32,618	27,544	26,625	25,800	22,924	22,618	19,750	18,268	16,439	12,585
51005	Alleghany	14,173	16,330	9,283	5,586	3,674	6,765	3,515	2,749	2,816	---	---	---	---
51007	Amelia	8,720	9,037	9,068	10,377	9,878	10,741	9,770	10,320	11,036	11,104	10,594	9,432	18,097
51009	Amherst	18,932	17,864	17,551	18,709	14,900	13,742	12,699	12,576	12,071	10,423	10,548	16,801	13,703
51011	Appomattox	8,904	9,662	9,589	10,080	8,950	8,889	9,193	---	---	---	---	---	---
51013	Arlington	10,231	6,430	18,597	17,546	16,755	12,652	10,008	9,967	9,573	9,703	8,552	5,949	---
51015	Augusta	32,445	32,370	37,005	35,710	28,763	27,749	24,610	19,628	19,926	16,742	14,308	11,712	10,886
51017	Bath	6,538	5,595	4,587	4,482	3,795	3,676	3,426	4,300	4,002	5,237	4,837	5,508	---
51019	Bedford	29,549	30,356	31,213	31,205	25,327	25,068	24,080	20,203	20,246	19,305	16,148	14,125	10,531
51021	Bland	5,154	5,497	5,129	5,004	4,000	---	---	---	---	---	---	---	---
51023	Botetourt	17,727	17,161	14,854	14,809	11,329	11,516	14,908	11,679	16,354	13,589	13,301	10,427	10,524
51025	Brunswick	19,244	18,217	17,245	16,707	13,427	14,809	13,894	14,346	15,767	16,687	15,411	16,339	12,827
51027	Buchanan	12,334	9,692	5,867	5,694	3,777	2,793	---	---	---	---	---	---	---
51029	Buckingham	15,204	15,266	14,383	15,540	13,371	15,212	13,837	18,786	18,351	17,569	20,059	13,389	9,779
51031	Campbell	23,043	23,256	41,087	36,250	28,384	26,197	23,245	21,030	20,350	16,569	11,001	9,866	7,685
51033	Caroline	16,596	16,709	16,681	17,243	15,128	18,464	18,456	17,813	17,760	18,008	17,544	17,438	17,489
51035	Carroll	21,116	19,303	15,497	13,323	9,147	8,012	5,909	---	---	---	---	---	---
51036	Charles City	5,253	5,040	5,066	5,512	4,975	5,609	5,200	4,774	5,500	5,255	5,186	5,365	5,588
51037	Charlotte	15,785	15,343	15,077	16,653	14,513	14,471	13,955	14,595	15,252	13,290	13,161	11,912	10,078
51041	Chesterfield	21,299	18,804	26,211	25,085	18,470	19,016	17,489	17,148	18,637	18,003	9,979	14,488	14,214
51043	Clarke	7,468	7,927	8,071	7,682	6,670	7,146	7,352	6,353	---	---	---	---	---
51045	Craig	4,711	4,293	3,835	3,794	2,942	3,553	---	---	---	---	---	---	---
51047	Culpeper	13,472	14,123	13,233	13,408	12,227	12,063	12,282	11,393	24,027	20,944	18,967	18,100	22,105
51049	Cumberland	9,195	8,996	9,482	10,540	8,142	9,961	9,751	10,399	11,690	11,023	9,992	9,839	8,153
51051	Dickenson	9,199	7,747	5,077	---	---	---	---	---	---	---	---	---	---
51053	Dinwiddie	15,442	15,374	13,515	32,870	30,702	30,198	25,118	22,558	21,901	20,482	18,190	15,374	13,934
51055	Elizabeth City	15,720	19,460	16,168	10,689	8,303	5,798	4,586	3,706	5,053	3,789	3,608	2,778	3,450
51057	Essex	9,105	9,701	10,047	11,032	9,927	10,469	10,206	11,309	10,521	9,909	9,376	9,508	9,122
51059	Fairfax	20,536	18,580	16,655	16,025	12,952	11,834	10,682	9,370	9,204	11,404	13,111	13,317	12,320
51061	Fauquier	22,526	23,374	22,590	22,993	19,690	21,706	20,868	21,897	26,086	23,103	22,689	21,329	17,892
51063	Floyd	14,092	15,388	14,405	13,255	9,824	8,236	6,458	4,453	---	---	---	---	---
51065	Fluvanna	8,323	9,050	9,508	10,802	9,875	10,353	9,487	8,812	8,221	6,704	4,775	4,623	3,921

Table C. States and Counties. Resident Population 1790 through 2010—*Continued*

STATE/ County code	STATE County	Year of first census	Resident population enumerated by census									
			2010	2000	1990	1980	1970	1960	1950	1940	1930	1920
	VIRGINIA cnt'd											
51067	Franklin	1790	56,159	47,286	39,549	35,740	26,858	25,925	24,560	25,864	24,337	26,283
51069	Frederick	1790	78,305	59,209	45,723	34,150	28,893	21,941	17,537	14,008	13,167	12,461
51071	Giles	1810	17,286	16,657	16,366	17,810	16,741	17,219	18,956	14,635	12,804	11,901
51073	Gloucester	1790	36,858	34,780	30,131	20,107	14,059	11,919	10,343	9,548	11,019	11,894
51075	Goochland	1790	21,717	16,863	14,163	11,761	10,069	9,206	8,934	8,454	7,953	8,863
51077	Grayson	1800	15,533	17,917	16,278	16,579	15,439	17,390	21,379	21,916	20,017	19,816
51079	Greene	1840	18,403	15,244	10,297	7,625	5,248	4,715	4,745	5,218	5,980	6,369
51081	Greensville	1790	12,243	11,560	8,853	10,903	9,604	16,155	16,319	14,866	13,388	11,606
51083	Halifax	1790	36,241	37,355	29,033	30,599	30,076	33,637	41,442	41,271	41,283	41,374
51085	Hanover	1790	99,863	86,320	63,306	50,398	37,479	27,550	21,985	18,500	17,009	18,088
51087	Henrico	1790	306,935	262,300	217,881	180,735	154,364	117,339	57,340	41,960	30,310	18,972
51089	Henry	1790	54,151	57,930	56,942	57,654	50,901	40,335	31,219	26,481	20,088	20,238
51091	Highland	1850	2,321	2,536	2,635	2,937	2,529	3,221	4,069	4,875	4,525	4,931
51093	Isle of Wight	1790	35,270	29,728	25,053	21,603	18,285	17,164	14,906	13,381	13,409	14,433
51095	James City	1790	67,009	48,102	34,859	22,763	17,853	11,539	6,317	4,907	3,879	3,676
51097	King and Queen	1790	6,945	6,630	6,289	5,968	5,491	5,889	6,299	6,954	7,618	9,161
51099	King George	1790	23,584	16,803	13,527	10,543	8,039	7,243	6,710	5,431	5,297	5,762
51101	King William	1790	15,935	13,146	10,913	9,334	7,497	7,563	7,589	7,855	7,929	8,739
51103	Lancaster	1790	11,391	11,567	10,896	10,129	9,126	9,174	8,640	8,786	8,896	9,757
51105	Lee	1800	25,587	23,589	24,496	25,956	20,321	25,824	36,106	39,296	30,419	25,293
51107	Loudoun	1790	312,311	169,599	86,129	57,427	37,150	24,549	21,147	20,291	19,852	20,577
51109	Louisa	1790	33,153	25,627	20,325	17,825	14,004	12,959	12,826	13,665	14,309	17,089
51111	Lunenburg	1790	12,914	13,146	11,419	12,124	11,687	12,523	14,116	13,844	14,058	15,260
51113	Madison	1800	13,308	12,520	11,949	10,232	8,638	8,187	8,273	8,465	8,952	9,595
51115	Mathews	1800	8,978	9,207	8,348	7,995	7,168	7,121	7,148	7,149	7,884	8,447
51117	Mecklenburg	1790	32,727	32,380	29,241	29,444	29,426	31,428	33,497	31,933	32,622	31,208
51119	Middlesex	1790	10,959	9,932	8,653	7,719	6,295	6,319	6,715	6,673	7,273	8,157
51121	Montgomery	1790	94,392	83,629	73,913	63,516	47,157	32,923	29,780	21,206	19,605	18,595
51123	Nansemond	1790	---	---	---	---	35,166	31,366	25,238	22,771	22,530	20,199
51125	Nelson	1810	15,020	14,445	12,778	12,204	11,702	12,752	14,042	16,241	16,345	17,277
51127	New Kent	1790	18,429	13,462	10,445	8,781	5,300	4,504	3,995	4,092	4,300	4,541
51129	Norfolk	1790	---	---	---	---	---	51,612	99,937	35,828	30,082	57,358
51131	Northampton	1790	12,389	13,093	13,061	14,625	14,442	16,966	17,300	17,597	18,565	17,852
51133	Northumberland	1790	12,330	12,259	10,524	9,828	9,239	10,185	10,012	10,463	11,081	11,518
51135	Nottoway	1800	15,853	15,725	14,993	14,666	14,260	15,141	15,479	15,556	14,866	14,161
51137	Orange	1790	33,481	25,881	21,421	18,063	13,792	12,900	12,755	12,649	12,070	13,320
51139	Page	1840	24,042	23,177	21,690	19,401	16,581	15,572	15,152	14,863	14,852	14,770
51141	Patrick	1800	18,490	19,407	17,473	17,647	15,282	15,282	15,642	16,613	15,787	16,850
51143	Pittsylvania	1790	63,506	61,745	55,655	66,147	58,789	58,296	66,096	61,697	61,424	56,493
51145	Powhatan	1790	28,046	22,377	15,328	13,062	7,696	6,747	5,556	5,671	6,143	6,552
51147	Prince Edward	1790	23,368	19,720	17,320	16,456	14,379	14,121	15,398	14,922	14,520	14,767
51149	Prince George	1790	35,725	33,047	27,394	25,733	29,092	20,270	19,679	12,226	10,311	12,915
51151	Princess Anne	1790	---	---	---	---	---	76,124	42,277	19,984	16,282	13,626
51153	Prince William	1790	402,002	280,813	215,686	144,703	111,102	50,164	22,612	17,738	13,951	13,660
51155	Pulaski	1840	34,872	35,127	34,496	35,229	29,564	27,258	27,758	22,767	20,566	17,111
51157	Rappahannock	1840	7,373	6,983	6,622	6,093	5,199	5,368	6,112	7,208	7,717	8,070
51159	Richmond	1790	9,254	8,809	7,273	6,952	5,841	6,375	6,189	6,634	6,878	7,434
51161	Roanoke	1840	92,376	85,778	79,332	72,945	67,339	61,693	41,486	42,897	35,289	22,395
51163	Rockbridge	1790	22,307	20,808	18,350	17,911	16,637	24,039	23,359	22,384	20,902	20,626
51165	Rockingham	1790	76,314	67,725	57,482	57,038	47,890	40,485	35,079	31,289	29,709	30,047
51167	Russell	1790	28,897	30,308	28,667	31,761	24,533	26,290	26,818	26,627	25,957	26,786
51169	Scott	1820	23,177	23,403	23,204	25,068	24,376	25,813	27,640	26,989	24,181	24,776
51171	Shenandoah	1790	41,993	35,075	31,636	27,559	22,852	21,825	21,169	20,898	20,655	20,808
51173	Smyth	1840	32,208	33,081	32,370	33,366	31,349	31,066	30,187	28,861	25,125	22,125
51175	Southampton	1790	18,570	17,482	17,550	18,731	18,582	27,195	26,522	26,442	26,870	27,555
51177	Spotsylvania	1790	122,397	90,395	57,403	34,435	16,424	13,819	11,920	9,905	10,056	10,571
51179	Stafford	1790	128,961	92,446	61,236	40,470	24,587	16,876	11,902	9,548	8,050	8,104
51181	Surry	1790	7,058	6,829	6,145	6,046	5,882	6,220	6,220	6,193	7,096	9,305
51183	Sussex	1790	12,087	12,504	10,248	10,874	11,464	12,411	12,785	12,485	12,100	12,834
51185	Tazewell	1800	45,078	44,598	45,960	50,511	39,816	44,791	47,512	41,607	32,477	27,840
51187	Warren	1840	37,575	31,584	26,142	21,200	15,301	14,655	14,801	11,352	8,340	8,852
51189	Warwick	1790	---	---	---	---	---	---	39,875	9,248	8,829	11,417
51191	Washington	1790	---	---	45,887	46,487	40,835	38,076	37,536	38,197	33,850	32,376
51193	Westmoreland	1790	17,454	16,718	15,480	14,041	12,142	11,042	10,148	9,512	8,497	10,240

Table C. States and Counties. Resident Population 1790 through 2010—*Continued*

STATE/ County code	STATE County	Resident population enumerated by census (continued)												
		1910	1900	1890	1880	1870	1860	1850	1840	1830	1820	1810	1800	1790
	VIRGINIA cnt'd													
51067	Franklin..........	26,480	25,953	24,985	25,084	18,264	20,098	17,430	15,832	14,911	12,017	10,724	9,302	6,842
51069	Frederick	12,787	13,239	17,880	17,553	16,596	16,546	15,975	14,242	26,046	24,706	22,574	24,744	19,681
51071	Giles	11,623	10,793	9,090	8,794	5,875	6,883	6,570	5,307	5,274	4,521	3,745	---	---
51073	Gloucester	12,477	12,832	11,653	11,876	10,211	10,956	10,527	10,715	10,608	9,678	10,427	8,181	13,498
51075	Goochland......	9,237	9,519	9,958	10,292	10,313	10,656	10,352	9,760	10,369	10,007	10,203	9,696	9,053
51077	Grayson	19,856	16,853	14,394	13,068	9,587	8,252	6,677	9,087	7,675	5,598	4,941	3,912	---
51079	Greene	6,937	6,214	5,622	5,830	4,634	5,022	4,400	4,232	---	---	---	---	---
51081	Greensville	11,890	9,758	8,230	8,407	6,362	6,374	5,639	6,366	7,117	6,858	6,853	6,727	6,362
51083	Halifax	40,044	37,197	34,424	33,588	27,828	26,520	25,962	25,936	28,034	19,060	22,133	19,377	14,722
51085	Hanover..........	17,200	17,618	17,402	18,588	16,455	17,222	15,153	14,968	16,253	15,267	15,082	14,403	14,754
51087	Henrico..........	23,437	30,062	103,394	82,703	66,179	61,616	43,572	33,076	28,797	23,667	19,680	14,886	12,000
51089	Henry...........	18,459	19,265	18,208	16,009	12,303	12,105	8,872	7,335	7,100	5,624	5,611	5,259	8,479
51091	Highland	5,317	5,647	5,352	5,164	4,151	4,319	4,227	---	---	---	---	---	---
51093	Isle of Wight	14,929	13,102	11,313	10,572	8,320	9,977	9,353	9,972	10,517	10,139	9,186	9,342	9,028
51095	James City	3,624	3,688	5,643	5,422	4,425	5,798	4,020	3,779	3,838	4,563	4,094	3,931	4,070
51097	King and Queen..	9,576	9,265	9,669	10,502	9,709	10,328	10,319	10,862	11,644	11,798	10,988	9,879	9,377
51099	King George	6,378	6,918	6,641	6,397	5,742	6,571	5,971	5,927	6,397	6,116	6,454	6,749	7,366
51101	King William	8,547	8,380	9,605	8,751	7,515	8,530	8,779	9,258	9,812	9,697	9,285	9,055	8,128
51103	Lancaster	9,752	8,949	7,191	6,160	5,355	5,151	4,708	4,628	4,801	5,517	5,592	5,375	5,638
51105	Lee	23,840	19,856	18,216	15,116	13,268	11,032	10,267	8,441	6,461	4,256	4,694	3,538	---
51107	Loudoun.........	21,167	21,948	23,274	23,634	20,929	21,774	22,079	20,431	21,939	22,702	21,338	20,523	18,962
51109	Louisa	16,578	16,517	16,997	18,942	16,332	16,701	16,691	15,433	16,151	13,746	11,900	11,892	8,467
51111	Lunenburg	12,780	11,705	11,372	11,535	10,403	11,983	11,692	11,055	11,957	10,662	12,265	10,381	8,959
51113	Madison	10,055	10,216	10,225	10,562	8,670	8,854	9,331	8,107	9,236	8,490	8,381	8,322	---
51115	Mathews	8,922	8,239	7,584	7,501	6,200	7,091	6,714	7,442	7,664	6,920	4,227	5,806	---
51117	Mecklenburg	28,956	26,551	25,359	24,610	21,318	20,096	20,630	20,724	20,477	19,786	18,453	17,008	14,733
51119	Middlesex	8,852	8,220	7,458	6,252	4,981	4,364	4,394	4,392	4,122	4,057	4,414	4,203	4,140
51121	Montgomery.....	17,268	15,852	17,742	16,693	12,556	10,617	8,359	7,405	12,306	8,733	8,409	9,044	13,228
51123	Nansemond	26,886	23,078	19,692	15,903	11,576	13,693	12,283	10,795	11,784	10,494	10,324	11,127	9,010
51125	Nelson	16,821	16,075	15,336	16,536	13,898	13,015	12,758	12,287	11,254	10,137	9,684	---	---
51127	New Kent	4,682	4,865	5,511	5,515	4,381	5,884	6,064	6,230	6,458	6,630	6,478	6,363	6,239
51129	Norfolk	52,744	50,780	77,038	58,657	46,702	36,227	33,036	27,569	24,806	23,943	22,872	19,419	14,524
51131	Northampton.....	16,672	13,770	10,313	9,152	8,046	7,832	7,498	7,715	8,641	7,705	7,474	6,763	6,889
51133	Northumberland ...	10,777	9,846	7,885	7,929	6,863	7,531	7,346	7,924	7,953	8,016	8,308	7,803	9,163
51135	Nottoway........	13,462	12,366	11,582	11,156	9,291	8,836	8,437	9,719	10,130	9,658	9,278	9,401	---
51137	Orange	13,486	12,571	12,814	13,052	10,396	10,851	10,067	9,125	14,637	12,913	12,323	11,449	9,921
51139	Page	14,147	13,794	13,092	9,965	8,462	8,109	7,600	6,194	---	---	---	---	---
51141	Patrick	17,195	15,403	14,147	12,833	10,161	9,359	9,609	8,032	7,395	5,089	4,695	4,331	---
51143	Pittsylvania......	50,709	46,894	59,941	52,589	31,343	32,104	28,796	26,398	26,034	21,323	17,172	12,697	11,579
51145	Powhatan........	6,099	6,824	6,791	7,817	7,667	8,392	8,178	7,924	8,517	8,292	8,073	7,769	6,822
51147	Prince Edward....	14,266	15,045	14,694	14,668	12,004	11,844	11,857	14,069	14,107	12,577	12,409	10,962	8,100
51149	Prince George....	7,848	7,752	7,872	10,054	7,820	8,411	7,596	7,175	8,367	8,030	8,050	7,425	8,173
51151	Princess Anne	11,526	11,192	9,510	9,394	8,273	7,714	7,669	7,285	9,102	8,768	9,498	8,859	7,793
51153	Prince William....	12,026	11,112	9,805	9,180	7,504	8,565	8,129	8,144	9,330	9,419	11,311	12,733	11,615
51155	Pulaski	17,246	14,609	12,790	8,755	6,538	5,416	5,118	3,739	---	---	---	---	---
51157	Rappahannock....	8,044	8,843	8,678	9,291	8,261	8,850	9,782	9,257	---	---	---	---	---
51159	Richmond	7,415	7,088	7,146	7,195	6,503	6,856	6,448	5,965	6,055	5,706	6,214	13,744	6,985
51161	Roanoke	19,623	15,837	30,101	13,105	9,350	8,048	8,477	5,499	---	---	---	---	---
51163	Rockbridge	21,171	21,799	23,062	20,003	16,058	17,248	16,045	14,284	14,244	11,945	10,318	8,945	6,548
51165	Rockingham......	34,903	33,527	31,299	29,567	23,668	23,408	20,294	17,344	20,683	14,784	12,753	10,374	7,449
51167	Russell	23,474	18,031	16,126	13,906	11,103	10,280	11,919	7,878	6,714	5,536	6,319	4,808	3,338
51169	Scott..............	23,814	22,694	21,694	17,233	13,036	12,072	9,829	7,303	5,724	4,263	---	---	---
51171	Shenandoah	20,942	20,253	19,671	18,204	14,936	13,896	13,768	11,618	19,750	18,926	13,646	13,823	10,510
51173	Smyth...........	20,326	17,121	13,360	12,160	8,898	8,952	8,162	6,522	---	---	---	---	---
51175	Southampton....	26,302	22,848	20,078	18,012	12,285	12,915	13,521	14,525	16,074	14,170	13,497	13,925	12,864
51177	Spotsylvania.....	9,935	9,239	14,233	14,828	11,728	16,076	14,911	15,161	15,134	14,254	13,296	13,002	11,252
51179	Stafford	8,070	8,097	7,362	7,211	6,420	8,555	8,044	8,454	9,362	9,517	9,830	9,971	9,588
51181	Surry.............	9,715	8,469	8,256	7,391	5,585	6,133	5,679	6,480	7,109	6,594	6,855	6,535	6,227
51183	Sussex...........	13,664	12,082	11,100	10,062	7,885	10,175	9,820	11,229	12,720	11,884	11,362	11,062	10,549
51185	Tazewell........	24,946	23,384	19,899	12,861	10,791	9,920	9,942	6,290	5,749	3,916	3,007	2,127	---
51187	Warren	8,589	8,837	8,280	7,399	5,716	6,442	6,607	5,627	---	---	---	---	---
51189	Warwick	6,041	4,888	6,650	2,258	1,672	1,740	1,546	1,456	1,570	1,608	1,835	1,659	1,690
51191	Washington	32,830	28,995	29,020	25,203	16,816	16,892	14,612	13,001	15,614	12,444	12,156	9,536	5,625
51193	Westmoreland ...	9,313	9,243	8,399	8,846	7,682	8,282	8,080	8,019	8,396	6,901	8,102	---	7,722

Table C. States and Counties. Resident Population 1790 through 2010—*Continued*

STATE/ County code	STATE County	Year of first census	Resident population enumerated by census									
			2010	2000	1990	1980	1970	1960	1950	1940	1930	1920
	VIRGINIA cnt'd											
51195	Wise	1860	41,452	40,123	39,573	43,863	35,947	43,579	56,336	52,458	51,167	46,500
51197	Wythe	1800	29,235	27,599	25,466	25,522	22,139	21,975	23,327	22,721	20,704	20,217
51199	York	1790	65,464	56,297	42,422	35,463	33,203	21,583	11,750	8,857	7,615	8,046
	Independent Cities											
51510	Alexandria	1900	139,966	128,283	111,183	103,217	110,938	91,023	61,787	33,523	24,149	18,060
51515	Bedford	1970	6,222	6,299	6,073	5,991	6,011	---	---	---	---	---
51520	Bristol	1900	17,835	17,367	18,426	19,042	14,857	17,144	15,954	9,768	8,840	6,729
51530	Buena Vista	1900	6,650	6,349	6,406	6,717	6,425	6,300	5,214	4,335	4,002	3,911
51540	Charlottesville	1900	43,475	45,049	40,341	39,916	38,880	29,427	25,969	19,400	15,245	10,688
51550	Chesapeake	1970	222,209	199,184	151,976	114,486	89,580	---	---	---	---	---
51560	Clifton Forge	1910	---	---	4,679	5,046	5,501	5,268	5,795	6,461	6,839	6,164
51570	Colonial Heights	1950	17,411	16,897	16,064	16,509	15,097	9,587	6,077	---	---	---
51580	Covington	1960	5,961	6,303	6,991	9,063	10,060	11,062	---	---	---	---
51590	Danville	1900	43,055	48,411	53,056	45,642	46,391	46,577	35,066	32,749	22,247	21,539
51595	Emporia	1970	5,927	5,665	5,306	4,840	5,300	---	---	---	---	---
51600	Fairfax	1970	22,565	21,498	19,622	19,390	21,970	---	---	---	---	---
51610	Falls Church	1950	12,332	10,377	9,578	9,515	10,772	10,192	7,535	---	---	---
51620	Franklin	1970	8,582	8,346	7,864	7,308	6,880	---	---	---	---	---
51630	Fredericksburg	1900	24,286	19,279	19,027	15,322	14,450	13,639	12,158	10,066	6,819	5,882
51640	Galax	1960	7,042	6,837	6,670	6,524	6,278	5,254	---	---	---	---
51650	Hampton	1910	137,436	146,437	133,793	122,617	120,779	89,258	5,966	5,898	6,382	6,138
51660	Harrisonburg	1920	48,914	40,468	30,707	19,671	14,605	11,916	10,810	8,768	7,232	5,875
51670	Hopewell	1920	22,591	22,354	23,101	23,397	23,471	17,895	10,219	8,679	11,327	1,397
51678	Lexington	1970	7,042	6,867	6,959	7,292	7,597	---	---	---	---	---
51680	Lynchburg	1900	75,568	65,269	66,049	66,743	54,083	54,790	47,727	44,541	40,661	30,070
51683	Manassas	1980	37,821	35,135	27,957	15,438	---	---	---	---	---	---
51685	Manassas Park	1980	14,273	10,290	6,734	6,524	---	---	---	---	---	---
51685.1	Manchester	1900	---	---	---	---	---	---	---	---	---	---
51690	Martinsville	1930	13,821	15,416	16,162	18,149	19,653	18,798	17,251	10,080	7,705	---
51700	Newport News	1900	180,719	180,150	170,045	144,903	138,177	113,662	42,358	37,067	34,417	35,596
51710	Norfolk	1900	242,803	234,403	261,229	266,979	307,951	305,872	213,513	144,332	129,710	115,777
51720	Norton	1960	3,958	3,904	4,247	4,757	4,001	4,996	---	---	---	---
51730	Petersburg	1890	32,420	33,740	38,386	41,055	36,103	36,750	35,054	30,631	28,564	31,012
51735	Poquoson	1980	12,150	11,566	11,005	8,726	---	---	---	---	---	---
51740	Portsmouth	1900	95,535	100,565	103,907	104,577	110,963	114,773	80,039	50,745	45,704	54,387
51750	Radford	1900	16,408	15,859	15,940	13,225	11,596	9,371	9,026	6,990	6,227	4,627
51760	Richmond	1900	204,214	197,790	203,056	219,214	249,621	219,958	230,310	193,042	182,929	171,667
51770	Roanoke	1900	97,032	94,911	96,397	100,220	92,115	97,110	91,921	69,287	69,206	50,842
51775	Salem	1970	24,802	24,747	23,756	23,958	21,982	---	---	---	---	---
51780	South Boston	1960	---	---	6,997	7,093	6,889	5,974	---	---	---	---
51785	South Norfolk	1930	---	---	---	---	---	22,035	10,434	8,038	7,857	---
51790	Staunton	1900	23,746	23,853	24,461	21,857	24,504	22,232	19,927	13,337	11,990	10,623
51800	Suffolk	1920	84,585	63,677	52,141	47,621	9,858	12,609	12,339	11,343	10,271	9,123
51810	Virginia Beach	1960	437,994	425,257	393,069	262,199	172,106	8,091	---	---	---	---
51820	Waynesboro	1950	21,006	19,520	18,549	15,329	16,707	15,694	12,357	---	---	---
51830	Williamsburg	1900	14,068	11,998	11,530	9,870	9,069	6,832	6,735	3,942	3,778	2,462
51840	Winchester	1900	26,203	23,585	21,947	20,217	14,643	15,110	13,841	12,095	10,855	6,883
	Counties with Associated Cities											
	Albemarle	1,790	142,445	124,285	108,381	95,699	76,660	60,396	52,631	44,052	42,226	36,693
	Alleghany	1,830	22,211	23,518	24,846	28,442	28,022	28,458	28,934	29,149	27,027	21,496
	Arlington	1,800	347,593	317,736	282,119	255816	285,222	254,424	197,236	90,563	50,764	34,100
	Augusta	1,790	118,502	108,988	97,687	90,918	85,431	75,289	66,438	56,109	50,153	45,294
	Bedford	1,790	74,898	66,670	51,729	40,918	32,739	31,028	29,627	29,687	29,091	30,669
	Campbell	1,790	130,410	116,347	113,621	112167	97,402	87,748	76,604	70,589	63,546	56,786
	Carroll	1,850	37,084	36,082	33,264	33,794	29,370	28,432	26,695	25,904	22,141	21,283
	Chesterfield	1,790	333,647	276,800	225,338	157,881	91,952	80,784	46,477	31,183	26,049	20,496
	Dinwiddie	1,790	60,421	58,273	59,346	63,657	61,149	58,933	53,893	48,797	47,056	48,961
	Fairfax	1,790	1,116,623	1,001,624	847,784	625,806	487,763	285,194	106,092	40,929	25,264	21,943
	Frederick	1,790	104,508	82,794	67,670	54,367	43536	37,051	31,378	26,103	24,022	19,344
	Greensville	1,790	18,170	17,225	14,159	15,743	14904	16,155	16,319	14,866	13,388	11,606

Table C. States and Counties. Resident Population 1790 through 2010—*Continued*

STATE/ County code	STATE County	Resident population enumerated by census (continued)												
		1910	1900	1890	1880	1870	1860	1850	1840	1830	1820	1810	1800	1790
	VIRGINIA cnt'd													
51195	Wise	34,162	19,653	9,345	7,772	4,785	4,508	---	---	---	---	---	---	---
51197	Wythe	20,372	20,437	18,019	14,318	11,611	12,305	12,024	9,375	12,163	9,692	8,356	6,380	---
51199	York	7,757	7,482	7,596	7,349	7,198	4,949	4,460	4,720	5,354	4,384	5,187	3,231	5,233
	Independent Cities													
51510	Alexandria	15,329	14,528	---	---	---	---	---	---	---	---	---	---	---
51515	Bedford	---	---	---	---	---	---	---	---	---	---	---	---	---
51520	Bristol	6,247	4,579	---	---	---	---	---	---	---	---	---	---	---
51530	Buena Vista	3,245	2,388	---	---	---	---	---	---	---	---	---	---	---
51540	Charlottesville	6,765	6,449	---	---	---	---	---	---	---	---	---	---	---
51550	Chesapeake	---	---	---	---	---	---	---	---	---	---	---	---	---
51560	Clifton Forge	5,748	---	---	---	---	---	---	---	---	---	---	---	---
51570	Colonial Heights	---	---	---	---	---	---	---	---	---	---	---	---	---
51580	Covington	---	---	---	---	---	---	---	---	---	---	---	---	---
51590	Danville	19,020	16,520	---	---	---	---	---	---	---	---	---	---	---
51595	Emporia	---	---	---	---	---	---	---	---	---	---	---	---	---
51600	Fairfax	---	---	---	---	---	---	---	---	---	---	---	---	---
51610	Falls Church	---	---	---	---	---	---	---	---	---	---	---	---	---
51620	Franklin	---	---	---	---	---	---	---	---	---	---	---	---	---
51630	Fredericksburg	5,874	5,068	---	---	---	---	---	---	---	---	---	---	---
51640	Galax	---	---	---	---	---	---	---	---	---	---	---	---	---
51650	Hampton	5,505	---	---	---	---	---	---	---	---	---	---	---	---
51660	Harrisonburg	---	---	---	---	---	---	---	---	---	---	---	---	---
51670	Hopewell	---	---	---	---	---	---	---	---	---	---	---	---	---
51678	Lexington	---	---	---	---	---	---	---	---	---	---	---	---	---
51680	Lynchburg	29,494	18,891	---	---	---	---	---	---	---	---	---	---	---
51683	Manassas	---	---	---	---	---	---	---	---	---	---	---	---	---
51685	Manassas Park	---	---	---	---	---	---	---	---	---	---	---	---	---
51685.1	Manchester	---	9,715	---	---	---	---	---	---	---	---	---	---	---
51690	Martinsville	---	---	---	---	---	---	---	---	---	---	---	---	---
51700	Newport News	20,205	19,635	---	---	---	---	---	---	---	---	---	---	---
51710	Norfolk	67,452	46,624	---	---	---	---	---	---	---	---	---	---	---
51720	Norton	---	---	---	---	---	---	---	---	---	---	---	---	---
51730	Petersburg	24,127	21,810	22,680	---	---	---	---	---	---	---	---	---	---
51735	Poquoson	---	---	---	---	---	---	---	---	---	---	---	---	---
51740	Portsmouth	33,190	17,427	---	---	---	---	---	---	---	---	---	---	---
51750	Radford	4,202	3,344	---	---	---	---	---	---	---	---	---	---	---
51760	Richmond	127,628	85,050	---	---	---	---	---	---	---	---	---	---	---
51770	Roanoke	34,874	21,495	---	---	---	---	---	---	---	---	---	---	---
51775	Salem	---	---	---	---	---	---	---	---	---	---	---	---	---
51780	South Boston	---	---	---	---	---	---	---	---	---	---	---	---	---
51785	South Norfolk	---	---	---	---	---	---	---	---	---	---	---	---	---
51790	Staunton	10,604	7,289	---	---	---	---	---	---	---	---	---	---	---
51800	Suffolk	---	---	---	---	---	---	---	---	---	---	---	---	---
51810	Virginia Beach	---	---	---	---	---	---	---	---	---	---	---	---	---
51820	Waynesboro	---	---	---	---	---	---	---	---	---	---	---	---	---
51830	Williamsburg	2,714	2,044	---	---	---	---	---	---	---	---	---	---	---
51840	Winchester	5,864	5,161	---	---	---	---	---	---	---	---	---	---	---
	Counties with Associated Cities													
	Albemarle	36,636	34,922	32,379	32,618	27,544	26,625	25,800	22,924	22,618	19,750	18,268	16,439	12,585
	Alleghany	19,921	16,330	9,283	5,586	3,674	6,765	3,515	2,749	2,816	---	---	---	---
	Arlington	25,560	20,958	18,597	17,546	16,755	12,652	10,008	9,967	9,573	9,703	8,552	5,949	---
	Augusta	43,049	39,659	37,005	35,710	28,763	27,749	24,610	19,628	19,926	16,742	14,308	11,712	10,886
	Bedford	29,549	30,356	31,213	31,205	25,327	25,068	24,080	20,203	20,246	19,305	16,148	14,125	10,531
	Campbell	52,537	42,147	41,087	36,250	28,384	26,197	23,245	21,030	20,350	16,569	11,001	9,866	7,685
	Carroll	21,116	19,303	15,497	13,323	9,147	8,012	5,909	---	---	---	---	---	---
	Chesterfield	21,299	28,519	26,211	25,085	18,470	19,016	17,489	17,148	18,637	18,003	9,979	14,488	14,214
	Dinwiddie	39,569	37,184	36,195	32,870	30,702	30,198	25,118	22,558	21,901	20,482	18,190	15,374	13,934
	Fairfax	20,536	18,580	16,655	16,025	12,952	11,834	10,682	9,370	9,204	11,404	13,111	13,317	12,320
	Frederick	18,651	18,400	17,880	17,553	16,596	16,546	15,975	14,242	26,046	24,706	22,574	24,744	19,681
	Greensville	11,890	9,758	8,230	8,407	6,362	6,374	5,639	6,366	7,117	6,858	6,853	6,727	6,362

Table C. States and Counties. Resident Population 1790 through 2010—*Continued*

STATE/ County code	STATE County	Year of first census	Resident population enumerated by census 2010	2000	1990	1980	1970	1960	1950	1940	1930	1920
	Counties with Associated Cities cnt'd											
	Halifax	1790	36,241	37,355	36,030	37,692	36,965	39,611	41,442	41,271	41,283	41,374
	Hampton	1790	137,436	146,437	133,793	122,617	120,779	89,258	60,994	38,181	26,217	25,249
	Henrico	1790	511,149	460,090	420,937	399,949	403,985	337,297	287,650	235,002	213,239	190,639
	Henry	1790	67,972	73,346	73,104	75,803	70,554	59,133	48,470	36,561	27,793	20,238
	James City	1790	81,077	60,100	46,389	32,633	26,922	18,371	13,052	8,849	7,657	6,138
	Montgomery	1790	110,800	99,488	89,853	76,741	58,753	42,294	38,806	28,196	25,832	23,222
	Newport News	1790	180,719	180,150	170,045	144,903	138,177	113,662	82,233	46,315	43,246	47,013
	Norfolk	1790	560,547	534,152	517,112	486,042	508,494	494,292	403,923	238,943	213,353	227,522
	Pittsylvania	1790	106,561	110,156	108,711	111,789	105,180	104,873	101,162	94,446	83,671	78,032
	Prince George	1790	58,316	55,401	50,495	49,130	52,563	38,165	29,898	20,905	21,638	14,312
	Prince William	1790	454,096	326,238	250,377	166,665	111,102	50,164	22,612	17,738	13,951	13,660
	Roanoke	1840	214,210	205,436	199,485	197,123	181,436	158,803	133,407	112,184	104,495	73,237
	Rockbridge	1790	35,999	34,024	31,715	31,920	30,659	30,339	28,573	26,719	24,904	24,537
	Rockingham	1790	125,228	108,193	88,189	76,709	62,495	52,401	45,889	40,057	36,941	35,922
	Southampton	1790	27,152	25,828	254,14	26,039	25,462	27,195	26,522	26,442	26,870	27,555
	Spotsylvania	1790	146,683	109,674	76,430	49,757	30,874	27,458	24,078	19,971	16,875	16,453
	Suffolk	1790	84,585	63,677	52,141	47,621	45,024	43,975	37,577	34,114	32,801	29,322
	Virginia Beach	1790	437,994	425,257	393,069	262199	172,106	84,215	42,277	19,984	16,282	13,626
	Washington	1790	72,711	68,470	64,313	65529	55,692	55,220	53,490	47,965	42,690	39,105
	Wise	1860	45,410	44,027	43,820	486,20	39,948	48,575	56,336	52,458	51,167	46,500
	York	1790	77,614	67,863	53,427	44,189	33,203	21,583	11,750	8,857	7,615	8,046
53000	**WASHINGTON**	1850	6,724,540	5,894,121	4,866,692	4,132,156	3,409,169	2,853,214	2,378,963	1,736,191	1,563,396	1,356,621
53001	Adams	1890	18,728	16,428	13,603	13,267	12,014	9,929	6,584	6,209	7,719	9,623
53003	Asotin	1890	21,623	20,551	17,605	16,823	13,799	12,909	10,878	8,365	8,136	6,539
53005	Benton	1910	175,177	142,475	112,560	109,444	67,540	62,070	51,370	12,053	10,952	10,903
53007	Chelan	1900	72,453	66,616	52,250	45,061	41,355	40,744	39,301	34,412	31,634	20,906
53009	Clallam	1860	71,404	64,525	56,464	51,648	34,770	30,022	26,396	21,848	20,449	11,368
53011	Clark	1850	425,363	345,238	238,053	192,227	128,454	93,809	85,307	49,852	40,316	32,805
53013	Columbia	1880	4,078	4,064	4,024	4,057	4,439	4,569	4,860	5,549	5,325	6,093
53015	Cowlitz	1860	102,410	92,948	82,119	79,548	68,616	57,801	53,369	40,155	31,906	11,791
53017	Douglas	1890	38,431	32,603	26,205	22,144	16,787	14,890	10,817	8,651	7,561	9,392
53019	Ferry	1900	7,551	7,260	6,295	5,811	3,655	3,889	4,096	4,701	4,292	5,143
53021	Franklin	1890	78,163	49,347	37,473	35,025	25,816	23,342	13,563	6,307	6,137	5,877
53023	Garfield	1890	2,266	2,397	2,248	2,468	2,911	2,976	3,204	3,383	3,662	3,875
53025	Grant	1910	89,120	74,698	54,758	48,522	41,881	46,477	24,346	14,668	5,666	7,771
53027	Grays Harbor	1860	72,797	67,194	64,175	66,314	59,553	54,465	53,644	53,166	59,982	44,745
53029	Island	1860	78,506	71,558	60,195	44,048	27,011	19,638	11,079	6,098	5,369	5,489
53031	Jefferson	1860	29,872	25,953	20,146	15,965	10,661	9,639	11,618	8,918	8,346	6,557
53033	King	1860	1,931,249	1,737,034	1,507,319	1,269,749	1,156,633	935,014	732,992	504,980	463,517	389,273
53035	Kitsap	1860	251,133	231,969	189,731	147,152	101,732	84,176	75,724	44,387	30,776	33,162
53037	Kittitas	1890	40,915	33,362	26,725	24,877	25,039	20,467	22,235	20,230	18,154	17,737
53039	Klickitat	1860	20,318	19,161	16,616	15,822	12,138	13,455	12,049	11,357	9,825	9,268
53041	Lewis	1850	75,455	68,600	59,358	56,025	45,467	41,858	43,755	41,393	40,034	36,840
53043	Lincoln	1890	10,570	10,184	8,864	9,604	9,572	10,919	10,970	11,361	11,876	15,141
53045	Mason	1860	60,699	49,405	38,341	31,184	20,918	16,251	15,022	11,603	10,060	4,919
53047	Okanogan	1890	41,120	39,564	33,350	30,639	25,867	25,520	29,131	24,546	18,519	17,094
53049	Pacific	1860	20,920	20,984	18,882	17,237	15,796	14,674	16,558	15,928	14,970	14,891
53051	Pend Oreille	1920	13,001	11,732	8,915	8,580	6,025	6,914	7,413	7,156	7,155	6,363
53053	Pierce	1860	795,225	700,820	586,203	485,643	411,027	321,590	275,876	182,081	163,842	144,127
53055	San Juan	1870	15,769	14,077	10,035	7,838	3,856	2,872	3,245	3,157	3,097	3,605
53057	Skagit	1890	116,901	102,979	79,555	64,138	52,381	51,350	43,273	37,650	35,142	33,373
53059	Skamania	1860	11,066	9,872	8,289	7,919	5,845	5,207	4,788	4,633	2,891	2,357
53061	Snohomish	1870	713,335	606,024	465,642	337,720	265,236	172,199	111,580	88,754	78,861	67,690
53063	Spokane	1880	471,221	417,939	361,364	341,835	287,487	278,333	221,561	164,652	150,477	141,289
53065	Stevens	1860	43,531	40,066	30,948	28,979	17,405	17,884	18,580	19,275	18,550	21,605
53067	Thurston	1860	252,264	207,355	161,238	124,264	76,894	55,049	44,884	37,285	31,351	22,366
53069	Wahkiakum	1860	3,978	3,824	3,327	3,832	3,592	3,426	3,835	4,286	3,862	3,472
53071	Walla Walla	1860	58,781	55,180	48,439	47,435	42,176	42,195	40,135	30,547	28,441	27,539
53073	Whatcom	1860	201,140	166,814	127,780	106,701	81,950	70,317	66,733	60,355	59,128	50,600
53075	Whitman	1880	44,776	40,740	38,775	40,103	37,900	31,263	32,469	27,221	28,014	31,323
53077	Yakima	1870	243,231	222,581	188,823	172,508	144,971	145,112	135,723	99,019	77,402	63,710

Table C. States and Counties. Resident Population 1790 through 2010—*Continued*

STATE/ County code	STATE County	Resident population enumerated by census (continued)												
		1910	1900	1890	1880	1870	1860	1850	1840	1830	1820	1810	1800	1790
	Counties with Associated Cities cnt'd													
	Halifax	40,044	37,197	34,424	33,588	27,828	26,520	25,962	25,936	28,034	19,060	22,133	19,377	14,722
	Hampton	21,225	19,460	16,168	10,689	8,303	5,798	4,586	3,706	5,053	3,789	3,608	2,778	3,450
	Henrico	151,065	115,112	103,394	82,703	66179	61,616	43,572	33,076	28,797	23,667	19,680	14,886	12,000
	Henry	18,459	19,265	18,208	16,009	12,303	12,105	8,872	7,335	7,100	5,624	5,611	5,259	8,479
	James City	6,338	5,732	5,643	5,422	4,425	5,798	4,020	3,779	3,838	4,563	4,094	3,931	4,070
	Montgomery	21,470	19,196	17,742	16,693	12,556	10,617	8,359	7,405	12,306	8,733	8,409	9,044	13,228
	Newport News	26,246	24523	6,650	2,258	1,672	1,740	1,546	1,456	1,570	1,608	1,835	1,659	1,690
	Norfolk	153,386	114831	77,038	58,657	46,702	36,227	33,036	27,569	24,806	23,943	22,872	19,419	14,524
	Pittsylvania	69,729	63414	59,941	52,589	31,343	32,104	28,796	26,398	26,034	21,323	17,172	12,697	11,579
	Prince George	7,848	7752	7,872	10,054	7,820	8,411	7,596	7,175	8,367	8,030	8,050	7,425	8,173
	Prince William	12,026	11112	9,805	9,180	7,504	8,565	8,129	8,144	9,330	9,419	11,311	12,733	11,615
	Roanoke	54,497	37.332	30,101	13,105	9,350	8,048	8,477	5,499	---	---	---	---	---
	Rockbridge	24,416	24.187	23,062	20,003	16,058	17,248	16,045	14,284	14,244	11,945	10,318	8,945	6,548
	Rockingham	34,903	33.527	31,299	29,567	23,668	23,408	20,294	17,344	20,683	14,784	12,753	10,374	7,449
	Southampton	26,302	22.848	20,078	18,012	12,285	12,915	13,521	14,525	16,074	14,170	13,497	13,925	12,864
	Spotsylvania	15,809	14.307	14,233	14,828	11,728	16,076	14,911	15,161	15,134	14,254	13,296	13,002	11,252
	Suffolk	26,886	23.078	19,692	15,903	11,576	13,693	12,283	10,795	11,784	10,494	10,324	11,127	9,010
	Virginia Beach	11,526	11.192	9,510	9,394	8,273	7,714	7,669	7,285	9,102	8,768	9,498	8,859	7,793
	Washington	39,077	33.574	29,020	25,203	16,816	16,892	14,612	13,001	15,614	12,444	12,156	9,536	5,625
	Wise	34,162	19.653	9.345	7,772	4,785	4,508	---	---	---	---	---	---	---
	York	7,757	7.482	7.596	7,349	7,198	4,949	4,460	4720	5,354	4,384	5,187	3,231	5,233
53000	**WASHINGTON**	1,141,990	518,103	357,232	75,116	23,955	11,594	1,201	---	---	---	---	---	---
53001	Adams	10,920	4,840	2,098	---	---	---	---	---	---	---	---	---	---
53003	Asotin	5,831	3,366	1,580	---	---	---	---	---	---	---	---	---	---
53005	Benton	7,937	---	---	---	---	---	---	---	---	---	---	---	---
53007	Chelan	15,104	3,931	---	---	---	---	---	---	---	---	---	---	---
53009	Clallam	6,755	5,603	2,771	638	408	149	---	---	---	---	---	---	---
53011	Clark	26,115	13,419	11,709	5,490	3,081	2,384	643	---	---	---	---	---	---
53013	Columbia	7,042	7,128	6,709	7,103	---	---	---	---	---	---	---	---	---
53015	Cowlitz	12,561	7,877	5,917	2,062	730	406	---	---	---	---	---	---	---
53017	Douglas	9,227	4,926	3,161	---	---	---	---	---	---	---	---	---	---
53019	Ferry	4,800	4,562	---	---	---	---	---	---	---	---	---	---	---
53021	Franklin	5,153	486	696	---	---	---	---	---	---	---	---	---	---
53023	Garfield	4,199	3,918	3,897	---	---	---	---	---	---	---	---	---	---
53025	Grant	8,698	---	---	---	---	---	---	---	---	---	---	---	---
53027	Grays Harbor	35,590	15,124	9,249	921	401	285	---	---	---	---	---	---	---
53029	Island	4,704	1,870	1,787	1,087	626	294	---	---	---	---	---	---	---
53031	Jefferson	8,337	5,712	8,368	1,712	1,268	531	---	---	---	---	---	---	---
53033	King	284,638	110,053	63,989	6,910	2,120	302	---	---	---	---	---	---	---
53035	Kitsap	17,647	6,767	4,624	1,738	866	544	---	---	---	---	---	---	---
53037	Kittitas	18,561	9,704	8,777	---	---	---	---	---	---	---	---	---	---
53039	Klickitat	10,180	6,407	5,167	4,055	329	230	---	---	---	---	---	---	---
53041	Lewis	32,127	15,157	11,499	2,600	888	384	558	---	---	---	---	---	---
53043	Lincoln	17,539	11,969	9,312	---	---	---	---	---	---	---	---	---	---
53045	Mason	5,156	3,810	2,826	639	289	162	---	---	---	---	---	---	---
53047	Okanogan	12,887	4,689	1,467	---	---	---	---	---	---	---	---	---	---
53049	Pacific	12,532	5,983	4,358	1,645	738	420	---	---	---	---	---	---	---
53051	Pend Oreille	---	---	---	---	---	---	---	---	---	---	---	---	---
53053	Pierce	120,812	55,515	50,940	3,319	1,409	1,115	---	---	---	---	---	---	---
53055	San Juan	3,603	2,928	2,072	948	554	---	---	---	---	---	---	---	---
53057	Skagit	29,241	14,272	8,747	---	---	---	---	---	---	---	---	---	---
53059	Skamania	2,887	1,688	774	809	133	173	---	---	---	---	---	---	---
53061	Snohomish	59,209	23,950	8,514	1,387	599	---	---	---	---	---	---	---	---
53063	Spokane	139,404	57,542	37,487	4,262	---	---	---	---	---	---	---	---	---
53065	Stevens	25,297	10,543	4,341	1,245	734	996	---	---	---	---	---	---	---
53067	Thurston	17,581	9,927	9,675	3,270	2,246	1,507	---	---	---	---	---	---	---
53069	Wahkiakum	3,285	2,819	2,526	1,598	270	42	---	---	---	---	---	---	---
53071	Walla Walla	31,931	18,680	12,224	8,716	5,300	1,318	---	---	---	---	---	---	---
53073	Whatcom	49,511	24,116	18,591	3,137	534	352	---	---	---	---	---	---	---
53075	Whitman	33,280	25,360	19,109	7,014	---	---	---	---	---	---	---	---	---
53077	Yakima	41,709	13,462	4,429	2,811	432	---	---	---	---	---	---	---	---

Table C. States and Counties. Resident Population 1790 through 2010—*Continued*

STATE/ County code	STATE County	Year of first census	Resident population enumerated by census 2010	2000	1990	1980	1970	1960	1950	1940	1930	1920
54000	**WEST VIRGINIA**	1790	1,852,994	1,808,344	1,793,477	1,949,644	1,744,237	1,860,421	2,005,552	1,901,974	1,729,205	1,463,701
54001	Barbour	1850	16,589	15,557	15,699	16,639	14,030	15,474	19,745	19,869	18,628	18,028
54003	Berkeley	1790	104,169	75,905	59,253	46,775	36,356	33,791	30,359	29,016	28,030	24,554
54005	Boone	1850	24,629	25,535	25,870	30,447	25,118	28,764	33,173	28,556	24,586	15,319
54007	Braxton	1840	14,523	14,702	12,998	13,894	12,666	15,152	18,082	21,658	22,579	23,973
54009	Brooke	1800	24,069	25,447	26,992	31,117	29,685	28,940	26,904	25,513	24,663	16,527
54011	Cabell	1810	96,319	96,784	96,827	106,835	106,918	108,202	108,035	97,459	90,786	65,746
54013	Calhoun	1860	7,627	7,582	7,885	8,250	7,046	7,948	10,259	12,455	10,866	10,268
54015	Clay	1860	9,386	10,330	9,983	11,265	9,330	11,942	14,961	15,206	13,125	11,486
54017	Doddridge	1850	8,202	7,403	6,994	7,433	6,389	6,970	9,026	10,923	10,488	11,976
54019	Fayette	1840	46,039	47,579	47,952	57,863	49,332	61,731	82,443	80,628	72,050	60,377
54021	Gilmer	1850	8,693	7,160	7,669	8,334	7,782	8,050	9,746	12,046	10,641	10,668
54023	Grant	1870	11,937	11,299	10,428	10,210	8,607	8,304	8,756	8,805	8,441	8,993
54025	Greenbrier	1790	35,480	34,453	34,693	37,665	32,090	34,446	39,295	38,520	35,878	26,242
54027	Hampshire	1790	23,964	20,203	16,498	14,867	11,710	11,705	12,577	12,974	11,836	11,713
54029	Hancock	1850	30,676	32,667	35,233	40,418	39,749	39,615	34,388	31,572	28,511	19,975
54031	Hardy	1790	14,025	12,669	10,977	10,030	8,855	9,308	10,032	10,813	9,816	9,601
54033	Harrison	1790	69,099	68,652	69,371	77,710	73,028	77,856	85,296	82,911	78,567	74,793
54035	Jackson	1840	29,211	28,000	25,938	25,794	20,903	18,541	15,299	16,598	16,124	18,658
54037	Jefferson	1810	53,498	42,190	35,926	30,302	21,280	18,665	17,184	16,762	15,780	15,729
54039	Kanawha	1800	193,063	200,073	207,619	231,414	229,515	252,925	239,629	195,619	157,667	119,650
54041	Lewis	1820	16,372	16,919	17,223	18,813	17,847	19,711	21,074	22,271	21,794	20,455
54043	Lincoln	1870	21,720	22,108	21,382	23,675	18,912	20,267	22,466	22,886	19,156	19,378
54045	Logan	1830	36,743	37,710	43,032	50,679	46,269	61,570	77,391	67,768	58,534	41,006
54047	McDowell	1860	22,113	27,329	35,233	49,899	50,666	71,359	98,887	94,354	90,479	68,571
54049	Marion	1850	56,418	56,598	57,249	65,789	61,356	63,717	71,521	68,683	66,655	54,571
54051	Marshall	1840	33,107	35,519	37,356	41,608	37,598	38,041	36,893	40,189	39,831	33,681
54053	Mason	1810	27,324	25,957	25,178	27,045	24,306	24,459	23,537	22,270	20,788	21,459
54055	Mercer	1840	62,264	62,980	64,980	73,942	63,206	68,206	75,013	68,289	61,323	49,558
54057	Mineral	1870	28,212	27,078	26,697	27,234	23,109	22,354	22,333	22,215	20,084	19,849
54059	Mingo	1900	26,839	28,253	33,739	37,336	32,780	39,742	47,409	40,802	38,319	26,364
54061	Monongalia	1790	96,189	81,866	75,509	75,024	63,714	55,617	60,797	51,252	50,083	33,618
54063	Monroe	1800	13,502	14,583	12,406	12,873	11,272	11,584	13,123	13,577	11,949	13,141
54065	Morgan	1820	17,541	14,943	12,128	10,711	8,547	8,376	8,276	8,743	8,406	8,357
54067	Nicholas	1820	26,233	26,562	26,775	28,126	22,552	25,414	27,696	24,070	20,686	20,717
54069	Ohio	1790	44,443	47,427	50,871	61,389	64,197	68,437	71,672	73,115	72,077	62,892
54071	Pendleton	1790	7,695	8,196	8,054	7,910	7,031	8,093	9,313	10,884	9,660	9,652
54073	Pleasants	1860	7,605	7,514	7,546	8,236	7,274	7,124	6,369	6,692	6,545	7,379
54075	Pocahontas	1830	8,719	9,131	9,008	9,919	8,870	10,136	12,480	13,906	14,555	15,002
54077	Preston	1820	33,520	29,334	29,037	30,460	25,455	27,233	31,399	30,416	29,043	27,996
54079	Putnam	1850	55,486	51,589	42,835	38,181	27,625	23,561	21,021	19,511	16,737	17,531
54081	Raleigh	1850	78,859	79,220	76,819	86,821	70,080	77,826	96,273	86,687	68,072	42,482
54083	Randolph	1790	29,405	28,262	27,803	28,734	24,596	26,349	30,558	30,259	25,049	26,804
54085	Ritchie	1850	10,449	10,343	10,233	11,442	10,145	10,877	12,535	15,389	15,594	16,506
54087	Roane	1860	14,926	15,446	15,120	15,952	14,111	15,720	18,408	20,787	19,478	20,129
54089	Summers	1880	13,927	12,999	14,204	15,875	13,213	15,640	19,183	20,409	20,468	19,092
54091	Taylor	1850	16,895	16,089	15,144	16,584	13,878	15,010	18,422	19,919	19,114	18,742
54093	Tucker	1860	7,141	7,321	7,728	8,675	7,447	7,750	10,600	13,173	13,374	16,791
54095	Tyler	1820	9,208	9,592	9,796	11,320	9,929	10,026	10,535	12,559	12,785	14,186
54097	Upshur	1860	24,254	23,404	22,867	23,427	19,092	18,292	19,242	18,360	17,944	17,851
54099	Wayne	1850	42,481	42,903	41,636	46,021	37,581	38,977	38,696	35,566	31,206	26,012
54101	Webster	1860	9,154	9,719	10,729	12,245	9,809	13,719	17,888	18,080	14,216	11,562
54103	Wetzel	1850	16,583	17,693	19,258	21,874	20,314	19,347	20,154	22,342	22,334	23,069
54105	Wirt	1850	5,717	5,873	5,192	4,922	4,154	4,391	5,119	6,475	6,358	7,536
54107	Wood	1800	86,956	87,986	86,915	93,648	86,818	78,331	66,540	62,399	56,521	42,306
54109	Wyoming	1850	23,796	25,708	28,990	35,993	30,095	34,836	37,540	29,774	20,926	15,180

Table C. States and Counties. Resident Population 1790 through 2010—*Continued*

STATE/ County code	STATE County	Resident population enumerated by census (continued)												
		1910	1900	1890	1880	1870	1860	1850	1840	1830	1820	1810	1800	1790
54000	**WEST VIRGINIA**............	1,221,119	958,800	762,794	618,457	442,014	376,688	302,313	224,537	176,924	136,808	105,469	78,592	55,873
54001	Barbour	15,858	14,198	12,702	11,870	10,312	8,958	9,005	---	---	---	---	---	---
54003	Berkeley.......................	21,999	19,469	18,702	17,380	14,900	12,525	11,771	10,972	10,518	11,211	11,479	22,006	19,713
54005	Boone...........................	10,331	8,194	6,885	5,824	4,553	4,840	3,237	---	---	---	---	---	---
54007	Braxton........................	23,023	18,904	13,928	9,787	6,480	4,992	4,212	2,575	---	---	---	---	---
54009	Brooke..........................	11,098	7,219	6,660	6,013	5,464	5,494	5,054	7,948	7,041	6,631	5,843	4,706	---
54011	Cabell..........................	46,685	29,252	23,595	13,744	6,429	8,020	6,299	8,163	5,884	4,789	2,717	---	---
54013	Calhoun........................	11,258	10,266	8,155	6,072	2,939	2,502	---	---	---	---	---	---	---
54015	Clay............................	10,233	8,248	4,659	3,460	2,196	1,787	---	---	---	---	---	---	---
54017	Doddridge	12,672	13,689	12,183	10,552	7,076	5,203	2,750	---	---	---	---	---	---
54019	Fayette.........................	51,903	31,987	20,542	11,560	6,647	5,997	3,955	3,924	---	---	---	---	---
54021	Gilmer	11,379	11,762	9,746	7,108	4,338	3,759	3,475	---	---	---	---	---	---
54023	Grant...........................	7,838	7,275	6,802	5,542	4,467	---	---	---	---	---	---	---	---
54025	Greenbrier	24,833	20,683	18,034	15,060	11,417	12,211	10,022	8,695	9,006	7,041	5,914	4,345	6,015
54027	Hampshire	11,694	11,806	11,419	10,366	7,643	13,913	14,036	12,295	11,279	10,889	9,784	8,348	7,346
54029	Hancock........................	10,465	6,693	6,414	4,882	4,363	4,445	4,050	---	---	---	---	---	---
54031	Hardy...........................	9,163	8,449	7,567	6,794	5,518	9,864	9,543	7,622	6,798	5,700	5,525	6,627	7,336
54033	Harrison........................	48,381	27,690	21,919	20,181	16,714	13,790	11,728	17,669	14,722	10,932	9,958	4,848	2,080
54035	Jackson.........................	20,956	22,987	19,021	16,312	10,300	8,306	6,544	4,890	---	---	---	---	---
54037	Jefferson.......................	15,889	15,935	15,553	15,005	13,219	14,535	15,357	14,082	12,927	13,087	11,851	---	---
54039	Kanawha	81,457	54,696	42,756	32,466	22,349	16,150	15,353	13,567	9,326	6,399	3,866	3,239	---
54041	Lewis	18,281	16,980	15,895	13,269	10,175	7,999	10,031	8,151	6,241	4,247	---	---	---
54043	Lincoln.........................	20,491	15,434	11,246	8,739	5,053	---	---	---	---	---	---	---	---
54045	Logan	14,476	6,955	11,101	7,329	5,124	4,938	3,620	4,309	3,680	---	---	---	---
54047	McDowell.......................	47,856	18,747	7,300	3,074	1,952	1,535	---	---	---	---	---	---	---
54049	Marion..........................	42,794	32,430	20,721	17,198	12,107	12,722	10,552	---	---	---	---	---	---
54051	Marshall........................	32,388	26,444	20,735	18,840	14,941	12,997	10,138	6,937	---	---	---	---	---
54053	Mason..........................	23,019	24,142	22,863	22,293	15,978	9,173	7,539	6,777	6,534	4,868	1,991	---	---
54055	Mercer..........................	38,371	23,023	16,002	7,467	7,064	6,819	4,222	2,233	---	---	---	---	---
54057	Mineral........................	16,674	12,883	12,085	8,630	6,332	---	---	---	---	---	---	---	---
54059	Mingo..........................	19,431	11,359	---	---	---	---	---	---	---	---	---	---	---
54061	Monongalia	24,334	19,049	15,705	14,985	13,547	13,048	12,387	17,368	14,056	11,060	12,793	8,540	4,768
54063	Monroe	13,055	13,130	12,429	11,501	11,124	10,757	10,204	8,422	7,798	6,620	5,444	4,188	---
54065	Morgan	7,848	7,294	6,744	5,777	4,315	3,732	3,557	4,253	2,694	2,500	---	---	---
54067	Nicholas........................	17,699	11,403	9,309	7,223	4,458	4,627	3,963	2,515	3,346	1,853	---	---	---
54069	Ohio	57,572	48,024	41,557	37,457	28,831	22,422	18,006	13,357	15,584	9,182	8,175	4,740	5,212
54071	Pendleton......................	9,349	9,167	8,711	8,022	6,455	6,164	5,795	6,940	6,271	4,846	4,239	3,962	2,452
54073	Pleasants.......................	8,074	9,345	7,539	6,256	3,012	2,945	---	---	---	---	---	---	---
54075	Pocahontas.....................	14,740	8,572	6,814	5,591	4,069	3,958	3,598	2,922	2,542	---	---	---	---
54077	Preston	26,341	22,727	20,355	19,091	14,555	13,312	11,708	6,866	5,144	3,422	---	---	---
54079	Putnam.........................	18,587	17,330	14,342	11,375	7,794	6,301	5,335	---	---	---	---	---	---
54081	Raleigh	25,633	12,436	9,597	7,367	3,673	3,367	1,765	---	---	---	---	---	---
54083	Randolph.......................	26,028	17,670	11,633	8,102	5,563	4,990	5,243	6,208	5,000	3,357	2,854	1,826	951
54085	Ritchie.........................	17,875	18,901	16,621	13,474	9,055	6,847	3,902	---	---	---	---	---	---
54087	Roane..........................	21,543	19,852	15,303	12,184	7,232	5,381	---	---	---	---	---	---	---
54089	Summers	18,420	16,265	13,117	9,033	---	---	---	---	---	---	---	---	---
54091	Taylor..........................	16,554	14,978	12,147	11,455	9,367	7,463	5,367	---	---	---	---	---	---
54093	Tucker..........................	18,675	13,433	6,459	3,151	1,907	1,428	---	---	---	---	---	---	---
54095	Tyler...........................	16,211	18,252	11,962	11,073	7,832	6,517	5,498	6,954	4,104	2,314	---	---	---
54097	Upshur.........................	16,629	14,696	12,714	10,249	8,023	7,292	---	---	---	---	---	---	---
54099	Wayne..........................	24,081	23,619	18,652	14,739	7,852	6,747	4,760	---	---	---	---	---	---
54101	Webster........................	9,680	8,862	4,783	3,207	1,730	1,555	---	---	---	---	---	---	---
54103	Wetzel.........................	23,855	22,880	16,841	13,896	8,595	6,703	4,284	---	---	---	---	---	---
54105	Wirt............................	9,047	10,284	9,411	7,104	4,804	3,751	3,353	---	---	---	---	---	---
54107	Wood	38,001	34,452	28,612	25,006	19,000	11,046	9,450	7,923	6,429	5,860	3,036	1,217	---
54109	Wyoming........................	10,392	8,380	6,247	4,322	3,171	2,861	1,645	---	---	---	---	---	---

Table C. States and Counties. Resident Population 1790 through 2010—*Continued*

STATE/ County code	STATE County	Year of first census	Resident population enumerated by census									
			2010	2000	1990	1980	1970	1960	1950	1940	1930	1920
55000	**WISCONSIN**.....................	1820	5,686,986	5,363,675	4,891,769	4,705,767	4,417,731	3,951,777	3,434,575	3,137,587	2,939,006	2,632,067
55001	Adams....................	1850	20,875	18,643	15,682	13,457	9,234	7,566	7,906	8,449	8,003	9,287
55003	Ashland....................	1860	16,157	16,866	16,307	16,783	16,743	17,375	19,461	21,801	21,054	24,538
55005	Barron	1860	45,870	44,963	40,750	38,730	33,955	34,270	34,703	34,289	34,301	34,281
55007	Bayfield..................	1850	15,014	15,013	14,008	13,822	11,683	11,910	13,760	15,827	15,006	17,201
55009	Brown.....................	1820	248,007	226,778	194,594	175,280	158,244	125,082	98,314	83,109	70,249	61,889
55011	Buffalo...................	1860	13,587	13,804	13,584	14,309	13,743	14,202	14,719	16,090	15,330	15,615
55013	Burnett	1860	15,457	15,674	13,084	12,340	9,276	9,214	10,236	11,382	10,233	10,735
55015	Calumet..................	1840	48,971	40,631	34,291	30,867	27,604	22,268	18,840	17,618	16,848	17,228
55017	Chippewa...............	1850	62,415	55,195	52,360	52,127	47,717	45,096	42,839	40,703	37,342	36,482
55019	Clark.......................	1860	34,690	33,557	31,647	32,910	30,361	31,527	32,459	33,972	34,165	35,120
55021	Columbia................	1850	56,833	52,468	45,088	43,222	40,150	36,708	34,023	32,517	30,503	30,468
55023	Crawford................	1820	16,644	17,243	15,940	16,556	15,252	16,351	17,652	18,328	16,781	16,772
55025	Dane.......................	1840	488,073	426,526	367,085	323,545	290,272	222,095	169,357	130,660	112,737	89,432
55027	Dodge	1840	88,759	85,897	76,559	75,064	69,004	63,170	57,611	54,280	52,092	49,742
55029	Door	1860	27,785	27,961	25,690	25,029	20,106	20,685	20,870	19,095	18,182	19,073
55031	Douglas..................	1860	44,159	43,287	41,758	44,421	44,657	45,008	46,715	47,119	46,583	49,771
55033	Dunn.......................	1860	43,857	39,858	35,909	34,314	29,154	26,156	27,341	27,375	27,037	26,970
55035	Eau Claire	1860	98,736	93,142	85,183	78,805	67,219	58,300	54,187	46,999	41,087	35,771
55037	Florence.................	1890	4,423	5,088	4,590	4,172	3,298	3,437	3,756	4,177	3,768	3,602
55039	Fond du Lac............	1840	101,633	97,296	90,083	88,964	84,567	75,085	67,829	62,353	59,883	56,119
55041	Forest	1890	9,304	10,024	8,776	9,044	7,691	7,542	9,437	11,805	11,118	9,850
55043	Grant......................	1840	51,208	49,597	49,264	51,736	48,398	44,419	41,460	40,639	38,469	39,044
55045	Green	1840	36,842	33,647	30,339	30,012	26,714	25,851	24,172	23,146	21,870	21,568
55047	Green Lake	1860	19,051	19,105	18,651	18,370	16,878	15,418	14,749	14,092	13,913	14,875
55049	Iowa.......................	1830	23,687	22,780	20,150	19,802	19,306	19,631	19,610	20,595	20,039	21,504
55051	Iron........................	1900	5,916	6,861	6,153	6,730	6,533	7,830	8,714	10,049	9,933	10,261
55053	Jackson...................	1860	20,449	19,100	16,588	16,831	15,325	15,151	16,073	16,599	16,468	17,746
55055	Jefferson................	1840	83,686	74,021	67,783	66,152	60,060	50,094	43,069	38,868	36,785	35,022
55057	Juneau....................	1860	26,664	24,316	21,650	21,039	18,455	17,490	18,930	18,708	17,264	19,209
55059	Kenosha	1850	166,426	149,577	128,181	123,137	117,917	100,615	75,238	63,505	63,277	51,284
55061	Kewaunee...............	1860	20,574	20,187	18,878	19,539	18,961	18,282	17,366	16,680	16,037	16,091
55063	La Crosse	1860	114,638	107,120	97,904	91,056	80,468	72,465	67,587	59,653	54,455	44,355
55065	Lafayette................	1850	16,836	16,137	16,076	17,412	17,456	18,142	18,137	18,695	18,649	20,002
55067	Langlade.................	1880	19,977	20,740	19,505	19,978	19,220	19,916	21,975	23,227	21,544	21,471
55069	Lincoln...................	1880	28,743	29,641	26,993	26,555	23,499	22,338	22,235	22,536	21,072	21,084
55071	Manitowoc..............	1840	81,442	82,887	80,421	82,918	82,294	75,215	67,159	61,617	58,674	51,644
55073	Marathon	1850	134,063	125,834	115,400	111,270	97,457	88,874	80,337	75,915	70,629	65,259
55075	Marinette................	1880	41,749	43,384	40,548	39,314	35,810	34,660	35,748	36,225	33,530	34,361
55077	Marquette...............	1840	15,404	15,832	12,321	11,672	8,865	8,516	8,839	9,097	9,388	10,443
55078	Menominee..............	1970	4,232	4,562	3,890	3,373	2,607	---	---	---	---	---
55079	Milwaukee...............	1840	947,735	940,164	959,275	964,988	1,054,063	1,036,041	871,047	766,885	725,263	539,449
55081	Monroe	1860	44,673	40,899	36,633	35,074	31,610	31,241	31,378	30,080	28,739	28,666
55083	Oconto	1860	37,660	35,634	30,226	28,947	25,553	25,110	26,238	27,075	26,386	27,104
55085	Oneida....................	1890	35,998	36,776	31,679	31,216	24,427	22,112	20,648	18,938	15,899	13,996
55087	Outagamie...............	1860	176,695	160,971	140,510	128,799	119,356	101,794	81,722	70,032	62,790	55,113
55089	Ozaukee..................	1860	86,395	82,317	72,831	66,981	54,421	38,441	23,361	18,985	17,394	16,335
55091	Pepin	1860	7,469	7,213	7,107	7,477	7,319	7,332	7,462	7,897	7,450	7,481
55093	Pierce.....................	1860	41,019	36,804	32,765	31,149	26,652	22,503	21,448	21,471	21,043	21,663
55095	Polk........................	1860	44,205	41,319	34,773	32,351	26,666	24,968	24,944	26,197	26,567	26,870
55097	Portage...................	1840	70,019	67,182	61,405	57,420	47,541	36,964	34,858	35,800	33,827	33,649
55099	Price.......................	1880	14,159	15,822	15,600	15,788	14,520	14,370	16,344	18,467	17,284	18,517
55101	Racine.....................	1840	195,408	188,831	175,034	173,132	170,838	141,781	109,585	94,047	90,217	78,961
55103	Richland..................	1850	18,021	17,924	17,521	17,476	17,079	17,684	19,245	20,381	19,525	19,823
55105	Rock.......................	1840	160,331	152,307	139,510	139,420	131,970	113,913	92,778	80,173	74,206	66,150
55107	Rusk	1910	14,755	15,347	15,079	15,589	14,238	14,794	16,790	17,737	16,081	16,403

Table C. States and Counties. Resident Population 1790 through 2010—*Continued*

STATE/County code	STATE County	Resident population enumerated by census (continued)												
		1910	1900	1890	1880	1870	1860	1850	1840	1830	1820	1810	1800	1790
55000	**WISCONSIN**	2,333,860	2,069,042	1,693,330	1,315,497	1,054,670	775,881	305,391	30,945	3,635	1,444	---	---	---
55001	Adams	8,604	9,141	6,889	6,741	6,601	6,492	187	---	---	---	---	---	---
55003	Ashland	21,965	20,176	20,063	1,559	221	515	---	---	---	---	---	---	---
55005	Barron	29,114	23,677	15,416	7,024	538	13	---	---	---	---	---	---	---
55007	Bayfield	15,987	14,392	7,390	564	344	353	489	---	---	---	---	---	---
55009	Brown	54,098	46,359	39,164	34,078	25,168	11,795	6,215	2,107	1,356	952	---	---	---
55011	Buffalo	16,006	16,765	15,997	15,528	11,123	3,864	---	---	---	---	---	---	---
55013	Burnett	9,026	7,478	4,393	3,140	706	12	---	---	---	---	---	---	---
55015	Calumet	16,701	17,078	16,639	16,632	12,335	7,895	1,743	275	---	---	---	---	---
55017	Chippewa	32,103	33,037	25,143	15,491	8,311	1,895	615	---	---	---	---	---	---
55019	Clark	30,074	25,848	17,708	10,715	3,450	789	---	---	---	---	---	---	---
55021	Columbia	31,129	31,121	28,350	28,065	28,802	24,441	9,565	---	---	---	---	---	---
55023	Crawford	16,288	17,286	15,987	15,644	13,075	8,068	2,498	1,502	692	492	---	---	---
55025	Dane	77,435	69,435	59,578	53,233	53,096	43,922	16,639	314	---	---	---	---	---
55027	Dodge	47,436	46,631	44,984	45,931	47,035	42,818	19,138	67	---	---	---	---	---
55029	Door	18,711	17,583	15,682	11,645	4,919	2,948	---	---	---	---	---	---	---
55031	Douglas	47,422	36,335	13,468	655	1,122	812	---	---	---	---	---	---	---
55033	Dunn	25,260	25,043	22,664	16,817	9,488	2,704	---	---	---	---	---	---	---
55035	Eau Claire	32,721	31,692	30,673	19,993	10,769	3,162	---	---	---	---	---	---	---
55037	Florence	3,381	3,197	2,604	---	---	---	---	---	---	---	---	---	---
55039	Fond du Lac	51,610	47,589	44,088	46,859	46,273	34,154	14,510	139	---	---	---	---	---
55041	Forest	6,782	1,396	1,012	---	---	---	---	---	---	---	---	---	---
55043	Grant	39,007	38,881	36,651	37,852	37,979	31,189	16,169	3,926	---	---	---	---	---
55045	Green	21,641	22,719	22,732	21,729	23,611	19,808	8,566	933	---	---	---	---	---
55047	Green Lake	15,491	15,797	15,163	14,483	13,195	12,663	---	---	---	---	---	---	---
55049	Iowa	22,497	23,114	22,117	23,628	24,544	18,967	9,525	3,978	1,587	---	---	---	---
55051	Iron	8,306	6,616	---	---	---	---	---	---	---	---	---	---	---
55053	Jackson	17,075	17,466	15,797	13,285	7,687	4,170	---	---	---	---	---	---	---
55055	Jefferson	34,306	34,789	33,530	32,156	34,040	30,438	15,317	914	---	---	---	---	---
55057	Juneau	19,569	20,629	17,121	15,582	12,372	8,770	---	---	---	---	---	---	---
55059	Kenosha	32,929	21,707	15,581	13,550	13,147	13,900	10,734	---	---	---	---	---	---
55061	Kewaunee	16,784	17,212	16,153	15,807	10,128	5,530	---	---	---	---	---	---	---
55063	La Crosse	43,996	42,997	38,801	27,073	20,297	12,186	---	---	---	---	---	---	---
55065	Lafayette	20,075	20,959	20,265	21,279	22,659	18,134	11,531	---	---	---	---	---	---
55067	Langlade	17,062	12,553	9,465	685	---	---	---	---	---	---	---	---	---
55069	Lincoln	19,064	16,269	12,008	2,011	---	---	---	---	---	---	---	---	---
55071	Manitowoc	44,978	42,261	37,831	37,505	33,364	22,416	3,702	235	---	---	---	---	---
55073	Marathon	55,054	43,256	30,369	17,121	5,885	2,892	508	---	---	---	---	---	---
55075	Marinette	33,812	30,822	20,304	8,929	---	---	---	---	---	---	---	---	---
55077	Marquette	10,741	10,509	9,676	8,908	8,056	8,233	8,641	18	---	---	---	---	---
55078	Menominee	---	---	---	---	---	---	---	---	---	---	---	---	---
55079	Milwaukee	433,187	330,017	236,101	138,537	89,930	62,518	31,077	5,605	---	---	---	---	---
55081	Monroe	28,881	28,103	23,211	21,607	16,550	8,410	---	---	---	---	---	---	---
55083	Oconto	25,657	20,874	15,009	9,848	8,321	3,592	---	---	---	---	---	---	---
55085	Oneida	11,433	8,875	5,010	---	---	---	---	---	---	---	---	---	---
55087	Outagamie	49,102	46,247	38,690	28,716	18,430	9,587	---	---	---	---	---	---	---
55089	Ozaukee	17,123	16,363	14,943	15,461	15,564	15,682	---	---	---	---	---	---	---
55091	Pepin	7,577	7,905	6,932	6,226	4,659	2,392	---	---	---	---	---	---	---
55093	Pierce	22,079	23,943	20,385	17,744	9,958	4,672	---	---	---	---	---	---	---
55095	Polk	21,367	17,801	12,968	10,018	3,422	1,400	---	---	---	---	---	---	---
55097	Portage	30,945	29,483	24,798	17,731	10,634	7,507	1,250	1,623	---	---	---	---	---
55099	Price	13,795	9,106	5,258	785	---	---	---	---	---	---	---	---	---
55101	Racine	57,424	45,644	36,268	30,922	26,740	21,360	14,973	3,475	---	---	---	---	---
55103	Richland	18,809	19,483	19,121	18,174	15,731	9,732	903	---	---	---	---	---	---
55105	Rock	55,538	51,203	43,220	38,823	39,030	36,690	20,750	1,701	---	---	---	---	---
55107	Rusk	11,160	---	---	---	---	---	---	---	---	---	---	---	---

Table C. States and Counties. Resident Population 1790 through 2010—*Continued*

STATE/ County code	STATE County	Year of first census	Resident population enumerated by census									
			2010	2000	1990	1980	1970	1960	1950	1940	1930	1920
	WISCONSIN cnt'd											
55109	St. Croix..............................	1840	84,345	63,155	50,251	43,262	34,354	29,164	25,905	24,842	25,455	26,106
55111	Sauk...................................	1840	61,976	55,225	46,975	43,469	39,057	36,179	38,120	33,700	32,030	32,548
55113	Sawyer................................	1890	16,557	16,196	14,181	12,843	9,670	9,475	10,323	11,540	8,878	8,243
55115	Shawano..............................	1860	41,949	40,664	37,157	35,928	32,650	34,351	35,249	35,378	33,516	33,975
55117	Sheboygan...........................	1840	115,507	112,646	103,877	100,935	96,660	86,484	80,631	76,221	71,235	59,913
55119	Taylor.................................	1880	20,689	19,680	18,901	18,817	16,958	17,843	18,456	20,105	17,685	18,045
55121	Trempealeau	1860	28,816	27,010	25,263	26,158	23,344	23,377	23,730	24,381	23,910	24,506
55123	Vernon................................	1860	29,773	28,056	25,617	25,642	24,557	25,663	27,906	29,940	28,537	29,252
55125	Vilas...................................	1900	21,430	21,033	17,707	16,535	10,958	9,332	9,363	8,894	7,294	5,649
55127	Walworth.............................	1840	102,228	93,759	75,000	71,507	63,444	52,368	41,584	33,103	31,058	29,327
55129	Washburn............................	1890	15,911	16,036	13,772	13,174	10,601	10,301	11,665	12,496	11,103	11,377
55131	Washington	1840	131,887	117,493	95,328	84,848	63,839	46,119	33,902	28,430	26,551	25,713
55133	Waukesha............................	1850	389,891	360,767	304,715	280,326	231,365	158,249	85,901	62,744	52,358	42,612
55135	Waupaca..............................	1860	52,410	51,731	46,104	42,831	37,780	35,340	35,056	34,614	33,513	34,200
55137	Waushara.............................	1860	24,496	23,154	19,385	18,526	14,795	13,497	13,920	14,268	14,427	16,712
55139	Winnebago...........................	1840	166,994	156,763	140,320	131,703	129,931	107,928	91,103	80,507	76,622	63,897
55141	Wood	1860	74,749	75,555	73,605	72,799	65,362	59,105	50,500	44,465	37,865	34,643
56000	**WYOMING**	1870	563,626	493,782	453,588	469,557	332,416	330,066	290,529	250,742	225,565	194,402
56001	Albany.................................	1870	36,299	32,014	30,797	29,062	26,431	21,290	19,055	13,946	12,041	9,283
56003	Big Horn	1900	11,668	11,461	10,525	11,896	10,202	11,898	13,176	12,911	11,222	12,105
56005	Campbell.............................	1920	46,133	33,698	29,370	24,367	12,957	5,861	4,839	6,048	6,720	5,233
56007	Carbon................................	1870	15,885	15,639	16,659	21,896	13,354	14,937	15,742	12,644	11,391	9,525
56009	Converse..............................	1890	13,833	12,052	11,128	14,069	5,938	6,366	5,933	6,631	7,145	7,871
56011	Crook..................................	1880	7,083	5,887	5,294	5,308	4,535	4,691	4,738	5,463	5,333	5,524
56013	Fremont..............................	1890	40,123	35,804	33,662	38,992	28,352	26,168	19,580	16,095	10,490	11,820
56015	Goshen................................	1920	13,249	12,538	12,373	12,040	10,885	11,941	12,634	12,207	11,754	8,064
56017	Hot Springs..........................	1920	4,812	4,882	4,809	5,710	4,952	6,365	5,250	4,607	5,476	5,164
56019	Johnson...............................	1880	8,569	7,075	6,145	6,700	5,587	5,475	4,707	4,980	4,816	4,617
56021	Laramie...............................	1870	91,738	81,607	73,142	68,649	56,360	60,149	47,662	33,651	26,845	20,699
56023	Lincoln................................	1920	18,106	14,573	12,625	12,177	8,640	9,018	9,023	10,286	10,894	12,487
56025	Natrona	1890	75,450	66,533	61,226	71,856	51,264	49,623	31,437	23,858	24,272	14,635
56027	Niobrara..............................	1920	2,484	2,407	2,499	2,924	2,924	3,750	4,701	5,988	4,723	6,321
56029	Park....................................	1910	28,205	25,786	23,178	21,639	17,752	16,874	15,182	10,976	8,207	7,298
56031	Platte..................................	1920	8,667	8,807	8,145	11,975	6,486	7,195	7,925	8,013	9,695	7,421
56033	Sheridan..............................	1890	29,116	26,560	23,562	25,048	17,852	18,989	20,185	19,255	16,875	18,182
56035	Sublette...............................	1930	10,247	5,920	4,843	4,548	3,755	3,778	2,481	2,778	1,944	---
56037	Sweetwater	1870	43,806	37,613	38,823	41,723	18,391	17,920	22,017	19,407	18,165	13,640
56039	Teton..................................	1930	21,294	18,251	11,172	9,355	4,823	3,062	2,593	2,543	2,003	---
56041	Uinta..................................	1870	21,118	19,742	18,705	13,021	7,100	7,484	7,331	7,223	6,572	6,611
56043	Washakie..............................	1920	8,533	8,289	8,388	9,496	7,569	8,883	7,252	5,858	4,109	3,106
56045	Weston................................	1890	7,208	6,644	6,518	7,106	6,307	7,929	6,733	4,958	4,673	4,631
56047	Yellowstone Nat.Pk.(pt.)........	1890	---	---	---	---	---	420	353	416	200	165

Table C. States and Counties. Resident Population 1790 through 2010—*Continued*

STATE/ County code	STATE County	Resident population enumerated by census (continued)												
		1910	1900	1890	1880	1870	1860	1850	1840	1830	1820	1810	1800	1790
	WISCONSIN cnt'd													
55109	St. Croix............	25,910	26,830	23,139	18,956	11,035	5,392	624	809	---	---	---	---	---
55111	Sauk..............	32,869	33,006	30,575	28,729	23,860	18,963	4,371	102	---	---	---	---	---
55113	Sawyer............	6,227	3,593	1,977	---	---	---	---	---	---	---	---	---	---
55115	Shawano	31,884	27,475	19,236	10,371	3,166	829	---	---	---	---	---	---	---
55117	Sheboygan........	54,888	50,345	42,489	34,206	31,749	26,875	8,379	133	---	---	---	---	---
55119	Taylor.............	13,641	11,262	6,731	2,311	---	---	---	---	---	---	---	---	---
55121	Trempealeau	22,928	23,114	18,920	17,189	10,732	2,560	---	---	---	---	---	---	---
55123	Vernon	28,116	28,351	25,111	23,235	18,645	11,007	---	---	---	---	---	---	---
55125	Vilas..............	6,019	4,929	---	---	---	---	---	---	---	---	---	---	---
55127	Walworth..........	29,614	29,259	27,860	26,249	25,972	26,496	17,862	2,611	---	---	---	---	---
55129	Washburn.........	8,196	5,521	2,926	---	---	---	---	---	---	---	---	---	---
55131	Washington	23,784	23,589	22,751	23,442	23,919	23,622	19,485	343	---	---	---	---	---
55133	Waukesha..........	37,100	35,229	33,270	28,957	28,274	26,831	19,258	---	---	---	---	---	---
55135	Waupaca	32,782	31,615	26,794	20,955	15,539	8,851	---	---	---	---	---	---	---
55137	Waushara	18,886	15,972	13,507	12,687	11,279	8,770	---	---	---	---	---	---	---
55139	Winnebago........	62,116	58,225	50,097	42,740	37,279	23,770	10,167	135	---	---	---	---	---
55141	Wood	30,583	25,865	18,127	8,981	3,912	2,425	---	---	---	---	---	---	---
56000	**WYOMING**	145,965	92,531	62,555	20,789	9,118	---	---	---	---	---	---	---	---
56001	Albany............	11,574	13,084	8,865	4,626	2,021	---	---	---	---	---	---	---	---
56003	Big Horn	8,886	4,328	---	---	---	---	---	---	---	---	---	---	---
56005	Campbell	---	---	---	---	---	---	---	---	---	---	---	---	---
56007	Carbon	11,282	9,589	6,857	3,438	1,368	---	---	---	---	---	---	---	---
56009	Converse	6,294	3,337	2,738	---	---	---	---	---	---	---	---	---	---
56011	Crook	6,492	3,137	2,338	239	---	---	---	---	---	---	---	---	---
56013	Fremont...........	11,822	5,357	4,313	---	---	---	---	---	---	---	---	---	---
56015	Goshen............	---	---	---	---	---	---	---	---	---	---	---	---	---
56017	Hot Springs........	---	---	---	---	---	---	---	---	---	---	---	---	---
56019	Johnson...........	3,453	2,361	2,357	637	---	---	---	---	---	---	---	---	---
56021	Laramie...........	26,127	20,181	16,777	6,409	2,957	---	---	---	---	---	---	---	---
56023	Lincoln...........	---	---	---	---	---	---	---	---	---	---	---	---	---
56025	Natrona	4,766	1,785	1,094	---	---	---	---	---	---	---	---	---	---
56027	Niobrara	---	---	---	---	---	---	---	---	---	---	---	---	---
56029	Park..............	4,909	---	---	---	---	---	---	---	---	---	---	---	---
56031	Platte............	---	---	---	---	---	---	---	---	---	---	---	---	---
56033	Sheridan..........	16,324	5,122	1,972	---	---	---	---	---	---	---	---	---	---
56035	Sublette..........	---	---	---	---	---	---	---	---	---	---	---	---	---
56037	Sweetwater	11,575	8,455	4,941	2,561	1,916	---	---	---	---	---	---	---	---
56039	Teton	---	---	---	---	---	---	---	---	---	---	---	---	---
56041	Uinta	16,982	12,223	7,414	2,879	856	---	---	---	---	---	---	---	---
56043	Washakie	---	---	---	---	---	---	---	---	---	---	---	---	---
56045	Weston...........	4,960	3,203	2,422	---	---	---	---	---	---	---	---	---	---
56047	Yellowstone Nat.Pk.(pt.)...	519	369	467	---	---	---	---	---	---	---	---	---	---

PART C. NOTES AND DEFINITIONS

Table C presents population data for counties from the 1790 through 2010 censuses. The source for the 1790 through 1990 data is U.S. Census Bureau, *Population of States and Counties of the United States: 1790 to 1990,* compiled and edited by Richard L. Forstall. The 2000 and 2010 population data were obtained through the Census Bureau's American FactFinder online system. Each county is identified by its 5-digit FIPS (Federal Information Processing Standards) code. For those counties that ceased to exist before the establishment of the FIPS coding system, the Census Bureau's document added a code with a decimal suffix. The year when a county was first included in the census is also shown.

This section, organized by state, provides details on the shifting geographic boundaries over the past two centuries. Like the data, this information is largely adapted from *Population of States and Counties of the United States: 1790 to 1990.*

ALABAMA

Most of present-day Alabama was part of Georgia until the south-central part was included in Mississippi Territory, whose establishment was authorized by Congress in 1798 and agreed to by Georgia in 1802. In 1804, Mississippi Territory was expanded to include the rest of Alabama except for the Gulf Coast portion, which was added in 1812, although still in dispute with Spain until 1819. Alabama became a territory in 1817 and was admitted as a state on December 14, 1819 with substantially its present boundaries.

Census coverage of Alabama began in 1800, included much of the State by 1820, and added the rest by 1840. The totals for 1800 and 1810 are for areas then in Mississippi Territory. In 1820 the official State total (127,901) did not include the population (16,416) of three counties whose census returns only arrived in Washington in 1822.

The Alabama state total populations for 1800 and 1810 are totals of those counties of Mississippi Territory entirely or mostly within present-day Alabama. Population for 1820 excludes three counties, Lawrence (8,652), Perry (4,118), and Washington (3,646), whose returns were received too late for inclusion in the official state total.

Alabama County origins:

FIPS code	Area name	Year of first census	Notes (* denotes the original counties from which a county was formed)
	ALABAMA	1800	
01001	Autauga	1820	
01003	Baldwin	1810	*Washington
01005	Barbour	1840	*Pike
01007	Bibb	1820	1820: Cahawba
01009	Blount	1820	
01011	Bullock	1870	*Pike, Macon, Montgomery, Barbour
01013	Butler	1820	
01015	Calhoun	1840	1840-50: Benton
01017	Chambers	1840	
01019	Cherokee	1840	
01021	Chilton	1870	*Bibb, Shelby, Autauga, Perry; 1870: Baker
01023	Choctaw	1850	*Washington, Sumter
01025	Clarke	1820	*Washington
01027	Clay	1870	*Talladega, Randolph
01029	Cleburne	1870	*Calhoun, Randolph, Talladega.
01031	Coffee	1850	*Dale
01033	Colbert	1870	*Franklin
01035	Conecuh	1820	
01037	Coosa	1840	
01039	Covington	1830	*Henry; Butler
01041	Crenshaw	1870	*Butler, Covington, Pike, Lowndes; Coffee
01043	Cullman	1880	*Blount, Winston; Morgan
01045	Dale	1830	*Henry
01047	Dallas	1820	
01049	DeKalb	1840	
01051	Elmore	1870	*Coosa, Autauga, Montgomery, Tallapoosa.
01053	Escambia	1870	*Conecuh, Baldwin
01055	Etowah	1870	*Cherokee, DeKalb, St. Clair, Marshall, Calhoun, Blount.
01057	Fayette	1830	*Tuscaloosa, Marion
01059	Franklin	1820	
01061	Geneva	1870	*Coffee, Dale; Henry
01063	Greene	1820	
01065	Hale	1870	*Greene, Marengo, Perry, Tuscaloosa
01067	Henry	1820	
01069	Houston	1910	*Henry, Dale, Geneva
01071	Jackson	1820	
01073	Jefferson	1830	
01075	Lamar	1870	*Fayette, Marion; 1870: Sanford
01077	Lauderdale	1820	
01079	Lawrence	1830	
01081	Lee	1870	*Russell, Chambers, Macon, Tallapoosa
01083	Limestone	1820	
01085	Lowndes	1830	Lowndes: *Montgomery, Dallas, Henry; Butler, Wilcox.
01087	Macon	1840	
01089	Madison	1810	
01091	Marengo	1820	
01093	Marion	1830	
01095	Marshall	1840	*Blount, Jackson; St. Clair, Madison
01097	Mobile	1820	Population for 1890 includes 384 Indians (Geronimo's Apaches) at Mount Vernon Barracks, reported separately.
01099	Monroe	1820	
01101	Montgomery	1820	
01103	Morgan	1820	1820: Cataco; Morgan's 1820-30 census boundaries were the same as those of 1850-1870 and nearly the same as those of 1880-1990.
01105	Perry	1830	
01107	Pickens	1830	*Tuscaloosa
01109	Pike	1830	*Henry, Montgomery; Butler
01111	Randolph	1840	
01113	Russell	1840	
01115	St. Clair	1820	
01117	Shelby	1820	
01119	Sumter	1840	
01121	Talladega	1840	
01123	Tallapoosa	1840	
01125	Tuscaloosa	1820	
01127	Walker	1830	*Marion, Tuscaloosa, Blount, Jefferson
01129	Washington	1800	
01131	Wilcox	1820	
01133	Winston	1850	*Walker; 1850: Hancock

ALASKA

Alaska was purchased from Russia in 1867, with essentially its present boundaries. It was made a territory in 1912 and admitted as a state on January 3, 1959.

Census coverage of Alaska began in 1880. For the censuses of 1930 and 1940, Alaska actually was enumerated in the fall of the preceding year (1929, 1939).

Alaska has no counties; the names, boundaries, and designations of the subdivisions reported in the census have evolved considerably over recent decades. Since 1980, most of the population of the state lived in entities designated as boroughs; the remainder was reported by Census Areas. In 1970, the census was reported by Census Divisions, some of which corresponded to boroughs. In 1960, the census was reported by 24 Election Districts. Table B lists areas that existed in 2010 with their 2010 names and designations. In both the table and the notes, areas listed without any designation had ceased to exist by 2010. For areas that existed in 1960 through 2000, but not in 2010, the notes specify the areas of which they became part. (Small portions may have come from or gone to other areas not specified.) No designations appear in the table for these extinguished areas; in 1980 they were Census Areas, in 1970 Census Divisions, and in 1960 Election Districts.

Alaska borough, census area, and municipality origins:

FIPS code	Area name	Year of first census	Notes (* denotes the original areas from which an area was formed)
02000	ALASKA	1880	
02013	Aleutians East Borough	1990	Formed from Aleutian Islands (now Aleutians West) Census Area (1987). 1980 pop. in 1990 area: 1,643.
02016	Aleutians West Census Area	1960	in 1960-80, Aleutian Islands. 1980 pop. in 1990 area: 6,125.
02020	Anchorage Municipality	1960	Anchorage borough in 1990
02030	Angoon	1970	To Skagway-Yakutat-Angoon, then Hoonah-Angoon
02050	Bethel Census Area	1960	1970 pop. in 1980 area: 8,729
02060	Bristol Bay Borough	1970	
02060.1	Cordova-McCarthy	1960	To Valdez-Cordova
02068	Denali Borough	2000	From Yukon-Koyukuk Census Area and Southeast Fairbanks Census Area
02070	Dillingham Census Area	1960	In 1960-70, Bristol Bay (Census Division). 1970 pop. in 1980 area: 3,872; 1980 pop. in 1990 area: 3,232.
02090	Fairbanks North Star Borough	1960	1960-70: Fairbanks
02100	Haines Borough	1970	From Lynn Canal-Icy Straits; 1970 pop. in 1980 area: 1,401
02105	Hoonah-Angoon Census Area	2010	From Skagway-Hoonah-Angoon Census Area
02110	Juneau City and Borough	1960	
02122	Kenai Peninsula Borough	1960	1960-70: Kenai-Cook Inlet; 1970 pop. in 1980 area: 16,586
02130	Ketchikan Gateway Borough	1960	1960-70: Ketchikan
02150	Kodiak Island Borough	1960	1960-70: Kodiak
02160	Kuskokwim	1960	To Yukon-Koyukuk and Bethel.
02164	Lake and Peninsula Borough	1990	Formed from Dillingham Census Area (1989). 1980 pop. in 1990 area: 1,384.
02165.1	Lynn Canal-Icy Straits	1960	To Haines and Skagway-Yakutat
02170	Matanuska-Susitna Borough	1960	1960: Palmer-Wasilla-Talkeetna
02180	Nome Census Area	1960	
02185	North Slope Borough	1960	Formed 1972, from Barrow, Upper Yukon, and Kobuk (Northwest Arctic). Populations shown for 1960-70 are for Barrow. 1970 pop. in 1980 area: 3,451.
02188	Northwest Arctic Borough	1960	Formed 1986, primarily from Kobuk Census Area. Populations shown for 1960-80 are for Kobuk. 1970 pop. in 1980 area: 4,048; 1980 pop. in 1990 area: 4,831.
02190	Outer Ketchikan	1970	To Prince of Wales-Outer Ketchikan
02195	Petersburg Census Area	2010	From Wrangell-Peterson and Prince of Wales-Outer Ketchikan
02198	Prince of Wales-Hyder Census Area	2010	From Wrangell-Peterson and Prince of Wales-Outer Ketchikan
02201	Prince of Wales-Outer Ketchikan Census Area	1960	1960-70: Prince of Wales; 1970 pop. In 1980 area: 3,782
02210	Seward	1960	To Kenai Peninsula
02220	Sitka City and Borough	1960	
02230	Skagway Municipality	2010	From Skagway-Hoonah-Angoon Census Area
02231	Skagway-Yakutat-Angoon Census Area	1970	1960-70: Skagway-Yakutat; 1970 pop. in 1980 area: 2,792
02240	Southeast Fairbanks Census Area	1970	1970 pop. in 1980 area: 4,308
02250	Upper Yukon	1960	To Yukon-Koyukuk, North Slope, and Southeast Fairbanks
02261	Valdez-Cordova Census Area	1960	in 1960-70, Valdez-Chitina-Whittier. 1970 pop. in 1980 area: 4,977.
02270	Wade Hampton Census Area	1960	
02275	Wrangell City and Borough	2010	From Wrangell-Peterson and Prince of Wales-Outer Ketchikan
02280	Wrangell-Petersburg Census Area	1960	
02282	Yakutat City and Borough	2000	From Skagway-Yakutat-Angoon Census Area
02290	Yukon-Koyukuk Census Area	1960	1970 pop. in 1980 area: 7,039

For 1910 through 1950, Alaska Territory was reported by four Judicial Divisions. These corresponded to the areas listed in the table approximately as follows (names are shortened in some cases):

02900.1	First Judicial Division	1910	Angoon, Haines, Juneau, Ketchikan, Lynn Canal, Outer Ketchikan, Prince of Wales, Sitka, Skagway, and Wrangell.
02900.2	Second Judicial Division	1910	Barrow, Nome, North Slope, Northwest Arctic, and Wade Hampton.
02900.3	Third Judicial Division	1910	Aleutians (East and West), Anchorage, Bristol Bay, Dillingham, Cordova, Kenai, Kodiak, Lake and Peninsula, Matanuska, Seward, and Valdez.
02900.4	Fourth Judicial Division	1910	Bethel, Fairbanks, Kuskokwim, Southeast Fairbanks, Upper Yukon, and Yukon-Koyukuk.

The populations enumerated for these divisions:

	1950	1939	1929	1920	1910
First Judicial Division	28,203	25,241	19,304	17,402	15,216
Second Judicial Division	12,272	11,877	10,127	10,890	12,351
Third Judicial Division	59,518	19,312	16,309	16,231	20,078
Fourth Judicial Division	28,650	16,094	13,538	10,513	16,711

In 1880, 1890, and 1900, Alaska was reported by two Districts. The Northern District corresponded roughly to Judicial Divisions 2 and 4 of 1910, and the Southern District corresponded roughly to Judicial Divisions 1 and 3 of 1910.

| 02950.1 | Northern District.............. | 1880 | Barrow, Nome, North Slope, Northwest Arctic, and Wade Hampton; Bethel, Fairbanks, Kuskokwim, Southeast Fairbanks, Upper Yukon, and Yukon-Koyukuk. |
| 02950.2 | Southern District.............. | 1880 | Angoon, Haines, Juneau, Ketchikan, Lynn Canal, Outer Ketchikan, Prince of Wales, Sitka, Skagway, and Wrangell; Bethel, Fairbanks, Kuskokwim, Southeast Fairbanks, Upper Yukon, and Yukon-Koyukuk |

The populations enumerated for these Districts:

	1900	1890	1880
Northern District............................	30,569	7,134	9,964
Southern District............................	33,023	24,918	23,462

ARIZONA

Arizona was acquired from Mexico in 1848 and 1853. It was established as a territory in 1863 from New Mexico Territory and acquired essentially its present boundaries in 1866. Arizona was admitted as a state on February 4, 1912.

In 1850 present-day Arizona had no census coverage. The 1860 population is for Arizona County, New Mexico Territory, which comprised most of present-day Arizona south of the Gila River. Northern and central Arizona first had census coverage in 1870. Totals for 1890 and 1900 include population of certain Indian reservations not reported by county (1890: 28,623; 1900: 3,065).

Arizona county origins:

FIPS Code	Area name	Year of first census	Notes (* denotes the original counties from which a county was formed)
04000	ARIZONA	1860	
04001	Apache	1880	*Yavapai
04001.1	Arizona....................	1860	To Pima, Yuma; Yavapai
04003	Cochise	1890	*Pima
04005	Coconino	1900	*Yavapai
04007	Gila	1890	*Maricopa, Pinal, Yavapai; Apache
04009	Graham	1890	*Apache, Pima
04011	Greenlee	1920	*Graham
04012	La Paz.....................	1990	*Yuma; La Paz County (1980 pop. 12,557) was formed from Yuma County in 1983.
04013	Maricopa	1880	*Yavapai, Pima
04015	Mohave	1870	
04017	Navajo	1900	*Apache
04019	Pima	1870	*Arizona, Dona Ana (NM)
04021	Pinal	1880	*Pima, Yavapai
04023	Santa Cruz	1900	*Pima
04025	Yavapai	1870	*Arizona
04027	Yuma	1870	*Arizona; La Paz County (1980 pop. 12,557) was formed from Yuma County in 1983.

ARKANSAS

Arkansas was acquired as part of the Louisiana Purchase of 1803 and was included in Louisiana Territory, established in 1805 and comprising the whole of the Louisiana Purchase north of present-day Louisiana. Arkansas (then spelled Arkansaw) became a territory in 1819 and at first included most of present-day Oklahoma; in 1828 it reached essentially its present boundaries, although the boundary with Texas was incorrectly interpreted at that time. Arkansas was admitted as a state on June 15, 1836.

In 1810, census coverage of Louisiana Territory was limited to portions of present-day Arkansas and Missouri, mainly close to the Mississippi River. The 1810 census was reported by districts; the total for 1810 is for Arkansas District, which was entirely within present-day Arkansas. New Madrid District, which included the northern part of present-day Arkansas, was mainly in Missouri. In 1820 census coverage included much of the present state and a small number of people in present-day Oklahoma and Texas. By 1830 census coverage included the whole of Arkansas, and also included (in old Miller County) a portion of today's Texas.

The state total for 1810 is population of Arkansas District, Louisiana Territory. The total for 1890 includes 32 Indians in prison, not reported by county.

Arkansas county origins:

FIPS Code	Area name	Year of first census	Notes (* denotes the original counties from which a county was formed)
05000	ARKANSAS	1810	
05001	Arkansas	1810	Total for 1810 is population of Arkansas District, Louisiana Territory.
05003	Ashley	1850	*Union, Chicot
05005	Baxter	1880	*Fulton, Marion, Izard, Searcy
05007	Benton	1840	*Washington
05009	Boone	1870	*Carroll, Marion
05011	Bradley	1850	*Union
05013	Calhoun	1860	*Dallas, Ouachita, Union
05015	Carroll	1840	*Izard; Washington
05017	Chicot	1830	*Arkansas
05019	Clark	1820	
05021	Clay	1880	*Greene, Randolph
05023	Cleburne	1890	*Van Buren, Independence, White
05025	Cleveland	1880	*Bradley, Jefferson, Dallas; 1880: Dorsey.
05027	Columbia	1860	*Lafayette, Union, Ouachita, Hempstead.
05029	Conway	1830	*Pulaski
05031	Craighead	1860	*Poinsett, Greene, Mississippi
05033	Crawford	1830	*Pulaski, Lawrence
05035	Crittenden	1830	*Phillips
05037	Cross	1870	*Poinsett, St. Francis, Crittenden
05039	Dallas	1850	*Clark, Union; Jefferson
05041	Desha	1840	*Arkansas, Union
05043	Drew	1850	*Union, Chicot, Desha
05045	Faulkner	1880	*Conway, Pulaski
05047	Franklin	1840	*Crawford; Pope, Washington
05049	Fulton	1850	*Izard, Marion
05051	Garland	1880	*Montgomery, Hot Spring, Saline
05053	Grant	1870	*Saline, Jefferson, Hot Spring
05055	Greene	1840	*Lawrence
05057	Hempstead	1820	
05059	Hot Spring	1830	*Clark, Pulaski
05061	Howard	1880	*Sevier, Polk, Hempstead, Pike; Little River.
05063	Independence	1830	*Lawrence
05065	Izard	1830	*Lawrence
05067	Jackson	1830	*Lawrence, Phillips

FIPS Code	Area name	Year of first census	Notes (* denotes the original counties from which a county was formed)
05069	Jefferson	1830	*Pulaski, Arkansas
05071	Johnson	1840	*Pope
05073	Lafayette	1830	*Hempstead
05075	Lawrence	1820	*New Madrid (MO), Arkansas
05077	Lee	1880	*Phillips, St. Francis, Monroe, Crittenden.
05079	Lincoln	1880	*Drew, Arkansas, Jefferson
05081	Little River	1870	*Sevier, Hempstead
05083	Logan	1880	*Johnson, Scott, Franklin, Yell, Pope
05085	Lonoke	1880	*Prairie, Pulaski
05087	Madison	1840	*Washington, Izard
05089	Marion	1840	*Izard
05089.1	Miller (old)	1820	The first Miller County, established in 1820 by Arkansas Territory, included some population within the legal boundaries of Spanish Mexico and some within present-day Oklahoma; in 1830 the area reported as Miller was actually entirely within Mexico (Texas). By 1840, with the location of boundaries better understood, it no longer existed as an Arkansas county. The present Miller County was created in 1874.
05091	Miller	1880	*Lafayette; see note above: Miller (old)
05093	Mississippi	1840	*Crittenden
05095	Monroe	1830	*Phillips, Arkansas
05097	Montgomery	1850	*Hot Spring
05099	Nevada	1880	*Ouachita, Hempstead, Columbia
05101	Newton	1850	*Carroll, Pope, Johnson; Madison
05103	Ouachita	1850	*Union
05105	Perry	1850	*Conway; Pulaski
05107	Phillips	1820	*Arkansas, New Madrid (MO)
05109	Pike	1840	*Clark, Hempstead
05111	Poinsett	1840	*Lawrence, St. Francis
05113	Polk	1850	*Sevier
05115	Pope	1830	*Pulaski
05117	Prairie	1850	*Pulaski
05119	Pulaski	1820	*Arkansas
05121	Randolph	1840	*Lawrence
05123	St. Francis	1830	*Phillips; Lawrence
05125	Saline	1840	*Pulaski, Hot Spring
05127	Scott	1840	*Crawford, Pope, Hot Spring
05129	Searcy	1840	*Izard
05131	Sebastian	1860	*Crawford, Scott; Montgomery
05133	Sevier	1830	*Hempstead, Miller (old)
05135	Sharp	1870	*Lawrence
05137	Stone	1880	*Izard, Independence, Van Buren, Searcy.
05139	Union	1830	*Clark, Hempstead, Arkansas
05141	Van Buren	1840	*Izard, Conway, Independence
05143	Washington	1830	*Lawrence
05145	White	1840	*Pulaski, Jackson, Independence
05147	Woodruff	1870	*Jackson, St. Francis
05149	Yell	1850	*Pope, Scott, Hot Spring; Conway

CALIFORNIA

California was part of the region acquired from Mexico in 1848 and was admitted as a state on September 9, 1850 with essentially its present boundaries.

The state census of 1852 showed a population of 2,786 for Contra Costa, 36,154 for San Francisco, and 6,764 for Santa Clara; the 1852 state total was 215,122, excluding El Dorado County, whose population was not enumerated but was estimated at 40,000.

Total for 1890 includes population (5,268) of certain Indian reservations not reported by county.

California county origins:

FIPS Code	Area name	Year of first census	Notes (* denotes the original counties from which a county was formed)
06000	CALIFORNIA	1850	
06001	Alameda	1860	
06003	Alpine	1870	*El Dorado, Amador, Calaveras, Tuolumne
06005	Amador	1860	*Calaveras, El Dorado
06007	Butte	1850	
06009	Calaveras	1850	
06011	Colusa	1850	
06013	Contra Costa	1860	The 1850 total is incomplete; the returns for Contra Costa County were lost before reaching Washington. The state census of 1852 showed a population of 2,786 for Contra Costa.
06015	Del Norte	1860	*Trinity
06017	El Dorado	1850	
06019	Fresno	1860	*Mariposa; Calaveras, Tuolumne
06021	Glenn	1900	*Colusa
06023	Humboldt	1860	*Trinity
06025	Imperial	1910	*San Diego
06027	Inyo	1870	*Tulare, Fresno
06029	Kern	1870	*Tulare, Los Angeles
06031	Kings	1900	*Tulare
06031.5	Klamath	1860	*Trinity; to Siskiyou, Humboldt
06033	Lake	1870	*Napa, Colusa, Mendocino
06035	Lassen	1870	*Shasta, Plumas
06037	Los Angeles	1850	
06039	Madera	1900	*Fresno
06041	Marin	1850	
06043	Mariposa	1850	
06045	Mendocino	1850	
06047	Merced	1860	*Mariposa
06049	Modoc	1880	*Siskiyou
06051	Mono	1870	*Fresno, Calaveras; Amador, Mariposa
06053	Monterey	1850	
06055	Napa	1850	
06057	Nevada	1860	*Yuba
06059	Orange	1890	*Los Angeles; San Diego
06061	Placer	1860	*Yuba, Sutter
06063	Plumas	1860	*Butte; Yuba
06065	Riverside	1900	*San Diego, San Bernardino
06067	Sacramento	1850	
06069	San Benito	1880	*Monterey
06071	San Bernardino	1860	*San Diego, Mariposa, Los Angeles
06073	San Diego	1850	
06075	San Francisco	1860	The 1850 total is incomplete; the returns for San Francisco County were destroyed by fire. The state census of 1852 showed a population of 36,154 for San Francisco.
06077	San Joaquin	1850	
06079	San Luis Obispo	1850	
06081	San Mateo	1860	
06083	Santa Barbara	1850	
06085	Santa Clara	1860	The 1850 total is incomplete; the returns for Santa Clara County were lost before reaching Washington. The state census of 1852 showed a population of 6,764 for Santa Clara.
06087	Santa Cruz	1850	
06089	Shasta	1850	
06091	Sierra	1860	*Yuba
06093	Siskiyou	1860	*Shasta, Trinity
06095	Solano	1850	
06097	Sonoma	1850	
06099	Stanislaus	1860	*Tuolumne, San Joaquin
06101	Sutter	1850	
06103	Tehama	1860	*Colusa, Shasta, Butte
06105	Trinity	1850	
06107	Tulare	1860	*Mariposa; San Diego
06109	Tuolumne	1850	
06111	Ventura	1880	*Santa Barbara; San Luis Obispo, Kern
06113	Yolo	1850	
06115	Yuba	1850	

COLORADO

Although part of Colorado was acquired as early as the Louisiana Purchase of 1803, it had no organized government until 1850, when parts of the present state were included in New Mexico and Utah Territories. Colorado was established as a territory in 1861 with its present boundaries, from parts of Kansas, Nebraska, New Mexico, and Utah Territories. The 1860 population is the total enumerated within the 1861 boundaries. Colorado was admitted as a state on August 1, 1876. Present-day Colorado had no census coverage in 1850 and none in 1860 for the portion taken from Utah Territory.

Population shown for 1860 is that enumerated in the area organized in 1861 as Colorado Territory from parts of Kansas, Nebraska, New Mexico, and Utah Territories. This total was not reported by county.

The total for 1890 includes population (1,051) of the Ute (Southern Ute) Indian Reservation, not reported by county.

Colorado county origins:

FIPS Code	Area name	Year of first census	Notes (* denotes the original counties from which a county was formed)
08000	COLORADO	1860	
08001	Adams	1910	*Arapahoe; to Broomfield
08003	Alamosa	1920	*Costilla, Conejos
08005	Arapahoe	1870	
08007	Archuleta	1890	*Conejos
08009	Baca	1890	*Las Animas
08011	Bent	1870	
08013	Boulder	1870	To Broomfield
08014	Broomfield	2010	*Adams, Boulder, Jefferson, Weld
08015	Chaffee	1880	*Lake
08017	Cheyenne	1890	*Bent, Elbert
08019	Clear Creek	1870	
08021	Conejos	1870	
08023	Costilla	1870	
08025	Crowley	1920	*Otero
08027	Custer	1880	*Fremont
08029	Delta	1890	*Gunnison
08031	Denver	1910	*Arapahoe
08033	Dolores	1890	*Ouray
08035	Douglas	1870	
08037	Eagle	1890	*Summit
08039	Elbert	1880	*Douglas, Greenwood
08041	El Paso	1870	
08043	Fremont	1870	
08045	Garfield	1890	*Summit
08047	Gilpin	1870	
08049	Grand	1880	*Summit
08049.1	Greenwood	1870	To Bent, Elbert
08051	Gunnison	1880	*Lake
08053	Hinsdale	1880	*Conejos, Lake
08055	Huerfano	1870	
08057	Jackson	1910	*Larimer
08059	Jefferson	1870	To Broomfield
08061	Kiowa	1890	*Bent
08063	Kit Carson	1890	*Elbert
08065	Lake	1870	
08067	La Plata	1880	*Conejos, Lake Larimer County's 1870-80 census boundaries were the same as those of 1910-90.
08069	Larimer	1870	
08071	Las Animas	1870	
08073	Lincoln	1890	*Elbert, Bent
08075	Logan	1890	*Weld
08077	Mesa	1890	*Gunnison
08079	Mineral	1900	*Rio Grande, Hinsdale, Saguache
08081	Moffat	1920	*Routt
08083	Montezuma	1890	*La Plata
08085	Montrose	1890	*Gunnison
08087	Morgan	1890	*Weld
08089	Otero	1890	*Bent
08091	Ouray	1880	*Lake, Conejos
08093	Park	1870	
08095	Phillips	1890	*Weld
08097	Pitkin	1890	*Gunnison
08099	Prowers	1890	*Bent
08101	Pueblo	1870	
08103	Rio Blanco	1890	*Summit
08105	Rio Grande	1880	*Conejos, Costilla
08107	Routt	1880	*Summit
08109	Saguache	1870	
08111	San Juan	1880	*Conejos
08113	San Miguel	1890	*Ouray
08115	Sedgwick	1890	*Weld
08117	Summit	1870	
08119	Teller	1900	*El Paso; Fremont
08121	Washington	1890	*Weld
08123	Weld	1870	To Broomfield
08125	Yuma	1890	*Weld

CONNECTICUT

Connecticut was one of the 13 original states. Apart from claims to territory in the West, relinquished by 1800, its boundaries have remained substantially unchanged; small cessions to Massachusetts were made shortly after 1800.

Census coverage included all of Connecticut from 1790 on.

There are no county notes for Connecticut.

DELAWARE

Delaware was one of the 13 original states and has had essentially its current boundaries since Colonial times.

Census coverage included all of Delaware from 1790 on.

There are no county notes for Delaware.

DISTRICT OF COLUMBIA

The District of Columbia was formed in 1791 from territory ceded by Maryland and Virginia but remained in some respects under their jurisdiction until the national government moved there in 1800. The District included the existing small cities of Georgetown and Alexandria as well as the site chosen for the nation's new capital, Washington. In 1846 the portion south of the Potomac River, including Alexandria, was retroceded to Virginia.

In 1800 the census reported the District as part of Maryland and Virginia. All populations shown in the table exclude the portion returned to Virginia in 1846.

Population for 1800–1840 is for the present territory of the District; it excludes Alexandria County, then a part of the District but retroceded to Virginia in 1846 and now comprising Arlington County and much of the city of Alexandria.

Population of the District as then constituted:
1800: 14,093;
1810: 24,023;
1820: 33,039;
1830: 39,834;
1840: 43,712.

The portion of the District ceded by Maryland became Washington County in 1801. The governmental relationship between the county and Washington and Georgetown cities changed over time; in 1874 all local governments in the District were superseded by a single government established by Congress. However, from 1810 to 1890 the census regularly was reported in terms of the three subdivisions shown.

District of Columbia origins:

FIPS Code	Area name	Year of first census	Notes
11000	DISTRICT OF COLUMBIA	1800	
11001	District of Columbia	1800	From 1900 through 1990, the census has reported the District and the city of Washington as coextensive. Through 1920, however, the census also specified the populations within the old boundaries of the 3 former subdivisions, as specified below.
11001.1	Georgetown city	1810	1900: 14,459 1910: 16,046 1920: 17,083
11001.2	Washington city	1810	1900: 218,196 1910: 230,630 1920: 268,208
11001.3	Remainder	1810	Data refer to remainder of present area of District of Columbia outside of Washington and Georgetown cities; reported as Washington County or with various other designations. 1900: 45,973 1910: 84,393 1920: 152,280

The populations enumerated in Georgetown and Washington cities, and the remainder of Washington County:

	1890	1880	1870	1860	1850	1840	1830	1820	1810
Georgetown city	14,046	12,578	11,384	8,733	8,366	7,312	8,441	7,360	4,948
Washington city	188,932	147,293	109,199	61,122	40,001	23,364	18,826	13,247	8,208
Remainder	27,414	17,753	11,117	5,225	3,320	3,069	2,994	2,729	2,315

FLORIDA

Florida was a Spanish possession until transferred to the United States by treaty, concluded in 1819 but not in full effect until 1821. Florida was made a territory in 1822 with essentially its present boundaries and was admitted as a state on March 3, 1845.

From 1830 on, all parts of Florida have had census coverage.

Florida county origins:

FIPS Code	Area name	Year of first census	Notes (* denotes the original counties from which a county was formed)
12000	FLORIDA	1830	
12001	Alachua	1830	
12003	Baker	1870	*New River (Bradford)
12005	Bay	1920	*Washington, Calhoun
12007	Bradford	1860	*Columbia, Alachua; 1860: New River
12009	Brevard	1850	Brevard: *Mosquito (Orange), Monroe. Originally named St. Lucie; renamed Brevard in 1855. The current St. Lucie County was created in 1905.
12011	Broward	1920	*Palm Beach, Dade
12013	Calhoun	1840	*Washington
12015	Charlotte	1930	*DeSoto
12017	Citrus	1890	*Hernando
12019	Clay	1860	*Duval; Alachua, Columbia
12021	Collier	1930	*Lee
12023	Columbia	1840	*Alachua
12027	DeSoto	1890	*Manatee; DeSoto, Manatee, Sarasota: After 1950 some sparsely settled portions of Manatee and Sarasota were annexed to DeSoto, but these changes were reversed after 1960.
12029	Dixie	1930	*Lafayette
12031	Duval	1830	
12033	Escambia	1830	Escambia, Walton: Escambia's 1830 population comprises 2,518 "west of Escambia River, including St. Rosa Island" and 868 "between Yellow and Escambia Rivers"; part of this area was in Walton County.
12035	Flagler	1920	*St. Johns, Volusia
12037	Franklin	1840	*Gadsden, Washington
12039	Gadsden	1830	
12041	Gilchrist	1930	*Alachua
12043	Glades	1930	*DeSoto
12045	Gulf	1930	*Calhoun
12047	Hamilton	1830	
12049	Hardee	1930	*DeSoto
12051	Hendry	1930	*Lee
12053	Hernando	1850	Hernando: *Mosquito (Orange), Alachua, Hillsborough; 1850: Benton. Population for 1860 is estimated; the 1860 census did not enumerate the county.
12055	Highlands	1930	*DeSoto
12057	Hillsborough	1840	*Alachua
12059	Holmes	1850	*Jackson, Walton
12061	Indian River	1930	*St. Lucie
12063	Jackson	1830	Jackson, Washington: Jackson's 1830 population excludes the portion west of Holmes Creek, which was reported with Washington, and includes the portion of Washington on the Chipola and Apalachicola Rivers.
12065	Jefferson	1830	
12067	Lafayette	1860	*Madison
12069	Lake	1890	*Sumter, Orange
12071	Lee	1890	*Monroe
12073	Leon	1830	
12075	Levy	1850	*Alachua
12077	Liberty	1860	*Gadsden; Franklin
12079	Madison	1830	
12081	Manatee	1860	*Hillsborough, Brevard; Monroe; After 1950 some sparsely settled portions of Manatee and Sarasota were annexed to DeSoto, but these changes were reversed after 1960.
12083	Marion	1850	*Mosquito (Orange), Alachua
12085	Martin	1930	*Palm Beach
12086	Miami-Dade	1840	Monroe
12087	Monroe	1830	
12089	Nassau	1830	
12091	Okaloosa	1920	*Santa Rosa, Walton, Washington
12093	Okeechobee	1920	*Osceola, St. Lucie, Palm Beach
12095	Orange	1830	1830-40: Mosquito
12097	Osceola	1890	*Brevard, Orange
12099	Palm Beach	1910	*Dade
12101	Pasco	1890	*Hernando
12103	Pinellas	1920	*Hillsborough
12105	Polk	1870	*Hillsborough, Brevard
12107	Putnam	1850	*St. Johns, Alachua
12109	St. Johns	1830	
12111	St. Lucie	1910	*Brevard; Brevard was originally named St. Lucie; renamed Brevard in 1855. The current St. Lucie County was created in 1905.
12113	Santa Rosa	1850	*Escambia
12115	Sarasota	1930	*Manatee; After 1950 some sparsely settled portions of Manatee and Sarasota were annexed to DeSoto, but these changes were reversed after 1960.
12117	Seminole	1920	*Orange
12119	Sumter	1860	*Marion
12121	Suwannee	1860	*Columbia
12123	Taylor	1860	*Madison

FIPS Code	Area name	Year of first census	Notes (* denotes the original counties from which a county was formed)
12125	Union	1930	*Bradford
12127	Volusia	1860	*Orange
12129	Wakulla	1850	*Leon
12131	Walton	1830	Escambia, Walton: Escambia's 1830 population comprises 2,518 "west of Escambia River, including St. Rosa Island" and 868 "between Yellow and Escambia Rivers"; part of this area was in Walton County. Walton's 1830 population is for the territory between the Choctowatchee and Yellow Rivers, including the isthmus south of the Choctowatchee; part of this area was in Washington County.
12133	Washington	1830	Jackson, Washington: Jackson's 1830 population excludes the portion west of Holmes Creek, which was reported with Washington, and includes the portion of Washington on the Chipola and Apalachicola Rivers. Walton's 1830 population is for the territory between the Choctowatchee and Yellow Rivers, including the isthmus south of the Choctowatchee; part of this area was in Washington County.

GEORGIA

Georgia was one of the 13 original states. At the close of the Revolution it included most of present-day Alabama and Mississippi, an area which finally became Mississippi Territory in 1802. In that year Georgia reached essentially its present boundaries, although survey uncertainties resulted in continuing disputes with bordering states over subsequent decades.

Census coverage in 1790 and 1800 was limited to the eastern portions of the present state near the Savannah River and the Atlantic coast; there was no coverage of present-day Alabama or Mississippi. The population for 1810 excludes 1,026 persons in (old) Walton County, reported as a Georgia county but later determined to be in North Carolina. Census coverage of the state was relatively complete by 1840.

The state total for 1810 excludes population (1,026) of (old) Walton County, reported as a Georgia county but later determined to be situated in western North Carolina.

Georgia county origins:

FIPS Code	Area name	Year of first census	Notes (* denotes the original counties from which a county was formed)
13000	GEORGIA	1790	
13001	Appling	1820	
13003	Atkinson	1920	*Coffee, Clinch.
13005	Bacon	1920	*Appling, Pierce, Ware.
13007	Baker	1830	*Early
13009	Baldwin	1810	*Hancock; Washington.
13011	Banks	1860	*Franklin, Habersham, Hall.
13013	Barrow	1920	*Jackson, Gwinnett, Walton.
13015	Bartow	1840	*Gwinnett, Carroll, DeKalb; 1840-60: Cass.
13017	Ben Hill	1910	*Irwin, Wilcox

FIPS Code	Area name	Year of first census	Notes (* denotes the original counties from which a county was formed)
13019	Berrien	1860	*Lowndes, Irwin.
13021	Bibb	1830	*Twiggs, Jones
13023	Bleckley	1920	*Pulaski
13025	Brantley	1930	*Wayne, Pierce, Charlton.
13027	Brooks	1860	*Lowndes, Thomas.
13029	Bryan	1800	*Effingham, Chatham.
13031	Bulloch	1800	*Effingham; 1800-70: Bullock.
13033	Burke	1790	
13035	Butts	1830	
13037	Calhoun	1860	*Baker, Early
13039	Camden	1790	
13041	Campbell	1830	Campbell was annexed to Fulton in 1932.
13043	Candler	1920	*Emanuel, Bulloch, Tattnall.
13045	Carroll	1830	
13047	Catoosa	1860	*Walker, Murray
13049	Charlton	1860	*Camden, Ware, Wayne.
13051	Chatham	1790	
13053	Chattahoochee	1860	*Muscogee; Marion.
13055	Chattooga	1840	*Gwinnett
13057	Cherokee	1840	*Gwinnett, Hall, DeKalb.
13059	Clarke	1810	*Jackson, Greene.
13061	Clay	1860	*Early, Randolph.
13063	Clayton	1860	*Fayette, Henry.
13065	Clinch	1850	Clinch was created from Lowndes and Ware, but only the portion taken from Lowndes was reported as Clinch in 1850; the portion taken from Ware was reported with Ware.
13067	Cobb	1840	*DeKalb, Carroll, Gwinnett.
13069	Coffee	1860	*Telfair, Irwin, Coffee, Clinch.
13071	Colquitt	1860	*Thomas, Lowndes.
13073	Columbia	1800	*Richmond
13075	Cook	1920	*Berrien
13077	Coweta	1830	
13079	Crawford	1830	
13081	Crisp	1910	*Dooly; Irwin
13083	Dade	1840	*Gwinnett
13085	Dawson	1860	*Lumpkin, Gilmer.
13087	Decatur	1830	*Early
13089	DeKalb	1830	
13091	Dodge	1880	*Pulaski, Telfair, Montgomery; Laurens.
13093	Dooly	1830	
13095	Dougherty	1860	*Baker; Irwin, Dooly.
13097	Douglas	1880	*Campbell, Carroll; Cobb.
13099	Early	1820	
13101	Echols	1860	Echols: *Lowndes, Clinch.
13103	Effingham	1790	
13105	Elbert	1800	*Wilkes
13107	Emanuel	1820	*Montgomery, Bulloch.
13109	Evans	1920	*Tattnall
13111	Fannin	1860	*Gilmer, Union
13113	Fayette	1830	
13115	Floyd	1840	*Carroll, Gwinnett.
13117	Forsyth	1840	*Gwinnett, Hall.
13119	Franklin	1790	
13121	Fulton	1860	*DeKalb, Cobb; annexed Campbell and Milton in 1932.
13123	Gilmer	1840	*Hall, Gwinnett.
13125	Glascock	1860	*Warren
13127	Glynn	1790	
13129	Gordon	1850	*Cass(Bartow)
13131	Grady	1910	*Decatur, Thomas.
13133	Greene	1790	
13135	Gwinnett	1820	*Jackson
13137	Habersham	1820	
13139	Hall	1820	*Jackson, Franklin.
13141	Hancock	1800	*Washington, Greene.
13143	Haralson	1860	*Carroll, Paulding.
13145	Harris	1830	
13147	Hart	1860	*Franklin, Elbert
13149	Heard	1840	*Carroll, Troup, Coweta.
13151	Henry	1830	

FIPS Code	Area name	Year of first census	Notes (* denotes the original counties from which a county was formed)
13153	Houston	1830	
13155	Irwin	1820	
13157	Jackson	1800	*Franklin
13159	Jasper	1810	Jasper was named Randolph until after 1810. Present-day Randolph County was created in 1828.
13161	Jeff Davis	1910	*Appling, Coffee
13163	Jefferson	1800	*Burke, Richmond, Washington.
13165	Jenkins	1910	*Burke, Emanuel, Scriven (Screven); Bulloch.
13167	Johnson	1860	*Emanuel, Laurens, Washington.
13169	Jones	1810	
13171	Lamar	1930	*Pike, Monroe
13173	Lanier	1930	*Berrien, Clinch, Lowndes.
13175	Laurens	1810	Laurens County's 1880-1900 census boundaries were the same as those of 1920-90.
13177	Lee	1830	
13179	Liberty	1790	
13181	Lincoln	1800	*Wilkes
13183	Long	1930	*Liberty
13185	Lowndes	1830	*Irwin
13187	Lumpkin	1840	*Hall, Habersham.
13189	McDuffie	1880	*Columbia, Warren.
13191	McIntosh	1800	*Liberty
13193	Macon	1840	*Marion, Houston.
13195	Madison	1820	*Elbert, Franklin, Jackson, Oglethorpe, Clarke.
13197	Marion	1830	
13199	Meriwether	1830	
13201	Miller	1860	*Early, Baker
13203	Milton	1860	*Cobb, Cherokee, Forsyth, DeKalb; annexed to Fulton in 1932.
13205	Mitchell	1860	*Baker
13207	Monroe	1830	
13209	Montgomery	1800	*Washington
13211	Morgan	1810	
13213	Murray	1840	*Gwinnett, Hall.
13215	Muscogee	1830	
13217	Newton	1830	*Walton; Jasper, Morgan.
13219	Oconee	1880	*Clarke
13221	Oglethorpe	1800	*Wilkes, Greene.
13223	Paulding	1840	*Carroll
13225	Peach	1930	*Houston; Macon.
13227	Pickens	1860	*Cherokee, Gilmer.
13229	Pierce	1860	*Ware, Appling.
13231	Pike	1830	
13233	Polk	1860	*Paulding, Floyd.
13235	Pulaski	1810	
13237	Putnam	1810	
13239	Quitman	1860	*Randolph, Stewart.
13241	Rabun	1820	
13243	Randolph	1830	Jasper was named Randolph until after 1810. Present-day Randolph County was created in 1828.
13245	Richmond	1790	
13247	Rockdale	1880	*Newton, Henry.
13249	Schley	1860	*Marion, Sumter, Macon.
13251	Screven	1800	*Burke, Effingham; 1800-70: Scriven.
13253	Seminole	1930	*Decatur
13255	Spalding	1860	*Pike, Henry, Fayette.
13257	Stephens	1910	*Franklin, Habersham
13259	Stewart	1840	*Randolph
13261	Sumter	1840	*Lee
13263	Talbot	1830	
13265	Taliaferro	1830	*Wilkes, Hancock, Greene, Warren, Oglethorpe.
13267	Tattnall	1810	*Montgomery
13269	Taylor	1860	*Talbot, Marion, Macon, Crawford.
13271	Telfair	1810	
13273	Terrell	1860	*Lee, Randolph.
13275	Thomas	1830	*Irwin, Early
13277	Tift	1910	*Berrien, Irwin, Worth.
13279	Toombs	1910	*Tattnall, Montgomery, Emanuel.
13281	Towns	1860	*Union; Rabun
13283	Treutlen	1920	*Montgomery, Emanuel.
13285	Troup	1830	
13287	Turner	1910	*Irwin, Worth, Wilcox, Dooly.
13289	Twiggs	1810	
13291	Union	1840	*Habersham, Hall.
13293	Upson	1830	
13295	Walker	1840	*Gwinnett, Hall.

FIPS Code	Area name	Year of first census	Notes (* denotes the original counties from which a county was formed)
13297	Walton	1820	Walton: The first Walton County was created in 1803 as a Georgia county and was reported in 1810 as part of Georgia; it was abolished in 1812 after a review of the state boundary determined its area to be located in North Carolina. The present-day Walton County was created in 1818, comprising territory included in Jackson County in 1810.
13299	Ware	1830	*Appling; Clinch was created from Lowndes and Ware, but only the portion taken from Lowndes was reported as Clinch in 1850; the portion taken from Ware was reported with Ware.
13301	Warren	1800	*Richmond, Wilkes; Burke.
13303	Washington	1790	
13305	Wayne	1810	*Glynn
13307	Webster	1860	*Stewart
13309	Wheeler	1920	*Montgomery, Laurens.
13311	White	1860	*Habersham
13313	Whitfield	1860	*Murray, Walker.
13315	Wilcox	1860	*Irwin, Dooly, Pulaski.
13317	Wilkes	1790	
13319	Wilkinson	1810	
13321	Worth	1860	*Irwin, Dooly; Thomas.

HAWAII

Hawaii was an independent nation prior to ceding its sovereignty to the United States in 1898; it was made a territory in 1900. On August 21, 1959, Hawaii was admitted as a state and assumed its present boundaries, omitting certain small islands formerly included in the territory.

Census coverage has included the whole of Hawaii since 1900. The Hawaiian government conducted at least 9 censuses between 1850 and 1898; see Robert C. Schmitt, *Historical Statistics of Hawaii* (Honolulu: University Press of Hawaii, 1977).

Populations are shown for counties. The 1900 census was reported by islands; counties were first organized in 1905. The inhabited islands relate to counties as follows: Hawaii County comprises Hawaii; Honolulu County comprises Oahu and certain small islands (see note); Kauai County comprises Kauai and Niihau; and Maui County comprises Kahoolawe, Lanai, Maui, and Molokai, except that Kalawao County occupies a small portion of Molokai. Total for 1940 excludes population (560) of Midway and other small islands reported with Hawaii although not part of the Territory; totals for 1910 through 1930 exclude population of Midway (35 in 1910, 31 in 1920, and 36 in 1930).

Hawaii county origins:

FIPS Code	Area name	Year of first census	Notes (* denotes the original counties from which a county was formed)
15000	HAWAII	1900	
15001	Hawaii	1900	
15003	Honolulu.........	1900	Honolulu: Honolulu County, officially the City and County of Honolulu, comprises Oahu and the small islands northwest of Kauai and Niihau extending from Nihoa to Kure except for Midway. Prior to 1959 Palmyra, located about 1,000 miles south of the Hawaiian chain, also was included. Population enumerated on the small northwestern islands is included in the Honolulu County and Oahu island totals (15 in 1960, 31 in 1970, 31 in 1980, zero in 1990; separate data not available for other censuses).
15005	Kalawao	1900	Kalawao County was reported as part of Maui County in 1930-1950 and in 1970; the data have been adjusted to show it separately at all dates.
15007	Kauai	1900	
15009	Maui..............	1900	Kalawao County was reported as part of Maui County in 1930-1950 and in 1970; the data have been adjusted to show it separately at all dates.

IDAHO

Idaho was part of Oregon Territory, definitively acquired in 1846, and was included in Washington Territory upon its establishment in 1853. Idaho became a separate territory in 1863, acquired essentially its present boundaries in 1868, and was admitted as a state on July 3, 1890.

Census coverage of present-day Idaho virtually began in 1870, when nearly its whole area was included.

Total for 1930 includes population (1 person) of the portion of Yellowstone National Park in Idaho, which had no population in 1940-60 and was included in Fremont County in 1970-90. In 1890-1920, any population in the Idaho portion of the park was reported with the Wyoming portion.

Total for 1890 includes population (4,163) of certain Indian reservations not reported by county.

Idaho county origins:

FIPS code	Area name	Year of first census	Notes (* denotes the original counties from which a county was formed)
16000	IDAHO	1870	
16001	Ada	1870	
16003	Adams	1920	*Washington
16003.1	Alturas....................	1870	To Blaine; Elmore
16005	Bannock	1900	*Bingham
16007	Bear Lake	1880	*Oneida
16009	Benewah	1920	*Kootenai
16011	Bingham	1890	*Oneida, Alturas
16013	Blaine	1900	*Alturas, Logan; Lemhi
16015	Boise	1870	
16017	Bonner	1910	*Kootenai
16019	Bonneville	1920	*Bingham
16021	Boundary	1920	*Bonner
16023	Butte	1920	*Blaine, Fremont, Bingham
16025	Camas	1920	*Blaine
16027	Canyon	1900	*Ada
16029	Caribou	1920	*Bannock
16031	Cassia	1880	*Owyhee
16033	Clark	1920	*Fremont
16035	Clearwater	1920	*Nez Perce
16037	Custer	1890	*Alturas, Idaho, Lemhi
16039	Elmore	1890	*Alturas
16041	Franklin	1920	*Oneida, Bannock
16043	Fremont	1900	*Bingham; Lemhi
16045	Gem	1920	*Canyon, Boise
16047	Gooding	1920	*Lincoln
16049	Idaho	1870	
16051	Jefferson	1920	*Fremont
16053	Jerome	1920	*Lincoln
16055	Kootenai	1880	*Nez Perce
16057	Latah	1890	*Nez Perce
16059	Lemhi	1870	
16061	Lewis	1920	*Nez Perce
16063	Lincoln	1900	*Logan
16063.1	Logan	1890	*Alturas; to Lincoln, Blaine
16065	Madison	1920	*Fremont
16067	Minidoka	1920	*Lincoln
16069	Nez Perce	1870	
16071	Oneida	1870	
16073	Owyhee	1870	
16075	Payette	1920	*Canyon
16077	Power	1920	*Oneida, Blaine; Cassia
16079	Shoshone	1870	
16081	Teton	1920	*Fremont
16083	Twin Falls	1910	*Cassia
16085	Valley	1920	*Idaho, Boise
16087	Washington	1880	*Ada, Idaho; Boise

ILLINOIS

Illinois was included in the Northwest Territory established in 1787 and then in Indiana Territory (1800). Illinois Territory was established in 1809 and included virtually all of present-day Wisconsin and portions of Minnesota and the Upper Peninsula of Michigan. Illinois was admitted as a state on December 3, 1818 with essentially its present boundaries.

In 1790 the Northwest Territory had no census coverage. The population shown for 1800 is the total of two counties and one community in present-day Illinois, at that time part of Indiana Territory. Knox County, Indiana Territory, also included some population in what is now Illinois. In 1810, the returns for the two counties of Illinois Territory included some settlements in present-day Wisconsin. The northern part of the state was not fully covered by the census until 1830.

Total for 1800 comprises the populations reported for Randolph and St. Clair Counties, Indiana Territory, plus the population (100) of Opee (Peoria), included with St. Clair County. Total for 1890 includes one Indian in prison, not reported by county.

Illinois county origins:

FIPS code	Area name	Year of first census	Notes (* denotes the original counties from which a county was formed)
17000	ILLINOIS	1800	
17001	Adams	1830	*Madison
17003	Alexander	1820	*Randolph
17005	Bond	1820	*St. Clair
17007	Boone	1840	*Putnam
17009	Brown	1840	*Schuyler
17011	Bureau	1840	*Jo Daviess, Putnam
17013	Calhoun	1830	*Madison
17015	Carroll	1840	*Jo Daviess
17017	Cass	1840	*Morgan
17019	Champaign	1840	*Vermilion
17021	Christian	1840	*Sangamon, Montgomery, Shelby.
17023	Clark	1820	*St. Clair; Randolph
17025	Clay	1830	*Crawford, Wayne; Edwards.
17027	Clinton	1830	*Washington, Bond
17029	Coles	1840	*Edgar, Clark
17031	Cook	1840	*Putnam
17033	Crawford	1820	*Randolph, St. Clair
17035	Cumberland	1850	*Coles
17037	DeKalb	1840	*Putnam
17039	De Witt	1840	*Macon, Tazewell
17041	Douglas	1860	*Coles
17043	DuPage	1840	*Putnam
17045	Edgar	1830	*Clark
17047	Edwards	1820	*Randolph
17049	Effingham	1840	*Fayette, Crawford
17051	Fayette	1830	*Crawford, Bond, Clark
17053	Ford	1860	*Vermilion
17055	Franklin	1820	*Randolph
17057	Fulton	1830	*Madison
17059	Gallatin	1820	*Randolph
17061	Greene	1830	*Madison
17063	Grundy	1850	*La Salle
17065	Hamilton	1830	*White
17067	Hancock	1830	*Madison
17069	Hardin	1840	*Pope
17071	Henderson	1850	*Warren
17073	Henry	1830	*Madison
17075	Iroquois	1840	*Vermilion
17077	Jackson	1820	*Randolph
17079	Jasper	1840	*Crawford, Clay
17081	Jefferson	1820	*Randolph, St. Clair
17083	Jersey	1840	*Greene
17085	Jo Daviess	1830	*Madison, Bond
17087	Johnson	1820	*Randolph
17089	Kane	1840	*Putnam
17091	Kankakee	1860	*Iroquois, Will, Vermilion.
17093	Kendall	1850	*La Salle, Kane
17095	Knox	1830	*Madison
17097	Lake	1840	*Putnam
17099	La Salle	1840	*Putnam, Tazewell, Vermilion.
17101	Lawrence	1830	*Edwards, Crawford
17103	Lee	1840	*Jo Daviess, Putnam
17105	Livingston	1840	*Tazewell, Vermilion
17107	Logan	1840	*Sangamon, Tazewell
17109	McDonough	1840	*Schuyler; In 1830 McDonough County was reported with Schuyler.
17111	McHenry	1840	*Putnam
17113	McLean	1840	*Tazewell
17115	Macon	1830	*Clark
17117	Macoupin	1830	*Madison
17119	Madison	1820	*St. Clair
17121	Marion	1830	*Jefferson, Crawford
17123	Marshall	1840	*Peoria, Putnam
17125	Mason	1850	*Tazewell, Menard
17127	Massac	1850	*Pope, Johnson
17129	Menard	1840	*Sangamon
17131	Mercer	1830	*Madison
17133	Monroe	1820	*St. Clair, Randolph
17135	Montgomery	1830	*Bond, Madison
17137	Morgan	1830	*Madison
17139	Moultrie	1850	*Shelby, Macon

FIPS code	Area name	Year of first census	Notes (* denotes the original counties from which a county was formed)
17141	Ogle	1840	*Jo Daviess, Putnam
17143	Peoria	1840	*Putnam; In 1830 Peoria County was reported with Putnam.
17145	Perry	1830	*Randolph, Jackson
17147	Piatt	1850	*Macon, De Witt
17149	Pike	1830	*Madison
17151	Pope	1820	*Randolph
17153	Pulaski	1850	*Alexander, Johnson
17155	Putnam	1830	Putnam: *Clark, Madison, Bond; In 1830 Peoria County was reported with Putnam.
17157	Randolph	1810	Total for 1800 comprises the populations reported for Randolph and St. Clair Counties, Indiana Territory, plus the population (100) of Opee (Peoria), included with St. Clair County.
17159	Richland	1850	*Lawrence, Clay
17161	Rock Island	1840	*Jo Daviess; The Rock Island-Whiteside county boundary differed slightly in 1860 from its alignment in 1840-50 and 1870-1990.
17163	St. Clair	1810	Total for 1800 comprises the populations reported for Randolph and St. Clair Counties, Indiana Territory, plus the population (100) of Opee (Peoria), included with St. Clair County.
17165	Saline	1850	*Gallatin
17167	Sangamon	1830	*Madison, Bond
17169	Schuyler	1830	*Madison; In 1830 McDonough County was reported with Schuyler.
17171	Scott	1840	*Morgan
17173	Shelby	1830	*Clark
17175	Stark	1840	*Putnam
17177	Stephenson	1840	*Jo Daviess
17179	Tazewell	1830	*Clark, Bond, Madison
17181	Union	1820	*Randolph
17183	Vermilion	1830	*Clark
17185	Wabash	1830	*Edwards
17187	Warren	1830	*Madison
17189	Washington	1820	*Randolph, St. Clair
17191	Wayne	1820	*Randolph
17193	White	1820	*Randolph
17195	Whiteside	1840	*Jo Daviess; The Rock Island-Whiteside county boundary differed slightly in 1860 from its alignment in 1840-50 and 1870-1990.
17197	Will	1840	*Putnam, Vermilion
17199	Williamson	1840	*Franklin
17201	Winnebago	1840	*Putnam, Jo Daviess
17203	Woodford	1850	*McLean, Tazewell

INDIANA

Indiana was included in the Northwest Territory (1787) but became a separate territory in 1800. At that time, in addition to most of present-day Indiana, the territory included all of Illinois and Wisconsin, the western half of Michigan, and northeastern Minnesota. In 1802 the boundary with Ohio was altered and eastern Michigan was added, but Michigan Territory was separated in 1805 and Illinois Territory in 1809, leaving Indiana Territory with the present state area except for a narrow band along the northern border; the territory also included a portion of the Michigan Upper Peninsula. On December 11, 1816 Indiana was admitted as a state with essentially its present boundaries.

In 1790 the Northwest Territory had no census coverage. The 1800 census of Indiana Territory enumerated scattered communities in southern Indiana, southwestern Illinois, northern Michigan, and Wisconsin; the populations reported from present-day Illinois and Michigan are shown under those states. In addition, Hamilton County, Ohio included some population in what is now Indiana. In 1810, census coverage of Indiana Territory was limited to southern Indiana, and coverage did not include the whole state until 1830.

Total for 1800 comprises Knox County, Indiana Territory, part of which was in present-day Illinois, and the population of two settlements in present-day Wisconsin, Green Bay (50) and Prairie du Chien (65). The rest of Indiana Territory's 1800 enumerated population (5,641) is shown under Illinois (2,458) and Michigan (551).

Indiana county origins:

FIPS code	Area name	Year of first census	Notes (* denotes the original counties from which a county was formed)
18000	INDIANA	1800	
18001	Adams	1840	*Allen, Randolph
18003	Allen	1830	*Delaware, Randolph
18005	Bartholomew	1830	*Delaware, Jackson
18007	Benton	1850	*Jasper
18009	Blackford	1840	*Delaware, Randolph
18011	Boone	1830	*Delaware, Wabash (old)
18013	Brown	1840	*Monroe, Bartholomew, Jackson.
18015	Carroll	1830	*Wabash (old), Delaware
18017	Cass	1830	
18019	Clark	1810	*Knox
18021	Clay	1830	*Owen, Vigo, Sullivan
18023	Clinton	1830	*Wabash (old), Delaware
18025	Crawford	1820	*Harrison, Knox
18027	Daviess	1820	*Knox
18029	Dearborn	1810	*Hamilton, OH
18031	Decatur	1830	*Delaware
18033	DeKalb	1840	*Allen, Elkhart
18035	Delaware	1820	
18037	Dubois	1820	*Knox
18039	Elkhart	1830	
18041	Fayette	1820	*Clark
18043	Floyd	1820	*Clark, Harrison
18045	Fountain	1830	*Wabash (old)
18047	Franklin	1820	*Dearborn, Clark
18049	Fulton	1840	*Cass
18051	Gibson	1820	*Knox; The Gibson-Warrick county boundary differed slightly in 1850 from its alignment in 1830-40 and 1860-1990.
18053	Grant	1840	*Delaware, Cass; Madison.
18055	Greene	1830	*Sullivan, Daviess
18057	Hamilton	1830	*Delaware
18059	Hancock	1830	*Delaware
18061	Harrison	1810	
18063	Hendricks	1830	*Wabash (old), Delaware
18065	Henry	1830	*Delaware
18067	Howard	1850	*Miami, Carroll, Cass
18069	Huntington	1840	*Allen
18071	Jackson	1820	*Knox, Clark, Harrison
18073	Jasper	1840	
18075	Jay	1840	*Randolph
18077	Jefferson	1820	*Clark
18079	Jennings	1820	*Clark
18081	Johnson	1830	*Delaware
18083	Knox	1800	
18085	Kosciusko	1840	*Cass, Allen
18087	LaGrange	1840	*Elkhart
18089	Lake	1840	*St. Joseph
18091	LaPorte	1840	*St. Joseph
18093	Lawrence	1820	*Knox, Harrison
18095	Madison	1830	*Delaware
18097	Marion	1830	*Delaware
18099	Marshall	1840	*Cass, St. Joseph
18101	Martin	1820	*Knox
18103	Miami	1840	*Cass
18105	Monroe	1820	*Knox
18107	Montgomery	1830	*Wabash (old)
18109	Morgan	1830	*Delaware, Wabash (old)
18111	Newton	1860	*Jasper
18113	Noble	1840	*Allen, Elkhart
18115	Ohio	1850	*Dearborn
18117	Orange	1820	*Knox, Harrison
18119	Owen	1820	*Knox
18121	Parke	1830	*Wabash (old), Vigo
18123	Perry	1820	*Knox
18125	Pike	1820	*Knox
18127	Porter	1840	*St. Joseph
18129	Posey	1820	*Knox
18131	Pulaski	1840	*Cass
18133	Putnam	1830	*Wabash (old), Owen
18135	Randolph	1820	*Clark, Dearborn
18137	Ripley	1820	*Clark
18139	Rush	1830	*Delaware
18141	St. Joseph	1830	
18143	Scott	1820	*Clark
18145	Shelby	1830	*Delaware
18147	Spencer	1820	*Knox
18149	Starke	1840	*St. Joseph, Cass
18151	Steuben	1840	*Elkhart
18153	Sullivan	1820	*Knox
18155	Switzerland	1820	*Dearborn, Clark
18157	Tippecanoe	1830	*Wabash (old)
18159	Tipton	1850	*Hamilton; Miami, Cass
18161	Union	1830	*Franklin, Wayne, Fayette.
18163	Vanderburgh	1820	*Knox
18165	Vermillion	1830	*Wabash (old), Vigo
18167	Vigo	1820	*Knox
18167.1	Wabash (old)	1820	Wabash County (unorganized) was reported in 1820. Its 1820 area was included in 1830 in Carroll, Warren, Tippecanoe, Clinton, Fountain, Montgomery, Hendricks, Morgan, Monroe, Owen, Parke, Vermillion, and (in small part) Clay. The present-day Wabash County was formed in 1832.
18169	Wabash	1840	*Cass, Allen
18171	Warren	1830	*Wabash (old)
18173	Warrick	1820	*Knox; The Gibson-Warrick county boundary differed slightly in 1850 from its alignment in 1830-40 and 1860-1990.
18175	Washington	1820	*Harrison, Clark
18177	Wayne	1820	*Clark, Dearborn
18179	Wells	1840	*Allen, Delaware, Randolph.
18181	White	1840	*Carroll
18183	Whitley	1840	*Allen

IOWA

Iowa was acquired as part of the Louisiana Purchase of 1803 and formed part of Louisiana Territory, renamed Missouri Territory in 1812. Iowa became a territory in 1838 and included present-day Minnesota and the Dakotas from the Mississippi River west to the Missouri River. Iowa was admitted as a state on December 28, 1846 with substantially its present boundaries.

Census coverage began in 1840, when it was limited to eastern Iowa, except for two settlements in present-day Minnesota that were included in Clayton County. The northwestern part of the state was not fully covered in the census until 1860.

The 1840 total and Clayton County populations include two settlements in present-day Minnesota.

Iowa county origins:

FIPS Code	Area name	Year of first census	Notes (* denotes the original counties from which a county was formed)
19000	IOWA	1840	
19001	Adair	1860	*Pottawattamie
19003	Adams	1860	*Pottawattamie
19005	Allamakee	1850	*Clayton
19007	Appanoose	1850	
19009	Audubon	1860	*Pottawattamie
19011	Benton	1850	*Linn
19013	Black Hawk	1850	
19015	Boone	1850	
19017	Bremer	1860	
19019	Buchanan	1850	*Delaware

FIPS Code	Area name	Year of first census	Notes (* denotes the original counties from which a county was formed)
19021	Buena Vista	1860	
19023	Butler	1860	
19025	Calhoun	1860	
19027	Carroll	1860	*Pottawattamie
19029	Cass	1860	*Pottawattamie
19031	Cedar	1840	
19033	Cerro Gordo	1860	
19035	Cherokee	1860	
19037	Chickasaw	1860	
19039	Clarke	1850	
19041	Clay	1860	
19043	Clayton	1840	The 1840 Clayton County population includes two settlements in present-day Minnesota.
19045	Clinton	1840	
19047	Crawford	1860	*Pottawattamie
19049	Dallas	1850	
19051	Davis	1850	*Van Buren
19053	Decatur	1850	
19055	Delaware	1840	
19057	Des Moines	1840	
19059	Dickinson	1860	
19061	Dubuque	1840	
19063	Emmet	1860	
19065	Fayette	1850	*Clayton
19067	Floyd	1860	
19069	Franklin	1860	
19071	Fremont	1850	
19073	Greene	1860	
19075	Grundy	1860	
19077	Guthrie	1860	*Pottawattamie
19079	Hamilton	1860	
19081	Hancock	1860	
19083	Hardin	1860	
19085	Harrison	1860	*Pottawattamie
19087	Henry	1840	
19089	Howard	1860	
19091	Humboldt	1860	
19093	Ida	1860	
19095	Iowa	1850	*Johnson
19097	Jackson	1840	
19099	Jasper	1850	
19101	Jefferson	1840	
19103	Johnson	1840	
19105	Jones	1840	
19107	Keokuk	1850	*Washington
19109	Kossuth	1860	
19111	Lee	1840	
19113	Linn	1840	
19115	Louisa	1840	
19117	Lucas	1850	
19119	Lyon	1870	
19121	Madison	1850	
19123	Mahaska	1850	
19125	Marion	1850	
19127	Marshall	1850	
19129	Mills	1860	*Pottawattamie
19131	Mitchell	1860	
19133	Monona	1860	
19135	Monroe	1850	
19137	Montgomery	1860	*Pottawattamie
19139	Muscatine	1840	
19141	O'Brien	1860	
19143	Osceola	1880	
19145	Page	1850	
19147	Palo Alto	1860	
19149	Plymouth	1860	
19151	Pocahontas	1860	
19153	Polk	1850	
19155	Pottawattamie	1850	
19157	Poweshiek	1850	
19159	Ringgold	1860	
19161	Sac	1860	
19163	Scott	1840	
19165	Shelby	1860	*Pottawattamie
19167	Sioux	1860	
19169	Story	1860	*Polk
19171	Tama	1850	Total for 1890 includes population (401) of Sac and Fox Indian Reservation, reported separately.
19173	Taylor	1850	
19175	Union	1860	*Pottawattamie
19177	Van Buren	1840	
19179	Wapello	1850	*Jefferson
19181	Warren	1850	
19183	Washington	1840	
19185	Wayne	1850	
19187	Webster	1860	

FIPS Code	Area name	Year of first census	Notes (* denotes the original counties from which a county was formed)
19189	Winnebago	1860	
19191	Winneshiek	1850	
19193	Woodbury	1860	
19195	Worth	1860	
19197	Wright	1860	

KANSAS

Most of present-day Kansas was included in the Louisiana Purchase of 1803, forming part of Louisiana and then Missouri Territory. Kansas Territory was organized in 1854 and included part of present-day Colorado. Kansas was admitted as a state on January 29, 1861 with essentially its present boundaries.

Census coverage of Kansas began in 1860 and included the whole state by 1880. The 1860 census reported Kansas and Colorado Territory in terms of their 1861 boundaries.

Total for 1860 excludes the portion of Kansas Territory that became part of Colorado Territory in 1861. Total for 1890 includes 66 non-Indians on Indian reservations in Brown and Jackson Counties and seven Indians in prison, not reported by county.

Kansas county origins:

FIPS code	Area name	Year of first census	Notes (* denotes the original counties from which a county was formed)
20000	KANSAS	1860	
20001	Allen	1860	
20003	Anderson	1860	
20005	Atchison	1860	
20007	Barber	1880	
20009	Barton	1870	
20011	Bourbon	1860	
20011.1	Breckinridge	1860	To Lyon, Morris
20013	Brown	1860	Total for 1890 includes Indian population (477) of Kickapoo, Iowa, and Chippewa and Munsee Indian Reservations, reported separately. State total for 1890 includes 66 non-Indians on Indian reservations in Brown and Jackson Counties.
20013.1	Buffalo	1880	To Garfield, Lane
20015	Butler	1860	
20017	Chase	1860	
20019	Chautauqua	1880	*Howard
20021	Cherokee	1860	1860: McGhee
20023	Cheyenne	1880	
20025	Clark	1880	*Ford
20027	Clay	1860	
20029	Cloud	1870	
20031	Coffey	1860	
20033	Comanche	1880	
20035	Cowley	1860	1860: Hunter
20037	Crawford	1870	*Cherokee, Neosho
20039	Decatur	1880	
20041	Dickinson	1860	
20043	Doniphan	1860	
20045	Douglas	1860	
20047	Edwards	1880	*Pawnee
20049	Elk	1880	*Howard
20051	Ellis	1870	
20053	Ellsworth	1870	
20055	Finney	1880	1880: Sequoyah
20055.1	Foote	1880	To Gray
20057	Ford	1870	
20059	Franklin	1860	
20059.1	Garfield	1890	To Finney
20061	Geary	1860	1860-80: Davis
20063	Gove	1880	

FIPS code	Area name	Year of first census	Notes (* denotes the original counties from which a county was formed)
20065	Graham	1880	
20067	Grant	1880	
20069	Gray	1890	*Foote, Meade
20071	Greeley	1880	
20073	Greenwood	1860	
20075	Hamilton	1880	
20077	Harper	1880	
20079	Harvey	1880	*Sedgwick, McPherson, Marion
20081	Haskell	1880	1880: Arapahoe. Reported in 1880 as Arapahoe; an earlier Arapahoe County existed in 1860 in the portion of Kansas Territory that became Colorado Territory in 1861; its territory was reported in 1860 as part of Colorado.
20083	Hodgeman	1880	
20083.1	Howard	1860	1860: Godfrey; to Chautauqua, Elk
20085	Jackson	1860	Total for 1890 includes Indian population (462) of Pottawatomie Indian Reservation, reported separately. State total for 1890 includes 66 non-Indians on Indian reservations in Brown and Jackson Counties.
20087	Jefferson	1860	
20089	Jewell	1870	
20091	Johnson	1860	
20093	Kearny	1880	
20095	Kingman	1880	
20097	Kiowa	1890	*Comanche, Edwards
20099	Labette	1870	*Neosho
20101	Lane	1880	
20103	Leavenworth	1860	
20105	Lincoln	1870	
20107	Linn	1860	
20109	Logan	1890	*Wallace
20111	Lyon	1870	*Breckinridge, Madison
20111.1	Madison	1860	To Greenwood, Lyon
20113	McPherson	1870	
20115	Marion	1860	
20117	Marshall	1860	
20119	Meade	1880	
20121	Miami	1860	1860: Lykins
20123	Mitchell	1870	
20125	Montgomery	1870	*Wilson
20127	Morris	1860	
20129	Morton	1880	1880: Kansas
20131	Nemaha	1860	
20133	Neosho	1860	1860: Dorn
20135	Ness	1870	
20137	Norton	1880	
20139	Osage	1860	
20141	Osborne	1870	
20141.1	Otoe	1860	To Butler, Sedgwick, Marion
20143	Ottawa	1870	
20145	Pawnee	1870	
20147	Phillips	1880	
20149	Pottawatomie	1860	
20151	Pratt	1880	
20153	Rawlins	1880	
20155	Reno	1880	*Sedgwick, Rice, McPherson
20157	Republic	1870	
20159	Rice	1870	
20161	Riley	1860	
20163	Rooks	1880	
20165	Rush	1880	
20167	Russell	1870	
20169	Saline	1870	
20171	Scott	1880	
20173	Sedgwick	1870	*Cowley, Otoe
20175	Seward	1880	
20177	Shawnee	1860	
20179	Sheridan	1880	
20181	Sherman	1880	
20183	Smith	1870	
20185	Stafford	1880	
20187	Stanton	1880	
20189	Stevens	1880	
20191	Sumner	1870	*Cowley
20193	Thomas	1880	
20195	Trego	1870	
20197	Wabaunsee	1860	
20199	Wallace	1870	
20201	Washington	1860	
20203	Wichita	1880	
20205	Wilson	1860	
20207	Woodson	1860	
20209	Wyandotte	1860	

KENTUCKY

Kentucky was part of Virginia prior to its admission as a state on June 1, 1792. It had essentially its present boundaries, except that because of erroneous surveys portions of the Kentucky-Tennessee boundary were in dispute for many years until finally resurveyed in 1859.

Kentucky was reported separately from Virginia in 1790; the county boundaries at that time corresponded to the present-day state lines between Kentucky and Virginia-West Virginia. Census coverage in 1790 included much of the State's territory, but the area west of the Tennessee River (the Jackson Purchase) was first enumerated in 1820.

Total for 1790 is for the counties of Virginia that comprised the present State of Kentucky.

Kentucky county origins:

FIPS code	Area name	Year of first census	Notes (* denotes the original counties from which a county was formed)
21000	KENTUCKY	1790	
21001	Adair	1810	*Green; Cumberland.
21003	Allen	1820	*Warren, Barren.
21005	Anderson	1830	*Franklin, Washington.
21007	Ballard	1850	*McCracken, Hickman.
21009	Barren	1800	*Lincoln
21011	Bath	1820	*Montgomery, Floyd.
21013	Bell	1870	*Harlan, Knott; 1870: Josh Bell.
21015	Boone	1800	*Woodford
21017	Bourbon	1790	
21019	Boyd	1860	*Greenup, Carter, Lawrence.
21021	Boyle	1850	*Mercer, Livingston.
21023	Bracken	1800	*Mason
21025	Breathitt	1840	*Perry, Clay, Estill, Morgan.
21027	Breckinridge	1800	*Nelson
21029	Bullitt	1800	*Nelson, Jefferson.
21031	Butler	1810	*Logan, Ohio.
21033	Caldwell	1810	*Livingston, Christian.
21035	Calloway	1830	*Caldwell, Livingston.
21037	Campbell	1800	*Mason, Woodford.
21039	Carlisle	1890	*Ballard
21041	Carroll	1840	*Gallatin
21043	Carter	1840	*Greenup, Lawrence, Morgan.
21045	Casey	1810	*Lincoln
21047	Christian	1800	*Lincoln
21049	Clark	1800	*Bourbon, Fayette.
21051	Clay	1810	*Madison, Floyd; Knox.
21053	Clinton	1840	*Cumberland, Wayne.
21055	Crittenden	1850	*Livingston
21057	Cumberland	1800	*Lincoln
21059	Daviess	1820	*Ohio; Henderson.
21061	Edmonson	1830	*Warren, Grayson, Hardin.
21063	Elliott	1870	*Carter, Morgan, Lawrence.
21065	Estill	1810	*Madison, Clark
21067	Fayette	1790	
21069	Fleming	1800	*Mason
21071	Floyd	1800	*Mason, Bourbon.
21073	Franklin	1800	*Woodford, Jefferson, Mercer.
21075	Fulton	1850	*Hickman
21077	Gallatin	1800	*Woodford, Jefferson.
21079	Garrard	1800	*Madison, Lincoln, Mercer.
21081	Grant	1820	*Pendleton
21083	Graves	1830	*Caldwell, Livingston.
21085	Grayson	1810	*Hardin, Ohio
21087	Green	1800	*Lincoln, Nelson.
21089	Greenup	1810	*Mason
21091	Hancock	1830	*Breckinridge, Ohio, Daviess.
21093	Hardin	1800	*Nelson
21095	Harlan	1820	*Knox
21097	Harrison	1800	*Bourbon, Woodford.
21099	Hart	1820	*Hardin, Barren.

FIPS code	Area name	Year of first census	Notes (* denotes the original counties from which a county was formed)
21101	Henderson	1800	*Lincoln
21103	Henry	1800	*Jefferson
21105	Hickman	1830	*Livingston, Caldwell.
21107	Hopkins	1810	*Henderson
21109	Jackson	1860	*Laurel, Madison, Estill, Owsley, Rockcastle, Clay.
21111	Jefferson	1790	
21113	Jessamine	1800	*Fayette
21115	Johnson	1850	*Floyd, Lawrence.
21117	Kenton	1840	*Campbell
21119	Knott	1890	*Letcher, Floyd, Breathitt, Perry.
21121	Knox	1800	*Lincoln
21123	Larue	1850	*Hardin
21125	Laurel	1830	*Knox, Clay, Whitley.
21127	Lawrence	1830	*Floyd, Greenup.
21129	Lee	1870	*Owsley, Estill.
21131	Leslie	1880	*Clay, Perry
21133	Letcher	1850	*Perry, Harlan
21135	Lewis	1810	*Mason
21137	Lincoln	1790	
21139	Livingston	1800	*Lincoln
21141	Logan	1800	*Lincoln
21143	Lyon	1860	*Caldwell
21145	McCracken	1830	*Livingston
21147	McCreary	1920	*Pulaski, Whitley, Wayne.
21149	McLean	1860	*Daviess, Muhlenberg, Ohio.
21151	Madison	1790	
21153	Magoffin	1860	*Floyd, Morgan; Johnson.
21155	Marion	1840	*Washington
21157	Marshall	1850	*Calloway
21159	Martin	1880	*Lawrence, Johnson, Pike.
21161	Mason	1790	
21163	Meade	1830	*Hardin, Breckinridge.
21165	Menifee	1870	*Bath, Powell, Montgomery, Morgan.
21167	Mercer	1790	
21169	Metcalfe	1860	*Barren, Adair; Monroe, Green; Cumberland.
21171	Monroe	1820	Monroe: *Barren, Cumberland.
21173	Montgomery	1800	*Bourbon
21175	Morgan	1830	*Floyd, Greenup, Bath.
21177	Muhlenberg	1800	*Lincoln
21179	Nelson	1790	
21181	Nicholas	1800	*Bourbon, Mason.
21183	Ohio	1800	*Nelson
21185	Oldham	1830	*Henry, Jefferson, Shelby.
21187	Owen	1820	*Franklin, Scott, Gallatin; Harrison.
21189	Owsley	1850	*Estill, Clay, Breathitt.
21191	Pendleton	1800	*Woodford, Mason, Bourbon.
21193	Perry	1830	*Clay, Floyd
21195	Pike	1830	*Floyd
21197	Powell	1860	*Montgomery, Clark, Estill.
21199	Pulaski	1800	*Lincoln
21201	Robertson	1870	*Nicholas, Bracken, Mason.
21203	Rockcastle	1810	*Lincoln, Madison.
21205	Rowan	1860	*Fleming, Morgan.
21207	Russell	1830	*Adair, Cumberland, Wayne.
21209	Scott	1800	*Woodford
21211	Shelby	1800	*Jefferson
21213	Simpson	1820	*Logan, Warren.
21215	Spencer	1830	*Shelby, Nelson, Bullitt.
21217	Taylor	1850	*Green
21219	Todd	1820	*Christian, Warren.
21221	Trigg	1820	*Christian, Caldwell.
21223	Trimble	1840	*Oldham, Gallatin, Henry.
21225	Union	1820	*Henderson
21227	Warren	1800	*Lincoln
21229	Washington	1800	*Nelson
21231	Wayne	1810	*Cumberland, Pulaski, Green.
21233	Webster	1860	*Hopkins, Union, Henderson.
21235	Whitley	1820	*Knox
21237	Wolfe	1870	*Morgan, Owsley, Powell.
21239	Woodford	1790	

LOUISIANA

Louisiana west of the Mississippi River was mostly part of the Louisiana Territory, which was ceded by Spain to France in 1803 and then sold by France to the United States. In 1804 much of the present state was included in the newly established Orleans Territory; the rest of the Louisiana Purchase became Louisiana Territory, renamed Missouri Territory in 1812. Louisiana was admitted as a state on April 30, 1812 and immediately added the Florida Parishes east of the Mississippi and north of Lake Pontchartrain, although these still were claimed by Spain until 1819. Also in 1819, the boundary with Mexico (Texas) was settled by treaty, bringing the state to essentially its present limits.

In 1810 the census covered most of the settled parts of what is now Louisiana, except for the Florida Parishes east of the Mississippi River. By 1820 census coverage extended to virtually all of the present State. Louisiana's primary subdivisions have long been termed parishes instead of counties; both terms appear in early censuses.

Total for 1810 is for Orleans Territory and excludes the Florida Parishes east of the Mississippi River. Total for 1830 includes 210 persons returned in the aggregate rather than by county. Total for 1890 includes one Indian in prison, not reported by parish.

Louisiana parish origins:

FIPS code	Area name	Year of first census	Notes (* denotes the original counties from which a county was formed)
22000	LOUISIANA	1810	
22001	Acadia	1890	*St. Landry
22003	Allen	1920	*Calcasieu
22005	Ascension	1810	
22007	Assumption	1810	
22009	Avoyelles	1810	
22011	Beauregard	1920	*Calcasieu
22013	Bienville	1850	*Claiborne; Population for 1860 is that published in the 1860 report as "estimated".
22015	Bossier	1850	*Claiborne
22017	Caddo	1840	*Natchitoches
22019	Calcasieu	1840	*St. Landry
22021	Caldwell	1840	*Catahoula, Ouachita
22023	Cameron	1870	*Calcasieu, Vermilion
22025	Catahoula	1810	
22027	Claiborne	1830	*Natchitoches
22029	Concordia	1810	
22031	De Soto	1850	*Caddo, Natchitoches
22033	East Baton Rouge	1820	
22035	East Carroll	1840	*Ouachita; 1840-70: Carroll
22037	East Feliciana	1820	1820: Feliciana
22039	Evangeline	1920	*St. Landry
22041	Franklin	1850	Catahoula, Madison, Ouachita
22043	Grant	1870	*Rapides, Winn
22045	Iberia	1870	*St. Martin, St. Mary
22047	Iberville	1810	
22049	Jackson	1850	*Ouachita, Union, Claiborne
22051	Jefferson	1830	*Orleans
22053	Jefferson Davis	1920	*Calcasieu
22055	Lafayette	1830	*St. Martin
22057	Lafourche	1810	1810-50: Lafourche Interior
22059	La Salle	1910	*Catahoula
22061	Lincoln	1880	*Jackson, Union, Claiborne, Bienville
22063	Livingston	1840	*St. Helena
22065	Madison	1840	*Concordia, Ouachita
22067	Morehouse	1850	*Ouachita, Carroll (East Carroll)
22069	Natchitoches	1810	
22071	Orleans	1810	1810: New Orleans
22073	Ouachita	1810	Also spelled Washita
22075	Plaquemines	1810	
22077	Pointe Coupee	1810	
22079	Rapides	1810	
22081	Red River	1880	*Natchitoches, Bienville, Caddo; Bossier.
22083	Richland	1870	*Morehouse, Carroll, Franklin, Caldwell, Ouachita.
22085	Sabine	1850	Natchitoches; Caddo
22087	St. Bernard	1810	

22089	St. Charles	1810	
22091	St. Helena	1820	
22093	St. James	1810	
22095	St. John the Baptist	1810	
22097	St. Landry	1810	1810: Opelousas
22099	St. Martin	1810	1810-20: Attakapas
22101	St. Mary	1830	*Attakapas (St. Martin)
22103	St. Tammany	1820	
22105	Tangipahoa	1870	Tangipahoa: *St. Tammany, Livingston, Washington, St. Helena.
22107	Tensas	1850	*Concordia, Madison
22109	Terrebonne	1830	*Lafourche Interior (Lafourche)
22111	Union	1840	*Ouachita
22113	Vermilion	1850	*Lafayette
22115	Vernon	1880	*Rapides, Sabine, Natchitoches
22117	Washington	1820	
22119	Webster	1880	*Bossier, Claiborne, Bienville
22121	West Baton Rouge	1810	1810: Baton Rouge
22123	West Carroll...............	1880	*Carroll (East Carroll)
22125	West Feliciana..............	1830	*Feliciana (East Feliciana)
22127	Winn	1860	*Natchitoches, Catahoula, Rapides

MAINE

Although geographically separate, Maine was legally part of Massachusetts from early Colonial times until March 15, 1820, when it was admitted as a separate state. The far northern portion of Maine was in dispute with Canada until the present boundary was agreed to in 1842.

Census coverage included virtually all settled portions of Maine from 1790 on, with the Maine counties reported separately from those of Massachusetts proper.

Populations for 1790-1810 are totals of the counties in the present area of Maine, then legally part of Massachusetts but reported separately.

Maine county origins:

FIPS code	Area name	Year of first census	Notes (* denotes the original counties from which a county was formed)
23000	MAINE	1790	
23001	Androscoggin	1860	*Cumberland, Kennebec, Lincoln, Oxford.
23003	Aroostook	1840	*Penobscot, Washington.
23005	Cumberland	1790	Otisfield town (1970 pop. 589) was transferred from Cumberland County to Oxford County in 1978.
23007	Franklin	1840	*Oxford, Somerset, Kennebec.
23009	Hancock	1790	
23011	Kennebec	1800	*Lincoln, Hancock.
23013	Knox	1860	*Lincoln, Waldo
23015	Lincoln	1790	
23017	Oxford	1810	*Cumberland, York; Otisfield town (1970 pop. 589) was transferred from Cumberland County to Oxford County in 1978. .
23019	Penobscot	1820	*Hancock, Somerset.
23021	Piscataquis	1840	*Penobscot, Somerset.
23023	Sagadahoc	1860	*Lincoln
23025	Somerset	1810	*Kennebec
23027	Waldo	1830	*Hancock, Kennebec, Lincoln; Somerset.
23029	Washington	1790	
23031	York	1790	

MARYLAND

Maryland was one of the 13 original states. It helped form the District of Columbia in 1791; its boundaries have been substantially unchanged since then, although the Maryland-West Virginia boundary was in dispute as late as 1910.

Census coverage has included the entire state from 1790 on. The 1790 population includes the present area of the District of Columbia, separated from Maryland in 1791. The 1840 results for Montgomery County are from a re-enumeration of the population as of 1840, conducted in 1841.

Parts of Prince George's and Montgomery Counties were taken to form the District of Columbia in 1791.

Maryland county origins:

FIPS code	Area name	Year of first census	Notes (* denotes the original counties from which a county was formed)
24000	MARYLAND	1790	
24001	Allegany	1790	
24003	Anne Arundel	1790	
24005	Baltimore	1790	Baltimore city has been reported separately from Baltimore County since 1860.
24009	Calvert	1790	
24011	Caroline	1790	
24013	Carroll	1840	Carroll: *Baltimore, Frederick.
24015	Cecil	1790	
24017	Charles	1790	
24019	Dorchester	1790	
24021	Frederick	1790	
24023	Garrett	1880	*Allegany
24025	Harford	1790	
24027	Howard	1860	*Anne Arundel
24029	Kent	1790	
24031	Montgomery	1790	Parts of Prince George's and Montgomery Counties were taken to form the District of Columbia in 1791.
24033	Prince George's	1790	Parts of Prince George's and Montgomery Counties were taken to form the District of Columbia in 1791.
24035	Queen Anne's	1790	
24037	St. Mary's	1790	
24039	Somerset	1790	
24041	Talbot	1790	
24043	Washington	1790	
24045	Wicomico	1870	*Somerset, Worcester.
24047	Worcester	1790	
24510	Baltimore city............	1860	Baltimore city has been reported separately from Baltimore County since 1860.

MASSACHUSETTS

Massachusetts was one of the 13 original states. Maine was legally part of Massachusetts from early Colonial times, although geographically separated; Maine became a separate state in 1820, leaving Massachusetts with nearly its present boundaries. A long-standing border dispute with Rhode Island was finally settled with a sizable exchange of territory in 1862.

Census coverage included all of Massachusetts from 1790 on. The counties comprising Maine were reported separately in 1790-1810.

Totals for 1790-1810 do not include counties comprising Maine, reported separately (population 96,540 in 1790,

151,719 in 1800, 228,705 in 1810). Total for 1890 includes four Indians in prison, not reported by county.

Massachusetts county notes:

FIPS code	Area name	Year of first census	Notes (* denotes the original counties from which a county was formed)
25000	MASSACHUSETTS.....	1790	
25001	Barnstable	1790	
25003	Berkshire	1790	
25005	Bristol	1790	
25007	Dukes	1790	
25009	Essex	1790	
25011	Franklin	1820	*Hampshire
25013	Hampden	1820	*Hampshire
25015	Hampshire	1790	
25017	Middlesex	1790	
25019	Nantucket	1790	
25021	Norfolk	1800	*Suffolk
25023	Plymouth	1790	
25025	Suffolk	1790	
25027	Worcester	1790	

MICHIGAN

Michigan was part of the Northwest Territory established in 1787. When Indiana Territory was created in 1800 it included the west half of lower Michigan and nearly all of the Upper Peninsula, leaving the remainder of the present state in the Northwest Territory until 1802, when the eastern portion also became part of Indiana Territory. Michigan Territory was established in 1805, but nearly all the Upper Peninsula remained in Indiana or Illinois Territories. In 1818 Michigan Territory's boundaries were extended to include the rest of the Upper Peninsula and all of present-day Wisconsin and northeastern Minnesota. In 1834 the Territory was expanded still further to stretch to the Missouri River, including the rest of Minnesota, Iowa, and the eastern Dakotas. Michigan Territory included a northern strip of Indiana until 1816, and it also governed a narrow strip of what is now northwestern Ohio which was claimed by that state. This was ceded to Ohio in 1836, and Michigan was admitted as a state on January 26, 1837 with essentially its present boundaries.

In 1790 the Northwest Territory had no census coverage. In 1800 coverage of the present state included only the Detroit area (Wayne County, Northwest Territory) and some persons at "Machilamackanack," Indiana Territory. Coverage in 1810, 1820, and 1830 expanded in the Lower Peninsula and included population in the strip that was ceded to Ohio in 1836. The 1820 and 1830 censuses also included some settlements in present-day Wisconsin, shown under that state. The 1840 census covered all parts of the state.

Total for 1800 comprises population reported for Wayne County, Northwest Territory (which may have included some persons in present-day northern Ohio), and for Machilamackanack, Indiana Territory (251 persons and 300 "boatmen from Canada, etc."). Total for 1820 excludes

population (1,444) of Brown and Crawford Counties, and total for 1830 excludes population (3,635) of Brown, Crawford, and Iowa Counties, all enumerated in what is now Wisconsin. Total for 1890 includes one Indian in prison, not reported by county.

Michigan county origins:

FIPS code	Area name	Year of first census	Notes (* denotes the original counties from which a county was formed)
26000	MICHIGAN............	1800	
26001	Alcona	1860	*Mackinac
26003	Alger	1890	*Schoolcraft
26005	Allegan	1840	*Van Buren, St. Joseph
26007	Alpena	1860	*Mackinac; Alpena's 1860-70 census boundaries were the same as those of 1890-1990.
26009	Antrim	1860	*Mackinac
26011	Arenac	1890	*Bay
26013	Baraga	1880	*Houghton
26015	Barry	1840	*St. Joseph
26017	Bay	1860	*Midland, Saginaw
26019	Benzie	1870	*Leelanau
26021	Berrien	1830	
26023	Branch	1840	*St. Joseph
26025	Calhoun	1840	*St. Joseph
26027	Cass	1830	
26029	Charlevoix	1870	*Emmet, Antrim
26031	Cheboygan	1860	*Mackinac
26033	Chippewa	1830	
26035	Clare	1870	*Isabella
26037	Clinton	1840	*St. Joseph
26039	Crawford	1880	An earlier Crawford County was located in what is now Wisconsin and is shown under that state. Present-day Crawford County first was reported in 1880.
26041	Delta	1860	*Mackinac
26043	Dickinson	1900	*Menominee, Iron, Marquette
26045	Eaton	1840	*St. Joseph
26047	Emmet	1860	*Mackinac
26049	Genesee	1840	*Oakland
26051	Gladwin	1860	*Midland
26053	Gogebic	1890	*Ontonagon
26055	Grand Traverse	1860	*Mackinac
26057	Gratiot	1860	*Saginaw, Clinton
26059	Hillsdale	1840	*Lenawee
26061	Houghton	1850	*Chippewa
26063	Huron	1850	*Saginaw
26065	Ingham	1840	*Washtenaw
26067	Ionia	1840	*St. Joseph
26069	Iosco	1860	*Mackinac
26071	Iron	1890	*Marquette; Menominee
26073	Isabella	1860	*Saginaw
26073.1	Isle Royal.............	1880	*Keweenaw; to Keweenaw.
26075	Jackson	1840	*Washtenaw
26077	Kalamazoo	1840	*St. Joseph
26079	Kalkaska	1870	
26081	Kent	1840	*St. Joseph
26083	Keweenaw	1870	*Houghton; Keweenaw's 1870 census boundaries were the same as those of 1900-1990.
26085	Lake	1870	*Newaygo
26087	Lapeer	1840	*Oakland
26089	Leelanau	1860	*Mackinac
26091	Lenawee	1830	*Monroe
26093	Livingston	1840	*Oakland, Washtenaw
26095	Luce	1890	*Chippewa, Mackinac
26097	Mackinac	1800	The 1810 census was reported in terms of four Civil Districts of a single Wayne County: Michilimackinac, Detroit, Erie, and Huron. The 1810 population shown in the table for Mackinac County is that reported for Michilimackinac Civil District, Michilimackinac (or variant spellings); for reasons of space, the counties referring to this county as origin give the name as Mackinac.
26099	Macomb	1810	The 1810 census was reported in terms of four Civil Districts of a single Wayne County: Michilimackinac, Detroit, Erie, and Huron. The 1810 population shown in the table for Macomb County that reported for Huron Civil District.

FIPS code	Area name	Year of first census	Notes (* denotes the original counties from which a county was formed)
26101	Manistee	1860	*Mackinac; Manistee's 1860-70 census boundaries were the same as those of 1890-1990.
26101.1	Manitou	1860	*Mackinac; to Charlevoix and Leelanau.
26103	Marquette	1850	*Chippewa; Mackinac. 1870 population excludes 799 in Schoolcraft County, unorganized, reported as part of Marquette.
26105	Mason	1850	*Ottawa
26107	Mecosta	1860	*Kent
26109	Menominee	1870	*Delta
26111	Midland	1850	*Saginaw
26113	Missaukee	1870	
26115	Monroe	1810	The 1810 census was reported in terms of four Civil Districts of a single Wayne County: Michilimackinac, Detroit, Erie, and Huron. The 1810 population shown in the table for Monroe County is that reported for Erie Civil District.
26117	Montcalm	1850	*Ionia
26119	Montmorency	1890	*Alpena
26121	Muskegon	1860	*Ottawa, Oceana
26123	Newaygo	1850	*Kent; Newaygo's 1850 census boundaries were the same as those of 1870-1990.
26125	Oakland	1820	*Mackinac; The 1820 census boundaries of Oakland County did not include any of present-day Oakland County.
26127	Oceana	1840	
26129	Ogemaw	1870	
26131	Ontonagon	1850	*Chippewa
26133	Osceola	1860	*Mason
26135	Oscoda	1870	
26137	Otsego	1880	
26139	Ottawa	1840	*Van Buren
26141	Presque Isle	1860	*Mackinac
26143	Roscommon	1880	
26145	Saginaw	1840	*Oakland, St. Clair, St. Joseph.
26147	St. Clair	1830	*Macomb, Oakland
26149	St. Joseph	1830	*Oakland
26151	Sanilac	1850	*St. Clair
26153	Schoolcraft	1850	*Mackinac, Chippewa
26155	Shiawassee	1840	*Oakland
26157	Tuscola	1850	*Saginaw
26159	Van Buren	1830	
26161	Washtenaw	1830	*Wayne, Macomb
26163	Wayne	1810	Total for 1800 comprises population reported for Wayne County, Northwest Territory (which may have included some persons in present-day northern Ohio), and for Machilamackanack, Indiana Territory (251 persons and 300 "boatmen from Canada, etc."). The 1810 census was reported in terms of four Civil Districts of a single Wayne County: Michilimackinac, Detroit, Erie, and Huron. The 1810 population shown in the table Wayne County is that reported for Detroit Civil District.
26165	Wexford	1870	Wexford's 1870 census boundaries were the same as those of 1890-1990.

MINNESOTA

Northeastern Minnesota, east of the Mississippi River and a line drawn northward from its source to Canada, was part of the Northwest Territory (1787) and later of Indiana Territory (1800), Illinois Territory (1809), Michigan Territory (1818), and Wisconsin Territory (1838). Most of the rest of the state was part of the Louisiana Purchase of 1803, and included in Louisiana Territory (1805), renamed Missouri Territory in 1812. Both these parts of the present State were included in Michigan Territory from 1834 to 1836, and then in Wisconsin Territory until 1838. The portion west of the Mississippi then became part of Iowa Territory, until Minnesota Territory was established in 1849, including the whole present-day state and the Dakotas generally east of the Missouri River. Minnesota was admitted as a state on May 11, 1858 with essentially its present boundaries.

There was only limited census coverage of the present area of the state prior to 1850. In 1830 a few persons near Lake Superior may have been enumerated in Chippewa County, Michigan Territory; in 1840 some persons in northeastern Minnesota were enumerated in St. Croix County, Wisconsin Territory, and two settlements on the Mississippi River were enumerated as part of Clayton County, Iowa Territory. In 1850 coverage of Minnesota Territory did not extend beyond the present state except for a few settlers near the Red River in what is now North Dakota. In 1860 the census covered virtually the whole state.

Total for 1850 includes a few settlers near the Red River in what is now North Dakota. Total for 1890 includes population (8,457) of certain Indian reservations not returned by county. Total for 1900 includes population (3,486) of White Earth Indian Reservation, not returned by county, and returned in Becker, Clearwater, and Mahnomen Counties in 1910.

Minnesota county origins:

FIPS code	Area name	Year of first census	Notes (* denotes the original counties from which a county was formed)
27000	MINNESOTA	1850	
27001	Aitkin	1860	*Ramsey, Benton
27003	Anoka	1860	*Ramsey
27005	Becker	1860	*Mahkahta, Pembina (Kittson)
27007	Beltrami	1870	*Polk, Itasca
27009	Benton	1850	
27011	Big Stone	1870	*Pierce
27013	Blue Earth	1860	*Wabasha
27015	Brown	1860	*Wabasha, Dakota
27015.1	Buchanan	1860	*Washington, Ramsey; to Pine
27017	Carlton	1860	*Itasca, Washington; Ramsey
27019	Carver	1860	*Dakota, Wabasha
27021	Cass	1860	*Mahkahta, Pembina (Kittson)
27023	Chippewa	1870	*Pierce, Renville
27025	Chisago	1860	*Washington, Ramsey
27027	Clay	1860	*Mahkata, Pembina (Kittson); 1860: Breckinridge
27029	Clearwater	1910	*Beltrami; also formed from area separately enumerated as White Earth Indian Reservation in 1900.
27031	Cook	1880	*Lake
27033	Cottonwood	1860	*Wabasha
27035	Crow Wing	1860	*Benton
27037	Dakota	1850	
27039	Dodge	1860	*Wabasha
27041	Douglas	1860	*Wahnata
27043	Faribault	1860	*Wabasha
27045	Fillmore	1860	*Wabasha
27047	Freeborn	1860	*Wabasha
27049	Goodhue	1860	*Wabasha
27051	Grant	1870	*Toombs (Wilkin)
27053	Hennepin	1860	*Dakota; Ramsey
27055	Houston	1860	*Wabasha
27057	Hubbard	1890	*Cass
27059	Isanti	1860	*Ramsey
27061	Itasca	1850	
27063	Jackson	1860	*Wabasha
27065	Kanabec	1860	*Ramsey
27067	Kandiyohi	1860	*Dakota
27069	Kittson	1850	1850-70: Pembina
27071	Koochiching	1910	*Itasca

FIPS code	Area name	Year of first census	Notes (* denotes the original counties from which a county was formed)
27071.1	Lac qui Parle (old)	1870	The 1870 census area of old Lac qui Parle County was in Pierce in 1860 and in Swift and Chippewa in 1880. The current Lac qui Parle County was created in 1871 and does not include any of the earlier Lac qui Parle County.
27073	Lac qui Parle	1880	*Redwood; The current Lac qui Parle County was created in 1871 and does not include any of the earlier Lac qui Parle County.
27075	Lake	1860	*Itasca
27077	Lake of the Woods	1930	*Beltrami
27079	Le Sueur	1860	*Wabasha
27081	Lincoln	1880	*Redwood
27083	Lyon	1880	*Redwood
27085	McLeod	1860	*Dakota, Wabasha
27085.1	Mahkahta	1850	To Cass, Otter Tail, Breckinridge (Clay), Becker, Todd, Toombs (Wilkin), Polk.
27087	Mahnomen	1910	*Norman; Mahnomen corresponds to the portion of Norman enumerated in the White Earth Indian Reservation in 1900.
27087.2	Manomin	1860	*Ramsey; to Anoka
27089	Marshall	1880	*Pembina (Kittson)
27091	Martin	1860	*Wabasha
27093	Meeker	1860	*Dakota
27095	Mille Lacs	1860	*Benton, Ramsey
27095.1	Monongalia	1860	*Dakota; to Kandiyohi
27097	Morrison	1860	*Benton
27099	Mower	1860	*Wabasha
27101	Murray	1860	*Wabasha
27103	Nicollet	1860	*Wabasha
27105	Nobles	1860	*Wabasha
27107	Norman	1890	*Polk; The 1900 census boundaries of Norman are the same as those of 1910-1990 because of the separate reporting of the White Earth Indian Reservation in 1900.
27109	Olmsted	1860	*Wabasha
27111	Otter Tail	1860	*Mahkata, Wahnata
27113	Pennington	1910	*Red Lake
27113.1	Pierce	1860	*Dakota, Wahnata; To Big Stone, Stevens, Pope, Chippewa, Lac qui Parle (old); Traverse.
27115	Pine	1860	*Washington, Ramsey
27117	Pipestone	1880	Present-day Rock County was returned as Pipestone in 1860; present-day Pipestone had no population reported until 1880.
27119	Polk	1860	*Mahkahta; Pembina (Kittson)
27121	Pope	1870	*Pierce
27123	Ramsey	1850	
27125	Red Lake	1900	*Polk
27127	Redwood	1870	*Brown
27129	Renville	1860	*Dakota, Wabasha
27131	Rice	1860	*Wabasha
27133	Rock	1860	*Wabasha; Present-day Rock County was returned as Pipestone in 1860; present-day Pipestone had no population reported until 1880.
27135	Roseau	1900	*Kittson, Beltrami
27137	St. Louis	1860	*Itasca
27139	Scott	1860	*Wabasha, Dakota
27141	Sherburne	1860	*Benton
27143	Sibley	1860	*Wabasha
27145	Stearns	1860	*Wahnata, Dakota
27147	Steele	1860	*Wabasha
27149	Stevens	1870	*Pierce
27151	Swift	1880	*Chippewa, Lac qui Parle (old)
27153	Todd	1860	*Wahnata, Mahkahta
27155	Traverse	1870	*Toombs (Wilkin); Big Stone
27157	Wabasha	1850	
27159	Wadena	1870	*Todd, Cass
27159.1	Wahnata	1850	To Pierce, Stearns, Todd, Otter Tail, Douglas, Toombs (Wilkin).
27161	Waseca	1860	*Wabasha
27163	Washington	1850	
27165	Watonwan	1870	*Brown
27167	Wilkin	1860	*Wahnata, Mahkahta; 1860: Toombs
27169	Winona	1860	*Wabasha
27171	Wright	1860	*Dakota
27173	Yellow Medicine	1880	*Redwood

MISSISSIPPI

Most of present-day Mississippi was part of Georgia until the south-central portions of Mississippi and Alabama were established as Mississippi Territory, authorized by Congress in 1798 and agreed to by Georgia in 1802. In 1804, the Territory was expanded to include the northern parts of the two future states. The Gulf Coast portions were added in 1812, although still in dispute with Spain until 1819. Mississippi was admitted as a state on December 10, 1817 with essentially its present boundaries.

Census coverage of present-day Mississippi began in 1800 in the southwestern section close to the Mississippi River. The populations shown for 1800 and 1810 exclude counties now in Alabama. The central and northern portions were not fully covered by the census until 1840.

Total for 1800 excludes population (1,250) of Washington County, Mississippi Territory, nearly all of which is now in Alabama; total for 1810 excludes population (9,046) of Baldwin, Madison, and Washington Counties, Mississippi Territory, now entirely or mostly in Alabama. Mississippi's present-day Madison and Washington Counties were created in the 1820s.

Mississippi county origins:

FIPS code	Area name	Year of first census	Notes (* denotes the original counties from which a county was formed)
28000	MISSISSIPPI	1800	
28001	Adams	1800	
28003	Alcorn	1870	*Tishomingo, Tippah
28005	Amite	1810	*Adams
28007	Attala	1840	
28009	Benton	1880	*Tippah, Marshall
28011	Bolivar	1840	*Washington
28013	Calhoun	1860	*Chickasaw, Yalobusha, Lafayette.
28015	Carroll	1840	
28017	Chickasaw	1840	
28019	Choctaw	1840	
28021	Claiborne	1810	*Pickering (Jefferson)
28023	Clarke	1840	
28025	Clay	1880	*Chickasaw, Oktibbeha, Lowndes; Monroe.
28027	Coahoma	1840	
28029	Copiah	1830	
28031	Covington	1820	*Wayne
28033	DeSoto	1840	
28035	Forrest	1910	*Perry
28037	Franklin	1810	*Adams
28039	George	1910	*Jackson, Greene
28041	Greene	1820	*Wayne, Baldwin (AL)
28043	Grenada	1870	*Yalobusha, Carroll, Tallahatchie, Choctaw.
28045	Hancock	1820	Population for 1860 is that published in the 1860 report as "estimated".
28047	Harrison	1850	*Hancock, Perry, Jackson
28049	Hinds	1830	
28051	Holmes	1840	*Yazoo
28053	Humphreys	1920	*Yazoo, Washington, Holmes, Sunflower.
28055	Issaquena	1850	*Washington
28057	Itawamba	1840	
28059	Jackson	1820	
28061	Jasper	1840	
28063	Jefferson	1800	1800: Pickering
28065	Jefferson Davis	1910	*Lawrence, Covington
28067	Jones	1830	*Covington
28069	Kemper	1840	

FIPS code	Area name	Year of first census	Notes (* denotes the original counties from which a county was formed)
28071	Lafayette	1840	
28073	Lamar	1910	*Marion; Pearl River
28075	Lauderdale	1840	
28077	Lawrence	1820	*Franklin, Wayne
28079	Leake	1840	
28081	Lee	1870	*Itawamba, Pontotoc
28083	Leflore	1880	*Sunflower, Carroll
28085	Lincoln	1870	*Lawrence, Copiah, Franklin, Pike, Amite.
28087	Lowndes	1830	*Monroe
28089	Madison	1830	State total for 1810 excludes population (9,046) of Baldwin, Madison, and Washington Counties, Mississippi Territory, now entirely or mostly in Alabama. Mississippi's present-day Madison and Washington Counties were created in the 1820's.
28091	Marion	1820	*Wayne, Amite, Franklin
28093	Marshall	1840	
28095	Monroe	1820	
28097	Montgomery	1880	*Choctaw, Carroll
28099	Neshoba	1840	
28101	Newton	1840	
28103	Noxubee	1840	
28105	Oktibbeha	1840	
28107	Panola	1840	
28109	Pearl River	1890	*Hancock, Marion
28111	Perry	1820	*Wayne
28113	Pike	1820	*Amite, Franklin
28115	Pontotoc	1840	
28117	Prentiss	1870	*Tishomingo, Itawamba
28119	Quitman	1880	*Tunica, Tallahatchie, Panola, Coahoma.
28121	Rankin	1830	
28123	Scott	1840	
28125	Sharkey	1880	*Issaquena, Washington
28127	Simpson	1830	
28129	Smith	1840	
28131	Stone	1920	*Harrison
28133	Sunflower	1850	*Bolivar; Population for 1860 is that published in the 1860 report as "estimated".
28135	Tallahatchie	1840	
28137	Tate	1880	*DeSoto, Marshall; Tunica.
28139	Tippah	1840	
28141	Tishomingo	1840	
28143	Tunica	1840	
28145	Union	1880	*Tippah, Pontotoc, Lee
28147	Walthall	1920	*Pike, Marion
28149	Warren	1810	*Pickering (Jefferson) State total for 1800 excludes population (1,250) of Washington County, Mississippi Territory, nearly all of which is now in Alabama; total for 1810 excludes population (9,046) of Baldwin, Madison, and Washington Counties, Mississippi Territory, now entirely or mostly in Alabama. Mississippi's present-day Madison and Washington Counties were created in the 1820s.
28151	Washington	1830	Population for 1860 is that published in the 1860 report as "estimated."
28153	Wayne	1810	
28155	Webster	1880	*Choctaw, Chickasaw, Oktibbeha; 1880: Sumner.
28157	Wilkinson	1810	*Adams
28159	Winston	1840	
28161	Yalobusha	1840	
28163	Yazoo	1830	

MISSOURI

Missouri was acquired as part of the Louisiana Purchase of 1803 and became part of Louisiana Territory, established in 1805 and comprising the whole of the Louisiana Purchase north of present-day Louisiana. This was renamed Missouri Territory in 1812. The southern portion (present-day Arkansas and most of Oklahoma) became Arkansas Territory in 1819. Missouri was admitted as a state on August 10, 1821; the northwestern corner (the Platte Purchase) was added in 1837, bringing the state to essentially its current boundaries.

In 1810, census coverage of Louisiana Territory was limited to portions of present-day Missouri and Arkansas, mainly close to the Mississippi River. The 1810 census was reported by districts (renamed counties in 1812); Arkansas District was entirely within present-day Arkansas and is shown under that state; New Madrid District also was partly within present-day Arkansas. In 1820, census coverage of Missouri Territory did not extend beyond present-day Missouri. After statehood in 1821, Missouri Territory, distinct from the State, continued to exist until 1854, but was almost entirely Indian lands and had virtually no census coverage.

Areas reported in 1810 were districts, renamed counties in 1812. Total for 1810 is population of Louisiana Territory (20,845), excluding population (1,062) of Arkansas District, in present-day Arkansas; total includes New Madrid District, part of which was within present-day Arkansas. Total for 1890 includes one Indian in prison, not reported by county.

Missouri county origins:

FIPS code	Area name	Year of first census	Notes (* denotes the original counties from which a county was formed)
29000	MISSOURI	1810	
29001	Adair	1850	*Macon
29003	Andrew	1850	*Buchanan
29005	Atchison	1850	*Buchanan
29007	Audrain	1840	*Ralls, Callaway
29009	Barry	1840	*Wayne; Crawford
29011	Barton	1860	*Jasper
29013	Bates	1850	*Van Buren (Cass), Newton
29015	Benton	1840	*Crawford, Saline, Cooper
29017	Bollinger	1860	*Cape Girardeau, Wayne; Stoddard
29019	Boone	1830	*Howard; Pike
29021	Buchanan	1840	
29023	Butler	1850	*Wayne
29025	Caldwell	1840	*Ray
29027	Callaway	1830	*Montgomery; Pike
29029	Camden	1850	*Pulaski, Morgan
29031	Cape Girardeau	1810	
29033	Carroll	1840	*Ray
29035	Carter	1860	*Ripley; Shannon, Reynolds
29037	Cass	1840	*Jackson, Lafayette, Crawford; 1840: Van Buren.
29039	Cedar	1850	*Polk, Barry, Rives (Henry)
29041	Chariton	1830	*Howard
29043	Christian	1860	*Greene, Taney
29045	Clark	1840	*Marion, Randolph
29047	Clay	1830	*Howard
29049	Clinton	1840	*Clay
29051	Cole	1830	*Cooper
29053	Cooper	1820	*St. Louis
29055	Crawford	1830	*Franklin
29057	Dade	1850	*Barry, Polk
29059	Dallas	1850	*Polk
29061	Daviess	1840	*Ray
29063	DeKalb	1850	*Clinton
29065	Dent	1860	*Crawford, Shannon, Texas
29065.1	Dodge	1850	*Linn; to Putnam
29067	Douglas	1860	*Ozark
29069	Dunklin	1850	*Stoddard, New Madrid
29071	Franklin	1820	*Ste. Genevieve, St. Louis, Cape Girardeau.
29073	Gasconade	1830	*Franklin
29075	Gentry	1850	*Clinton
29077	Greene	1840	*Wayne

FIPS code	Area name	Year of first census	Notes (* denotes the original counties from which a county was formed)
29079	Grundy	1850	*Livingston
29081	Harrison	1850	
29083	Henry	1840	*Lafayette, Crawford; 1840: Rives
29085	Hickory	1850	*Benton, Polk
29087	Holt	1850	*Buchanan
29089	Howard	1820	
29091	Howell	1860	*Oregon
29093	Iron	1860	*Madison, Washington, St. Francois; Wayne.
29095	Jackson	1830	*Cooper
29097	Jasper	1850	*Newton
29099	Jefferson	1820	*St. Louis, Ste. Genevieve
29101	Johnson	1840	*Lafayette
29103	Knox	1850	*Lewis, Shelby, Macon
29105	Laclede	1850	*Pulaski
29107	Lafayette	1830	*Cooper
29109	Lawrence	1850	*Barry
29111	Lewis	1840	*Marion
29113	Lincoln	1820	*St. Charles
29115	Linn	1840	*Chariton
29117	Livingston	1840	*Ray
29119	McDonald	1850	*Newton
29121	Macon	1840	*Randolph, Chariton
29123	Madison	1820	*Cape Girardeau, Ste. Genevieve
29125	Maries	1860	*Osage, Pulaski, Crawford
29127	Marion	1830	*Pike
29129	Mercer	1850	*Livingston; Linn
29131	Miller	1840	*Crawford, Cole
29133	Mississippi	1850	*Scott
29135	Moniteau	1850	*Cole, Morgan
29137	Monroe	1840	*Ralls
29139	Montgomery	1820	*St. Charles
29141	Morgan	1840	*Cooper
29143	New Madrid	1810	
29145	Newton	1840	*Wayne, Crawford
29147	Nodaway	1850	*Buchanan; Clinton
29149	Oregon	1850	*Ripley; Taney
29151	Osage	1850	*Gasconade
29153	Ozark	1850	*Taney, Ripley
29155	Pemiscot	1860	*New Madrid
29157	Perry	1830	*Ste. Genevieve
29159	Pettis	1840	*Saline, Cooper
29161	Phelps	1860	*Crawford, Pulaski
29163	Pike	1820	*St. Charles
29165	Platte	1840	
29167	Polk	1840	*Crawford, Wayne
29169	Pulaski	1840	*Crawford, Wayne
29171	Putnam	1850	*Macon, Linn
29173	Ralls	1830	*Pike
29175	Randolph	1830	*Howard, Pike
29177	Ray	1830	*Howard
29179	Reynolds	1850	*Washington; Madison, Wayne, Ripley
29181	Ripley	1840	*Wayne
29183	St. Charles	1810	
29185	St. Clair	1850	*Rives (Henry), Polk
29186	Ste. Genevieve	1810	
29187	St. Francois	1830	*Ste. Genevieve, Washington, Jefferson.
29189	St. Louis	1810	St. Louis city became independent of St. Louis County in 1876.
29195	Saline	1830	*Cooper
29197	Schuyler	1850	*Macon
29199	Scotland	1850	*Lewis, Clark, Macon
29201	Scott	1830	*New Madrid, Cape Girardeau
29203	Shannon	1850	*Ripley, Washington
29205	Shelby	1840	*Marion
29207	Stoddard	1840	*Cape Girardeau, New Madrid;Wayne
29209	Stone	1860	*Taney
29211	Sullivan	1850	*Linn
29213	Taney	1840	*Wayne
29215	Texas	1850	*Pulaski, Ripley, Washington
29217	Vernon	1860	*Bates
29219	Warren	1840	*Montgomery
29221	Washington	1820	*Ste. Genevieve, Cape Girardeau, St. Louis.
29223	Wayne	1820	*Cape Girardeau, New Madrid
29225	Webster	1860	*Greene, Wright, Dallas; Ozark
29227	Worth	1870	*Gentry
29229	Wright	1850	*Pulaski
29510	St. Louis city	1880	St. Louis city became independent of St. Louis County in 1876.

MONTANA

The eastern and central parts of Montana were acquired as early as the Louisiana Purchase of 1803, but had no organized government until Nebraska Territory was established in 1854. The northwestern part of Montana was included in the newly established Oregon Territory in 1848. The whole of the present-day state was included in Idaho Territory in 1863 and was established as a separate territory in 1864 with essentially its present boundaries. Montana was admitted as a state on November 8, 1889.

In 1860, census coverage of present-day Montana was limited to two forts enumerated in Nebraska Territory and some settlers in the Bitter Root Valley enumerated in Washington Territory. In 1870 census coverage included all of the present state.

Totals for 1890 and 1900 include population of certain Indian reservations not reported by county (1890: 10,765; 1900: 2,660).

Montana county origins:

FIPS code	Area name	Year of first census	Notes (* denotes the original counties from which a county was formed)
30000	MONTANA	1870	
30001	Beaverhead	1870	
30003	Big Horn	1920	*Rosebud, Yellowstone; The first Big Horn County was renamed Custer in 1877. The present Big Horn County was created in 1913.
30005	Blaine	1920	*Chouteau
30007	Broadwater	1900	*Meagher, Jefferson
30009	Carbon	1900	*Custer, Park
30011	Carter	1920	*Custer
30013	Cascade	1890	*Meagher, Chouteau, Lewis and Clark
30015	Chouteau	1870	
30017	Custer	1870	1870: Big Horn; The first Big Horn County was renamed Custer in 1877. The present Big Horn County was created in 1913.
30019	Daniels	1930	*Sheridan, Valley
30021	Dawson	1870	
30023	Deer Lodge	1870	
30025	Fallon	1920	*Custer
30027	Fergus	1890	*Meagher, Chouteau; Dawson
30029	Flathead	1900	*Missoula, Deer Lodge
30031	Gallatin	1870	
30033	Garfield	1920	*Dawson; Rosebud
30035	Glacier	1920	*Teton
30037	Golden Valley	1930	*Musselshell, Sweet Grass
30039	Granite	1900	*Deer Lodge, Missoula; Silver Bow
30041	Hill	1920	*Chouteau
30043	Jefferson	1870	
30045	Judith Basin	1930	*Fergus, Cascade
30047	Lake	1930	*Flathead, Missoula
30049	Lewis and Clark	1870	
30051	Liberty	1920	*Chouteau
30053	Lincoln	1910	*Flathead
30055	McCone	1920	*Dawson
30057	Madison	1870	
30059	Meagher	1870	
30061	Mineral	1920	*Missoula; Sanders
30063	Missoula	1870	
30065	Musselshell	1920	*Fergus, Yellowstone; Meagher, Rosebud
30067	Park	1890	*Gallatin
30069	Petroleum	1930	*Fergus
30071	Phillips	1920	*Valley, Chouteau
30073	Pondera	1920	*Teton, Chouteau
30075	Powder River	1920	*Custer
30077	Powell	1910	*Deer Lodge; Lewis and Clark

FIPS code	Area name	Year of first census	Notes (* denotes the original counties from which a county was formed)
30079	Prairie	1920	*Custer, Dawson
30081	Ravalli	1900	*Missoula
30083	Richland	1920	*Dawson
30085	Roosevelt	1920	*Valley
30087	Rosebud	1910	*Custer
30089	Sanders	1910	*Missoula
30091	Sheridan	1920	*Valley
30093	Silver Bow	1890	*Deer Lodge
30095	Stillwater	1920	*Yellowstone, Sweet Grass, Carbon
30097	Sweet Grass	1900	*Park, Meagher, Custer; Yellowstone
30099	Teton	1900	*Chouteau, Missoula
30101	Toole	1920	*Teton, Chouteau
30103	Treasure	1920	*Rosebud
30105	Valley	1900	*Dawson
30107	Wheatland	1920	*Meagher, Sweet Grass; Fergus
30109	Wibaux	1920	*Dawson, Custer
30111	Yellowstone	1890	*Custer, Gallatin
30113	Yellowstone Nat. Pk.(pt.)	1930	In 1890-1920, any population in the Montana portion of Yellowstone National Park was enumerated with the Wyoming portion.

NEBRASKA

Nebraska was acquired as part of the Louisiana Purchase of 1803 and became part of Louisiana (later Missouri) Territory. It was established as a territory in 1854, including extensive areas northwest and west of the present state; it underwent various reductions in area in 1861 and 1863. Nebraska was admitted as a state on March 1, 1867, with nearly its present boundaries. Its last significant boundary change was the transfer of an area from Dakota Territory in 1882.

Census coverage of Nebraska began in 1860 in the eastern part of the present state. The 1860 census of Nebraska Territory also included scattered forts and settlements in present-day Wyoming and the Dakotas west of the Missouri River. Other such settlements in the portion of the Territory included in present-day Montana were reported with Dakota Territory, and those in present-day Colorado were reported with Colorado Territory, although these two territories were not established until 1861. By 1890, census coverage included the entire State. For a discussion of possible errors in the 1890 counts for Nebraska, see Edgar Z. Palmer, *The Correctness of the 1890 Census of Population for Nebraska Cities* (Nebraska History, Vol. XXXII, no. 4, December 1951, pages 259-267).

Total for 1860 includes 2,118 persons in areas not organized by county, including Fort Randall (pop. 353) and other scattered forts and settlements in present-day Wyoming and the Dakotas west of the Missouri River. Total for 1870 includes 235 persons in areas not organized by county; total for 1880 includes 2,913 persons in such areas. Total for 1890 includes population (3,746) of certain Indian reservations not reported by county.

Nebraska county origins:

FIPS code	Area name	Year of first census	Notes (* denotes the original counties from which a county was formed)
31000	NEBRASKA	1860	
31001	Adams	1870	
31003	Antelope	1880	*Knox
31005	Arthur	1890	Arthur was enumerated with McPherson in 1900-10.
31007	Banner	1890	*Cheyenne
31009	Blaine	1890	
31011	Boone	1880	
31013	Box Butte	1890	*Sioux
31015	Boyd	1890	Boyd County was organized in 1891 but reported in 1890; it was formed mainly from territory ceded by South Dakota in 1882 (including most of the area reported as Todd County in 1880), with the remainder from unorganized territory.
31017	Brown	1890	
31019	Buffalo	1860	
31021	Burt	1860	
31023	Butler	1860	
31025	Cass	1860	
31027	Cedar	1860	
31029	Chase	1880	*Jackson
31031	Cherry	1890	
31033	Cheyenne	1870	
31033.1	Clay (old)	1860	To Gage, Lawrence
31035	Clay	1870	
31037	Colfax	1870	*Platte
31039	Cuming	1860	
31041	Custer	1880	*Dawson; Harrison
31043	Dakota	1860	
31045	Dawes	1890	*Sioux
31047	Dawson	1860	
31049	Deuel	1890	*Cheyenne
31051	Dixon	1860	
31053	Dodge	1860	
31055	Douglas	1860	
31057	Dundy	1880	*Jackson
31059	Fillmore	1870	
31061	Franklin	1870	*Kearney
31063	Frontier	1880	*Grant
31065	Furnas	1880	*Lincoln, Grant, Kearney
31067	Gage	1860	
31069	Garden	1910	*Deuel
31071	Garfield	1890	*Wheeler
31073	Gosper	1880	*Lincoln, Grant, Kearney
31073.1	Grant (old)	1870	*Shorter; Grant (old): To Frontier, Lincoln, Red Willow, Hitchcock, Hayes, Furnas, Dawson, and Gosper.
31075	Grant	1890	
31077	Greeley	1880	
31079	Hall	1860	
31081	Hamilton	1870	
31083	Harlan	1880	*Kearney
31083.1	Harrison	1870	To Lincoln; Custer
31085	Hayes	1880	*Jackson, Grant
31087	Hitchcock	1880	*Jackson, Grant
31089	Holt	1880	
31091	Hooker	1890	
31093	Howard	1880	*Hall
31093.1	Jackson	1870	To Keith, Dundy, Chase, Hitchcock, Hayes, Lincoln
31095	Jefferson	1870	*Jones, Nuckolls (old)
31097	Johnson	1860	
31097.1	Jones	1860	To Jefferson
31099	Kearney	1860	
31101	Keith	1880	*Jackson, Monroe
31103	Keya Paha	1890	
31105	Kimball	1890	*Cheyenne
31107	Knox	1860	1860-70: L'Eau Qui Court
31109	Lancaster	1860	
31111	Lincoln	1870	
31113	Logan	1890	
31115	Loup	1890	
31115.1	Lyon	1870	To Cheyenne
31117	McPherson	1890	Arthur was enumerated with McPherson in 1900-10.
31119	Madison	1870	*Platte
31121	Merrick	1860	

FIPS code	Area name	Year of first census	Notes (* denotes the original counties from which a county was formed)
31121.1	Monroe	1870	To Keith, Lincoln
31123	Morrill	1910	*Cheyenne
31125	Nance	1870	1870: Pawnee Indian Reservation
31127	Nemaha	1860	
31127.1	Nuckolls (old)	1860	To Jefferson
31129	Nuckolls	1870	
31131	Otoe	1860	
31133	Pawnee	1860	
31135	Perkins	1890	
31137	Phelps	1880	*Kearney
31139	Pierce	1870	
31141	Platte	1860	
31143	Polk	1860	
31145	Red Willow	1880	*Grant
31147	Richardson	1860	
31149	Rock	1890	
31151	Saline	1860	
31153	Sarpy	1860	
31155	Saunders	1860	1860: Calhoun
31157	Scotts Bluff	1890	*Cheyenne
31159	Seward	1860	1860: Greene
31161	Sheridan	1890	*Sioux
31163	Sherman	1880	*Buffalo
31163.1	Shorter	1860	To Grant, Lincoln
31165	Sioux	1880	
31167	Stanton	1870	
31167.1	Taylor	1870	To Cheyenne
31169	Thayer	1880	*Jefferson
31171	Thomas	1890	
31173	Thurston	1870	1870-80: Blackbird
31175	Valley	1880	
31177	Washington	1860	
31179	Wayne	1870	
31181	Webster	1870	
31183	Wheeler	1880	
31183.1	Winnebago Ind. Res.	1870	To Blackbird (Thurston), Wayne, Dixon
31185	York	1870	

NEVADA

Nevada was acquired from Mexico in 1848 and included in Utah and New Mexico Territories. It was established as a territory in 1861 from Utah Territory and was admitted as a state on October 31, 1864. Nevada acquired essentially its present boundaries after annexation of the southern tip from Arizona Territory in 1866.

In 1850 present-day Nevada had no census coverage. The population for 1860 is for the enumerated portions of Utah Territory that were included in Nevada Territory the following year. In 1870 coverage included the entire state. The 1870 population includes Rio Virgin County, enumerated as part of Utah although located within Nevada.

Areas shown for 1860 were then in Utah Territory. Total for 1870 includes population (450) of Rio Virgin County, enumerated as part of Utah although within Nevada. Total for 1890 includes population (1,594) of certain Indian reservations not reported by county.

Nevada county origins:

FIPS code	Area name	Year of first census	Notes (* denotes the original counties from which a county was formed)
32000	NEVADA	1860	
32000.9	Carson	1860	to Washoe, Storey, Ormsby (Carson City), Douglas, Esmeralda, Lyon, Roop, Humboldt, and Churchill.
32001	Churchill	1870	*Carson, Humboldt
32003	Clark	1910	*Lincoln
32005	Douglas	1870	*Carson
32007	Elko	1870	*St. Marys; Humboldt
32009	Esmeralda	1870	*Carson
32011	Eureka	1880	*Lander; Elko
32013	Humboldt	1860	
32015	Lander	1870	*Humboldt; St. Marys
32017	Lincoln	1870	
32019	Lyon	1870	*Carson
32021	Mineral	1920	*Esmeralda
32023	Nye	1870	
32027	Pershing	1920	*Humboldt
32027.1	Rio Virgin	1870	Rio Virgin County was established in 1869 by Utah within present-day Nevada and enumerated as part of Utah in 1870. Utah abolished the county in 1872; by 1880 its territory was in Lincoln County.
32027.2	Roop	1870	*Carson; to Washoe
32027.3	St. Marys	1860	To Elko, White Pine; Lander
32029	Storey	1870	*Carson
32031	Washoe	1870	*Carson
32033	White Pine	1870	*St. Marys
32510	Carson City	1870	*Carson; 1870-1960: Ormsby; Carson City was consolidated with Ormsby County in 1969 and became independent of any county; the populations for 1870-1960 are for Ormsby County.

NEW HAMPSHIRE

New Hampshire was one of the 13 original states. It has had essentially its present boundaries ever since 1790, although an area at the northern tip of the state was in dispute with Canada until 1842.

Census coverage included virtually all of New Hampshire from 1790 on.

New Hampshire county origins:

FIPS code	Area name	Year of first census	Notes (* denotes the original counties from which a county was formed)
33000	NEW HAMPSHIRE	1790	
33001	Belknap	1850	*Strafford
33003	Carroll	1850	*Strafford
33005	Cheshire	1790	
33007	Coos	1810	*Grafton
33009	Grafton	1790	
33011	Hillsborough	1790	
33013	Merrimack	1830	*Hillsborough, Rockingham; Strafford.
33015	Rockingham	1790	
33017	Strafford	1790	
33019	Sullivan	1830	*Cheshire

NEW JERSEY

New Jersey was one of the 13 original states and has had essentially its current boundaries since Colonial times.

Census coverage included all parts of the State from 1790 on.

New Jersey county origins:

FIPS code	Area name	Year of first census	Notes (* denotes the original counties from which a county was formed)
34000	NEW JERSEY	1790	
34001	Atlantic	1840	*Gloucester
34003	Bergen	1790	
34005	Burlington	1790	
34007	Camden	1850	*Gloucester
34009	Cape May	1790	
34011	Cumberland	1790	
34013	Essex	1790	
34015	Gloucester	1790	
34017	Hudson	1840	*Bergen
34019	Hunterdon	1790	
34021	Mercer	1840	*Hunterdon, Middlesex, Burlington.
34023	Middlesex	1790	
34025	Monmouth	1790	
34027	Morris	1790	
34029	Ocean	1850	*Monmouth
34031	Passaic	1840	*Essex, Bergen
34033	Salem	1790	
34035	Somerset	1790	
34037	Sussex	1790	
34039	Union	1860	*Essex
34041	Warren	1830	*Sussex

NEW MEXICO

New Mexico was acquired in part in 1845 when Texas joined the United States and in part directly from Mexico in 1848 and 1853. New Mexico Territory was established in December 1850, including most of present-day Arizona and parts of Colorado and Nevada. New Mexico acquired essentially its present boundaries in 1863 and was admitted as a state on January 6, 1912.

In 1850, census coverage of New Mexico Territory included much of the present state but did not extend beyond it. The 1860 population refers essentially to the present state; it excludes the then Arizona County, which was located within present-day Arizona, as well as areas that became part of Colorado Territory in 1861.

Total for 1860 excludes 6,482 persons in Arizona County, within present-day Arizona. Total for 1890 includes population (6,689) of certain Indian reservations not reported by county.

New Mexico county origins:

FIPS code	Area name	Year of first census	Notes (* denotes the original counties from which a county was formed)
35000	NEW MEXICO	1850	
35001	Bernalillo	1850	
35003	Catron	1930	*Socorro
35005	Chaves	1900	*Lincoln
35006	Cibola...................	1990	*Valencia; Cibola County (1980 pop. 30,347) was formed from Valencia County in 1981.
35007	Colfax	1870	*Mora
35009	Curry	1910	*Guadalupe; Chaves
35011	De Baca	1920	*Guadalupe, Chaves, Roosevelt
35013	Doña Ana	1860	*Valencia
35015	Eddy	1900	*Lincoln
35017	Grant	1870	*Dona Ana
35019	Guadalupe	1900	*San Miguel; Bernalillo, Lincoln
35021	Harding	1930	*Union, Mora
35023	Hidalgo	1920	*Grant
35025	Lea	1920	*Eddy, Chaves
35027	Lincoln	1870	*Socorro
35028	Los Alamos	1950	*Sandoval, Santa Fe
35029	Luna	1910	*Grant, Dona Ana
35031	McKinley	1910	*Bernalillo, Valencia; San Juan
35033	Mora	1860	*Taos; San Miguel
35035	Otero	1900	*Dona Ana, Lincoln, Socorro
35037	Quay	1910	*Guadalupe, Union; San Miguel
35039	Rio Arriba	1850	
35041	Roosevelt	1910	*Chaves, Guadalupe
35043	Sandoval	1910	*Bernalillo
35045	San Juan	1890	*Rio Arriba
35047	San Miguel	1850	
35047.1	Santa Ana..............	1850	To Bernalillo
35049	Santa Fe	1850	
35051	Sierra	1890	*Socorro, Dona Ana, Grant
35053	Socorro	1860	*Valencia
35055	Taos	1850	
35057	Torrance	1910	*Valencia, Bernalillo, Lincoln, Socorro, San Miguel, Santa Fe
35059	Union	1900	*Colfax, Mora, San Miguel
35061	Valencia.................	1850	Cibola County (1980 pop. 30,347) was formed from Valencia County in 1981.

NEW YORK

New York was one of the 13 original states. Since relinquishing its claims to Vermont in 1791, it has had substantially its present boundaries.

Census coverage excluded Vermont in 1790 and did not include the far western part of the state until 1800.

Total for 1890 includes population (5,321) of certain Indian reservations, not reported by county.

New York county origins:

FIPS code	Area name	Year of first census	Notes (* denotes the original counties from which a county was formed)
36000	NEW YORK	1790	
36001	Albany	1790	
36003	Allegany	1810	*Steuben, Ontario.
36005	Bronx	1920	Bronx County was formed from New York County in 1912, comprising territory that had been annexed by New York County from Westchester County in 1874 and 1895. (Since 1898 this area also has comprised Bronx Borough of New York city.) The population of Bronx's present-day area was 200,507 in 1900 and 430,980 in 1910. According to the 1900 census, its estimated population at earlier censuses was: 1790, 1,781; 1800, 1,755; 1810, 2,267; 1820, 2,782; 1830, 3,023; 1840, 5,346; 1850, 8,032; 1860, 23,593; 1870, 37,393; 1880, 51,980; 1890, 88,908.
36007	Broome	1810	*Tioga
36009	Cattaraugus	1820	*Niagara
36011	Cayuga	1800	*Montgomery
36013	Chautauqua	1820	*Niagara
36015	Chemung	1840	*Tioga
36017	Chenango	1800	*Montgomery
36019	Clinton	1790	In 1800 Essex was reported with Clinton.
36021	Columbia	1790	
36023	Cortland	1810	*Onondaga
36025	Delaware	1800	*Ulster, Montgomery.
36027	Dutchess	1790	
36029	Erie	1830	*Niagara
36031	Essex	1810	*Clinton; in 1800 Essex was reported with Clinton.
36033	Franklin	1810	*Clinton, Montgomery.
36035	Fulton	1840	*Montgomery
36037	Genesee	1810	*Ontario
36039	Greene	1800	*Albany, Ulster
36041	Hamilton	1820	*Montgomery
36043	Herkimer	1800	*Montgomery
36045	Jefferson	1810	*Oneida
36047	Kings	1790	In 1898 Kings County, while remaining a separate county, became Brooklyn Borough of New York city.
36049	Lewis	1810	*Oneida
36051	Livingston	1830	*Ontario, Genesee, Steuben.
36053	Madison	1810	*Chenango
36055	Monroe	1830	*Genesee, Ontario.
36057	Montgomery	1790	
36059	Nassau	1900	In 1898 Nassau County was formed from Queens, the rest of which remained a county while becoming part of New York city (as Queens Borough). According to the 1900 census, the estimated population for the present-day area of Nassau are: 1790, 9,855; 1800, 10,274; 1810, 11,892; 1820, 13,273; 1830, 13,411; 1840, 15,844; 1850, 18,240; 1860, 24,488; 1870, 28,335; 1880, 34,015; 1890, 41,009.
36061	New York	1790	From Colonial times to 1874 New York County was conterminous with New York city and had substantially the same area as present-day New York County. In 1874 and 1895, the county and city annexed portions of Westchester County. In 1912 the annexed portions became Bronx County, leaving New York County with essentially its pre-1874 boundaries. The population of New York County's present-day area was: 1880, 1,164,673; 1890, 1,441,216; 1900: 1,850,093; 1910, 2,331,542. (Since 1898 this area also has comprised Manhattan Borough of New York city.) Also in 1898, Kings County (Brooklyn Borough), Richmond County (Richmond Borough, renamed Staten Island Borough in 1975) and part of Queens County became parts of New York city while remaining separate counties.
36063	Niagara	1810	*Ontario
36065	Oneida	1800	*Montgomery
36067	Onondaga	1800	*Montgomery
36069	Ontario	1790	
36071	Orange	1790	
36073	Orleans	1830	*Genesee
36075	Oswego	1820	*Oneida, Onondaga.

FIPS code	Area name	Year of first census	Notes (* denotes the original counties from which a county was formed)
36077	Otsego	1800	*Montgomery
36079	Putnam	1820	*Dutchess
36081	Queens	1790	In 1898 Nassau County was formed from Queens, the rest of which remained a county while becoming part of New York city (as Queens Borough). According to the 1900 census, the estimated population of Queens' present-day area at earlier censuses was: 1790, 15,014; 1800, 16,916; 1810, 19,336; 1820, 21,519; 1830, 22,460; 1840, 30,324; 1850, 36,833; 1860, 57,391; 1870, 73,803; 1880, 90,574; 1890, 128,059.
36083	Rensselaer	1800	*Albany
36085	Richmond	1790	In 1898 Richmond County, while remaining a separate county, became Richmond Borough of New York city; Richmond Borough was renamed Staten Island Borough in 1975.
36087	Rockland	1800	*Orange
36089	St. Lawrence	1810	*Oneida, Montgomery, Herkimer.
36091	Saratoga	1800	*Albany
36093	Schenectady	1810	*Albany
36095	Schoharie	1800	*Albany, Montgomery.
36097	Schuyler	1860	*Tompkins, Steuben, Chemung.
36099	Seneca	1810	*Cayuga
36101	Steuben	1800	*Ontario, Montgomery.
36103	Suffolk	1790	
36105	Sullivan	1810	*Ulster
36107	Tioga	1800	*Montgomery
36109	Tompkins	1820	*Seneca, Cayuga.
36111	Ulster	1790	
36113	Warren	1820	*Washington
36115	Washington	1790	
36117	Wayne	1830	*Ontario, Seneca.
36119	Westchester	1790	Bronx County was formed from New York County in 1912, comprising territory that had been annexed by New York County from Westchester County in 1874 and 1895. (Since 1898 this area also has comprised Bronx Borough of New York city.) The population of Bronx's present-day area was 200,507 in 1900 and 430,980 in 1910. According to the 1900 census, the estimated population for the present-day area of Westchester are: 1790, 22,222; 1800, 25,618; 1810, 28,005; 1820, 29,856; 1830, 33,433; 1840, 43,340; 1850, 50,231; 1860, 75,904; 1870, 93,955; 1880, 98,634; 1890, 131,949.
36121	Wyoming	1850	*Genesee, Allegany.
36123	Yates	1830	*Ontario, Steuben

NORTH CAROLINA

North Carolina was one of the 13 original states and by the time of the 1790 census had essentially its current boundaries.

In 1790 census coverage included most of the state, except for areas at the western end, parts of which were not enumerated until 1840. The population for 1810 includes Walton County, enumerated as part of Georgia although actually within North Carolina.

Total for 1810 includes population (1,026) of Walton County, reported as a Georgia county but later determined to be situated in western North Carolina. Total for 1890 includes two Indians in prison, not reported by county.

North Carolina county origins:

FIPS code	Area name	Year of first census	Notes (* denotes the original counties from which a county was formed)
37000	NORTH CAROLINA...	1790	
37001	Alamance	1850	*Orange
37003	Alexander	1850	*Iredell, Burke, Wilkes.
37005	Alleghany	1860	*Ashe
37007	Anson	1790	
37009	Ashe	1800	*Wilkes
37011	Avery	1920	*Caldwell, Mitchell, Watauga.
37013	Beaufort	1790	
37015	Bertie	1790	
37017	Bladen	1790	
37019	Brunswick	1790	
37021	Buncombe	1800	*Burke, Rutherford; Walton was created in 1803 as a Georgia county and reported in 1810 as part of Georgia; abolished after a review of the state boundary determined that its area was located in North Carolina. By 1820 it was part of Buncombe County. .
37023	Burke	1790	
37025	Cabarrus	1800	*Mecklenburg
37027	Caldwell	1850	*Burke, Wilkes, Yancey.
37029	Camden	1790	
37031	Carteret	1790	
37033	Caswell	1790	
37035	Catawba	1850	*Lincoln
37037	Chatham	1790	
37039	Cherokee	1840	
37041	Chowan	1790	
37043	Clay	1870	*Cherokee
37045	Cleveland	1850	*Rutherford, Lincoln.
37047	Columbus	1810	*Bladen, Brunswick.
37049	Craven	1790	
37051	Cumberland	1790	
37053	Currituck	1790	
37055	Dare	1870	*Tyrrell, Currituck, Hyde.
37057	Davidson	1830	*Rowan
37059	Davie	1840	*Rowan
37061	Duplin	1790	
37063	Durham	1890	*Orange, Wake
37065	Edgecombe	1790	
37067	Forsyth	1850	*Stokes
37069	Franklin	1790	
37071	Gaston	1850	*Lincoln
37073	Gates	1790	
37075	Graham	1880	*Cherokee
37077	Granville	1790	
37079	Greene	1790	1790: Dobbs
37081	Guilford	1790	
37083	Halifax	1790	
37085	Harnett	1860	*Cumberland
37087	Haywood	1810	*Buncombe
37089	Henderson	1840	*Buncombe
37091	Hertford	1790	
37093	Hoke	1920	*Cumberland, Robeson.
37095	Hyde	1790	
37097	Iredell	1790	
37099	Jackson	1860	*Macon, Haywood.
37101	Johnston	1790	
37103	Jones	1790	
37105	Lee	1910	*Moore, Chatham.
37107	Lenoir	1800	*Dobbs (Greene); Craven.
37109	Lincoln	1790	
37111	McDowell	1850	*Burke, Rutherford.
37113	Macon	1830	*Haywood
37115	Madison	1860	*Buncombe, Yancey.
37117	Martin	1790	
37119	Mecklenburg	1790	
37121	Mitchell	1870	*Yancey, Watauga.
37123	Montgomery	1790	
37125	Moore	1790	
37127	Nash	1790	
37129	New Hanover	1790	
37131	Northampton	1790	
37133	Onslow	1790	
37135	Orange	1790	
37137	Pamlico	1880	*Craven, Beaufort.
37139	Pasquotank	1790	
37141	Pender	1880	*New Hanover
37143	Perquimans	1790	
37145	Person	1800	*Caswell

FIPS code	Area name	Year of first census	Notes (* denotes the original counties from which a county was formed)
37147	Pitt	1790	
37149	Polk	1860	*Rutherford, Henderson.
37151	Randolph	1790	
37153	Richmond	1790	
37155	Robeson	1790	
37157	Rockingham	1790	
37159	Rowan	1790	
37161	Rutherford	1790	
37163	Sampson	1790	
37165	Scotland	1900	*Richmond
37167	Stanly	1850	*Montgomery
37169	Stokes	1790	
37171	Surry	1790	
37173	Swain	1880	*Jackson, Macon.
37175	Transylvania	1870	*Henderson, Jackson.
37177	Tyrrell	1790	
37179	Union	1850	*Mecklenburg, Anson.
37181	Vance	1890	*Granville, Warren, Franklin.
37183	Wake	1790	
37183.1	Walton	1810	Created in 1803 as a Georgia county and reported in 1810 as part of Georgia; abolished after a review of the state boundary determined that its area was located in North Carolina. By 1820 it was part of Buncombe County.
37185	Warren	1790	
37187	Washington	1800	*Tyrrell
37189	Watauga	1850	*Ashe, Yancey, Wilkes; Burke.
37191	Wayne	1790	
37193	Wilkes	1790	
37195	Wilson	1860	*Edgecombe, Nash, Wayne, Johnston.
37197	Yadkin	1860	*Surry
37199	Yancey	1840	*Burke, Buncombe.

NORTH DAKOTA

North Dakota was admitted as a state on November 2, 1889 with essentially its present boundaries. It was formed from Dakota Territory, organized in 1861 (for Dakota's earlier history, see the state note for South Dakota).

Most of present-day North and South Dakota was acquired as part of the Louisiana Purchase of 1803, and was included in Louisiana (soon renamed Missouri) Territory. The part generally west of the Missouri River remained in Missouri Territory until becoming part of Nebraska Territory, formed in 1854. The portion east of the Missouri became successively part of Michigan Territory (1834), Wisconsin Territory (1836), Iowa Territory (1838), and Minnesota Territory (1849). After Minnesota became a State in 1858, this area remained unorganized until Dakota Territory was established in 1861, including all of the present-day Dakotas as well as most of Montana and the northern half of Wyoming. After 1868 Dakota Territory corresponded to the present two states, plus an area transferred to Nebraska in 1882. North Dakota was admitted as a state on November 2, 1889 with essentially its present boundaries.

In 1850 census coverage of present-day North Dakota was limited to a few settlements in what was then Minnesota Territory. In 1860, some forts and settlements in the present state were enumerated in Nebraska Territory as well as in Dakota, which was not yet organized. No determination has been made to assign the 1860 Dakota total of

4,837 to what became the two separate states. Census coverage first included the whole state in 1890.

Totals for 1870 and 1880 are the totals of those counties of Dakota Territory located wholly or primarily in what is now North Dakota; in addition, the 1870 total includes an estimated share (1,192) of the population of the Territory's unorganized portion (2,091). Total for 1890 includes the population (8,264) of certain Indian reservations not reported by county; this includes the population (4,206) of the entire Standing Rock Indian Reservation, much of which was in South Dakota. The 1890 total also includes the population (511) of the Fort Yates and Standing Rock Indian agency other than reservation Indians, likewise not reported by county. Total for 1900 includes the population (2,208) of the portion of the Standing Rock Indian Reservation in North Dakota, not reported by county.

North Dakota county origins:

FIPS code	Area name	Year of first census	Notes (* denotes the original counties from which a county was formed)
38000	NORTH DAKOTA......	1870	
38001	Adams	1910	*Stark
38003	Barnes	1880	*Pembina
38005	Benson	1890	*Ramsey
38007	Billings	1880	
38009	Bottineau	1890	
38011	Bowman	1890	*Billings; part of Billings in 1900
38011.1	Buford	1890	*Wallette; to Williams
38013	Burke	1910	*Ward
38015	Burleigh	1880	
38017	Cass	1880	*Pembina
38019	Cavalier	1890	*Pembina
38019.1	Church	1890	To McLean, McHenry, Pierce
38021	Dickey	1890	*LaMoure, Ransom
38023	Divide	1910	*Williams
38025	Dunn	1890	*Stark, Mercer; The 1890 area of Dunn was in Stark in 1900; the 1910 area of Dunn was in Stark and Mercer in 1900.
38027	Eddy	1890	*Foster
38029	Emmons	1880	
38029.1	Flannery.................	1890	*Wallette, Mountrail; to Williams
38031	Foster	1880	
38031.1	Garfield	1890	*Stevens, Mountrail; to McLean, Ward
38033	Golden Valley	1920	*Billings
38035	Grand Forks	1880	*Pembina
38037	Grant	1920	*Morton
38039	Griggs	1890	*Traill, Foster, Barnes
38041	Hettinger	1890	*Stark; The 1890 area of Hettinger was in Stark (and in small part Billings) in 1900; the 1910 area of Hettinger was in Stark in 1900.
38041.1	Howard	1880	To Billings, McKenzie, Wallace, Dunn
38043	Kidder	1880	
38045	LaMoure	1880	
38047	Logan	1890	
38049	McHenry	1890	
38051	McIntosh	1890	
38053	McKenzie	1890	*Billings, Stark, The 1890 area of McKenzie was in Billings in 1900; the 1910 area of McKenzie was in Billings and Stark in 1900.
38055	McLean	1890	*Stevens, Burleigh
38057	Mercer	1890	*Williams
38059	Morton	1880	
38061	Mountrail	1890	*Ward; part of Ward in 1900
38063	Nelson	1890	*Grand Forks, Ramsey, Foster
38065	Oliver	1890	*Williams (old)
38067	Pembina	1870	
38069	Pierce	1890	
38071	Ramsey	1880	
38073	Ransom	1880	*Pembina
38075	Renville	1890	*Ward; The 1890 area of Renville was in Ward and Bottineau in 1900; the 1910 area of Renville was in Ward in 1900.
38077	Richland	1880	
38079	Rolette	1890	
38081	Sargent	1890	*Ransom
38083	Sheridan	1890	*McLean; part of McLean in 1900
38085	Sioux	1920	*Morton
38087	Slope	1920	*Billings
38089	Stark	1890	
38091	Steele	1890	*Traill
38091.1	Stevens...................	1880	To McLean, Ward
38093	Stutsman	1880	
38095	Towner	1890	
38097	Traill	1880	*Pembina
38097.1	Wallace	1890	*Howard, Williams (old); to Stark, Billings
38097.3	Wallette	1880	To Flannery, Buford
38099	Walsh	1890	*Pembina, Grand Forks
38101	Ward	1890	*Stevens
38103	Wells	1890	
38103.1	Williams (old)..........	1880	To Mercer; Stark
38105	Williams	1900	*Flannery, Buford

OHIO

Ohio was part of the Territory Northwest of the River Ohio, established in 1787 and commonly known as the Northwest Territory. Besides present-day Ohio it included what are now Indiana, Illinois, Michigan, Wisconsin, and northeastern Minnesota. In 1800, with the creation of Indiana Territory, the Northwest Territory was reduced essentially to present-day Ohio, a small portion of southeastern Indiana, and the eastern half of lower Michigan. Ohio became a separate territory in 1802 and was admitted as a State on March 1, 1803, with its present boundaries except for a much-disputed strip along the northwestern border. This strip was governed by Michigan Territory until finally ceded to Ohio in 1836.

In 1790 the Northwest Territory had no census coverage. The 1800 census enumerated population in much of present-day Ohio and in a portion of southeastern Indiana; the total excludes the then Wayne County, nearly all of whose population was in present-day Michigan. The 1810, 1820, and 1830 censuses covered all of present-day Ohio except for the disputed northwestern strip, which was enumerated as part of Michigan.

Total for 1800 excludes population (3,206) of Wayne County, Northwest Territory, virtually all of which was enumerated in present-day Michigan, but includes part of present-day Indiana in Hamilton County. Total for 1890 includes 13 Indians in prison, not returned by county.

Ohio county origins:

FIPS code	Area name	Year of first census	Notes (* denotes the original counties from which a county was formed)
39000	OHIO	1800	
39001	Adams	1800	
39003	Allen	1830	*Shelby
39005	Ashland	1850	*Richland, Wayne, Lorain, Huron.
39007	Ashtabula	1820	*Geauga, Trumbull
39009	Athens	1810	*Washington
39011	Auglaize	1850	*Allen, Mercer
39013	Belmont	1810	*Jefferson, Washington
39015	Brown	1820	*Clermont, Adams
39017	Butler	1810	*Hamilton
39019	Carroll	1840	*Columbiana, Stark, Harrison, Tuscarawas, Jefferson.
39021	Champaign	1810	*Hamilton, Ross
39023	Clark	1820	*Champaign, Greene, Madison.
39025	Clermont	1810	*Hamilton
39027	Clinton	1810	*Hamilton, Ross
39029	Columbiana	1810	*Jefferson
39031	Coshocton	1820	*Muskingum
39033	Crawford	1830	*Delaware
39035	Cuyahoga	1810	*Trumbull; 1800: Cayahoga
39037	Darke	1820	*Miami
39039	Defiance	1850	*Williams, Henry, Paulding.
39041	Delaware	1810	*Ross
39043	Erie	1840	*Huron; Sandusky
39045	Fairfield	1810	*Washington, Ross
39047	Fayette	1810	*Ross
39049	Franklin	1810	*Ross
39051	Fulton	1850	*Lucas, Williams, Henry
39053	Gallia	1810	*Washington
39055	Geauga	1810	*Trumbull
39057	Greene	1810	*Hamilton, Ross
39059	Guernsey	1810	*Washington
39061	Hamilton	1800	Total for 1800 includes part of present-day Indiana in Hamilton County.
39063	Hancock	1830	*Wood
39065	Hardin	1820	*Champaign, Delaware. In 1820 Hardin was reported as attached to Logan.
39067	Harrison	1820	*Jefferson, Tuscarawas
39069	Henry	1830	*Wood
39071	Highland	1810	*Ross, Hamilton; Adams
39073	Hocking	1820	*Athens, Ross, Fairfield
39075	Holmes	1830	*Coshocton, Wayne, Tuscarawas.
39077	Huron	1820	*Cuyahoga
39079	Jackson	1820	*Ross, Scioto, Gallia, Athens.
39081	Jefferson	1800	
39083	Knox	1810	*Ross, Washington
39085	Lake	1840	*Geauga, Cuyahoga
39087	Lawrence	1820	*Gallia, Scioto
39089	Licking	1810	*Ross, Washington
39091	Logan	1820	*Champaign
39093	Lorain	1830	*Medina, Huron, Cuyahoga.
39095	Lucas	1840	*Wood, Henry, Monroe (MI), Huron.
39097	Madison	1810	*Ross
39099	Mahoning	1850	*Trumbull, Columbiana
39101	Marion	1830	*Delaware
39103	Medina	1820	*Portage
39105	Meigs	1820	*Gallia, Athens
39107	Mercer	1820	*Montgomery; In 1820 Mercer was reported as attached to Darke.
39109	Miami	1810	*Hamilton
39111	Monroe	1820	*Belmont, Guernsey, Washington.
39113	Montgomery	1810	*Hamilton
39115	Morgan	1820	*Washington, Guernsey, Muskingum.
39117	Morrow	1850	*Delaware, Knox, Marion, Richland.
39119	Muskingum	1810	*Washington
39121	Noble	1860	*Morgan, Guernsey, Monroe; Washington.
39123	Ottawa	1840	*Sandusky, Monroe (MI), Huron.
39125	Paulding	1830	*Wood
39127	Perry	1820	*Fairfield, Washington, Muskingum.
39129	Pickaway	1810	*Ross
39131	Pike	1820	*Ross, Scioto; Adams
39133	Portage	1810	*Trumbull
39135	Preble	1810	*Hamilton; 1810: Prebble
39137	Putnam	1830	*Wood
39139	Richland	1820	*Knox
39141	Ross	1800	
39143	Sandusky	1820	*Delaware; Champaign
39145	Scioto	1810	*Adams, Washington
39147	Seneca	1830	*Sandusky
39149	Shelby	1820	*Montgomery, Miami, Champaign.
39151	Stark	1810	*Washington, Jefferson
39153	Summit	1840	*Portage, Medina, Stark
39155	Trumbull	1800	
39157	Tuscarawas	1810	*Washington, Jefferson
39159	Union	1820	*Delaware, Champaign, Madison, Franklin.
39161	Van Wert	1830	*Mercer
39163	Vinton	1850	*Athens, Hocking, Jackson, Gallia, Ross.
39165	Warren	1810	*Hamilton
39167	Washington	1800	
39169	Wayne	1820	*Stark; Wayne County, Northwest Territory, reported in 1800, had virtually all its enumerated population in the Detroit area and hence is shown under Michigan. In 1810 the Ohio portion of its 1800 area was included in many Ohio counties, but it has not been shown as an origin because its Ohio portion was virtually unenumerated in 1800. The present Wayne County was organized in 1812.
39171	Williams	1830	*Wood
39173	Wood	1820	*Montgomery, Champaign; Delaware.
39175	Wyandot	1850	*Crawford, Marion, Hancock, Hardin

OKLAHOMA

Oklahoma was acquired by the Louisiana Purchase of 1803. It soon became an area of settlement for various Indian tribes displaced from states farther east, and was known as the Indian Territory although it had various tribal governments rather than a central administration. Many non-Indians also settled in the area. Oklahoma Territory was established from a part of the Indian Territory in 1890 and expanded in 1893; the tribal jurisdictions continued in the remainder. On November 16, 1907 the two parts were admitted as the State of Oklahoma, with substantially the current boundaries. A dispute about the western boundary was settled in Texas' favor by the U.S. Supreme Court in 1930.

Census coverage did not systematically include any of present-day Oklahoma until 1890; some Indian areas were first enumerated in 1900. In 1860 non-Indians were enumerated but not included in official population totals; non-Indians in the area in 1870 and 1880 were not enumerated. The 1890 total is for Oklahoma Territory (78,475) and Indian Territory (180,182); and the 1900 total is for Oklahoma Territory (398,331) and Indian Territory (392,060). Just prior to statehood, the U.S. Census Bureau took a special census on July 1, 1907, showing a total population of 1,414,177 (Oklahoma Territory, 733,062; Indian Territory, 681,115); results of this special census are not included in Table C.

Population for 1890 is total of Oklahoma Territory (78,475, including 3,569 non-Indians on Indian reservations but not reported by reservation) and Indian Territory (180,182, including 861 not reported by nation or reservation). Population for 1900 is total of Oklahoma Territory (398,331) and Indian Territory (392,060).

Population for 1907 is total according to special census of Oklahoma Territory (733,062) and Indian Territory (681,115, including 9,155 not reported by nation or reservation) taken as of July 1, 1907. The 1907 data are given for the subdivisions of Indian Territory existing on July 1.

Oklahoma county origins:

FIPS code	Area name	Year of first census	Notes (* denotes the original counties from which a county was formed)
40000	OKLAHOMA	1890	
40001	Adair	1907	*Cherokee Nation
40003	Alfalfa	1907	*Woods
40005	Atoka	1907	*Choctaw Nation
40007	Beaver	1890	
40009	Beckham	1907	*Roger Mills, Greer
40011	Blaine	1900	*Cheyenne and Arapaho Reservation
40013	Bryan	1907	*Choctaw and Chickasaw Nations
40015	Caddo	1907	*Wichita and Kiowa, Comanche, and Apache Reservations.
40017	Canadian	1890	
40019	Carter	1907	*Chickasaw Nation
40021	Cherokee	1907	*Cherokee Nation
40023	Choctaw	1907	*Choctaw Nation
40025	Cimarron	1907	*Beaver
40027	Cleveland	1890	
40029	Coal	1907	*Choctaw and Chickasaw Nations
40031	Comanche	1907	*Kiowa, Comanche, and Apache Reservation
40033	Cotton	1920	*Comanche
40035	Craig	1907	*Cherokee Nation
40037	Creek	1907	*Creek Nation
40039	Custer	1900	*Cheyenne and Arapaho Reservation
40039.1	Day	1900	*Cheyenne and Arapaho Reservation; to Ellis and Roger Mills.
40041	Delaware	1907	*Cherokee Nation, Seneca Reservation
40043	Dewey	1900	*Cheyenne and Arapaho Reservation
40045	Ellis	1907	*Woodward, Day
40047	Garfield	1900	*Indian lands
40049	Garvin	1907	*Chickasaw Nation
40051	Grady	1907	*Chickasaw Nation and Kiowa, Comanche, and Apache Reservation.
40053	Grant	1900	*Indian lands
40055	Greer	1890	Greer functioned as a Texas county until 1896 but was enumerated as part of Oklahoma Territory in 1890.
40057	Harmon	1910	*Greer
40059	Harper	1907	*Woodward
40061	Haskell	1907	*Choctaw Nation
40063	Hughes	1907	*Creek and Choctaw Nations
40065	Jackson	1907	*Greer
40067	Jefferson	1907	*Chickasaw Nation and Kiowa, Comanche, and Apache Reservation.
40069	Johnston	1907	*Chickasaw and Choctaw Nations
40071	Kay	1900	*Indian lands, Nez Perce Reservation
40073	Kingfisher	1890	
40075	Kiowa	1907	*Kiowa, Comanche, and Apache Reservation
40077	Latimer	1907	*Choctaw Nation
40079	Le Flore	1907	*Choctaw Nation
40081	Lincoln	1900	*Sac and Fox, Iowa, and Kickapoo Reservations
40083	Logan	1890	
40085	Love	1907	*Chickasaw Nation
40087	McClain	1907	*Chickasaw Nation
40089	McCurtain	1907	*Choctaw Nation
40091	McIntosh	1907	*Creek and Cherokee Nations
40093	Major	1907	*Woods
40095	Marshall	1907	*Chickasaw Nation
40097	Mayes	1907	*Cherokee and Creek Nations
40099	Murray	1907	*Chickasaw Nation
40101	Muskogee	1907	*Creek and Cherokee Nations

FIPS code	Area name	Year of first census	Notes (* denotes the original counties from which a county was formed)
40103	Noble	1900	*Indian lands; Total for 1900 excludes population (2,217) of Ponca and Otoe and Missouri Reservations, reported as part of the county.
40105	Nowata	1907	*Cherokee Nation
40107	Okfuskee	1907	*Creek Nation
40109	Oklahoma	1890	
40111	Okmulgee	1907	*Creek Nation
40113	Osage	1890	*Osage Reservation; The 1890-1900 census boundaries of the Osage Reservation were essentially the same as those of Osage County, 1907-90.
40115	Ottawa	1907	*Modoc, Ottawa, Peoria, Quapaw, Shawnee, Wyandotte, and Seneca Reservations and Cherokee Nation.
40117	Pawnee	1900	*Pawnee Reservation, Indian lands
40119	Payne	1890	
40121	Pittsburg	1907	*Choctaw Nation
40123	Pontotoc	1907	*Chickasaw and Choctaw Nations
40125	Pottawatomie	1900	*Pottawatomie, Kickapoo, and Sac and Fox Reservations.
40127	Pushmataha	1907	*Choctaw Nation
40129	Roger Mills	1900	*Cheyenne and Arapaho Reservation
40131	Rogers	1907	*Cherokee and Creek Nations
40133	Seminole	1907	*Seminole and Creek Nations
40135	Sequoyah	1907	*Cherokee Nation
40137	Stephens	1907	*Chickasaw Nation and Kiowa, Comanche, and Apache Reservation.
40139	Texas	1907	*Beaver
40141	Tillman	1907	*Kiowa, Comanche, and Apache Reservation
40143	Tulsa	1907	*Creek and Cherokee Nations
40145	Wagoner	1907	*Creek and Cherokee Nations
40147	Washington	1907	*Cherokee Nation
40149	Washita	1900	*Cheyenne and Arapaho Reservation
40151	Woods	1900	*Indian lands
40153	Woodward	1900	*Indian lands

Indian Reservations in Oklahoma Territory	Year of first Census	Notes
Cheyenne and Arapahoe Reservation	1890	To Blaine, Canadian, Custer, Day, Dewey, Kingfisher, Roger Mills, Washita.
Iowa Reservation	1890	To Lincoln, Logan, Payne; Oklahoma
Kaw (Kansas) Reservation	1890	To Kay
Kickapoo Reservation	1890	To Lincoln, Pottawattomie, Oklahoma
Kiowa, Comanche, and Apache Reservation	1890	To Caddo, Comanche, Grady, Jefferson, Kiowa, Stephens, Tillman.
Nez Perce (Oakland) Reservation	1890	To Kay
Osage Reservation	1890	To Osage
Otoe and Missouri Reservation	1890	To Noble, Pawnee
Pawnee Reservation	1890	To Pawnee, Payne
Ponca Reservation	1890	To Noble, Kay
Pottawatomie Reservation	1890	To Pottawatomie, Cleveland, Oklahoma
Sac and Fox Reservation	1890	To Lincoln, Payne, Pottawatomie
Wichita Reservation	1890	To Caddo, Blaine, Canadian, Custer, Grady, Washita.
Indian Territory		
Cherokee Nation	1890	To Adair, Cherokee, Craig, Delaware, McIntosh, Mayes, Muskogee, Nowata, Ottawa, Rogers, Sequoyah, Tulsa, Wagoner, Washington.
Chickasaw Nation	1890	To Bryan, Carter, Coal, Garvin, Grady, Jefferson, Johnston, Love, McClain, Marshall, Murray, Pontotoc, Stephens.
Choctaw Nation	1890	To Atoka, Bryan, Choctaw, Coal, Haskell, Hughes, Johnston, Latimer, Leflore, McCurtain, Pittsburg, Pontotoc, Pushmataha.
Creek Nation	1890	To Creek, Hughes, McIntosh, Mayes, Muskogee, Okfuskee, Okmulgee, Rogers, Seminole, Tulsa, Wagoner.
Seminole Nation	1890	To Seminole
Modoc Reservation	1890	To Ottawa
Ottawa Reservation	1890	To Ottawa
Peoria Reservation	1890	To Ottawa
Quapaw Reservation	1890	To Ottawa
Seneca Reservation	1890	To Ottawa, Delaware
Shawnee Reservation	1890	To Ottawa
Wyandotte Reservation	1890	To Ottawa

The populations enumerated in Indian Reservations in Oklahoma Territory and in Indian Territory

Indian Reservations in Oklahoma Territory	1907	1900	1890
Cheyenne and Arapahoe Reservation	---	---	3,363
Iowa Reservation	---	---	102
Kaw (Kansas) Reservation	---	768	198
Kickapoo Reservation	---	---	325
Kiowa, Comanche, and Apache Reservation	---	4,968	3,064
Nez Perce (Oakland) Reservation	---	---	76
Osage Reservation	---	6,717	1,580
Otoe and Missouri Reservation	---	680	358
Pawnee Reservation	---	---	804
Ponca Reservation	---	1,537	605
Pottawatomie Reservation	---	---	1,120
Sac and Fox Reservation	---	---	515
Wichita Reservation	---	1,420	962
Indian Territory			
Cherokee Nation	140,415	101,754	56,309
Chickasaw Nation	191,655	139,260	57,329
Choctaw Nation	182,066	99,781	43,808
Creek Nation	144,457	40,674	17,912
Seminole Nation	13,367	3,786	2,739
Modoc Reservation	---	140	84
Ottawa Reservation	---	2,205	137
Peoria Reservation	---	1,180	227
Quapaw Reservation	---	800	154
Seneca Reservation	---	970	255
Shawnee Reservation	---	297	79
Wyandotte Reservation	---	1,213	288

OREGON

The Oregon region was long in dispute with Great Britain, and was jointly occupied by the two countries until definitively acquired by the United States in 1846. Oregon was established as a territory in 1848, including present-day Washington, Idaho, and parts of Montana and Wyoming. It acquired its present boundaries and was admitted as a state on February 14, 1859.

In 1850 the census covered only areas west of the Cascade Mountains; the 1850 total excludes persons enumerated in present-day Washington. In 1860 census coverage included the whole state.

Total for 1850 excludes population (1,201) of Clark and Lewis Counties, located in present-day Washington. Total for 1890 includes population (3,937) of certain Indian reservations not reported by county.

Oregon county origins:

FIPS code	Area name	Year of first census	Notes (* denotes the original counties from which a county was formed)
41000	OREGON	1850	
41001	Baker	1870	*Wasco
41003	Benton	1850	
41005	Clackamas	1850	
41007	Clatsop	1850	
41009	Columbia	1860	*Washington, Clatsop
41011	Coos	1860	*Benton
41013	Crook	1890	*Wasco, Grant
41015	Curry	1860	*Benton
41017	Deschutes	1920	*Crook
41019	Douglas	1860	*Benton; Linn

FIPS code	Area name	Year of first census	Notes (* denotes the original counties from which a county was formed)
41021	Gilliam	1890	*Wasco, Umatilla
41023	Grant	1870	*Wasco
41025	Harney	1890	*Grant
41027	Hood River	1910	*Wasco
41029	Jackson	1860	*Benton
41031	Jefferson	1920	*Crook
41033	Josephine	1860	*Benton
41035	Klamath	1890	*Lake
41037	Lake	1880	*Jackson, Wasco; Grant
41039	Lane	1860	*Benton, Linn
41041	Lincoln	1900	*Benton, Tillamook
41043	Linn	1850	
41045	Malheur	1890	*Baker
41047	Marion	1850	
41049	Morrow	1890	*Umatilla, Wasco
41051	Multnomah	1860	*Clackamas, Washington
41053	Polk	1850	
41055	Sherman	1890	*Wasco
41057	Tillamook	1860	*Clatsop, Yamhill, Polk
41059	Umatilla	1870	*Wasco
41061	Union	1870	*Wasco
41061.1	Umpqua	1860	*Benton; to Douglas, Coos
41063	Wallowa	1890	*Union
41065	Wasco	1860	*Clackamas, Marion, Linn
41067	Washington	1850	
41069	Wheeler	1900	*Grant, Gilliam, Crook
41071	Yamhill	1850	

PENNSYLVANIA

Pennsylvania was one of the 13 original states. In 1792 the acquisition of the Erie Triangle at its northwest corner brought it to essentially its present boundaries.

In 1790 census coverage included all parts of the present state except for the Erie Triangle.

Pennsylvania county origins:

FIPS code	Area name	Year of first census	Notes (* denotes the original counties from which a county was formed)
42000	PENNSYLVANIA	1790	
42001	Adams	1800	*York
42003	Allegheny	1790	
42005	Armstrong	1800	*Northumberland, Westmoreland, Allegheny.
42007	Beaver	1800	*Allegheny, Washington.
42009	Bedford	1790	
42011	Berks	1790	
42013	Blair	1850	*Huntingdon, Bedford.
42015	Bradford	1820	*Luzerne, Lycoming.
42017	Bucks	1790	
42019	Butler	1800	*Allegheny
42021	Cambria	1810	*Somerset, Huntingdon.
42023	Cameron	1870	*McKean, Clinton, Elk, Potter.
42025	Carbon	1850	*Northampton, Monroe.
42027	Centre	1810	*Mifflin, Northumberland, Huntingdon; in 1800 Centre was reported with Mifflin.
42029	Chester	1790	
42031	Clarion	1850	*Armstrong, Venango.
42033	Clearfield	1810	*Lycoming, Huntingdon.
42035	Clinton	1840	*Lycoming, Centre.
42037	Columbia	1820	*Northumberland.
42039	Crawford	1800	*Allegheny
42041	Cumberland	1790	
42043	Dauphin	1790	
42045	Delaware	1790	
42047	Elk	1850	*Clearfield, Jefferson, McKean.
42049	Erie	1800	*Allegheny
42051	Fayette	1790	
42053	Forest	1860	*Jefferson; in 1850 Forest was reported with Jefferson.
42055	Franklin	1790	
42057	Fulton	1850	*Bedford
42059	Greene	1800	*Washington
42061	Huntingdon	1790	
42063	Indiana	1810	*Westmoreland, Lycoming.
42065	Jefferson	1810	*Lycoming; in 1850 Forest was reported with Jefferson.

42067	Juniata	1840	*Mifflin
42069	Lackawanna	1880	*Luzerne
42071	Lancaster	1790	
42073	Lawrence	1850	*Mercer, Beaver.
42075	Lebanon	1820	*Dauphin, Lancaster.
42077	Lehigh	1820	*Northampton
42079	Luzerne	1790	
42081	Lycoming	1800	*Northumberland.
42083	McKean	1810	*Lycoming
42085	Mercer	1800	*Allegheny
42087	Mifflin	1790	in 1800 Centre was reported with Mifflin.
42089	Monroe	1840	*Northampton, Pike.
42091	Montgomery	1790	
42093	Montour	1850	*Columbia
42095	Northampton	1790	
42097	Northumberland	1790	
42099	Perry	1820	*Cumberland
42101	Philadelphia	1790	
42103	Pike	1820	*Wayne
42105	Potter	1810	*Lycoming
42107	Schuylkill	1820	*Berks, Northampton, Northumberland, Luzerne.
42109	Snyder	1860	*Union
42111	Somerset	1800	*Bedford
42113	Sullivan	1850	*Lycoming
42115	Susquehanna	1820	*Luzerne
42117	Tioga	1810	*Lycoming
42119	Union	1820	*Northumberland.
42121	Venango	1800	*Northumberland, Allegheny.
42123	Warren	1800	*Allegheny, Northumberland; total for 1890 includes population (99) of Cornplanter Indian Reservation, reported separately.
42125	Washington	1790	
42127	Wayne	1800	*Northampton
42129	Westmoreland	1790	
42131	Wyoming	1850	*Luzerne
42133	York	1790	

RHODE ISLAND

Rhode Island was one of the 13 original states and has had nearly its present boundaries since Colonial times. However, a long-standing boundary dispute with Massachusetts involved a sizable exchange of territory when finally settled by the U.S. Supreme Court in 1862.

Census coverage included all of Rhode Island from 1790 on.

Rhode Island county origins:

FIPS code	Area name	Year of first census	Notes (* denotes the original counties from which a county was formed)
44000	RHODE ISLAND	1790	
44001	Bristol	1790	
44003	Kent	1790	
44005	Newport	1790	New Shoreham town (Block Island; 1960 pop. 486) was transferred from Newport County to Washington County in 1963.
44007	Providence	1790	
44009	Washington	1790	New Shoreham town (Block Island; 1960 pop. 486) was transferred from Newport County to Washington County in 1963.

SOUTH CAROLINA

South Carolina was one of the 13 original states. By the time of the 1790 census it had essentially its current boundaries, with some later adjustments following improved surveys.

The census has covered all of the state ever since 1790, except for a narrow strip of Indian lands on the northwestern border, first enumerated in 1820. The 1790 census was not completed in South Carolina until early 1792.

In 1790 South Carolina was divided into seven districts, two of which were reported by subdivisions termed counties. The populations of four of the other five districts (Beaufort, Charleston, Georgetown, Orangeburg) are shown in Table C for the counties of the same names; the population of Cheraws District is shown for Marlboro County. For 1800, the populations reported for Chesterfield, Darlington, and Marlboro subdivisions of Cheraw District are shown in the table for the counties of the same names; all three became separate districts by 1810. Otherwise, the populations shown for 1800 through 1860 are those reported for districts; besides Cheraw, a few other districts contained subdivisions called counties, but these are not shown in the table. All districts were redesignated counties in 1868.

South Carolina county origins:

FIPS Code	Area name	Year of first census	Notes (* denotes the original counties from which a county was formed)
45000	SOUTH CAROLINA	1790	
45001	Abbeville	1790	
45003	Aiken	1880	*Barnwell, Edgefield, Lexington, Orangeburg.
45005	Allendale	1920	*Barnwell, Hampton.
45007	Anderson	1830	*Pendleton
45009	Bamberg	1900	*Barnwell
45011	Barnwell	1800	*Orangeburg
45013	Beaufort	1790	1790: Beaufort District.
45015	Berkeley	1890	*Charleston
45017	Calhoun	1910	*Orangeburg, Lexington.
45019	Charleston	1790	1790: Charleston District.
45021	Cherokee	1900	*Spartanburg, Union, York.
45023	Chester	1790	
45025	Chesterfield	1800	*Cheraws (Marlboro); in 1790 the population of Cheraws District is shown for Marlboro County. For 1800, the populations reported for Chesterfield, Darlington, and Marlboro subdivisions of Cheraw District are shown in the table for the counties of the same names; all three became separate districts by 1810.
45027	Clarendon	1790	Reported as part of Sumter District from 1810 through 1850.
45029	Colleton	1800	*Charleston District.
45031	Darlington	1800	*Cheraws (Marlboro) District; in 1790 the population of Cheraws District is shown for Marlboro County. For 1800, the populations reported for Chesterfield, Darlington, and Marlboro subdivisions of Cheraw District are shown in the table for the counties of the same names; all three became separate districts by 1810.
45033	Dillon	1910	*Marion
45035	Dorchester	1900	*Colleton
45037	Edgefield	1790	
45039	Fairfield	1790	
45041	Florence	1890	*Marion, Darlington, Williamsburg, Clarendon.
45043	Georgetown	1790	1790: Georgetown District.
45045	Greenville	1790	
45047	Greenwood	1900	*Abbeville, Edgefield.
45049	Hampton	1880	*Beaufort
45051	Horry	1810	*Georgetown
45053	Jasper	1920	*Beaufort, Hampton.
45055	Kershaw	1800	*Lancaster, Richland, Claremont (Sumter), Fairfield.

FIPS Code	Area name	Year of first census	Notes (* denotes the original counties from which a county was formed)
45057	Lancaster	1790	
45059	Laurens	1790	
45061	Lee	1910	*Sumter, Kershaw, Darlington.
45063	Lexington	1810	*Orangeburg
45065	McCormick	1920	*Abbeville, Edgefield, Greenwood.
45067	Marion	1800	*Georgetown
45069	Marlboro	1790	1790: Cheraws District; in 1790 the population of Cheraws District is shown for Marlboro County. For 1800, the populations reported for Chesterfield, Darlington, and Marlboro subdivisions of Cheraw District are shown in the table for the counties of the same names; all three became separate districts by 1810.
45071	Newberry	1790	
45073	Oconee	1870	*Pickens
45075	Orangeburg	1790	1790: Orangeburg District.
45075.1	Pendleton	1790	To Anderson and Pickens.
45077	Pickens	1830	*Pendleton
45079	Richland	1790	
45081	Saluda	1900	*Edgefield
45083	Spartanburg	1790	
45085	Sumter	1790	1790: Claremont.
45087	Union	1790	
45089	Williamsburg	1810	*Georgetown
45091	York......................	1790	

SOUTH DAKOTA

Most of present-day North and South Dakota was acquired as part of the Louisiana Purchase of 1803 and was included in Louisiana (soon renamed Missouri) Territory. The part generally west of the Missouri River remained in Missouri Territory until becoming part of Nebraska Territory, formed in 1854. The portion east of the Missouri became successively part of Michigan Territory (1834), Wisconsin Territory (1836), Iowa Territory (1838), and Minnesota Territory (1849). After Minnesota became a State in 1858, this area remained unorganized until Dakota Territory was established in 1861, including all of the present-day Dakotas as well as most of Montana and the northern half of Wyoming. After 1868, Dakota Territory corresponded to the present two states, plus an area transferred to Nebraska in 1882. South Dakota (like North Dakota) was admitted as a state on November 2, 1889 with essentially its present boundaries.

Present-day South Dakota had no census coverage in 1850. The population given for 1860 is for the whole of Dakota Territory as organized in 1861, essentially comprising present-day South and North Dakota east of the Missouri River; no determination has been made to assign the 1860 total to what became the two separate states. In 1860, some forts and settlements in the present state also were enumerated in Nebraska Territory. The 1870 and 1880 populations consist of the totals of those counties of Dakota Territory located wholly or primarily in what is now South Dakota, plus (in 1870) an estimated portion of the Territory's unorganized part. The total population of Dakota Territory was 14,181 in 1870 and 135,177 in 1880. Considerable portions of the state were not covered by the census until 1900.

Certain Indian reservations not reported by county in 1880, 1890, or 1900 are shown as a separate table below; only one of these was enumerated in 1880. Total for 1890 includes four Indians in prison, not reported by county or reservation. In 1890 the population (4,206) of the entire Standing Rock Indian Reservation was credited to North Dakota, although much of it was in South Dakota.

South Dakota county origins:

FIPS code	Area name	Year of first census	Notes (* denotes the original counties from which a county was formed)
46000	SOUTH DAKOTA	1860	
46001	Armstrong	1890	*Stanley; reported in 1890 (as Pyatt) and 1900 although largely included with Cheyenne River Indian Reservation; reported in 1910; enumerated with Ziebach in 1920; reported in 1930- 50; annexed to Dewey in 1954. (An earlier Armstrong County was created after 1870 and was part of Hutchinson County by 1880.)
46003	Aurora	1880	*Buffalo, Charles Mix
46005	Beadle	1880	*Buffalo
46007	Bennett	1910	*Rosebud Reservation
46009	Bon Homme	1870	
46009.1	Boreman	1880	To Standing Rock Reservation
46011	Brookings	1870	
46013	Brown	1880	
46015	Brule	1880	*Charles Mix
46017	Buffalo	1870	
46019	Butte	1890	
46021	Campbell	1880	
46023	Charles Mix	1870	Total for 1890 includes population (1,838) of Yankton Indian Reservation, reported separately.
46023.1	Choteau	1890	To Butte; Meade
46025	Clark	1880	*Buffalo
46027	Clay	1870	
46029	Codington	1880	*Deuel
46031	Corson	1910	*Standing Rock Reservation
46033	Custer	1880	
46035	Davison	1880	*Buffalo
46037	Day	1880	Total for 1880 includes population (134) of Fort Sisseton, reported separately.
46037.1	Delano	1890	To Meade; Butte
46039	Deuel	1870	
46041	Dewey	1880	Reported in 1880 (as Rusk); included with Cheyenne River and Standing Rock Indian Reservations in 1890- 1900; reported in 1910-90.
46043	Douglas	1880	*Charles Mix
46045	Edmunds	1890	
46045.1	Ewing	1890	To Butte
46047	Fall River	1890	*Custer
46049	Faulk	1880	*Buffalo
46051	Grant	1880	*Deuel
46053	Gregory	1890	
46055	Haakon	1920	*Stanley
46057	Hamlin	1880	*Deuel
46059	Hand	1880	*Buffalo
46061	Hanson	1880	*Buffalo, Hutchinson, Charles Mix
46063	Harding	1890	Created before 1890 (*Butte); to Butte in 1899; again created before 1910 (*Butte).
46065	Hughes	1880	*Buffalo
46067	Hutchinson	1870	
46069	Hyde	1890	
46071	Jackson	1890	Created before 1890, when part was included with Pine Ridge and Rosebud Indian Reservations; reported portion to Stanley by 1900; again created before 1920 (*Stanley).
46071.1	Jayne	1870	To Turner, McCook, Hutchinson; Hanson
46073	Jerauld	1890	*Aurora, Buffalo

FIPS code	Area name	Year of first census	Notes (* denotes the original counties from which a county was formed)
46075	Jones	1920	*Lyman
46077	Kingsbury	1880	*Brookings, Buffalo
46079	Lake	1880	*Brookings, Minnehaha
46081	Lawrence	1880	
46083	Lincoln	1870	
46085	Lyman	1880	
46087	McCook	1880	*Jayne, Minnehaha
46089	McPherson	1890	
46091	Marshall	1890	*Day, Sisseton and Wahpeton Reservation
46091.1	Martin	1890	To Butte
46093	Meade	1890	*Lawrence
46095	Mellette	1910	*Rosebud Reservation
46095.1	Meyer	1880	To Rosebud Reservation
46097	Miner	1880	*Buffalo
46099	Minnehaha	1870	
46101	Moody	1880	*Brookings, Minnehaha
46101.1	Nowlin	1890	To Stanley
46103	Pennington	1880	
46105	Perkins	1910	*Butte
46107	Potter	1890	*Faulk
46107.1	Pratt	1890	To Lyman
46107.2	Presho	1890	To Lyman
46109	Roberts	1890	*Sisseton and Wahpeton Reservation, Grant
46111	Sanborn	1890	*Miner
46111.1	Schnasse	1910	*Cheyenne River Reservation; to Ziebach (1911)
46111.2	Scobey	1890	To Meade; Butte
46113	Shannon	1880	Created before 1880; included with Pine Ridge Indian Reservation in 1890-1910; reported in 1920-90.
46115	Spink	1880	*Buffalo
46117	Stanley	1880	
46117.1	Sterling	1890	Reported in 1890; reported portion to Stanley by 1900; remainder included with Cheyenne River Indian Reservation in 1890-1900; reported in 1910; annexed to Ziebach in 1911.
46119	Sully	1880	
46119.1	Todd (old)	1870	Created before 1870; most was transferred to Nebraska in 1882, mainly to what was reported as Boyd County in 1890; remainder annexed to Gregory in 1899.
46121	Todd	1910	*Rosebud Reservation
46123	Tripp	1910	*Rosebud Reservation
46125	Turner	1880	*Lincoln, Jayne
46127	Union	1870	
46129	Walworth	1880	
46131	Washabaugh	1920	*Pine Ridge Reservation; to Jackson (1979)
46133	Washington	1890	Reported in 1890, although mostly included with Pine Ridge Indian Reservation; reported portion (*Shannon) to Pennington by 1900; included with Pine Ridge Indian Reservation in 1900-10; reported in 1920-40; annexed to Shannon in 1943.
46135	Yankton	1870	
46135.1	Ziebach (old)	1890	Reported in 1890; annexed to Pennington in 1899.
46137	Ziebach	1920	*Armstrong, Schnasse, Sterling

Indian Reservations	Year of first census	
Cheyenne River Reservation	1890	Reported in 1890- 1900, including most of 1880 area of Rusk; its area was reported in 1910 in Dewey, Armstrong, Schnasse, and Sterling.
Crow Creek Reservation..........	1890	Reported in 1890; its 1890 area was reported in 1880 in Buffalo and Hughes, and in 1900 in Hughes, Buffalo, and Hyde. The 1890 population includes 86 non-Indians enumerated on the Crow Creek and Lower Brule reservations but not reported separately for the two.
Lower Brule Reservation..........	1890	Reported in 1890; its area was reported in 1900 in Lyman and Stanley. The 1890 population includes 86 non-Indians enumerated on the Crow Creek and Lower Brule reservations but not reported separately for the two.
Pine Ridge Reservation	1890	Reported in 1890-1910; its area included most of the 1880 area of Shannon, and was reported in 1920 in Shannon, Bennett, Washington, and Washabaugh.
Rosebud Reservation...............	1890	Reported in 1890-1900; its area included the 1880 area of Meyer, and was reported in 1910 in Tripp, Gregory, Todd, Mellette, Bennett, and Washabaugh.
Sisseton and Wahpeton Reservation	1880	Reported in 1880, and in 1890 (as Lake Traverse Indian Reservation); its area was reported in 1900 in Roberts, Marshall, Day, and Grant.
Standing Rock Reservation (pt.)	1900	Reported in 1900; its area was reported as Corson County in 1910. The remaining part of the reservation is in North Dakota, and in 1890 the population (4,206) of the entire reservation was credited to that state.

The populations enumerated for the Indian Reservations:

Indian Reservations	1910	1900	1890	1880
Cheyenne River Reservation	---	2,357	2,934	---
Crow Creek Reservation.....................	---	---	1,144	---
Lower Brule Reservation.....................	---	---	1,026	---
Pine Ridge Reservation	6,607	6,827	5,704	---
Rosebud Reservation..........................	---	5,201	5,527	---
Sisseton and Wahpeton Reservation....	---	---	1,615	73
Standing Rock Reservation (pt.)..........	---	1,658	---	---

TENNESSEE

The Territory south of the Ohio River, formerly part of North Carolina and sometimes known as the Southwest Territory, was created in 1790. It was admitted as the state of Tennessee on June 1, 1796. Both territory and state had generally the same boundaries as the present state, except that because of erroneous surveys much of the Tennessee-Kentucky boundary was in dispute for some time; it was not finally resurveyed until 1859. Details of the Tennessee-Virginia boundary were not settled until 1901.

Census coverage in 1790 and 1800 was limited to the northeastern part of Tennessee and the region around Nashville, and coverage did not include the whole state until 1830. The 1790 census of the Southwest Territory actually began at the end of July 1791.

Total for 1790 is for the Territory South of the Ohio River (Southwest Territory), with generally the same boundaries as the present state.

Tennessee county origins:

FIPS code	Area name	Year of first census	Notes (* denotes the original counties from which a county was formed)
47000	TENNESSEE	1790	
47001	Anderson	1810	*Knox; Grainger.
47003	Bedford	1810	
47005	Benton	1840	*Humphreys
47007	Bledsoe	1810	
47009	Blount	1800	*Greene
47011	Bradley	1840	
47013	Campbell	1810	*Grainger
47015	Cannon	1840	*Warren, Wilson, Rutherford, Smith.
47017	Carroll	1830	
47019	Carter	1800	*Washington
47021	Cheatham	1860	*Davidson, Robertson, Montgomery.
47023	Chester	1890	*McNairy, Henderson, Madison, Hardeman.
47025	Claiborne	1810	*Grainger, Hawkins.
47027	Clay	1880	*Jackson, Overton.
47029	Cocke	1810	*Jefferson; in 1800 Cocke was reported with Jefferson.
47031	Coffee	1840	*Franklin, Warren, Bedford
47033	Crockett	1880	*Haywood, Gibson, Madison, Dyer.
47035	Cumberland	1860	*Morgan, Bledsoe, White; Overton, Fentress, Roane.
47037	Davidson	1790	
47039	Decatur	1850	*Perry, Henderson.
47041	DeKalb	1840	*Warren, Smith, White.
47043	Dickson	1810	*Robertson, Montgomery.
47045	Dyer	1830	
47047	Fayette	1830	
47049	Fentress	1830	*Morgan, Overton, Campbell.
47051	Franklin	1810	
47053	Gibson	1830	
47055	Giles	1810	
47057	Grainger	1800	*Hawkins
47059	Greene	1790	
47061	Grundy	1850	*Warren, Coffee.
47063	Hamblen	1880	*Jefferson, Grainger, Hawkins.
47065	Hamilton	1820	Hamilton County's 1840-70 census boundaries were essentially the same as those of 1920-90.
47067	Hancock	1850	*Hawkins, Claiborne.
47069	Hardeman	1830	*Hardin
47071	Hardin	1820	*Humphreys
47073	Hawkins	1790	
47075	Haywood	1830	
47077	Henderson	1830	
47079	Henry	1830	
47081	Hickman	1810	
47083	Houston	1880	*Stewart, Dickson, Humphreys.
47085	Humphreys	1810	
47087	Jackson	1810	*Smith
47087.1	James	1880	*Hamilton; to Hamilton (1919).
47089	Jefferson	1800	*Greene, Hawkins; in 1800 Cocke was reported with Jefferson.
47091	Johnson	1840	*Carter
47093	Knox	1800	*Hawkins, Greene.
47095	Lake	1870	*Obion
47097	Lauderdale	1840	*Tipton, Dyer; Haywood
47099	Lawrence	1820	*Giles, Hickman.
47101	Lewis	1850	*Hickman, Maury, Lawrence, Wayne.
47103	Lincoln	1810	
47105	Loudon	1880	*Monroe, Roane, Blount.
47107	McMinn	1820	
47109	McNairy	1830	*Hardin
47111	Macon	1850	*Smith, Sumner.
47113	Madison	1830	
47115	Marion	1820	
47117	Marshall	1840	*Bedford, Lincoln, Maury.
47119	Maury	1810	
47121	Meigs	1840	*Rhea
47123	Monroe	1820	
47125	Montgomery	1790	1790: Tennessee.
47127	Moore	1880	*Lincoln, Franklin.

FIPS code	Area name	Year of first census	Notes (* denotes the original counties from which a county was formed)
47129	Morgan	1820	*Roane, Anderson, Overton.
47131	Obion	1830	
47133	Overton	1810	*Smith
47135	Perry	1820	*Humphreys
47137	Pickett	1890	*Fentress, Overton.
47139	Polk	1840	*McMinn
47141	Putnam	1860	*Jackson, White, Overton, DeKalb.
47143	Rhea	1810	
47145	Roane	1810	*Knox
47147	Robertson	1800	*Tennessee (Montgomery), Sumner.
47149	Rutherford	1810	*Wilson, Davidson; Williamson.
47151	Scott	1850	*Campbell, Morgan, Anderson, Fentress.
47153	Sequatchie	1860	*Marion, Grundy, Bledsoe.
47155	Sevier	1790	The population shown for 1790 was reported for "South of French Broad [River]." Sevier County was created in 1794.
47157	Shelby	1820	
47159	Smith	1800	*Sumner
47161	Stewart	1810	*Montgomery
47163	Sullivan	1790	
47165	Sumner	1790	
47167	Tipton	1830	
47169	Trousdale	1880	*Sumner, Smith; Macon, Wilson.
47171	Unicoi	1880	*Washington, Carter.
47173	Union	1860	*Grainger, Claiborne, Knox, Campbell, Anderson.
47175	Van Buren	1850	*White, Warren.
47177	Warren	1810	*Wilson
47179	Washington	1790	
47181	Wayne	1820	*Humphreys, Hickman.
47183	Weakley	1830	
47185	White	1810	
47187	Williamson	1800	*Davidson
47189	Wilson	1800	*Sumner

TEXAS

Texas was part of Mexico until its revolution in 1835-36 made it an independent republic, with a territory somewhat larger than the present state. It became part of the United States and was admitted as a state on December 29, 1845. It reached essentially its present boundaries in 1850, after the sale to the United States of an extensive northwestern area. In 1896 a long-standing dispute over what is now Greer County, Oklahoma was decided against Texas by the U.S. Supreme Court. In 1930 a Supreme Court decision transferred from Oklahoma to Texas a narrow strip on the eastern side of the Texas Panhandle. Beginning in 1905, international treaties and conventions have exchanged small tracts along the Rio Grande with Mexico, notably in and adjacent to the city of El Paso.

Census coverage of eastern Texas began in 1850, although in 1820 and 1830 the census counts for (old) Miller County, Arkansas Territory, included some people in what is now Texas. By 1880 census coverage included the entire state.

Total for 1890 includes four Indians in prison, not reported by county, but excludes population (5,338) of Greer County, enumerated as part of Oklahoma although claimed by Texas from 1860 to 1896.

Texas county origins:

FIPS code	Area name	Year of first census	Notes (* denotes the original counties from which a county was formed)
48000	TEXAS	1850	
48001	Anderson	1850	
48003	Andrews	1890	
48005	Angelina	1850	
48007	Aransas	1880	*Refugio; Aransas County's 1880 census boundaries were virtually the same as those of 1900-90.
48009	Archer	1880	
48011	Armstrong	1880	
48013	Atascosa	1860	*Bexar
48015	Austin	1850	
48017	Bailey	1900	
48019	Bandera	1860	*Bexar
48021	Bastrop	1850	
48023	Baylor	1880	
48025	Bee	1860	*San Patricio, Goliad, Refugio
48027	Bell	1860	*Milam
48029	Bexar	1850	
48029.1	Bexar (district)	1870	Bexar District, an unorganized territory, was formed after 1860; by 1880 its 1870 area was part of Tom Green, Crockett, Martin, Howard, Mitchell, Nolan, Fisher, Scurry, Borden, Dawson, and Gaines.
48031	Blanco	1860	*Comal, Hays, Travis, Bexar
48033	Borden	1880	*Bexar District
48035	Bosque	1860	*Milam
48037	Bowie	1850	
48039	Brazoria	1850	
48041	Brazos	1850	
48043	Brewster	1890	*Presidio
48045	Briscoe	1880	
48047	Brooks	1920	*Hidalgo, Starr
48049	Brown	1860	*Travis, Milam
48049.1	Buchel	1890	*Presidio; to Brewster
48051	Burleson	1850	
48053	Burnet	1860	*Travis, Milam, Williamson
48055	Caldwell	1850	
48057	Calhoun	1850	
48059	Callahan	1880	
48061	Cameron	1850	In 1850 Starr and Webb (including areas subsequently in Encinal and Zapata) were reported with Cameron.
48063	Camp	1880	*Upshur
48065	Carson	1890	
48067	Cass	1850	1870: Davis
48069	Castro	1890	
48071	Chambers	1860	*Liberty, Jefferson
48073	Cherokee	1850	
48075	Childress	1880	
48077	Clay	1860	*Cooke
48079	Cochran	1900	
48081	Coke	1890	*Tom Green
48083	Coleman	1870	
48085	Collin	1850	
48087	Collingsworth	1880	
48089	Colorado	1850	
48091	Comal	1850	
48093	Comanche	1860	*Milam
48095	Concho	1880	
48097	Cooke	1850	
48099	Coryell	1860	*Milam
48101	Cottle	1880	
48103	Crane	1890	*Tom Green
48105	Crockett	1880	*Bexar District
48107	Crosby	1880	
48109	Culberson	1920	*El Paso
48111	Dallam	1890	
48113	Dallas	1850	
48113.1	Dawson (old)	1860	*Bexar; to Kinney, Uvalde; The first Dawson County was formed before 1860 and divided between Kinney and Uvalde in 1866. The present Dawson County was created in 1876.
48115	Dawson	1880	*Bexar District
48117	Deaf Smith	1880	
48119	Delta	1880	*Hopkins, Lamar
48121	Denton	1850	
48123	DeWitt	1850	
48125	Dickens	1880	
48127	Dimmit	1870	
48129	Donley	1880	
48131	Duval	1870	
48133	Eastland	1860	*Milam, Travis
48135	Ector	1890	*Tom Green
48137	Edwards	1880	
48139	Ellis	1850	
48141	El Paso	1860	
48141.1	Encinal	1860	*Webb, Nueces; to Webb; In 1850 Starr and Webb (including areas subsequently in Encinal and Zapata) were reported with Cameron.
48143	Erath	1860	*Milam
48145	Falls	1860	*Limestone, Milam
48147	Fannin	1850	
48149	Fayette	1850	
48151	Fisher	1880	*Bexar District
48153	Floyd	1880	
48155	Foard	1900	*Hardeman, Cottle, Knox
48155.1	Foley	1890	*Presidio; to Brewster
48157	Fort Bend	1850	
48159	Franklin	1880	*Titus
48161	Freestone	1860	*Limestone
48163	Frio	1860	*Bexar
48165	Gaines	1880	*Bexar District
48167	Galveston	1850	
48169	Garza	1880	
48171	Gillespie	1850	
48173	Glasscock	1890	*Tom Green
48175	Goliad	1850	
48177	Gonzales	1850	
48179	Gray	1880	
48181	Grayson	1850	
48183	Gregg	1880	*Rusk, Upshur
48185	Grimes	1850	
48187	Guadalupe	1850	
48189	Hale	1890	
48191	Hall	1880	
48193	Hamilton	1860	*Milam
48195	Hansford	1880	
48197	Hardeman	1880	
48199	Hardin	1860	*Jefferson, Liberty, Tyler
48201	Harris	1850	
48203	Harrison	1850	
48205	Hartley	1880	
48207	Haskell	1880	
48209	Hays	1850	
48211	Hemphill	1880	
48213	Henderson	1850	
48215	Hidalgo	1860	*Cameron
48217	Hill	1860	*Navarro
48219	Hockley	1900	
48221	Hood	1870	*Johnson, Erath
48223	Hopkins	1850	
48225	Houston	1850	
48227	Howard	1880	*Bexar District
48229	Hudspeth	1920	*El Paso
48231	Hunt	1850	
48233	Hutchinson	1880	
48235	Irion	1890	*Tom Green
48237	Jack	1860	*Cooke
48239	Jackson	1850	
48241	Jasper	1850	
48243	Jeff Davis	1890	*Presidio
48245	Jefferson	1850	
48247	Jim Hogg	1920	*Starr, Zapata, Duval
48249	Jim Wells	1920	*Nueces
48251	Johnson	1860	*Navarro, Milam
48253	Jones	1880	
48255	Karnes	1860	*Goliad, Bexar, DeWitt; San Patricio
48257	Kaufman	1850	
48259	Kendall	1870	*Blanco, Kerr
48261	Kenedy	1920	*Cameron, Hidalgo; Nueces; Kenedy County, formed in 1911, was named Willacy until 1921. The present Willacy County was formed in 1921 from Cameron and Hidalgo with a small part from Kenedy (old Willacy).
48263	Kent	1880	
48265	Kerr	1860	*Bexar
48267	Kimble	1870	
48269	King	1880	
48271	Kinney	1860	*Bexar
48273	Kleberg	1920	*Nueces; Hidalgo, Cameron
48275	Knox	1880	
48277	Lamar	1850	
48279	Lamb	1890	
48281	Lampasas	1860	*Milam, Travis
48283	La Salle	1870	

FIPS code	Area name	Year of first census	Notes (* denotes the original counties from which a county was formed)
48285	Lavaca	1850	
48287	Lee	1880	*Burleson, Washington, Bastrop, Fayette
48289	Leon	1850	
48291	Liberty	1850	
48293	Limestone	1850	
48295	Lipscomb	1880	
48297	Live Oak	1860	*San Patricio, Nueces
48299	Llano	1860	*Bexar, Gillespie, Travis
48301	Loving	1890	*Tom Green
48303	Lubbock	1880	
48305	Lynn	1880	
48307	McCulloch	1870	
48309	McLennan	1860	*Milam, Limestone, Navarro
48311	McMullen	1870	
48313	Madison	1860	*Grimes, Walker
48315	Marion	1860	*Cass
48317	Martin	1880	*Bexar District
48319	Mason	1860	*Bexar, Gillespie
48321	Matagorda	1850	
48323	Maverick	1860	*Bexar
48325	Medina	1850	
48327	Menard	1870	
48329	Midland	1890	*Tom Green
48331	Milam	1850	
48333	Mills	1890	*Brown, Hamilton, Lampasas, Comanche
48335	Mitchell	1880	*Bexar District
48337	Montague	1860	*Cooke
48339	Montgomery	1850	
48341	Moore	1890	
48343	Morris	1880	*Titus
48345	Motley	1880	
48347	Nacogdoches	1850	
48349	Navarro	1850	
48351	Newton	1850	
48353	Nolan	1880	*Bexar District
48355	Nueces	1850	
48357	Ochiltree	1890	
48359	Oldham	1880	
48361	Orange	1860	*Jefferson
48363	Palo Pinto	1860	*Milam, Navarro
48365	Panola	1850	
48367	Parker	1860	*Navarro, Milam
48369	Parmer	1890	
48371	Pecos	1880	*Presidio
48373	Polk	1850	
48375	Potter	1880	
48377	Presidio	1860	
48379	Rains	1880	*Wood, Hunt; Hopkins, Van Zandt
48381	Randall	1880	
48383	Reagan	1910	*Tom Green
48385	Real	1920	*Edwards, Bandera, Kerr
48387	Red River	1850	
48389	Reeves	1890	*Pecos
48391	Refugio	1850	
48393	Roberts	1880	
48395	Robertson	1850	
48397	Rockwall	1880	*Kaufman
48399	Runnels	1880	
48401	Rusk	1850	
48403	Sabine	1850	
48405	San Augustine	1850	
48407	San Jacinto	1880	*Polk, Liberty, Walker, Montgomery
48409	San Patricio	1850	San Patricio's 1860-80 census boundaries were virtually the same as those of 1900-1990.
48411	San Saba	1860	*Bexar
48413	Schleicher	1890	*Crockett
48415	Scurry	1880	*Bexar District
48417	Shackelford	1860	*Milam; Bexar
48419	Shelby	1850	
48421	Sherman	1890	
48423	Smith	1850	
48425	Somervell	1880	*Hood
48427	Starr	1860	*Cameron; In 1850 Starr and Webb (including areas subsequently in Encinal and Zapata) were reported with Cameron.
48429	Stephens	1860	*Milam, Bexar; 1860: Buchanan
48431	Sterling	1900	*Tom Green
48433	Stonewall	1880	
48435	Sutton	1890	*Crockett
48437	Swisher	1880	
48439	Tarrant	1850	
48441	Taylor	1880	
48443	Terrell	1910	*Pecos
48445	Terry	1890	
48447	Throckmorton	1860	*Bexar; Milam

FIPS code	Area name	Year of first census	Notes (* denotes the original counties from which a county was formed)
48449	Titus	1850	
48451	Tom Green	1880	*Bexar District
48453	Travis	1850	
48455	Trinity	1860	*Houston
48457	Tyler	1850	
48459	Upshur	1850	
48461	Upton	1890	*Tom Green
48463	Uvalde	1860	*Bexar
48465	Val Verde	1890	*Crockett, Pecos, Kinney
48467	Van Zandt	1850	
48469	Victoria	1850	
48471	Walker	1850	
48473	Waller	1880	*Austin, Grimes
48475	Ward	1890	*Tom Green
48477	Washington	1850	
48479	Webb	1860	*Cameron; In 1850 Starr and Webb (including areas subsequently in Encinal and Zapata) were reported with Cameron.
48481	Wharton	1850	
48483	Wheeler	1880	
48485	Wichita	1880	
48487	Wilbarger	1880	
48489	Willacy	1930	Kenedy County, formed in 1911, was named Willacy until 1921. The present Willacy County was formed in 1921 from Cameron and Hidalgo with a small part from Kenedy (old Willacy).
48491	Williamson	1850	
48493	Wilson	1870	*Bexar, Guadalupe
48495	Winkler	1890	*Tom Green
48497	Wise	1860	*Cooke
48499	Wood	1860	*Van Zandt
48501	Yoakum	1890	
48503	Young	1860	*Bexar; Milam
48505	Zapata	1860	*Cameron; In 1850 Starr and Webb (including areas subsequently in Encinal and Zapata) were reported with Cameron.
48507	Zavala	1860	*Bexar

UTAH

Utah was acquired from Mexico in 1848 and established as a territory in September 1850, including most of present-day Nevada and western Colorado. Colorado and Nevada were separated in 1861, with further transfers from Utah to Nevada in 1862 and 1866. Utah acquired its present boundaries in 1868 and was admitted as a state on January 4, 1896.

Utah's 1850 census was taken as of April 1, 1851 and included almost no population outside the present state. The 1860 population includes some persons in present-day Wyoming but excludes counties located in present-day Nevada. The 1870 population excludes Rio Virgin County, which was part of Nevada although enumerated as part of Utah.

The census date for the 1850 census in Utah was April 1, 1851. Total for 1860 excludes population (6,857) in counties that subsequently became part of Nevada. Total for 1870 excludes population (450) of Rio Virgin County, in Nevada though enumerated as part of Utah. Total for 1890 includes population (2,874) of certain Indian reservations not reported by county.

Utah county origins:

FIPS code	Area name	Year of first census	Notes (* denotes the original counties from which a county was formed)
49000	UTAH	1850	
49001	Beaver	1860	*Iron
49003	Box Elder	1860	*Weber
49005	Cache	1860	
49007	Carbon	1900	*Emery
49007.1	Cedar	1860	*Utah; Tooele; Cedar County was abolished in 1862; in 1870 its former area was reported mainly in Utah County, with limited areas in Tooele, Juab, and Salt Lake Counties.
49009	Daggett	1920	*Uintah
49011	Davis	1850	
49013	Duchesne	1920	*Wasatch; Uintah
49015	Emery	1880	*Sanpete, Sevier
49017	Garfield	1890	*Iron; Piute, Kane
49019	Grand	1890	*Emery
49019.1	Green River	1860	The area of Green River County enumerated in 1860 was in Wyoming Territory by 1870.
49021	Iron	1850	
49023	Juab	1860	
49025	Kane	1870	*Washington
49027	Millard	1860	
49029	Morgan	1870	*Summit
49031	Piute	1870	*Beaver
49033	Rich	1870	*Cache, Summit
49035	Salt Lake	1850	1850-60: Great Salt Lake
49037	San Juan	1880	*Iron, Kane, Piute
49039	Sanpete	1850	
49039.1	Shambip	1860	*Tooele; to Tooele; Juab
49041	Sevier	1870	*Sanpete, Millard
49043	Summit	1860	
49045	Tooele	1850	
49047	Uintah	1880	*Wasatch, Sanpete
49049	Utah	1850	
49051	Wasatch	1870	*Utah, Summit, Green River
49053	Washington	1860	
49055	Wayne	1900	*Piute
49057	Weber	1850	

VERMONT

In 1777 Vermont declared itself separate from New Hampshire and New York, but both continued to claim it. After New York withdrew its claims, Vermont was admitted as a state on March 4, 1791 with essentially its present boundaries.

Vermont's 1790 census actually took place after statehood in 1791. Census coverage included virtually all settled portions of the state.

Data for 1790 are from census taken in 1791.

Vermont county origins:

FIPS code	Area name	Year of first census	Notes (* denotes the original counties from which a county was formed)
50000	VERMONT	1790	
50001	Addison	1790	
50003	Bennington	1790	
50005	Caledonia	1800	*Orange
50007	Chittenden	1790	
50009	Essex	1800	*Orange
50011	Franklin	1800	*Chittenden
50013	Grand Isle	1810	*Franklin, Chittenden.
50015	Lamoille	1840	*Franklin, Orleans, Washington, Chittenden.
50017	Orange	1790	
50019	Orleans	1800	*Chittenden, Orange.
50021	Rutland	1790	
50023	Washington	1820	*Chittenden, Orange, Caledonia.
50025	Windham	1790	
50027	Windsor	1790	

VIRGINIA

Virginia was one of the 13 original states. Kentucky was part of Virginia until 1792, and a small part of Virginia was included in the District of Columbia from 1791 to 1846. West Virginia was separated from Virginia in 1862, becoming a state in 1863 and adding two more counties in 1866. Since then Virginia's boundaries have remained essentially unchanged, with slight modifications as early surveys were reviewed and corrected. Details of the Virginia-Tennessee boundary were not settled until 1901.

In 1790, census coverage included all of Virginia's present-day territory; Kentucky was reported separately. The populations for 1800–1840 include the area that was then part of the District of Columbia, and the populations for 1790-1860 exclude the counties entirely or primarily included in what is now West Virginia.

Total for 1800 includes 48 persons not credited to any county. Totals for 1790–1860 exclude counties wholly or primarily in what is now West Virginia (1790: 55,873; 1800: 78,592; 1810: 105,469; 1820: 136,808; 1830: 176,924; 1840: 224,537; 1850: 302,313; 1860: 376,688). The information on county formations specifies (WV) when referring to counties that primarily became part of West Virginia.

State totals for 1800–1840 include population of the portion of the District of Columbia taken from Virginia (Fairfax County) in 1791 but retroceded to Virginia in 1846 (1800: 5,949; 1810: 8.852; 1820: 9.703; 1830: 9,573; 1840: 9,967). This area became Alexandria County in 1801; a portion was reported as Alexandria city independent of the county beginning in 1900; Alexandria County was renamed Arlington in 1920.

In Virginia, when a town becomes a city it also becomes independent of its county. The table lists these independent cities separately after the counties. Although some cities operated independently of any county much earlier, census publications did not consistently report independent cities as separate from counties until 1890. Many new independent cities have been created since then, and there also have been numerous annexations from counties to cities. Several former counties have disappeared through annexation to cities, or through the whole county becoming a city. In spite of their names, the counties named Charles City, James City, and (until 1952) Elizabeth City are counties, not independent cities. Persons interested in population changes over time often prefer to combine the Virginia independent cities with an adjacent county, to eliminate or reduce the effect of the numerous county/city boundary changes. The last section of the Virginia portion of Table C gives data for those counties from which a city has been formed or primarily formed, combining populations for the county and the city or cities. Notes for the cities specify the county or counties from which the city originally was formed. In five cases (the cities of Hampton, Newport News, Suffolk, Virginia Beach, and the combined cities of Norfolk, Chesapeake, and Portsmouth) the combined area is listed with the name of a city, as explained in individual notes.

Virginia county origins:

FIPS code	Area name	Year of first census	Notes (* denotes the original counties from which a county was formed)
51000	VIRGINIA	1790	
51001	Accomack	1790	
51003	Albemarle	1790	Charlottesville city, formed from Albemarle County.
51005	Alleghany	1830	*Botetourt, Bath, Monroe (WV). Clifton Forge city, formed from Alleghany County (1906). Covington city, formed from Alleghany County (1952).
51007	Amelia	1790	Nottoway was reported with Amelia in 1790.
51009	Amherst	1790	
51011	Appomattox	1850	*Buckingham, Campbell, Prince Edward, Charlotte.
51013	Arlington	1800	The portion of the District of Columbia taken from Virginia (Fairfax County) in 1791 but retroceded to Virginia in 1846 became Alexandria County in 1801; a portion was reported as Alexandria city independent of the county beginning in 1900; Alexandria County was renamed Arlington in 1920.
51015	Augusta	1790	Staunton city, formed from Augusta County. Annexation after 1980 from Augusta (1980 population 2,980). Waynesboro city, formed from Augusta County (1948). Annexation after 1980 from Augusta (1980 population 3,234).
51017	Bath	1800	*Augusta, Botetourt, Greenbrier (WV).
51019	Bedford	1790	Bedford city, formed from Bedford County (1968). Lynchburg city, formed from Campbell County; has annexed some territory from Bedford County. Annexations after 1970 from Campbell (1970 population 9,033) and Bedford (1,467).
51021	Bland	1870	*Wythe, Tazewell, Giles.
51023	Botetourt	1790	Botetourt's 1860 census boundaries were essentially the same as those of 1890-1990. Wythe was reported in 1790 as part of Montgomery and Botetourt.
51025	Brunswick	1790	
51027	Buchanan	1860	*Tazewell, Russell.
51029	Buckingham	1790	
51031	Campbell	1790	Lynchburg city, formed from Campbell County; has annexed some territory from Bedford County. Annexations after 1970 from Campbell (1970 population 9,033) and Bedford (1,467).
51033	Caroline	1790	
51035	Carroll	1850	*Grayson; Galax city, formed almost equally from Carroll and Grayson Counties (1953); combined in the table with Carroll County.
51036	Charles City	1790	
51037	Charlotte	1790	
51041	Chesterfield	1790	Colonial Heights city, formed from Chesterfield County (1948). Some users prefer to combine it with adjacent Petersburg city and Dinwiddie County. Manchester city, formed from Chesterfield County, but annexed to Richmond city in 1910. Petersburg city, formed mainly from Dinwiddie County (1880 population 19,151); also included territory from Chesterfield County (1,312) and Prince George County (1,193). Annexations after 1970 from Prince George (1970 population 4,721) and Dinwiddie (3,378). Richmond city, formed from Henrico County, but has annexed much territory from Chesterfield County; annexed Manchester city (originally formed from Chesterfield) in 1910.
51043	Clarke	1840	*Frederick
51045	Craig	1860	*Botetourt, Giles, Roanoke, Monroe (WV).
51047	Culpeper	1790	
51049	Cumberland	1790	
51051	Dickenson	1890	*Buchanan, Wise, Russell.
51053	Dinwiddie	1790	Petersburg city, formed mainly from Dinwiddie County (1880 population 19,151); also included territory from Chesterfield County (1,312) and Prince George County (1,193). Annexations after 1970 from Prince George (1970 population 4,721) and Dinwiddie (3,378).
51055	Elizabeth City	1790	Hampton city, formed from Elizabeth City County (1908). The remainder of the county was annexed to the city in 1952; the city/county combination is listed under Hampton. Newport News city, formed from Warwick County, with some annexations from Elizabeth City County (now Hampton city). The remainder of Warwick County became Warwick city in 1952 and then was annexed to Newport News city in 1958; the city/county combination is listed under Newport News.
51057	Essex	1790	
51059	Fairfax	1790	Fairfax: 1960 corrected population 262,482 (including Falls Church city, 272,674). Alexandria city, formed from Alexandria (now Arlington) County; has also annexed much territory from Fairfax County. Fairfax city, formed from Fairfax County (1961). Annexation after 1980 from Fairfax County (1980 population 1,147). Falls Church city, formed from Fairfax County (1948).
51061	Fauquier	1790	
51063	Floyd	1840	*Montgomery
51065	Fluvanna	1790	
51067	Franklin	1790	
51069	Frederick	1790	Winchester city, formed from Frederick County. Annexation after 1970 from Frederick (1970 population 4,786).
51071	Giles	1810	*Montgomery, Tazewell, Wythe
51073	Gloucester	1790	
51075	Goochland	1790	
51077	Grayson	1800	*Montgomery, Washington; Galax city, formed almost equally from Carroll and Grayson Counties (1953); combined in the table with Carroll County.
51079	Greene	1840	*Orange
51081	Greensville	1790	Emporia city, formed from Greensville County (1967). Annexation after 1980 from Greensville (1980 population 1,234).
51083	Halifax	1790	South Boston city, formed from Halifax County (1960).
51085	Hanover	1790	
51087	Henrico	1790	Richmond city, formed from Henrico County, but has annexed much territory from Chesterfield County; annexed Manchester city (originally formed from Chesterfield) in 1910.
51089	Henry	1790	Martinsville city, formed from Henry County (1929).
51091	Highland	1850	*Bath, Pendleton (WV).
51093	Isle of Wight	1790	
51095	James City	1790	Williamsburg city, formed from James City County, but also includes territory from York County. Annexation after 1980 from James City County (1980 population 424).
51097	King and Queen	1790	
51099	King George	1790	
51101	King William	1790	
51103	Lancaster	1790	
51105	Lee	1800	*Russell
51107	Loudoun	1790	
51109	Louisa	1790	
51111	Lunenburg	1790	
51113	Madison	1800	*Culpeper
51115	Mathews	1800	*Gloucester
51117	Mecklenburg	1790	
51119	Middlesex	1790	
51121	Montgomery	1790	Wythe was reported in 1790 as part of Montgomery and Botetourt. Radford city, formed from Montgomery County. Annexations from Montgomery after 1970 (1970 population 344) and after 1980 (1980 population 231).
51123	Nansemond	1790	Suffolk city, formed from Nansemond County. The remainder of the county became Nansemond city in 1972 and then was annexed to Suffolk city in 1974; the city/county combination is listed under Suffolk.
51125	Nelson	1810	*Amherst
51127	New Kent	1790	

FIPS code	Area name	Year of first census	Notes (* denotes the original counties from which a county was formed)
51129	Norfolk	1790	Chesapeake city, formed through combination of Norfolk County and South Norfolk city (1963); Norfolk city, formed from Norfolk County, with some annexations from Princess Anne County. The cities of Norfolk, Portsmouth, and Chesapeake and the former Norfolk County and South Norfolk city are listed as a single city/county combination under Norfolk, Portsmouth city, formed from Norfolk County.
51131	Northampton	1790	
51133	Northumberland	1790	
51135	Nottoway	1800	*Amelia; reported with Amelia in 1790.
51137	Orange	1790	
51139	Page	1840	*Shenandoah, Rockingham.
51141	Patrick	1800	*Henry
51143	Pittsylvania	1790	Danville city, formed from Pittsylvania County. Annexation after 1980 from Pittsylvania (1980 population 11,007).
51145	Powhatan	1790	
51147	Prince Edward	1790	
51149	Prince George	1790	Hopewell city, formed from Prince George County (1916). Petersburg city, formed mainly from Dinwiddie County (1880 population 19,151); also included territory from Chesterfield County (1,312) and Prince George County (1,193). Annexations after 1970 from Prince George (1970 population 4,721) and Dinwiddie (3,378).
51151	Princess Anne	1790	Norfolk city, formed from Norfolk County, with some annexations from Princess Anne County. The cities of Norfolk, Portsmouth, and Chesapeake and the former Norfolk County and South Norfolk city are listed as a single city/county combination under Norfolk. Virginia Beach city, formed from Princess Anne County (1952). The remainder of the county was annexed to the city in 1963; the city/county combination is listed under Virginia Beach.
51153	Prince William	1790	Manassas city and Manassas Park city, formed from Prince William County (1975); 1970 populations 10,758 and 6,844 respectively.
51155	Pulaski	1840	*Montgomery, Wythe.
51157	Rappahannock	1840	*Culpeper
51159	Richmond	1790	Westmoreland was reported with Richmond in 1800.
51161	Roanoke	1840	*Botetourt; Montgomery. Roanoke city, formed from Roanoke County. Annexation after 1970 from Roanoke County (1970 population 13,522). Salem city, formed from Roanoke County (1968).
51163	Rockbridge	1790	Buena Vista city, formed from Rockbridge County. Annexation after 1980 from Rockbridge (1980 population 187). Lexington city, formed from Rockbridge County (1966).
51165	Rockingham	1790	Harrisonburg city, formed from Rockingham County (1916). Annexation after 1980 from Rockingham (1980 population 4,984).
51167	Russell	1790	
51169	Scott	1820	*Russell, Lee, Washington.
51171	Shenandoah	1790	
51173	Smyth	1840	*Washington, Wythe.
51175	Southampton	1790	Franklin city, formed from Southampton County (1961). Annexation after 1980 from Southampton (1980 population 415).
51177	Spotsylvania	1790	Fredericksburg city, formed from Spotsylvania County. Annexation after 1980 from Spotsylvania (1980 population 2,440).
51179	Stafford	1790	
51181	Surry	1790	
51183	Sussex	1790	
51185	Tazewell	1800	*Montgomery, Russell.
51187	Warren	1840	*Frederick, Shenandoah.
51189	Warwick	1790	Newport News city, formed from Warwick County, with some annexations from Elizabeth City County (now Hampton city). The remainder of Warwick County became Warwick city in 1952 and then was annexed to Newport News city in 1958; the city/county combination is listed under Newport News.
51191	Washington	1790	Bristol city, formed from Washington County. Annexation after 1970 from Washington (1970 population 4,802).
51193	Westmoreland	1790	Westmoreland was reported with Richmond in 1800. Westmoreland's 1790 census boundaries were the same as those of 1810-1990.
51195	Wise	1860	*Russell, Scott, Lee; Norton city, formed from Wise County (1954).
51197	Wythe	1800	Wythe: *Montgomery, Russell; Wythe was reported in 1790 as part of Montgomery and Botetourt. Radford city, formed from Montgomery County. Annexations from Montgomery after 1970 (1970 population 344) and after 1980 (1980 population 231).
51199	York	1790	Poquoson city, formed from York County (1975); 1970 population 5,441. Williamsburg city, formed from James City County, but also includes territory from York County. Annexation after 1980 from James City County (1980 population 424).

INDEPENDENT CITIES (Virginia)

FIPS code	Area name	Year of first census	Notes (* denotes the original counties from which a county was formed)
51510	Alexandria	1900	From Alexandria (now Arlington) County; has also annexed much territory from Fairfax County.
51515	Bedford	1970	From Bedford County (1968).
51520	Bristol	1900	From Washington County. Annexation after 1970 from Washington (1970 population 4,802).
51530	Buena Vista	1900	From Rockbridge County. Annexation after 1980 from Rockbridge (1980 population 187).
51540	Charlottesville	1900	From Albemarle County.
51550	Chesapeake	1970	Formed through combination of Norfolk County and South Norfolk city (1963); The cities of Norfolk, Portsmouth, and Chesapeake and the former Norfolk County and South Norfolk city are listed as a single city/county combination under Norfolk.
51560	Clifton Forge	1910	From Alleghany County (1906).
51570	Colonial Heights	1950	From Chesterfield County (1948). Some users prefer to combine it with adjacent Petersburg city and Dinwiddie County.
51580	Covington	1960	From Alleghany County (1952).
51590	Danville	1900	From Pittsylvania County. Annexation after 1980 from Pittsylvania (1980 population 11,007).
51595	Emporia	1970	From Greensville County (1967). Annexation after 1980 from Greensville (1980 population 1,234).
51600	Fairfax	1970	From Fairfax County (1961). Annexation after 1980 from Fairfax County (1980 population 1,147).
51610	Falls Church	1950	From Fairfax County (1948).
51620	Franklin	1970	From Southampton County (1961). Annexation after 1980 from Southampton (1980 population 415).
51630	Fredericksburg	1900	From Spotsylvania County. Annexation after 1980 from Spotsylvania (1980 population 2,440).
51640	Galax	1960	Formed almost equally from Carroll and Grayson Counties (1953); combined in the table with Carroll County.
51650	Hampton	1910	From Elizabeth City County (1908). The remainder of the county was annexed to the city in 1952; the city/county combination is listed under Hampton.
51660	Harrisonburg	1920	From Rockingham County (1916). Annexation after 1980 from Rockingham (1980 population 4,984).
51670	Hopewell	1920	From Prince George County (1916).
51678	Lexington	1970	From Rockbridge County (1966).
51680	Lynchburg	1900	From Campbell County; has annexed some territory from Bedford County. Annexations after 1970 from Campbell (1970 population 9,033) and Bedford (1,467).

FIPS code	Area name	Year of first census	Notes (* denotes the original counties from which a county was formed)
51683	Manassas	1980	From Prince William County (1975); 1970 population 10,758.
51685	Manassas Park	1980	From Prince William County (1975); 1970 population and 6,844.
51685.1	Manchester	1900	From Chesterfield County, but annexed to Richmond city in 1910.
51690	Martinsville	1930	From Henry County (1929).
51700	Newport News	1900	From Warwick County, with some annexations from Elizabeth City County (now Hampton city). The remainder of Warwick County became Warwick city in 1952 and then was annexed to Newport News city in 1958; the city/county combination is listed under Newport News.
51710	Norfolk	1900	From Norfolk County, with some annexations from Princess Anne County. The cities of Norfolk, Portsmouth, and Chesapeake and the former Norfolk County and South Norfolk city are listed as a single city/county combination under Norfolk.
51720	Norton	1960	From Wise County (1954).
51730	Petersburg	1890	Formed mainly from Dinwiddie County (1880 population 19,151); also included territory from Chesterfield County (1,312) and Prince George County (1,193). Annexations after 1970 from Prince George (1970 population 4,721) and Dinwiddie (3,378).
51735	Poquoson	1980	From York County (1975); 1970 population 5,441.
51740	Portsmouth	1900	From Norfolk County; The cities of Norfolk, Portsmouth, and Chesapeake and the former Norfolk County and South Norfolk city are listed as a single city/county combination under Norfolk.
51750	Radford	1900	From Montgomery County. Annexations from Montgomery after 1970 (1970 population 344) and after 1980 (1980 population 231).
51760	Richmond	1900	From Henrico County, but has annexed much territory from Chesterfield County; annexed Manchester city (originally from Chesterfield) in 1910.
51770	Roanoke	1900	From Roanoke County. Annexation after 1970 from Roanoke County (1970 population 13,522).
51775	Salem	1970	From Roanoke County (1968).
51780	South Boston	1960	From Halifax County (1960).
51785	South Norfolk	1930	From Norfolk County (1921); with the remainder of Norfolk County, formed Chesapeake city in 1963; The cities of Norfolk, Portsmouth, and Chesapeake and the former Norfolk County and South Norfolk city are listed as a single city/county combination under Norfolk.
51790	Staunton	1900	From Augusta County. Annexation after 1980 from Augusta (1980 population 2,980).
51800	Suffolk	1920	From Nansemond County. The remainder of the county became Nansemond city in 1972 and then was annexed to Suffolk city in 1974; the city/county combination is listed under Suffolk.
51810	Virginia Beach	1960	From Princess Anne County (1952). The remainder of the county was annexed to the city in 1963; the city/county combination is listed under Virginia Beach.
51820	Waynesboro	1950	From Augusta County (1948). Annexation after 1980 from Augusta (1980 population 3,234).
51830	Williamsburg	1900	From James City County, but also includes territory from York County. Annexation after 1980 from James City County (1980 population 424).
51840	Winchester	1900	From Frederick County. Annexation after 1970 from Frederick (1970 population 4,786).

COUNTIES COMBINED WITH ASSOCIATED INDEPENDENT CITIES (Virginia)

Year of first cenus		
1790	Albemarle	Albemarle county and Charlottesville city, formed from Albemarle County.
1830	Alleghany	Allegheny county, Clifton Forge city, and Covington city. *Botetourt, Bath, Monroe (WV). Clifton Forge city, formed from Alleghany County (1906). Covington city, formed from Alleghany County (1952).
1800	Arlington	Arlington county and Alexandria city. This area became Alexandria County in 1801; a portion was reported as Alexandria city independent of the county beginning in 1900; Alexandria County was renamed Arlington in 1920. Alexandria city, formed from Alexandria (now Arlington) County; has also annexed much territory from Fairfax County.
1790	Augusta	Augusta county, Staunton city, and Waynesboro city. Staunton city, formed from Augusta County. Annexation after 1980 from Augusta (1980 population 2,980). Waynesboro city, formed from Augusta County (1948). Annexation after 1980 from Augusta (1980 population 3,234).
1790	Bedford	Bedford County and Bedford city. Bedford city, formed from Bedford County (1968). Lynchburg city,formed from Campbell County; has annexed some territory from Bedford County. Annexations after 1970 from Campbell (1970 population 9,033) and Bedford (1,467).
1790	Campbell	Campbell County and Lynchburg city. Lynchburg city, formed from Campbell County; has annexed some territory from Bedford County. Annexations after 1970 from Campbell (1970 population 9,033) and Bedford (1,467).
1850	Carroll	Carroll County and Galax city. *Grayson; Galax city, formed almost equally from Carroll and Grayson Counties (1953); combined in the table with Carroll County.
1790	Chesterfield	Chesterfield County and Colonial Heights city. Colonial Heights city, formed from Chesterfield County (1948). Some users prefer to combine it with adjacent Petersburg city and Dinwiddie County.
1790	Dinwiddie	Dinwiddie County and Petersburg city. Petersburg city, formed mainly from Dinwiddie County (1880 population 19,151); also included territory from Chesterfield County (1,312) and Prince George County (1,193). Annexations after 1970 from Prince George (1970 population 4,721) and Dinwiddie (3,378).
1790	Fairfax	Fairfax County, Fairfax city, and Falls Church city. Fairfax: 1960 corrected population 262,482 (including Falls Church city, 272,674). Alexandria city, formed from Alexandria (now Arlington) County; has also annexed much territory from Fairfax County., Fairfax city, formed from Fairfax County (1961). Annexation after 1980 from Fairfax County (1980 population 1,147), Falls Church city, formed from Fairfax County (1948).
1790	Frederick	Frederick County and Winchester city. Winchester city, formed from Frederick County. Annexation after 1970 from Frederick (1970 population 4,786).
1790	Greensville	Greensville County and Emporia city. Emporia city, formed from Greensville County (1967). Annexation after 1980 from Greensville (1980 population 1,234).
1790	Halifax	Halifax County and South Boston city. South Boston city, formed from Halifax County (1960).
1790	Hampton	Hampton city and Elizabeth City County. Hampton city/county: Hampton city, formed from Elizabeth City County (1908). The remainder of the county was annexed to the city in 1952;
1790	Henrico	Henrico County and Richmond city. Richmond city, formed from Henrico County, but has annexed much territory from Chesterfield County; annexed Manchester city (originally formed from Chesterfield) in 1910.
1790	Henry	Henry county and Martinsville city. Martinsville city, formed from Henry County (1929).
1790	James City	James City County and Williamsburg city. Williamsburg city, formed from James City County, but also includes territory from York County. Annexation after 1980 from James City County (1980 population 424).
1790	Montgomery	Montgomery County and Radford city. Wythe county was reported in 1790 as part of Montgomery and Botetourt. Radford city, formed from Montgomery County. Annexations from Montgomery after 1970 (1970 population 344) and after 1980 (1980 population 231).
1790	Newport News	Newport News city and Warwick County. Newport News city, formed from Warwick County, with some annexations from Elizabeth City County (now Hampton city). The remainder of Warwick County became Warwick city in 1952 and then was annexed to Newport News city in 1958.

Year of first cenus		
1790	Norfolk	The cities of Norfolk, Portsmouth, and Chesapeake and the former Norfolk County and South Norfolk city are listed as a single city/county combination under Norfolk. Norfolk city, formed from Norfolk County, with some annexations from Princess Anne County.
1790	Pittsylvania................	Pittsylvania County and Danville city. Danville city, formed from Pittsylvania County. Annexation after 1980 from Pittsylvania (1980 population 11,007).
1790	Prince George...........	Prince George County and Hopewell city. Hopewell city, formed from Prince George County (1916). Petersburg city, formed mainly from Dinwiddie County (1880 population 19,151); also included territory from Chesterfield County (1,312) and Prince George County (1,193). Annexations after 1970 from Prince George (1970 population 4,721) and Dinwiddie (3,378).
1790	Prince William...........	Prince William County, Manassas city, and Manassas Park city. Manassas city and Manassas Park city, formed from Prince William County (1975); 1970 populations 10,758 and 6,844 respectively.
1840	Roanoke	Roanoke County, Roanoke city, and Salem city. *Botetourt, Montgomery; Roanoke city, formed from Roanoke County. Annexation after 1970 from Roanoke County (1970 population 13,522). Salem city, formed from Roanoke County (1968).
1790	Rockbridge	Rockbridge County, Buena Vista city, and Lexington city. Including its associated independent cities, Rockbridge's 1860 census boundaries were essentially the same as those of 1890-1990. Buena Vista city, formed from Rockbridge County. Annexation after 1980 from Rockbridge (1980 population 187). Lexington city, formed from Rockbridge County (1966).
1790	Rockingham.............	Rockingham County and Harrisonburg city. Harrisonburg city, formed from Rockingham County (1916). Annexation after 1980 from Rockingham (1980 population 4,984).
1790	Southampton...........	Southampton County and Franklin city. Franklin city, formed from Southampton County (1961). Annexation after 1980 from Southampton (1980 population 415).
1790	Spotsylvania.............	Spotsylvania County and Fredericksburg city. Fredericksburg city, formed from Spotsylvania County. Annexation after 1980 from Spotsylvania (1980 population 2,440).
1790	Suffolk......................	Suffolk city and Nansemond county. Suffolk city, formed from Nansemond County. The remainder of the county became Nansemond city in 1972 and then was annexed to Suffolk city in 1974; the city/county combination is listed under Suffolk.
1790	Virginia Beach...........	Virginia Beach city and Princess Anne County. Virginia Beach city, formed from Princess Anne County (1952). The remainder of the county was annexed to the city in 1963.
1790	Washington	Washington county and Bristol city. Bristol city, formed from Washington County. Annexation after 1970 from Washington (1970 population 4,802).
1860	Wise.........................	Wise County and Norton city. Wise/city: *Russell, Scott, Lee; Norton city, formed from Wise County (1954).
1790	York.........................	York county and Poquoson city. Poquoson city, formed from York County (1975); 1970 population 5,441. Williamsburg city, formed from James City County, but also includes territory from York County. Annexation after 1980 from James City County (1980 population 424).

WASHINGTON

After a period when Great Britain also claimed it, Washington was definitively acquired in 1846 and was included in Oregon Territory, established in 1848. Washington became a separate territory in 1853, acquired essentially its present boundaries in 1863, and was admitted as a state on November 11, 1889.

The 1850 population is that of Clark and Lewis Counties, Oregon Territory; census coverage extended only to the southwestern part of present-day Washington. In 1860 census coverage included nearly the whole present state, and some persons in present-day northern Idaho and northwestern Montana.

Areas shown for 1850 were then in Oregon Territory. Total for 1890 includes population (7,842) of certain Indian reservations not reported by county.

Washington county origins:

FIPS code	Area name	Year of first census	Notes (* denotes the original counties from which a county was formed)
53000	WASHINGTON	1850	
53001	Adams	1890	*Whitman
53003	Asotin	1890	*Columbia
53005	Benton	1910	*Yakima, Klickitat
53007	Chelan	1900	*Okanogan, Kittitas
53009	Clallam	1860	*Lewis
53011	Clark	1850	
53013	Columbia	1880	*Walla Walla
53015	Cowlitz	1860	*Lewis, Clark
53017	Douglas	1890	*Spokane
53019	Ferry	1900	*Stevens
53021	Franklin	1890	*Whitman
53023	Garfield	1890	*Columbia
53025	Grant	1910	*Douglas
53027	Grays Harbor	1860	*Lewis; 1860-1910: Chehalis
53029	Island	1860	*Lewis; Clark
53031	Jefferson	1860	*Lewis
53033	King	1860	*Lewis; Clark
53035	Kitsap	1860	*Lewis
53037	Kittitas	1890	*Yakima
53039	Klickitat	1860	*Clark
53041	Lewis	1850	
53043	Lincoln	1890	*Spokane
53045	Mason	1860	*Lewis; 1860: Sawamish
53047	Okanogan	1890	*Stevens
53049	Pacific	1860	*Lewis
53051	Pend Oreille	1920	*Stevens
53053	Pierce	1860	*Lewis; Clark
53055	San Juan	1870	The San Juan Islands were in dispute with Great Britain until 1872, and were reported in the 1870 census as "the disputed islands." San Juan County was formed in 1873.
53057	Skagit	1890	*Whatcom
53059	Skamania	1860	*Clark; Lewis
53061	Snohomish	1870	*Island
53063	Spokane	1880	The first Spokane County was renamed Stevens in 1864. The present Spokane County was formed from Stevens after 1870.
53065	Stevens	1860	The first Spokane County was renamed Stevens in 1864. The present Spokane County was formed from Stevens after 1870.
53067	Thurston	1860	*Lewis; Clark
53069	Wahkiakum	1860	*Lewis
53071	Walla Walla	1860	*Clark
53073	Whatcom	1860	*Lewis; Clark
53075	Whitman	1880	*Stevens
53077	Yakima	1870	*Walla Walla; Klickitat

WEST VIRGINIA

West Virginia was admitted as a state on June 20, 1863, comprising 48 counties formerly part of Virginia; two additional counties, Berkeley and Jefferson, were added in 1866, bringing the state to essentially its present boundaries.

Census coverage included all parts of the present state from 1790 on.

Populations for 1790-1850 are totals of the Virginia counties that were wholly or primarily within the present-day boundaries of West Virginia; populations at these censuses are not available for the exact present area of the state, because some Virginia counties extended across the current state line. Population for 1860 is the total of the 50 Virginia counties that formed West Virginia in 1863 and 1866, and does refer to the present area of the state. The information on county formations specifies (VA) when referring to counties that remained primarily in Virginia.

West Virginia county origins:

FIPS code	Area name	Year of first census	Notes (* denotes the original counties from which a county was formed)
54000	WEST VIRGINIA.........	1790	
54001	Barbour	1850	*Randolph, Harrison, Lewis.
54003	Berkeley	1790	
54005	Boone	1850	*Kanawha, Logan; Cabell
54007	Braxton	1840	*Nicholas, Lewis, Kanawha.
54009	Brooke	1800	*Ohio
54011	Cabell	1810	*Kanawha
54013	Calhoun	1860	*Gilmer
54015	Clay	1860	*Nicholas, Braxton.
54017	Doddridge	1850	*Harrison, Lewis; Tyler, Wood.
54019	Fayette	1840	*Logan, Greenbrier, Nicholas, Kanawha.
54021	Gilmer	1850	*Lewis, Kanawha.
54023	Grant	1870	*Hardy
54025	Greenbrier	1790	In 1790 Kanawha was reported with Greenbrier.
54027	Hampshire	1790	
54029	Hancock	1850	*Brooke
54031	Hardy	1790	
54033	Harrison	1790	
54035	Jackson	1840	*Mason, Kanawha, Wood, Lewis.
54037	Jefferson	1810	*Berkeley
54039	Kanawha	1800	*Greenbrier; in 1790 Kanawha was reported with Greenbrier.
54041	Lewis	1820	*Harrison, Randolph.
54043	Lincoln	1870	*Cabell, Logan, Boone, Kanawha, Wayne.
54045	Logan	1830	*Giles (VA), Cabell, Kanawha, Tazewell (VA).
54047	McDowell	1860	*Tazewell (VA)
54049	Marion	1850	*Monongalia, Harrison.
54051	Marshall	1840	*Ohio
54053	Mason	1810	*Kanawha
54055	Mercer	1840	*Giles (VA), Tazewell (VA).
54057	Mineral	1870	*Hampshire
54059	Mingo	1900	*Logan
54061	Monongalia	1790	
54063	Monroe	1800	*Greenbrier
54065	Morgan	1820	*Berkeley, Hampshire.
54067	Nicholas	1820	*Kanawha, Greenbrier, Randolph.
54069	Ohio	1790	
54071	Pendleton	1790	
54073	Pleasants	1860	*Tyler, Wood; Ritchie.
54075	Pocahontas	1830	*Bath (VA), Randolph, Pendleton, Greenbrier.
54077	Preston	1820	*Monongalia
54079	Putnam	1850	*Kanawha, Mason, Cabell.
54081	Raleigh	1850	*Fayette
54083	Randolph	1790	
54085	Ritchie	1850	*Wood, Lewis; Harrison.
54087	Roane	1860	*Kanawha, Wirt, Jackson, Gilmer.
54089	Summers	1880	*Mercer, Greenbrier, Fayette.
54091	Taylor	1850	*Harrison, Monongalia.
54093	Tucker	1860	*Randolph
54095	Tyler	1820	*Ohio
54097	Upshur	1860	*Lewis, Barbour.
54099	Wayne	1850	*Cabell; Wayne County's 1850-60 census boundaries were virtually the same as those of 1880-1990.
54101	Webster	1860	*Braxton, Nicholas, Randolph.
54103	Wetzel	1850	*Tyler
54105	Wirt	1850	*Wood, Jackson.
54107	Wood	1800	*Harrison
54109	Wyoming	1850	*Logan

WISCONSIN

Wisconsin was part of the Northwest Territory organized in 1787, then of Indiana Territory (1800). In 1809 it was included in the new Illinois Territory, except for the northern part of the Door Peninsula, which remained in Indiana Territory. In 1818 Michigan Territory expanded to include the whole of present-day Wisconsin. Wisconsin Territory was organized in 1836 and briefly included all of Minnesota and Iowa and the Dakotas east of the Missouri River. After Iowa Territory was organized in 1838, only northeastern Minnesota, east of the Mississippi River and a line from its source north to the Canadian boundary, remained in Wisconsin Territory. Wisconsin was admitted as a state on May 29, 1848 with essentially its present boundaries.

There was only limited census coverage of the present area of the state prior to 1840. In 1790 the Northwest Territory had no census coverage. The 1800 census for Indiana Territory reported populations for Green Bay (50) and Prairie du Chien (65); in 1810 any settlers enumerated in these or other Wisconsin communities were reported as part of St. Clair County, Illinois Territory. In 1820 Crawford and Brown Counties, Michigan Territory, included nearly all of present-day Wisconsin; Crawford also included northeastern Minnesota but this had no census coverage. This also was the case in 1830, with the addition of Iowa County from part of Crawford. In 1840 some persons in northeastern Minnesota were enumerated in St. Croix County, Wisconsin Territory.

Total for 1820 is of Brown and Crawford Counties, Michigan Territory; total for 1830 is for these and Iowa County, Michigan Territory; the population enumerated in these counties was within the present boundaries of Wisconsin. Total for 1890 includes population (6,450) of certain Indian reservations, not reported by county.

Wisconsin county origins:

FIPS code	Area name	Year of first census	Notes (* denotes the original counties from which a county was formed)
55000	WISCONSIN	1820	
55001	Adams	1850	*Brown, Crawford
55003	Ashland	1860	*La Pointe (Bayfield)
55005	Barron	1860	*St. Croix, Chippewa; 1860: Dallas
55007	Bayfield	1850	*St. Croix, Crawford; 1850-60: La Pointe
55009	Brown	1820	
55011	Buffalo	1860	*Crawford, Chippewa
55013	Burnett	1860	*St. Croix, La Pointe (Bayfield)
55015	Calumet	1840	*Brown
55017	Chippewa	1850	*Crawford, St. Croix
55019	Clark	1860	*Crawford, Chippewa
55021	Columbia	1850	*Portage, Brown
55023	Crawford	1820	
55025	Dane	1840	*Iowa, Brown
55027	Dodge	1840	*Brown
55029	Door	1860	*Brown
55031	Douglas	1860	*La Pointe (Bayfield)

FIPS code	Area name	Year of first census	Notes (* denotes the original counties from which a county was formed)
55033	Dunn	1860	*Chippewa
55035	Eau Claire	1860	*Chippewa
55037	Florence	1890	*Marinette, Oconto
55039	Fond du Lac	1840	*Brown
55041	Forest	1890	*Langlade, Oconto
55043	Grant	1840	*Iowa
55045	Green	1840	*Iowa; Brown
55047	Green Lake	1860	*Marquette
55049	Iowa	1830	*Crawford
55051	Iron	1900	*Ashland, Oneida
55053	Jackson	1860	*Crawford, Chippewa
55055	Jefferson	1840	*Brown
55057	Juneau	1860	*Adams, Sauk
55059	Kenosha	1850	*Racine
55061	Kewaunee	1860	*Brown
55063	La Crosse	1860	*Crawford
55065	Lafayette	1850	*Iowa
55067	Langlade	1880	*Oconto
55069	Lincoln	1880	*Marathon
55071	Manitowoc	1840	*Brown
55073	Marathon	1850	*Crawford, Brown
55075	Marinette	1880	*Oconto
55077	Marquette	1840	*Brown; Crawford
55078	Menominee	1970	*Shawano, Oconto; Menominee County was formed in 1961 from part of Shawano County (1960 pop. 2,345) and part of Oconto County (1960 pop. 261).
55079	Milwaukee	1840	*Brown
55081	Monroe	1860	*Crawford
55083	Oconto	1860	*Brown, Winnebago; Menominee County was formed in 1961 from part of Shawano County (1960 pop. 2,345) and part of Oconto County (1960 pop. 261).
55085	Oneida	1890	*Lincoln
55087	Outagamie	1860	*Brown, Winnebago
55089	Ozaukee	1860	*Washington
55091	Pepin	1860	*Chippewa
55093	Pierce	1860	*St. Croix
55095	Polk	1860	*St. Croix
55097	Portage	1840	*Brown, Crawford, Iowa; Portage County's 1840 census boundaries comprised most of present-day Columbia County and did not include any of present-day Portage County.
55099	Price	1880	*Chippewa, Marathon
55101	Racine	1840	*Brown
55103	Richland	1850	*Crawford, Sauk
55105	Rock	1840	*Brown
55107	Rusk	1910	*Chippewa
55109	St. Croix	1840	*Crawford, Chippewa (MI), Mackinac (MI)
55111	Sauk	1840	*Crawford
55113	Sawyer	1890	*Chippewa, Ashland
55115	Shawano	1860	Menominee County was formed in 1961 from part of Shawano County (1960 pop. 2,345) and part of Oconto County (1960 pop. 261).
55117	Sheboygan	1840	*Brown
55119	Taylor	1880	*Clark, Chippewa, Marathon
55121	Trempealeau	1860	*Crawford; Chippewa
55123	Vernon	1860	*Crawford; 1860: Bad Ax
55125	Vilas	1900	*Oneida, Forest
55127	Walworth	1840	*Brown
55129	Washburn	1890	*Burnett
55131	Washington	1840	*Brown
55133	Waukesha	1850	*Milwaukee
55135	Waupaca	1860	*Winnebago, Brown
55137	Waushara	1860	*Marquette
55139	Winnebago	1840	*Brown; Winnebago County's 1840 census boundaries were the same as those of 1860-1990; its 1850 boundaries included extensive additional territory.
55141	Wood	1860	*Portage; Wood County's 1860 census boundaries were the same as those of 1880-1990.

WYOMING

Although most of Wyoming was acquired as early as the Louisiana Purchase of 1803, organized government began with the establishment of Oregon, Nebraska, and Utah Territories (1848-54). Later the area was included in Idaho, Dakota, and Utah Territories until Wyoming Territory was established in 1868 with the present state boundaries. Wyoming was admitted as a state on July 10, 1890.

In 1850 and 1860 present-day Wyoming had only limited census coverage, as part of Utah and Nebraska Territories. In 1870 census coverage included the whole of Wyoming Territory.

Wyoming county origins:

FIPS code	Area name	Year of first census	Notes (* denotes the original counties from which a county was formed)
56000	WYOMING	1870	
56001	Albany	1870	
56003	Big Horn	1900	*Fremont, Johnson, Sheridan
56005	Campbell	1920	*Crook, Weston
56007	Carbon	1870	
56009	Converse	1890	*Laramie, Albany
56011	Crook	1880	*Laramie, Albany
56013	Fremont	1890	*Sweetwater; Fremont: Total for 1890 includes population (1,850) of Wind River Indian Reservation, reported separately.
56015	Goshen	1920	*Laramie
56017	Hot Springs	1920	*Big Horn, Fremont; Park
56019	Johnson	1880	*Carbon, Sweetwater; Albany
56021	Laramie	1870	
56023	Lincoln	1920	*Uinta
56025	Natrona	1890	*Carbon
56027	Niobrara	1920	*Converse
56029	Park	1910	*Big Horn
56031	Platte	1920	*Laramie
56033	Sheridan	1890	*Johnson
56035	Sublette	1930	*Fremont, Lincoln
56037	Sweetwater	1870	
56039	Teton	1930	*Lincoln
56041	Uinta	1870	
56043	Washakie	1920	*Big Horn
56045	Weston	1890	*Crook
56047	Yellowstone Nat. Pk.(pt.)	1890	*Uinta; to Teton and Park; Yellowstone National Park: In 1890-1920, includes any population enumerated in the Idaho and Montana portions of the park; in 1930-1960, represents the portion of the park in Wyoming; this portion was included in Teton and Park Counties beginning in 1970.

PART D

Part D. Cities

INTRODUCTION TO PART D

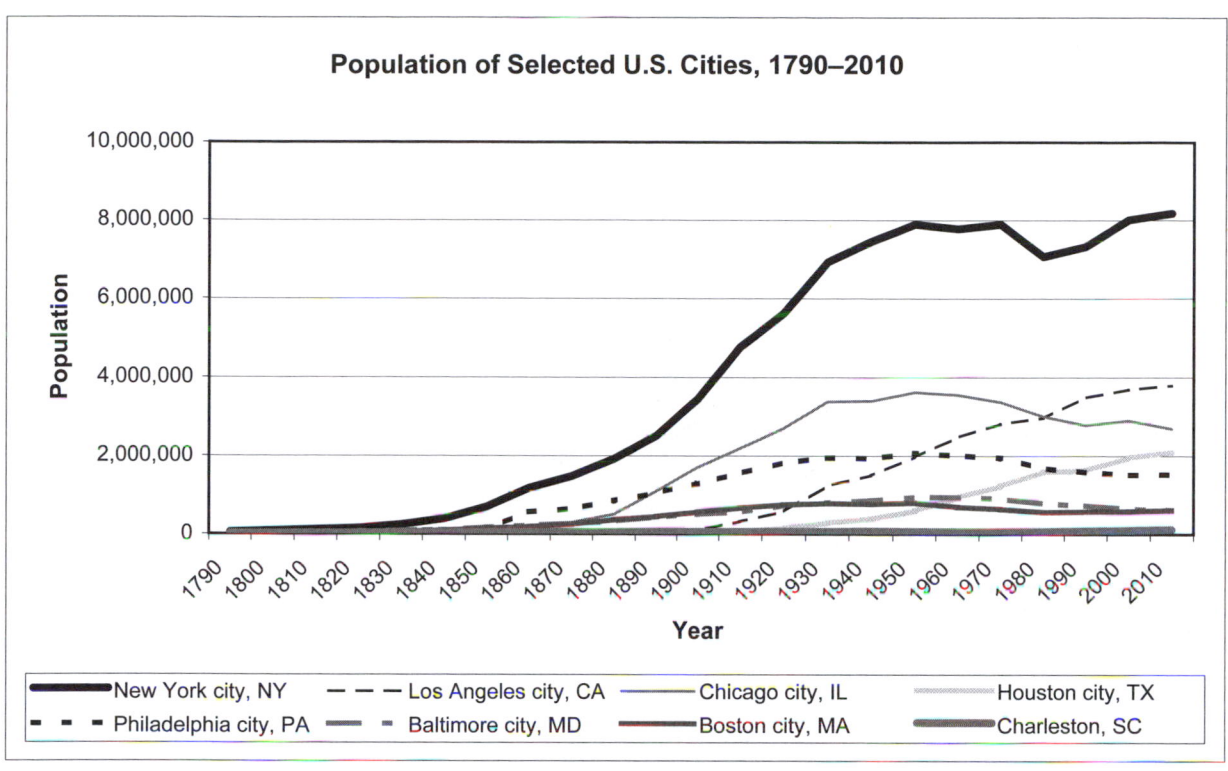

Population of Selected U.S. Cities, 1790–2010

Legend: New York city, NY; Los Angeles city, CA; Chicago city, IL; Houston city, TX; Philadelphia city, PA; Baltimore city, MD; Boston city, MA; Charleston, SC

Part D contains data for cities. In recent decennial censuses, cities are defined as places that have been incorporated as cities, boroughs, towns, or villages under the laws of their respective states. The current definition of "places" also includes census designated places (CDPs). CDPs are delineated by the Census Bureau, in cooperation with states and localities, as statistical counterparts of incorporated places for purposes of the decennial census. CDPs comprise densely settled concentrations of population that are identifiable by name but are not legally incorporated as places. Some cities are "consolidated" cities where local governments have combined with their county for key governmental functions. A separate definition—with separate data tables in census reports—includes "towns" (county subdivisions) in states where they serve as general-purpose local governments that can perform the same functions as incorporated places. These county subdivisions are not specifically included in this book, but these distinctions did not exist in the earlier censuses.

Through more than two centuries of census taking, these definitions have evolved. In 1998, the Census Bureau published *Population of the 100 Largest Cities and Other*

Urban Places in the United States: 1790 To 1990 by Campbell Gibson (Population Division Working Paper No. 27) (http://www.census.gov/population/www/documentation/ twps0027/twps0027.html). That document provides a thorough discussion of the definitions of urban places through the decades. It also includes tables listing the largest urban places in the 21 censuses from 1790 through 1990. Those tables have been adapted as Tables D-1 through D-21 in this book. Tables D-22 and D-23 have been added to include the censuses of 2000 and 2010.

Tables D-13 through D-23 (1910 through 2010) include the land area and density for each city as well as the total population. City boundaries often change and the growth patterns differ from city to city. Most of the older cities in the East and Midwest have retained the same boundaries for many years. New York City annexed Brooklyn, Queens, the Bronx, and Staten Island in 1898. Similarly, Boston annexed Roxbury, Dorchester, and Charlestown between 1867 and 1874. Philadelphia reached its current boundaries through annexations in 1854, and Chicago's boundaries have been largely unchanged since its incorporation in 1833. The large Western cities followed a different pattern in the twentieth century, acquiring surrounding land as their populations grew. Los Angeles experienced growth from Hollywood's dominance in the film industry. Its population increased by 81 percent between 1910 and 1920, but its land area more than tripled during that decade, from 99 square miles to 366 square miles, with further gradual increases to 469 square miles in 2010. Houston grew from 17 square miles in 1910 to 600 square miles in 2010, while Phoenix grew from 17 square miles in 1950 to 517 square miles in 2010.

Table D-24 shows the population of cities with 100,000 or more residents in 2010, with their historical populations from the date of their earliest censuses, usually the first census after they were incorporated as a city. Seventeen of these cities existed at the time of the 1790 census. Several have only existed as incorporated cities for the last few censuses. This table is derived from Table 55 in the 2010 Census Report CPH-2-1: *2010 Census of Population and Housing; Population and Housing Unit Counts: United States* (www.census.gov/prod/cen2010/cph-2-1.pdf)

In the first census—1790—there were 24 cities or towns with populations of 2,500 or more, all of them on the East Coast. New York has ranked as the most populous city in every census. Philadelphia was the second largest city in 1790 and still remains among the top five. By 1810, there were 46 cities, some from new states and territories. New Orleans was now on the list as the 7th largest city. Starting in 1840, the tables include the 100 largest cities because there were more than 100 cities with populations over 2,500. In 1840, Chicago joined the list for the first time, ranking 92nd with a population of 4,470. By 1890, Chicago's population had surpassed Philadelphia's and many others, ranking second after New York. Many other Midwestern cities joined the list in the late 19th century and the early years of the 20th century, with Detroit growing into the fourth largest city in 1920 as the auto industry flourished. Chicago held its spot as the second city for 100 years until Los Angeles surpassed it in 1990. Six of the ten most populous cities in 2010 are in California and Texas, which were admitted to statehood in 1845 (Texas) and 1850 (California.)

Table D-1. Population of the 24 Urban Places: 1790

Rank	Place	Population
1	New York city, NY *	33,131
2	Philadelphia city, PA *	28,522
3	Boston town, MA *	18,320
4	Charleston city, SC	16,359
5	Baltimore town, MD	13,503
6	Northern Liberties township, PA *	9,913
7	Salem town, MA	7,921
8	Newport town, RI	6,716
9	Providence town, RI *	6,380
10	Marblehead town, MA	5,661
10	Southwark district, PA *	5,661
12	Gloucester town, MA	5,317
13	Newburyport town, MA	4,837
14	Portsmouth town, NH	4,720
15	Sherburne town (Nantucket), MA *	4,620
16	Middleborough town, MA	4,526
17	New Haven city, CT *	4,487
18	Richmond city, VA	3,761
19	Albany city, NY	3,498
20	Norfolk borough, VA	2,959
21	Petersburg town, VA	2,828
22	Alexandria town, VA *	2,748
23	Hartford city, CT *	2,683
24	Hudson city, NY	2,584

* See Notes for Individual Places.

Table D-2. Population of the 33 Urban Places: 1800

Rank	Place	Population
1	New York city, NY *	60,515
2	Philadelphia city, PA *	41,220
3	Baltimore city, MD	26,514
4	Boston town, MA *	24,937
5	Charleston city, SC	18,824
6	Northern Liberties township, PA *	10,718
7	Southwark district, PA *	9,621
8	Salem town, MA	9,457
9	Providence town, RI *	7,614
10	Norfolk borough, VA	6,926
11	Newport town, RI	6,739
12	Newburyport town, MA	5,946
13	Richmond city, VA	5,737
14	Nantucket town, MA	5,617
15	Portsmouth town, NH	5,339
16	Gloucester town, MA	5,313
17	Albany city, NY	5,289
17	Schenectady city, NY	5,289
19	Marblehead town, MA	5,211
20	New London city, CT	5,150
21	Savannah city, GA	5,146
22	Alexandria town, DC *	4,971
23	Middleborough town, MA	4,458
24	New Bedford town, MA	4,361
25	Lancaster borough, PA	4,292
26	New Haven city, CT	4,049
27	Portland town, ME	3,704
28	Hudson city, NY	3,664
29	Hartford city, CT *	3,523
30	Petersburg town, VA	3,521
31	Washington city, DC *	3,210
32	Georgetown town, DC *	2,993
33	York borough, PA	2,503

* See Notes for Individual Places.

Table D-3. Population of the 46 Urban Places: 1810

Rank	Place	Population
1	New York city, NY *	96,373
2	Philadelphia city, PA *	53,722
3	Baltimore city, MD	46,555
4	Boston town, MA *	33,787
5	Charleston city, SC	24,711
6	Northern Liberties district, PA *	19,874
7	New Orleans city, LA *	17,242
8	Southwark district, PA *	13,707
9	Salem town, MA	12,613
10	Albany city, NY	10,762
11	Providence town, RI *	10,071
12	Richmond city, VA	9,735
13	Norfolk borough, VA	9,193
14	Washington city, DC *	8,208
15	Newport town, RI	7,907
16	Newburyport town, MA	7,634
17	Alexandria town, DC *	7,227
18	Portland town, ME	7,169
19	Portsmouth town, NH	6,934
20	Nantucket town, MA	6,807
21	Gloucester town, MA	5,943
22	Schenectady city, NY	5,903
23	Marblehead town, MA	5,900
24	New Haven city, CT	5,772
25	Petersburg town, VA	5,668
26	New Bedford town, MA	5,651
27	Lancaster borough, PA	5,405
28	Savannah city, GA	5,215
29	Charlestown town, MA *	4,959
30	Georgetown town, DC *	4,948
31	Pittsburgh borough, PA *	4,768
32	Beverly town, MA	4,608
33	Brooklyn town, NY *	4,402
34	Middleborough town, MA	4,400
35	Lexington town, KY *	4,326
36	Plymouth town, MA	4,228
37	Lynn town, MA	4,087
38	Hudson city, NY	4,048
39	Hartford city, CT	3,955
40	Reading borough, PA	3,462
41	New London city, CT	3,238
42	Trenton city, NJ	3,002
43	Elizabeth borough, NJ	2,977
44	Norwich city, CT	2,976
45	York borough, PA	2,847
46	Cincinnati town, OH	2,540

* See Notes for Individual Places.

Table D-4. Population of the 61 Urban Places: 1820

Rank	Place	Population
1	New York city, NY *	123,706
2	Philadelphia city, PA *	63,802
3	Baltimore city, MD	62,738
4	Boston town, MA *	43,298
5	New Orleans city, LA *	27,176
6	Charleston city, SC	24,780
7	Northern Liberties district, PA *	19,678
8	Southwark district, PA *	14,713
9	Washington city, DC *	13,247
10	Salem town, MA	12,731
11	Albany city, NY	12,630
12	Richmond city, VA	12,067
13	Providence town, RI *	11,767
14	Cincinnati city, OH	9,642
15	Portland town, ME	8,581
16	Norfolk borough, VA	8,478
17	Alexandria town, DC *	8,218
18	Savannah city, GA	7,523
19	Georgetown town, DC *	7,360
20	Portsmouth town, NH	7,327
21	Newport town, RI	7,319
22	Nantucket town, MA	7,266
23	Pittsburgh city, PA *	7,248
24	Brooklyn town, NY *	7,175
25	New Haven city, CT	7,147
26	Kensington district, PA *	7,118
27	Newburyport town, MA	6,852
28	Petersburg town, VA	6,690
29	Lancaster city, PA	6,633
30	Charlestown town, MA *	6,591
31	Gloucester town, MA	6,384
32	Marblehead town, MA	5,630
33	Hudson city, NY	5,310
34	Lexington town, KY *	5,279
35	Troy city, NY	5,264
36	Hartford city, CT	4,726
37	Middleborough town, MA	4,687
38	Taunton town, MA	4,520
39	Lynn town, MA	4,515
40	Plymouth town, MA	4,348
41	Reading borough, PA	4,332
42	Beverly town, MA	4,283
43	Roxbury town, MA *	4,135
44	Louisville town, KY	4,012
45	New Bedford town, MA	3,947
46	Trenton city, NJ	3,942
47	Schenectady city, NY	3,939
48	New Bern town, NC	3,663
49	Frederick town, MD	3,640
50	York borough, PA	3,545
51	Fayetteville town, NC	3,532
52	Elizabeth borough, NJ	3,515
53	Spring Garden district, PA *	3,498
54	New London city, CT	3,330
55	Harrisburg borough, PA	2,990
56	Norwich city, CT	2,983
57	Utica town, NY *	2,972
58	Carlisle borough, PA	2,908
59	Raleigh city, NC	2,674
60	Wilmington town, NC	2,633
61	Middletown city, CT	2,618

* See Notes for Individual Places.

Table D-5. Population of the 90 Urban Places: 1830

Rank	Place	Population
1	New York city, NY *	202,589
2	Baltimore city, MD	80,620
3	Philadelphia city, PA *	80,462
4	Boston city, MA *	61,392
5	New Orleans city, LA *	46,082
6	Charleston city, SC	30,289
7	Northern Liberties district, PA *	28,872
8	Cincinnati city, OH	24,831
9	Albany city, NY	24,209
10	Southwark district, PA *	20,581
11	Washington city, DC *	18,826
12	Providence town, RI *	16,833
13	Richmond city, VA	16,060
14	Salem town, MA	13,895
15	Kensington district, PA *	13,394
16	Portland town, ME	12,598
17	Pittsburgh city, PA *	12,568
18	Brooklyn town, NY *	12,406
19	Troy city, NY	11,556
20	Spring Garden district, PA *	11,140
21	Newark township, NJ	10,953
22	Louisville city, KY	10,341
23	New Haven city, CT	10,180
24	Norfolk borough, VA	9,814
25	Rochester town, NY *	9,207
26	Charlestown town, MA *	8,783
27	Buffalo town, NY *	8,668
28	Georgetown town, DC *	8,441
29	Utica town, NY *	8,323
30	Petersburg town, VA	8,322
31	Alexandria town, DC *	8,241
32	Portsmouth town, NH	8,026
33	Newport town, RI	8,010
34	Lancaster city, PA	7,704
35	New Bedford town, MA	7,592
36	Gloucester town, MA	7,510
37	Savannah city, GA	7,303
38	Nantucket town, MA	7,202
39	Hartford city, CT	7,074
40	Moyamensing township, PA *	6,822
41	Springfield town, MA	6,784
42	Augusta city, GA	6,710
43	Lowell town, MA	6,474
44	Newburyport town, MA	6,375
45	Lynn town, MA	6,138
46	Cambridge town, MA	6,072
47	Taunton town, MA	6,042
48	Lexington town, KY	6,026
49	Reading borough, PA	5,856
50	Nashville city, TN	5,566
51	Warwick town, RI	5,529
52	Dover town, NH	5,449
53	Hudson city, NY	5,392
54	Roxbury town, MA *	5,247
55	Marblehead town, MA	5,149
56	Middleborough town, MA	5,008
57	St. Louis city, MO	4,977
58	Plymouth town, MA	4,758
59	Lynchburg town, VA	4,630
60	Andover town, MA	4,530

Table D-5. Population of the 90 Urban Places: 1830—*Continued*

Rank	Place	Population
61	Frederick town, MD	4,427
62	New London city, CT	4,335
63	Harrisburg borough, PA	4,312
64	Schenectady city, NY	4,268
65	Danvers town, MA	4,228
66	York borough, PA	4,216
67	Worcester town, MA	4,173
68	Fall River town, MA	4,158
69	Dorchester town, MA *	4,074
70	Beverly town, MA	4,073
71	Trenton city, NJ	3,925
72	New Bern town, NC	3,796
73	Wilmington town, NC	3,791
74	Carlisle borough, PA	3,707
75	Easton borough, PA	3,529
76	Elizabeth borough, NJ	3,455
77	Hagerstown town, MD	3,371
78	Columbia town, SC	3,310
79	Fredericksburg town, VA	3,308
80	Mobile city, AL	3,194
81	Norwich city, CT	3,135
82	Middletown city, CT *	3,123
83	Zanesville village, OH	3,094
84	Dayton town, OH	2,950
85	Steubenville village, OH	2,937
86	Fayetteville town, NC	2,868
87	Chillicothe city, OH	2,846
88	Allegheny borough, PA *	2,801
89	Natchez city, MS	2,789
90	Annapolis city, MD	2,623

* See Notes for Individual Places.

Table D-6. Population of the 100 Largest Urban Places: 1840

Rank	Place	Population
1	New York city, NY *	312,710
2	Baltimore city, MD	102,313
3	New Orleans city, LA *	102,193
4	Philadelphia city, PA *	93,665
5	Boston city, MA *	93,383
6	Cincinnati city, OH	46,338
7	Brooklyn city, NY *	36,233
8	Northern Liberties district, PA *	34,474
9	Albany city, NY	33,721
10	Charleston city, SC	29,261
11	Spring Garden district, PA *	27,849
12	Southwark district, PA *	27,548
13	Washington city, DC *	23,364
14	Providence city, RI *	23,171
15	Kensington district, PA *	22,314
16	Louisville city, KY	21,210
17	Pittsburgh city, PA *	21,115
18	Lowell city, MA	20,796
19	Rochester city, NY	20,191
20	Richmond city, VA	20,153
21	Troy city, NY	19,334
22	Buffalo city, NY	18,213
23	Newark city, NJ	17,290
24	St. Louis city, MO	16,469
25	Portland city, ME	15,218
26	Salem city, MA	15,082
27	Moyamensing township, PA *	14,573
28	New Haven city, CT	12,960
29	Utica city, NY	12,782
30	Mobile city, AL	12,672
31	New Bedford town, MA	12,087
32	Charlestown town, MA *	11,484
33	Savannah city, GA	11,214
34	Petersburg town, VA	11,136
35	Springfield town, MA	10,985
36	Norfolk borough, VA	10,920
37	Allegheny city, PA *	10,089
38	Hartford city, CT	9,468
39	Lynn town, MA	9,367
40	Detroit city, MI	9,102
41	Roxbury town, MA *	9,089
42	Nantucket town, MA	9,012
43	Bangor city, ME	8,627
44	Alexandria town, DC *	8,459
45	Lancaster city, PA	8,417
46	Reading borough, PA	8,410
47	Cambridge town, MA	8,409
48	Wilmington city, DE	8,367
49	Newport town, RI	8,333
50	Portsmouth town, NH	7,887
51	Wheeling city, VA *	7,885
52	Taunton town, MA	7,645
53	Paterson township, NJ	7,596
54	Worcester town, MA	7,497
55	Georgetown town, DC *	7,312
56	Newburyport town, MA	7,161
57	Lexington city, KY	6,997
58	Nashville city, TN	6,929
59	Schenectady city, NY	6,784
60	Fall River town, MA	6,738

Table D-6. Population of the 100 Largest Urban Places: 1840—*Continued*

Rank	Place	Population
61	Warwick town, RI	6,726
62	Portsmouth town, VA	6,477
63	Dover town, NH	6,458
64	Augusta city, GA	6,403
65	Lynchburg town, VA	6,395
66	Gloucester town, MA	6,350
67	Cleveland city, OH	6,071
68	Dayton town, OH	6,067
69	Nashua town, NH	6,054
70	Columbus city, OH	6,048
71	Harrisburg borough, PA	5,980
72	Hudson city, NY	5,672
73	Auburn town, NY	5,626
74	Marblehead town, MA	5,575
75	New London city, CT	5,519
76	Wilmington town, NC	5,335
77	Augusta town, ME	5,314
78	Plymouth town, MA	5,281
79	Cumberland town, RI	5,225
80	Andover town, MA	5,207
81	Frederick town, MD	5,182
82	Bath town, ME	5,141
83	Middleborough town, MA	5,085
84	Gardiner town, ME	5,042
85	Danvers town, MA	5,020
86	Concord town, NH	4,897
87	Dorchester town, MA *	4,875
88	Easton borough, PA	4,865
89	York borough, PA	4,779
90	Zanesville village, OH	4,766
91	Beverly town, MA	4,689
92	Chicago city, IL	4,470
93	Carlisle borough, PA	4,351
94	Pottsville borough, PA	4,345
95	Columbia town, SC	4,340
96	Haverhill town, MA	4,336
97	Barnstable town, MA	4,301
98	Fayetteville town, NC	4,285
99	Steubenville village, OH *	4,247
100	New Albany city, IN	4,226

Table D-7. Population of the 100 Largest Urban Places: 1850

Rank	Place[1]	Population
1	New York city, NY *	515,547
2	Baltimore city, MD	169,054
3	Boston city, MA *	136,881
4	Philadelphia city, PA *	121,376
5	New Orleans city, LA *	116,375
6	Cincinnati city, OH	115,435
7	Brooklyn city, NY *	96,838
8	St. Louis city, MO	77,860
9	Spring Garden district, PA *	58,894
10	Albany city, NY	50,763
11	Northern Liberties district, PA *	47,223
12	Kensington district, PA *	46,774
13	Pittsburgh city, PA *	46,601
14	Louisville city, KY	43,194
15	Charleston city, SC	42,985
16	Buffalo city, NY	42,261
17	Providence city, RI *	41,513
18	Washington city, DC *	40,001
19	Newark city, NJ	38,894
20	Southwark district, PA *	38,799
21	Rochester city, NY	36,403
22	Lowell city, MA	33,383
23	Williamsburgh town, NY *	30,780
24	Chicago city, IL	29,963
25	Troy city, NY	28,785
26	Richmond city, VA	27,570
27	Moyamensing district, PA *	26,979
28	Syracuse city, NY	22,271
29	Allegheny city, PA *	21,262
30	Detroit city, MI	21,019
31	Portland city, ME	20,815
32	Mobile city, AL	20,515
33	New Haven city, CT	20,345
34	Salem city, MA	20,264
35	Milwaukee city, WI	20,061
36	Roxbury city, MA *	18,364
37	Columbus city, OH	17,882
38	Utica city, NY	17,565
39	Charlestown city, MA *	17,216
40	Worcester city, MA	17,049
41	Cleveland city, OH	17,034
42	New Bedford city, MA	16,443
43	Reading city, PA	15,743
44	Savannah city, GA	15,312
45	Cambridge city, MA	15,215
46	Bangor city, ME	14,432
47	Norfolk city, VA	14,326
48	Lynn city, MA	14,257
49	Lafayette city (old), LA *	14,190
50	Petersburg city, VA	14,010
51	Wilmington city, DE	13,979
52	Manchester city, NH	13,932
53	Hartford city, CT	13,555
54	Lancaster city, PA	12,369
55	Oswego city, NY	12,205
56	Springfield town, MA	11,766
57	Fall River town, MA	11,524
58	Poughkeepsie village, NY *	11,511
59	Wheeling city, VA *	11,435
60	Paterson township, NJ	11,334

Table D-7. Population of the 100 Largest Urban Places: 1850—*Continued*

Rank	Place[1]	Population
61	Dayton city, OH	10,977
62	Taunton town, MA	10,441
63	Nashville city, TN	10,165
64	Portsmouth city, NH	9,738
65	Newburyport town, MA	9,572
66	Newport town, RI	9,563
67	Auburn city, NY	9,548
68	Camden city, NJ	9,479
69	Augusta city, GA *	9,448
70	Covington city, KY	9,408
71	New London city, CT	8,991
72	Schenectady city, NY	8,921
73	Memphis city, TN	8,841
74	Alexandria town, VA	8,734
75	Montgomery city, AL	8,728
76	Portsmouth town, VA	8,626
77	Concord town, NH	8,576
78	Nantucket town, MA	8,452
79	Georgetown town, DC *	8,366
80	Chicopee town, MA	8,291
81	Lawrence town, MA	8,282
82	Augusta city, ME	8,225
83	Dover town, NH	8,196
84	New Albany city, IN	8,181
85	Lexington city, KY *	8,159
86	Danvers town, MA	8,109
87	Indianapolis city, IN	8,091
88	Lynchburg town, VA	8,071
89	Bath city, ME	8,020
90	Madison city, IN	8,012
91	Dorchester town, MA *	7,969
92	Zanesville city, OH	7,929
93	Harrisburg borough, PA	7,834
94	Gloucester town, MA	7,786
95	Warwick town, RI	7,740
96	North Providence town, RI *	7,680
97	West Troy town (Watervliet), NY *	7,564
98	Pottsville borough, PA	7,515
99	Wilmington town, NC	7,264
100	Easton borough, PA	7,250

* See Notes for Individual Places.

[1] Excludes San Francisco, CA for which 1850 census results were destroyed by fire. The population of San Francisco according to the 1852 state census was 34,776.

Table D-8. Population of the 100 Largest Urban Places: 1860

Rank	Place	Population
1	New York city, NY *	813,669
2	Philadelphia city, PA *	565,529
3	Brooklyn city, NY *	266,661
4	Baltimore city, MD	212,418
5	Boston city, MA *	177,840
6	New Orleans city, LA *	168,675
7	Cincinnati city, OH	161,044
8	St. Louis city, MO	160,773
9	Chicago city, IL	112,172
10	Buffalo city, NY	81,129
11	Newark city, NJ	71,941
12	Louisville city, KY	68,033
13	Albany city, NY	62,367
14	Washington city, DC *	61,122
15	San Francisco city, CA	56,802
16	Providence city, RI *	50,666
17	Pittsburgh city, PA *	49,221
18	Rochester city, NY	48,204
19	Detroit city, MI	45,619
20	Milwaukee city, WI	45,246
21	Cleveland city, OH	43,417
22	Charleston city, SC	40,522
23	New Haven city, CT	39,267
24	Troy city, NY	39,235
25	Richmond city, VA	37,910
26	Lowell city, MA	36,827
27	Mobile city, AL	29,258
28	Jersey City city, NJ	29,226
29	Allegheny city, PA *	28,702
30	Syracuse city, NY	28,119
31	Hartford city, CT	26,917
32	Portland city, ME	26,341
33	Cambridge city, MA	26,060
34	Roxbury city, MA *	25,137
35	Charlestown city, MA *	25,065
36	Worcester city, MA	24,960
37	Reading city, PA	23,162
38	Memphis city, TN	22,623
39	Utica city, NY	22,529
40	New Bedford city, MA	22,300
41	Savannah city, GA	22,292
42	Salem city, MA	22,252
43	Wilmington city, DE	21,258
44	Manchester city, NH	20,107
45	Dayton city, OH	20,081
46	Paterson city, NJ	19,586
47	Lynn city, MA	19,083
48	Indianapolis city, IN	18,611
49	Columbus city, OH	18,554
50	Petersburg city, VA	18,266
51	Lawrence city, MA	17,639
52	Lancaster city, PA	17,603
53	Trenton city, NJ	17,228
54	Nashville city, TN	16,988
55	Oswego city, NY	16,816
56	Covington city, KY	16,471
57	Bangor city, ME	16,407
58	Taunton town, MA	15,376
59	Springfield city, MA	15,199
60	Poughkeepsie city, NY	14,726

Table D-8. Population of the 100 Largest Urban Places: 1860—*Continued*

Rank	Place	Population
61	Norfolk city, VA	14,620
62	Camden city, NJ	14,358
63	Wheeling city, VA *	14,083
64	Norwich city, CT	14,048
65	Peoria city, IL	14,045
66	Fall River city, MA	14,026
67	Sacramento city, CA	13,785
68	Toledo city, OH	13,768
69	Quincy city, IL	13,718
70	Harrisburg city, PA	13,405
71	Newburyport city, MA	13,401
72	Chelsea city, MA	13,395
73	Dubuque city, IA	13,000
74	Alexandria city, VA	12,652
75	New Albany city, IN	12,647
76	Newburgh village, NY *	12,578
77	Augusta city, GA	12,493
78	Bridgeport city, CT *	12,106
79	North Providence town, RI *	11,818
80	Elizabeth city, NJ	11,567
81	Evansville city, IN	11,484
82	Davenport city, IA	11,267
83	New Brunswick city, NJ	11,256
84	Auburn city, NY	10,986
85	Gloucester town, MA	10,904
86	Concord city, NH	10,896
87	Lockport village, NY *	10,871
88	Newport city, RI	10,508
89	St. Paul city, MN	10,401
90	New London city, CT	10,115
91	Nashua city, NH	10,065
92	Newport city, KY	10,046
93	Waterbury city, CT	10,004
94	Haverhill town, MA	9,995
95	Dorchester town, MA *	9,769
96	Hoboken city, NJ	9,662
97	Columbus city, GA	9,621
98	Schenectady city, NY	9,579
99	Atlanta city, GA	9,554
100	Wilmington town, NC	9,552

* See Notes for Individual Places.

Table D-9. Population of the 100 Largest Urban Places: 1870

Rank	Place	Population
1	New York city, NY *	942,292
2	Philadelphia city, PA	674,022
3	Brooklyn city, NY *	396,099
4	St. Louis city, MO	310,864
5	Chicago city, IL	298,977
6	Baltimore city, MD	267,354
7	Boston city, MA *	250,526
8	Cincinnati city, OH	216,239
9	New Orleans city, LA	191,418
10	San Francisco city, CA	149,473
11	Buffalo city, NY	117,714
12	Washington city, DC *	109,199
13	Newark city, NJ	105,059
14	Louisville city, KY	100,753
15	Cleveland city, OH	92,829
16	Pittsburgh city, PA *	86,076
17	Jersey City city, NJ	82,546
18	Detroit city, MI	79,577
19	Milwaukee city, WI	71,440
20	Albany city, NY	69,422
21	Providence city, RI *	68,904
22	Rochester city, NY	62,386
23	Allegheny city, PA *	53,180
24	Richmond city, VA	51,038
25	New Haven city, CT	50,840
26	Charleston city, SC	48,956
27	Indianapolis city, IN	48,244
28	Troy city, NY	46,465
29	Syracuse city, NY	43,051
30	Worcester city, MA	41,105
31	Lowell city, MA	40,928
32	Memphis city, TN	40,226
33	Cambridge city, MA	39,634
34	Hartford city, CT	37,180
35	Scranton city, PA	35,092
36	Reading city, PA	33,930
37	Paterson city, NJ	33,579
38	Kansas City city, MO	32,260
39	Mobile city, AL	32,034
40	Toledo city, OH	31,584
41	Portland city, ME	31,413
42	Columbus city, OH	31,274
43	Wilmington city, DE	30,841
44	Dayton city, OH	30,473
45	Lawrence city, MA	28,921
46	Utica city, NY	28,804
47	Charlestown city, MA *	28,323
48	Savannah city, GA	28,235
49	Lynn city, MA	28,233
50	Fall River city, MA	26,766
51	Springfield city, MA	26,703
52	Nashville city, TN	25,865
53	Covington city, KY	24,505
54	Salem city, MA	24,117
55	Quincy city, IL	24,052
56	Manchester city, NH	23,536
57	Harrisburg city, PA	23,104
58	Trenton city, NJ	22,874
59	Peoria city, IL	22,849
60	Evansville city, IN	21,830

Table D-9. Population of the 100 Largest Urban Places: 1870—*Continued*

Rank	Place	Population
61	Atlanta city, GA..	21,789
62	New Bedford city, MA...	21,320
63	Oswego city, NY...	20,910
64	Elizabeth city, NJ...	20,832
65	North Providence town, RI *	20,495
66	Hoboken city, NJ..	20,297
67	Lancaster city, PA...	20,233
68	Poughkeepsie city, NY..	20,080
69	Camden city, NJ...	20,045
70	Davenport city, IA..	20,038
71	St. Paul city, MN..	20,030
72	Erie city, PA...	19,646
73	St. Joseph city, MO..	19,565
74	Wheeling city, WV..	19,280
75	Norfolk city, VA..	19,229
76	Bridgeport city, CT...	18,969
77	Petersburg city, VA...	18,950
78	Taunton city, MA..	18,629
79	Chelsea city, MA..	18,547
80	Dubuque city, IA..	18,434
81	Bangor city, ME...	18,289
82	Leavenworth city, KS..	17,873
83	Fort Wayne city, IN..	17,718
84	Springfield city, IL...	17,364
85	Auburn city, NY...	17,225
86	Newburgh city, NY...	17,014
87	Norwich city, CT..	16,653
88	Grand Rapids city, MI..	16,507
89	Sacramento city, CA...	16,283
90	Terre Haute city, IN...	16,103
91	Omaha city, NE..	16,083
92	Williamsport city, PA..	16,030
93	Elmira city, NY...	15,863
94	New Albany city, IN..	15,396
95	Augusta city, GA..	15,389
95	Gloucester town, MA..	15,389
97	Cohoes city, NY..	15,357
98	Newport city, KY..	15,087
99	New Brunswick city, NJ...	15,058
100	Burlington city, IA...	14,930

* See Notes for Individual Places.

Table D-10. Population of the 100 Largest Urban Places: 1880

Rank	Place	Population
1	New York city, NY *	1,206,299
2	Philadelphia city, PA	847,170
3	Brooklyn city, NY *	566,663
4	Chicago city, IL	503,185
5	Boston city, MA *	362,839
6	St. Louis city, MO	350,518
7	Baltimore city, MD	332,313
8	Cincinnati city, OH	255,139
9	San Francisco city, CA	233,959
10	New Orleans city, LA	216,090
11	Cleveland city, OH	160,146
12	Pittsburgh city, PA *	156,389
13	Buffalo city, NY	155,134
14	Washington city, DC *	147,293
15	Newark city, NJ	136,508
16	Louisville city, KY	123,758
17	Jersey City city, NJ	120,722
18	Detroit city, MI	116,340
19	Milwaukee city, WI	115,587
20	Providence city, RI *	104,857
21	Albany city, NY	90,758
22	Rochester city, NY	89,366
23	Allegheny city, PA *	78,682
24	Indianapolis city, IN	75,056
25	Richmond city, VA	63,600
26	New Haven city, CT	62,882
27	Lowell city, MA	59,475
28	Worcester city, MA	58,291
29	Troy city, NY	56,747
30	Kansas City city, MO	55,785
31	Cambridge city, MA	52,669
32	Syracuse city, NY	51,792
33	Columbus city, OH	51,647
34	Paterson city, NJ	51,031
35	Toledo city, OH	50,137
36	Charleston city, SC	49,984
37	Fall River city, MA	48,961
38	Minneapolis city, MN	46,887
39	Scranton city, PA	45,850
40	Nashville city, TN	43,350
41	Reading city, PA	43,278
42	Wilmington city, DE	42,478
43	Hartford city, CT	42,015
44	Camden city, NJ	41,659
45	St. Paul city, MN	41,473
46	Lawrence city, MA	39,151
47	Dayton city, OH	38,678
48	Lynn city, MA	38,274
49	Atlanta city, GA	37,409
50	Denver city, CO	35,629
51	Oakland city, CA	34,555
52	Utica city, NY	33,914
53	Portland city, ME	33,810
54	Memphis city, TN	33,592
55	Springfield city, MA	33,340
56	Manchester city, NH	32,630
57	St. Joseph city, MO	32,431
58	Grand Rapids city, MI	32,016
59	Hoboken city, NJ	30,999
60	Harrisburg city, NJ	30,762

Table D-10. Population of the 100 Largest Urban Places: 1880—*Continued*

Rank	Place	Population
61	Wheeling city, WV..	30,737
62	Savannah city, GA...	30,709
63	Omaha city, NE	30,518
64	Trenton city, NJ...	29,910
65	Covington city, KY	29,720
66	Evansville city, IN	29,280
67	Peoria city, IL	29,259
68	Mobile city, AL	29,132
69	Elizabeth city, NJ	28,229
70	Erie city, PA	27,737
71	Bridgeport city, CT	27,643
72	Salem city, MA...	27,563
73	Quincy city, IL...	27,268
74	Fort Wayne city, IN...	26,880
75	New Bedford city, MA	26,845
76	Terre Haute city, IN...	26,042
77	Lancaster city, PA...	25,769
78	Somerville city, MA...	24,933
79	Wilkes-Barre city, PA	23,339
80	Des Moines city, IA	22,408
81	Dubuque city, IA	22,254
82	Galveston city, TX...	22,248
83	Norfolk city, VA	21,966
84	Auburn city, NY	21,924
85	Holyoke city, MA..	21,915
86	Augusta city, GA...	21,891
87	Davenport city, IA...	21,831
88	Chelsea city, MA	21,782
89	Petersburg city, VA	21,656
90	Sacramento city, CA	21,420
91	Taunton city, MA..	21,213
92	Oswego city, NY...	21,116
93	Salt Lake City city, UT..	20,768
94	Springfield city, OH	20,730
95	Bay City city, MI	20,693
96	San Antonio city, TX..	20,550
97	Elmira city, NY...	20,541
98	Newport city, KY	20,433
99	Poughkeepsie city, NY..	20,207
100	Springfield city, IL..	19,743

* See Notes for Individual Places.

Table D-11. Population of the 100 Largest Urban Places: 1890

Rank	Place	Population
1	New York city, NY *	1,515,301
2	Chicago city, IL	1,099,850
3	Philadelphia city, PA	1,046,964
4	Brooklyn city, NY *	806,343
5	St. Louis city, MO	451,770
6	Boston city, MA	448,477
7	Baltimore city, MD	434,439
8	San Francisco city, CA	298,997
9	Cincinnati city, OH	296,908
10	Cleveland city, OH	261,353
11	Buffalo city, NY	255,664
12	New Orleans city, LA	242,039
13	Pittsburgh city, PA *	238,617
14	Washington city, DC *	230,392
15	Detroit city, MI	205,876
16	Milwaukee city, WI	204,468
17	Newark city, NJ	181,830
18	Minneapolis city, MN	164,738
19	Jersey City city, NJ	163,003
20	Louisville city, KY	161,129
21	Omaha city, NE	140,452
22	Rochester city, NY	133,896
23	St. Paul city, MN	133,156
24	Kansas City city, MO	132,716
25	Providence city, RI	132,146
26	Denver city, CO	106,713
27	Indianapolis city, IN	105,436
28	Allegheny city, PA *	105,287
29	Albany city, NY	94,923
30	Columbus city, OH	88,150
31	Syracuse city, NY	88,143
32	New Haven city, CT	86,045
33	Worcester city, MA	84,655
34	Toledo city, OH	81,434
35	Richmond city, VA	81,388
36	Paterson city, NJ	78,347
37	Lowell city, MA	77,696
38	Nashville city, TN	76,168
39	Scranton city, PA	75,215
40	Fall River city, MA	74,398
41	Cambridge city, MA	70,028
42	Atlanta city, GA	65,533
43	Memphis city, TN	64,495
44	Wilmington city, DE	61,431
45	Dayton city, OH	61,220
46	Troy city, NY	60,956
47	Grand Rapids city, MI	60,278
48	Reading city, PA	58,661
49	Camden city, NJ	58,313
50	Trenton city, NJ	57,458
51	Lynn city, MA	55,727
52	Lincoln city, NE	55,154
53	Charleston city, SC	54,955
54	Hartford city, CT	53,230
55	St. Joseph city, MO	52,324
56	Evansville city, IN	50,756
57	Los Angeles city, CA	50,395
58	Des Moines city, IA	50,093
59	Bridgeport city, CT	48,866
60	Oakland city, CA	48,682

Table D-11. Population of the 100 Largest Urban Places: 1890—*Continued*

Rank	Place	Population
61	Portland city, OR	46,385
62	Saginaw city, MI	46,322
63	Salt Lake City city, UT	44,843
64	Lawrence city, MA	44,654
65	Springfield city, MA	44,179
66	Manchester city, NH	44,126
67	Utica city, NY	44,007
68	Hoboken city, NJ	43,648
69	Savannah city, GA	43,189
70	Seattle city, WA	42,837
71	Peoria city, IL	41,024
72	New Bedford city, MA	40,733
73	Erie city, PA	40,634
74	Somerville city, MA	40,152
75	Harrisburg city, PA	39,385
76	Kansas City city, KS	38,316
77	Dallas city, TX	38,067
78	Sioux City city, IA	37,806
79	Elizabeth city, NJ	37,764
80	Wilkes-Barre city, PA	37,718
81	San Antonio city, TX	37,673
82	Covington city, KY	37,371
83	Portland city, ME	36,425
84	Tacoma city, WA	36,006
85	Holyoke city, MA	35,637
86	Fort Wayne city, IN	35,393
87	Binghamton city, NY	35,005
88	Norfolk city, VA	34,871
89	Wheeling city, WV	34,522
90	Augusta city, GA	33,300
91	Youngstown city, OH	33,220
92	Duluth city, MN	33,115
93	Yonkers city, NY	32,033
94	Lancaster city, PA	32,011
95	Springfield city, OH	31,895
96	Quincy city, IL	31,494
97	Mobile city, AL	31,076
98	Topeka city, KS	31,007
99	Elmira city, NY	30,893
100	Salem city, MA	30,801

* See Notes for Individual Places.

Table D-12. Population of the 100 Largest Urban Places: 1900

Rank	Place[1]	Population
1	New York city, NY *	3,437,202
2	Chicago city, IL	1,698,575
3	Philadelphia city, PA	1,293,697
4	St. Louis city, MO	575,238
5	Boston city, MA	560,892
6	Baltimore city, MD	508,957
7	Cleveland city, OH	381,768
8	Buffalo city, NY	352,387
9	San Francisco city, CA	342,782
10	Cincinnati city, OH	325,902
11	Pittsburgh city, PA *	321,616
12	New Orleans city, LA	287,104
13	Detroit city, MI	285,704
14	Milwaukee city, WI	285,315
15	Washington city, DC	278,718
16	Newark city, NJ	246,070
17	Jersey City city, NJ	206,433
18	Louisville city, KY	204,731
19	Minneapolis city, MN	202,718
20	Providence city, RI	175,597
21	Indianapolis city, IN	169,164
22	Kansas City city, MO	163,752
23	St. Paul city, MN	163,065
24	Rochester city, NY	162,608
25	Denver city, CO	133,859
26	Toledo city, OH	131,822
27	Allegheny city, PA *	129,896
28	Columbus city, OH	125,560
29	Worcester city, MA	118,421
30	Syracuse city, NY	108,374
31	New Haven city, CT	108,027
32	Paterson city, NJ	105,171
33	Fall River city, MA	104,863
34	St. Joseph city, MO	102,979
35	Omaha city, NE	102,555
36	Los Angeles city, CA	102,479
37	Memphis city, TN	102,320
38	Scranton city, PA	102,026
39	Lowell city, MA	94,969
40	Albany city, NY	94,151
41	Cambridge city, MA	91,886
42	Portland city, OR	90,426
43	Atlanta city, GA	89,872
44	Grand Rapids city, MI	87,565
45	Dayton city, OH	85,333
46	Richmond city, VA	85,050
47	Nashville city, TN	80,865
48	Seattle city, WA	80,671
49	Hartford city, CT	79,850
50	Reading city, PA	78,961
51	Wilmington city, DE	76,508
52	Camden city, NJ	75,935
53	Trenton city, NJ	73,307
54	Bridgeport city, CT	70,996
55	Lynn city, MA	68,513
56	Oakland city, CA	66,960
57	Lawrence city, MA	62,559
58	New Bedford city, MA	62,442
59	Des Moines city, IA	62,139
60	Springfield city, MA	62,059

Table D-12. Population of the 100 Largest Urban Places: 1900—*Continued*

Rank	Place[1]	Population
61	Somerville city, MA	61,643
62	Troy city, NY	60,651
63	Hoboken city, NJ	59,364
64	Evansville city, IN	59,007
65	Manchester city, NH	56,987
66	Utica city, NY	56,383
67	Peoria city, IL	56,100
68	Charleston city, SC	55,807
69	Savannah city GA	54,244
70	Salt Lake City city, UT	53,531
71	San Antonio city, TX	53,321
72	Duluth city, MN	52,969
73	Erie city, PA	52,733
74	Elizabeth city, NJ	52,130
75	Wilkes-Barre city, PA	51,721
76	Kansas City city, KS	51,418
77	Harrisburg city, PA	50,167
78	Portland city, ME	50,145
79	Yonkers city, NY	47,931
80	Norfolk city, VA	46,624
81	Waterbury city, CT	45,859
82	Holyoke city, MA	45,712
83	Fort Wayne city, IN	45,115
84	Youngstown city, OH	44,885
85	Houston city, TX	44,633
86	Covington city, KY	42,938
87	Akron city, OH	42,728
88	Dallas city, TX	42,638
89	Saginaw city, MI	42,345
90	Lancaster city, PA	41,459
91	Lincoln city, NE	40,169
92	Brockton city, MA	40,063
93	Binghamton city, NY	39,647
94	Augusta city, GA	39,441
95	Pawtucket city, RI	39,231
96	Altoona city, PA	38,973
97	Wheeling city, WV	38,878
98	Mobile city, AL	38,469
99	Birmingham city, AL	38,415
100	Little Rock city, AR	38,307

* See Notes for Individual Places
[1] Excludes Honolulu CDP (population 39,306) before Hawaii became a state.

Table D-13. Population, Land Area, and Density of the 100 Largest Urban Places: 1910

Rank	Place	Population	Land area (square miles)	Density (persons per square mile)
1	New York city, NY *	4,766,883	286.8	16,621
2	Chicago city, IL	2,185,283	185.1	11,806
3	Philadelphia city, PA	1,549,008	130.2	11,897
4	St. Louis city, MO	687,029	61.4	11,189
5	Boston city, MA	670,585	41.1	16,316
6	Cleveland city, OH	560,663	45.6	12,295
7	Baltimore city, MD	558,485	30.1	18,554
8	Pittsburgh city, PA *	533,905	41.4	12,896
9	Detroit city, MI	465,766	40.8	11,416
10	Buffalo city, NY	423,715	38.7	10,949
11	San Francisco city, CA	416,912	46.5	8,966
12	Milwaukee city, WI	373,857	22.8	16,397
13	Cincinnati city, OH	363,591	49.8	7,301
14	Newark city, NJ	347,469	23.2	14,977
15	New Orleans city, LA	339,075	196.0	1,730
16	Washington city, DC	331,069	60.0	5,518
17	Los Angeles city, CA	319,198	99.2	3,218
18	Minneapolis city, MN	301,408	50.1	6,016
19	Jersey City city, NJ	267,779	13.0	20,598
20	Kansas City city, MO	248,381	58.5	4,246
21	Seattle city, WA	237,194	55.9	4,243
22	Indianapolis city, IN	233,650	33.0	7,080
23	Providence city, RI	224,326	17.7	12,674
24	Louisville city, KY	223,928	20.7	10,818
25	Rochester city, NY	218,149	20.1	10,853
26	St. Paul city, MN	214,744	52.2	4,114
27	Denver city, CO	213,381	57.9	3,685
28	Portland city, OR	207,214	48.4	4,281
29	Columbus city, OH	181,511	20.3	8,941
30	Toledo city, OH	168,497	25.0	6,740
31	Atlanta city, GA	154,839	25.7	6,025
32	Oakland city, CA	150,174	45.7	3,286
33	Worcester city, MA	145,986	37.0	3,946
34	Syracuse city, NY	137,249	17.3	7,933
35	New Haven city, CT	133,605	17.9	7,464
36	Birmingham city, AL	132,685	48.3	2,747
37	Memphis city, TN	131,105	18.4	7,125
38	Scranton city, PA	129,867	19.3	6,729
39	Richmond city, VA	127,628	10.0	12,763
40	Paterson city, NJ	125,600	8.1	15,506
41	Omaha city, NE	124,096	24.1	5,149
42	Fall River city, MA	119,295	33.9	3,519
43	Dayton city, OH	116,577	15.7	7,425
44	Grand Rapids city, MI	112,571	16.8	6,701
45	Nashville city, TN	110,364	17.1	6,454
46	Lowell city, MA	106,294	13.0	8,176
47	Cambridge city, MA	104,839	6.3	16,641
48	Spokane city, WA	104,402	36.8	2,837
49	Bridgeport city, CT	102,054	12.4	8,230
50	Albany city, NY	100,253	10.8	9,283
51	Hartford city, CT	98,915	17.1	5,785
52	Trenton city, NJ	96,815	7.0	13,831
53	New Bedford city, MA	96,652	19.0	5,087
54	San Antonio city, TX	96,614	35.8	2,699
55	Reading city, PA	96,071	6.2	15,495
56	Camden city, NJ	94,538	7.0	13,505
57	Salt Lake City city, UT	92,777	47.5	1,953
58	Dallas city, TX	92,104	16.2	5,685
59	Lynn city, MA	89,336	10.8	8,272
60	Springfield city, MA	88,926	37.3	2,384

Table D-13. Population, Land Area, and Density of the 100 Largest Urban Places: 1910—*Continued*

Rank	Place	Population	Land area (square miles)	Density (persons per square mile)
61	Wilmington city, DE	87,411	6.3	13,875
62	Des Moines city, IA	86,368	54.0	1,599
63	Lawrence city, MA	85,892	6.5	13,214
64	Tacoma city, WA	83,743	39.3	2,131
65	Kansas City city, KS	82,331	14.2	5,798
66	Yonkers city, NY	79,803	19.8	4,030
67	Youngstown city, PA	79,066	10.3	7,676
68	Houston city, TX	78,800	17.4	4,529
69	Duluth city MN	78,466	58.9	1,332
70	St. Joseph city, MO	77,403	13.3	5,820
71	Somerville city, MA	77,236	4.1	18,838
72	Troy city, NY	76,813	9.6	8,001
73	Utica city, NY	74,419	9.2	8,089
74	Elizabeth city, NJ	73,409	9.7	7,568
75	Fort Worth city, TX	73,312	17.5	4,189
76	Waterbury city, CT	73,141	28.1	2,603
77	Schenectady city, NY	72,826	7.8	9,337
78	Hoboken city, NJ	70,324	1.3	54,095
79	Manchester city, NH	70,063	32.9	2,130
80	Evansville city, IN	69,647	7.0	9,950
81	Akron city, OH	69,067	11.5	6,006
82	Norfolk city, VA	67,452	5.6	12,045
83	Wilkes-Barre city, PA	67,105	5.1	13,158
84	Peoria city, IL	66,950	9.8	6,832
85	Erie city, PA	66,525	7.5	8,870
86	Savannah city, GA	65,064	6.3	10,328
87	Oklahoma City city, OK	64,205	17.5	3,669
88	Harrisburg city, PA	64,186	5.3	12,111
89	Fort Wayne city, IN	63,933	9.4	6,801
90	Charleston city, SC	58,833	3.8	15,482
91	Portland city, ME	58,571	21.5	2,724
92	East St. Louis city, IL	58,547	12.2	4,799
93	Terre Haute city, IN	58,157	7.9	7,362
94	Holyoke city, MA	57,730	21.0	2,749
95	Jacksonville city, FL	57,699	9.3	6,204
96	Brockton city, MA	56,878	21.6	2,633
97	Bayonne city, NJ	55,545	4.0	13,886
98	Johnstown city, PA	55,482	4.3	12,903
99	Passaic city, NJ	54,773	3.2	17,117
100	South Bend city, IN	53,684	8.1	6,628

* See Notes for Individual Places.

Table D-14. Population, Land Area, and Density of the 100 Largest Urban Places: 1920

Rank	Place[1]	Population	Land area (square miles)	Density (persons per square mile)
1	New York city, NY *	5,620,048	299.0	18,796
2	Chicago city, IL	2,701,705	192.8	14,013
3	Philadelphia city, PA	1,823,779	128.0	14,248
4	Detroit city, MI	993,078	77.9	12,748
5	Cleveland city, OH	796,841	56.4	14,128
6	St. Louis city, MO	772,897	61.0	12,670
7	Boston city, MA	748,060	43.5	17,197
8	Baltimore city, MD	733,826	79.0	9,289
9	Pittsburgh city, PA	588,343	39.9	14,745
10	Los Angeles city, CA	576,673	365.7	1,577
11	Buffalo city, NY	506,775	38.9	13,028
12	San Francisco city, CA	506,676	42.0	12,064
13	Milwaukee city, WI	457,147	25.3	18,069
14	Washington city, DC	437,571	60.0	7,293
15	Newark city, NJ	414,524	23.3	17,791
16	Cincinnati city, OH	401,247	71.1	5,643
17	New Orleans city, LA	387,219	178.0	2,175
18	Minneapolis city, MN	380,582	49.7	7,658
19	Kansas City city, MO	324,410	58.4	5,555
20	Seattle city, WA	315,312	58.6	5,381
21	Indianapolis city, IN	314,194	43.6	7,206
22	Jersey City city, NJ	298,103	13.0	22,931
23	Rochester city, NY	295,750	29.5	10,025
24	Portland city, OR	258,288	63.2	4,087
25	Denver city, CO	256,491	57.9	4,430
26	Toledo city, OH	243,164	28.1	8,654
27	Providence city, RI	237,595	17.8	13,348
28	Columbus city, OH	237,031	22.6	10,488
29	Louisville city, KY	234,891	22.4	10,486
30	St. Paul city, MN	234,698	52.2	4,496
31	Oakland city, CA	216,261	45.7	4,732
32	Akron city, OH	208,435	22.7	9,182
33	Atlanta city, GA	200,616	26.2	7,657
34	Omaha city, NE	191,601	36.9	5,192
35	Worcester city, MA	179,754	37.1	4,845
36	Birmingham city, AL	178,806	49.0	3,649
37	Syracuse city, NY	171,717	18.4	9,332
38	Richmond city, VA	171,667	24.0	7,153
39	New Haven city, CT	162,537	17.9	9,080
40	Memphis city, TN	162,351	23.4	6,938
41	San Antonio city, TX	161,379	35.7	4,520
42	Dallas city, TX	158,976	22.8	6,973
43	Dayton city, OH	152,559	15.8	9,656
44	Bridgeport city, CT	143,555	14.6	9,833
45	Houston city, TX	138,276	36.5	3,788
46	Hartford city, CT	138,036	15.9	8,682
47	Scranton city, PA	137,783	19.3	7,139
48	Grand Rapids city, MI	137,634	17.5	7,865
49	Paterson city, NJ	135,875	8.1	16,775
50	Youngstown city, OH	132,358	24.8	5,337
51	Springfield city, MA	129,614	32.0	4,050
52	Des Moines city, IA	126,468	52.5	2,409
53	New Bedford city, MA	121,217	19.1	6,346
54	Fall River city, MA	120,485	33.9	3,554
55	Trenton city, NJ	119,289	7.0	17,041
56	Nashville city, TN	118,342	18.0	6,575
57	Salt Lake City city, UT	118,110	51.1	2,311
58	Camden city, NJ	116,309	7.7	15,105
59	Norfolk city, VA	115,777	7.5	15,437
60	Albany city, NY	113,344	18.6	6,094

Table D-14. Population, Land Area, and Density of the 100 Largest Urban Places: 1920—*Continued*

Rank	Place[1]	Population	Land area (square miles)	Density (persons per square mile)
61	Lowell city, MA	112,759	13.0	8,674
62	Wilmington city, DE	110,168	7.0	15,738
63	Cambridge city, MA	109,694	6.3	17,412
64	Reading city, PA	107,784	9.5	11,346
65	Fort Worth city, TX	106,482	16.5	6,453
66	Spokane city, WA	104,437	38.8	2,692
67	Kansas City city, KS	101,177	15.8	6,404
68	Yonkers city, NY	100,176	20.1	4,984
69	Lynn city, LA	99,148	10.5	9,443
70	Duluth city, MN	98,917	62.4	1,585
71	Tacoma city, WA	96,965	39.3	2,467
72	Elizabeth city, NJ	95,783	9.7	9,875
73	Lawrence city, MA	94,270	6.7	14,070
74	Utica city, NY	94,156	16.3	5,776
75	Erie city, PA	93,372	19.5	4,788
76	Somerville city, MA	93,091	3.9	23,869
77	Waterbury city, CT	91,715	28.1	3,264
78	Flint city, MI	91,599	28.3	3,237
79	Jacksonville city, FL	91,558	15.4	5,945
80	Oklahoma City city, OK	91,295	17.0	5,370
81	Schenectady city, NY	88,723	7.8	11,375
82	Canton city, OH	87,091	12.3	7,081
83	Fort Wayne city, IN	86,549	15.6	5,548
84	Evansville city, IN	85,264	8.7	9,800
85	Savannah city, GA	83,252	7.0	11,893
86	Manchester city, NH	78,384	32.1	2,442
87	St. Joseph city, MO	77,939	13.3	5,860
88	Knoxville city, TN	77,818	26.7	2,915
89	El Paso city, TX	77,560	12.1	6,410
90	Bayonne city, NJ	76,754	4.0	19,189
91	Peoria city, IL	76,121	9.4	8,098
92	Harrisburg city, PA	75,917	5.9	12,867
93	San Diego city, CA	74,683	78.8	948
94	Wilkes-Barre city, PA	73,833	5.2	14,199
95	Allentown city, PA	73,502	9.8	7,500
96	Wichita city, KS	72,217	19.6	3,685
97	Tulsa city, OK	72,075	7.8	9,240
98	Troy city, NY	71,996	10.4	6,923
99	Sioux City city, IA	71,227	43.8	1,626
100	South Bend city, IN	70,983	15.4	4,609

*See Notes for Individual Places.

[1]Excludes Honolulu CDP (population 83,327) before Hawaii became a state.

Table D-15. Population, Land Area, and Density of the 100 Largest Urban Places: 1930

Rank	Place[1]	Population	Land area (square miles)	Density (persons per square mile)
1	New York city, NY *	6,930,446	299.0	23,179
2	Chicago city, IL	3,376,438	201.9	16,723
3	Philadelphia city, PA	1,950,961	128.0	15,242
4	Detroit city, MI	1,568,662	137.9	11,375
5	Los Angeles city, CA	1,238,048	440.3	2,812
6	Cleveland city, OH	900,429	70.8	12,718
7	St. Louis city, MO	821,960	61.0	13,475
8	Baltimore city, MD	804,874	78.7	10,227
9	Boston city, MA	781,188	43.9	17,795
10	Pittsburgh city, PA	669,817	51.3	13,057
11	San Francisco city, CA	634,394	42.0	15,105
12	Milwaukee city, WI	578,249	41.1	14,069
13	Buffalo city, NY	573,076	38.9	14,732
14	Washington city, DC	486,869	62.0	7,853
15	Minneapolis city, MN	464,356	55.4	8,382
16	New Orleans city, LA	458,762	196.0	2,341
17	Cincinnati city, OH	451,160	71.4	6,319
18	Newark city, NJ	442,337	23.6	18,743
19	Kansas City city, MO	399,746	58.6	6,822
20	Seattle city, WA	365,583	68.5	5,337
21	Indianapolis city, IN	364,161	54.2	6,719
22	Rochester city, NY	328,132	34.2	9,595
23	Jersey City city, NJ	316,715	13.0	24,363
24	Louisville city, KY	307,745	36.0	8,548
25	Portland city, OR	301,815	63.5	4,753
26	Houston city, TX	292,352	71.8	4,072
27	Toledo city, OH	290,718	33.0	8,810
28	Columbus city, OH	290,564	38.5	7,547
29	Denver city, CO	287,861	58.0	4,963
30	Oakland city, CA	284,063	53.2	5,340
31	St. Paul city, MN	271,606	52.2	5,203
32	Atlanta city, GA	270,366	34.8	7,769
33	Dallas city, TX	260,475	41.8	6,231
34	Birmingham city, AL	259,678	50.3	5,163
35	Akron city, OH	255,040	37.6	6,783
36	Memphis city, TN	253,143	45.7	5,539
37	Providence city, RI	252,981	17.8	14,212
38	San Antonio city, TX	231,542	35.7	6,486
39	Omaha city, NE	214,006	39.1	5,473
40	Syracuse city, NY	209,326	25.3	8,274
41	Dayton city, OH	200,982	18.1	11,104
42	Worcester city, MA	195,311	37.2	5,250
43	Oklahoma City city, OK	185,389	30.4	6,098
44	Richmond city, VA	182,929	24.0	7,622
45	Youngstown city, OH	170,002	33.8	5,030
46	Grand Rapids city, MI	168,592	23.0	7,330
47	Hartford city, CT	164,072	15.9	10,319
48	Fort Worth city, TX	163,447	46.4	3,523
49	New Haven city, CT	162,655	17.9	9,087
50	Flint city, MI	156,492	29.7	5,269
51	Nashville city, TN	153,866	26.0	5,918
52	Springfield city, MA	149,900	31.7	4,729
53	San Diego city, CA	147,995	93.6	1,581
54	Bridgeport city, CT	146,716	14.6	10,049
55	Scranton city, PA	143,433	19.3	7,432
56	Des Moines city, IA	142,559	54.0	2,640
57	Long Beach city, CA	142,032	28.5	4,984
58	Tulsa city, OK	141,258	21.6	6,540
59	Salt Lake City city, UT	140,267	52.0	2,697
60	Patterson city, NJ	138,513	8.1	17,100

Table D-15. Population, Land Area, and Density of the 100 Largest Urban Places: 1930—*Continued*

Rank	Place[1]	Population	Land area (square miles)	Density (persons per square mile)
61	Yonkers city, NY	134,646	20.1	6,699
62	Norfolk city, VA	129,710	28.0	4,633
63	Jacksonville city, FL	129,549	26.4	4,907
64	Albany city, NY	127,412	18.9	6,741
65	Trenton city, NJ	123,356	7.2	17,133
66	Kansas City city, KS	121,857	20.5	5,944
67	Chattanooga city, TN	119,798	16.2	7,395
68	Camden city, NJ	118,700	8.7	13,644
69	Erie city, PA	115,967	19.3	6,009
70	Spokane city, WA	115,514	40.4	2,859
71	Fall River city, MA	115,274	32.9	3,504
72	Fort Wayne city, IN	114,946	17.2	6,683
73	Elizabeth city, NJ	114,589	9.7	11,813
74	Cambridge city, MA	113,643	6.2	18,330
75	New Bedford city, MA	112,597	19.0	5,926
76	Reading city, PA	111,171	9.5	11,702
77	Wichita city, KS	111,110	20.7	5,368
78	Miami city, FL	110,637	43.0	2,573
79	Tacoma city, WA	106,817	46.4	2,302
80	Wilmington city, DE	106,597	7.2	14,805
81	Knoxville city, TN	105,802	26.4	4,008
82	Peoria city, IL	104,969	12.3	8,534
83	Canton city, OH	104,906	13.6	7,714
84	South Bend, IN	104,193	16.9	6,165
85	Somerville city, MA	103,908	3.9	26,643
86	El Paso city, TX	102,421	13.5	7,587
87	Lynn city, MA	102,320	10.5	9,745
88	Evansville city, IN	102,249	8.7	11,753
89	Utica city, NY	101,740	21.2	4,799
90	Duluth city, MN	101,463	62.3	1,629
91	Tampa city, FL	101,161	19.0	5,324
92	Gary city, IN	100,426	40.3	2,492
93	Lowell city, MA	100,234	13.4	7,480
94	Waterbury city, CT	99,902	28.1	3,555
95	Schenectady city, NY	95,692	10.4	9,201
96	Sacramento city, CA	93,750	13.7	6,843
97	Allentown city, PA	92,563	11.4	8,120
98	Bayonne city, NJ	88,979	4.4	20,223
99	Wilkes-Barre city, PA	86,626	7.0	12,375
100	Rockford city, IL	85,864	11.7	7,339

*See Notes for Individual Places.
[1]Excludes Honolulu CDP (population 137,582) before Hawaii became a state.

Table D-16. Population, Land Area, and Density of the 100 Largest Urban Places: 1940

Rank	Place[1]	Population	Land area (square miles)	Density (persons per square mile)
1	New York city, NY *	7,454,995	299.0	24,933
2	Chicago city, IL	3,396,808	206.7	16,434
3	Philadelphia city, PA	1,931,334	127.2	15,183
4	Detroit city, MI	1,623,452	137.9	11,773
5	Los Angeles city, CA	1,504,277	448.3	3,356
6	Cleveland city, OH	878,336	73.1	12,016
7	Baltimore city, MD	859,100	78.7	10,916
8	St. Louis city, MO	816,048	61.0	13,378
9	Boston city, MA	770,816	46.1	16,721
10	Pittsburgh city, PA	671,659	52.1	12,892
11	Washington city, DC	663,091	61.4	10,800
12	San Francisco city, CA	634,536	44.6	14,227
13	Milwaukee city, WI	587,472	43.4	13,536
14	Buffalo city, NY	575,901	39.4	14,617
15	New Orleans city, LA	494,537	199.4	2,480
16	Minneapolis city, MN	492,370	53.8	9,152
17	Cincinnati city, OH	455,610	72.4	6,293
18	Newark city, NJ	429,760	23.6	18,210
19	Kansas City city, MO	399,178	58.6	6,812
20	Indianapolis city, IN	386,972	53.6	7,220
21	Houston city, TX	384,514	72.8	5,282
22	Seattle city, WA	368,302	68.5	5,377
23	Rochester city, NY	324,975	34.8	9,338
24	Denver city, CO	322,412	57.9	5,568
25	Louisville city, KY	319,077	37.9	8,419
26	Columbus city, OH	306,087	39.0	7,848
27	Portland city, OR	305,394	63.5	4,809
28	Atlanta city, GA	302,288	34.7	8,711
29	Oakland city, CA	302,163	52.8	5,723
30	Jersey City city, NJ	301,173	14.3	21,061
31	Dallas city, TX	294,734	40.6	7,259
32	Memphis city, TN	292,942	45.6	6,424
33	St. Paul city, MN	287,736	52.2	5,512
34	Toledo city, OH	282,349	37.1	7,610
35	Birmingham city, AL	267,583	50.2	5,330
36	San Antonio city, TX	253,854	35.7	7,111
37	Providence city, RI	253,504	17.9	14,162
38	Akron city, OH	244,791	53.7	4,558
39	Omaha city, NE	223,844	38.9	5,754
40	Dayton city, OH	210,718	23.7	8,891
41	Syracuse city, NY	205,967	25.3	8,141
42	Oklahoma City city, OK	204,424	49.8	4,105
43	San Diego city, CA	203,341	95.3	2,134
44	Worcester city, MA	193,694	37.1	5,221
45	Richmond city, VA	193,042	21.4	9,021
46	Fort Worth city, TX	177,662	49.8	3,568
47	Jacksonville city, FL	173,065	30.2	5,731
48	Miami city, FL	172,172	30.3	5,682
49	Youngstown city, OH	167,720	32.8	5,113
50	Nashville city, TN	167,402	22.0	7,609
51	Hartford city, CT	166,267	17.4	9,556
52	Grand Rapids city, MI	164,292	23.0	7,143
53	Long Beach city, CA	164,271	31.0	5,299
54	New Haven city, CT	160,605	17.9	8,972
55	Des Moines city, IA	159,819	53.8	2,971
56	Flint city, MI	151,543	29.3	5,172
57	Salt Lake City city, UT	149,934	52.5	2,856
58	Springfield city, MA	149,554	31.7	4,718
59	Bridgeport city, CT	147,121	14.6	10,077
60	Norfolk city, VA	144,332	28.2	5,118

Table D-16. Population, Land Area, and Density of the 100 Largest Urban Places: 1940—*Continued*

Rank	Place[1]	Population	Land area (square miles)	Density (persons per square mile)
61	Yonkers city, NY	142,598	17.2	8,291
62	Tulsa city, OK	142,157	21.4	6,643
63	Scranton city, PA	140,404	19.4	7,237
64	Paterson city, NJ	139,656	8.1	17,241
65	Albany city, NY	130,577	19.0	6,872
66	Chattanooga city, TN	128,163	27.4	4,677
67	Trenton city, NJ	124,697	7.2	17,319
68	Spokane city, WA	122,001	41.5	2,940
69	Kansas City city, KS	121,458	19.2	6,326
70	Fort Wayne city, IN	118,410	17.1	6,925
71	Camden city, NJ	117,536	8.7	13,510
72	Erie city, PA	116,955	16.2	7,219
73	Fall River city, MA	115,428	33.9	3,405
74	Wichita city, KS	114,966	21.1	5,449
75	Wilmington city, DE	112,504	9.8	11,480
76	Gary city, IN	111,719	40.3	2,772
77	Knoxville city, TN	111,580	25.4	4,393
78	Cambridge city, MA	110,879	6.3	17,600
79	Reading city, PA	110,568	8.8	12,565
80	New Bedford city, MA	110,341	19.1	5,777
81	Elizabeth city, NJ	109,912	11.7	9,394
82	Tacoma city, WA	109,408	46.5	2,353
83	Canton city, OH	108,401	13.9	7,799
84	Tampa city, FL	108,391	19.0	5,705
85	Sacramento city, CA	105,958	13.7	7,734
86	Peoria city, IL	105,087	12.4	8,475
87	Somerville city, MA	102,177	4.1	24,921
88	Lowell city, MA	101,389	12.9	7,860
89	South Bend city, IN	101,268	19.7	5,141
90	Duluth city, MN	101,065	62.3	1,622
91	Charlotte city, NC	100,899	19.3	5,228
92	Utica city, NY	100,518	15.8	6,362
93	Waterbury city, CT	99,314	27.6	3,598
94	Shreveport city, LA	98,167	18.7	5,250
95	Lynn city, MA	98,123	10.4	9,435
96	Evansville city, IN	97,062	9.7	10,006
97	Allentown city, PA	96,904	15.7	6,172
98	El Paso city, TX	96,810	13.6	7,118
99	Savannah city, GA	95,996	11.1	8,648
100	Little Rock city, AR	88,039	17.9	4,918

*See Notes for Individual Places.

[1]Excludes Honolulu CDP (population 179,326) before Hawaii became a state.

Table D-17. Population, Land Area, and Density of the 100 Largest Urban Places: 1950

Rank	Place[1]	Population	Land area (square miles)	Density (persons per square mile)
1	New York city, NY *	7,891,957	315.1	25,046
2	Chicago city, IL	3,620,962	207.5	17,450
3	Philadelphia city, PA	2,071,605	127.2	16,286
4	Los Angeles city, CA	1,970,358	450.9	4,370
5	Detroit city, MI	1,849,568	139.6	13,249
6	Baltimore city, MD	949,708	78.7	12,067
7	Cleveland city, OH	914,808	75.0	12,197
8	St. Louis city, MO	856,796	61.0	14,046
9	Washington city, DC	802,178	61.4	13,065
10	Boston city, MA	801,444	47.8	16,767
11	San Francisco city, CA	775,357	44.6	17,385
12	Pittsburgh city, PA	676,806	54.2	12,487
13	Milwaukee city, WI	637,392	50.0	12,748
14	Houston city, TX	596,163	160.0	3,726
15	Buffalo city, NY	580,132	39.4	14,724
16	New Orleans city, LA	570,445	199.4	2,861
17	Minneapolis city, MN	521,718	53.8	9,697
18	Cincinnati city, OH	503,998	75.1	6,711
19	Seattle city, WA	467,591	70.8	6,604
20	Kansas City city, MO	456,622	80.6	5,665
21	Newark city, NJ	438,776	23.6	18,592
22	Dallas city, TX	434,462	112.0	3,879
23	Indianapolis city, IN	427,173	55.2	7,739
24	Denver city, CO	415,786	66.8	6,224
25	San Antonio city, TX	408,442	69.5	5,877
26	Memphis city, TN	396,000	104.2	3,800
27	Oakland city, CA	384,575	53.0	7,256
28	Columbus city, OH	375,901	39.4	9,541
29	Portland city, OR	373,628	64.1	5,829
30	Louisville city, KY	369,129	39.9	9,251
31	San Diego city, CA	334,387	99.4	3,364
32	Rochester city, NY	332,488	36.0	9,236
33	Atlanta city, GA	331,314	36.9	8,979
34	Birmingham city, AL	326,037	65.3	4,993
35	St. Paul city, MN	311,349	52.2	5,965
36	Toledo city, OH	303,616	38.3	7,927
37	Jersey City city, NJ	299,017	13.0	23,001
38	Fort Worth city, TX	278,778	93.7	2,975
39	Akron city, OH	274,605	53.7	5,114
40	Omaha city, NE	251,117	40.7	6,170
41	Long Beach city, CA	250,767	34.7	7,227
42	Miami city, FL	249,276	34.2	7,289
43	Providence city, RI	248,674	17.9	13,892
44	Dayton city, OH	243,872	25.0	9,755
45	Oklahoma City city, OK	243,504	50.8	4,793
46	Richmond city, VA	230,310	37.1	6,208
47	Syracuse city, NY	220,583	25.3	8,719
48	Norfolk city, VA	213,513	28.2	7,571
49	Jacksonville city, FL	204,517	30.2	6,772
50	Worcester city, MA	203,486	37.0	5,500
51	Tulsa city, OK	182,740	26.7	6,844
52	Salt Lake City city, UT	182,121	53.9	3,379
53	Des Moines city, IA	177,965	54.9	3,242
54	Hartford city, CT	177,397	17.4	10,195
55	Grand Rapids city, MI	176,515	23.4	7,543
56	Nashville city, TN	174,307	22.0	7,923
57	Youngstown city, OH	168,330	32.8	5,132
58	Wichita city, KS	168,279	25.7	6,548
59	New Haven city, CT	164,443	17.9	9,187
60	Flint city, MI	163,143	29.3	5,568

Table D-17. Population, Land Area, and Density of the 100 Largest Urban Places: 1950—*Continued*

Rank	Place[1]	Population	Land area (square miles)	Density (persons per square mile)
61	Springfield city, MA	162,399	31.7	5,123
62	Spokane city WA	161,721	41.5	3,897
63	Bridgeport city, CT	158,709	14.6	10,870
64	Yonkers city, NY	152,798	17.2	8,884
65	Tacoma city WA	143,673	47.9	2,999
66	Paterson city, NJ	139,336	8.1	17,202
67	Sacramento city, CA	137,572	16.9	8,140
68	Arlington CDP, VA *	135,449	24.0	5,644
69	Albany city, NY	134,995	19.0	7,105
70	Charlotte city, NC	134,042	30.0	4,468
71	Gary city, IN	133,911	41.6	3,219
72	Fort Wayne city, IN	133,607	18.8	7,107
73	Austin city, TX	132,459	32.1	4,126
74	Chattanooga city, TN	131,041	28.0	4,680
75	Erie city, PA	130,803	18.8	6,958
76	El Paso city, TX	130,485	25.6	5,097
77	Kansas City city, KS	129,553	18.7	6,928
78	Mobile city, AL	129,009	25.4	5,079
79	Evansville city, IN	128,636	18.0	7,146
80	Trenton city, NJ	128,009	7.2	17,779
81	Shreveport city, LA	127,206	24.0	5,300
82	Baton Rouge city, LA	125,629	30.2	4,160
83	Scranton city, PA	125,536	24.9	5,042
84	Knoxville city, TN	124,769	25.4	4,912
85	Tampa city, FL	124,681	19.0	6,562
86	Camden city, NJ	124,555	8.6	14,483
87	Cambridge city, MA	120,740	6.2	19,474
88	Savannah city, GA	119,638	14.6	8,194
89	Canton city, OH	116,912	14.1	8,292
90	South Bend city, IN	115,911	20.2	5,738
91	Berkeley city, CA	113,805	9.5	11,979
92	Elizabeth city, NJ	112,817	11.7	9,642
93	Fall River city, MA	111,963	33.9	3,303
94	Peoria city, IL	111,856	12.9	8,671
95	Wilmington city, DE	110,356	9.8	11,261
96	Reading city, PA	109,320	8.8	12,423
97	New Bedford city, MA	109,189	19.1	5,717
98	Corpus Christi city, TX	108,287	21.5	5,037
99	Phoenix city, AZ	106,818	17.1	6,247
100	Allentown city, PA	106,756	15.9	6,714

* See Notes for Individual Places.

[1] Excludes Honolulu CDP (population 248,034) before Hawaii became a state.

Table D-18. Population, Land Area, and Density of the 100 Largest Urban Places: 1960

Rank	Place	Population	Land area (square miles)	Density (persons per square mile)
1	New York city, NY *	7,781,984	315.1	24,697
2	Chicago city, IL................................	3,550,404	224.2	15,836
3	Los Angeles city, CA.........................	2,479,015	454.8	5,451
4	Philadelphia city, PA	2,002,512	127.2	15,743
5	Detroit city, MI	1,670,144	139.6	11,964
6	Baltimore city, MD............................	939,024	79.0	11,886
7	Houston city, TX................................	938,219	328.1	2,860
8	Cleveland city, OH	876,050	81.2	10,789
9	Washington city, DC	763,956	61.4	12,442
10	St. Louis city, MO	750,026	61.0	12,296
11	Milwaukee city, WI............................	741,324	91.1	8,137
12	San Francisco city, CA	740,316	47.6	15,553
13	Boston city, MA.................................	697,197	47.8	14,586
14	Dallas city, TX...................................	679,684	279.9	2,428
15	New Orleans city, LA	627,525	198.8	3,157
16	Pittsburgh city, PA	604,332	54.1	11,171
17	San Antonio city, TX..........................	587,718	160.5	3,662
18	San Diego city, CA	573,224	192.4	2,979
19	Seattle city, WA................................	557,087	88.5	6,295
20	Buffalo city, NY	532,759	39.4	13,522
21	Cincinnati city, OH	502,550	77.3	6,501
22	Memphis city, TN	497,524	128.2	3,881
23	Denver city, CO	493,887	71.0	6,956
24	Atlanta city, GA................................	487,455	128.2	3,802
25	Minneapolis city, MN.........................	482,872	56.5	8,546
26	Indianapolis city, IN	476,258	71.2	6,689
27	Kansas City city, MO	475,539	129.8	3,664
28	Columbus city, OH	471,316	89.0	5,296
29	Phoenix city, AZ................................	439,170	187.4	2,343
30	Newark city, NJ	405,220	23.6	17,170
31	Louisville city, KY..............................	390,639	57.1	6,841
32	Portland city, OR	372,676	67.2	5,546
33	Oakland city, CA	367,548	53.0	6,935
34	Fort Worth city, TX............................	356,268	140.5	2,536
35	Long Beach city, CA	344,168	45.9	7,498
36	Birmingham city, AL	340,887	74.5	4,576
37	Oklahoma City city, OK	324,253	321.5	1,009
38	Rochester city, NY	318,611	36.4	8,753
39	Toledo city, OH.................................	318,003	48.2	6,598
40	St. Paul city, MN...............................	313,411	52.2	6,004
41	Norfolk city, VA	305,872	50.0	6,117
42	Omaha city, NE	301,598	51.2	5,891
43	Honolulu CDP, HI *	294,194	83.9	3,506
44	Miami city, FL...................................	291,688	34.2	8,529
45	Akron city, OH	290,351	53.9	5,387
46	El Paso city, TX.................................	276,687	114.6	2,414
47	Jersey City city, NJ	276,101	13.0	21,239
48	Tampa city, FL...................................	274,970	85.0	3,235
49	Dayton city, OH................................	262,332	33.6	7,808
50	Tulsa city, OK	261,685	47.8	5,475
51	Wichita city, KS	254,698	51.9	4,907
52	Richmond city, VA.............................	219,958	37.0	5,945
53	Syracuse city, NY	216,038	25.0	8,642
54	Tucson city, AZ	212,892	70.9	3,003
55	Des Moines city, IA............................	208,982	64.5	3,240
56	Providence city, RI	207,498	17.9	11,592
57	San Jose city, CA...............................	204,196	54.5	3,747
58	Mobile city, AL	202,779	152.9	1,326
59	Charlotte city, NC.............................	201,564	64.8	3,111
60	Albuquerque city, NM	201,189	56.2	3,580

Table D-18. Population, Land Area, and Density of the 100 Largest Urban Places: 1960—*Continued*

Rank	Place	Population	Land area (square miles)	Density (persons per square mile)
61	Jacksonville city, FL	201,030	30.2	6,657
62	Flint city, MI	196,940	29.9	6,587
63	Sacramento city, CA	191,667	45.1	4,250
64	Yonkers city, NY	190,634	18.3	10,417
65	Salt Lake City city, UT	189,454	56.1	3,377
66	Worcester city, MA	186,587	37.0	5,043
67	Austin city, TX	186,545	49.4	3,776
68	Spokane city, WA	181,608	43.0	4,223
69	St. Petersburg city, FL	181,298	54.0	3,357
70	Gary city, IN	178,320	41.6	4,287
71	Grand Rapids city, MI	177,313	24.4	7,267
72	Springfield city, MA	174,463	33.1	5,271
73	Nashville city, TN	170,874	29.0	5,892
74	Corpus Christi city, TX	167,690	37.8	4,436
75	Youngstown city, OH	166,689	33.2	5,021
76	Shreveport city, LA	164,372	36.0	4,566
77	Arlington CDP, VA *	163,401	24.0	6,808
78	Hartford city, CT	162,178	17.4	9,321
79	Fort Wayne city, IN	161,776	36.8	4,396
80	Bridgeport city, CT	156,748	17.9	8,757
81	Baton Rouge city, LA	152,419	31.0	4,917
82	New Haven city, CT	152,048	17.9	8,494
83	Savannah city, GA	149,245	41.5	3,596
84	Tacoma city WA	147,979	47.5	3,115
85	Jackson city, MS	144,422	46.5	3,106
86	Paterson city, NJ	143,663	8.4	17,103
87	Evansville city, IN	141,543	32.0	4,423
88	Erie city, PA	138,440	18.8	7,364
89	Amarillo city, TX	137,969	54.8	2,518
90	Montgomery city, AL	134,393	31.8	4,226
91	Fresno city, CA	133,929	28.6	4,683
92	South Bend city, IN	132,445	23.8	5,565
93	Chattanooga city, TN	130,009	36.7	3,542
94	Albany city, NY	129,726	19.0	6,828
95	Lubbock city, TX	128,691	75.0	1,716
96	Lincoln city, NE	128,521	25.4	5,060
97	Madison city, WI	126,706	35.7	3,549
97	Rockford city, IL	126,706	26.0	4,873
99	Kansas City city, KS	121,901	40.6	3,002
100	Greensboro city, NC	119,574	48.6	2,460

*See Notes for Individual Places.

Table D-19. Population, Land Area, and Density of the 100 Largest Urban Places: 1970

Rank	Place	Population	Land area (square miles)	Density (persons per square mile)
1	New York city, NY *	7,894,862	299.7	26,343
2	Chicago city, IL.................................	3,366,957	222.6	15,126
3	Los Angeles city, CA........................	2,816,061	463.7	6,073
4	Philadelphia city, PA	1,948,609	128.5	15,164
5	Detroit city, MI	1,511,482	138.0	10,953
6	Houston city, TX	1,232,802	433.9	2,841
7	Baltimore city, MD............................	905,759	78.3	11,568
8	Dallas city, TX...................................	844,401	265.6	3,179
9	Washington city, DC	756,510	61.4	12,321
10	Cleveland city, OH............................	750,903	75.9	9,893
11	Indianapolis city, IN *	744,624	379.4	1,963
12	Milwaukee city, WI...........................	717,099	95.0	7,548
13	San Francisco city, CA	715,674	45.4	15,764
14	San Diego city, CA	696,769	316.9	2,199
15	San Antonio city, TX.........................	654,153	184.0	3,555
16	Boston city, MA................................	641,071	46.0	13,936
17	Memphis city, TN	623,530	217.4	2,868
18	St. Louis city, MO	622,236	61.2	10,167
19	New Orleans city, LA *	593,471	197.1	3,011
20	Phoenix city, AZ................................	581,562	247.9	2,346
21	Columbus city, OH	539,677	134.6	4,009
22	Seattle city, WA................................	530,831	83.6	6,350
23	Jacksonville city, FL *	528,865	766.0	690
24	Pittsburgh city, PA	520,117	55.2	9,422
25	Denver city, CO................................	514,678	95.2	5,406
26	Kansas City city, MO	507,087	316.3	1,603
27	Atlanta city, GA................................	496,973	131.5	3,779
28	Buffalo city, NY	462,768	41.3	11,205
29	Cincinnati city, OH	452,524	78.1	5,794
30	Nashville-Davidson, TN *	448,003	507.8	882
31	San Jose city, CA	445,779	136.2	3,273
32	Minneapolis city, MN........................	434,400	55.1	7,884
33	Fort Worth city, TX...........................	393,476	205.0	1,919
34	Toledo city, OH.................................	383,818	81.2	4,727
35	Portland city, OR	382,619	89.1	4,294
36	Newark city, NJ	382,417	23.5	16,273
37	Oklahoma City city, OK	366,481	635.7	576
38	Oakland city, CA...............................	361,561	53.4	6,771
39	Louisville city, KY..............................	361,472	60.0	6,025
40	Long Beach city, CA	358,633	48.7	7,364
41	Omaha city, NE	347,328	76.6	4,534
42	Miami city, FL...................................	334,859	34.3	9,763
43	Tulsa city, OK	331,638	171.9	1,929
44	Honolulu CDP, HI *	324,871	83.9	3,872
45	El Paso city, TX	322,261	118.3	2,724
46	St. Paul city, MN...............................	309,980	52.2	5,938
47	Norfolk city, VA................................	307,951	52.6	5,855
48	Birmingham city, AL	300,910	79.5	3,785
49	Rochester city, NY	296,233	36.7	8,072
50	Tampa city, FL...................................	277,767	84.5	3,287
51	Wichita city, KS	276,554	86.5	3,197
52	Akron city, OH	275,425	54.2	5,082
53	Tucson city, AZ.................................	262,933	80.0	3,287
54	Jersey City city, NJ	260,545	15.1	17,255
55	Sacramento city, CA..........................	254,413	93.8	2,712
56	Austin city, TX..................................	251,808	72.1	3,492
57	Richmond city, VA.............................	249,621	60.3	4,140
58	Albuquerque city, NM	243,751	82.2	2,965
59	Dayton city, OH................................	243,601	38.3	6,360
60	Charlotte city, NC.............................	241,178	76.0	3,173

Table D-19. Population, Land Area, and Density of the 100 Largest Urban Places: 1970—*Continued*

Rank	Place	Population	Land area (square miles)	Density (persons per square mile)
61	St. Petersburg city, FL	216,232	55.4	3,903
62	Corpus Christi city, TX	204,525	100.6	2,033
63	Yonkers city, NY	204,297	17.7	11,542
64	Des Moines city, IA............................	200,587	63.2	3,174
65	Grand Rapids city, MI	197,649	44.9	4,402
66	Syracuse city, NY	197,208	25.8	7,644
67	Flint city, MI	193,317	32.8	5,894
68	Mobile city, AL	190,026	116.6	1,630
69	Shreveport city, LA	182,064	56.9	3,200
70	Warren city, MI..................................	179,260	34.2	5,242
71	Providence city, RI	179,213	18.1	9,901
72	Fort Wayne city, IN	177,671	51.5	3,450
73	Worcester city, MA............................	176,572	37.4	4,721
74	Salt Lake City city, UT	175,885	59.3	2,966
75	Gary city, IN	175,415	42.0	4,177
76	Knoxville city, TN	174,587	77.0	2,267
77	Arlington CDP, VA *	174,284	25.9	6,729
78	Madison city, WI	173,258	48.5	3,572
79	Virginia Beach city, VA	172,106	220.0	782
80	Spokane city, WA...............................	170,516	50.8	3,357
81	Kansas City city, KS	168,213	56.8	2,961
82	Anaheim city, CA	166,701	33.3	5,006
83	Fresno city, CA..................................	165,972	41.8	3,971
84	Baton Rouge city, LA..........................	165,963	40.4	4,108
85	Springfield city, MA...........................	163,905	31.7	5,171
86	Hartford city, CT................................	158,017	17.4	9,081
87	Santa Ana city, CA	156,601	27.0	5,800
88	Bridgeport city, CT	156,542	16.1	9,723
89	Tacoma city, WA	154,581	47.7	3,241
90	Columbus city, GA	154,168	69.5	2,218
91	Jackson city, MS................................	153,968	50.2	3,067
92	Lincoln city, NE.................................	149,518	49.3	3,033
93	Lubbock city, TX................................	149,101	75.7	1,970
94	Rockford city, IL................................	147,370	34.2	4,309
95	Paterson city, NJ	144,824	8.4	17,241
96	Greensboro city, NC	144,076	54.4	2,648
97	Riverside city, CA..............................	140,089	71.5	1,959
98	Youngstown city, OH	139,788	33.6	4,160
99	Fort Lauderdale city, FL......................	139,590	29.6	4,716
100	Evansville city, IN	138,764	36.0	3,855

*See Notes for Individual Places.

Table D-20. Population, Land Area, and Density of the 100 Largest Urban Places: 1980

Rank	Place	Population	Land area (square miles)	Density (persons per square mile)
1	New York city, NY *	7,071,639	301.5	23,455
2	Chicago city, IL.................................	3,005,072	228.1	13,174
3	Los Angeles city, CA.........................	2,966,850	464.7	6,384
4	Philadelphia city, PA	1,688,210	136.0	12,413
5	Houston city, TX................................	1,595,138	556.4	2,867
6	Detroit city, MI	1,203,339	135.6	8,874
7	Dallas city, TX....................................	904,078	333.0	2,715
8	San Diego city, CA	875,538	320.0	2,736
9	Phoenix city, AZ.................................	789,704	324.0	2,437
10	Baltimore city, MD.............................	786,775	80.3	9,798
11	San Antonio city, TX..........................	785,880	262.7	2,992
12	Indianapolis city, IN *	700,807	352.0	1,991
13	San Francisco city, CA	678,974	46.4	14,633
14	Memphis city, TN	646,356	264.1	2,447
15	Washington city, DC	638,333	62.7	10,181
16	Milwaukee city, WI.............................	636,212	95.8	6,641
17	San Jose city, CA	629,442	158.0	3,984
18	Cleveland city, OH.............................	573,822	79.0	7,264
19	Columbus city, OH	564,871	180.9	3,123
20	Boston city, MA..................................	562,994	47.2	11,928
21	New Orleans city, LA *	557,515	199.4	2,796
22	Jacksonville city, FL *	540,920	759.7	712
23	Seattle city, WA..................................	493,846	83.6	5,907
24	Denver city, CO..................................	492,365	110.6	4,452
25	Nashville-Davidson, TN *....................	455,651	479.5	950
26	St. Louis city, MO	453,085	61.4	7,379
27	Kansas City city, MO	448,159	316.3	1,417
28	El Paso city, TX	425,259	239.2	1,778
29	Atlanta city, GA.................................	425,022	131.0	3,244
30	Pittsburgh city, PA	423,938	55.4	7,652
31	Oklahoma City city, OK	403,213	603.6	668
32	Cincinnati city, OH	385,457	78.1	4,935
33	Fort Worth city, TX............................	385,164	240.2	1,604
34	Minneapolis city, MN.........................	370,951	55.1	6,732
35	Portland city, OR	366,383	103.3	3,547
36	Honolulu CDP, HI *............................	365,048	87.0	4,196
37	Long Beach city, CA	361,334	49.8	7,256
38	Tulsa city, OK	360,919	185.6	1,945
39	Buffalo city, NY	357,870	41.8	8,561
40	Toledo city, OH..................................	354,635	84.2	4,212
41	Miami city, FL.....................................	346,865	34.3	10,113
42	Austin city, TX....................................	345,496	116.0	2,978
43	Oakland city, CA	339,337	53.9	6,296
44	Albuquerque city, NM	331,767	95.3	3,481
45	Tucson city, AZ...................................	330,537	98.8	3,346
46	Newark city, NJ	329,248	24.1	13,662
47	Charlotte city, NC..............................	314,447	139.7	2,251
48	Omaha city, NE	314,255	90.9	3,457
49	Louisville city, KY	298,451	60.0	4,974
50	Birmingham city, AL	284,413	98.5	2,887
51	Wichita city, KS	279,272	101.4	2,754
52	Sacramento city, CA..........................	275,741	96.1	2,869
53	Tampa city, FL....................................	271,523	84.4	3,217
54	St. Paul city, MN................................	270,230	52.4	5,157
55	Norfolk city, VA..................................	266,979	53.0	5,037
56	Virginia Beach city, VA	262,199	255.9	1,025
57	Rochester city, NY	241,741	34.2	7,068
58	St. Petersburg city, FL	238,647	55.5	4,300
59	Akron city, OH	237,177	57.5	4,125
60	Corpus Christi city, TX	231,999	104.0	2,231

Table D-20. Population, Land Area, and Density of the 100 Largest Urban Places: 1980—*Continued*

Rank	Place	Population	Land area (square miles)	Density (persons per square mile)
61	Jersey City city, NJ	223,532	13.2	16,934
62	Baton Rouge city, LA	219,419	61.6	3,562
63	Anaheim city, CA	219,311	41.7	5,259
64	Richmond city, VA	219,214	60.1	3,647
65	Fresno city, CA	218,202	65.6	3,326
66	Colorado Springs city, CO	215,150	103.4	2,081
67	Shreveport city, LA	205,820	80.9	2,544
68	Lexington-Fayette, KY *	204,165	284.7	717
69	Santa Ana city, CA	203,713	27.4	7,435
70	Dayton city, OH	203,371	48.4	4,202
71	Jackson city, MS	202,895	106.2	1,910
72	Mobile city, AL	200,452	123.0	1,630
73	Yonkers city, NY	195,351	18.3	10,675
74	Des Moines city, IA	191,003	66.1	2,890
75	Grand Rapids city, MI	181,843	43.4	4,190
76	Montgomery city, AL	177,857	128.3	1,386
77	Knoxville city, TN	175,030	77.1	2,270
78	Anchorage city, AK	174,431	1732.0	101
79	Lubbock city, TX	173,979	90.6	1,920
80	Fort Wayne city, IN	172,196	52.6	3,274
81	Lincoln city, NE	171,932	60.0	2,866
82	Spokane city, WA	171,300	51.7	3,313
83	Riverside city, CA	170,876	71.8	2,380
84	Madison city, WI	170,616	53.9	3,165
85	Huntington Beach city, CA	170,505	27.2	6,269
86	Syracuse city, NY	170,105	23.8	7,147
87	Chattanooga city, TN	169,565	123.8	1,370
88	Columbus city, GA *	169,441	217.5	779
89	Las Vegas city, NV	164,674	55.0	2,994
90	Metairie CDP, LA	164,160	23.2	7,076
91	Salt Lake City city, UT	163,033	75.2	2,168
92	Worcester city, MA	161,799	37.4	4,326
93	Warren city, MI	161,134	34.4	4,684
94	Kansas City city, KS	161,087	107.4	1,500
95	Arlington city, TX	160,113	79.1	2,024
96	Flint city, MI	159,611	32.4	4,926
97	Aurora city, CO	158,588	59.8	2,652
98	Tacoma city, WA	158,501	47.7	3,323
99	Little Rock city, AR	158,461	79.4	1,996
100	Providence city, RI	156,804	18.9	8,297

*See Notes for Individual Places.

Table D-21. Population, Land Area, and Density of the 100 Largest Urban Places: 1990

Rank	Place	Population	Land area (square miles)	Density (persons per square mile)
1	New York city, NY *	7,322,564	308.9	23,705
2	Los Angeles city, CA	3,485,398	469.3	7,427
3	Chicago city, IL	2,783,726	227.2	12,252
4	Houston city, TX	1,630,553	539.9	3,020
5	Philadelphia city, PA	1,585,577	135.1	11,736
6	San Diego city, CA	1,110,549	324.0	3,428
7	Detroit city, MI	1,027,974	138.7	7,411
8	Dallas city, TX	1,006,877	342.4	2,941
9	Phoenix city, AZ	983,403	419.9	2,342
10	San Antonio city, TX	935,933	333.0	2,811
11	San Jose city, CA	782,248	171.3	4,567
12	Baltimore city, MD	736,014	80.8	9,109
13	Indianapolis city, IN *	731,327	361.7	2,022
14	San Francisco city, CA	723,959	46.7	15,502
15	Jacksonville city, FL *	635,230	758.7	837
16	Columbus city, OH	632,910	190.9	3,315
17	Milwaukee city, WI	628,088	96.1	6,536
18	Memphis city, TN	610,337	256.0	2,384
19	Washington city, DC	606,900	61.4	9,884
20	Boston city, MA	574,283	48.4	11,865
21	Seattle city, WA	516,259	83.9	6,153
22	El Paso city, TX	515,342	245.4	2,100
23	Cleveland city, OH	505,616	77.0	6,566
24	New Orleans city, LA *	496,938	180.6	2,752
25	Nashville-Davidson, TN *	488,374	473.3	1,032
26	Denver city, CO	467,610	153.3	3,050
27	Austin city, TX	465,622	217.8	2,138
28	Fort Worth city, TX	447,619	281.1	1,592
29	Oklahoma City city, OK	444,719	608.2	731
30	Portland city, OR	437,319	124.7	3,507
31	Kansas City city, MO	435,146	311.5	1,397
32	Long Beach city, CA	429,433	50.0	8,589
33	Tucson city, AZ	405,390	156.3	2,594
34	St. Louis city, MO	396,685	61.9	6,408
35	Charlotte city, NC	395,934	174.3	2,272
36	Atlanta city, GA	394,017	131.8	2,990
37	Virginia Beach city, VA	393,069	248.3	1,583
38	Albuquerque city, NM	384,736	132.2	2,910
39	Oakland city, CA	372,242	56.1	6,635
40	Pittsburgh city, PA	369,879	55.6	6,653
41	Sacramento city, CA	369,365	96.3	3,836
42	Minneapolis city, MN	368,383	54.9	6,710
43	Tulsa city, OK	367,302	183.5	2,002
44	Honolulu CDP, HI *	365,272	82.8	4,411
45	Cincinnati city, OH	364,040	77.2	4,716
46	Miami city, FL	358,548	35.6	10,072
47	Fresno city, CA	354,202	99.1	3,574
48	Omaha city, NE	335,795	100.6	3,338
49	Toledo city, OH	332,943	80.6	4,131
50	Buffalo city, NY	328,123	40.6	8,082
51	Wichita city, KS	304,011	115.1	2,641
52	Santa Ana city, CA	293,742	27.1	10,839
53	Mesa city, AZ	288,091	108.6	2,653
54	Colorado Springs city, CO	281,140	183.2	1,535
55	Tampa city, FL	280,015	108.7	2,576
56	Newark city, NJ	275,221	23.8	11,564
57	St. Paul city, MN	272,235	52.8	5,156
58	Louisville city, KY	269,063	62.1	4,333
59	Anaheim city, CA	266,406	44.3	6,014
60	Birmingham city, AL	265,968	148.5	1,791

Table D-21. Population, Land Area, and Density of the 100 Largest Urban Places: 1990—*Continued*

Rank	Place	Population	Land area (square miles)	Density (persons per square mile)
61	Arlington city, TX	261,721	93.0	2,814
62	Norfolk city, VA	261,229	53.8	4,856
63	Las Vegas city, NV	258,295	83.3	3,101
64	Corpus Christi city, TX	257,453	135.0	1,907
65	St. Petersburg city, FL	238,629	59.2	4,031
66	Rochester city, NY	231,636	35.8	6,470
67	Jersey City city, NJ	228,537	14.9	15,338
68	Riverside city, CA	226,505	77.7	2,915
69	Anchorage city, AK	226,338	1,697.6	133
70	Lexington-Fayette, KY *	225,366	284.5	792
71	Akron city, OH	223,019	62.2	3,586
72	Aurora city, CO	222,103	132.5	1,676
73	Baton Rouge city, LA	219,531	73.9	2,971
74	Stockton city, CA	210,943	52.6	4,010
75	Raleigh city, NC	207,951	88.1	2,360
76	Richmond city, VA	203,056	60.1	3,379
77	Shreveport city, LA	198,525	98.6	2,013
78	Jackson city, MS	196,637	109.0	1,804
79	Mobile city, AL	196,278	118.0	1,663
80	Des Moines city, IA	193,187	75.3	2,566
81	Lincoln city, NE	191,972	63.3	3,033
82	Madison city, WI	191,262	57.8	3,309
83	Grand Rapids city, MI	189,126	44.3	4,269
84	Yonkers city, NY	188,082	18.1	10,391
85	Hialeah city, FL	188,004	19.2	9,792
86	Montgomery city, AL	187,106	135.0	1,386
87	Lubbock city, TX	186,206	104.1	1,789
88	Greensboro city, NC	183,521	79.8	2,300
89	Dayton city, OH	182,044	55.0	3,310
90	Huntington Beach city, CA	181,519	26.4	6,876
91	Garland city, TX	180,650	57.3	3,153
92	Glendale city, CA	180,038	30.6	5,884
93	Columbus city, GA *	178,681	216.1	827
94	Spokane city, WA	177,196	55.9	3,170
95	Tacoma city, WA	176,664	48.0	3,681
96	Little Rock city, AR	175,795	102.9	1,708
97	Bakersfield city, CA	174,820	91.8	1,904
98	Fremont city, CA	173,339	77.0	2,251
99	Fort Wayne city, IN	173,072	62.7	2,760
100	Arlington CDP, VA *	170,936	25.9	6,600

*See Notes for Individual Places.

Table D-22. Population, Land Area, and Density of the 100 Largest Urban Places: 2000

Rank	Place	Population	Land area (square miles)	Density (persons per square mile)
1	New York city, NY	8,008,278	303.3	26,403
2	Los Angeles city, CA..........................	3,694,820	469.1	7,877
3	Chicago city, IL.................................	2,896,016	227.1	12,750
4	Houston city, TX................................	1,953,631	579.4	3,372
5	Philadelphia city, PA	1,517,550	135.1	11,234
6	Phoenix city, AZ.................................	1,321,045	474.9	2,782
7	San Diego city, CA	1,223,400	324.3	3,772
8	Dallas city, TX....................................	1,188,580	342.5	3,470
9	San Antonio city, TX..........................	1,144,646	407.6	2,809
10	Detroit city, MI	951,270	138.8	6,855
11	San Jose city, CA...............................	894,943	174.9	5,118
12	Indianapolis city, IN *	791,926	366.5	2,161
13	San Francisco city, CA	776,733	46.7	16,634
14	Jacksonville city, FL *	735,617	757.7	971
15	Columbus city, OH	711,470	210.3	3,384
16	Austin city, TX...................................	656,562	251.5	2,610
17	Baltimore city, MD............................	651,154	80.8	8,058
18	Memphis city, TN	650,100	279.3	2,327
19	Milwaukee city, WI............................	596,974	96.1	6,214
20	Boston city, MA.................................	589,141	48.4	12,166
21	Washington city, DC	572,059	61.4	9,316
22	Nashville-Davidson,TN *	569,891	502.3	1,135
23	El Paso city, TX	563,662	249.1	2,263
24	Seattle city, WA.................................	563,374	83.9	6,717
25	Denver city, CO.................................	554,636	153.4	3,617
26	Charlotte city, NC..............................	540,828	242.3	2,232
27	Fort Worth city, TX............................	534,694	292.5	1,828
28	Portland city, OR	529,121	134.3	3,939
29	Oklahoma City city, OK	506,132	607.0	834
30	Tucson city, AZ..................................	486,699	194.7	2,500
31	New Orleans city, LA	484,674	180.6	2,684
32	Las Vegas city, NV	478,434	113.3	4,223
33	Cleveland city, OH.............................	478,403	77.6	6,167
34	Long Beach city, CA	461,522	50.4	9,150
35	Albuquerque city, NM	448,607	180.6	2,483
36	Kansas City city, MO	441,545	313.5	1,408
37	Fresno city, CA..................................	427,652	104.4	4,098
38	Virginia Beach city, VA	425,257	248.3	1,713
39	Atlanta city, GA.................................	416,474	131.7	3,161
40	Sacramento city, CA..........................	407,018	97.2	4,189
41	Oakland city, CA	399,484	56.1	7,127
42	Mesa city, AZ	396,375	125.0	3,171
43	Tulsa city, OK	393,049	182.6	2,152
44	Omaha city, NE	390,007	115.7	3,371
45	Minneapolis city, MN.........................	382,618	54.9	6,970
46	Honolulu CDP, HI	371,657	85.7	4,337
47	Miami city, FL....................................	362,470	35.7	10,161
48	Colorado Springs city, CO	360,890	185.7	1,943
49	St. Louis city, MO	348,189	61.9	5,623
50	Wichita city, KS	344,284	135.8	2,536
51	Santa Ana city, CA	337,977	27.1	12,452
52	Pittsburgh city, PA	334,563	55.6	6,019
53	Arlington city, TX	332,969	95.8	3,475
54	Cincinnati city, OH	331,285	78.0	4,249
55	Anaheim city, CA	328,014	48.9	6,702
56	Toledo city, OH.................................	313,619	80.6	3,890
57	Tampa city, FL...................................	303,447	112.1	2,708
58	Buffalo city, NY	292,648	40.6	7,206
59	St. Paul city, MN................................	287,151	52.8	5,442
60	Corpus Christi city, TX.......................	277,454	154.6	1,794

Table D-22. Population, Land Area, and Density of the 100 Largest Urban Places: 2000—*Continued*

Rank	Place	Population	Land area (square miles)	Density (persons per square mile)
61	Aurora city, CO	276,393	142.5	1,940
62	Raleigh city, NC	276,093	114.6	2,409
63	Newark city, NJ	273,546	23.8	11,495
64	Lexington-Fayette, KY *	260,512	284.5	916
65	Anchorage municipality, AK	260,283	1697.2	153
66	Louisville city, KY	256,231	62.1	4,125
67	Riverside city, CA	255,166	78.1	3,267
68	St. Petersburg city, FL	248,232	59.6	4,163
69	Bakersfield city, CA	247,057	113.1	2,184
70	Stockton city, CA	243,771	54.7	4,456
71	Birmingham city, AL	242,820	149.9	1,620
72	Jersey City city, NJ	240,055	14.9	16,094
73	Norfolk city, VA	234,403	53.7	4,363
74	Baton Rouge city, LA	227,818	76.8	2,965
75	Hialeah city, FL	226,419	19.2	11,767
76	Lincoln city, NE	225,581	74.6	3,022
77	Greensboro city, NC	223,891	104.7	2,138
78	Plano city, TX	222,030	71.6	3,102
79	Rochester city, NY	219,773	35.8	6,133
80	Glendale city, AZ	218,812	55.7	3,929
81	Akron city, OH	217,074	62.1	3,497
82	Garland city, TX	215,768	57.1	3,778
83	Madison city, WI	208,054	68.7	3,030
84	Fort Wayne city, IN	205,727	79.0	2,606
85	Fremont city, CA	203,413	76.7	2,652
86	Scottsdale city, AZ	202,705	184.2	1,100
87	Montgomery city, AL	201,568	155.4	1,297
88	Shreveport city, LA	200,145	103.1	1,941
89	Augusta-Richmond County, GA *	199,775	324.0	617
90	Lubbock city, TX	199,564	114.8	1,738
91	Chesapeake city, VA	199,184	340.7	585
92	Mobile city, AL	198,915	117.9	1,687
93	Des Moines city, IA	198,682	75.8	2,621
94	Grand Rapids city, MI	197,800	44.6	4,431
95	Richmond city, VA	197,790	60.1	3,293
96	Yonkers city, NY	196,086	18.1	10,847
97	Spokane city, WA	195,629	57.8	3,387
98	Glendale city, CA	194,973	30.6	6,362
99	Tacoma city, WA	193,556	50.1	3,865
100	Irving city, TX	191,615	67.2	2,850

*See Notes for Individual Places.

Table D-23. Population, Land Area, and Density of the 100 Largest Urban Places: 2010

Rank	Place	Population	Land area (square miles)	Density (persons per square mile)
1	New York city, NY	8,175,133	302.6	27,012
2	Los Angeles city, CA	3,792,621	468.7	8,092
3	Chicago city, IL	2,695,598	227.6	11,842
4	Houston city, TX	2,100,263	599.6	3,503
5	Philadelphia city, PA	1,526,006	134.1	11,379
6	Phoenix city, AZ	1,447,128	516.7	2,801
7	San Antonio city, TX	1,327,407	460.9	2,880
8	San Diego city, CA	1,301,617	325.2	4,003
9	Dallas city, TX	1,197,816	340.5	3,518
10	San Jose city, CA	945,942	176.5	5,359
11	Indianapolis city, IN *	829,718	361.4	2,270
12	Jacksonville city, FL *	821,784	747.0	1,100
13	San Francisco city, CA	805,235	46.9	17,179
14	Austin city, TX	790,491	297.9	2,654
15	Columbus city, OH	787,033	217.2	3,624
16	Fort Worth city, TX	741,206	339.8	2,181
17	Louisville/Jefferson County metro gov, KY *	741,096	325.2	1,837
18	Charlotte city, NC	731,424	297.7	2,457
19	Detroit city, MI	713,862	138.8	5,145
20	El Paso city, TX	649,121	255.2	2,543
21	Memphis city, TN	646,889	315.1	2,053
22	Nashville-Davidson metro gov, TN *	626,681	475.1	1,265
23	Baltimore city, MD	621,074	80.9	7,673
24	Boston city, MA	617,660	48.3	12,794
25	Seattle city, WA	608,660	83.9	7,251
26	Washington city, DC	601,767	61.0	9,857
27	Denver city, CO	600,247	153.0	3,923
28	Milwaukee city, WI	594,833	96.1	6,188
29	Portland city, OR	583,776	133.4	4,375
30	Las Vegas city, NV	583,736	135.8	4,298
31	Oklahoma City city, OK	579,999	606.4	956
32	Albuquerque city, NM	545,695	187.7	2,907
33	Tucson city, AZ	520,116	226.7	2,294
34	Fresno city, CA	494,665	112.0	4,418
35	Sacramento city, CA	466,488	97.9	4,764
36	Long Beach city, CA	462,257	50.3	9,191
37	Kansas City city, MO	459,787	315.0	1,460
38	Mesa city, AZ	439,041	136.5	3,218
39	Virginia Beach city, VA	437,994	249.0	1,759
40	Atlanta city, GA	419,981	133.2	3,154
41	Colorado Springs city, CO	417,335	194.5	2,145
42	Omaha city, NE	408,958	127.1	3,218
43	Raleigh city, NC	403,892	142.9	2,826
44	Miami city, FL	399,508	35.9	11,137
45	Cleveland city, OH	396,698	77.7	5,106
46	Tulsa city, OK	391,906	196.8	1,992
47	Oakland city, CA	390,724	55.8	7,004
48	Minneapolis city, MN	382,578	54.0	7,088
49	Wichita city, KS	382,368	159.3	2,400
50	Arlington city, TX	365,438	95.9	3,811
51	Bakersfield city, CA	347,483	142.2	2,444
52	New Orleans city, LA	343,829	169.4	2,029
53	Urban Honolulu CDP, HI	337,256	60.5	5,573
54	Anaheim city, CA	336,265	49.8	6,748
55	Tampa city, FL	335,709	113.4	2,960
56	Aurora city, CO	325,078	154.7	2,101
57	Santa Ana city, CA	324,647	27.3	11,905
58	St. Louis city, MO	319,294	61.9	5,157
59	Pittsburgh city, PA	305,704	55.4	5,521
60	Corpus Christi city, TX	305,215	160.6	1,900

Table D-23. Population, Land Area, and Density of the 100 Largest Urban Places: 2010—*Continued*

Rank	Place	Population	Land area (square miles)	Density (persons per square mile)
61	Riverside city, CA..............................	303,871	81.1	3,745
62	Cincinnati city, OH	296,943	77.9	3,810
63	Lexington-Fayette, KY *	295,803	283.6	1,043
64	Anchorage municipality, AK	291,826	1704.7	171
65	Stockton city, CA	291,707	61.7	4,730
66	Toledo city, OH.................................	287,208	80.7	3,559
67	St. Paul city, MN...............................	285,068	52.0	5,484
68	Newark city, NJ	277,140	24.2	11,458
69	Greensboro city, NC	269,666	126.5	2,131
70	Buffalo city, NY	261,310	40.4	6,471
71	Plano city, TX	259,841	71.6	3,630
72	Lincoln city, NE.................................	258,379	89.1	2,899
73	Henderson city, NV............................	257,729	107.7	2,392
74	Fort Wayne city, IN	253,689	110.6	2,293
75	Jersey City city, NJ	247,637	14.8	16,739
76	St. Petersburg city, FL	244,769	61.7	3,964
77	Chula Vista city, CA	243,916	49.6	4,915
78	Norfolk city, VA.................................	242,803	54.1	4,486
79	Orlando city, FL.................................	238,300	102.4	2,327
80	Chandler city, AZ...............................	236,326	64.4	3,669
81	Laredo city, TX	236,091	88.9	2,655
82	Madison city, WI	233,209	76.8	3,037
83	Winston-Salem city, NC......................	229,617	132.4	1,734
84	Lubbock city, TX................................	229,573	122.4	1,875
85	Baton Rouge city, LA.........................	229,493	76.9	2,982
86	Durham city, NC................................	228,330	107.4	2,127
87	Garland city, TX.................................	226,876	57.1	3,974
88	Glendale city, AZ...............................	226,721	60.0	3,780
89	Reno city, NV	225,221	103.0	2,186
90	Hialeah city, FL	224,667	21.4	10,474
91	Paradise CDP, NV	223,167	46.7	4,777
92	Chesapeake city, VA...........................	222,209	340.8	652
93	Scottsdale city, AZ.............................	217,385	183.9	1,182
94	North Las Vegas city, NV....................	216,961	101.3	2,141
95	Irving city, TX	216,290	67.0	3,227
96	Fremont city, CA	214,089	77.5	2,764
97	Irvine city, CA...................................	212,375	66.1	3,213
98	Birmingham city, AL	212,205	146.1	1,453
99	Rochester city, NY	210,565	35.8	5,885
100	San Bernardino city, CA.....................	209,924	59.2	3,546

*See Notes for Individual Places.

Table D-24. Population, 1790 (or Earliest Census Year) to 2010 for Cities with 2010 Census Populations of 100,000 or More.

[For information concerning historical counts and geographic change, see City Geographic Notes.]

Place [100,000 or More Population]	2010 Population rank	2010 population	2000 population	1990 population	1980 population	1970 population	1960 population	1950 population	1940 population	1930 population	1920 population	1910 population
New York city, NY	1	8,175,133	8,008,654	7,322,564	7,071,639	7,895,563	7,781,984	7,891,957	7,454,995	6,930,446	5,620,048	4,766,883
Los Angeles city, CA.........	2	3,792,621	3,694,742	3,485,557	2,968,528	2,811,801	2,479,015	1,970,358	1,504,277	1,238,048	576,673	319,198
Chicago city, IL	3	2,695,598	2,896,016	2,783,726	3,005,072	3,369,357	3,550,404	3,620,962	3,396,808	3,376,438	2,701,705	2,185,283
Houston city, TX..............	4	2,099,451	1,953,631	1,630,864	1,595,138	1,233,535	938,219	596,163	384,514	292,352	138,276	78,800
Philadelphia city, PA	5	1,526,006	1,517,550	1,585,577	1,688,210	1,949,996	2,002,512	2,071,605	1,931,334	1,950,961	1,823,779	1,549,008
Phoenix city, AZ...............	6	1,445,632	1,321,045	983,392	789,704	584,303	439,170	106,818	65,414	48,118	29,053	11,134
San Antonio city, TX.........	7	1,327,407	1,144,646	935,393	785,940	654,153	587,718	408,442	253,854	231,542	161,379	96,614
San Diego city, CA	8	1,307,402	1,223,400	1,110,623	875,538	697,471	573,224	334,387	203,341	147,995	74,361	39,578
Dallas city, TX	9	1,197,816	1,188,580	1,007,618	904,599	844,401	679,684	434,462	294,734	260,475	158,976	92,104
San Jose city, CA.............	10	945,942	894,943	782,224	629,400	459,913	204,196	95,280	68,457	57,651	39,642	28,946
Indianapolis city, IN	11	829,718	791,926	741,915	710,868	746,992	476,258	427,173	386,972	364,161	314,194	233,650
Jacksonville city, FL..........	12	821,784	735,617	635,230	540,920	504,265	201,030	204,517	173,065	129,549	91,558	57,699
San Francisco city, CA	13	805,235	776,733	723,959	678,974	715,674	740,316	775,357	634,536	634,394	506,676	416,912
Austin city, TX	14	790,390	656,562	465,648	345,890	253,539	186,545	132,459	87,930	53,120	34,876	29,860
Columbus city, OH	15	787,033	711,470	632,945	565,021	540,025	471,316	375,901	306,087	290,564	237,031	181,511
Fort Worth city, TX..........	16	741,206	534,694	447,619	385,164	393,455	356,268	278,778	177,662	163,447	106,482	73,312
Louisville/Jefferson County, KY................	17	741,096	256,231	269,555	298,694	361,706	390,639	369,129	319,077	307,745	234,891	223,928
Charlotte city, NC............	18	731,424	540,167	395,934	315,474	241,420	201,564	134,042	100,899	82,675	46,338	34,014
Detroit city, MI	19	713,777	951,270	1,027,974	1,203,368	1,514,063	1,670,144	1,849,568	1,623,452	1,568,662	993,678	465,766
El Paso city, TX	20	649,121	563,662	515,342	425,259	322,261	276,687	130,485	96,810	102,421	77,560	39,279
Memphis city, TN	21	646,889	650,100	610,337	646,174	623,988	497,524	396,000	292,942	253,143	162,351	131,105
Nashville-Davidson, TN.....	22	626,681	569,892	510,786	477,811	447,877	170,874	174,307	167,402	153,866	118,342	110,364
Baltimore city, MD..........	23	620,961	651,154	736,014	786,741	905,787	939,024	949,708	859,100	804,874	733,826	558,485
Boston city, MA	24	617,594	589,141	574,283	562,994	641,071	697,197	801,444	770,816	781,188	748,060	670,585
Seattle city, WA...............	25	608,660	563,376	516,259	493,846	530,831	557,087	467,591	368,302	365,583	315,312	237,194
Washington city, DC	26	601,723	572,059	606,900	638,432	756,668	763,956	802,178	663,091	486,869	437,571	331,069
Denver city, CO...............	27	600,158	553,693	467,610	492,686	514,678	493,887	415,786	322,412	287,861	256,491	213,381
Milwaukee city, WI..........	28	594,833	596,974	628,088	636,297	717,372	741,324	637,392	587,472	578,249	457,147	373,857
Portland city, OR	29	583,776	529,121	438,802	368,148	379,967	372,676	373,628	305,394	301,815	258,288	207,214
Las Vegas city, NV	30	583,756	479,137	258,204	164,674	125,787	64,405	24,624	8,422	5,165	2,304	...
Oklahoma City city, OK	31	579,999	506,132	444,724	404,014	368,164	324,253	243,504	204,424	185,389	91,295	64,205
Albuquerque city, NM	32	545,852	448,607	384,619	332,920	244,501	201,189	96,815	35,449	26,570	15,157	11,020
Tucson city, AZ	33	520,116	486,699	405,371	330,537	262,933	212,892	45,454	35,752	32,506	20,292	13,193
Fresno city, CA	34	494,665	427,652	354,091	217,491	165,655	133,929	91,669	60,685	52,513	45,086	24,892
Sacramento city, CA	35	466,488	407,018	369,365	275,741	257,105	191,667	137,572	105,958	93,750	65,908	44,696
Long Beach city, CA	36	462,257	461,522	429,321	361,498	358,879	344,168	250,767	164,271	142,032	55,593	17,809
Kansas City city, MO	37	459,787	441,545	434,829	448,028	507,330	475,539	456,622	399,178	399,746	324,410	248,381
Mesa city, AZ	38	439,041	396,375	288,104	152,404	63,049	33,772	16,790	7,224	3,711	3,036	1,692
Virginia Beach city, VA	39	437,994	425,257	393,089	262,199	172,106	8,091	5,390	2,600	1,719	846	320
Atlanta city, GA	40	420,003	416,267	393,929	425,022	495,039	487,455	331,314	302,288	270,366	200,616	154,839
Colorado Springs city, CO	41	416,427	360,890	280,430	215,105	135,517	70,194	45,472	36,789	33,237	30,105	29,078
Omaha city, NE	42	408,958	390,007	335,719	313,939	346,929	301,598	251,117	223,844	214,006	191,601	124,096
Raleigh city, NC...............	43	403,892	276,094	212,092	150,255	122,830	93,931	65,679	46,897	37,379	24,418	19,218
Miami city, FL..................	44	399,457	362,470	358,648	346,681	334,859	291,688	249,276	172,172	110,637	29,571	5,471
Cleveland city, OH............	45	396,815	477,459	505,616	573,822	750,879	876,050	914,808	878,336	900,429	796,841	560,663
Tulsa city, OK	46	391,906	393,049	367,302	360,919	330,350	261,685	182,740	142,157	141,258	72,075	18,182
Oakland city, CA	47	390,724	399,484	372,242	339,337	361,561	367,548	384,575	302,163	284,063	216,261	150,174
Minneapolis city, MN........	48	382,578	382,747	368,383	370,951	434,400	482,872	521,718	492,370	464,356	380,582	301,408
Wichita city, KS	49	382,368	346,753	304,017	279,838	276,554	254,698	168,279	114,966	111,110	72,217	52,450
Arlington city, TX	50	365,438	332,969	261,717	160,113	90,229	44,775	7,692	4,240	3,661	3,031	1,794
Bakersfield city, CA	51	347,483	246,889	174,978	105,611	69,515	56,848	34,784	29,252	26,015	18,638	12,727
New Orleans city, LA	52	343,829	484,674	496,938	557,927	593,471	627,525	570,445	494,537	458,762	387,219	339,075
Urban Honolulu CDP, HI ..	53	337,256	...	...	...	...	...	...	...	...	...	...
Anaheim city, CA.............	54	336,265	328,014	266,406	219,494	166,408	104,184	14,556	11,031	10,995	5,526	2,628
Tampa city, FL..................	55	335,709	303,447	280,015	271,577	277,714	274,970	124,681	108,391	101,161	51,608	37,782
Aurora city, CO	56	325,078	275,921	222,103	158,588	74,974	48,548	11,421	3,437	2,295	983	679
Santa Ana city, CA	57	324,528	337,977	293,827	204,023	155,710	100,350	45,533	31,921	30,322	15,485	8,429
St. Louis city, MO	58	319,294	348,189	396,685	452,801	622,236	750,026	856,796	816,048	821,960	772,897	687,029
Pittsburgh city, PA	59	305,704	334,563	369,879	423,959	520,089	604,332	676,806	671,659	669,817	588,343	533,905

Table D-24. Population, 1790 (or Earliest Census Year) to 2010 for Cities with 2010 Census Populations of 100,000 or More—*Continued*

Place [100,000 or More Population]	1900 population	1890 population	1880 population	1870 population	1860 population	1850 population	1840 population	1830 population	1820 population	1810 population	1800 population	1790 population
New York city, NY	3,437,202	2,507,414	1,911,698	1,478,103	1,174,779	696,115	391,114	242,278	152,056	119,734	79,216	49,401
Los Angeles city, CA	102,479	50,395	11,183	5,728	4,385	1,610	...	...	...	...	...	...
Chicago city, IL	1,698,575	1,099,850	503,185	298,977	112,172	29,963	4,470	...	...	...	...	...
Houston city, TX	44,633	27,557	16,513	9,382	4,845	2,396	...	...	...	...	...	...
Philadelphia city, PA	1,293,697	1,046,964	847,170	647,022	565,529	121,376	93,665	80,462	63,802	53,722	41,220	28,522
Phoenix city, AZ	5,544	3,152	...	...	...	...	...	...	...	...	...	...
San Antonio city, TX	53,321	37,673	20,550	12,256	8,235	3.488	...	...	...	...	...	...
San Diego city, CA	17,700	16,159	2,637	2,300	731	...	...	...	...	...	...	...
Dallas city, TX	42,638	38,067	10,358	...	...	...	...	...	...	...	...	...
San Jose city, CA	21,500	18,060	12,567	9,089	...	...	...	...	...	...	...	...
Indianapolis city, IN	169,164	105,436	75,056	48,244	18,611	8,091	2,692	...	...	...	...	...
Jacksonville city, FL	28,429	17,201	7,650	6,912	2,118	1,045	...	...	...	...	...	...
San Francisco city, CA	342,782	298,997	233,959	149,473	56,802	34,776	...	...	...	...	...	...
Austin city, TX	22,258	14,575	11,013	4,428	3,494	629	...	...	...	...	...	...
Columbus city, OH	125,560	88,150	51,647	31,274	18,554	17,882	6,048	2,435	...	...	...	...
Fort Worth city, TX	26,688	23,076	6,663	...	...	...	...	...	...	...	...	...
Louisville/Jefferson County, KY	204,731	161,129	123,758	100,753	68,033	43,194	21,210	10,341	4,012	1,357	359	200
Charlotte city, NC	18,091	11,557	7,094	4,473	2,265	1,065	...	...	...	...	...	...
Detroit city, MI	285,704	205,876	116,340	79,577	45,619	21,019	9,102	2,222	1,422	...	...	...
El Paso city, TX	15,906	10,338	736	...	...	...	...	...	...	...	...	...
Memphis city, TN	102,320	64,495	33,592	40,226	22,623	8,841	...	...	...	...	...	...
Nashville-Davidson, TN	80,865	76,168	43,350	25,865	16,988	10,165	6,929	5,566	(NA)	(NA)	345	...
Baltimore city, MD	508,957	434,439	332,313	267,354	212,418	169,054	102,313	80,620	62,738	46,555	26,514	13,503
Boston city, MA	560,892	448,477	362,839	250,526	177,840	136,881	93,383	61,392	43,298	33,787	24,937	18,320
Seattle city, WA	80,671	42,837	3,533	1,107	...	...	...	...	...	...	...	...
Washington city, DC	278,718	230,392	177,624	131,700	75,080	51,687	33,745	30,261	23,336	15,471	6,203	...
Denver city, CO	133,859	106,713	35,629	4,759	4,749	...	...	...	...	...	...	...
Milwaukee city, WI	285,315	204,468	115,587	71,440	45,246	20,061	1,712	...	...	...	...	...
Portland city, OR	90,426	46,385	17,577	8,293	2,874	...	...	...	...	...	...	...
Las Vegas city, NV	...	...	...	...	...	...	...	...	...	...	...	...
Oklahoma City city, OK	10,037	4,151	...	...	...	...	...	...	...	...	...	...
Albuquerque city, NM	6,238	3,785	...	...	...	...	...	...	...	...	...	...
Tucson city, AZ	7,531	5,150	7,007	3,224	...	...	...	...	...	...	...	...
Fresno city, CA	12,470	10,818	1,112	...	...	...	...	...	...	...	...	...
Sacramento city, CA	29,282	26,386	21,420	16,283	13,785	6,820	...	...	...	...	...	...
Long Beach city, CA	2,252	564	...	...	...	...	...	...	...	...	...	...
Kansas City city, MO	163,752	132,716	55,785	32,260	4,418	...	...	...	...	...	...	...
Mesa city, AZ	722	...	...	...	...	...	...	...	...	...	...	...
Virginia Beach city, VA	...	...	...	...	...	...	...	...	...	...	...	...
Atlanta city, GA	89,872	65,533	37,409	21,789	9,554	2,572	...	...	...	...	...	...
Colorado Springs city, CO	21,085	11,140	4,226	...	...	...	...	...	...	...	...	...
Omaha city, NE	102,555	140,452	30,518	16,083	1,883	...	...	...	...	...	...	...
Raleigh city, NC	13,643	12,678	9,265	7,790	4,780	4,518	2,244	1,700	2,674	(NA)	669	...
Miami city, FL	1,681	...	...	...	...	...	...	...	...	...	...	...
Cleveland city, OH	381,768	261,353	160,416	92,829	43,417	17,034	6,071	1,076	606	...	...	...
Tulsa city, OK	1,390	...	...	...	...	...	...	...	...	...	...	...
Oakland city, CA	66,960	48,682	34,555	10,500	1,543	...	...	...	...	...	...	...
Minneapolis city, MN	202,718	164,738	46,887	13,066	2,564	...	...	...	...	...	...	...
Wichita city, KS	24,671	23,853	4,911	...	...	...	...	...	...	...	...	...
Arlington city, TX	1,079	664	...	...	...	...	...	...	...	...	...	...
Bakersfield city, CA	4,836	2,626	...	...	...	...	...	...	...	...	...	...
New Orleans city, LA	287,104	242,039	216,090	191,418	168,675	116,375	102,193	46,082	27,176	17,242	...	...
Urban Honolulu CDP, HI	...	...	...	...	...	...	...	...	...	...	...	...
Anaheim city, CA	1,456	1,273	833	881	...	...	...	...	...	...	...	...
Tampa city, FL	15,839	5,532	720	796	...	...	...	...	...	...	...	...
Aurora city, CO	202	...	...	...	...	...	...	...	...	...	...	...
Santa Ana city, CA	4,933	3,628	...	...	...	...	...	...	...	...	...	...
St. Louis city, MO	575,238	451,770	350,518	310,864	160,773	77,860	16,469	4,977	...	...	...	...
Pittsburgh city, PA	321,616	238,617	156,389	86,076	49,221	46,601	21,115	12,568	7,248	4,768	1,565	...

Place [100,000 or More Population]	2010 Population rank	2010 population	2000 population	1990 population	1980 population	1970 population	1960 population	1950 population	1940 population	1930 population	1920 population	1910 population
Corpus Christi city, TX......	60	305,215	277,454	257,453	232,134	204,525	167,690	108,287	57,301	27,741	10,522	8,222
Riverside city, CA............	61	303,871	255,166	226,546	170,591	140,089	84,332	46,764	34,696	29,696	19,341	15,212
Cincinnati city, OH	62	296,943	331,285	364,114	385,409	453,514	502,550	503,998	455,610	451,160	401,247	363,591
Lexington-Fayette, KY	63	295,803	260,512	225,366	204,165	108,137	62,810	55,534	49,304	45,736	41,534	35,099
Anchorage municipality, AK.............................	64	291,826	260,283	226,338	174,431	48,081	44,237	11,254	3,495	2,277	1,856	...
Stockton city, CA............	65	291,707	243,771	210,943	148,283	109,963	86,321	70,853	54,714	47,963	40,296	23,253
Toledo city, OH..............	66	287,208	313,782	332,943	354,635	383,062	318,003	303,616	282,349	290,718	243,164	168,497
St. Paul city, MN............	67	285,068	286,840	272,235	270,230	309,866	313,411	311,349	287,736	271,606	234,698	214,744
Newark city, NJ	68	277,140	272,537	275,221	329,248	381,930	405,220	438,776	429,760	442,337	414,524	347,469
Greensboro city, NC	69	269,666	223,891	183,894	155,642	144,076	119,574	74,389	59,319	53,569	19,861	15,895
Buffalo city, NY	70	261,310	292,648	328,175	357,870	462,768	532,759	580,132	575,901	573,076	506,775	423,715
Plano city, TX.................	71	259,841	222,030	127,885	72,331	17,872	3,695	2,126	1,582	1,554	1,715	1,258
Lincoln city, NE..............	72	258,379	225,581	191,972	171,932	149,518	128,521	98,884	81,984	75,933	54,948	43,973
Henderson city, NV..........	73	257,729	175,381	64,948	24,363	16,395	12,525	...	...	...	...	...
Fort Wayne city, IN	74	253,691	205,727	172,971	172,391	178,269	161,776	133,607	118,410	114,946	86,549	63,933
Jersey City city, NJ	75	247,597	240,055	228,517	223,532	260,350	276,101	299,017	301,173	316,715	298,103	267,779
St Petersburg city, FL.......	76	244,769	248,232	240,318	238,647	216,159	181,298	96,738	60,812	40,425	14,237	4,127
Chula Vista city, CA	77	243,916	173,556	135,160	83,927	67,901	42,034	15,927	5,138	3,869	1,718	...
Norfolk city, VA...............	78	242,803	234,403	261,250	266,979	307,951	304,869	213,513	144,332	129,710	115,777	67,452
Orlando city, FL...............	79	238,300	185,951	164,674	128,291	99,006	88,135	52,367	36,736	27,330	9,282	3,894
Chandler city, AZ............	80	236,123	176,581	89,862	29,673	13,763	9,531	3,799	1,239	1,378	...	...
Laredo city, TX	81	236,091	176,576	122,899	91,449	69,024	60,678	51,910	39,274	32,618	22,710	14,855
Madison city, WI	82	233,209	208,054	190,766	170,616	171,809	126,706	96,056	67,447	57,899	38,378	25,531
Winston-Salem city, NC....	83	229,617	185,776	143,485	131,885	133,683	111,135	87,811	79,815	75,274	48,395	22,700
Lubbock city, TX..............	84	229,573	199,564	186,206	174,361	149,101	128,691	71,747	31,853	20,520	4,051	1,938
Baton Rouge city, LA.......	85	229,493	227,818	219,531	220,394	165,291	152,419	125,629	34,719	30,729	21,782	14,897
Durham city, NC..............	86	228,330	187,035	136,612	101,149	95,438	78,302	71,311	60,195	52,037	21,719	18,241
Garland city, TX...............	87	226,876	215,768	180,635	138,857	81,437	38,501	10,571	2,233	1,584	1,421	804
Glendale city, AZ.............	88	226,721	218,812	147,864	97,172	36,228	15,696	8,179	4,855	3,665	2,737	...
Reno city, NV.................	89	225,221	180,480	133,850	100,756	72,863	51,470	32,497	21,317	18,529	12,016	10,867
Hialeah city, FL...............	90	224,669	226,419	188,008	145,254	102,452	66,972	19,676	3,958	2,600	...	...
Paradise CDP, NV	91	223,167	186,070	124,682	84,818	24,477	...	...	...	...	...	...
Chesapeake city, VA........	92	222,209	199,184	151,982	114,486	89,580	...	...	...	...	...	...
Scottsdale city, AZ...........	93	217,385	202,705	130,075	88,622	67,823	10,026	...	...	...	...	...
North Las Vegas city, NV...	94	216,961	115,488	47,849	42,739	46,067	18,422	3,875	...	...	...	...
Irving city, TX	95	216,290	191,615	155,037	109,943	97,260	45,985	2,621	1,089	731	357	...
Fremont city, CA	96	214,089	203,413	173,339	131,945	100,869	43,790	...	...	...	...	...
Irvine city, CA.................	97	212,375	143,072	110,330	62,134	...	...	...	...	...	...	...
Birmingham city, AL.........	98	212,237	242,820	265,347	284,413	300,910	340,887	326,037	267,583	259,678	178,806	132,685
Rochester city, NY	99	210,565	219,773	230,356	241,741	295,011	318,611	332,488	324,975	328,132	295,750	218,149
San Bernardino city, CA....	100	209,924	185,401	164,676	118,794	106,869	91,922	63,058	43,646	37,481	18,721	12,779
Spokane city, WA.............	101	208,916	195,629	177,165	171,300	170,516	181,608	161,721	122,001	115,514	104,437	104,402
Gilbert town, AZ..........	102	208,453	109,697	29,122	5,717	1,971	1,833	1,114	837	...	...	...
Arlington CDP, VA...........	103	207,627	189,453	170,936	152,599	174,284	163,401	135,449	...	...	...	...
Montgomery city, AL........	104	205,764	201,568	187,543	177,857	133,386	134,393	106,525	78,084	66,079	43,464	38,136
Boise City city, ID............	105	205,671	185,787	125,551	102,249	74,990	34,481	34,393	26,130	21,544	21,393	17,358
Richmond city, VA............	106	204,214	197,790	202,798	219,214	249,332	219,958	230,310	193,042	182,929	171,667	127,628
Des Moines city, IA..........	107	203,433	198,682	193,189	191,003	210,404	208,982	177,965	159,819	142,559	126,468	86,368
Modesto city, CA	108	201,165	188,856	164,746	106,963	61,712	36,585	17,389	16,379	13,842	9,241	4,034
Fayetteville city, NC	109	200,564	121,015	75,850	59,507	53,510	47,106	34,715	17,428	13,049	8,877	7,045
Augusta-Richmond County, GA	110	200,549	199,775	44,639	47,532	59,864	70,626	71,508	65,919	60,342	52,548	41,040
Shreveport city, LA	111	199,311	200,145	198,525	206,989	182,064	164,372	127,206	98,167	76,655	43,874	28,015
Akron city, OH	112	199,110	217,074	223,019	237,177	275,425	290,351	274,605	244,791	255,040	208,435	69,067
Tacoma city, WA	113	198,397	193,556	176,664	158,501	154,407	147,979	143,673	109,408	106,817	96,965	83,743
Oxnard city, CA...............	114	197,899	170,358	142,560	108,195	71,225	40,265	21,567	8,519	6,285	4,417	2,555
Aurora city, IL.................	114	197,899	142,990	99,556	81,293	74,389	63,715	50,576	47,170	46,589	36,397	29,807
Fontana city, CA..............	116	196,069	128,929	87,535	36,804	20,673	14,659	...	...	...	...	...
Yonkers city, NY	117	195,976	196,019	188,082	195,351	204,297	190,634	152,798	142,598	134,646	100,176	79,803
Mobile city, AL................	118	195,111	199,191	196,263	200,452	190,026	194,856	129,009	78,720	68,202	60,777	51,521
Little Rock city, AR...........	119	193,524	183,133	175,727	159,151	132,483	107,813	102,213	88,039	81,679	65,142	45,941

Table D-24. Population, 1790 (or Earliest Census Year) to 2010 for Cities with 2010 Census Populations of 100,000 or More—*Continued*

Place [100,000 or More Population]	1900 population	1890 population	1880 population	1870 population	1860 population	1850 population	1840 population	1830 population	1820 population	1810 population	1800 population	1790 population
Corpus Christi city, TX......	4,703	4,387	3,257	2,140	175	...	...	...	...	...	...	...
Riverside city, CA.............	7,973	4,683	...	...	...	...	...	...	...	...	...	...
Cincinnati city, OH	325,902	296,908	255,139	216,239	161,044	115,435	46,338	24,831	9,642	2,540	...	...
Lexington-Fayette, KY	26,369	21,567	16,656	14,801	9,321	8,159	6,997	6,026	5,279	4,326	1,795	834
Anchorage municipality, AK................................	...	...	...	...	...	...	...	...	...	...	...	...
Stockton city, CA	17,506	14,424	10,282	10,066	3,679	...	...	...	...	...	...	...
Toledo city, OH................	131,822	81,434	50,137	31,584	13,768	3,829	1,222	...	...	...	...	...
St. Paul city, MN..............	163,065	133,156	41,473	20,030	10,401	1,112	...	...	...	...	...	...
Newark city, NJ	246,070	181,830	136,508	105,059	71,941	38,894	17,290	10,953	...	...	...	...
Greensboro city, NC	10,035	3,317	2,105	497	...	...	...	...	...	...	...	...
Buffalo city, NY	352,387	255,664	155,134	117,714	81,129	42,261	18,213	8,668	2,095	1,508	...	...
Plano city, TX	1,304	842	556	155	...	...	...	...	...	...	...	...
Lincoln city, NE................	40,169	55,154	13,003	...	...	...	...	...	...	...	...	...
Henderson city, NV...........	...	...	...	...	...	...	...	...	...	...	...	...
Fort Wayne city, IN	45,115	35,393	26,880	17,718	9,121	4,282	...	...	...	...	...	...
Jersey City city, NJ	206,433	163,003	120,722	82,546	29,226	6,856	3,072	...	...	...	...	...
St Petersburg city, FL	1,575	273	...	...	...	...	...	...	...	...	...	...
Chula Vista city, CA	...	...	...	...	...	...	...	...	...	...	...	...
Norfolk city, VA................	46,624	34,871	21,966	19,229	14,620	14,326	10,920	9,814	8,478	9,193	6,926	2,959
Orlando city, FL	2,481	2,856	...	...	...	...	...	...	...	...	...	...
Chandler city, AZ..............	...	...	...	...	...	...	...	...	...	...	...	...
Laredo city, TX	13,429	11,319	3,521	2,046	1,256	...	...	...	...	...	...	...
Madison city, WI	19,164	13,426	10,324	9,176	6,611	1,525	...	...	...	...	...	...
Winston-Salem city, NC....	13,650	10,729	4,194	443	...	...	...	...	...	...	...	...
Lubbock city, TX...............	...	...	...	...	...	...	...	...	...	...	...	...
Baton Rouge city, LA........	11,269	10,478	7,197	6,498	5,428	3,905	2,269	...	...	...	...	...
Durham city, NC..............	6,679	5,485	2,041	...	...	...	...	...	...	...	...	...
Garland city, TX...............	819	478	...	...	...	...	...	...	...	...	...	...
Glendale city, AZ..............	...	...	...	...	...	...	...	...	...	...	...	...
Reno city, NV	4,500	3,563	1,302	1,035	...	...	...	...	...	...	...	...
Hialeah city, FL	...	...	...	...	...	...	...	...	...	...	...	...
Paradise CDP, NV	...	...	...	...	...	...	...	...	...	...	...	...
Chesapeake city, VA.........	...	...	...	...	...	...	...	...	...	...	...	...
Scottsdale city, AZ............	...	...	...	...	...	...	...	...	...	...	...	...
North Las Vegas city, NV...	...	...	...	...	...	...	...	...	...	...	...	...
Irving city, TX	...	...	...	...	...	...	...	...	...	...	...	...
Fremont city, CA	...	...	...	...	...	...	...	...	...	...	...	...
Irvine city, CA..................	...	...	...	...	...	...	...	...	...	...	...	...
Birmingham city, AL.........	38,415	26,178	3,086	...	...	...	...	...	...	...	...	...
Rochester city, NY	162,608	133,896	89,366	62,386	48,204	36,403	20,191	9,207	...	...	...	...
San Bernardino city, CA....	6,150	4,012	1,673	...	...	...	...	...	...	...	...	...
Spokane city, WA..............	36,848	19,922	...	...	...	...	...	...	...	...	...	...
Gilbert town, AZ...............	...	...	...	...	...	...	...	...	...	...	...	...
Arlington CDP, VA............	...	...	...	...	...	...	...	...	...	...	...	...
Montgomery city, AL........	30,346	21,883	16,713	10,588	8,843	8,728	2,179	...	...	...	...	...
Boise City city, ID............	5,957	2,311	1,899	995	...	...	...	...	...	...	...	...
Richmond city, VA............	85,050	81,388	63,600	51,038	37,910	27,570	20,153	16,060	12,067	9,735	5,737	3,761
Des Moines city, IA...........	62,139	50,093	22,408	12,035	3,965	...	...	...	...	...	...	...
Modesto city, CA	2,024	2,402	...	...	...	...	...	...	...	...	...	...
Fayetteville city, NC	4,670	4,222	3,485	4,660	4,790	4,646	4,285	2,868	3,532	...	...	...
Augusta-Richmond County, GA	39,441	33,300	21,891	15,389	12,493	9,448	6,403	(NA)	(NA)	2,476	2,215	...
Shreveport city, LA	16,013	11,979	8,009	4,607	2,190	1,728	...	...	...	...	...	...
Akron city, OH	42,728	27,601	16,512	10,006	3,477	3,266	...	...	...	...	...	...
Tacoma city, WA	37,714	36,006	...	...	...	...	...	...	...	...	...	...
Oxnard city, CA................	...	...	...	...	...	...	...	...	...	...	...	...
Aurora city, IL..................	24,147	19,688	11,873	11,162	6,011	...	...	...	...	...	...	...
Fontana city, CA..............	...	...	...	...	...	...	...	...	...	...	...	...
Yonkers city, NY	47,931	32,033	18,892	12,733	8,218	...	...	...	...	...	...	...
Mobile city, AL	38,469	31,076	29,132	32,034	29,258	20,515	12,672	3,194	...	...	...	...
Little Rock city, AR...........	38,307	25,874	13,138	12,380	3,727	2,167	...	...	...	...	...	...

Table D-24. Population, 1790 (or Earliest Census Year) to 2010 for Cities with 2010 Census Populations of 100,000 or More—Continued

Place [100,000 or More Population]	2010 Population rank	2010 population	2000 population	1990 population	1980 population	1970 population	1960 population	1950 population	1940 population	1930 population	1920 population	1910 population
Moreno Valley city, CA......	120	193,365	142,381	118,779	...	...	...	...	...	...	...	...
Glendale city, CA	121	191,719	194,973	180,038	139,060	132,664	119,442	95,702	82,582	62,736	13,536	2,746
Amarillo city, TX..............	122	190,695	173,627	157,571	149,230	127,010	137,969	74,246	51,686	43,132	15,494	9,957
Huntington Beach city, CA	123	189,992	189,594	181,519	170,505	115,960	11,492	5,237	3,738	3,690	...	...
Columbus city, GA	124	189,885	186,291	179,280	170,108	155,028	116,779	79,611	53,280	43,131	31,125	20,554
Sunrise Manor CDP, NV....	125	189,372	156,120	95,362	44,155	9,684	...	...	...	...	...	...
Grand Rapids city, MI	126	188,040	197,800	189,126	181,843	197,649	177,313	176,515	164,292	168,592	137,634	112,571
Salt Lake City city, UT.......	127	186,440	181,743	159,928	163,034	175,885	189,454	182,121	149,934	140,267	118,110	92,777
Tallahassee city, FL...........	128	181,376	150,624	124,773	81,548	72,624	48,174	27,237	16,240	10,700	5,637	5,018
Worcester city, MA...........	129	181,045	172,648	169,759	161,799	176,572	186,587	203,486	193,694	195,311	179,754	145,986
Newport News city, VA.....	130	180,719	180,697	171,439	144,903	138,177	113,662	42,358	37,067	34,417	35,596	20,205
Huntsville city, AL...........	131	180,105	158,635	159,880	142,513	139,282	72,365	16,437	13,050	11,554	8,018	7,611
Knoxville city, TN............	132	178,874	173,890	165,039	175,045	174,587	111,827	124,769	111,580	105,802	77,818	36,346
Spring Valley CDP, NV	133	178,395	117,390	51,726	...	...	...	...	...	...	...	...
Providence city, RI	134	178,042	173,618	160,728	156,804	179,116	207,498	248,674	253,504	252,981	237,595	224,326
Santa Clarita city, CA	135	176,320	151,088	110,690	...	...	...	...	...	...	...	...
Grand Prairie city, TX........	136	175,396	127,427	99,606	71,462	50,904	30,386	14,594	1,595	1,529	1,263	994
Brownsville city, TX..........	137	175,023	139,722	98,962	84,997	52,522	48,040	36,066	22,083	22,021	11,791	10,517
Jackson city, MS..............	138	173,514	184,256	196,637	202,895	153,968	144,422	98,271	62,107	48,282	22,817	21,262
Overland Park city, KS	139	173,372	149,080	111,790	81,784	77,934	...	...	...	...	...	...
Garden Grove city, CA	140	170,883	165,196	142,965	123,307	121,155	84,238	...	...	...	...	...
Santa Rosa city, CA	141	167,815	147,595	113,261	82,658	50,006	31,027	17,902	12,605	10,636	8,758	7,817
Chattanooga city, TN	142	167,674	155,554	152,393	169,514	119,923	130,009	131,041	128,163	119,798	57,895	44,604
Oceanside city, CA	143	167,086	161,029	128,090	76,698	40,494	24,971	12,881	4,651	3,508	1,161	673
Fort Lauderdale city, FL.....	144	165,521	152,397	149,238	153,279	139,590	83,648	36,328	17,996	8,666	2,065	...
Rancho Cucamonga city, CA	145	165,269	127,743	101,409	55,250	...	...	...	...	...	...	...
Port St. Lucie city, FL........	146	164,603	88,769	55,761	14,690	330	...	...	...	...	...	...
Ontario city, CA	147	163,924	158,007	133,179	88,820	64,118	46,617	22,872	14,197	13,583	7,280	4,274
Vancouver city, WA	148	161,791	143,560	46,380	42,834	41,859	32,464	41,664	18,788	15,766	12,637	9,300
Tempe city, AZ.................	149	161,719	158,625	141,993	106,919	63,550	24,897	7,684	2,906	2,495	1,963	1,473
Springfield city, MO..........	150	159,498	151,580	140,494	133,116	120,096	95,865	66,731	61,238	57,527	39,631	35,201
Lancaster city, CA............	151	156,633	118,718	97,300	48,027	...	...	...	...	...	...	...
Eugene city, OR...............	152	156,185	137,893	112,733	105,664	79,028	50,977	35,879	20,838	18,901	10,593	9,009
Pembroke Pines city, FL	153	154,750	137,427	65,566	35,776	15,496	1,429	...	...	...	...	...
Salem city, OR.................	154	154,637	136,924	107,793	89,091	68,725	49,142	43,140	30,908	26,266	17,679	14,094
Cape Coral city, FL	155	154,305	102,286	74,991	32,103	...	...	...	...	...	...	...
Peoria city, AZ.................	156	154,065	108,364	50,675	12,171	4,792	2,593	...	...	...	...	...
Sioux Falls city, SD	157	153,888	124,158	100,836	81,343	72,488	65,466	52,696	40,832	33,362	25,202	14,094
Springfield city, MA..........	158	153,060	152,082	156,983	152,319	163,905	174,463	162,399	149,554	149,900	129,614	88,926
Elk Grove city, CA	159	153,015	59,984	17,483	10,959	3,721	2,205	...	...	...	...	...
Rockford city, IL...............	160	152,871	150,115	140,003	139,712	147,370	126,706	92,927	84,637	85,864	65,651	45,401
Palmdale city, CA	161	152,750	116,670	68,946	12,277	8,511	...	...	...	...	...	...
Corona city, CA...............	162	152,374	124,966	75,943	37,791	27,519	13,336	10,223	8,764	7,018	4,129	3,540
Salinas city, CA...............	163	150,441	142,685	108,777	80,479	58,896	28,957	13,917	11,586	10,263	4,308	3,736
Pomona city, CA..............	164	149,058	149,473	131,700	92,742	87,384	67,157	35,405	23,539	20,804	13,505	10,207
Pasadena city, TX............	165	149,043	141,674	119,604	112,560	89,957	58,737	22,483	3,436	1,647	...	...
Joliet city, IL....................	166	147,433	106,221	77,217	77,956	78,827	66,780	51,601	42,365	42,993	38,442	34,670
Paterson city, NJ..............	167	146,199	149,222	140,891	137,970	144,824	143,663	139,336	139,656	138,513	135,875	125,600
Kansas City city, KS	168	145,786	146,866	149,800	161,148	168,213	121,901	129,553	121,458	121,857	101,177	82,331
Torrance city, CA.............	169	145,438	137,946	133,107	129,881	134,968	100,991	22,241	9,950	7,271	...	...
Syracuse city, NY.............	170	145,170	146,435	163,860	170,105	197,297	216,038	220,583	205,967	209,326	171,717	137,249
Bridgeport city, CT	171	144,229	139,529	141,686	142,546	156,542	156,748	158,709	147,121	146,716	143,555	102,054
Hayward city, CA	172	144,186	140,030	111,343	93,585	93,058	72,700	14,272	6,736	5,530	3,487	2,746
Fort Collins city, CO..........	173	143,986	118,652	87,491	65,092	43,337	25,027	14,937	12,251	11,489	8,755	8,210
Escondido city, CA	174	143,911	133,559	108,648	64,355	36,792	16,377	6,544	4,560	3,421	...	...
Lakewood city, CO...........	175	142,980	144,126	126,475	113,808	92,743	...	...	...	...	...	...
Naperville city, IL	176	141,853	128,358	85,806	42,601	22,794	12,933	7,013	5,272	5,118	3,830	3,449
Dayton city, OH...............	177	141,527	166,179	182,005	193,536	243,023	262,332	243,872	210,718	200,982	152,559	116,577
Hollywood city, FL...........	178	140,768	139,368	121,720	121,323	106,873	35,237	14,351	6,239	2,869	...	...
Sunnyvale city, CA...........	179	140,081	131,760	117,324	106,618	95,976	52,898	9,829	4,373	3,094	...	...
Alexandria city, VA	180	139,966	128,283	111,182	103,217	110,927	91,023	61,787	33,523	24,149	18,060	15,329

Table D-24. Population, 1790 (or Earliest Census Year) to 2010 for Cities with 2010 Census Populations of 100,000 or More—*Continued*

Place [100,000 or More Population]	1900 population	1890 population	1880 population	1870 population	1860 population	1850 population	1840 population	1830 population	1820 population	1810 population	1800 population	1790 population
Moreno Valley city, CA	...	...	...	...	...	...	...	...	...	...	...	...
Glendale city, CA	...	...	...	...	...	...	...	...	...	...	...	...
Amarillo city, TX	1,442	482	...	...	...	...	...	...	...	...	...	...
Huntington Beach city, CA	...	...	...	...	...	...	...	...	...	...	...	...
Columbus city, GA	17,614	17,303	10,123	7,401	9,621	5,942	3,114	...	...	...	...	...
Sunrise Manor CDP, NV	...	...	...	...	...	...	...	...	...	...	...	...
Grand Rapids city, MI	87,565	60,278	32,016	16,507	8,085	2,686	...	...	...	...	...	...
Salt Lake City city, UT	53,531	44,843	20,768	12,854	8,236	...	...	...	...	...	...	...
Tallahassee city, FL	2,981	2,934	2,494	2,023	1,932	(NA)	1,616	...	...	...	...	...
Worcester city, MA	118,421	84,655	58,291	41,105	24,960	17,049	7,497	4,173	2,962	2,577	2,411	2,095
Newport News city, VA	19,635	4,449	...	...	...	...	...	...	...	...	...	...
Huntsville city, AL	8,068	7,995	4,977	4,907	3,634	2,863	...	...	...	...	...	...
Knoxville city, TN	32,637	22,535	9,693	8,682	(NA)	2,076	...	...	...	...	...	...
Spring Valley CDP, NV	...	...	...	...	...	...	...	...	...	...	...	...
Providence city, RI	175,597	132,146	104,857	68,904	50,666	41,513	23,171	16,833	11,767	10,071	7,614	6,380
Santa Clarita city, CA	...	...	...	...	...	...	...	...	...	...	...	...
Grand Prairie city, TX	...	...	...	...	...	...	...	...	...	...	...	...
Brownsville city, TX	6,305	6,134	4,938	4,905	2,734	...	...	...	...	...	...	...
Jackson city, MS	7,816	5,920	5,204	4,234	3,191	1,881	...	...	...	...	...	...
Overland Park city, KS	...	...	...	...	...	...	...	...	...	...	...	...
Garden Grove city, CA	...	...	...	...	...	...	...	...	...	...	...	...
Santa Rosa city, CA	6,673	5,220	3,616	(NA)	425	...	...	...	...	...	...	...
Chattanooga city, TN	30,154	29,100	12,892	6,093	...	...	...	...	...	...	...	...
Oceanside city, CA	330	...	...	...	...	...	...	...	...	...	...	...
Fort Lauderdale city, FL	...	...	...	...	...	...	...	...	...	...	...	...
Rancho Cucamonga city, CA	...	...	...	...	...	...	...	...	...	...	...	...
Port St. Lucie city, FL	...	...	...	...	...	...	...	...	...	...	...	...
Ontario city, CA	722	683	...	...	...	...	...	...	...	...	...	...
Vancouver city, WA	3,126	3,545	1,722	...	...	...	...	...	...	...	...	...
Tempe city, AZ	885	...	...	...	...	...	...	...	...	...	...	...
Springfield city, MO	23,267	21,850	6,522	5,555	(NA)	415	...	...	...	...	...	...
Lancaster city, CA	...	...	...	...	...	...	...	...	...	...	...	...
Eugene city, OR	3,236	(NA)	1,117	861	...	...	...	...	...	...	...	...
Pembroke Pines city, FL	...	...	...	...	...	...	...	...	...	...	...	...
Salem city, OR	4,258	3,398	2,538	1,139	...	...	...	...	...	...	...	...
Cape Coral city, FL	...	...	...	...	...	...	...	...	...	...	...	...
Peoria city, AZ	...	...	...	...	...	...	...	...	...	...	...	...
Sioux Falls city, SD	10,266	10,177	2,164	...	...	...	...	...	...	...	...	...
Springfield city, MA	62,059	44,179	33,340	26,703	15,199	11,766	10,985	6,784	3,914	2,767	2,312	1,574
Elk Grove city, CA	...	...	...	...	...	...	...	...	...	...	...	...
Rockford city, IL	31,051	23,584	13,129	11,049	6,979	...	...	...	...	...	...	...
Palmdale city, CA	...	...	...	...	...	...	...	...	...	...	...	...
Corona city, CA	1,434	...	...	...	...	...	...	...	...	...	...	...
Salinas city, CA	3,304	2,339	...	...	...	...	...	...	...	...	...	...
Pomona city, CA	5,526	3,634	...	...	...	...	...	...	...	...	...	...
Pasadena city, TX	...	...	...	...	...	...	...	...	...	...	...	...
Joliet city, IL	29,353	23,264	11,657	7,263	7,104	2,659	2,558	...	...	...	...	...
Paterson city, NJ	105,171	78,347	51,031	33,579	19,586	11,334	7,596	...	...	...	...	...
Kansas City city, KS	51,418	38,316	3,200	...	...	...	...	...	...	...	...	...
Torrance city, CA	...	...	...	...	...	...	...	...	...	...	...	...
Syracuse city, NY	108,374	88,143	51,792	43,051	28,119	22,271	...	...	...	...	...	...
Bridgeport city, CT	70,996	48,866	27,643	18,969	12,106	6,080	3,294	...	...	...	...	...
Hayward city, CA	1,965	1,419	1,231	504	...	...	...	...	...	...	...	...
Fort Collins city, CO	3,053	2,011	1,356	...	...	...	...	...	...	...	...	...
Escondido city, CA	...	...	...	...	...	...	...	...	...	...	...	...
Lakewood city, CO	...	...	...	...	...	...	...	...	...	...	...	...
Naperville city, IL	2,629	2,216	2,073	...	...	...	...	...	...	...	...	...
Dayton city, OH	85,333	61,220	38,678	30,473	20,081	10,977	6,067	2,950	1,000	383	...	...
Hollywood city, FL	...	...	...	...	...	...	...	...	...	...	...	...
Sunnyvale city, CA	...	...	...	...	...	...	...	...	...	...	...	...

Table D-24. Population, 1790 (or Earliest Census Year) to 2010 for Cities with 2010 Census Populations of 100,000 or More—*Continued*

Place [100,000 or More Population]	2010 Population rank	2010 population	2000 population	1990 population	1980 population	1970 population	1960 population	1950 population	1940 population	1930 population	1920 population	1910 population
Mesquite city, TX............	181	139,824	124,523	101,484	67,053	55,131	27,526	1,696	1,045	729	674	687
Metairie CDP, LA..............	182	138,481	146,136	149,428	164,160	136,477	...	...	...	...	...	...
Hampton city, VA............	183	137,436	146,437	133,811	122,617	120,779	89,258	5,966	5,898	6,382	6,138	5,505
Pasadena city, CA..........	184	137,122	133,936	131,586	118,072	112,951	116,407	104,577	81,864	76,086	45,354	30,291
Orange city, CA..............	185	136,416	128,868	110,658	91,450	77,365	26,444	10,027	7,901	8,066	4,884	2,920
Savannah city, GA...........	186	136,286	132,985	137,812	141,654	118,349	149,245	119,638	95,996	85,024	83,252	65,064
Cary town, NC..............	187	135,234	94,536	44,397	21,763	7,686	3,356	1,446	1,141	909	645	383
Fullerton city, CA.............	188	135,161	126,003	114,144	102,246	85,987	56,180	13,958	10,442	10,860	4,415	1,725
Warren city, MI.................	189	134,056	138,247	144,864	161,134	179,260	89,246	727	582	515	326	297
Clarksville city, TN	190	132,929	103,455	75,542	54,777	31,719	22,021	16,246	11,831	9,242	8,110	8,548
McKinney city, TX............	191	131,117	54,369	21,283	16,256	15,193	13,763	10,560	8,555	7,307	6,677	4,714
McAllen city, TX	192	129,877	106,414	84,021	66,281	37,636	32,728	20,067	11,877	9,074	5,331	...
New Haven city, CT..........	193	129,779	123,776	130,474	126,089	137,707	152,048	164,443	160,605	162,655	162,537	133,605
Sterling Heights city, MI....	194	129,699	124,471	117,810	108,999	61,365	...	...	...	...	...	...
West Valley City city, UT...	195	129,480	108,896	86,969	...	...	...	...	...	...	...	...
Columbia city, SC............	196	129,272	115,877	103,477	101,229	113,542	97,433	86,914	62,396	51,581	37,524	26,319
Killeen city, TX.................	197	127,921	86,911	63,535	46,296	35,507	23,377	7,045	1,263	1,260	1,298	1,265
Topeka city, KS................	198	127,473	122,377	119,883	118,690	125,011	119,484	78,791	67,833	64,120	50,022	43,684
Thousand Oaks city, CA ...	199	126,683	117,005	104,381	77,072	35,873	...	...	...	...	...	...
East Los Angeles CDP, CA	200	126,496	124,283	126,379	110,017	104,881	104,270	...	...	...	...	...
Cedar Rapids city, IA........	201	126,326	120,758	108,772	110,243	110,642	92,035	72,296	62,120	56,097	45,566	32,811
Olathe city, KS.................	202	125,872	92,962	63,402	37,258	17,917	10,987	5,593	3,979	3,656	3,268	3,272
Elizabeth city, NJ	203	124,969	120,568	110,002	106,201	112,654	107,698	112,817	109,912	114,589	95,783	73,409
Waco city, TX..................	204	124,805	113,726	103,590	101,261	95,326	97,808	84,706	55,982	52,848	38,500	26,425
Hartford city, CT..............	205	124,775	124,121	139,739	136,392	158,017	162,178	177,397	166,267	164,072	138,036	98,915
Visalia city, CA.................	206	124,442	91,877	75,659	49,729	27,130	15,791	11,749	8,904	7,263	5,753	4,550
Gainesville city, FL	207	124,354	95,447	85,075	81,371	64,510	29,701	26,861	13,757	10,465	6,860	6,183
Simi Valley city, CA...........	208	124,237	111,351	100,218	77,500	59,832	...	...	...	...	...	...
Stamford city, CT	209	122,643	117,083	108,056	102,466	108,798	92,713	74,293	47,938	46,346	35,096	25,138
Bellevue city, WA	210	122,363	109,569	86,872	73,903	61,196	12,809	...	...	...	...	...
Concord city, CA..............	211	122,067	121,780	111,308	103,763	85,164	36,208	6,953	1,373	1,125	912	703
Miramar city, FL................	212	122,041	72,739	40,663	32,813	23,997	5,485	...	...	...	...	...
Coral Springs city, FL........	213	121,096	117,549	78,864	37,349	1,489	...	...	...	...	...	...
Lafayette city, LA.............	214	120,623	110,257	94,421	80,584	68,908	40,400	33,541	19,210	14,635	7,855	6,392
Charleston city, SC...........	215	120,083	96,650	79,925	69,779	66,945	65,925	70,174	71,275	62,265	67,957	58,833
Carrollton city, TX	216	119,097	109,576	82,169	40,595	13,855	4,242	1,610	921	...	...	...
Roseville city, CA..............	217	118,788	79,921	44,685	24,347	18,221	13,421	8,723	6,653	6,425	4,477	2,608
Thornton city, CO	218	118,772	82,384	55,031	42,054	13,326	11,353	...	...	...	...	...
Beaumont city, TX...........	219	118,296	113,866	114,323	118,102	117,548	119,175	94,014	59,061	57,732	40,422	20,640
Allentown city, PA............	220	118,032	106,632	105,301	103,758	109,871	108,347	106,756	96,904	92,563	73,502	51,913
Surprise city, AZ	221	117,517	30,848	7,122	3,723	2,427	...	...	...	...	...	...
Evansville city, IN	222	117,429	121,582	126,272	130,496	138,764	141,543	128,636	97,062	102,249	85,246	69,647
Abilene city, TX	223	117,063	115,926	106,707	98,315	89,653	90,368	45,570	26,612	23,175	10,274	9,204
Frisco city, TX	224	116,989	33,714	6,138	3,499	1,845	1,184	736	670	618	733	332
Independence city, MO	225	116,830	113,288	112,301	111,797	111,630	62,328	36,963	16,066	15,296	11,686	9,859
Athens-Clarke County, GA......................	226	116,714	101,489	45,734	42,549	44,342	31,355	28,180	20,650	18,192	16,748	14,913
Santa Clara city, CA	227	116,468	102,361	93,613	87,700	86,118	58,880	11,702	6,650	6,302	5,220	4,348
Springfield city, IL............	228	116,250	111,355	105,417	100,054	91,753	83,271	81,628	75,503	71,864	59,183	51,678
Vallejo city, CA.................	229	115,942	116,760	109,199	80,303	71,710	60,877	26,038	20,072	16,072	21,107	11,340
Victorville city, CA	230	115,903	64,029	40,674	14,220	10,845	...	...	...	...	...	...
Peoria city, IL..................	231	115,007	112,936	113,504	124,160	126,963	103,162	111,856	105,087	104,969	76,121	66,950
Lansing city, MI................	232	114,297	119,286	127,321	130,414	131,403	107,807	92,129	78,753	78,397	57,327	31,229
Ann Arbor city, MI...........	233	113,934	114,024	109,608	107,969	100,035	67,340	48,251	29,815	26,944	19,516	14,817
El Monte city, CA.............	234	113,475	115,965	106,162	79,494	69,892	13,163	8,101	4,746	3,479	...	...
Denton city, TX	235	113,383	80,537	66,270	48,063	39,874	26,844	21,372	11,192	9,587	7,626	4,732
Berkeley city, CA..............	236	112,580	102,743	102,724	103,328	114,091	111,268	113,805	85,547	82,109	56,036	40,434
Provo city, UT.................	237	112,488	105,439	86,835	74,111	53,131	36,047	28,937	18,071	14,766	10,303	8,925
Downey city, CA..............	238	111,772	107,323	91,444	82,602	88,573	82,505	...	...	...	...	...
Midland city, TX...............	239	111,147	94,996	89,443	70,525	59,463	62,625	21,713	9,352	5,484	1,795	2,192

Table D-24. Population, 1790 (or Earliest Census Year) to 2010 for Cities with 2010 Census Populations of 100,000 or More—Continued

Place [100,000 or More Population]	1900 population	1890 population	1880 population	1870 population	1860 population	1850 population	1840 population	1830 population	1820 population	1810 population	1800 population	1790 population
Alexandria city, VA	14,528	14,339	13,659	13,570	12,652	8,734	8,459	8,241	8,218	7,227	4,971	2,748
Mesquite city, TX..............	406	135	...	...	...	...	...	...	...	...	...	...
Metairie CDP, LA..............	...	...	...	...	...	...	...	...	...	...	...	...
Hampton city, VA.............	2,764	2,513	...	...	...	...	...	...	...	...	...	...
Pasadena city, CA.............	9,117	4,882	...	...	...	...	...	...	...	...	...	...
Orange city, CA...............	1,216	866	679	1,713	...	...	...	...	...	...	...	...
Savannah city, GA...........	54,244	43,189	30,709	28,235	22,292	15,312	11,214	7,303	7,523	5,215	5,146	...
Cary town, NC.................	333	423	316	...	...	...	...	...	...	...	...	...
Fullerton city, CA.............	...	...	...	...	...	...	...	...	...	...	...	...
Warren city, MI................	350	...	...	...	...	...	...	...	...	...	...	...
Clarksville city, TN	9,431	7,924	3,880	3,200	...	...	...	...	...	...	...	...
McKinney city, TX............	4,342	2,489	1,479	503	(NA)	315	...	...	...	...	...	...
McAllen city, TX	...	...	...	...	...	...	...	...	...	...	...	...
New Haven city, CT.........	108,027	86,045	62,882	50,840	39,267	20,345	12,960	10,180	7,147	5,772	4,049	4,487
Sterling Heights city, MI....	...	...	...	...	...	...	...	...	...	...	...	...
West Valley City city, UT....	...	...	...	...	...	...	...	...	...	...	...	...
Columbia city, SC............	21,108	15,353	10,036	9,298	8,052	6,060	4,340	3,310	...	...	...	...
Killeen city, TX................	780	285	...	...	...	...	...	...	...	...	...	...
Topeka city, KS................	33,608	31,007	15,452	5,790	759	...	...	...	...	...	...	...
Thousand Oaks city, CA ...	...	...	...	...	...	...	...	...	...	...	...	...
East Los Angeles CDP, CA	...	...	...	...	...	...	...	...	...	...	...	...
Cedar Rapids city, IA	25,656	18,020	10,104	5,940	1,830	...	...	...	...	...	...	...
Olathe city, KS.................	3,451	3,294	2,285	1,817	...	...	...	...	...	...	...	...
Elizabeth city, NJ	52,130	37,764	28,229	20,832	11,567	5,583	4,184	3,455	3,515	2,977	...	...
Waco city, TX	20,686	14,445	7,295	3,008	...	...	...	...	...	...	...	...
Hartford city, CT..............	79,850	53,230	42,015	37,180	26,917	13,555	9,468	7,074	4,726	3,955	3,523	2,683
Visalia city, CA	3,085	2,885	1,412	913	548	...	...	...	...	...	...	...
Gainesville city, FL	3,633	2,790	...	...	...	...	...	...	...	...	...	...
Simi Valley city, CA...........	...	...	...	...	...	...	...	...	...	...	...	...
Stamford city, CT	15,997	10,396	2,540	...	...	...	...	...	...	...	...	...
Bellevue city, WA	...	...	...	...	...	...	...	...	...	...	...	...
Concord city, CA..............	...	...	...	...	...	...	...	...	...	...	...	...
Miramar city, FL................	...	...	...	...	...	...	...	...	...	...	...	...
Coral Springs city, FL	...	...	...	...	...	...	...	...	...	...	...	...
Lafayette city, LA..............	3,314	2,106	...	...	...	...	...	...	...	...	...	...
Charleston city, SC	55,807	54,955	49,984	48,956	40,522	42,985	29,261	30,289	24,780	24,711	18,824	16,359
Carrollton city, TX	...	...	...	...	...	...	...	...	...	...	...	...
Roseville city, CA..............	...	...	...	...	...	...	...	...	...	...	...	...
Thornton city, CO	...	...	...	...	...	...	...	...	...	...	...	...
Beaumont city, TX...........	9,427	3,296	...	...	...	...	...	...	...	...	...	...
Allentown city, PA	35,416	25,228	18,063	13,884	8,025	3,779	2,493	1,544	...	...	...	...
Surprise city, AZ	...	...	...	...	...	...	...	...	...	...	...	...
Evansville city, IN	59,007	50,756	29,280	21,830	11,484	3,235	...	...	...	...	...	...
Abilene city, TX	3,411	3,194	...	...	...	...	...	...	...	...	...	...
Frisco city, TX	...	...	...	...	...	...	...	...	...	...	...	...
Independence city, MO	6,974	6,380	3,146	3,184	3,164	...	...	...	...	...	...	...
Athens-Clarke County, GA	10,245	8,639	6,099	4,251	3,848	1,661	...	...	...	...	...	...
Santa Clara city, CA	3,650	2,891	2,416	...	...	...	...	...	...	...	...	...
Springfield city, IL............	34,159	24,963	19,743	17,364	9,320	4,533	2,579	...	...	...	...	...
Vallejo city, CA................	7,965	6,343	5,987	...	...	...	...	...	...	...	...	...
Victorville city, CA	...	...	...	...	...	...	...	...	...	...	...	...
Peoria city, IL...................	56,100	41,024	29,259	22,849	14,045	5,095	1,467	...	...	...	...	...
Lansing city, MI	16,485	13,102	8,319	5,241	3,074	...	...	...	...	...	...	...
Ann Arbor city, MI...........	14,509	9,431	8,061	7,363	5,097	...	...	...	...	...	...	...
El Monte city, CA.............	...	...	...	...	...	...	...	...	...	...	...	...
Denton city, TX	4,187	2,558	1,194	361	...	...	...	...	...	...	...	...
Berkeley city, CA	13,214	5,101	...	...	...	...	...	...	...	...	...	...
Provo city, UT	6,185	5,159	3,432	2,384	2,030	...	...	...	...	...	...	...
Downey city, CA	...	...	...	...	...	...	...	...	...	...	...	...

Table D-24. Population, 1790 (or Earliest Census Year) to 2010 for Cities with 2010 Census Populations of 100,000 or More—*Continued*

Place [100,000 or More Population]	2010 Population rank	2010 population	2000 population	1990 population	1980 population	1970 population	1960 population	1950 population	1940 population	1930 population	1920 population	1910 population
Norman city, OK.............	240	110,925	95,694	80,071	68,020	52,117	33,412	27,006	11,429	9,603	5,004	3,724
Waterbury city, CT	241	110,366	107,271	108,961	103,266	108,033	107,130	104,477	99,314	99,902	91,715	73,141
Costa Mesa city, CA........	242	109,960	108,724	96,357	82,562	72,660	37,550	...	...	...	...	...
Inglewood city, CA...........	243	109,673	112,580	109,602	94,162	89,985	63,390	46,185	30,114	19,480	3,286	1,536
Manchester city, NH.........	244	109,565	107,006	99,332	90,936	87,754	88,282	82,732	77,685	76,834	78,384	70,063
Murfreesboro city, TN......	245	108,755	68,816	44,922	32,845	26,360	18,991	13,052	9,495	7,993	5,367	4,679
Columbia city, MO	246	108,500	84,531	69,133	62,061	58,812	36,650	31,974	18,399	14,967	10,392	9,662
Enterprise CDP, NV..........	247	108,481	14,676	6,412	...	...	...	...	...	...	...	...
Elgin city, IL......................	248	108,188	94,487	77,010	63,668	55,691	49,447	44,223	38,333	35,929	27,454	25,976
Clearwater city, FL...........	249	107,685	108,789	98,669	85,170	52,074	34,653	15,581	10,136	7,607	2,427	1,171
Miami Gardens city, FL	250	107,167	...	...	...	...	...	...	...	...	...	...
Rochester city, MN	251	106,769	85,806	70,729	57,906	53,766	40,663	29,885	26,312	20,621	13,722	7,844
Pueblo city, CO	252	106,595	102,121	98,640	101,686	97,774	91,181	63,685	52,162	50,096	43,050	41,747
Lowell city, MA	253	106,519	105,167	103,439	92,418	94,239	92,107	97,249	101,389	100,234	112,759	106,294
Wilmington city, NC.........	254	106,476	75,838	55,530	44,000	46,169	44,013	45,043	33,407	32,270	33,372	25,748
San Buenaventura (Ventura) city, CA........	255	106,433	100,916	92,557	73,774	57,964	29,114	16,534	13,264	11,603	4,156	2,901
Arvada city, CO................	255	106,433	102,153	89,218	84,576	49,844	19,242	2,359	1,482	1,276	915	840
Westminster city, CO........	257	106,114	100,940	74,619	50,211	19,512	13,850	1,686	534	436	235	...
West Covina city, CA........	258	106,098	105,080	96,226	80,292	68,034	50,645	4,499	1,072	769	...	...
Gresham city, OR	259	105,594	90,205	68,249	33,005	10,030	3,944	3,049	1,951	1,635	1,103	540
Norwalk city, CA	260	105,549	104,323	94,279	84,901	90,164	88,739	...	...	...	...	...
Fargo city, ND	260	105,549	90,599	74,084	61,383	53,365	46,662	38,256	32,580	28,619	21,961	14,331
Carlsbad city, CA..............	262	105,328	78,247	63,292	35,490	14,944	9,253	...	...	...	...	...
Fairfield city, CA...............	263	105,321	96,178	78,650	58,099	44,146	14,968	3,118	1,312	1,131	1,008	834
Cambridge city, MA	264	105,162	101,355	95,802	95,322	100,361	107,716	120,740	110,879	113,643	109,694	104,839
Wichita Falls city, TX........	265	104,553	104,197	96,259	94,201	96,265	101,724	68,042	45,112	43,690	40,079	8,200
High Point city, NC	266	104,371	85,839	69,428	63,479	63,229	62,063	39,973	38,495	36,745	14,302	9,525
Billings city, MT	267	104,170	89,847	81,125	66,818	61,581	52,851	31,834	23,261	16,380	15,100	10,031
Green Bay city, WI...........	268	104,057	102,767	96,466	87,899	87,809	62,888	52,735	46,235	37,415	31,017	25,236
West Jordan city, UT.........	269	103,712	68,336	42,915	27,325	4,221	3,009	2,107	...	...	...	...
Richmond city, CA............	270	103,701	99,216	86,019	74,676	79,043	71,854	99,545	23,642	20,093	16,843	6,802
Brandon CDP, FL	271	103,483	77,871	57,985	41,826	12,749	1,665	...	...	...	...	...
Murrieta city, CA..............	272	103,466	44,282	...	...	...	...	...	...	...	...	...
Burbank city, CA	273	103,340	100,316	93,649	84,625	88,871	90,155	78,577	34,337	16,662	2,913	...
Palm Bay city, FL..............	274	103,190	79,413	62,543	18,560	7,176	2,808	...	...	...	...	...
Everett city, WA................	275	103,019	91,488	69,974	54,413	53,622	40,304	33,849	30,224	30,567	27,644	24,814
Flint city, MI	276	102,434	124,943	140,925	159,611	193,317	196,940	163,143	151,543	156,492	91,599	38,550
Antioch city, CA...............	277	102,372	90,532	62,195	42,683	28,060	17,305	11,051	5,106	3,563	1,936	1,124
Erie city, PA	278	101,786	103,717	108,718	119,123	129,265	138,440	130,803	116,955	115,967	93,372	66,525
South Bend city, IN..........	279	101,168	107,789	105,511	109,727	125,580	132,445	115,911	101,268	104,193	70,983	53,684
Daly City city, CA	280	101,123	103,625	92,088	78,519	66,922	44,791	15,191	9,625	7,838	3,779	...
Centennial city, CO	281	100,377	...	...	...	...	...	...	...	...	...	...
Temecula city, CA.............	282	100,097	57,716	27,099	...	...	...	...	...	...	...	...

Table D-24. Population, 1790 (or Earliest Census Year) to 2010 for Cities with 2010 Census Populations of 100,000 or More—*Continued*

Place [100,000 or More Population]	1900 population	1890 population	1880 population	1870 population	1860 population	1850 population	1840 population	1830 population	1820 population	1810 population	1800 population	1790 population
Midland city, TX	...	...	...	...	...	...	...	...	...	...	...	...
Norman city, OK	2,225	787	...	...	...	...	...	...	...	...	...	...
Waterbury city, CT	45,859	28,646	17,806	10,826	10,004	...	...	...	...	...	...	...
Costa Mesa city, CA	...	...	...	...	...	...	...	...	...	...	...	...
Inglewood city, CA	...	...	...	...	...	...	...	...	...	...	...	...
Manchester city, NH	56,987	44,126	32,630	23,536	20,107	13,932	3,235	877	761	615	557	362
Murfreesboro city, TN	3,999	3,739	3,800	3,502	2,861	1,917	...	...	...	...	...	...
Columbia city, MO	5,651	4,000	3,326	2,236	1,414	651	...	...	...	...	...	...
Enterprise CDP, NV	...	...	...	...	...	...	...	...	...	...	...	...
Elgin city, IL	22,433	17,823	8,787	5,441	2,797	...	...	...	...	...	...	...
Clearwater city, FL	343	...	...	...	...	...	...	...	...	...	...	...
Miami Gardens city, FL	...	...	...	...	...	...	...	...	...	...	...	...
Rochester city, MN	6,843	5,321	5,103	3,953	1,424	...	...	...	...	...	...	...
Pueblo city, CO	28,157	24,558	3,217	...	...	...	...	...	...	...	...	...
Lowell city, MA	94,969	77,696	59,475	40,928	36,827	33,383	20,796	6,474	...	...	...	...
Wilmington city, NC	20,976	20,056	17,350	13,446	9,552	7,264	5,335	3,791	2,633	(NA)	1,689	...
San Buenaventura (Ventura) city, CA	2,470	2,320	1,370	...	...	...	...	...	...	...	...	...
Arvada city, CO	...	...	...	...	...	...	...	...	...	...	...	...
Westminster city, CO	...	...	...	...	...	...	...	...	...	...	...	...
West Covina city, CA	...	...	...	...	...	...	...	...	...	...	...	...
Gresham city, OR	...	...	...	...	...	...	...	...	...	...	...	...
Norwalk city, CA	...	...	...	...	...	...	...	...	...	...	...	...
Fargo city, ND	9,589	5,664	2,693	...	...	...	...	...	...	...	...	...
Carlsbad city, CA	...	...	...	...	...	...	...	...	...	...	...	...
Fairfield city, CA	...	...	...	...	...	...	...	...	...	...	...	...
Cambridge city, MA	91,886	70,028	52,669	39,634	26,060	15,215	8,409	6,072	3,295	2,323	2,453	2,115
Wichita Falls city, TX	2,480	1,987	...	...	...	...	...	...	...	...	...	...
High Point city, NC	4,163	...	...	...	...	...	...	...	...	...	...	...
Billings city, MT	3,221	836	...	...	...	...	...	...	...	...	...	...
Green Bay city, WI	18,684	9,069	7,464	4,666	2,275	...	...	...	...	...	...	...
West Jordan city, UT	...	...	...	...	...	...	...	...	...	...	...	...
Richmond city, CA	...	...	...	...	...	...	...	...	...	...	...	...
Brandon CDP, FL	...	...	...	...	...	...	...	...	...	...	...	...
Murrieta city, CA	...	...	...	...	...	...	...	...	...	...	...	...
Burbank city, CA	...	...	...	...	...	...	...	...	...	...	...	...
Palm Bay city, FL	...	...	...	...	...	...	...	...	...	...	...	...
Everett city, WA	7,838	...	...	...	...	...	...	...	...	...	...	...
Flint city, MI	13,103	9,803	8,409	5,386	2,950	...	...	...	...	...	...	...
Antioch city, CA	674	635	626	...	...	...	...	...	...	...	...	...
Erie city, PA	52,733	40,634	27,737	19,646	9,419	5,858	3,412	1,465	635	394	81	...
South Bend city, IN	35,999	21,819	13,280	7,206	3,832	1,652	...	...	...	...	...	...
Daly City city, CA	...	...	...	...	...	...	...	...	...	...	...	...
Centennial city, CO	...	...	...	...	...	...	...	...	...	...	...	...
Temecula city, CA	...	...	...	...	...	...	...	...	...	...	...	...

PART D. NOTES AND DEFINITIONS

Tables D-1 through D-21 are from the Census Bureau's publication *Population of the 100 Largest Cities and Other Urban Places in the United States: 1790 To 1990* by Campbell Gibson (Population Division Working Paper No. 27) (http://www.census.gov/population/www/documentation/twps0027/twps0027.html).

Tables D-22 and D-23 are from the 2000 and 2010 census data retrieved through American FactFinder.

Tables D-1 through D-23 include cities with names and boundaries as they existed in each census year.

Data in Table D-24 come from Table 55 in the 2010 census report CPH-2-1: *2010 Census of Population and Housing; Population and Housing Unit Counts: United States* (http://www.census.gov/prod/cen2010/cph-2-1.pdf) (Table 55. Rank of Places of 100,000 Population or More by 2010 Population: 1790 to 2010; and Number of Housing Units: 1940 to 2010).

Table D-24 includes cities with populations of 100,000 or more in 2010. Incorporated places, census designated places (CDPs), and consolidated cities show comparable data for prior years if the place retained its name or general area without regard to the amount of territorial change between censuses. Place comparability is not shown if the entity is new for the 2010 Census or is the result of a merger that created an entirely new entity, or if a 2010 Census geographic area shares no area with an area of the same name. Almost all of the cities have experienced some boundary changes, but only two cities in Table D-24 have been adjusted to reflect their modern boundaries through all census years: New York and Washington.

Some specific changes and comments are noted in the following list.

Arizona

Tucson. 1870 population prior to incorporation.

California

San Francisco. 1850 census returns were destroyed by fire. Population according to the 1852 state census was 34,776.

Connecticut

Bridgeport. 1860 population is estimated.
Hartford. 1790 and 1800 populations are estimated.
Middletown. 1830 population is estimated.
New Haven. 1790 population is estimated.
Stamford. 1890 population is estimated.

District of Columbia

Alexandria. Included in territory ceded by Virginia in 1791 to form part of the District of Columbia and retroceded to Virginia in 1846.
Georgetown. Treated as a separate city in the District of Columbia until 1890.
Washington. Treated as coextensive with the District of Columbia beginning in 1890, although legislation was enacted in 1871 abolishing the municipal governments of Washington and Georgetown, and full consolidation did not occur until 1895.

Tables D-2 through D-10 (1800 through 1880) show the populations for Washington and Georgetown cities as they existed at the time. Table D-24 shows Washington's population in 1810 through 1880 adjusted for its current boundaries. The population for 1800 in Table D-24 combines the populations of Washington and Georgetown. The following table shows the population of the District of Columbia from 1810 through 1890 divided into Washington, Georgetown, and the remainder.

Year	District of Columbia total	Georgetown city	Washington city	Remainder
1810	15,471	4,948	8,208	2,315
1820	23,336	7,360	13,247	2,729
1830	30,261	8,441	18,826	2,994
1840	33,745	7,312	23,364	3,069
1850	51,687	8,366	40,001	3,320
1860	75,080	8,733	61,122	5,225
1870	131,700	11,384	109,199	11,117
1880	177,624	12,578	147,293	17,753
1890	230,392	14,046	188,932	27,414

Florida

Jacksonville. Consolidated city, 1970–1990
Georgia

Athens. Consolidated city with Clarke county, 2000–2010.

Augusta. 1850 population is estimated. Consolidated city with Richmond county, 2000–2010.

Columbus. Consolidated city with Muscogee county, 1980-2000. 2010, reverted to city status but maintained same boundaries as consolidated city.

Hawaii

Honolulu. Excluded from Tables D-12 and D-14 through D-17 prior to 1960 because census data for Alaska and Hawaii, prior to their statehood in 1959, were shown separately from census data for the United States. The population of Honolulu for those years in which it would have been among the 100 largest urban places is shown in a footnote in Tables D-12 and D-14 through D-17 (for 1900 and 1920-1950).

For 2010, Tables D-23 and D-24 use the newly designated Urban Honolulu CDP. The following table shows Honolulu's populations for the earlier years. For the 2010 census, Honolulu CDP was divided into Urban Honolulu CDP and East Honolulu CDP. Combining the two CDPs would yield a 2010 population of 387,170.

Honolulu CDP	
Year	Population
2000	371,657
1990	365,272
1980	365,048
1970	324,871
1960	294,194
1950	248,034
1940	179,326
1930	137,582
1920	83,327
1910	52,183
1900	39,306
1890	22,907

Indiana

Fort Wayne. 1860 population is estimated.
Indianapolis. Consolidated city, 1980-2010.

Kentucky

Lexington. 1850 population is estimated. Consolidated city, 1980–2010.
Louisville. Consolidated city, 2010.

Louisiana

Lafayette (old). Annexed by New Orleans in 1852. The present-day city of Lafayette, LA is in Lafayette Parish.

Metairie. Metairie CDP is in Jefferson Parish.
New Orleans. Annexed Lafayette (old) in 1852.

Massachusetts

Boston. Annexed Roxbury in 1867, Dorchester in 1869, and Charlestown in 1874.
Charlestown. Annexed by Boston in 1874.
Dorchester. Annexed by Boston in 1869.
Nantucket. Name changed from Sherburne in 1795.
Roxbury. Annexed by Boston in 1867.

Mississippi

Jackson. 1850 census returns incomplete. Slave population not counted.

Missouri

Springfield. 1860 population not returned separately.

New Jersey

Newark. 1830 population prior to incorporation.
Paterson. 1840 and 1850 populations prior to incorporation.

New York

Brooklyn. 1820 and 1830 populations for Brooklyn village not shown separately from Brooklyn town in census reports. Annexed Williamsburgh in 1855. Annexed by New York in 1898. For population of Brooklyn borough in New York city, 1900-1990, see note for New York, NY.
Buffalo. 1830 population for Buffalo village not shown separately from Buffalo town in census reports.
Lockport. 1860 population is estimated.
Newburgh. 1860 population is estimated.
New York. Annexed Brooklyn in 1898. In 1874 and 1895, New York city (coextensive with New York County from colonial times to 1874) annexed parts of Westchester county. In 1898, "Greater New York" was formed consisting of five boroughs: Manhattan borough (New York County excluding area annexed in 1874 and 1895); Bronx borough (area annexed by New York County in 1874 and 1895); Brooklyn borough (Kings County, including Brooklyn city); Queens borough (Queens County excluding portion taken to form Nassau County); and Richmond borough (Richmond County). Bronx County, coextensive with Bronx borough, was formed in 1912, making New York

County coextensive with Manhattan borough. Richmond borough was renamed Staten Island borough in 1975.

Tables D-1 through D-11 (1790 through 1890) show the New York City and Brooklyn populations as the separate cities that they were in those years. Tables D-12 through D-23 (1900 through 2010) include the New York City total population.

Table D-24 shows New York City's population from 1790 through 2010 for its current boundaries. The following table shows the New York City population and its component boroughs for all years.

Year	Total	Bronx	Brooklyn	Manhattan	Queens	Staten Island
1790	49,401	1,781	4,495	33,131	6,159	3,835
1800	79,216	1,755	5,740	60,515	6,642	4,564
1810	119,734	2,267	8,303	96,373	7,444	5,347
1820	152,056	2,782	11,187	123,706	8,246	6,135
1830	242,278	3,023	20,535	202,589	9,049	7,082
1840	391,114	5,346	47,613	312,710	14,480	10,965
1850	696,115	8,032	138,882	515,547	18,593	15,061
1860	1,174,779	23,593	279,122	813,669	32,903	25,492
1870	1,478,103	37,393	419,921	942,292	45,468	33,029
1880	1,911,698	51,980	599,495	1,164,673	56,559	38,991
1890	2,507,414	88,908	828,547	1,441,216	87,050	51,693
1900	3,437,202	200,507	1,166,582	1,850,093	152,999	67,021
1910	4,766,883	430,980	1,634,351	2,331,542	284,041	85,969
1920	5,620,048	732,016	2,018,356	2,284,103	469,042	116,531
1930	6,930,446	1,265,258	2,560,401	1,867,312	1,079,129	158,346
1940	7,454,995	1,394,711	2,698,285	1,889,924	1,297,634	174,441
1950	7,891,957	1,451,277	2,738,175	1,960,101	1,550,849	191,555
1960	7,781,984	1,424,815	2,627,319	1,698,281	1,809,578	221,991
1970	7,894,862	1,471,701	2,602,012	1,539,233	1,986,473	295,443
1980	7,071,639	1,168,972	2,230,936	1,428,285	1,891,325	352,121
1990	7,322,564	1,203,789	2,300,664	1,487,536	1,951,598	378,977
2000	8,008,278	1,332,650	2,465,326	1,537,195	2,229,379	443,728
2010	8,175,133	1,385,108	2,504,700	1,585,873	2,230,722	468,730

Source:
1790 through 1890: *Sixteenth Census of the United States, 1940. Volume 1. Number of Inhabitants: Total Population for States, Counties, and Minor Civil Divisions; for Urban and Rural Areas; for Incorporated Places; for Metropolitan Districts; and for Census Tracts.*

1900 through 1990: *Population of the 100 Largest Cities and Other Urban Places in the United States: 1790 To 1990* by Campbell Gibson (Population Division Working Paper No. 27)

2000 and 2010: American FactFinder

Poughkeepsie. 1850 population is estimated.
Rochester. 1830 population for Rochester village not shown separately from Rochester town in census reports.
Utica. 1820 and 1830 populations for Utica village not shown separately from Utica town in census reports.
West Troy. 1850 population for West Troy village not shown separately from population of West Troy town in census reports. West Troy village incorporated as Watervliet city in 1896.
Williamsburgh. 1850 population of Williamsburgh village not shown separately from population of Williamsburgh town in census reports. Annexed by Brooklyn in 1855.
Yonkers. 1860 population is estimated.

North Carolina

Raleigh. 1810 population not returned separately.
Winston-Salem. Winston city and Salem town consolidated as Winston-Salem city in 1913. The combined populations are shown for all years except 1870, which shows the population for Winston alone.

Ohio

Steubenville. 1840 population is estimated.

Oregon

Eugene. 1890 population not returned separately.
Salem. 1890 population is estimated. No figure was shown in the 1900 or 1910 census report.

Pennsylvania

Allegheny. Annexed by Pittsburgh in 1907.
Kensington. Annexed by Philadelphia in 1854.
Moyamensing. Annexed by Philadelphia in 1854.
Northern Liberties. Annexed by Philadelphia in 1854.
Philadelphia. Annexed Kensington, Moyamensing, Northern Liberties, Southwark, and Spring Garden in 1854 when Philadelphia city was made coextensive with Philadelphia County.
Pittsburgh. Annexed Allegheny in 1907.
Southwark. Annexed by Philadelphia in 1854.
Spring Garden. Annexed by Philadelphia in 1854.

Rhode Island

North Providence. Parts annexed to Providence city and Pawtucket town in 1874. 1880 population of North Providence town: 1,467.
Providence. Annexed part of North Providence town in 1874.

Tennessee

Knoxville. 1860 population not returned separately.
Nashville. Consolidated city, 1970-2010; 1810 and 1820 populations not returned separately.

Virginia

Alexandria. Included in territory ceded by Virginia in 1791 to form part of the District of Columbia and retroceded to Virginia in 1846.
Arlington. Arlington CDP is coextensive with Arlington County, first defined as urban in 1950.

Hampton. Consolidated with Elizabeth City county in 1952.
Newport News. Consolidated with Warwick city in 1958.
Virginia Beach. Consolidated with Princess Anne County in 1963.
Wheeling. In territory that was formerly part of Virginia and that was taken to form West Virginia in 1863.

West Virginia

Wheeling. In territory that was formerly part of Virginia and that was taken to form West Virginia in 1863.